죽음 앞의 삶,
삶 속의 인간

박이문 인문학 전집
06

죽음 앞의 삶,
삶 속의 인간

———

종교와 윤리

미다스북스

윤리적 성숙성과 종교적 경건성의 아름다움

_한자경(이화여자대학교 철학과 교수)

불교나 유교, 기독교나 이슬람교, 어떤 종교이든 스스로 종교인이 되어 그 종교의 기본 신념을 내면화하고 몸소 수행을 실천하지 않은 채 종교 바깥에서 종교를 고찰한다는 것은 그 종교의 핵심과 깊이에 이르지 못하는 피상적 관찰에 그칠 위험이 있다. 그러나 또 반대로 특정한 한 종교의 종교인이 되어 그 안에만 머물러 있다면 적절한 거리 취하기를 하지 못하여 사유가 독단에 빠지거나 다른 종교와의 소통능력을 상실하는 위험이 있다고 본다. 이 양 극단의 위험을 피하면서 종교에 대해 진지하게 사유하는 것, 삶에서 제기되는 종교적 물음을 의미 있게 받아들이고 그 물음에 답하는 세계의 많은 종교들을 폭 넓게 성찰하며 비교 연구하는 것, 이것은 오직 인문학자만이 할 수 있는 일일 것이다. 박이문 선생님께서는 인문학자 내지 철학자로서 바로 이 길을 가셨다고 생각한다.

선생님께서는 특정한 한 종교교단에 속하는 종교인의 삶을 택하지는 않으셨지만, 어느 종교인보다도 진지하고 경건하게 삶과 죽음의 문제,

인간의 한계와 신의 문제, 인생의 고통과 그로부터의 해방의 문제 등에 대해 깊이 있게 사유하셨다. 선생님의 종교적 진지성은 현재의 삶의 방식에 대한 윤리적 사유와 맞물려 있다. 선생님께서는 실존의 고독과 불안 속에서 우리가 직면하게 되는 윤리적 선택과 윤리적 책임의 문제, 의료윤리나 환경윤리의 문제, 법과 인권 문제 등에 대해서도 진지하게 성찰하셨다. 본 책 『죽음 앞의 삶, 삶 속의 인간』은 『종교란 무엇인가』(1985), 『자비 윤리학』(1990), 『당신에게 철학이 있습니까』(2006)의 전문과 그 외 종교와 윤리에 관한 여러 글들을 함께 엮어서 만든 책이다. 진지하게 생각하는 철학자, 우리 시대의 대표적 인문학자가 삶과 죽음에 대해, 인생의 의미와 한계에 대해, 윤리적 개인과 윤리적 사회에 대해 어떤 통찰을 제시하고 있는지, 이 책 안에서 찾아볼 수 있을 것이다.

내가 박이문 선생님을 처음 뵌 것은 1980년대 초 이화여대 강의실 학부수업에서였다. 당시 선생님은 이미 유명한 대학자이시니 우리 학부생들에게 상당히 어렵고 범접하기 힘든 분일 수 있었을 텐데, 실제로는 오로지 철학만을 사랑하는 해맑은 소년 같고, 인간 사이에 아무런 벽을 두지 않는 오랜 친구 같은 분이셨다. 당시 이화여대 철학과의 한 가족 같은 분위기 속에서 우리는 선생님으로부터 많은 것을 배울 수 있었다. 선생님의 사유의 투명성과 논리의 선명성은 선생님의 책을 통해 익히 알고 있었지만, 교실 안과 밖에서 선생님과의 직접 대면을 통해 얻게 된 것들도 꽤 많았다. 선생님의 진리에의 열정과 제자 사랑, 그리고 대화와 토론에의 개방성 덕분에 우리들은 선생님과 한번 시작된 대화로 시간 가는 줄 모르고 끝없이 토론을 이어갈 수 있었으며, 선생님의 인간적 진솔함과 순수성 덕분에 아무런 거리낌이나 망설임 없이 대학자에게 편안하게 질문하고 반문하는 것, 권위에 눌리지 않고 자신의 생각대로 반박하고 비판하는 것도 배울 수 있었다. 선생님의 인간적 따뜻함과 윤리적 성실함을 가까이 지켜보면서 철학하는 자가 지녀야 할 덕목도 더불어 배울 수 있었다.

선생님의 삶 자체가 지극히 윤리적이고 또 종교적이었다고 생각된다. 깊은 윤리성과 종교성을 갖춘 삶을 살아가는 철학자가 쓴 글이기에 여기 "죽음 앞의 삶, 삶 속의 인간"이라는 제목하에 실린 글들은 단지 문자나 구호에 그치지 않고 생명력이 담긴 살아 있는 글로 다가올 것이라고 여겨진다. 종교와 윤리에 대한 선생님의 깊이 있는 통찰들이 글을 읽는 독자 여러분들의 사색에도 의미 있는 통찰을 가져다주리라고 생각한다. 그래서 우리 모두의 삶이 조금은 더 윤리적 성숙성과 종교적 경건성을 갖춘 아름다운 삶으로 피어나기를 희망해본다.

일러두기

1. 『박이문 인문학 전집』은 박이문 선생의 모든 저서 가운데 인문학적 저작을 주제별·시간대별로 분류하여 열 권으로 묶은 것이다. 『박이문 인문학 전집』은 무엇보다 선생의 뜻을 존중하여 저작 가운데 중복된 것은 제외하고 저자의 의도를 최대한 살리고자 노력하였다. 열 권의 제목과 목차도 현 세대 독자와의 교감을 고려하여 편집했지만, 최초 발표 시기 단행본의 제목과 방향을 최대한 존중하였다. 세계적인 석학이자 20세기 이후 한국 최고의 인문학자로 평가받는 박이문 선생의 『인문학 전집』에 한국어로 된 주요하고 핵심적인 인문학적 저작과 논문은 모두 수록함을 원칙으로 하였다. 이번 『인문학 전집』에서 빠진 에세이와 기행은 모아서 따로 출간될 것이며, 아울러 박이문 선생의 모든 저작을 망라한 영인본 박이문 아카이브 전집은 추후 미다스북스에서 출간 예정이다.

2. 제6권 『죽음 앞의 삶, 삶 속의 인간』은 종교와 윤리에 대한 문제를 다룬 글과 책을 모은 것이다. 1부에는 박이문 선생이 철학을 공부하면서 느낀 종교적 초월성과 인간의 윤리에 대한 견해를 담은 글들을 모았고, 2부에는 종교의 본질을 궁극적이면서도 철학적인 측면에서 파헤친 저작 『종교란 무엇인가』(1985)를 전재했으며, 3부에는 기존의 전통적인 윤리학에 구애됨이 없이 스스로 어떻게 살아야 하는가 하는 문제를 고민하고 서술한 『자비의 윤리학』(1990)을 전재했다. 또한 4부에서는 실존적 선택과 사회적 규범의 관계에 대한 저작인 『당신에겐 철학이 있습니까』(2006)를 전재했고, 5부는 인간의 인생과 늙음을 성찰한 글들로 구성했다.

3. 전집을 발간하면서 기출간된 단행본의 형태를 가능한 한 지키려 노력했지만, 박이문 선생의 많은 저작이 절판되면서 다른 책에 재수록되었기에, 중복된 글이 수정된 경우에는 가장 마지막 책을 기준으로 삼았으며, 글의 말미에 출전을 표기했다. 그리고 전체 열 권을 묶으면서 각 권별로 실린 주요 단행본의 초판 서문 및 개정판 서문을 각 부 끝에 게재하여 출간시 박이문 선생의 의도를 아는 데 도움이 되도록 하였다.

4. 이 책에 실린 글들은 모두 원래 발간된 원고를 기준으로 했지만, 원문의 오식과 오자들은 바로잡고, 표기법과 맞춤법은 지금의 것을 기준으로 새로 교정·교열하였다. 출간 당시의 시대적 차이와 출판사별 기준의 차이도 있기 때문에 전집으로 정리하면서 새로운 기준을 정해서 이에 맞추어 새로이 고쳤다.

『박이문 인문학 전집』 간행·편집위원회

1부

인간과 신, 그리고 종교

01

인간과 인간적인 것

인간

많은 사람들이 '나는 무엇인가', '내 인생의 의미는 어디에 있는가' 하는 물음을 가끔 던진다. 나이가 들면서 가까워오는 숙명적인 죽음을 의식하면 의식할수록 이런 의문은 잦아진다. 먹고 자고 성장해서 생식하고 죽는 인간은 개나 돼지와 별로 다를 바가 없다고 믿는 나는 인간의 생활이 누에의 생활과 근본적으로 같음을 가끔 느낀다. 그럼에도 불구하고 개나 돼지 혹은 누에가 '나는 무엇이냐', '내 존재의 의미는 무엇이냐' 하고 묻는 것 같지는 않다. 모든 이론에 훨씬 앞서 인간은 그가 동물과 많은 면에서 같기는 하지만, 어떠한 동물과도 비교될 수 없고 어떤 동물에서도 찾아볼 수 없는 뚜렷하고 뛰어난 기능을 갖고 있음을 의식한다. 그는 자기가 직접 혹은 간접적으로 모든 동물들을 지배할 수 있음을 안다. 그는 동물 가운데서 다른 동물들과 전혀 비교될 수 없는 특권을 갖고 있음을 깨닫는다. 자신의 특권을 설명하거나 혹은 정당화하기 위해서 인간은 스스로를 '만물의 영장'이라든가 혹은 만물의 주인으로 해석하기에 이르렀다. 이런 점에서 동서사상에는 근본적으로 다를 바가 없다. 서양사상의 근본적인 한 면을 이루고 있는 기독교사상에서 각별히 인간 특권 의식은 뚜렷하게 나타난다.

우주 안에서의 인간 존재의 특수성은 형이상학적 해석과 진화론적 해석이 있을 수 있다. 형이상학적인 입장에서 인간은 처음부터 인간 자체는 물론, 우주 현상 자체를 초월한 어떤 의지나 목적을 따라 특수하게 창조된 것으로 본다. 기독교의 교리나 헤겔 또는 베르그송적인 철학이 좋은 예가 된다. 기독교에 의하면 우주 자체를 초월한 영적 존재로서의 인격신의 목적과 계획에 따라 만물이 창조되었고 그 만물을 사용할 수 있도록 인간이 창조되었다. 한편 헤겔에 의하면 우주의 모든 현상은 '가이스트Geist'라고 하는 정신적 존재가 자의식으로 발전하는 과정이며, 인간과 그의 역사는 이 우주적 발전의 첨단에 서 있는 것이다. 끝으로 베르그송은 모든 현상을 영적 존재인 엘랑 비탈élan vital이 발전하는 과정의 표상으로 본다. 인간은 이 발전 과정의 제일선에 나타나는 현상이다. 이와 유사한 사상은 화이트헤드나 테야르 드 샤르댕에 의해서 다시 주장되었다. 형이상학적 인간 해석의 공통적인 특징은 인간을 포함한 우주 만물의 현상이 우주 그 현상 밖에 초월적으로 의존하는 어떤 영적 존재의 목적에 의해서 지배되어 있다는 점과, 인간이 그 목적 달성 혹은 진화과정의 가장 발전된 현상임을 믿고 있는 데 있다. 일견 깊이가 있어 보이며 심리적인 만족을 줄 수 있으므로 사실상 거의 대부분의 사람들이 막연하게나마 믿어오고 있다고 할지라도, 위에 본 바와 같은 인간에 대한 형이상학적 해석은 이성의 눈으로 볼 때 잘 납득이 가질 않는다. 우선 신이나 가이스트와 같은, 우주를 초월한 영적이며 인격적인 존재가 있다는 주장은 완전히 모순을 띠고 있다. 우주라는 개념이 모든 존재의 전체적 호칭이라면 '우주 밖에 있다', 즉 '모든 존재 밖에 존재한다'는 것은 분명히 자기모순이다. 그뿐만이 아니다. 우주현상이 인간을 초월한 어떤 신적 존재의 목적을 갖고 있다는 것은 이해하기 어렵다. 가령 나무가 자라 저 꽃이 피는 것이나 비가 오거나, 어린애가 태어나는 것은 도저히 어떤 목적이라기보다는 물리원칙에 따른, 그저 단순한 자연의 변화현상이라고 봄이 더 쉽게 이해된다. 그렇다고 우주의 기원이나 인간 존재의 목적이 위에서 본 바와 같은 형이상학적 설명 외에 가능하다는 것은 아니다. 필자의 소박하고 솔직한 입장에서 보면 그러한 형이상학적인 문제는 대답을 얻을 수 없을 뿐만 아니라 그러한 질문 자체가 불가능하다고 믿는다. 여기서 이성은 자신의 한계를 스스로 인정하고 위와 같은 형이상학적인 문제에 대해서 단순히 침묵을 지키면서 오직 일종의 신비적 경험만을 하게 될 뿐이다. 이성이 얘기할 수 있는 것은 오직 우리가 감각을 통해서 경험하고 이성으로 생각할 수 있는 것만을 정리하고 해석하며 밝힐 수 있다.

비형이상학적 입장에서 볼 때 인간의 발생도 하나의 자연현상에 불과하다. 다시 말하자면 인간은 신에 의해서 특별히 창조된 것이 아니다. 문제는 모든 현상을 똑같은 자연현상이라고 본다면 단순한 물질과 생물·동물, 마지막으로 인간과의 관계를 어떻게 설명하느냐에 있다. 왜냐하면 단순한 물질인 돌멩이와 풀과는 너무나 다른 현상이며, 풀과 원숭이와는 너무나 현격한 차이를 보이고 있고 원숭이와 아인슈타인이 너무나 다른 능력을 갖고 있음은 너무나 자명한 사실이기 때문이다. 지금까지도 학자들을 포함한 많은 사람은 물질·식물·동물·인간은 각기 별개의 원칙에 의해서만 설명된다고 믿는다. 물질과 생물, 생물과 인간은 '본질적으로' 다르다는 이론이 서게 된다. 다시 말해서 그것은 각기 차원이 다른 위와 같은 사물들을 발생학적으로 볼 때 다르다는 이론이 나오게 된다. 그렇지만 또 한편으로 사람은 원숭이나 개나 구더기와 같은 점이 너무나 많을 뿐 아니라 식물은 물론, 사람까지도 물리화학적인 조건에 따라서 크게 지배됨은 언뜻 보아서도 자명하다. 그렇다면 인간을 포함한 만물이 발생학적으로 같은, 아주 궁극적인 입장에선 똑같은 원리·원칙에 의해서 지배될 것이라는 생각이 가능하다. 극도로 발달된 미생물학·미물리학·천문학 등은 이와 같은 생각을 더욱 굳게 하는 근거가 되어가고 있는 것으로 믿어진다.

아마 가장 알기 쉽고 설득이 가는 자연주의적 만물 현상의 총괄적이며 통합적인 설명은 내가 알기로 『우연과 필연』이란 저서에서 밝혀진 자크 모노의 해석이다. 물리학은 이른바 물질이 전자電子 이전의 상상할 수 없이 작은 입자로 분석됨을 보이고 있다. 이른바 우리가 알고 있는 현상이란 다름이 아니라 무한에 가까운 입자들의 복잡한 결합체에 불과하다. 무한수인 입자의 결합의 형태는 거의 무한수에 가까운 가능성을 갖고 있다. 이와 같은 가능성은 상상할 수 없었던 어떤 현상을 이룩할 수 있다. 물질현상을 지배하는 것으로 믿어지는 인과법칙의 필연성도 무한한 가능성 가운데의 한 우연한 결과라고 생각할 수 있다. 생물체의 탄생도 같은 원리로 설명이 된다. 생물체는 동화와 적응의 원칙을 따라 무한히 변하는 환경과의 변증법적 관계 속에서 역시 무한한 수의 새로운 생물체로 변화할 가능성을 갖게 된다. 가장 원형적인 생물체로부터 오늘날 우리들이 알고 있는 수많은 생물체, 즉 식물·동물·인간도 위와 같은 가능성의 구체적 결과라고 해석된다. 동물에서 관찰할 수 있는 감각이나 지각, 인간에서 관찰할 수 있는 사고의 현상들은 상식적으로 생각할 때나, 논리적으로 생각할 때 물질로서의 자연현상으로서는 설명될 수 없을 것 같다. 그런 까닭에 철학에서는 특히 데카르트 이후 의식과 육체와의 문제가 언제나 논쟁되어왔던 것이다. 그러나 『우연과 필연』의 저자는 의식의 사고 능력까지도 충분히 하나의 자연현상으로 정연하게 설명된다고 주장한다. 자크 모노의 설명은 완전히 납득이 가지 않는 점이 없지 않지만, 필자는 장차 자크 모노가 제시하는 인간에 대한 자연주의적 설명이 완전히 가능하다고 추측한다.

　인간이 근본적으로는 하나의 돌멩이나 구더기 혹은 강아지와 똑같은 원칙에서 설명될 수 있다는 것은 인간이 물질이나 다른 동물과 구별되지 않는다는 말은 아니다. 인간이 어떻게 다른 동물과 구별되느냐 하는 문제는 인간이 다른 동물들에서는 찾아볼 수 없는 어떤 기능이나 특성을 갖고 있느냐 하는 문제로 바뀌는데, 이것은 곧 인간에 대한 정의의 문제에 귀결된다. 인간이 갖고 있는 생리기능이나 먹고 자고 성장해서 생식하고 노쇠하는 과정으로 보아서 인간은 원숭이는 물론, 개나 돼지와도 근본적으로 다를 바가 없다. 그러면서 우리는 인간만이 어떤 특수한 기능을 갖고 있음을 직감적으로 알고 있다. 인간만이 어떤 형태인가의 최소한의 문화를 갖고 있다. 인간만이 주어진 자연을 자기의 뜻대로 변화해간다. 이와 같은 인간은 흔히 '합리적 동물' 또는 '논리적 동물'·'사회적 동물'·'언어 사용 동물' 등으로 불린다. 이와 같은 인간 정의는 '합리성'·'윤리성'·'사회성'·'언어' 등의 개념을 분명히 하지 않고서는 무의미한 정의가 된다. 왜냐하면 위와 같은 개념을 어떻게 정의하느냐에 따라서 인간 아닌 동물도 합리적·논리적·사회적인 존재라고 말할 수 있고 새나 돼지도 언어를 갖고 있는 것으로 생각할 수 있기 때문이다. 합리성이 논리적으로 사고하는 능력을 의미한다면 키가 닿지 않는 나뭇가지에 매달린 바나나를 따먹기 위해서 궤짝을 괴어 놓고 막대기로 두드려서 떨어뜨리는 침팬지의 행동은 확실히 합리적 행동이라 할 수 있고, 윤리성이 옳고 그름을 따지는 능력을 의미한다면 왕벌이 말을 듣지 않는 다른 벌을 잡아 죽이는 행위도 윤리적인 행위라고 할 수 있다. 또 한편 사회성인 집단생활이 분업화를 뜻한다면 개미나 벌은 발달된 훌륭한 사회생활을 하고 있다 할 것이요, 언어가 의사전달의 방법을 뜻한다면 모든 동물은 발달된 정도의 차이는 있을지언정 각기 언어를 갖고 있다고 말할 수 있다.

그럼에도 불구하고 동물에서 관찰될 수 있는 합리성·윤리성·사회성·언어는 생리적인 식욕이나 성욕과 마찬가지로 순전히 본능에 지배되는 행위라고 볼 수 있다. 다시 말하자면 동물들은 자신들의 행위를 자각하지 못할 뿐만 아니라 그들의 행위는 그들 자신의 의지에 의해서 결정되지 않는다. 바꾸어 말해서 그들의 행위는 어떤 종류의 것이건 간에 완전히 자연의 일부, 즉 자연 현상으로 남아 있을 뿐이다. 이에 반해서 인간은 비록 동물보다도 겉으로 봐선 덜 합리적이거나 덜 사회적인 행위를 하더라도 그는 자기가 하는 일을 의식한다. 이것은 다름 아닌 경험주체로서의 자기 자신을 경험대상으로 바라볼 수 있는 객관화의 기능인 자의식을 뜻한다. 주체로서의 나는 나 아닌 다른 사람들이나 현상들을 객관화해서 거리를 두고 관찰할 수 있을 뿐 아니라 나 자신과도 거리를 둘 수 있다. 여기서 말하는 거리는 물론 공간적 거리가 아니라 논리적 거리를 의미한다.

나는 이 논리적 거리가 바로 자유라고 믿는다. 주체와 객체와의 논리적 거리는 일종의 공간을 낳게 하는데 자유는 다름 아닌 이 공간에 의해서 가능하게 된다. 언어는 주체와 객체 사이에 존재하는 공간에 일종의 쐐기와 같이 끼어 있는 존재다. 엄밀한 의미에 있어서의 언어, 즉 동물이 사용하는 본능에 의한 의사소통 방법과는 다른 인간 언어는, 메타포를 조금 써서 표현하자면 자연의 외부에 존재하는 자연 아닌 현상이다. 다시 말하자면 어떤 의미에서 자연법칙을 벗어나서 존재한다. 동물 언어가 시대와 장소를 초월해서 공통적인 데 반하여 인간 언어는 어떤 우연의 결과이긴 하지만 가지각색이라는 것, 한 언어가 계속해서 변천한다는 사실, 그리고 한국인이 영어를 배우거나 불어를 배워서 같은 뜻을 여러 가지 다른 양식의 언어로 표현할 수 있다는 사실은 인간 언어가 자연법 밖에 있다는 것, 즉 인위적으로 만들어진 하나의 규칙rule이라는 것을 말해준다. 언어를 쓰게 되기 이전에는 자의식이 있을 수 없다고 믿어진다. 자의식과 언어 사용 능력은 결국 똑같은 하나의 현상을 두고 가리키는 두 가지 표현 방법에 불과하다고 필자는 생각한다. 따라서 언어 사용 능력 이전의 유아는 엄격한 의미에서 아직 인간이라기보다 동물에 가깝다. 그 많은 동물 가운데서 현재까지는 인간만이 엄밀한 의미에서 자의식을 가질 능력이 있고 언어를 사용할 가능성을 갖고 태어난다. 언어 사용 능력에 의해서 특징되는 인간의 세계는 자연세계로부터 의미세계로 변한다. 오직 인간만이 의미세계 속에 산다.

　이러한 인간은 모든 동물 가운데서 유일한 존재다. 그의 유일성은 단순한 유일성에 그치지 않는다. 그는 그의 특수한 기능으로써 자연의 물질과 육체적으로 강한 다른 동물들까지도 지배할 수 있게 됐다. 이러한 인간이 우주적 관점에서 볼 때 다른 동물보다 더 귀중하거나 가치 있다고 단정할 수는 없다. 실상 우주적 관점에서 볼 때 인간은 다만 다른 동물보다 더 복잡한 동물이라고 할 수 있어도 결국은 또 하나의 현상, 또 하나의 동물에 지나지 않을 것이다. 그러나 도대체 우주적 입장에서 본 가치의 평가는 사실상 무의미한 평가이다. 왜냐하면 모든 가치의 평가는 오직 인간의 평가일 수밖에 없기 때문이다. 따라서 인간의 존재 자체가 인간을 떠나서 어떤 객관적 가치를 갖고 있을 순 없다. 인간이 귀중하다면 그것은 단순히 인간이 그렇게 생각하고자 하기 때문이거나, 그렇게 함으로써 인간이 스스로 만족할 수 있기 때문일 뿐이다.

지금까지 본 인간의 정의와 특성에 입각해서 인간이 찾아야 할 옳은 길을 생각해낼 수 있을까? 위와 같이 해석된 인간관에서 출발하여 체계 있는 인간 가치관이 설 수 있는가? 다시 말해서 인간은 살지 않고 어떤 옳은 삶의 길을 모색할 수 있는가? 이것은 '인간적인 것'이 무엇인가를 찾아내는 문제로 귀착된다.

'인간적'이라는 것

거듭 말해서 아무리 놀라운 능력을 갖고 있거나 어떠한 모양으로 생겼건 간에 인간의 존재에는 우주적 입장에서 볼 때 가치로서의 의미나 목적으로서의 의미가 있다고는 생각할 수 없다. 인간은 우주만물의 한 현상으로 태어났다가 다른 동물과 마찬가지로 죽고 만다. 그럼에도 불구하고 모든 인간은 정도의 차이는 있을망정 옳고 그름, 좋고 나쁨을 따지며 살게 마련이다. 그것은 인간이 단순한 자연적 존재에 그치지 않고 의미적 존재이기 때문이다. 그렇다면 어떻게 사는 것이 가장 옳은 삶일까? 어떤 것이 살아가는 동안 가장 중요한 것인가? 이것은 인간적 가치의 문제이다. 인간적 가치는 인간의 가치와 구별되어야 한다. 인간의 가치는 인간 아닌 것의 입장에서 볼 때의 인간의 중요성을 의미하지만, 인간적 가치는 인간이 스스로 중요하다고 믿게 되는 것을 뜻한다. 전자는 외부에 서서 하나의 도구나 수단으로 본 인간의 중요성이요, 후자는 내부에서 체험되는 심리적 만족감을 가리킨다. 우주 밖에 존재하는 인격적 신을 인정하지 않는 이상 필자는 전자의 뜻으로서의 인간 가치는 생각할 수조차 없다고 믿는다. 그러나 후자의 뜻으로서의 인간 가치는 충분히 가능할 뿐 아니라 사실상 모든 인간은 그러한 가치를 추구한다. 여기에 이르러 '인간적인 것'이란 개념이 중요한 것으로 나타난다. 흔히 '그는 재주는 있지만 인간적으로 글렀다', '인간적으로 나는 어쩔 수 없이 그러한 범죄를 저질렀다', '오히려 무식한 사람들이 인간적으로 좋거나 위대하다' 등의 말을 듣게 된다. 이런 표현을 통해서 적이란 뜻이 지적인 것, 혹은 보통 말하는 윤리적인 것, 또 사회적인 것과도 구별됨을 알게 된다. 여기서 인간적인 것은 인간의 지적 혹은 사회적 기능상으로 보지 않고 그러한 기능 이전에 인간 자체의 존엄성을 의미한다고 생각된다. 다시 말해서 나와 너의 개인을 떠난 인간생명체를 절대적인 가치로 보는 입장이다. 인간 생명을 절대적 가치로 본다는 것은 지식이나 사회도덕을 무시한다는 것은 아니다. 그러나 구체적으로 인간적이 되고자 할 때 지식이나 사회도덕, 그리고 한 개인의 죽음까지도 무시하게 된다. 왜냐하면 인간적인 것이 지식·사회·도덕, 그리고 개인의 생명보다도 더 높은 가치로 나타나기 때문이다. 그렇기에 학문을 버리고 총을 들고 전장에 나서야 하며, 때로는 개인의 명예나 부귀는 물론, 죽음을 대가로 치르고서라도 어떤 이념을 위해 일어서야 한다. 하나의 개인에 대한 지극한 사랑을 위해서 매국노가 된다든가, 혹은 병석의 어머니를 살리기 위해서 매춘이란 비윤리적인 행위를 스스로 선택한다든가 하는 자주 있는 행위는 역시 인간적인 것을 위한 행위가 된다. 이것은 인간의 이성적 계산 이전의 감정을 좇아서 모든 실질적 타산을 초월하는 행위가 된다. 따라서 인간적인 행위는 인간 자체가 절대의 가치임을 의식하는 행위요, 그밖의 모든 것은 어떠한 가치든 간에 이차적인 가치, 오로지 인간을 위한 수단으로서의 가치임을 전제로 한다. 베르그송은 '닫힌 윤리'와 '열린 윤리'를 구별했다. 전자는 이미 사회의 규범이 된 윤리를 가리키며, 후자는 사회의 기성 윤리와 충돌하면서도 순수한 직감에 의해서 보다 고차적인 것으로 인식된 윤리를 가리킨다. 인간적인 행위는 결국 베르그송이 말하는 '열린 윤리'에 입각한 행위에 비유된다. 이와 같은 인간적인 것은 기술문명의 발달과 물질주의·실용주의 사상이 지배적으로 되어가는 오늘날 그 어느 때보다도 상실되어가고 있다. 왜냐하면 오늘날의 문명은 문명의 목적이 무엇인가를 잃고 있어 보이기 때문이다. 이른바 '인간 상실'의 뜻은 정확히 말해서 다름 아닌 인간적인 것의 상실을 뜻한다.

어떤 이는 물어볼 수 있을 것이다. 어째서 인간적인 것이 절대적 가치인가? 왜 인간적이 되어야만 하는가? 플라톤 이후 많은 철학가들의 반대 이론에도 불구하고 나는 모든 가치는 논리적으로 보아서 상대적이라고 믿는다. 왜냐하면 가치는 결코 객관적인 사물이나 사실이 아니라 그러한 것에 대한 각 개인의 평가이기 때문이다. 금덩어리나 장수나 지식, 혹은 사랑 그 자체는 좋은 것도 아니요 나쁜 것도 아니다. 그것들이 가치로 평가되는 까닭은 많은 사람들이 그러한 것을 바라고 귀중하다고 생각하기 때문이다. 모든 사람들이 다 같이 어떤 것을 가장 절실히 좋아하고 욕망하리라는 것은 아무런 논리적 근거가 없음은 자명한 일이다. 따라서 절대적 가치가 논리적으로 성립될 수 없다. 다시 말하자면 논리적으로 보아서 인간적인 것이 가장 가치가 있거나, 그런 행위를 하라는 선험적인 아무런 규범도 있을 수 없다.

그러나 논리적 절대 가치가 있을 수 없다는 것은 심리적 절대 가치가 있을 수 없다는 것과는 다르다. 경험적으로 보아 인간은 제 정신으로 돌아갈 때 인간적인 행위 속에서 가장 깊은 정신적 만족감을 얻게 마련인 것 같다. 인간적인 것을 대할 때 그밖의 어떤 행위나 사태에서보다도 본능에 가깝게 존경심이 가고 머리가 숙여진다. 물론 많은 사람들이 철저하게 죽을 때까지 비인간적인 행위를 하고만 사는 것도 사실이지만, 그것은 그 사람들이 어떤 우연한 환경이나 그밖의 영향을 받아서 정말 본연의 자신으로 돌아가지 못하기 때문이다.

나는 인간적인 것이 절대적 가치, 최고의 가치라고 믿는다. 거듭 말하거니와 이 가치는 신이 정해준 가치도 아니요, 밖으로부터의 어느 권위자가 주는 것도 아니다. 그것은 인간의 내부로부터 꽃처럼 피는 인간 자신이 만든 가치이다. 이러한 가치는 인간의 모든 행위의 규범으로 나타나게 되고 이 규범에 비추어서 다른 모든 사물·사건·사실·행위의 가치가 결정되게 마련이다.

어떤 행위에 규범이 있다는 말은 모든 행위가 다 같이 정당화될 수 없고, 따라서 어떤 행위는 '악'으로서 배척되고 규탄되어야 함을 의미한다. 구체적으로 인간적인 행위는 개인의 이익을 초월해서 인간 전체를 하나의 공동체로 삼는 원칙 위에 서야 한다. 물론 원칙 자체가 구체적인 인간을 떠나서 가치가 있는 것은 아니나, 일단 어떤 원칙이 서면 때로는 그 원칙을 위해서 살아 있는 구체적인 개인이나 단체를 희생해서까지도 할 수 있는 데에 참다운 의미의 논리적 행위가 시작될 수도 있으며, 진정한 의미에서 동물에서 볼 수 없는 인간적 행위가 나타난다. 어떤 이념을 위해 싸운 영웅들, 어떤 신념을 위한 순교자들은 높은 원칙을 위해 살아가는 인간들의 좋은 예가 된다. 이러한 행동의 가능성이야말로 참다운 뜻에서 인간의 위엄, 인간의 가치를 이룩하는 점이다. 이런 행동의 가능성을 가짐으로써만 인간은 동물과도 다르다.

개인을 초월한 인간 생명의 존엄성을 절대 가치로 보는 우리는 그 가치를 다른 모든 가치를 측정하는 원칙으로 삼으며, 정직·사회정의·성실·애정·선의·자유 등을 가장 근본적인 가치라고 본다. 왜냐하면 선의·정직·성실·애정·지성·자유는 인간의 존엄성을 성취하는 데 있어서 없어선 안 될 개인이 갖춰야 하는 조건이며, 사회정의는 인간을 공동체로 보았을 때 인간의 존엄성을 실천하는, 없어선 안 되는 조건이기 때문이다. 따라서 개인적으로는 부정직·불성실하고 간악한 사람들을 악인이라 불러야 하고, 정치적으로는 불평등하고 무지한 폭력에 의해서 지배되는 사회를 규탄해야 한다. 이러한 가치관이 옳다고 믿는 까닭은 그런 가치관에 입각한 생을 삶으로써 내세에 어떤 행복을 얻는다든가, 혹은 남들이 그러한 인생을 명예로운 것으로 여겨주기 때문이 아니다. 필자는 모든 삶은 죽으면 완전히 그만이라고 믿는다. 그러나 필자는 살아 있는 동안 의미 있는 삶을 갖고자 원하지 않을 수 없으며, 그러한 의미는 오직 앞서 말한 가치관 위에 선 삶으로써만 가능하다고 믿는다. 필자는 그러한 사실이나 자신에게만 해당되는 것이 아니라 모든 사람들에게 다 같이 해당되는 것으로 생각한다.

물론 세상에는 여러 가지 다른 가치관이 설 수 있고, 사실 또 그러하다. 따라서 어떤 이는 정의로운 사회나 성실한 개인의 생활이 어째서 가치냐고 묻게 되며, 나아가서 어째서 인간 생명의 존엄성이 절대적인 가치여야 하느냐고 반문할지도 모른다. 이쯤 이르면 우리는 논리적 답변에 궁색해진다. 왜냐하면 논리적으로 그러한 논리적인 대답이 불가능하기 때문이다. 여기서 남아 있는 길은 오로지 가치관의 싸움이 있을 뿐이다. 그러나 바로 이러한 싸움이야말로 가장 인간적인 것의 표현이다.

모두 왔다 가긴 매일반이라도
마찬가지가 아니다
이렇게 사는 것과
저렇게 사는 것은

다 같은 여자가
마찬가지가 아니듯이
사랑하는 이와
사랑하지 않는 이가

모두 같이 살긴 매일반인데
마찬가지가 아니다
예수를 믿고 사는 것과
부처를 믿고 사는 것은

우리 모두 죽긴 마찬가지지만
마찬가지가 아니다
개처럼 죽는 것과
학처럼 죽는 것은
우리 모두 한 번 살긴 똑같지만
마찬가지가 아니다 마찬가지가 아니다

우리 모두 한 번밖에

단 한 번밖엔 살지 않으니까.

어떤 사람을 막론하고, 무엇을 하든 간에 우주의 한 사람으로서 우연히 태어났다가 죽으면 한줌 흙으로 돌아간다는 점에 사람은 개나 돼지나 구더기와 근본적으로 다를 바가 없다. 이런 인간에게 형이상학적 혹은 종교적 의미가 있다곤 믿지 않는 필자는 철저한 니힐리스트이다.

그러나 인간은 다른 어떤 고등 동물에게서도 찾아볼 수 없는 가치의 세계에 살게 마련이다. 그런데 필자는 그것이 어떤 것이건 간에 가치는 논리적인 객관성을 갖고 있지 않다고 확신한다. 그럼에도 불구하고 필자는 가치의 무정부주의자도 아니요 상대주의자도 아니다. 필자는 심리적인 가치의 절대성을 믿는다. 이 절대성은 순전히 우리들의 구체적인 경험을 통해서 실증적으로 입증될 수 있는 것이라고 생각된다. 따라서 선과 악의 규율이 설 수 있고 옳음과 그름을 위해서 누구나 싸울 수 있다. 그럼으로써 가치 있는 삶과 무의미한 인생이 구별된다. 물론 이러한 가치는 인간의 삶에서 시작되고 인간의 죽음으로 끝을 맺는다. 다시 말하면 어디까지나 인간적인 가치에 불과하다. 그러나 이 가치야말로, 아니 이 가치관만이 한 인생을 빛나게 하고 뜻 있는 것으로 채워줄 수 있다고 확신한다. 가치는 결코 신의 것도 아니요, 영원한 존재도 아니다. 그러나 한 인간의 생은 이 시시한 가치로서 충분하다. 왜냐하면 우린 그것밖엔 없기 때문이다.

비록 형이상학적 혹은 우주적 입장에서 철저한 니힐리스트라 할지라도 우리는 충분히 인생의 페시미스트가 되지 않는다. 오히려 철저한 니힐리즘의 입장에 설 때 우리는 참다운 인생의 낙관주의자가 될 수 있다.

우리는 죽음이 모든 것, 그 모든 것의 종말임을 인식하며, 또 머지않아 죽는다는 것을 명석하게 의식할 때 산정으로 무거운 바위를 올리면서 승리의 기쁨을 느끼는 시시포스처럼 인생의 참된 환희를 느낄 수 있다.

《문학사상》, 1975. 6.

종교와 형이상학과 종교적 경험

보통 사람들뿐만 아니라 철학가들도 불교·유교·기독교 등과 같은 사상들을 다 같이 종교로 취급한다. 그리고 어떤 종교를 갖지 않으면 종교적, 즉 신비적 경험이 불가능하다고 믿는 경향이 있다. 나는 이 소론에서 첫째 종교와 형이상학이 구별된다는 것과, 둘째 종교적 믿음과 종교적 경험이 완연히 구별됨을 밝히고자 한다.

종교와 형이상학

종교와 형이상학은 다 같이 우리가 체험을 통해서 알고 있는 상식이나 과학적 지식과 구별된다. 상식이나 과학적 지식은 직접 혹은 간접으로 경험될 수 있는 현실에 대한 앎이지만 종교와 형이상학은 구체적으로 경험될 수 없는 현실에 대한 앎이다. 그것은 역설적으로 말해서 초실증적인 현실에 대한 앎으로서 나타난다. 앎으로서의 종교와 형이상학은 우리가 직접 혹은 간접으로 경험할 수 있는 세계, 즉 상식이나 과학으로서 알 수 있는 현상과 그와 같은 것을 아는 사실, 즉 경험 자체를 설명하는 기능을 갖고 있다. 현상이나 그것의 경험을 설명하는 원칙은 필연적으로 비현상적이며 초경험적으로 되게 마련이다.

그러나 그 설명의 원칙이 어떠한 종류의 어떤 것이냐 하는 문제에 따라서 종교와 형이상학이 완연히 달라진다. 첫째 형이상학의 원칙은 어디까지나 비인격적인 원리로 머문다. 그 원리는 물론 가지각색이었다. 플라톤은 가장 근원적인 모든 존재의 원리원천을 '선善'이라 하였고, 아리스토텔레스는 '부동의 동력'이라 했고, 헤겔은 '가이스트'라 불렀으며, 불교에서는 '브라만'이라 이름 지었고, 유교에서는 '태극太極'이라 명명했다. 물론 위와 같은 여러 형이상학 체계의 궁극적인 원리·원칙 개념의 내용은 각기 다르지만, 그 원리 원칙들이 비인격적인 개념이라는 데는 공통성을 띠고 있다.

이에 반해서 종교에 있어서 모든 현상의 원리 원칙은 인격적인 존재, 즉 신으로 되어 있다. 현상은 변하는 현상 간의 비인격적인 인과관계에 의해서 설명되지 않고 의지, 혹은 목적·욕망을 갖고 있다고 추측되는 비물질적인 영적 존재, 즉 어떤 인격적인 존재에 의해서 설명되고 있다. 이런 점에서 가지각색의 물활주의animism는 물론, 모든 미신도 구조상으로 보아 종교와 다름없다. 거꾸로 말하자면 종교도 일종의 미신이다. 다만 다른 점은 종교가 미신이나 물활주의보다 더 종합적이며 통합적인 설명을 시도하는 데 있다. 이와 같은 점에서 여호와를 창조주로 삼는 유대교나 기독교 혹은 알라신을 천주로 삼는 무슬림교를 종교라고 부르는 것이 타당하지만, 역시 종교로 믿어지고 있는 힌두교·불교·유교·도교는 원칙적으로 종교일 수 없다. 위와 같은 사상들은 일종의 형이상학과 이념의 복합체라고 봐야 한다. 왜냐하면 위와 같은 사상은 인격적인 존재를 우주의 원리·원칙으로 보지 않는 동시에, 또한 어떤 가치 체계를 세우는 데 그 사상의 중점을 두고 있기 때문이다. 불교·유교 또는 도교 등이 종교가 아니라는 주장에는 대뜸 의문이 날 것이다. 왜냐하면 위와 같은 것들도 성당이나 모스크와 같이 사찰·종묘·제사와 같은 의식이 있으며, 이런 의식은 어떤 인격적인 영혼의 존재를 전제로 하기 때문이다. 그러나 역사적으로 이것이 사실이긴 하지만 이런 의식의 발생과 전통은 근본적인 사상에서 어긋난 것이었다고 봐야 한다. 그것은 처음엔 어떤 형이상학에 입각한 윤리관·가치관에 맞는 행위를 하게끔 하고, 그 이상에 맞는 심리 상태에 도달하기 위한 수단 방법이었던 것이 미신화되어 타락한 형태를 갖게끔 된 결과라고 볼 수 있다. 왜냐하면 불교나 유교 또는 도교의 근본적인 이론에는 인격적 신령의 존재가 없을 뿐 아니라 그것이 불가능하기 때문이다.

둘째, 종교와 형이상학이 다른 것은 전자가 이성을 넘어선 신앙인 데 반해서 후자는 어디까지나 이성에 입각한 진리를 주장하는 데 있다. 신의 존재는 맹목적인 투신적 믿음에서만 가능하다. 그것은 이성의 굴복을 요구한다. 그러나 비록 논리적으로나 실증적으로 설명될 수 없는 성질의 것이지만 형이상학에서 볼 수 있는 '도道'·'브라만'·'태극'·'선'·'부동의 동력', 혹은 '가이스트'는 이성에 의해서 추리된 존재라고 생각되고 있다. 다시 말하자면 그것들은 믿음으로 얻어진 진리가 아니라 이성으로 추측된 진리이다.

셋째, 종교적 진리가 절대인 데 반해서 형이상학적 진리는 가정적이다. 유대교나 기독교에 있어서 신의 존재는 무조건으로 믿어야만 되는 진리이다. 그 존재가 회의되었을 때 종교는 없어진다. 이에 반해서 '브라만'·'태극'·'선'·'가이스트'는 이성의 비평을 받을 용의가 있는 가정적인 진리이다. 이성의 분석에 의해서 그런 진리는 수정되거나 완전히 다른 진리로 대체될 수 있는 진리이다.

넷째, 종교적 믿음의 실체인 신은 초월적transcendent이다. 신은 우주 밖에 있어서 밖으로부터 우주를 다스리는 것으로 되어 있다. 이에 비해서 형이상학적 존재인 '브라만'·'태극'·'선', 그리고 '가이스트'는 내재적이다. 그것들은 우주 밖에 있는 특수한 또 하나의 우주 속에 의존하지 않고 우주 변화 현상의 내재적인 원리로 되어 있다.

다섯째로 종교나 형이상학을 다 같이 우주 현상에 대한 가장 통합적이고 총괄적인 설명으로 볼 때 종교는 형이상학보다 더 야심적이다. 그것은 형이상학이 과학보다 야심적인 것과 같은 관계를 갖고 있다. 가령 아인슈타인의 상대성원리가 모든 물리현상을 설명해줬다고 하자. 그러나 상대성원리는 물질 아닌 의식현상을 설명해주진 못한다. 그렇다면 미생화학과 미생물학이 물질과 의식현상을 통괄적으로 설명해준다고 가정하자. 그러나 인간의 지적 요구는 여기에서 만족되지 않는다. 이성은 다시 물어보게 된다. 미생화학 혹은 미생물학으로 설명되는 우주는 어디서 나왔으며, 어떻게 존재하는가. 이에 이르러 형이상학적 사고가 자연적으로 발생하게 된다. 형이상학은 가시적이고 실험할 수 있는 과학적 설명을 보다 높은 차원에서 설명코자 하는 시도인 것이다. 경험적 현상을 총괄적으로 설명하자면 그 설명은 부득이 비경험적인 원칙에 설 수밖에 없다. 다시 말하면 '형이하학'이 아니라 '형이상학'이 되어야만 한다. 그러나 이성은 여기에서도 만족할 수 없는 운명을 지니고 있다. 이성은 다시 묻게 된다. 그러한 형이상학적 원칙은 어디서 왔는가? 그러한 설명을 받을 수 있는 우주의 의미는 무엇인가? 이쯤 되면 이성은 다시금 합리적인 설명을 포기해야 하고 종교적인 신앙으로 뛰어들게 된다. 원칙적으로 설명될 수 없는 신성한 존재, 인격적인 신을 부득이 동원해야 한다. 종교 발생의 가장 중요한 원인의 하나는 모든 것을 설명코자 하는 인간 이성의 요구에 있다고 믿는다. 이런 관점에서 볼 때 종교도 하나의 지식이다.

종교적 진리

대체로 지식은 크게 두 가지 종류로 나누어 생각해볼 수 있다. 그 하나는 직관으로 얻어지는 것이요, 또 하나는 직관으로 얻어진 지식을 기초로 해서 이성의 논리적 구축으로 얻어지는 지식이다. 첫째의 지식을 직접 혹은 일차적 지식이라고 부를 수 있다면 둘째의 지식은 간접 혹은 이차적 지식이라고 이름 지을 수 있다. 눈만 그냥 뜨고 푸른 하늘을 쳐다보면 우린 하늘이 푸르다는 것을 직관적으로 안다. 사람을 보면 그것이 개나 돼지가 아니고 사람이라는 것을 그냥 안다. 얼음을 만지면 그것이 차다는 것을 그냥 대뜸 안다. 이에 반해서 사과가 나무에서 떨어지거나 바닷물이 불었다가 줄곤 하는 것은 만유인력 때문이라는 것을 알고, 음식을 먹으면 그것이 소화되어 피로 변하고 다시 에너지가 된다는 것은 중학교 졸업생 정도면 알고 있다. 그러나 이와 같은 지식은 직접 경험을 통해서 얻은 것이 아니요, 보다 기초적인 지식을 전제로 해서 추리되고 계산하여 간접적으로 얻어진 지식이다. 여기서 직접적 지식이 간접적 지식보다 기초적임은 자명하다.

어떤 지식이건 간에 그것이 진정한 지식으로 받아들여지려면 반드시 어느 정도의 객관성을 띠어야 한다. 즉 그 지식은 정상적인 사람들이 정상적인 경우에 놓여 있을 때 동의를 할 수 있는 것이어야 한다. 만약 어떤 이가 진정으로 하늘에 천사가 떠돌아다니는 것을 본다고 우겨댄다 하자. 그러나 만약 정상적인 사람들이 꼭 같은 때 꼭 같은 자리에서 멀쩡한 눈을 크게 뜨고도 천사를 보지 못한다고 한다면, 하늘에 떠돌아다니는 천사가 있음을 사실로서 받아들일 수 없다. 또 다른 예를 들어 어떤 학생이 2+5=8이라고 우겨대며 그것을 진정 옳다고 심각하게 믿는다고 하자. 다른 학생들이나 선생이 백 번 천 번 설명해도 그 맹꽁이같이 답답한 학생은 잘못을 깨닫지 못하고 심각하게 자기가 옳다고 확신한다고 하자. 우리는 그 학생이 아무리 신념에 찼다 해도 그의 지식이 그릇됐다고 해야 한다. 왜냐하면 잘 따지고 볼 때 2+5=7이기 때문이며, 이러한 사실은 정상적인 모든 사람들에게 설명이 잘 되었을 때 납득이 가기 때문이다. 직접적 지식이든 간접적 지식이든 간에 지식이 참다운 지식으로 행세하려면 반드시 경험적으로 실증되거나 논리적으로 설명될 수 있어야 한다. 다시 말하자면 객관성이나 보편성을 지녀야 한다. 과학적 지식은 이러한 관점에서 가장 믿을 만한 지식이 된다. 실제로 이런 지식을 가짐으로써 많은 이득이 인간에게 주어진다. 그러나 형이상학적 지식은 비록 그 지식이 이성으로 쌓아진 간접적 지식이 되고자 하지만, 사실상 경험적으로 확실히 실증이 되지 않고 논리적으로 엄격히 증명도 되지 않는다. 비단 형이상학적 지식에의 요구가 이성 속에, 즉 인간에게 내재하고 있고, 또한 누구나 의식적이건 무의식적이건 간에 일종의 형이상학을 갖고 있긴 하지만, 그러한 지식은 완전히 받아들일 수 없는 사이비의지식似而非擬知識에 속할 수밖에 없는 것이다.

그렇다면 종교에서 말하는 '신'에 관한 지식은 어떤 것인가? 그것은 현상과 이성을 초월해서 존재하기 때문에 이목구비를 통해서 직접 경험될 수 없는 존재이며, 이성의 힘으로도 추리될 수 없는 존재이다. 그것은 어떤 괴상한 영감의 힘을 빌림으로써만 인식될 수 있는 존재이다. 믿음으로서만 도달할 수 있는 존재임을 애초부터 전제로 하면서도 서양사상사에서는 신학에 있어서나 철학에 있어서 신의 존재를 '증명'하려는 시도는 꾸준했다. 이런 역사적인 사실은 믿음으로만 얻는 지식 진리가 얼마만큼이나 불안정하고 자신 없는 지식인가를 암시하는 것이다. 그러나 현상과 이성을 초월한 존재를 이성의 힘으로써 증명하려는 시도 자체가 모순되어 불가능한 것임은 다음과 같은 세 가지 이론이 받아들일 수 없는 헛된 노력이었다는 데서 밝혀진다.

첫째, '존재학적 증명ontological proof'이란 것이 있다. 이 증명 방법의 골자는 '신'의 개념에서 신의 실제적 '존재'가 논리적으로 추리된다는 것이다. 우리들은 '신'이란 개념을 생각할 수 있으며 이해할 수 있다. 신은 전지전능한 존재를 의미한다. 즉 그것은 가장 무한히 위대한 것이다. 가장 무한히 위대한 것이 실제로 존재하지 않는다는 것은 생각할 수 없다. 왜냐면 실제로 존재하지 '않는' 가장 무한히 위대한 생각이란 자가당착이다. 가장 무한히 위대한 존재의 개념을 가질 수 있는 것이 사실이라면 그러한 존재는 '실제로' 존재해야 한다. 따라서 신은 존재한다. 이와 같은 신의 증명은 이미 칸트가 명백히 지적해준 것처럼 개념과 존재와의 혼돈에서 나온 오류이다. 개념은 반드시 존재를 전제하거나 내포하질 않는다. 우리들은 금송아지 혹은 용이란 개념을 충분히 가질 수 있지만 금송아지나 용은 실제로 존재하지 않는 상상적인 동물에 불과하다. 가장 무한한 존재라는 개념을 만들어 머릿속에 생각할 수 있으나 그러한 존재는 반드시 존재할 필연성이 없는 것이다.

둘째, '우주 생성에 의한 증명cosmological proof'이라는 것이 있다. 이는 모든 존재에는 반드시 그 존재의 원인이 있다는 경험적 진리에 기초를 두고 있다. 우리가 경험하는 모든 현상은 '아니 땐 굴뚝에 연기 날까'라는 속담이 말해주듯이 어떤 종류인가의 원인이 있다. 모든 현상의 총괄적인 개념인 우주가 존재함은 자명한 사실이다. 그렇다면 그 우주가 존재하는 원인이 있을 것이다. 그런데 우주가 모든 현상을 총괄적으로 가리키는 개념이라면 그 현상의 원인이 되는 존재는 우주 밖에서 현상 아닌 것으로 존재해야만 한다. 따라서 그런 존재가 경험을 통해서 직접 알수는 없지만 논리적으로 보아 반드시 존재해야만 한다. 신이란 다름 아닌 우주의 원인, 즉 창물주創物主이다. 이런 증명의 방법은 문제를 해결하기보다는 또다시 똑같은 문제를 끌고 나온다. 다시 말하자면 이 증명은 또 하나의 과오를 범한다. 만약 신이 우주 존재의 원인이 된다고 가정한다면 우리는 다시 물어야 할 것이다. 그 신이 존재하는 원인은 무엇인가. 이와 같이 묻게 되면 어떠한 해답이 나온다 해도 똑같은 의문이 꼬리를 물고 나타난다.

셋째, '목적론적 증명teleological proof'이란 것이 있다. 이 이론은 둘째의 증명에 나타난 사고방식과 정반대이다. 인간의 모든 행동은 물론 동물 혹은 식물, 그리고 물질까지도 어떤 목적에 의해서 움직이고 있는 것 같다. 성욕은 남녀 간의 결합을 목적으로 해서 있는 것 같고, 남녀 간의 결합은 자녀를 낳기 위해서 있어 보인다. 꽃은 벌이나 나비들을 부르기 위해서 있는 것 같고 벌이나 나비들이 꽃에 덤비는 것은 꽃이 열매를 맺도록 되어 있는 것 같다. 몸이 약한 토끼가 빨리 달릴 수 있는 것은 빨리 도망가도록 되어 있는 것 같고, 많은 동물들의 보호색은 그들이 생존을 계속하도록 되어 있어 보인다. 비는 모를 심으라고 내리는 것 같고, 얼음이 어는 것은 미끄럼을 타도록 하기 위해 그런 것 같다. 이러한 현상은 사람이나 동물이나 꽃들 자신의 자유로운 의사나 의지를 넘어서 있다. 그렇다면 그것은 어떤 초월적 존재, 전지전능한 신의 의지에 의해서 결정된 것으로 봐야 한다. 이와 같이 신의 존재를 증명하려는 데는 크나큰 무리가 있다. 왜냐하면 언뜻 보아서 목적이 있어 보이는 모든 행위나 현상은 단순히 물질의 인과 조건에서 나온 필연적인 결과이거나, 생물들이 존재하면서 밟아야 하는 동화와 적응과정에서 나타난 맹목적인 우연의 결과로 보아 아무런 모순이 없기 때문이다.

원칙적으로 증명될 수 없는 것을 증명하려는 신의 존재에 대한 모든 증명의 시도는 애초부터 모순된 시도이기 때문에 실패하지 않을 수 없는 것이다. 처음부터 이성을 초월해 있다고 믿어진 신의 존재를 이성으로 '증명'하려는 욕심은 근본적인 자가당착이었던 것이다. 다시금 믿음의 차원과 지식의 차원과의 구별을 명백히 의식해야 한다. 그리하여 우리들은 새삼 파스칼과 키르케고르의 말에 귀를 기울일 필요가 있다.

파스칼의 짧은 생애는 기독교를 옹호하는 데 완전히 바쳐졌다. 그는 신의 존재를 추호의 의심도 없이 믿었다. 그러나 그는 신의 존재가 앎의 대상이 아니라 믿음의, 아니 결단의 문제임을 분명하게 환기시킨다. 수학의 천재였던 그는 기하학·물리학, 컴퓨터의 원형인 계산기 등 과학에 있어서 역사적인 업적을 남겼다. 그럼에도 불구하고 그는 '기하학적 정신ésprit de géométrie'과 '섬세한 정신ésprit de finesse'의 건널 수 없는 차이를 명확히 했다. 이 구별은 보다 쉬운 말로 바꿔서 '논리적 사고'와 '직관적 사고'로 구별된다. 이 두 가지 사고 형태는 서로 다른 인식 기능을 갖고 있다. 파스칼에 의하면 논리로 알 수 있는 대상과 직관으로 알 수 있는 대상이 완연히 다르다. 신의 존재는 오로지 직관에 의해서만 인식될 수 있지 결코 증명될 수 없다고 주장하며, 중세기 이후 데카르트에 이르기까지 많은 신학자와 철학가들이 시도했던 신의 존재의 증명은 정신의 두 가지 다른 기능과 인식 대상으로서 신의 성격을 모른 데서 나온 노력이었다고 맹렬히 공격을 한다.

또한 키르케고르는 모든 '진리는 주관적이다'라는 것을 전제로 하면서 신은 과학적인 객관적 진리로서 파악될 수 없음을 역설했다. 그래서 그는 헤겔을 비롯한 합리주의적인 사고방식을 분쇄하고자 한다. 그는 파스칼과 더불어 신의 존재에 대한 믿음은 오로지 투신적인 무조건 신앙으로서만 도달할 수 있다고 역설한다. 그들에게 있어서 종교적 믿음은 '도박pari'이요, 절대적 '투신행위commitment'였다.

이렇게 믿음으로 얻어진 진리를 우리들은 정말 근거 있는 진리로 받아들일 수 있는가? 만약 그 진리가 직접 경험될 수도 없고 논리적으로 증명될 수도 없다면 어떤 근거로 그것을 진리라고 주장할 수 있는가? 어떤 백일몽을 꾸는 사람이 자기로서는 정말 천사를 보았다고 할 때 그것을 보지 못하는 정상적인 사람에게 그 진리를 증명하지 못한다면 어떻게 우리들이 그것을 진리로 받아들일 수 있겠는가? 어떤 진리이고 간에 그것이 진리로서 받아들여지려면 반드시 경험이나 증명의 과정을 거쳐 공동체에 의해서 입증되어야 한다. 그런데 신의 존재에 관한 진리는 애초부터 원칙적으로 객관성을 가질 수 없는 성질을 띠고 있다.

그렇다면 신이 존재한다는 끈질긴 주장은 무엇을 의미하는가? 그것은 진리를 진술하는 인식적 진술이 아니라 인간의 어떤 심리적 상태를 나타내는 것에 불과하다고 생각된다. 다시 말해서 신이 존재한다는 주장은 문자 그대로 받아들일 수 없다. 즉 신은 어떤 실체를 가리키는 낱말이 아니다. 파스칼은 신이 있다고 믿는 편이 손해가 없다고 했고, 키르케고르는 신의 존재를 믿음으로써만 모든 인간의 행위가 의미를 갖게 된다고 말했다. 이런 점으로 보아서도 신의 존재를 믿는 이유는 어떤 심리적 만족을 위해서 나타나는 요구임을 짐작할 수 있다.

종교에서 주장하는 신의 존재가 인간의 심리적 요구에 의해 만들어진 하나의 환상에 불과하다는 것은 니체Nietzsche나 프로이트Freud에 의해서 주장되고, 사회학자 뒤르켐Durkheim은 사회적 필요성이 상상해낸 환상이라고 설명한다. 프로이트에 의하면 자립할 수 없는 어린아이가 자신을 보호해주는 아버지를 의지하고 살아야 하듯이 죽음으로 절망을 의식하는 인간은 인간을 초월한 어떤 강한 인격적 존재를 필요로 하게 된다. 그럼으로써 절망적인 인간의 운명으로부터 해방되고자 한다. 신은 이와 같은 필요에서 발명된 인격적 존재에 불과하다. 따라서 신은 실상 실존하는 것이 아니고 인간의 심리적 요구에 의해서 상상되고 발명된 존재임을 알 수 있게 된다. 프로이트는 이와 같은 신의 발명이 미숙한 상태에 있던 인류의 불가피한 필요성임을 인정하면서 이성이 발달된 성숙한 오늘의 인류는 종교라는 환상에서 깨어남으로써 더욱 많은 행복을 얻을 수 있다고 주장한다. 또 한편 니체는 종교 발생을 완연히 다른 원칙으로 설명한다. 그에 의하면 모든 인간은 영주와 노예라는 범주로 나누어지는데, 압박을 받고 현세에서 불행한 노예들은 영주에게 원한을 품게 마련이다. 원한을 갚기 위한 복수를 꾀한다. 종교는 노예들이 영주들에 복수하는 수단으로서 발명해낸 간계인 것이다. 그들은 선과 악이란 논리적 규범을 만들고 그것을 합리화할 수 있는 종교를 발명한다. 이 세상 밖에 초월적인 영원의 세계가 있다고 주장하면서 이 세상에서 선과 악의 행위는 영원한 세계에서 반드시 정당하게 보상된다고 믿게끔 한다. 그리하여 한편으로는 영주들로 하여금 그들이 악 속에 산다는 의식을 갖게 하고, 그럼으로써 그들이 죄의식과 영세에 있어서 받게 될 벌에 대해 공포심을 갖게끔 한다. 또 한편으로는 영세에서 보상될 것이라는 것을 믿음으로써 노예들은 이 세상에서 겪는 자신들의 불행과 모욕에서 다소 위안받게 된다. "신은 죽었다"라는 니체의 유명한 말은 결국 종교가 전제로 하는 신은 사실 실체가 아니라 환상적 존재에 불과하다는 것을 의미하는 것이다. 니체는 어떤 심리적 욕구를 채우기 위해서 꾸며진 종교에서 해방되어 선악을 초월한 완전한 자유의 인간이 되기를 요구한다. 끝으로 사회학자 뒤르켐은 한 사회의 유대를 유지하는 데 필요했던 일종의 사회적 규칙이라고 주장한다. 한 사회가 유지되려면 질서가 유지되어야 하는데, 질서가 유지되려면 사회를 구성하는 각 개인을 초월한 권위가 필요하다. 신은 다름 아니라 이 권위의 의인적 표현인 것이다.

이와 같이 종교가 과거에 있어선 한 사회를 유지하는 데 불가결한 것이었지만 이제 의식이 발달된 오늘날 문화인들은 인격화되지 않는 권위, 즉 정치체제와 윤리규범을 설정함으로써 그것이 가능하다. 따라서 이제 종교나 신을 문자 그대로 믿을 필요가 없는 것이다.

위에서 본 종교 발생론 중 어떤 것이 가장 옳은 설명인가는 결정하기 어려운 문제이다. 종교의 발생은 다만 한 가지 이론만으로 설명될 수 없고 오히려 복잡한 설명이 필요한 성싶다. 다만 한 가지 잊어서는 안 될 점은 여러 가지 종교 발생론은 다 같이 신의 실재성을 부정한다는 점이다. 신은 실체가 아니라 인간의 심리적 혹은 사회적 요구에서 만들어진 환상이다. 이와 같은 환상을 믿는 어떤 종류의 심리상태를 종교적 경험이라고 부른다. 그렇다면 신의 존재가 부정된 다음에도 종교적 경험은 가능한가? 신을 믿지 않고서도 신을 믿음으로써 얻을 수 있는 평화롭고 충만한 심리상태에 도달할 수 있는가? 종교적 경험이란 어떤 심리상태를 가리키는가?

종교적 경험

신의 존재를 믿는 사람들은 종교적 경험이라고 부르는 일종의 특수한 경험을 한다. 그런데 여태껏 보아왔듯이 신은 우리들의 경험의 대상으로서 실재하지 않고, 우리들의 어떤 심리적 요구가 꾸며낸 환상이다. 신자들은 그들의 종교적 경험이 환상이 아니라 실재로 존재하는 신이 있음으로써 있을 수 있다고 믿더라도, 사실에 있어선 신이 존재해서가 아니라 신이 존재한다고 믿기 때문에 생기는 경험이 될 것이다.

　종교적 경험과 구별되는 신비적 경험이 있다. 신의 존재를 믿지 않는 많은 무신론자도 그 내용에 있어선 신의 존재를 믿는 신자들이 말하는 종교적 경험과 구별할 수 없는 경험을 하는 수가 많다. 따라서 종교적 경험과 신비적 경험의 차는 내용에 있지 않고 같은 내용의 경험의 발생에 대한 경험자의 해석에서만 생긴다. 신의 존재가 환상이라면 사실상 종교적 경험은 '일종의' 신비적 경험에 지나지 않는다. 따라서 나는 여기서 종교적 경험이란 말을 신비적 경험이란 말과 같은 뜻으로 쓴다.

　경험은 의식상태를 가리킨다. 경험에는 의식이 대상을 갖는 경우와 그렇지 않은 경우가 있다. 바다를 바라보면서 바닷물이 푸르다는 것을 경험하는 경우 경험은 그것의 의식 대상인 바닷물의 푸름을 갖고 있지만, 애인을 만나보고 난 후 집에 돌아와서 흐뭇한 느낌을 갖는 경험에는 느낌의 아무런 대상이 없다. 전자의 경험이 인식적 경험으로서 앎에 관계되는 경험인 데 반해서 후자의 경험은 정적 경험이라고 부를 수 있는 것으로서 순전히 경험자의 심리상태를 두고 말하는 경험이다. 신비 경험이 오직 후자에 속하는 경험일 수밖에 없음은 두말할 필요도 없다. 그렇다면 애인을 만나보고 느끼는 경험 및 심리상태와 다른 신비적 경험에서 얻어지는 심리상태는 어떤 성질의 것인가?

첫째, 우주 전체를 감각하는 감정이다. 그것은 아무것도 빼놓지 않고 빠짐없이 모든 전체를 파악하는 데서 오는 심리상태이다. 이런 상태에서 우리는 무한이라든가 영겁이라는 것과 접하고 있다는 느낌을 갖게 된다. 그것은 유한에서 오는 허무감으로부터의 해방감이다. 예를 들어 높은 산에 오르거나 비행기를 탈 때, 혹은 술을 적당히 마시고 누워 있을 때 우리는 이와 같은 느낌을 갖게 되는 수가 있다.

둘째, 우주 전체가 부분적 혹은 단편적으로 체험되지 않고 하나의 유기적인 전체로서 파악된 조화 혹은 질서의 감각이다. 지도를 바라볼 때, 물리학·생물학 등을 공부할 때, 또는 밤과 낮, 춘하추동의 시간적 질서를 의식할 때 우리들은 유기적인 전체를 느낀다. 예술적 감각의 중요한 요소의 하나는 바로 이와 같은 감각이다. 나는 1953년 휴전이 되기 전 어느 날 동래고교 근처에서 동래 온천장으로 가는 버스를 기다리면서 신작로가의 플라타너스 나무에 기대고 있었다. 그때 큰 트럭이 지나갔다. 그때 나는 지구 전체가 우주의 넓은 공간 속에서 마치 풍선처럼 흔들리고 나 자신이 그 풍선 위에 떠 있는 것 같은 무한한 우주적 조화와 행동감을 피부로 느꼈다. 이런 경험도 신비적 경험의 한 예가 될 것이다. 철인 칸트는 하늘의 별들과 인간 마음속의 가치 윤리 의식 속에 똑같은 질서를 체험했다고, 그런 질서에 황홀감과 엄숙함을 느꼈다 했다. 나는 이러한 칸트의 경험도 일종의 신비적 경험이라고 믿는다.

셋째의 특징은 조화된 전체로 파악된 우주와 경험자인 '내'가 완전히 합일·조화된 느낌이다. 경험대상으로서 우주 전체인 객체와 경험자인 주체로서 내가 주객의 구별을 초월해서 완전히 하나로 된 심리상태이다. 인간은 흔히 다른 사람들이나 의식대상으로부터의 격리감에서부터 이른바 소외 의식을 느낀다. 신비적 경험은 소외 의식으로부터의 해방감, 즉 고독으로부터의 해방감이다. 소설가 D. H. 로렌스가 강조한 참다운 성을 통해서, 불교·도교에서 강조하는 명상을 통해서, 혹은 깊은 예술적 경험을 통해서 이와 같은 신비적 경험을 갖게 될 수 있다고 믿는다.

넷째, 신비적 경험에서 무의미한 것, 특히 무의미, 혹은 허무했던 '나'의 존재가 의미 있는 것으로 되어, 나의 생은 헛된 것이 아니라 충만한 것으로서 경험된다. 어떤 존재가 의미를 갖고 있다는 것은 그 존재가 전체로부터 고립되거나 소외된 이른바 사르트르가 말하는 '과잉물de trop', 즉 쓸데없는 것이 아니고 유기적인 전체 속에서 없어선 안 될 하나의 뚜렷한 기능을 담당함으로써 전체 속에 참여되었음을 의미한다. 자동차의 핸들은 그 자동차가 완전한 본연의 기능을 하는 데 없어선 안 될 것으로 파악될 때 비로소 뜻이 있고, 한 인간은 자기의 인생이 가정을 유지하는 데에, 한 사회 안에서, 한 국가 안에서, 세계사에서 없어선 안 될 존재로 파악될 때 그는 자기 인생의 의미를 느끼게 된다. 만약 그가 인류 사회뿐 아니라 영원 무한한 우주 속에서 없어선 안 될 일부라고 느꼈을 때, 그는 가장 큰 생의 의미, 즉 죽음을 넘어선 생의 희열을 경험하게 된다. 불교에서 말하는 '열반', 도교에서 말하는 '무위', 여러 신자들이 말하는 '엑스터시'의 경지는 다름 아닌 의미 충만감으로서 신비적 경험을 가리키는 것에 불과하다. 기독교·불교·유교·도교 등에서 찾아볼 수 있는 여러 가지 의식은 궁극적으로 우주적 조화 속에서 의미 충만감에 도달하기 위한 테크닉으로 볼 수 있다.

나는 신의 존재를 믿지 않는다. 그 까닭은 어떤 특수한 종교나 종교인들에 대한 감정적인 반발을 갖기 때문이 아니라 신이 존재하지 않는다는 입장만이 우리가 현재까지 알고 있는 모든 사실로 보아 가장 정직하고 겸손한 태도라 믿기 때문이다. 맑은 정신으로 생각할 때 아무리 해도 신이 존재한다는 결론을 낼 수 없기 때문이다. 설사 과거는 물론 현재까지도 수십 억의 인간들이 신의 존재를 확신하고 있다고 해도 나의 태도에는 변함이 없다. 나는 수십 억이나 되는 사람들이 착각에 빠져 있다고 믿을 수밖에 없다. 왜냐하면 모든 앎과 믿음은 맑은 의식, 밝은 이성을 떠나선 없는 것인데, 아무리 해도 이성으론 신의 존재를 받아들일 수 없기 때문이다. 물론 이 말은 이성의 오만을 나타내는 것이 아니다. 이런 태도야말로 이성 자신의 엄청나게 협소한 한계를 자각한다. 이성은 자기가 마치 심야에 켜진 등불과 같은 힘밖엔 없음을 뚜렷하게 알고 있다. 그러면서도 그는 심야 속에서 길을 계속하려면 오직 그 작고 미약한 등불밖엔 의지할 것이 없다는 것을 또한 알고 있다. 이러한 이성은 자신의 존재에 비해서 무한히 크고 압도적인 심야에 억제할 수 없이 경건한 마음으로 신비스러움을 느끼게 되는 것이다. 따라서 나는 신의 존재를 부정하지만 걷잡을 수 없이 신비적 경험에 사로잡히곤 한다. 신비적 경험은 이성의 한계를 의식하는 데서 생긴다.

종교를 부정하는 것은 종교인들의 인간적 위대성을 부정하는 것과는 전혀 별개의 문제이다. 나는 비록 그들이 지적인 입장에서 볼 때 착각에 빠져 있다고 믿으면서도 고독과 가난과 죽음을 무릅쓰면서까지 자기가 옳다고 믿고 또 만인에게도 옳다고 믿어지는 인간적 가치를 위해서 몸을 바친 수많은 순교자, 그런 일을 계속하고 있는 선교사들을 끝없이 존경한다. 마찬가지로 나는 어떤 이상, 특히 자기를 초월해서 가난하고 약한 사람들, 자기가 진정 옳다고 믿는 가치를 위해서 자기 자신은 물론 자기의 가족·친구들까지도 희생시키면서 죽기를 각오하고 싸우는 사람들에 대해선, 비록 그들이 이념상으로 나의 의견과 정반대인 경우라도 존경하는 마음을 억제할 수 없다. 이와 같은 사람들이 비록 신이나 내세의 보수를 믿지 않는 이른바 무신론자일 경우라도 나는 그들이 일종의 신비적 경험을 하고 있는 것으로 확신한다. 신의 존재는 영적 경험을 위해서 반드시 필요한 것이 아니다. 신을 믿지 않더라도 가장 고귀한 정신적 행위는 가능하다.

《세대》, 1974. 8.

03
종교인과 종교쟁이

마르크스는 종교를 아편에 비유했다. 그렇다면 종교인은 아편 중독자이거나 아편 공급자가 될 것이다. 종교는 과연 아편인가? 종교인은 과연 아편장이인가? 대체 종교란 무엇이며 종교인이란 어떤 사람인가? 성당이나 사찰 아니면 성서나 불경이 종교인가? 일요일에 교회에 나가 찬송가를 부르거나 불상 앞에서 향을 피우고 절을 하는 사람들이 종교인인가? 그렇다면 성당이나 사찰, 성서나 불경은 무엇을 의미하며, 교회나 절에 가는 사람들은 무엇을 하는 사람들인가?

종교는 궁극적 존재에 대한 이론이다. 예를 들어 성서와 불경은 각기 존재의 궁극적 기원에 대한 이론이며 존재의 궁극적 구조에 대한 이론이다. 기독교는 우주의 창조설을, 불교는 우주의 윤회설을 내세우고 있다. 그러므로 종교는 일종의 지식이 된다. 그러나 궁극적인 우주, 혹은 존재에 대한 지식은 비단 종교의 독점물은 아니다. 넓은 의미로서의 철학, 즉 형이상학도 종교와 마찬가지로 우주나 존재에 대한 궁극적인 지식으로 자처한다. 그러면서도 종교와 형이상학은 다르다. 그것은 종교적 지식이 계시나 혹은 계명이라는 어떤 영감적 직관으로 이루어진 것인 데 반해서 형이상학적 지식은 오로지 인간의 이성으로 추리된다는 점에 있다. 그러나 종교는 역시 형이상학과는 근본적으로 다르다. 형이상학은 존재의 궁극적인 구조나 기원에 대한 서술, 즉 인식으로 끝나지만, 종교는 그러한 종류의 인식인 동시에 궁극적 가치에 대한 주장이다. 기독교는 신에의 절대 복종에, 그리고 불교는 우주에의 절대적 귀의에 가장 근본적인 가치를 두어야 한다고 주장한다. 성당과 사찰은 바로 이러한 가치를 실천하는 장소가 된다.

종교적 지식이나 가치가 순전한 일상적 지식이나 가치, 혹은 과학적 지식이나 가치와 다른 것은 전자의 지식이나 가치가 궁극적인 성격을 띠고 있다는 데 있다. 여기서 궁극적이라는 말은 일상적 혹은 과학적 지식이나 가치의 밑받침이 되는 것, 일상적 혹은 과학적 지식이 전제하고 있는 것에 대한 지식이나 가치임을 의미한다. 일상적 혹은 과학적 지식의 가치는 항상 객관적 경험에 근거를 두고 있다. 따라서 그러한 것들은 경험에 의해서 객관적으로, 즉 보편적으로 각기 그것의 진위와 정·부당성을 결정할 수 있다. 그러나 그러한 지식이나 가치의 바탕이나 전제가 되는 지식이나 가치가 객관적인 경험에 의해서 그것의 진위와 정·부당성이 논리적으로 결정되기는 불가능하다. 그래서 종교적 지식이나 가치를 우리는 초월적이라고 부를 수 있다. 왜냐하면 직접적이든 간접적이든 그것은 인간이 객관적으로 경험할 수 없는 존재나 실증될 수 없는 것에 대한 주장이기 때문이다.

위와 같은 종교적 지식이 정당한 뜻으로서의 지식이 되지 못하는 사이비 지식임과 그러한 지식에 근거를 둔 가치가 정당화될 수 없음은 이미 논리실증주의자들에 의해서 명쾌하게 밝혀졌다. 일상의 경험적 지식이나 과학적 지식은 비록 어떤 경우에 당장 객관적으로 그것의 진위가 결정될 수 없다 해도 언젠가는 그것의 진위가 실증될 수 있는 논리적 가능성을 항상 내포하고 있다. 이러한 지식에 비추어볼 때 이른바 종교적 지식은 실질적으로나 논리적으로 전혀 그러한 가능성이 없다. 수천 년을 두고 수많은 종교들이 각기 다른 이론을 주장하고 있는 사실이나, 좀더 나아가서 같은 종교 내부에서도 수많은 종파로 세포처럼 분열하고 있다는 사실은 종교적 지식이 과학적 지식과 다르다는 사실뿐만 아니라 실상 지식이 될 수 없다는 것을 구체적으로 입증하고 있는 것이다. 여기서 우리는 종교가 존재에 대한 어떤 설명을 하고, 가치에 대한 어떤 주장을 한다고 해도 그러한 것들은 모두 아무 근거가 없다는 것을 인정해야 한다.

그렇다면 종교는 난센스인가? 종교는 완전한 헛소리에 불과한가? 그렇다면 종교는 우리들의 무지몽매의 표현에 불과한가? 이제 우리는 과학적 지식으로서만 만족할 수 있는가? 근대와 현대의 많은 사상가나 철학자들의 대답은 분명히 긍정적이다. 그래서 마르크스·니체·프로이트·카르납은 종교를 고발하고 규탄한다. 마르크스는 지배계급에 소속하는 소수의 무리가 자기들의 이권을 보지하기 위해서 절대 다수의 피지배계급에 먹이는 아편으로 보았고, 니체는 비굴한 약자의 대중들이 지배자로부터 받는 지배와 모욕을 복수하기 위한 간계한 꾀에 불과하다고 믿었고, 프로이트는 모든 인류가 각기 죽음이라는 공포로부터 심리적 위안을 받기 위해서 꾸며낸 허구에 불과하다고 보았고, 카르납은 헛소리에 지나지 않는다고 주장했다. 이들의 결론은 종교가 우리들이 무지몽매한 데서 생겨났음을 의미하고, 인간은 언젠가는 완전히 종교로부터 해방되어 종교 없이 살 수 있다는 것을 의미한다.

그러나 과연 종교는 위의 예에서 들은 사상가들의 설명으로 만족될 수 있을까? 사회적·심리학적 혹은 언어적인 설명으로 종교는 완전히 이해될 수 있겠는가? 과거의 모든 인간사회는 물론 화성을 정복했을 만큼 과학이 발달된 오늘날에도 모든 인류사회는 어떤 형태인가의 종교를 갖고 있다는 사실로 보아도, 종교는 위와 같은 설명을 넘어서 인간과 훨씬 더 깊은 관계를 갖고 있음을 암시한다. 종교와 인간과의 관계는 단순히 깊은 관련을 맺고 있을 뿐만 아니라 인간이 이룩한 위대한 업적과 더불어 인간이 저지른 가혹한 행위가 흔히 종교의 명목하에 이루어졌다는 사실을 생각한다면, 종교와 인간, 종교와 문화와의 관계가 얼마만큼 큰가를 인정하지 않을 수 없다.

한편으로 헛소리 같고 또 한편으로 중요하다는 언뜻 보아 모순된 측면을 지니고 있는 종교를 이해하려면 '교리'로서의 종교와 '향수'로서의 종교를 구별해 고찰할 필요가 있다.

모든 종교는 어떤 형태의 교리를 갖고 있다. 교리는 일상적 경험이나 과학으로서는 그것의 진위나 정·부당성을 가려낼 수 없는 초월적 존재에 대한 앎을 주장하고 가치를 제시한다. 그러한 교리는 항상 도그마로서 무조건 받아들여 추종하기를 요구한다. 물론 그러한 교리가 어떠한 개인이나 소수의 사람들에 의해서 마치 헌법을 정하듯이 결정됐다는 말은 아니다. 그것은 오히려 어떤 특수한 개인이나 소수자에 의해서 처음으로 계시됐거나 계명된 진리라고 전제된다. 그러나 이와 같은 종교적 교리가 주장하는 것이 정말 진리인지 아닌지를 알 도리가 없다. 실상 수많은 종교가 전혀 모순되는 교리를 주장하고, 같은 종교 내에서도 수없이 많은 종파가 생기고 있는 것은 종교적 교리가 주장하는 진리의 근거가 극히 희박하다는 것을 입증한다고 볼 수밖에 없다. 종교적 교리의 진위가 아직도 증명되지 않았을 뿐만 아니라 어떠한 논리로 보아서도 전혀 그러한 가능성이 없다면 우리는 논리실증주의자들이 밝힌 바처럼 종교가 주장하는 진리를 진리로 받아들일 수 없을 뿐 아니라, 어떤 형태의 앎으로서도 받아들일 수 없다. 그렇다고 종교가 주장하는 진리가 틀렸다는 말이 아님을 주의해야 한다. 다만 진리건 아니건 간에 그러한 주장은 '앎'으로써 따질 수 없는 성질의 것임을 강조할 따름이다. 그러므로 종교적 교리는 아무리 '진리'라고 주장해도, 어떤 초월적 존재와 가치에 대한 진술이라고 주장하더라도 실제로 따지고 보면 진술같이 보이기만 하는 사이비 진술에 불과하다. 물론 어떤 종교적 교리를 믿는 사람들이 자기들의 주장이 진정한 의미에서 진술일 뿐 아니라 보다 근본적이고 엄격한 의미에서의 진술이라고 믿지 않는다는 것은 아니다. 만약 그들이 자기들의 교리가 진술이 아니라고 믿는다면 그 교리는 종교적 교리일 수 없고, 그러한 사람들은 종교를 믿는, 혹은 가진 사람이라고도 말할 수 없다. 종교적 교리는 그것이 진술이라고 믿어졌을 때에만 종교적 교리로서 성립될 수 있다. 다시 말해서 종교적 교리는 그것을 주장하고 믿는 사람이 착각됐을 때에만 가능하다는 역설이 성립된다.

이성과 양심에 비추어볼 때 모든 종류의 종교적 교리는 결코 믿을 수 없고, 따라서 추종할 수 없다고 못박아 결론지을 수밖에 없는 나는 수천 년의 긴 역사를 두고 위대한 사상가, 위대한 사람들에 의해서 믿어졌을 뿐만 아니라 오늘날에도 인류의 3분의 1 이상이 그렇게 믿고 있거나, 그렇게 믿는다고 생각하고 있다는 것을 잘 알고 있다. 그러나 진리는 결코 어떤 권력가나 유명한 사람에 의해서 결정될 수도 없고 민주주의식으로 대다수의 세력에 의해서 결정될 수 있는 성질의 것이 아니다. 어떤 종교적 교리도 거부하는 나를 보고 무식한 놈, 오만한 녀석, 타락한 치,

'악'의 자식이라고 욕하고 멸시하고 분노하고 저주할 사람이 있을 줄로 추측한다. 그러나 나는 그들에게 그들의 진리를 정말 증명해달라, 계시 받도록 해달라고 반문하고 싶다. 단 하나일 수밖에 없는 그들의 진리는 어찌하여 서로 모순되는 것을 주장하는가, 어찌하여 단 하나만의 종교적 교리가 다른 여러 가지 교리보다 더 옳다고 주장할 수 있는가를 물어보고 싶다.

어떠한 종교적 교리도 부정한다고 해서 종교 자체를 부정하는 것은 아니다. 어떠한 도그마도 거부한다지만 일정한 도그마를 고집하는 어느 사람 못지않게 종교적일 수 있다고 나는 확신한다. 여기서 우리는 '향수'로서의 종교를 생각해볼 차례에 이르게 되었다. 그렇다면 향수로서의 종교란 무엇을 말하는가? 인간이 가질 수 있는 존재에 대한 지식 가운데서 과학적 지식만큼 확실한 것은 없다. 그러나 과학은 그것이 도달할 수 있는 한계를 분명히 의식하고 인정한다. 인간은 설사 불가능하고 부질없는 것인 줄을 명백히 의식하면서도 과학이 도달할 수 없고 이성이 미칠 수 없는 것에 대한 존재의 문제를 의식하고, 그것을 알고 풀어보려는 욕망을 버릴 수 없다. 과학이 완전히 설명할 수 있을지 모르는 우주는 어디서 왔는가? 그것은 대체 왜 있는가? 태어나서 살다 죽고야 말 인생은 어떠한 의미가 있는가? 불가사의한 우주 속에서 불가사의한 나는 어떻게 살아가야 할 것인가? 이러한 문제는 모든 인간에게서 떠날 수 없다. 물론 누구나가 항상 이러한 문제를 제기하고 그것을 풀려고 집착하고 있다는 말은 아니다. 대부분의 인간은 삶을 살아가는 동안 대부분의 시간을 그날그날의 일상적인 문제해결에 빠질 수밖에 없다. 그러나 정도의 차이는 있을지 몰라도 모든 인간은 언젠가 이러한 문제에 부딪친다. 그 가운데 어떤 사람은 더욱 심각하게 이런 문제와 대결한다.

위와 같은 문제가 바로 종교적 문제이다. 그것은 다름 아니라 모든 존재를 전체적이며 근본적으로 파악하고 그러한 가운데서 인간이 각자 자기의 위치를 발견해서 그 자신의 우주적 의미를 어떻게 얻느냐 하는 문제이다. 모든 인간이 정도의 차이를 막론하고 이러한 문제에 부딪치거나 부딪칠 가능성을 갖고 있는 이상 모든 인간은 적어도 종교적인 동물이다. 물론 위와 같은 문제는 모든 종교적 교리가 주장하려는 것과는 달리 결코 확실하고 객관적인 해답을 갖지 못하게 마련이다. 그러면서 그러한 문제에 부딪치고 그러한 문제를 해결하고자 하는 것은 인간에게는 어쩔 수 없는 향수로 남아 있다. 그래서 우리는 종교를 초월에 대한 향수라고 부를 수 있다.

이와 같은 뜻으로서의 종교는 인간의 본질과 관계되는 것으로 결코 마르크스가 생각했던 것처럼 '아편'이 아니며, 니체가 주장했던 것처럼 지배자에 대한 복수의 간계도 아니며 프로이트가 믿었던 것처럼 죽음으로부터의 공포에서 해방되기 위한 위안 수단의 상상물도 아니다. 위와 같은 현대 사상가들에 의한 무자비한 종교적 비판은 도그마, 즉 교리로서의 종교와 '향수'로서의 종교를 구별하지 못한 데서만 생긴다. 그들의 비판은 오로지 교리에 대한, 아니 더 정확히 말해서 교리가 악용됐을 경우에만 적용되고 정당화될 수 있다.

어떤 종교적 교리는 과연 아편으로서 사용될 수 있고, 정신적 위안의 수단이나 한 개인의 분노를 풀어주는 꾀가 될 수도 있을 뿐만 아니라, 흔히 많은 종교가 그와 같은 목적을 위해서 이용되었고 현재도 많은 경우 그와 같이 악용되고 있다. 이런 사실로 볼 때 위의 종교 비판은 타당하다. 그러나 위와 같은 목적을 달성하려는 동기에서 어떤 종교적 교리를 믿고, 또 설사 그런 동기가 없었더라도 악용되는 결과를 낸다고 해서 결코 '향수'로서의 종교는 부정될 수 없다.

종교의 본질을 보다 잘 파악하기 위해서는 교리로서의 종교와 향수로서의 종교를 구별해야 할 뿐만 아니라 더 나아가서는 '종교쟁이'·'종교인' 그리고 '종교적 인간'을 구별해야 한다.

'종교쟁이'는 누구인가? 그것은 스스로의 양심에 물어볼 때 자기 자신이 믿지도 않는 어떤 교리를 믿는 시늉을 하면서 그런 위선을 미끼로 하나의 교리를 자기 자신의 개인적 혹은 가족적 또는 국가적 목적을 달성키 위한 수단으로 삼고 있는 사람들이다. 그들은 자기들이 예를 들어 기독교나 불교의 교리를 믿으니까, 자기들이 교회나 절에 정기적으로 다니니까 그런 것을 믿지 않고 그런 짓을 하지 않는 사람보다 우월하고 착하고 옳은 사람임을 공표하면서 남들을 멸시하고 굴복시키고 이용하려 한다. 그들은 실상 천사의 탈을 쓴 여우이다. 그들은 근본적으로 간사스러운 위선자의 표본이다. 우리는 과거나 현재를 막론하고 이와 같은 '종교쟁이'가 얼마나 많았던가를 알고 있으며 많은가를 목격하고 있다. 그들은 종교라는 미명하에 가난하고 우매한 사람들의 재산과 육체를 약탈하는가 하면 종교를 자신의 자기 보호의 방패로 또는 권력을 장악하기 위한 수단으로 이용한다. 그들은 일요일이면 고급 승용차에 몸을 싣고 교회나 성당에 가서 이웃을 형제와 같이 대하라고 설교하고 집에 돌아와서는 어떻게 하면 이웃의 재산을 빼앗을까를 꾸민다. 그들은 자비를 선전하면서 어떻게 하면 어리석은 신도들이 불당 앞에 많은 돈을 던지게 할 수 있을까를 생각하는 자이다. 그들은 종교가 아편인 줄을 알면서 그것이 보약이라고 팔아먹는 어엿한 '쟁이'이다. 이런 종교쟁이일수록 호국 불교나 호국 기독교를 내세우면서 가장 애국자인 체하고 권력과 타협하여 한 개인이나 단체의 이권을 탐내고 세력을 편다. 이런 종교쟁이일수록 목사라는 간판을 갖고 누구보다도 앞장서 이민을 간다. 종교라는 명목으로 막대한 탈세를 일삼는다. 그러나 참다운 종교는 어떤 특정한 국가의 호국적 수단으로나 어떤 개인의 이민을 위한 도구로 사용될 수 없다. 가장 위선적인 타입의 하나인 종교쟁이야말로 가장 멸시되어야 할 위선자이며, 가장 위험한 사회의 병충이라고 말할 수 있다. 종교쟁이는 겉보기와는 달리 종교와는 아무 관계도 없고, 진정한 의미에서 종교인으로서의 이야깃거리도 되지 않는다. 그러나 가장 위험한 무리의 하나인 수많은 종교쟁이가 있다는 것을 의식하고, 그러한 무리들을 가려내서 그들을 경계하고 규탄해야 함은 종교인에게나 종교인이 아닌 사람에게나를 막론하고 다 같이 중요한 일이다. 왜냐하면 종교쟁이는 근본적으로 가장 질이 나쁜 사기꾼이기 때문이다. 종교를 믿는 사람으로 자처하거나 종교적 지도자로서 활약하는 사람들은 다 같이 그 자신들이 혹시 종교쟁이가 아닌가, 종교쟁이로 전락하지 않았는가를 항상 스스로 물어볼 필요가 있다.

종교쟁이가 어떤 종교적 교리를 진심으로 믿지 않으면서도 믿는 척하고 흉물을 꾸미는 자라면, 종교인은 자기가 채택한 교리가 옳다는 것을 진심으로 믿으며 그러한 교리에 따라 살아가려고 노력하는 사람들이다. 그러나 종교인 가운데는 어떤 종교적 교리를 올바로 이해한 무리와 그릇 이해한 무리로 나눌 수 있다. 가령 기독교나 불교를 믿으면 죽어서 천당에 가거나 병으로부터 나을 수 있다고 믿는 무리들로서 아들을 낳게 혹은 부자가 되도록 혹은 적이 쉽사리 망하도록 기도하고 염불한다. 그러나 이와 같은 행위는 결코 종교와는 아무런 관계도 없는 미신에 불과하다. 종교의 본질은 개인은 물론 어떤 단체나 국가를 초월해서 오로지 범인간적인 성격을 띠고 있으며, 종교적 믿음과 그에 따른 실행은 그 자체가 가장 중요한 목적이며 가치이지 결코 어떤 다른 목적을 위한 수단이나 방편이 아닌 것이다. 그러므로 우리는 위와 같은 종교인은 인간적으로 성실하고 진지하지만 종교와 그밖의 앎이나 행실을 혼동한 사람이라고 규정짓지 않을 수 없다. 그러므로 그러한 사람들은 엄격한 의미에서 종교인이 아니라 미신을 믿는 사람들이다. 어떤 교리를 진정으로 믿고 그 교리대로 개인의 이해를 넘어 행동하려고 애쓰며 또 실제로 그렇게 살아가는 사람들만이 종교인이라고 말할 수 있다. 우리의 주변에는 그러한 사람이 적지 않다. 그들은 자기 자신은 물론 가족이나 국가를 초월한 입장에서 남들을 위해, 경제적으로나 정신적으로 곤경에 빠져 있는 사람들을 위해 헌신적으로 봉사한다. 그들은 모든 종교를 떠나서 그리고 모든 이념을 떠나서 우리들의 심심한 경의와 존경심을 받아 마땅하다. 그들이 했던 일, 그들이 하고 있는 일은 인간이 할 수 있는 가장 고귀하고 성스러운 것들임에 틀림없다.

그러나 그들이 위와 같이 고귀한 행동을 하며 살고 있는 동기는 근거가 없다고 본다. 왜냐하면 먼저 보았듯이 그러한 행동의 근거는 어떻게 해도 하나의 진리로서 받아들여질 수 없는 독단적 교리에 근거하고 있기 때문이다. 그러므로 그들이 성실하게 진심으로 믿고 기도하고 공경하는 어떤 종교적 대상을 나는 일종의 우상이라고 믿는다. 이와 같은 나의 태도가 오만하고 불경한 것이라 규탄하거나 가련하게 생각하는 종교인들이 많을 줄로 믿는다. 그들은 나에게 보다 겸허한 태도를 가지라고 꾸지람할 것이다. 그러나 정말 오만한 사람들은 그들이 종속되어 있는 종교의 교리가 진리라고 확신하는 사람들이다. 왜냐하면 그들이야말로 보통 사람이 알 수 없는 것을 자신 있게 안다고 자처하기 때문이다. 종교적 교리를 거부한다는 것은 그 교리가 틀렸다고 판단함을 의미하지 않고 오로지 그러한 교리의 진위를 알 수 없다는 것을 의미할 뿐이다. 그것은 그만큼 오만하기커녕 그와는 정반대로 겸허한 태도를 나타낼 뿐이다. 그러므로 나는 종교인들, 즉 어떤 교리를 믿고 그에 따라 누구나가 존경하지 않을 수 없는 위대한 일을 하고 고귀하게 사는 사람들을 극히 존경하고 찬양하면서도 나는 그들이 믿고 있는 교리를 거절한다. 따라서 나는 종교인이 되기를 거절하는 것이다. 요약해서 단적으로 말해서 많은 종교가 가르치는 인생에 대한 태도와 남들에 대한 태도를 전적으로 받아들이지만 그러한 가르침을 뒷받침한다고 믿는 어떠한 종류의 종교적 교리, 종교적 도그마를 나는 거부한다. 즉 좁은 의미에서의 종교를 나는 부정한다. 예를 들어 나는 예수가 하나님의 아들이라는 얘기, 하나님이란 인격자가 존재해서 우주를 창조했다는 얘기를 곧이 듣지 않으며, 업을 잘 닦으면 영구한 윤회의 생으로부터 해탈될 수 있다는 얘기를 문자 그대로 받아들이지 않는다. 십자가 앞에 서서 아무리 하나님을 부르짖어도 쓸데없는 짓이라고 믿으며, 불상 앞에 촛불을 켜놓고 골백번 절을 해도 결코 신비스럽게 무슨 일이 이루어질 수 있다는 것을 믿지 않는다. 그것들의 상징적 의미나 효과라는 점을 빼놓으면 십자가상이나 불상은 역시 우상에 불과하다고 나는 생각한다. 그래서 나는 어떠한 교회에도 어떠한 절에도 소속되기를 거부한다. 그렇다면 나는 종교를 완전히 부정하고 종교와 아무런 관계도 맺지 않는 사람인가?

종교가 세력을 가지려면 하나의 교리가 있고 단체로 조직화되어야 하겠지만 교리 자체, 단체성 혹은 세력 자체는 결코 종교의 핵심이 아니라 종교의 피상적이며 흔히 위험한 표현에 지나지 않는다고 나는 생각한다. 종교의 본질은 결코 충족될 수 없는 인간의 향수 속에서만 찾아볼 수 있다. 앞서 말했듯이 인간은 이성을 가졌기 때문에 엄청나게 많은 지식을 갖게 됐지만 바로 그렇게 위대한 침을 가진 이성은 스스로의 힘의 한계를 명석하게 의식한다. 그러나 그러한 자신의 한계를 알면서도 인간은 그 한계 너머의 것을 의식하며 그것을 알고 싶어 하고 그러한 앎을 토대로 각기 자기 자신의 삶에 뜻을 찾고자 하는 욕망을 떼어버릴 수 없다. 이러한 향수, 초월에 대한 향수야말로 종교의 핵심을 이루고 있다고 나는 믿는다. 이런 점에서 볼 때 종교는 어떤 형태의 앎도 아니요, 어떤 형태의 교리도 아니며 오로지 초월에 대한 향수 자체이다. 그리고 인간에게는 정도의 차는 있으나 누구나 그러한 향수 속에 빠질 가능성이 있는 존재이다. 그러므로 우리는 교리 없는 종교, 종교 단체가 없는 종교가 있음을 믿을 뿐만 아니라 이러한 종교야말로 갖가지 형태의 파벌과 교리를 가진 여러 종교를 모두 꿰뚫고 있는 종교의 핵심이라고 나는 믿는다. 이른바 종교적 경험이란 기독교인이건 불교신자건 간에 예수나 석가모니를 꿈속에서나 환상 속에서 보는 데 있는 것이 아니라, 언어로는 표현할 수 없는 존재 전체와 한 인간이 조화를 이루고 하나가 되어 어떤 의미를 느꼈을 경우를 가리키는 것이라고 나는 생각한다. 그러므로 이러한 의미로서의 종교적 경험은 어떤 특수한 종교적 교리를 믿지 않는다 해도 얻어질 수 있는 것이다. 종교의 핵심을 이와 같이 해석할 때 ‘종교쟁이’ 그리고 ‘종교인’과 구별해서 ‘종교적 인간’을 생각할 수 있다.

모든 인간이 초월에 대한 향수를 갖고 있는 한, 그리고 그러한 향수를 종교의 핵심이라고 인정하는 이상, 모든 인간은 종교적 인간이라고 말할 수 있다. 그러나 대부분의 사람은 일상생활의 작고 다급한 문제에 시달린 나머지, 또는 종교적 문제와 맞서 보기가 어려운 나머지 종교적 문제, 즉 초월에 대한 향수를 잊고 산다. 다시 말하자면 대부분의 사람들은 종교로부터 타락되기 쉽다. 그러나 적지 않은 사람들은 인생에 있어서, 인간에 있어서의 근본적인 문제, 즉 궁극적이 문제를 항상 잊지 않고 무엇인지 분명치 않더라도 그와 같은 궁극적인 것에 비추어 가장 의미 있게 살려고 부단히 노력한다. 이러한 사람들이야말로 좁은 의미에서 종교적 인간이다. 이런 관점에서 볼 때 참다운 기독교인이나 진정한 불교신자나 성실한 유물론자도 다 같이 종교적 인간이다. 종교를 얘기하지도 않고, 설교하지도 않고, 교회에 다니지도 않고, 절에 나가지도 않는 위와 같은 사람이야말로 성서를 달달 외우고 불경을 달달 외우는 사람보다도, 걸핏하면 하나님이나 예수 혹은 석가모니나 부처님을 들춰내는 사람들보다도 못지않게 종교적 세계 속에 살고 있다고 나는 믿는다. 예수나 석가모니의 위대한 근본적 가르침은 기독교신자나 불교신자의 독점물이 아니다.

어떠한 종교적 교리도 거부하고 '향수'로서의 종교를 주장한다고 해서 어떤 교리를 신봉하고 그것대로 살아나가려고 하는 종교인들을 부정하거나 멸시하는 것은 결코 아니다. 나는 성실한 종교인들을 그들이 어떤 교리를 믿건 상관없이 존경하고 찬미한다. 왜냐하면 그들은 우선 그들 자신에 정직하고 성실한 사람들이며, 둘째로 모든 종교의 교리는 근본적으로 반이기주의적이며 보편적인 정의와 자애를 골자로 하고 있기 때문이다. 그리고 이러한 가치의 원칙대로 사는 것이 인간에게는 가장 어려운 일이며, 또한 가장 숭고한 일이기 때문이다. 셋째로 서로 모순되는 여러 교리 가운데에 어느 하나가 정말 진리일 가능성도 있기 때문이다.

그러나 종교인임을 자처하는 이들은 그들이 '종교쟁이'로 전락되지 않았나를 항상 반성해봐야 할 것이며, 종교인은 그들의 믿음과 행실이 일치하는가 안 하는가를, 그들이 위선자가 아닌가를 항상 반성해봐야 할 것이며, 그들만이 진리의 독점자라는 오만심을 버려야 할 것이다. 종교의 이름으로 사리사욕이 채워지지 않는가, 종교의 미명하에 권력을 즐기지 않는가, 종교의 탈을 쓰고 가지가지 폭력이 쓰이지 않는가를 항상 경계해야 한다.

우리는 종교가 남긴 위대한 업적을 보았고 위대하고 숭고한 종교인들을 많이 보았다. 그러나 한편 의식적이건 무의식적이건 종교의 이름으로 이루어진 수없이 많은 '악'도 보았다. 이러한 사실은 인류의 역사를 좀 들여다보면 충분히 이해될 수 있는 것이고, 가까이는 우리 나라의 역사, 우리나라의 현재 상황을, 그리고 우리들의 적지 않은 이웃을 보아도 충분히 수긍될 수 있는 사실이다. 예를 들어 한국의 근대화와 독립에는 기독교인들의 공헌이 막중하다고 믿는다. 그러나 그 반면에 우리의 주위에는 적지 않은 '예수쟁이'가 있는가 하면, 그들의 교리와 행실이 너무나도 어긋나는 기독교인이 있다고 나는 믿는다. 그러고 나는 위선적인 종교인보다는 차라리 정직한 반종교인의 편에 서고 싶다. 여기서 내가 고발하는 것은 종교가 아니라 '종교쟁이'와 '타락한 종교인'이다.

《기독교사상》, 1976. 11.

04
성과 속

나는 어느 특정한 종교도 믿지 않는다. 그러나 정말 믿기 때문에 믿고, 그 믿음에 따라 살아가는 종교인들을 진심으로 존경한다. 영원한 세계를 알고 영원한 존재와 접할 수 있는 그들이 부럽기도 하다.

그러나 나는 아직도 믿어지지 않고 보이지 않기에 아직도 어느 특정한 종교인이 되지 못하고 있다.

믿기 때문에 믿는다고 주장하고 그것대로 행동하는 종교인들을 존경하고 부러워한다. 그와는 정반대로 정말 믿지도 않으면서 믿는 척하고 그 말과 어긋나게 살아가는 종교적 위선자들을 나는 그만큼 더 무시하고 멸시한다.

모든 종교는 인간의 지각과 이성으로 이해될 수 있는 이 현상적 세계와는 질적으로 전혀 다른 세계를 전제한다. 이런 차원의 세계를 지칭하는 '성聖'이라는 말은 영어로 '홀리'이며, 그 뜻은 원래 '절대적 타자'를 의미한다. 기독교에서 말하는 '성'은 불교에서 말하는 '열반의 세계'와 통한다.

기독교에서 '성'과 '속'이, 불교에서 저승과 이승이 절대적으로 구별되지만 '성'이나 저승이 '속'이나 이승과 서로 무관하지는 않다. '성'이나 저승에 대한 종교적 믿음은 '속'이나 이승에서의 윤리도덕적 명제를 포함한다. 종교는 우리가 살고 있는 이 현상적 세계를 완전히 떠나라고 하지는 않는다. 여기서 종교의 사회참여 문제가 생긴다. 정확히 종교인들은 얼마만큼 정치사회적 문제에 관여해야 할 것인가.

오랜 역사를 통해서 어디서고 그러했지만, 근래 라틴아메리카에서의 '해방신학', 그리고 최근 한국에서의 눈에 두드러진 종교인들의 사회참여 현상도 위와 같은 '성'과 '속'의 관계의 맥락에서 이해될 수 있고 그런 테두리에서 문제를 제기한다. 종교인은 자신의 믿고 있는 교리에 따라 속세의 옳고 그름을 판가름하고 그 옳고 그름의 기준에 따라 행동하자는 것이다. 그래서 신부는 정치적 데모에 앞장섰고 목사는 기존하는 법의 울타리를 뛰어넘어 정치적 협상에 앞장섰다. 열렬한 어떤 신자들은 지하에 들어가 노동운동을 지도하는가 하면, 또 다른 신자들은 체제를 옹호하는 전위대 역할로 나섰다.

그런가 하면 어떤 종파들은 종교의 명목을 걸고 막대한 재산을 축적하고 사업에 손을 뻗쳐 그것을 확장해가고 어떤 종파들은 종교를 동원해서 정치사회적 영향력을 크게 미치는 일에 급급하다. 어떤 수녀들과 어떤 스님들은 베스트셀러가 되는 시집이나 수필을 써서 정치사회적 발언을 하고 명성을 내고 돈도 번다. 어떤 성당이나 교회당은 정치운동의 마당이 되고 대부분의 사찰들은 알맞은 관광지로 화하고 있다.

그러나 나는 종교와 정치, '성'과 '속'이 서로 구별되지 않을 만큼 뒤범벅이 되어서는 안 된다고 믿는다. 어떤 특정한 종교의 교리를 믿지 않고, 따라서 정확한 의미에서 종교인이 아니지만 어떤 종교적 믿음도 존중하고 싶고, 나 자신도 진심으로 그러한 믿음에 도달하고 싶기 때문이다. 아직도 알 수는 없지만 우리의 지각이나 이성을 동원해서 알 수 없는 차원의 세계, '속'과 아주 구별되는 '성'의 세계가 있고, 또 꼭 있어야할 것이기 때문이다.

나는 종교의 사회적 관여, 종교인의 사회적 관여, 종교인의 정치적참여를 반대하지 않는다. 사회적으로 참여하는 많은 종교에 대해서 도덕적 경의를 표하고 헌신적으로 사회봉사에 말없이 이바지하는 수많은종교인들에게 존경심을 갖고 경건한 마음을 갖는다. 그러나 나는 모든종류의 종교의 광신적 사회참여에 지극히 거북함을 느끼고 모든 종교인이 다 같이 정치적으로 참여함에 큰 저항감을 느낀다.

종교의 맹목적인 사회참여는 언제나 위험성을 갖고 있기 때문이다.종교는 그 성질상 독단적이며 따라서 전체주의적이며 끝내는 폭력적으로 이어질 가능성을 내포하고 있기 때문이다. 역사적으로 이러한 사실의 예는 잔인하고 비참했던 여러 차례의 종교전쟁에서 볼 수 있다. 더러는 종교가 한 사람에 의한 다른 사람들, 한 사회에 의한 다른 사회의 사람들을 지배하기 위한 수단이나 권력행사의 합리화로 사용되었던 역사적 사실들이 무작정한 종교의 사회참여에 대한 경계심을 일으킨다.

'성'과 '속'을 뒤범벅하는 것에 반대하는 데는 더 근본적 이유가 있다.그것은 이 속세에서 만나고 경험할 수 있는 어느 것보다도 숭고하고 고요하고 깊고 아름다운 초월적 공간, 즉 '성'역이 있어야 한다고 믿기 때문이다.

대처승보다는 비구승이, 목사보다는 신부가 내 마음을 더 끌고 그냥성당보다는 승원이, 대웅전보다는 암자가 내 감수성에 더 깊은 감동을주는 이유도 거기에 있다. 규탄을 받을 만큼 속세로부터 초연하여 기도

와 명상 속에서 가혹하리만큼 엄격한 종교생활에 파묻혀 있는 종교인
들이 몇 명이나마 남아 있었으면 한다.

《세계일보》, 1990. 6. 2.

05
나의 불교적 세계관

1

불교가 하나의 세계관이라는 것은 분명하다.

불교는 인간을 포함한 존재하는 모든 것에 대한 총체적인 그림인 동시에 가장 바람직한 인간의 삶에 대한 가르침이라는 말이다. 그러나 불교적 세계관을 꼭 집어 정의하기는 쉽지 않다. 서로 양립할 수 없는 다양한 가르침이 다 같이 불교라는 이름으로 주장되기 때문이다.

불교의 핵심이 힌두교에서 말하는 윤회설, 즉 내가 죽으면 다음 세상에 다른 형태로 태어남을 주장한다면 나는 그런 윤회설을 믿을 수 없고, 따라서 나는 불교신자가 아니다. 불교가 이승과는 다른 저승의 존재, 서방정토설, 미륵보살, 약사여래 등을 가르친다면 나는 그런 것들을 문자 그대로 믿을 수 없고, 따라서 나의 세계관은 불교적이 아니다. 부처님 상 앞에서 진심으로 불공을 올리고 어떤 소원성취를 바랄 수 없는 나는 불교인이 아니다.

그런데도 나의 세계관을 불교적이라고 규정할 수 있다면, 그것은 내가 불교를 기독교의 경우처럼 초월자의 계시에 의존하는 종교로서가 아니라 구체적 관찰과 논리에 근거를 둔 철학으로 규정하는 한에서만 가능하다. 나는 종교적 불교와 철학적 불교를 구별하고 후자만이 납득이 가는 세계관이라고 믿고 그것을 따라간다. 나의 세계관이 불교적이라면 철학적 불교의 관점에서만 그러하다.

불교에서는 인간의 궁극적 문제와 그 문제의 궁극적 해결방법을 어떻게 보고 있는가?

이에 대한 대답은 '사성제'와 '팔정도'이다. 사성제는 '고苦', '집集'. '멸滅', '도道'라는 네 가지 진리를 뜻하고, 팔정도는 네 가지 진리 가운데의 마지막 진리인 '도'의 구체적 내용이다. 첫째의 진리는 삶의 근본적 조건이 고통이라는 사실을, 둘째의 진리는 그 근본적 원인이 인간의 욕망이라는 사실을, 셋째의 진리는 그 고통의 원인을 제거할 수 있는 방법이 있다는 사실을, 넷째의 진리는 그 방법의 구체적 내용들이다.

불교적 세계관, 다시 말해 불교가 주장하는 위의 네 가지 명제가 정말 진리인가 아닌가의 결정은 그것들에 전제된 형이상학적 존재론의 옳고 그름에 달려 있다. 사성제에 전제된 형이상학적 존재론을 인정하느냐 아니냐에 따라서 한 사람의 세계관은 불교적일 수도 있고 아닐 수도 있다. 불교적 형이상학의 특징은 무엇이며 어떻게 서술할 수 있는가?

불교적 형이상학은 무엇보다도 일원론적이다. 일원론적 형이상학은 현상적으로는 서로 달리 보이는 모든 존재들이 실제로는 서로 다르지 않은, 즉 서로 구별할 수 없는 단 하나의 전체라는 믿음이다. 일원론적 형이상학은 한편으로는 속세와 천당, 감각적 현상과 불가시적 실체, 몸과 마음, 물질과 정신을 양분하는 기독교적, 플라톤적, 데카르트적인 서양을 지배해온 이원론적 형이상학과 대조되며, 다른 한편으로는 힌두교나 노장사상과 상통한다. 나는 이러한 일원론은 누구나 사물현상을 객관적으로 냉철하게 관찰한다면 부정할 수 없고, 최근의 첨단과학에 의해서 과학적으로도 뒷받침된다고 믿는다. 이런 점에서 나의 세계관은 불교적이다.

2

무아, 무존, 공, 색즉시공 공즉시색 등과 같은 불교의 핵심적 개념들은 일원론적 형이상학의 다른 표현들에 지나지 않는다. 모든 것이 근본적으로는 서로 차별화될 수 없는 단 하나의 전체라면, '나'라는 개체는 물론 아무 개체도 독립적으로 존재한다고 할 수 없고, 그런 점에서 모든 개별적인 것은 '공'/'무'라고밖에 부를 수 없다. 더 궁극적으로는 현상, 즉 '색'과 존재의 본질, 즉 '공'은 서로 구별할 수 없는 존재, 즉 동일한 것으로 볼 수밖에 없다.

물론 여기서 강조해야 할 점은 불교에서 말하는 공/무가 존재의 부정을 뜻하지는 않는다는 사실이다. 이 낱말들이 의도하는 것은 일원론적 존재론의 틀에서는 존재 전체는 물론 그것의 한 측면인 그 어떤 것도 언어의 개념적 틀 속에 분류할 수 없다는 점을 강조하는 데 있다. 이렇게 해석할 때 무아·무존·공·색즉시공 공즉시색 등의 의미는 분명하며, 그러한 낱말들이 전달하려는 명제는 옳다고 나는 확신하며, 존재에 대한 위와 같은 불교적 서술은 일원론적 존재론의 틀 안에서는 논리적으로 불가피하다. 이런 점에서 나의 세계관이 불교적이라는 것을 다시 확인할 수 있다.

불교적 존재론의 특징은 일원론적이라는 사실 이외에도 순환적이라는 데서 찾을 수 있다. 순환적 존재론은 모든 것을 역동적으로 파악한다. 이런 점에서 모든 현상들은 사실 영원히 고정된 것이며 사물현상의 운동과 변화를 환상으로 본 파르메니데스의 경우와 구분될 수 있다. 불교의 경우 모든 것이 영원히 정체적이 아니라 역동하며, 우주는 기독교나 헤겔의 세계관에서와는 달리 어떤 시점에서 시작하여 어떤 방향을 향한 목적론적인 직선적 진행이 아니라, 니체의 '영원회귀'라는 형이상학의 경우처럼, 시작도 끝도 없이 영원히 서로의 고리를 문 순환적 반복이다. 물질과 정신, 삶과 죽음, 동물과 인간, 개와 뱀, 한 신분과 다른 신분의 인과적 관계에 의해서 순환적으로 작동한다는 것이다. 나는 이러한 순환적 세계관이 옳다고 믿는다.

이러한 순환적 세계관은 불교에서 '윤회설'로 설명된다.

그렇다면 나는 윤회설을 믿는가. 윤회설이 불교의 형이상학의 뺄 수 없는 한 기둥을 차지하는 만큼, 그것을 인정하느냐 아니냐에 따라서 나의 세계관은 불교적일 수도 있고 아닐 수도 있다.

그렇다면 윤회설의 구체적 내용은 무엇인가? 문제는 불교에서 윤회설이 핵심적인데도 불구하고 그 설의 내용이 애매한 데 있다.

원래 힌두교에서 사용되는 윤회설은 인간의 삶과 죽음의 관계 및 인간을 비롯한 모든 동물들 간의 관계를 설명할 목적으로 고안된 것으로 볼 수 있다.

힌두교나 불교에서 일반적으로 믿고 있는 윤회설에 의하면 사회적 신분상 하층 계급에 속하는, 가령 '나'라는 인간의 이 세상에서의 죽음은 육체적 죽음일 뿐 나 자체의 죽음을 의미하지 않는다. 나는 내가 이 세상에서 행한 업적에 따라서 다음 세상에서 바람직하지 못한 소나 돼지로 다시 태어나거나, 아니면 인간사회에서 상류계급의 가족으로 태어난다.

불교적 세계관이 이런 윤회설을 전제한다면 나의 세계관은 불교적이 아니다. 첫째는 이런 윤회설은 아무 객관적 근거도 없는 이야기로서, 현재에 대비되는 보다 바람직한 삶에 대한 절실한 인간적 갈망을 상상적으로 채우고자 고안한 허구이거나, 사회적 무질서를 막기 위해서 사회가 집단적으로 꾸며낸 거짓말, 혹은 지배계급이 자신들의 권력 유지를 위해서 짜낸 이야기로 볼 수 있기 때문이다.

둘째는 이러한 윤회설은 불교의 근본적 바탕인 일원론적 존재론과 논리적으로 양립할 수 없기 때문이다. 그러나 윤회설이 자아를 포함해서 어떠한 것도 고정된 것이 없이 무한히 다른 형태로 영원함을 뜻한다면 나는 윤회설이 옳다고 믿으며 이런 점에서 나의 세계관은 불교적이다. 내가 죽으면 나는 흙으로, 버러지의 양식으로 변하고, 그것은 다시 풀의 거름이 되다가 어떤 상황에서 현재의 나와 같은 모습이 우주에 생겨날 수 있기 때문이다.

불교적 세계관은 내가 알기로 가장 지적이며 넓은 의미에서 이성적이다. 불교에서 말하는 진리가 위와 같은 세계관을 지칭하고, 깨달음은 그러한 진리를 터득함을 뜻하며, 열반이 이러한 깨달음이 동반하는 완전한 심리적 해방감을 의미한다면, 나의 실천적 삶이 나의 세계관과 일치하기에는 아직도 한없이 멀고 따라서 불교적이 아니지만, 적어도 나의 세계관만은 불교적이다.

《해인》, 2000. 9.

2부

—

종교란 무엇인가

01
'개념'의 개념과 '종교'의 개념

"당신은 돈이 있습니까?", "당신은 과학을 믿습니까?"라는 질문을 받았을 때 누구나 어렵지 않게 긍정적, 혹은 부정적 대답을 할 수 있고, 누군가가 "저는 돈이 없습니다", "저는 과학을 믿습니다"라고 말을 할 때 아무도 당황하지 않는다. 왜냐하면 '돈', '과학'이라는 낱말이 무엇을 뜻하는지 누구나 알고 있기 때문이다. 그러나 "당신은 종교가 있습니까?" 혹은 "당신은 종교를 믿습니까?" 등의 질문을 누군가로부터 받거나, 누군가가 "저는 종교가 없습니다" 혹은 "저는 종교를 믿지 않습니다"라고 말할 때, 나는 그런 물음들이나 명제들 앞에서 마치 생판 모르는 외국어를 들었을 때와 마찬가지로 그냥 당황할 뿐이다. 그것은 '돈'이나 '과학'이라는 낱말과 달리, '종교'라는 낱말이 구체적으로 무엇을 지칭하는지 정확히 알 수 없기 때문이다. '종교'라는 낱말은 '돈'이나 '과학' 등과 같은 낱말처럼 누구나 사용하고 유통되고 있음에도 불구하고, 후자의 낱말들과는 달리 그 낱말이 지칭하는 대상, 다시 말해 의미가 깜짝 놀랄 만큼 애매모호하기 때문이다.

'종교'라는 개념의 애매모호성은 신봉자 수에서 북한의 주체사상을 세계 10대 종교 안에 포함시킨 미국의 종교 통계사이트 어드히런츠닷컴adherents.com에 관한 2007년 6월 9일자《조선일보》의 기사에서도 그 좋은 예를 찾을 수 있다. 문제의 이 사이트는 주체사상을 기독교·이슬람교·힌두교·중국 전통신앙으로서의 유교·도교·불교, 원시 토착신앙으로서의 애니미즘·샤머니즘, 아프리카 전통신앙, 시크교와 더불어 종교로 규정했다. 문제는 기독교·이슬람교·힌두교를 종교로 분류하는 것을 주저하는 이가 없는 데 반해서, 유교·도교·애니미즘·샤머니즘·아프리카 전통신앙·시크교를 종교에 포함시키는 데 거부감을 갖는 이들이 적지 않으며, 주체사상을 종교로 취급하는 정상적인 이는 없다는 사실에 있다. '종교'라는 말의 의미가 헷갈린다는 말이다. 만약 '종교'라는 낱말이 시대나 지역이나, 집단이나 개인이나 상황마다 서로 달리 사용된다면, 종교에 대한 어떠한 담론, 논쟁, 주장도 가능하지 않다. 종교를 이해하고 종교에 대한 입장을 결정하기 위해서는 '모든 이들이 공감할 수 있는' 이 낱말의 최소한의 철학적 개념 규정이 선행되어야 한다.

종교에 대한 철학적 물음

철학적 문제와 그 해결은 경험과 관찰로 해결할 수 있는 사실적factual인 것이 아니라 논리적 분석과 정리를 통해서만 가능한 개념적conceptual인 것이다.

　"종교란 무엇인가"라는 물음은 "개구리란 무엇인가"라는 물음과 같아 보이며, "개구리란 무엇인가"에 대한 대답이 개구릿과에 속하는 그 밖의 모든 종류의 동물들은 물론, 개구릿과에 속하는 동물과 유사하지만 조금 다른 두꺼비과에 속하는 모든 동물과 구별해보임으로써 주어질 수 있듯이, "종교란 무엇인가"라는 물음에 대한 대답도 같은 방식으로 주어질 듯하다.

하지만 실제 사정은 사뭇 다르다. 그 차이는 '종교'라는 낱말이 '개구리'라는 낱말과는 달리, 지각적으로 관찰하고 서술할 수 있는 사실적 존재가 아니고, 따라서 개구리를 생물학적 분류와 분석을 통해서 실증적으로 규정할 수 있는 데 반해서, 종교는 다양한 언어적 분석을 통해 개념적으로 규정할 수밖에 없다는 사실에 있다.

개구리의 개념 규정이 과학적, 즉 실증적 문제라면 종교의 개념 규정은 철학적, 즉 개념적 문제이며, 과학적 지식이 서술적 정보라면 철학적 지식은 한 담론에 사용되는 낱말의 논리적 분석이며, 개념의 논리적 분석은 논리적으로 타당한 그 낱말의 의미 규정이다. 철학은 세계나 사태에 관한 정보 수집이나 서열적 서술이 아니라, 그런 것들을 담은 개념에 관한 논리적 조명이다. 이런 점에서 모든 경험, 생각, 정보, 지식, 그리고 인식이 언어를 떠나서는 존재할 수 없고, 모든 언어의 궁극적 의미는 항상 애매모호한 이상, 모든 담론은 궁극적으로 철학적 분석과 검증, 그리고 인식의 대상이다.

종교의 경우도 마찬가지이다. 신, 영혼, 자유의지, 영생, 초월적 존재, 해탈, 구원, 진리, 선과 악 등의 개념, 위와 같은 것들의 인식 문제, 종교와 철학, 종교와 과학, 종교와 사회, 종교와 이념, 이성과 신앙 등서로 간의 관계 및 다양한 종교들의 존재를 떠난 종교 일반에 관한 담론이 있을 수 없는 만큼, "종교철학"이라는 이름으로 쓰여진 수많은 저서들이 위와 같은 낱말들의 개념적 규정을 다루는 것은 당연하다. 그러나 이러한 문제들은 꼭 종교철학이라기보다는 역사, 인식론, 형이상학, 사회학, 사상사, 정치학 등에 귀속될 수 있고 그러한 분야에 관련된 철학적 성찰에 귀속될 수 있지만, 그 자체가 곧 종교철학의 고유한 영역에 속하지는 않는다. 비록 위와 같은 문제들을 종교철학에 귀속시킬 수 있더라도, 종교철학의 가장 중요한, 아니 어쩌면 유일한 문제는 '종교'라는 개념 규정, 즉 종교의 '정의'를 결정하는 데 있다. "종교란 무엇인가"라는 물음은 '종교'라는 말의 '정의'를 어떻게 내리느냐에 대한 물음에 지나지 않으며, 그러한 정의를 전제하지 않는 '종교'와 관련된 기타의 어떠한 담론도 논리적으로 불가능하기 때문이다.

종교의 다양한 전통적 개념 규정

"종교란 무엇인가"라는 물음에 대해 지금까지 많은 대답들이 있어왔지만, 과연 그런 대답들이 만족스러운 것인가? '기독교' 혹은 '힌두교', '이슬람교' 혹은 '불교'와 특정한 어떤 주의, 주장, 행위의 열거가 그런 대답일 수 있는가? 그렇지 않다. 그러한 대답은 물음에 대한 동어반복이기 때문이다. 우리는 위와 같은 다양한 믿음의 체계나 믿음의 체계에 따른 행위라는 것을 이미 알고 있기 때문이다. 우리가 알고자 하는 것은 어떤 근거에서 위와 같은 서로 상이한 이름을 가진 사상체계나 행위의 규범들이, 한편으로는 다 같이 하나의 '종교'라는 개념에 묶일 수 있고, 다른 한편으로는 플라톤이나 칸트의 철학적 믿음들 혹은 뉴턴이나 아인슈타인의 과학적 세계관들, 창조론이나 진화론과 같은 인간의 기원에 관한 학설들이 종교의 범주에 속하지 않는가 하는 것이다. 우리가 찾는 것은 '종교'라는 개념 아래 묶이는 다양한 사례들이 아니라, '종교'라는 낱말의 언어적 정의인 것이다.

일반인들이 아니라 수많은 신학자, 철학자, 심리학자, 사회학자 등의 전문가들도 각자 나름대로 종교를 정의하려 했다. 지적 탐구자들로서 그러한 시도를 해야만 했던 것은 당연하다. 그러한 몇 가지 대표적 예를 들어보자.

유물론적 철학자 포이어바흐Feuerbach, 혁명철학자 마르크스, 정신분석학자 프로이트, 초인의 철학자 니체, 사회학자 뒤르켐Durkheim, 신학자 틸리히Tillich, 독일의 종교사학자 라이나흐Reinach 등은 종교를 각기 절대적 이상을 추구하는 인간정신의 "꿈", "인민의 아편", "억압된 욕망으로 촉발된 노이로제가 만들어낸 허상", "소수의 강자에 의해 억압된 다수의 약자들이 강자에 대한 복수의 수단으로 꾸며낸 관념적 덫", "결속과 질서 유지에 전제된 사회적 권위", "모든 것을 먼저 바칠 수 있는 궁극적 관심사Ultimate concern"로 규정한다. 그리고 종교를 "인간의 자유로운 활동을 저해하는 방해물의 총체"라고 규정한다.

그 어느 것 하나도 절대적으로 맞다는 근거는 없지만 모두가 나름대로 그럴싸한 주장이며, 종교와 관련된 어떤 사실들을 나름대로 밝혀준다. 포이어바흐의 주장대로 종교, 특히 전지·전능·전선적인 절대적 유일신을 전제하는 서양의 유대교·기독교·이슬람교는 종교의 절대적 이상을 추구하는 인간정신의 산물이기 쉽고, 마르크스의 주장대로 종교는 사회적으로 소수 지배계급의 억압하에서 희망 없이 살아야 하는 다수의 피지배계급이 자신들의 고통을 잊기 위한 관념적 진통제로 기능하는 것으로도 볼 수 있다.

프로이트의 주장대로 종교는 한 사회 안에서 본능을 억압하고 살아야 하고, 궁극적으로는 죽음을 피할 수 없음에도 불구하고 어디에서도 도움을 찾을 수 없는 인간이 노이로제에 걸리게 되어, 그런 상태에서 자신을 기적적으로 도와줄 수 있는 초월적 존재의 힘에 대한 절실한 갈망이 관념적으로 만들어낸 환상적 세계상이기 쉽고, 니체의 주장대로 종교는 언제나 강자와 약자, 약탈자와 피약탈자로 구별되는 계층으로 구성되어 있는 사회에서, 강자에 대한 원한에서 해방될 수 없는 선하지만 약한 대중들이, 악하지만 강한 자들에게 죄의식과 그것이 동반하는 공포감으로 고통을 받게끔 하기 위한 관념적 보복수단으로 꾸며낸 이야기가 서양 종교의 핵심인 '영생', 사후에 직면해야 할 천당과 지옥의 갈림길에 관한 신학일 수 있다.

또한 사회학자 뒤르켐의 주장대로 절대적 혹은 초월적 권위를 전제하는 비가시적 존재로서의 전지·전능·전선한 신과 그의 권위를 전제하는 종교는, 사회적 존재로서의 인간이 사회적 질서를 유지하기 위한 관념적, 심리학적 장치로서 불가피하게 꾸며낸 이야기일 수 있으며, 라이나흐의 부정적 관점대로 종교가 여러 가지 형태로 인간의 자유를 저해한다고도 볼 수 있고, 틸리히의 주장대로 종교는 모든 인간이 궁극적으로 중요하게 관심을 갖지 않을 수 없는, 가령 영생, 죽음, 삶의 의미, 사후의 삶, 우주의 궁극적 수수께끼와 같은 문제들의 표출로 규정할 수 있다. 그러나 '궁극적 관심'이라는 종교의 정의는 너무 포괄적이라는 데 문제가 있다. 그의 정의에 의하면 유물론자인 마르크스나 유물론적 실존주의자인 사르트르, 아누이가 각색한 소포클레스의 희곡 〈안티고네〉의 여주인공이 다 같이 어떤 가치를 위해서 누구 못지않게 확신을 갖고 '인간해방'이라는 사회적 가치 혹은 '진정성'이라는 실존적 가치를 확고하게 믿었고, 그런 가치를 위해서 헌신적이고도 열정적인 삶을 산 대표적 인물들이었다는 점에서 종교를 가졌었다고 주장해야 한다. 그러나 이러한 결론을 받아들일 이는 아무도 없을 것이다. 인격적 신, 영적 존재를 믿지 않았던 그들이 종교를 가졌다는 주장은 모순이기 때문이다.

아쉽게도 위와 같은 대답들 가운데 어느 하나도 만족스럽지 않다. 비록 그것들이 나름대로 모두 맞더라도 사정은 마찬가지다. 그 이유는 "인간은 무엇인가"라는 물음에 대해서 "인간은 자연의 꽃이다"라든가 혹은 "인간은 자연의 암이다"라는 대답들이나, "교육은 무엇인가"라는 물음에 대해서 "교육은 인간다운 삶을 위해서 중요하다"라든가 혹은 "교육은 국가의 백년대계를 위해서 필수적이다"라는 대답들이 문법적으로는 맞는 대답이라 하더라도 논리적으로는 빗나간 동문서답인 것과 똑같다. 왜냐하면 "종교란 무엇인가"라는 물음은 종교의 개념 규정, 즉 정의에 대한 물음인 것인데 위와 같은 대답들은 '종교'라는 낱말의 정의, 즉 '종교'라는 말이 지칭하는 대상의 정의가 아니라, 우리가 다 같이 이미 잘 알고 있는 종교의 기능이나 종교라는 관념적 대상이나 실천적 행위의 심리학적, 사회적 혹은 실존적 동기나 효과에 대한 서술에 불과하기 때문이다. "종교란 무엇인가"라는 물음을 던질 때 우리가 알고자 하는 것은 '종교'라는 낱말 자체의 개념 규정, 즉 '정의'이다.

정의의 정의와 그 종류

지금까지의 종교에 대한 여러 정의에 문제가 있다면, 도대체 정의란 무엇인가? 특정한 개념인 '종교'라는 말의 정의를 규정하기에 앞서 '정의'라는 낱말의 정의가 요청된다. 한 낱말의 정의는 그 낱말이 적용될 수 있는 사물이나 사항의 한계에 관한 언어적 약속이다. 이런 약속에 의해서 우리는 모든 개들을 '개'라는 범주 속에 포괄하고, '늑대'를 비롯한 모든 것들을 개와 구별하여 '개'라는 범주 밖으로 제외시킨다. 우리가 한 사물이나 사태를 다른 사물들이나 사태들과 구별할 수 있는 것은 바로 존재론적 범주에 근거하며, 범주는 필연적으로 언어적 범주이고, 언어에 의해서 규정된다. 이같은 범주의 규범이 곧 정의를 뜻하며, 한 사물을 지칭하는 개념이 곧 그 사물의 본질이다. '종교'라는 범주, 정의, 그리고 본질도 마찬가지이다. 그리고 한 낱말의 이러한 정의는 그 낱말의 사용조건을 결정하고, 역으로 한 낱말의 사용조건은 그 낱말의 정의를 고정시키며, 그렇게 정의된 낱말의 사용규칙에 맞게 적용된 모든 사물이나 사태들이 공통적으로 갖고 있는 속성들은 그 범주에 속하는 사물들의 본질을 구성하는 필요조건인 동시에 충분조건이라 부른다. 우리가 종교라고 부르는 어떤 믿음이나 현상이나 행위가 다른 종류의 믿음들, 현상들, 행위들과 구별될 수 있는 필요·충분조건 혹은 조건들은 종교의 본질이다.

한 언어는 사물, 현상, 사건, 생각, 감정, 의지와 같은 것들 간의 관계만이 아니라 다른 언어까지도 지칭하고, 인간은 다른 동물과는 달리 사람들과 소통하는 데 있어서 몸만이 아니라 언어를 사용한다. 다른 이들과의 소통과 담론에 사용되는 언어는 언어 가운데 그것의 사용에 관한 규제가 이미 암묵적으로 전제되지만, 상호 간 소통의 혼돈과 오해를 윤활하게 하기 위해서 각 낱말의 사용에 관한 규제가 필요하다. 정의는 다름 아니라 낱말의 사용에 관한 위와 같은 언어에 의한 언어적 규제이다.

정의가 언제나 언어적 정의이며, 정의 대상이 언제나 언어라는 위와 같은 주장에 크게 반론을 제기할 수 있다. 개의 정의는 '개'라는 낱말의 정의가 아니라, 객관적으로 존재하는 구체적인 개라는 종에 대한 정의가 아니냐는 반론이 나올 수 있기 때문이다. 그러나 달리 생각해보면 '개'라는 개념이 있기 전에는 내 눈 앞에 보이는 것은 무엇이라 규정할 수 없는 그냥 감각적 대상에 불과하며, 그것이 '개'라는 개념의 언어적 틀에서 '개'로 포착되었을 때에만 비로소 인식된다는 것을 인정한다면 사정은 달라진다. 바로 이런 점에서 "언어는 존재의 집이다"라는 하이데거의 말이 맞고, 같은 연장선에서 칸트의 선험적 인식론이 놀라운 혁명적인 철학적 통찰이었다는 것도 알 수 있다. 구체적인 감각적 대상으로서의 물체는 그것에 '개'라는 말의 개념, 혹은 '개'라는 선험적 범주의 매개를 통해서야 비로소 '개'로서 인식되기 때문이다.

언어는 그것이 지칭하는 존재에 입힌 의복이 아니다. 우리 눈의 구조와 그 지각대상의 관계가 그러하듯이, 언어와 존재는 논리적 선후관계나 존재론적 형태를 완전히 구별할 수 없을 만큼 서로 다르면서도, 그와 동시에 완전히 떼어 생각할 수 없을 만큼 서로 밀착된 관계 속에 있다. 종교를 알기 위해서는 종교의 개념이라는 유리창을 투명하게 닦을 필요가 있다.

그렇다면 종교라는 인식대상의 정의, 더 정확히 말해서 그 대상을 지칭하는 데 사용되는 '종교'라는 낱말을 정의하는 데는 어떤 방식과 절차가 있는가? '종교'라는 개념의 유리창은 어떻게 하면 투명해질 수 있는가? 그 방법으로 a) 어원학적etymological, b) 서술적 descriptive, c) 약정적 stipulative/normative, d) 본질적essential이라는 네 가지를 들 수 있다.

첫째, 언어적인 경우를 따져보자. 어떤 낱말의 깊은 의미는 그것의 어원적 의미를 밝힘으로써 파악될 수 있는 경우가 있다. 그러나 대부분의 경우는 그렇지 못하며, '종교'라는 낱말의 경우도 마찬가지다. '종교'라는 우리말이 한자 '宗教'의 우리말 발음이며, 그 글자가 '조상의 가르침'이라는 사실, 그리고 한자 '宗教'가 '맺음religio'이라는 라틴어에 뿌리를 둔 영어와 불어religion라는 어원적 사실에 근거해서 종교를 '현세와 속세의 맺음'으로 정의할 수 있다. 그러나 종교의 이러한 정의는 기독교, 이슬람교에 해당될지는 모르나, 힌두교나 선불교에는 해당되지 않는다. 이러한 사실은 달이, 하나는 어원적으로 '빛'을 뜻하는 여성 명사 'la lune'라는 불어와, 다른 하나는 '동그람'을 뜻하는 남성명사 'der Mond'라는 독어로 불린다는 사실이 입증하듯, 낱말의 어원적 의미가 곧 그 낱말의 현재적 의미가 아니라는 사실로 알 수 있다.

둘째, 서술적 정의의 경우는 어떤가? 한 낱말의 서술적 정의는 현재 그 낱말이 적용되는 구체적인 현상들의 서술을 뜻한다. 그렇다면 힌두교, 불교, 기독교, 이슬람교, 도교, 천도교 등 수많은 종교들의 열거를 종교의 정의로 규정할 수 있다. 그러나 종교들의 사례가 곧 종교의 일반적 정의가 될 수 없다. 그것은 학생A, 학생B, 학생C를 안다고 해서 '학생'이라는 의미를 안다고 할 수 없는 이치와 마찬가지다.

셋째, 약정적 정의는 어떤가? 약정적 정의란 한 낱말의 뜻의 선언적 약정에 의한 결정을 뜻한다. 가령 서술의 간결성을 목적으로 'O'라는 기호를 '대상object'의 뜻으로 정하든가, 일본군이 진주만 기습을 비밀로 수행하기 위해 '호랑이'를 뜻하는 일본말 '도라'를 '공격!'이라는 명령의 뜻으로 정했었는데, 이와 같은 식의 낱말의 의미결정을 약정적 정의의 예로 들 수 있다. 그러나 모든 정의가 무조건 약정적으로 결정될 수는 없다. 왜냐하면 특수한 경우를 제외하고 언어의 의미는 어떤 개인이나 집단의 필요에 따라, 그때마다 자의적으로 결정할 수 있는 대상이 아니다. 만일 그렇게 된다면 언어의 의미는 소통될 수 없고, 그 의미가 소통되지 않는 언어는 언어로서의 기능을 할 수 없기 때문이다. 낱말의 의미는 한 개인이나 집단이 자의적으로 결정할 수 있는 것이 아니라, 오랜 세월에 걸친 언어공동체의 관습에 의해서 이미 암묵적으로 규정되어 있다. 개를 지칭하는 한국말 '개'라는 낱말을 소를 지칭하는 말로 사용했다면, 그 외국인이 '개'라는 낱말의 뜻을 알았다고는 말할 수 없다. '종교'라는 낱말의 경우도 마찬가지다.

그렇다면 마지막 본질적 정의만이 정의다운 정의가 될 것이다. 한 낱말의 본질적 정의는 그 낱말이 사용된 모든 경우에 언제 어디서고 변하지 않고 누구에게나 소통될 수 있는 그 낱말의 보편적, 즉 본질적 의미에 지나지 않는다. 어떤 기호가 언어로서 의사소통에 사용될 수 있는 것은 바로 그러한 의미가 존재하고, 그러한 의미가 이미 사회적으로 정의되어 있기 때문이다. '종교'라는 낱말의 경우도 마찬가지다.

'종교'의 정의

그렇다면 '종교'라는 낱말의 본질적 정의는 어떤 방법으로 가능하며, X, Y, Z라는 낱말의 어떤 정의가 본질적인가 아닌가의 잣대는 무엇인가?

대답은 간단하다. 그것은 한편으로는 그 정의가 얼마만큼 분명하게 종교와 그밖의 모든 것들을 구별하고, 다른 한편으로는 누구나 의심 없이 '종교'라고 부르는 모든 현상들을 정확히 포괄할 수 있는가의 정도의 크기이다.

한 정의의 적절성을 측정하는 위와 같은 잣대에 비추어 몇 가지 기존의 종교 정의를 검토해보자. 「The American Heritage Dictionary of the English Language」(1975) 영어사전은 종교를 "우주의 창조주이자 통솔자로서 인정된 어떤 초인간적 힘에 대한 인간의 믿음과 경외의 표현"이라고 정의한다. 그러나 이 정의는 너무 협소하다. 유대교, 기독교, 이슬람교에는 적용될 수 있지만 힌두교나 불교 및 그밖의 수많은 종류의 믿음들을 배제한다. 위의 정의가 너무 협소하다면, 다음의 정의는 너무 광의적이다. 닐스 C. 닐센 Jr.를 포함한 7명의 신학자들이 공저로 낸 『세계의 종교Religions of the World』(St. Martin s Press, 1983)에서는 세계의 모든 종교를 포괄할 수 있는 종교의 개념을 잠정적이라는 단서를 달고 "인간과 성스러운 규범, 생명력, 의의, 그리고 가치와의 관계"라고 정의했다. "기쁨, 의미, 소외와 고독으로부터의 탈출 및 (초월적) '타자'와의 관계 추구"라는 J. F. 윌슨의 종교의 정의 역시, 틸리히의 "궁극적 관심"이라는 정의의 경우와 마찬가지로 지나치게 포괄적이어서 비종교적인 철학이나 이념과 구별할 수 없다는 문제를 안고 있다.

그러나 나는 지금까지 나왔던 어떤 정의보다 더 적절한, 따라서 종교가 무엇인가를 파악할 수 있는 정의의 가능성과 그러한 정의를 찾아내는 가장 적절한 방법이 있다고 확신한다.

나의 방법과 본질적 정의

먼저 방법을 생각해보자. 누구나 종교라고 부르는 데 주저하지 않는 어떤 세계관을 주장하고, 그 세계관에 따라 어떤 특정한 행동을 하는 집단들이 있다. 그러한 집단들은 다른 수많은 집단들만이 아니라, 그 집단들 내부의 각기 소집단, 혹은 개인들과 수많은 차원에서 전혀 상이하지만 그들의 세계관이 전제하는 어떤 형이상학적 실체, 그들이 그러한 실체와 맺고 있는 관계, 그들이 최종적으로 추구하는 목적의 관점에서 동일성을 드러낸다. 그렇다면 그러한 동일성의 속성이 곧 종교의 본질로서의 정의가 될 것이다. 나는 이러한 동일성이 세계적으로 누구나 종교임을 의심하지 않는 유대교, 기독교, 이슬람교, 힌두교, 불교 등을 전범으로 삼아 그 내용을 분석하고 종합적으로 통합해서, 거기서 찾을 수 있는 공통적 요소로 규정될 수 있다고 확신한다.

모든 종교는 나름대로 분명하거나 희미한 하나의 세계관이자 인생관을 가지며, 그것은 다음과 같은 특성들로 규정될 수 있다.

a) 종교는 인간을 포함한 모든 것, 즉 존재의 총체를 지칭하는 자연·우주에 대한 그림, 그 속에 존재하는 개별적 존재들이나 현상들의 관계, 그리고 그것들의 전체적 및 개별적 의미에 대한 이론으로서의 세계관을 갖고 있다. 종교적 세계관의 공통점은 지각적 관찰의 대상이 되고 과학이 설명해주는 인과적 법칙으로 설명할 수 없는 이 현실세계와 완전히 다른 타자로서의 초월적·정신적·영적·초월적 영역으로 전제한다. 이런 점에서 종교적 세계관은 플라톤이나 헤겔의 관념론적 세계관과 같으며, 유물론적 형이상학을 전제하는 과학적 세계관과 대립된다.

b) 그러나 종교의 관념론적 세계관의 세계는 플라톤이나 헤겔의 관념적 세계와는 달리 논리적으로 설명될 수 있는 비인격적 세계가 아니라, 인격적인 단 하나 혹은 다수의 존재들의 생각과 의지에 의해서 작동

되고 변동되는 세계이다. 이런 인격적 존재를 전제하지 않는 세계관은 종교적 세계관이 아니다. 종교적 세계관의 본질은 의인적, 물활론적, 즉 인격적이다.

c) 종교는 인간적 삶의 소외, 외로움, 고통, 그리고 생물학적 죽음이라는 절대적 한계 의식에서 인간이 피할 수 없는 무력감, 그러한 자신의 한계를 극복하기 위해서 초인간적, 초자연적 힘을 가진 다른 세계, 아니면 세계의 다른 차원에 존재하는 '신' 혹은 초월적인 존재로서의 인격적 '타자'와 소통하여 그의 힘에 의존하고자 불가피한 요청을 전제한다. 이러한 세계관과 인간관을 전제로 할 때, 종교는 인간이 우주의 본질에 대처해야 할 삶의 방식을 제안한다. 모든 종교는 반드시 나름대로의 삶의 방식으로서 '명상', '기도', '예배' 등을 함축하고, 자신의 소원을 호소하고 그것을 성취시켜줄 것을 요청하는 방식으로서 반드시 '의식儀式', 즉 '제의祭儀'를 동반한다.

이러한 종교의 3가지 본질적인 속성들에 비추어 그것들을 종합적으로 통합하여, 종교의 가장 바람직한 정의는 다음과 같은 명제로 서술될 수 있다고 믿는다.

"첫째, 종교는 물리적 존재와 절대적으로 구별되는 초월적 타계他界, 즉 형이상학적 존재에 대한 믿음이며, 둘째, 이 세계, 즉 속세와 더불어 그 세계, 즉 성스러운 타계를 관리하는 인격적 한 존재 혹은 존재들, 즉 신 혹은 신들의 존재에 대한 믿음과 인식이며, 의식·제의를 통하여 그들의 힘을 빌려 인간의 궁극적 소망을 성취할 수 있는 방식을 제공하는 이론적 및 실천적 신념체계이다."

이런 정의를 잣대로 삼아야만 "당신은 종교를 믿습니까?"라는 물음이나, 그 정체가 애매모호한 불교, 유교, 도교, 천도교, 애니미즘, 샤머니즘, 무교, 토테미즘 등이 종교냐 아니냐에 대한 물음에 비로소 대답이 가능하다. 그러나 위와 같은 물음에 대한 대답은 그냥 관념적으로나 사전적이 아니라, 각기 믿음의 체계에 대한 구체적인 사실의 과학적 관찰, 검증 등을 토대로 해야만 한다.

결론: 종교의 개념 규정과 종교의 진리성

종교를 철학적으로 안다는 것은 무엇보다도 먼저 종교에 대한 분명한 정의를 갖고 있다는 말과 통한다. 그러나 종교의 정의는 하나의 인간, 세계, 우주에 관한 신념체계로서의 종교적 세계관 및 인간관이 참/진리라는 것을 인정하는 것과 전혀 별개의 문제이다. 모든 종교적 신념체계들이 틀린 것일 수도 있고, 몇 개 혹은 단 하나의 종교적 신념체계만이 맞을 수 있다. 그러나 어떤 경우이든 종교적 세계관의 옳고 그름의 문제는 과학적·철학적으로 투명하고 일관된, 철저하고도 면밀한 검토를 통해 결정될 수 있는 것이지, 결코 그냥 개념적으로 결정될 수 있는 문제가 아니다.

이제 나는 "당신은 종교를 믿습니까"라는 물음에 대한 나의 대답을 당당하게 시도해나갈 것이다.

『종교란 무엇인가』(1985)

02
종교와 종교철학

종교에 대한 철학적 고찰을 하기에 앞서 독일 시인 하이네Heine의 말이
머리에 떠오른다. 그는 어디에선가 "종교가 철학의 도움을 간청하는 순
간부터 종교의 파멸은 피할 수 없다"라고 말했다. 철학의 의도가 어떤
대상에 대한 철저한 지적 파악에 있다면, 종교는 지적으로만 인식되고
이해될 수 없다는 뜻이다. 하이네는 지적 인식의 한계를 지적한 것이다.
지적 작업으로서의 철학에 대한 불신은 현대 프랑스의 철학적 에세이
스트 시오랑Cioran에 의해서 열렬한 호응을 받는다. "철학적 사고는 너
무 조작적이어서 생생하지 못할 뿐만 아니라 사실일 수도 없다. 그것은
음흉한 사고이다. 내가 철학자의 책을 다시는 열어보지 않으리라는 것
을 안다는 것은 얼마만큼 행복한 일이냐!"[1]라고 그는 철학적 시도를 시
니컬하게 보고 있다.

　하이네나 시오랑의 생각에는 일리가 있다. 사물현상과 경험, 그리고

1　　E. M. Cioran, *De l'inconvénient d'être né*(Paris, Gallimard, 1973), p.50.

그러한 것들에 대한 지적 이해 사이에는 어쩔 수 없는 논리적 거리가 있다. 그러나 아무리 일리가 있더라도 하이네와 시오랑의 생각 자체에는 역설이 담겨 있다. 그들의 생각 자체가 철학적이라는 점, 그들의 주장 자체가 철학적이라는 사실에서 그들의 생각과 주장이 역설적이라는 것이다.

철학은 종교에 관한 철학적 고찰이 그 자체로서는 종교가 아니라는 것을 처음부터 잘 의식하고 있다. 그럼에도 불구하고 종교를 철저히, 투명하게 이해하고자 할 때 우리는 어느덧 철학적으로 되어가고 있는 것이다. 철학적 분석과 파악을 거치지 않고는 다른 사물현상과 마찬가지로 종교를 이해했다고 말할 수 없기 때문이다. 종교가 철학과 다르다는 사실도 철학적 조명을 받아야만 밝혀질 수 있다. 이런 의미에서 이 책이 뜻하고자 하는 종교철학도 지적 작업으로서 가능하며, 정당성을 가질 수 있을 뿐만 아니라, 더 나아가서 종교를 투명하게 이해하고 그 의미를 지적으로 파악하고자 하는 사람들에게 마땅히 필요한 작업이다.

어느 곳, 어느 때를 막론하고 인간사회에서는 종교적이라고 불릴 수 있는 일종의 믿음의 체계와, 일종의 의식들과, 일종의 표상체들이 있어왔고, 현재도 계속 존재한다. 미신, 불경, 성서 등은 종교적 믿음을 나타내며, 굿, 불공, 예배 등은 종교적 의식의 예가 되고, 성황당, 사찰, 예배당은 종교적 표상체들의 몇 가지 경우가 된다. 이러한 현상을 통틀어 '종교'라고 부를 때, 이러한 현상이 인류역사를 통해서 보편적이라는 사실은 종교가 인류와 근본적으로 뗄 수 없는 관계를 갖고 있음을 입증하고, 그만큼 중요한 기능을 맡고 있음을 실증해준다. 하나의 특수한 현상이라는 점에서만도 종교는 지적 호기심, 연구의 충분한 대상이 되지만, 그 현상이 보편적이라는 사실, 인류와 깊은 관계를 갖고 있다는 사실을 의식할 때 종교는 마땅히 진지하고 철저한 체계적 고찰과 연구의 대상이 되지 않을 수 없다.

종교란 무엇인가? 종교는 어떻게 이해되고 설명될 수 있는가? 로마로 통하는 길은 하나만이 아니다. 다른 모든 현상들과 마찬가지로 종교라고 하는 현상은 관심에 따라 여러 가지 각도에서 연구되고 이해되며 설명될 수 있다. 종교의 생성, 발전, 변화를 체계적으로 연구하는 종교역사학이 있을 수 있다. 어떤 특수한 종교를 체계적으로 정당화하는 신학이 있다. 니체나 프로이트처럼 종교를 믿는 심리적 동기를 밝히려 할 때 종교심리학이 성립된다. 마르크스나 뒤르켐의 경우와 같이 종교현상을 사회학적으로 설명할 수 있고, 종교와 사회의 여러 차원과의 관계를 밝히려 할 때 종교사회학이 마련될 수 있다. 이밖에도 종교와 지리적 환경과의 관계를 연구하는 종교지리학, 종교와 문화일반과의 관계를 설명하는 종교문화학, 종교와 권력과의 관계를 연구하는 종교정치학 등 수많은 학문이 가능하며, 그러한 학문들은 종교라는 현상을 다각도에서 설명해줄 수 있다.

종교현상에 관한 위와 같은 다양한 설명과 이해의 양식을 통틀어 '종교학' 혹은 '종교과학'이라 호칭할 수 있다. 그와 같은 작업은 한결같이 체계적이며 실증적인 설명과 지적 이해를 도모하는 데 그치기 때문이다. 그러나 종교과학이 미치지 못하는 차원, 종교과학과는 질적으로 다른 이해의 측면, 종교과학이 이미 전제하고 있는 종교현상에 대한 앎의 관점이 있다. 그것은 과학적인 관점과 구별되는 철학적 관점이다. 이러한 관점에서 종교를 파악하고 이해하려 할 때 종교철학이 성립된다.

종교철학은 무엇인가? 어떤 학문인가? 그것은 종교과학과 어떠한 관계를 갖고 있는가? 철학은 가장 포괄적인, 따라서 근본적인 학문으로 흔히 생각되어왔다. 우주는 어떻게 생성되었는가? 자연현상의 근본적인 법칙은 무엇인가? 인간은 무엇인가? 사랑은 무엇인가? 종교란 도대체 무엇인가? 이러한 종류의 질문이 전형적인 철학적 질문이요, 이러한 질문에 대한 대답이 철학이라는 생각이 통용되어왔었다. 그러나 이러한 문제는 우주학, 물리학, 생물학, 심리학 또는 사회학의 일부분이 될 수도 있다. 그렇다면 과학과 철학은 그 성질이 구별되지 않는다. 이러한 사실은 일반적으로 생각하는 철학의 본질이 모호하고 석연치 않다는 결론을 낸다. 철학이 다른 학문과 구별되지 않는다는 말이다.

과학과 철학의 차이는 그것들의 학문적 대상에 의해서 구별되지 않으며, 그것들이 다루는 대상의 포괄성의 관점에서 구분될 수 없다. 과학과 철학은 오로지 그것들이 각기 서 있는 학문적 관점에서만 찾을 수 있다. 과학이 경험적인 관점에 서 있다면 철학은 개념적인 입장에 서 있다. 과학의 대상은 경험에 바탕을 둔 현상이며, 철학의 대상은 그 경험을 표상하는 개념 자체에 초점을 둔다. 물리학이 물질과 물질을 지배하는 인과관계 등을 관찰·측량·설명하고, 심리학이 물리현상, 즉 의식 혹은 무의식 등을 경험을 토대로 밝히며, 종교과학이 믿음, 기도, 영혼, 구원 등을 구체적인 경험적 현상으로서 조사·서술·설명한다면, 철학은 과학이 이미 전제하고 사용하고 있는 '물질', '인과관계', '심리현상', '의식', '무의식', '믿음', '기도', '영혼', '구원' 등의 범주, 혹은 개념의 정확한 의미를 밝히려고 한다. 달리 말해서 철학의 대상은 사물현상 자체나 사물현상에 대한 경험 자체가 아니라, 그러한 사물현상과 경험을 서술하는 데 사용되지 않을 수 없는 언어, 더 정확히 말해서 언어의 개념들이며, 그것들 간의 논리적 관계들이다. 따라서 철학이 하나의 학문이라면 그것은 과학에 비추어볼 때 구체적인 경험적 현상과 떨어진 이른바 상위적, 즉 메타학문이요, 철학이 일종의 앎이라면 그것은 상위적 메타인식이다.

과학과 철학 간의 엄격한 구별은 초기 논리실증주의자들에 의해 주장되어왔고, 20세기 초반 분석철학에 결정적인 영향을 미쳤다. 그러나 오늘날에 와서 그러한 구별이 근거가 없다는 철학적인 새로운 주장이 나타났다. 가장 뚜렷한 예는 후기구조주의라 불리는 데리다Derrida에서 찾아볼 수 있다. 그의 가장 근본적인 주장의 하나는 위와 같은 엄격한, 즉 본질적 구별을 부정하는 데 있다. 과학과 철학 간에 근본적인 구별이 있을 수 없다는 주장은 분석철학 자체 내에서도 오래전부터 주장되어 왔다. 분석철학에서 지난 30여 년간 가장 큰 영향을 갖고 있는 콰인Quine 에 의해서 이미 강조되었고, 최근에는 로티Rorty 등이 보다 더 적극적으로 주장하고 있다. 이러한 부정에도 불구하고, 그리고 본질적·근본적·형이상학적인 차이가 없음을 인정하더라도, 과학과 철학은 개념적으로 어느 정도 구별하는 것이 그것들을 이해하는 데 크게 편리하다. 일반적으로 과학자는 관찰실험을 떠나서는 활동할 수 없지만, 철학자는 자신의 이론과 주장을 펴기 위해 어떤 사물현상을 구체적으로 조사하러 떠날 생각을 하지 않는다. 그의 작업은 주로 책상 앞에 앉아 생각하는 것으로 끝난다.

사물현상 자체가 아니라 개념을 다룬 메타학문으로서의 철학은 공허한 시간낭비로 흔히 판단되고 규탄받는다. 철학이 진리를 찾는 데에서 그 의미를 찾을 수 있다면 그 진리는 반드시 어떤 구체적인 사물현상에 대한 진리일 수밖에 없는데, 만약 그러한 사물현상을 떠나 개념에만 초점을 둔다면 그것은 진리를 떠난 언어의 장난에 지나지 않을 것이기 때문이다. 진리가 참된 앎이라면, 앎은 반드시 구체적인 무엇인가에 대한 앎이기 때문이다. 언어의 의미 혹은 개념을 안다고 해서 사물현상이 저절로 알려지지는 않는다. 그러나 이와 같은 주장은 극히 단순하고 근거가 굳건치 않다. 어떤 대상과 관계되지 않는 언어, 어떤 경험과 분리된 개념은 공허할 뿐만 아니라 의미가 있을 수 없기 때문이다. 모든 언어의 의미는 직접 혹은 간접적으로 어떤 대상, 어떤 경험에 뿌리를 박고 있다.

그러나 또 한편 언어, 더 정확히 말해서 개념을 전제하지 않는 경험은 현상적으로 불가능하다. 사물현상은 반드시 경험을 통해서만 지각될 수 있지만, 경험은 필연적으로 언어의 그물로서만 가능하다. 이와 같이 볼 때 언어는 사물현상을 인식하는 창문에 해당된다. 그것은 또한 어떤 사물현상을 드러내보이는 리트머스 시험지에도 비유될 수 있다. 리트머스지를 통해서만 화학적 성분이 나타나는 것과 마찬가지로, 언어라는 매개물을 사물현상과 우리들의 의식 사이에 삽입하지 않고는 사물현상은 우리들에 의해서 경험될 수 없다. 그렇다고 사물현상이 그것을 드러내보이는 언어라는 그물, 혹은 리트머스지와 똑같다는 말은 물론 아니다. 사물현상과 그것을 표상하는 언어, 존재와 그것의 인식과는 논리적으로 엄연히 구별되어야 한다. 그럼에도 불구하고 사물현상과 언어, 존재와 인식은 실제로는 서로 뗄 수 없이 얽혀 있음을 잊어서는 안 된다. 그러므로 사물현상에 대한 경험을 체계적으로 설명하는 과학적 앎은 그것을 표상해주는 언어의 의미, 즉 개념을 분명히 하지 않는 한 투명한 인식이 될 수 없다. 사물현상에 대한 투명한 앎, 즉 진리는 과학이 사용하는 언어개념들을 투명하게 이해하지 않고는 꿈으로 남는다. 우리가 필요에 따라 사용하는 언어의 개념을 투명하게 하자는 것이 철학의 독특한 작업이라면, 그러한 철학적 조명이 없는 과학적 앎은 아직도 투명하지 않다는 결론이 나오며, 따라서 그것만으로 만족스럽지 않다는 논리가 성립된다. 모든 학문이 마침내는 필연적으로 철학으로 통하게 마련이라는 일반적인 생각이 있다는 것은, 하나의 우연한 현상이라기보다는 논리적으로 타당하고 현상적으로 옳다. 철학은 공허한 말장난, 지적 유희가 결코 아니다.

과학과 철학의 관계를 위와 같이 풀이할 때 과학철학, 역사철학, 심리철학, 예술철학, 법철학, 교육철학 등 무수한 철학적 고찰이 가능하며, 이와 똑같은 차원에서 종교철학이 독자적 철학영역으로서 성립될 수 있다.

종교철학은 또 하나의 종교가 아니며, 종교를 옹호하거나 비판하는 것이 아니다. 그러므로 어떤 특수한 종교를 믿거나 믿지 않거나를 막론하고서도 가능하다. 종교철학은 종교에 관한 철학적 고찰로서 믿음이라는 행위와는 독립된 순수한 지적 작업에 지나지 않는다. 종교철학은 종교가 아니라 종교에 관한 학문으로서, 종교에 대한 과학적 설명이 아니라 종교에서 사용되는, 종교와 관련된 언어, 더 정확히 말해서 개념들의 의미를 밝히고 종교적 믿음이 전제하거나 함유하는 여러 가지 사실들의 논리적 타당성을 검토하는 작업으로서, 종교와 관련된 수많은 개념들의 분석과 그 의미의 이해, 그리고 궁극적으로는 종교 전체의 의의를 밝히자는 데 목적이 있다.

종교라는 하나의 현상을 둘러싼 수많은 개념들이 일상적으로 사용된다. '신', '열반', '범천', '도', '구원', '해탈', '성聖', '원죄', '기적', '천당', '영생', '초월', '기도', '불공', '계시' 등의 말들이 종교를 두고 말할 때 사용되는 중요한 개념들의 몇몇 예가 된다. 수많은 종교가 있어왔고, 또 현재 있는 이상, 각 종교마다 특수한 개념이 있어서 종교를 둘러싼 개념의 문제는 헤아릴 수 없이 다양하고 복잡해진다. 종교를 둘러싼 위와 같은 개념들뿐만 아니라 그 이전에 '종교'라는 개념 '자체'를 밝혀야 할 것이다. 왜냐하면 언뜻 생각하기와는 달리, 우리가 알고 있다고 생각되는 '종교'라는 말이 무슨 뜻인지 쉽사리 결정되지 않기 때문이다. 이와 같이 볼 때 종교철학에는 헤아릴 수 없이 많은 문제가 있고 한없이 복잡한 작업이 부여된다.

그러나 이 책이 뜻하고자 하는 것은 입문적인 것으로 종교적인 문제를 가능한 한 총괄적으로 요약해서 철학적인 관점에서 고찰하고 검토하는 데 있다. 그러한 것을 위한 방법으로, 여러 종교들 가운데서도 가장 보편적인 종교들을 골라서 그들의 가장 중심적인 것으로 생각되는 개념들과 문제들을 뽑아내어 그것들의 의미와 해결을 검토하고, 그러한 개념과 문제들 간의 논리적 상호관계를 밝혀보는 것으로 자족할 것이다.

이 책이 입문적인 것인 이상 종교철학에 직접 부딪치기에 앞서, 우선 현상으로서의 종교를 명확히 해놓을 필요가 있다. 우리의 철학적 문제가 무슨 현상에 관계되는가를 경험적으로나마 알아야 할 필요가 있기 때문이다. 그렇다면 종교라고 할 때 우리는 도대체 어떤 현상을 두고 말하는 것인가? 철학적 검토를 시작하기에 앞서 가장 대표적 종교들의 현상을 극히 요약해서나마 서술해보자.

『종교란 무엇인가』(1985)

03
5대 종교

일종의 믿음과 행위를 종교라고 잠정적인 규정을 내린다면, 문제는 어떤 종류의 믿음과 행위를 종교적인 것으로 결정할 수 있느냐이다. 미신이 종교인가, 성황당에 고추와 색실을 걸어놓고 절하는 행위를 종교적인 것으로 봐야 하느냐가 문제이다. 노장사상을 도교라고 하는데, 그것을 하나의 종교로 취급할 수 있느냐 아니냐의 시비가 나올 수 있다. 다른 여러 가지 현상, 예를 들어 미술작품과 마찬가지로 사람에 따라서 종교에 대한 정의가 서로 다르고, 그 다른 정의에 따라 어떤 하나의 믿음을 종교로 볼 수도 있고, 또 어떤 하나의 행위를 비종교적인 것으로 볼 수 있는 데에 문제가 있다. 사회와 시대에 따라 종교에 대한 정의가 변해가기 때문에 문제는 더욱 복잡해진다. 그뿐만 아니라 어떤 믿음을 종교라고 부른다는 데에는 이의가 없다 해도 그 믿음의 내용 자체가 시대와 장소에 따라, 그리고 더 나아가서는 사람에 따라 부단히 변하고 있다. 가령 불교나 기독교를 종교라고 부르는 데 이의가 없다고 한다 해도 사람과 사회의 파벌, 그리고 시대에 따라 그 내용이 다르다. 이처럼 종교적 믿음이나 행위와 비종교적 믿음이나 행위를 구별하는 윤곽이 결코 분명치 않다.

그 성질이 모호한 수천 개의 믿음이나 행위 가운데에 그 이유가 어디에 있건 간에, 몇 개의 믿음과 행위는 세계적으로 보급되고 보편적으로 누구에게나 주저 없이 종교라고 불리어왔으며, 세계 전체에 큰 영향을 미치고 있으며 뚜렷한 조직체를 갖고 있다. 힌두교, 불교, 유대교, 기독교, 그리고 이슬람교(회교)가 그 예들이다. 이와 같은 5개의 믿음의 체계와 조직체를 전형적 종교로 봐서 틀림없다. 이른바 대표적 종교들이다. 그밖의 모든 신앙들은 위와 같은 전형적 종교에 비추어서 종교냐 아니냐가 설명될 수 있다.

종교사나 종교에 관한 책들은 흔히 도교를 6대 종교의 하나로 들고 있으며, 어떤 경우는 종교의 테두리를 넓혀 유교를 합쳐 7대 종교를 얘기한다. 그러나 조금 후에 그 이유가 밝혀지겠지만, 공자의 사상을 의미하는 유교나 노장사상을 지칭하는 도교는 앞에서 든 5대 종교와 그 성격이 조금 다르다. 그런 의미에서 이 책에서는 유교는 물론, 도교도 전형적 종교로 취급하지 않기로 한다.

누구나 의심하지 않고 다 같이 종교라고 부를 수 있는 몇 개의 전형적 믿음과 행위가 있음은 다행한 일이다. 이렇게 공통적으로 인정된 종교를 전제하지 않고는 종교를 논할 수 없기 때문이다. 종교의 철학적 분석과 이해도 이러한 전형적이고 구체적인 믿음에 바탕을 두지 않는 한 하나의 공론, 아니면 독백에 지나지 않게 될 것이다.

그렇다면 전형적 종교로서의 힌두교, 불교, 유대교, 기독교, 이슬람교는 무엇인가? 그것들은 각기 무엇을 내용으로 하는가? 그것들은 어떻게 요약·서술될 수 있는가? 물론 위의 5대 종교도 각기 하나하나가 그 내부에서 다양하게 갈라지며, 때로는 서로 갈등되는 내용을 갖고 있다. 그러면서도 5대 종교는 각기 하나의 공통된 내용을 지니고 있다. 이런 근거에서, 그리고 우리들의 논지와 이해의 편의를 위해서, 경우에 따라 다소 억지가 있더라도 그것들이 서로 다양성 가운데서도 공통으로 갖고 있는 근본적 내용을 추출하여 서술해볼 수 있다. 예컨대 기독교는 수백 개의 종파로 갈라지고 있지만, 그것들은 기독교라는 점에서 어떤 공통된 내용을 보편적으로 갖고 있다.

적어도 위에서 든 전형적 대종교는 각기 어떤 경전, 즉 텍스트를 반드시 갖고 있고, 그 경전에 바탕을 둔다. 따라서 어떤 종교를 얘기할 때 그 종교의 경전을 빼놓아서는 안 될 뿐만 아니라, 그 경전은 가장 중요한 종교적 요소이기도 하다.

어떤 한 종교의 경전은 반드시 한편으로 존재현상에 대한 근본적인 설명을 도모하며, 또 한편으로는 그와 같이 설명된 형이상학적 존재론에 근거하여 인간이 어떻게 살아가야 하는가를 밝히고 제시하며 규정한다. 이런 관점에서 종교는 철학, 더 정확히 말해서 형이상학과 구별된다. 형이상학은 근본적인 존재구조 양식에 대한 서술과 설명에 그치는 이론에 불과하다. 그러나 종교는 단순히 이 논리에 그치지 않고 실천적인 차원을 갖고 있다.

그렇다면 모든 종교가 실천의 구체적인 구현으로서 여러 가지 복잡한 제의를 반드시 동반하는 이유가 충분히 이해된다. 어떤 형태의 기도, 예배, 묵념 등은 종교적 제의의 일부이며, 이러한 의식은 예배, 기도, 묵념의 대상물로서의 초월적인 어떤 절대자를 전제로 한다.

이런 각도에서 5대 종교를 서술함에 있어서 한 종교의 경전, 즉 텍스트를 설정하게 된 각 종교의 (1) 역사적 기원을 보고, 그 종교의 인식적 측면, 즉 (2) 교리의 내용을 밝히고, 그 종교가 동반하는 실천적 측면으로서의 (3) 제의를 밝히는 작업은 방법론적으로 편리하고 적절하다고 생각된다. 이렇게 설정된 위의 세 가지 각도에서 한 종교현상이 서술될 때 그 종교가 일관된 관점에서 파악되며, 따라서 서로 다른 종교들 간의 유사성과 차이가 쉽게 비교될 수 있기 때문이다. 이러한 비교를 통해서 각 종교의 개별적인 서술을 넘어서 종교 일반에 대한 보편적이고 총괄적 파악과 이해가 용이해질 수 있을 것이다.

힌두교

기원

힌두교Hinduism 혹은 인도교의 출처는 『리그베다Rig-Veda경』에서 찾아진다. 그것은 B.C. 4,000년 전부터 인더스 강변에 살고 있던 원주민과 서쪽으로부터 들어온 아리안족이 합류할 무렵부터 그들의 원시적 우주관을 시적 형식에 담아 씌어진 책이다. 그 책의 일부로서 보다 체계를 갖춘 사상이 담겨 있는 『우파니샤드The UpanJshads경』이 B.C. 700년경에 정리되고, 기원 전후하여 베단타vedanta 전통의 기초가 되는 『바가바드 기타BAagavad-Gita경』이 작성된다. 이와 때를 비슷하게 하여 『마누 법경The laws of Manu』이 설정되었다. 6천 년의 긴 역사를 통하여 힌두교에 관한 허다한 이론이 세워지고 책이 서술되었지만, 힌두교는 위에서 든 세 가지 텍스트에 모든 바탕을 두는 것이며, 여러 다른 이론들은 그 세 가지 텍스트에 대한 다양한 주석으로 볼 수 있다.

교리

초기 인도인들은 모든 존재의 원천과 모든 사물현상의 원리를 초월적 세계, 즉 우리가 지각할 수 없는 세계에 존재하는 인격적 신들에서 찾는다. 이런 점에서 인도인의 생각은 이집트인, 유대인, 기독교인들이나, 또는 그리스 혹은 로마인들과 다를 바가 없다. 그러나 인도인들에게는 단 하나만의 절대적인 신이 없었다. 그들의 관점에서 볼 때, 시바Shiva 신, 비스뉴Vishnu신, 인드라Indra신, 바루나Varuna신, 크리시나Krishina신들이 거의 동등한 위치에서 공존하고 있었다. 유대교, 기독교, 이슬람교가 유일신교인 데 반해서 힌두교는 다신교였다. 이런 점에서 힌두교인들은 역시 허다한 신들의 존재를 믿고 있던 고대 그리스인들이나 로마인들과 통한다.

인도인들은 우주를 땅, 대기층, 영원한 빛으로 된 3층 구조로 보고, 여기서 여러 신들의 황당무계한 힘을 발휘하는 것으로 보고 있다. 이러한 우주관은 무속 등에서 나타나는 원시적 애니미즘과 별로 다를 바가 없다. 서로 갈등하고 다양한 신들의 존재로서는 원래 뜻했던 바, 즉 모든 존재의 원칙과 우주의 원리에 대한 통일되고 일반화된 근본적 설명이 불가능했다.

수천 년의 사색을 통해서 『우파니샤드경』, 『바가바드 기타경』이 정리되며 베단타 전통으로 굳어가면서 힌두교는 유신적인 관점에서 무신교의 형태를 갖추게 되고, 존재의 근원과 우주현상의 원리를 인격적인 것으로 보지 않고 비인격적인 각도에서 보게 된다. 존재의 근원은 존재 밖에 존재하는 어떤 인격적 존재에 있지 않고, 존재 자체에 내재하는 어떤 추상적 원리, 혹은 법칙에서 발견된다. 이처럼 힌두교는 유신교인 모든 서양적 종교와 달리, 무신교의 성격을 띠고 있는 이른바 동양적 종교의 하나로 성장해간다.

절대신 대신에 비인격적인 두 개의 중심개념으로서 '브라만Brahman 혹은 '범천'이라는 개념과, '아트만atman' 또는 '범아'라는 개념이 도입된다. 모든 존재는 단 하나의 분리될 수 없는 동일체로서, 그것은 브라만이라는 관점과 아트만이라는 관점에 의해 서술될 수 있다. 브라만과 아트만과의 관계는 한 사람에 있어서의 육체와 정신과의 관계에 비교될 수 있다.

그러나 따지고 보면 몸과 마음이 실질적으로 구별될 수 없듯이, 브라만과 아트만은 두 개의 서로 다른 존재를 지칭하는 말이 아니고, 단 하나의 동일한 존재의 두 가지 다른 관점을 가리키는 것에 지나지 않는다는 것이다. 그것들은 같은 것의 객관적 관점, 즉 외적과 주관적 관점, 즉 내적 관점을 반영한다. 모든 것이 곧 브라만이요, 동시에 모든 것이 곧 아트만인 것이다. 이와 같이 하여 어떻게 보면 자연과학이 어떤 동일한 물질로 모든 현상을 환원시켜 동일한 것으로 보려고 하듯이, 힌두교는 형이상학적 차원에서 모든 것이 똑같은 하나의 통일된 존재로 환원된다는 비전을 갖게 되는 것이다. 모든 현상이 동일한 하나라고 하는 생각은 우리의 지각에서 느껴지는 천차만별한 현상들은 실체가 아니라 환상이라는 뜻에서의 마야maya라는 결론으로 유도된다. 존재의 비현상적·비지각적인 실체와 대립된 현상적·지각적인 사물들과의 위와 같은 구별은, 플라톤이 말하는 이데아의 가사적可思的 세계와 현상적인 가시적可視的 세계와의 구별을 상기시킨다.

브라만으로 불리는 하나의 존재는 어떤 질서를 갖추고 있다. 이것을 힌두교에서는 리타rita라고 말하며, 그것이 사람의 행위에 적용될 때 의무라는 뜻을 띤 다르마dharma, 혹은 달마라는 말로 불린다.

인간을 포함한 모든 존재를 일괄적으로 지칭하는 브라만의 질서, 혹은 구조는 인간의 측면에서 볼 때 네 계급vama으로 나누어지고, 각기 인간의 삶은 네 단계ashrarm로 구분되며, 각 인간은 네 가지 기본 목적 purushartha을 추구하는 것이며, 그 목적달성을 위한 네 가지 방법yoga이 있다.

모든 사람들은 사회적으로 승려계급brahman, 무사계급kshatrya, 상인계급vaishya, 노동계급sudra 가운데 어느 한 계급에 반드시 소속되어 태어난다. 어떤 계급에 속하게 됨은 마치 개가 일단 개로 태어나면 돼지가 될 수 없는 것과 마찬가지로 결정적인 것이다. 내가 어떤 계급에 속하느냐 함은 사회적·제도적인 것이 아니라 형이상학적인, 즉 존재론적인 것이기 때문이다. 그것은 인간의 힘, 사회적인 선택에 의해 정해지는 것이 아니라 궁극적 존재구조를 바탕으로 하고 있다는 것이다. 그러므로 나의 계급적 소속은 나 자신뿐만 아니라 어떠한 힘이나 권력에 의해 인위적으로 바뀔 수 없다.

어떤 계급에 태어나건 상관없이 모든 인간의 삶은 네 단계를 거쳐야 한다. 첫째가 학습이요, 둘째가 가정이며, 셋째는 은퇴요, 넷째가 명상이라는 단계이다. 처음 인간은 배우는 단계를 거치며, 둘째 단계에서 가정을 이루고 사회인으로서의 기능을 충당한다. 이런 과정을 지나면 사회생활로부터 은퇴하며, 마지막 단계에서 모든 것을 버리고 집을 나가 숲 속에 들어가 명상적 사념에 파묻힌다. 한 인간의 삶은 그때그때에 따라 네 가지 서로 다른 단계를 거쳐야 하고 각기 그 단계에 적절하게 살아야 한다는 것이다.

이렇게 살아가는 동안 각 개인이 순차적으로 달성해야 할 네 가지 기본 목적이 있다. 첫째 의무dharma를 충당할 것이며, 둘째 부귀artha를 마련하고, 셋째 쾌락kama을 누릴 것이며, 마지막으로 해탈moksha을 목표로 해야 한다. 뒤에서 더 설명되겠지만, 힌두교의 관점에서 볼 때 삶의 궁극적 목적은 해탈이며, 힌두교가 가르치고자 하는 것은 이러한 목적을 어떻게 달성할 수 있는가에 있다. 해탈이 궁극적 목적이지만 그러한 다른 목적들을 순서적으로 달성한 뒤에만 궁극적 목적달성이 가능하다는 것을 보여주는 데 힌두교의 독특한 면이 있다. 어떤 목적도 인간이 좌우할 수 없는 우주적 질서에 따라 그것을 추구하고 달성할 수 있다는 것이다. 힌두교에는 이른바 월반이 있을 수 없다.

형이상학적 존재질서는 객관적인 것이며, 그것은 비단 네 가지 사회계급, 네 가지 삶의 계급, 네 가지 삶의 목적에서만 볼 수 있는 것이 아니다. 그것은 삶의 목적을 달성하는 방법 자체에서도 다시 발견된다. 그 방법은 네 가지로 되어 있다. 첫째 지식방법jnanayoga, 둘째 애정방법bhakti yoga, 셋째 업적방법karma yoga, 넷째로 심리적 방법Raja yoga이 있다. 이 네 가지 방법은 어떤 계급에서 태어났느냐에 따라, 그리고 삶이 어떤 계급에 놓여 있느냐에 따라, 네 가지 가운데 어떤 목적을 달성하려느냐에 따라서 달라질 수 있고 결정된다.

존재 일반, 특히 인간사회와 각 개인의 삶에 대한 위와 같은 서술이 옳은가 아닌가는 여기서 문제되지 않는다. 다시 말해서 힌두교에 나타난 우주관·인간관의 옳고 그름은 별 문제가 아니라는 것이다. 그러나 위와 같은 힌두교의 관점이 옳다고 가정하더라도 만약 힌두교가 이러한 사실을 보여주는 데 그친다면, 그것은 종교라기보다는 하나의 형이상학적 체계요, 이론에 그친다. 그렇다면 이 종교는 철학과 구별될 수 없다. 모든 종교가 그러하듯이 힌두교가 종교라고 불리며 하나의 순수한 철학과 구별될 수 있는 이유는, 그것이 어떤 궁극적 진리를 객관적으로 보여주는 인식에 그치지 않고 삶의 근본적 문제, 즉 삶의 궁극적 의미를 어떻게 발견할 수 있는가를 밝혀주려 하는 데서 찾아볼 수 있다. 종교가 형이상학, 아니 철학일반과 다른 점은 전자가 지적인 차원을 넘어서 실존적 문제에 초점을 두고 있다는 사실에서 찾을 수 있다. 종교의 궁극적 목적은 모든 인간을 고통으로부터 해방시키려는 데 있다.

이런 관점에서 볼 때 힌두교의 가장 중요한 개념은 해탈이다. 그밖의 개념들, 그밖의 여러 가지 이론과 체계는 결국 해탈의 의미, 해탈으로의 길을 보여주고, 우리를 그러한 방향으로 인도하기 위한 뒷받침의 방법에 불과하다.

해탈은 무엇인가? 그것은 어떻게 가능한가? 힌두교의 입장에서 볼 때 구체적인 삶, 육체를 갖고 독립된 개체로 존재하는 삶은 그것이 어떠한 형태이건 간에 고통스러운 것이다. 어렸을 때나 늙었을 때를 막론하고, 승려계급으로 태어났거나 노동계급으로 태어났거나를 막론하고, 살아 있다는 것, 개체로서 존재한다는 것은 근본적으로 고통을 의미한다. 그러므로 누구를 막론하고 언제나 모든 사람, 아니 모든 삶은 고통으로부터 해방되기를 바라게 됨은 당연하다. 고통으로부터의 해탈, 고통으로부터의 해방은 의식적이든 아니든, 살아 있는 모든 것들이 궁극적으로 한결같이 찾고 있는 것이다. 삶이 고통을 의미한다면 고통으로부터의 해방은 삶으로부터의 해방, 아니 보다 구체적으로 말해서 개체로서의 존재에 종지부를 찍음을 의미한다. 힌두교가 말하는 해탈은 고통으로부터의 해방이며, 더 구체적으로 말해서 삶으로부터의, 아니 개체적 존재로부터의 탈출을 의미한다. 이런 점에서, 뒤에 알게 되겠지만 힌두교의 근본사상은 불교의 그것과 극히 유사하며, 힌두교와 불교는 다 같이 허무주의적이다.

해탈, 즉 삶으로부터의 해방이나 탈출은 어떤 상황을 가리키는가? 그것은 한마디로 말해서 개체로서의 자아가 무분별한 단 하나로서의 존재 일반, 즉 브라만(범천) 속에 해소되어 흡수된 상태를 가리킨다. 이러한 궁극적 목적인 해탈은 각 개인이 쌓아야 할 업적, 즉 '업karma'과 뗄 수 없는 일종의 인과관계를 맺고 있다. 해탈은 거저 이루어지거나 거저 얻어지지 않는다. 그것은 각 개인이 그것을 얻거나 그것을 이루는 데 마땅히 필요한 업적을 쌓아야 한다. 공짜가 없다는 말이며, 우연이 있을 수 없다는 것이다. '해탈'과 '업' 사이에는 필연적인 인과관계가 있다는 뜻이다.

불행히도 모든 업이 다 같이 직접적으로 해탈과 인과적 관계를 맺고 있는 것이다. 절대 대부분의 업은 거의 무한한 인과관계의 연쇄, 즉 고리를 통해서만 간접적으로 해탈이라는 궁극적 결과와 연결된다. 내가 아무리 아들을 갖고 싶어 애를 쓰고 노력한다고 해서 내게 아들이 저절로 생기지 않는다. 나는 한 가지 업을 쌓아서 우선 결혼이라는 결과를 낳도록 해야 하며, 결혼해서 또 업을 쌓아서 사랑을 해야 아들이 생길 수 있는 것과 마찬가지 이치이다. 한마디로 말해서 해탈에 이르려면 여러 가지 절차와 단계를 순차적으로 밟아야 한다는 것이다. 궁극적 목적인 해탈을 이루는 데는 지름길이 있지 않다는 말이다. 거의 무한수의 단계에서 거의 무한한 업을 쌓을 필요가 있게 된다.

가령 내가 네 단계의 사회계급 가운데서 제일 밑바닥 계급인 노동자의 아들로 태어났다고 하자. 내가 그보다 높은 계급으로 태어나지 못하고 이렇게 불우한 계급으로 태어난 것은 내가 과거에 쌓은 업의 인과적 결과에 의한 것이다. 개로 태어났으면 새나 사람으로 바꿀 수 없는 것과 같이, 내가 일단 노동계급으로 태어난 이상, 나는 적어도 현재 살아가고 있는 한평생 동안은 그 자리에서 벗어나 보다 높은 계급으로 올라갈 수 없다. 밑바닥 노동계급으로 태어난 내가 이 지금 세상에서 최고로 바랄 수 있고 이룰 수 있는 것은, 지금의 생에서가 아니라 다음번 생에 상인계급으로 태어나는 것이다. 내가 쌓은 업의 성적이 좋아 상인계급으로 태어나게 되면, 다음번에 내가 최고로 바랄 수 있는 것은 또 한 단계 상위계급인 무사계급으로 태어나는 것이며, 그 목적이 이루어지면 또 다음번 생에서 최고 계급인 승려계급으로 태어나는 것이다. 승려계급으로 태어난다는 것은 궁극적인 목적인 해탈의 직전 단계에 놓여 있음을 의미한다. 이 단계에서 최선의 업을 쌓았을 때 나는 영원히 다시 태어나지 않는 상황의 결과, 즉 삶으로부터의 궁극적 탈출을 이루게 되는 것이다. 다시 재생하지 않는 이 단계가 궁극적 목적이며 그러한 상황이 다름 아닌 해탈이다. 우리들의 운명은 반드시 상승적이지는 않다. 노동계급으로 태어난 내가 마땅히 해야 할 업, 즉 업무를 완전히 다하지 못할 때 나는 다음번 생에서 사람의 형태가 아니라 그보다 낮은 존재, 가령 원숭이나 강아지로 태어나게 될 것이며, 그때 내가 역시 나의 업을 완전히 수행하지 못하면 나는 그 다음번 생에서 원숭이나 강아지보다 못한 존재, 가령 똥파리나 굼벵이로 태어난다. 이와 같이 하여 나는 궁극적 목적을 달성할 수 있는 직전의 단계인 승려계급으로부터 자꾸 더 멀어지고, 그렇게 되면 나는 이 고통스런 삶을 더 여러 번 되풀이해야만 한다. 이와 같은 업과 해탈의 관계는 힌두교 윤회사상의 골자를 이룬다. 삶의 궁극적 목적은 윤회하는 삶의 영원한 쳇바퀴, 다람쥐 쳇바퀴 같은 감옥으로부터 완전히, 그리고 영원히 빠져나오는 데 있다. 왜냐하면 삶은 어떤 것이든 간에 고통스럽기 때문이다. 힌두교에서의 해탈은 곧 탈출이다.

제의

오랜 시간을 통해서 발달되었다고, 혹은 체계적으로 정리되었다고 할 수 있는 힌두교는 위에서 본 바와 같이 비인격적 종교, 즉 무신론적 종교로 이론화되었다. 그것은 초월적인 어떤 인격적 존재를 내포하지 않고, 모든 사물 현상이 마치 현대물리학에서와 같은 양식에서 인과적 법칙관계에 의해 거의 기계적으로 설명되어 있다. 그 체계 속에는 신비성이 인정되지 않으며 기적이 있을 자리를 마련하지 않는다. 브라만(범천)이나 아트만(범아)이 힌두교에서 가장 핵심적인 존재개념들이지만, 그것들은 서양종교에서 말한 신의 개념과 전혀 다른 것으로 비인격적·추상적 개념에 불과하다.

삶의 궁극적 목적을 설명하는 데 있어서도 마찬가지다. 서양종교와는 달리 삶의 목적이 이 세상과는 차원을 달리하는 세계로서의 천당을 가는 데 있지 않다. 그러므로 순전히 이론적 관점에서 볼 때 힌두교는 여러 가지 형이상학적 체계의 하나라고 볼 수 있다. 만약 힌두교가 형이상학적 이론 이상으로서 형이상학과는 구별되어야 할 종교라고 취급되는 이유는, 그것이 궁극적으로 해탈을 설명하고 궁극적으로 해탈의 목적을 갖는 이론이라는 것으로는 충분치 않다. 힌두교가 종교로 분류되는 큰 까닭은 나중에 더 이야기가 되겠지만, 불교가 그러하듯이 순전히 이론적인 측면과는 다른 모순을 갖고 있으면서도 어떤 인격적인 요소를 내재하고 있기 때문이다. 달리 말해서 힌두교는 비인격적인 형이상학 체계이지만, 동시에 인격적인 존재에 대한 믿음을 전제하거나 함의하고 있다.

하나의 형이상학으로서 힌두교는 예배, 기도, 공양, 성스러운 장소로서의 일종의 사원을 순전히 이론상으로만 볼 때는 인정할 수 없다. 왜냐하면 그와 같은 행위는 어떤 인격적 존재를 전제하지 않고서는 논리적으로 불가능하기 때문이다. 인격적인 존재는 생각을 하고, 느끼고, 이해하고 무엇을 독자적으로 결단을 내릴 수 있는 자유로운 개체나, 기계적 인과관계를 벗어나서 존재하는 개체를 의미한다. 그러나 그러한 개체의 존재는 오늘날 전통적으로 인정된 힌두교의 체계 내에서 찾아볼 수 없다.

그럼에도 불구하고 힌두교인들은 그들의 성지를 정해놓고 '만디라스mandiras'라고 부르는 사원을 짓고, 가지가지 신상들을 그곳에 모시며 그것들 앞에서 절을 하고 공양을 바치고 기도를 하며, 각자의 소원을 달성하게 해달라고 요청한다. 그들은 바나라스Banaras 근방의 갠지스 강물에 몸을 닦는 행위에 초월적 의미를 부여하며, '성우聖牛'라 하여 시내를 서성거리는 소에 성스러운 종교적 의미를 부여하여 그것을 숭배하고, 굶는 한이 있더라도 그 소를 아끼고 보호한다.

이와 같이 종교는 어떤 의식과 초월적인 존재에 대한 숭배, 기도, 소원 등 예절을 반드시 갖추고 있다. 제의를 통한 실천을 동반하지 않는 종교는 있을 수 없는 것이다. 힌두교가 무한히 다양한 제의를 갖추고 있음은 그것이 종교인 한 당연하다.

불교

기원

힌두교는 어떤 특정한 개인의 가르침으로 시작되지 않았다. 그것은 한 사회의 가르침으로 해석함이 마땅하다. 불교는 힌두교의 원천과는 달리, 그러나 기독교와는 같이, 석가모니, 불타佛陀라고 불리는 구체적인 역사적 한 인물에 의해서 시작되었다. 기원전 약 5세기에 인도의 동북부에 있던 한 왕국의 왕자로 태어난 석가모니의 가르침에서 불교의 기원을 찾을 수 있다. 그 후 2천 년의 긴 역사를 통해 그의 가르침은 발생지에서는 오히려 영향력을 잃게 되지만, 인도 밖의 동남북 아시아 전역에 보급되었을 뿐만 아니라 그 지역에서 완전히 지배적인 종교로서 자리잡고 뿌리를 박으며 20세기에까지 이른다. 이러는 동안에 불교는 단순히 하나의 체제, 혹은 제도라는 한계를 넘어 그 지역의 모든 문화의 측면에 반영된다.

모든 종교가 그러하듯이 불교도 시대와 장소에 따라 극히 다양한 형태로 변화·발전하게 되지만 크게 세 가지 파로 구별된다.

소승불교hinayana 또는 theravada가 스리랑카를 비롯해서 태국, 그리고 동아시아를 지배하게 되고, 대승불교mahayana가 중국, 한국, 일본에서 발전하게 되고, 바즈라야나vajrayana 불교가 티베트와 몽고에서 체계화하게 된다.

가장 오랜 전통을 갖고 있는 소승불교는 자신의 교리적 권위를 주장하고 있으며, 뒤늦게 생긴 파派로서의 대승불교와 바즈라야나 불교는 각기 자신들의 교리가 불교의 진수를 나타낸다고 확신한다.

모든 불교가 다 같이 열반, 즉 니르바나nirvana를 목적으로 하지만, 소승불교가 부처, 석가모니의 가르침에 따라 개인적 열반에 초점을 둔다면, 대승불교는 보살bodhisattva, 부처가 되기 직전의 해탈자를 도입하여 개인이 아니라 모든 인간의 공동적 열반을 강조한다. 마지막으로 바즈라야나 불교는 이론적 진리의 파악을 통해서보다는 비교적秘教的으로, 즉 마술적으로 열반의 경지에 다다를 수 있다는 새로운 방법, 혹은 해탈의 길을 제시한다.

위의 세 가지 파의 어느 것으로도 분류될 수 없는 많은 불교의 파가 있음은 두말할 필요도 없으며, 같은 파 내부에서도 서로 다시 갈라져서 갈등되는 관점과 주장을 하고 있는 경우가 얼마든지 있다. 이와 같은 불교의 다양성은 다른 종교에서와 마찬가지이다.

극히 다양한 불교의 교리는 수없이 많은 불경, 혹은 전적surta들의 존재로 나타난다. 우리에게 잘 알려진 『팔만대장경』은 불경의 다양성을 충분히 입증한다. 우리들은 『금강경』, 『법구경』, 『열반경』, 『연화경』, 『화엄경』, 『진언경』, 『선경』, 『정토경』, 『반야심경』 등 혼동될 만큼 수많은 불경들의 이름에 익숙해왔다. 이런 다양성에도 불구하고 위에서 든 3대파의 불교의 근거가 되는 텍스트는 각기 『법구경Dhammapada Sutra』, 『정토경Pure land Sutra』, 『밀교경Tantara Sutra』 등에서 대표적인 예를 찾을 수 있다. 위의 모든 파는 원래 인도에서 시작되었고 그 파들의 기본적인 불경들은 산스크리트, 즉 범어로 기록되었지만, 그것이 중국어 등을 비롯하여 여러 외국어로 번역되는 과정에서 의미가 달라졌을 가능성이 많다. 뿐만 아니라 수많은 다양한 주석서들이 2천 년을 거쳐 쓰여졌기 때문에, 불교의 본질을 꼭 집어 명확히 단 하나의 의미로 잡아내기란 불가능하다. 이러한 사실에서 보더라도 불교는 역시 다른 대종교들과 비슷한 상황에 놓여 있다. 그럼에도 불구하고 그 다양성 가운데서 불교의 가르침은 편의상 결국 몇 개의 기본적 가르침으로 요약해낼 수 있다.

교리

불경이 부처 석가모니의 가르침이긴 하지만, 석가모니 자신이 불경을 쓴 것은 아니다. 이런 점에서 불교는 기독교 및 플라톤 철학과 비슷하다. 기독교가 예수의 가르침이지만 기독교의 『성서』, 『복음』들은 예수가 직접 기록한 것이 아니며, 플라톤의 철학이 대체로 소크라테스의 가르침이지만 소크라테스는 단 한 자도 자신의 철학을 기록하지 않았다. 소크라테스의 사상은 플라톤이 서술한 『대화편』에 바탕을 둔다.

수많은 불경이 있고 수많은 불교의 파가 있다는 것은 불교의 교리에 대한 해석이 그만큼 다양하고 서로 상이하다는 것을 뜻한다. 그렇지만 서로 다른 그 많은 불교의 파들도 부처의 가르침의 핵심이 다음과 같은 점으로 요약됨을 다 같이 인정하고 있다. 여러 교파들 간의 차이는 보다 세부적이며 지엽적인 문제에 관해서뿐이고, 근본적인 밑바닥에는 똑같은 해석이 전제되어 있다는 말이다.

불교 교리의 핵심은 고苦, 집集, 멸滅, 도道로 분석되는 사성제四聖諦와 정견正見, 정사유正思惟, 정어正語, 정업正業, 정명正命, 정정진正精進, 정념正念, 정정正定으로 분석되는 팔정도八正道이다. 이 가르침이야말로 석가모니가 전달하고자 하는 요점이요, 전부라고 할 수 있다.

사성제는 인생에 대한 극히 구체적이며 실증적으로 입증할 수 있는 객관적 사실에 대한 진단이며, 팔정도는 그 진단을 근거로 한 치료법의 처방에 불과하다. 석가모니는 인간, 아니 인생의 의사로서 병들어 고통스러운 인간을 진단하며, 그 원인을 찾아 그것에 대한 처분을 시도함에 불과하다. 만약 이것이 불교의 전부라면 불교는 신비스러운 것, 초자연적인 요소를 전혀 포함하고 있지 않다고 보아야 하며, 그렇다면 엄밀한 의미에서 종교라고 부르기가 어렵다. 그럼에도 불구하고 불교가 세계적인 위대한 종교로 성장한 까닭은, 그것이 사성제·팔정도 이외의 요소를 갖추게 되었기 때문일 것이다.

어쨌든 간에 사성제를 네 가지 진리라고 하는데, 그 말은 네 가지 진단이 객관적인 사실이라는 것을 뜻한다. 사성제의 첫 번째인 '고苦'는 삶의 근본적인 조건이 고통스럽다는 사실을 말한다. 둘째인 '집集'은 고통의 원인이 인간의 욕망에 기인함을 가르친다. 셋째인 '멸滅'은 그 고통을 없앨 수 있다는 것이다. 마지막 넷째인 '도道'는 셋째의 목적을 달성할 수 있는 방법이 있음을 확인하고, 그것은 구체적으로 팔정도의 가르침으로 연결된다.

치료방법으로서의 팔정도는 다름 아니라 사성제의 넷째 번 진리인 도의 구체적 내용에 불과하다. '정견'은, 즉 옳게 보고 '정사유', 즉 옳게 결정하고 '정어', 즉 옳게 말을 하고 '정업', 즉 옳게 행동하고 '정명正命', 즉 옳게 벌고 '정정진', 즉 옳게 노력하고 '정념', 즉 옳게 마음을 쓰고 '정정', 즉 옳게 마음을 집중하라는 것이다.

불교의 목적은 한마디로 인생의 고통을 인정하며 그것을 근본으로 없애고자 하는 데 있다. 고통이 근본적으로 없어진 상태가 만족스러운 상태, 즉 절대적 축복의 상태라는 것은 논리적으로 자명하다. 어떠한 고통도 없는 상황, 즉 완전히 만족스러운 상황을 불교에서는 '니르바나', 즉 열반이라고 부른다. 이와 같이 볼 때 불교가 궁극적으로 지향하는 목적이 열반이라는 것은 자연스럽고 타당하다. 불교가 뜻하고자 하는 것은 모든 인간, 고통에 빠져 허덕이는 모든 인간에게 '열반'을 이룰 수 있는 방법을 제공하는 데 있다.

앞서 지적했듯이 사성제와 팔정도만을 볼 때 불교는 신비적인 것을 전혀 용납하지 않으며 인격적인 신이나 초자연적 세계를 인정하지 않는다. 그러한 문제에 대한 관심이 없는 것은 공자의 사상과 같다. 불교의 문제는 유교에 있어서나 도교에 있어서와 마찬가지로 인간들이 현재 이곳에서 부딪치는 문제, 즉 삶의 고통에 대한 근본적 해결책을 도모하는 데 있다. 이와 같은 관점을 전제할 때 고통이 완전히 제거된 상태, 즉 열반이라는 말은 이 세상이 아닌 다른 세상, 이 세상의 현상과는 전혀 달리 신비롭고 우리가 직접 경험할 수 없는 초월의 세상을 가르침이 아니라, 이곳에 살고 있는 구체적인 우리들의 정신상태, 심리상태를 뜻함에 지나지 않는다고 보아야 한다. 이와 같이 아무런 고통이 없는 심리상태를 궁극적으로 만족된 상태라고 본다면, 그리고 그렇게 만족된 상태를 극락에 비유하며 부를 수 있다면, 그 극락은 이곳과 다른 곳, 다른 시간에 존재하는 또 하나의 세계가 아니라 우리들의 내적 심리상태를 말함에 지나지 않는다. 그렇다면 우리들이 고통에서 빠져 나올 수 없다는 속세samsara와 우리들의 고통이 해결된 열반계nirvana는 흔히 오해되고 있는 바와는 전혀 반대로, 서로 상반·대립되는 두 개의 세계가 아니라 똑같은 세계이다. 열반의 세계는 곧 속세이며, 속세는 곧 열반의 세계이다. 똑같은 세계는 우리들의 심리상황에 따라 극락으로도 불릴 수 있고, 속세로도 불릴 수 있다. 속세와 극락은 우리들의 마음에 달려 있다는 말이다. 더 정확히 말해서 열반계는 속세를 떠나서 찾을 수 있는 다른 고장이 아니다. 우리들 자신의 참된 모습, 즉 사성제를 깨닫고 팔정도에 따라서 우리들의 마음가짐이 바뀌어진 상황을 가리킬 뿐이다.

　그러므로 불교에서 말하는 이른바 해탈은 우리의 앎, 불교가 가르치는 사성제의 진리를 알아차린 정신적 상황을 의미한다. 이런 점에서 똑같이 우리말로 해탈이라는 말로 통하면서도 힌두교에 있어서의 해탈moksha, 즉 탈출과 불교에서 말하는 해탈enlightenment은 근본적으로 상이하다. 힌두교에 있어서의 해탈은 삶의 윤회로부터 빠져나와 분리될 수 없는 전체로서의 단 하나인 범천 속에 흡수되고 마침내 그 속에서 해소됨을 지칭하지만, 불교에서의 해탈은 실질적인 한 개체로서의 '나'의 이동이주移動移住를 의미하지 않고, 오로지 내적인 심리전환을 뜻한다. 힌두교에서의 해탈을 객관적이고 외형적이라고 한다면, 불교에 있어서의 해탈은 주관적이며 내형적인 성격을 띠고 있다고 말할 수 있다. 사성제를 깨닫고 팔정도대로 살아갈 때 위에서 말한 불교적 뜻으로서의 열반에 이를 수 있다고 하자. 열반은 결국 고통 없는 만족스러운 마음의 상태에 불과하다고 하자. 그리고 사성제와 팔정도가 모두 옳다고 인정하는 심리상태를 해탈이라고 하자. 그렇다면 구체적으로 모든 해탈을 거쳐 얻어진 열반이란 심리적 경지는 어떻게 가능하며, 그것은 더 구체적으로 어떠한 상황을 말하며 어떠한 조건하에서 이루어질 수 있는가? 이러한 문제에 대한 해답은 존재 일반, 그리고 인간에 대한 형이상학적 이론을 요구한다. 물론 이러한 형이상학을 부처 석가모니가 직접 가르쳤다라는 말은 아니다. 그러나 석가모니의 근본적 가르침, 즉 사성제와 팔정도의 이론적 뒷받침을 위해서는 그후 많은 불교신자들, 불교학자들이 하나의 형이상학적 이론을 제공해야 할 필연적 역할을 맡아야 했다. 이런 과정에서 '무상'이라는 불교의 형이상학이 형성된다.

서양철학의 존재론과 인식론에는 언제나 무변하는 존재와 유변하는 존재가 구별되어왔다. 그러한 구별은 다양한 형태를 갖고 본질과 현존, 실체와 현상, 관념체와 물상체, 영원성과 시간성, 절대주의와 상대주의, 리얼리즘realism과 유명론nominalism 등의 모습을 띠며 논쟁되어왔다. 한편으로 참다운 존재는 불변하는 본질을 갖고 있으며, 참된 인식은 그러한 본질을 파악하는 데 있고, 그러므로 진리는 절대적이다라는 입장을 취하는 인식론이 있다. 파르메니데스Parmenides, 플라톤Platon, 데카르트Descartes, 후설Husserl 등의 철학자들이 이러한 입장에 서 있다. 이와는 반대로 한 존재는 무변하는 어떤 특정한 속성을 갖고 있어서 다른 존재와 형이상학적으로 구별되는 것이 아니라, 모든 것들이 근본적으로는 서로 단절될 수 없는 연속적 관계를 갖고, 항상 변화하는 상태에 있으며, 무엇을 안다는 것은 그 무엇의 어떤 본질을 집어내는 것이 아니라 우리가 인위적으로 만든 언어의 개념체계라는 그물망으로 잠시 잡아두는 것에 불과하다는 인식론의 입장이 있다. 헤라클레이토스Herakleitos, 아리스토텔레스Aristoteles, 칸트Kant, 사르트르Sartre 등의 철학자들이 이러한 입장을 주장하고 있다. 최근의 철학자들은 물론, 과학자들의 견해는 대체로 후자의 인식론적 입장으로 기울어지는 경향이다.

불교의 인식론과 존재론도 바로 후자의 입장을 택하고 있다. 이런 점에서만 볼 때 불교는 최신의 과학적 견해와 과학이 전제하는 형이상학과 근본적으로 동일하다. 언뜻 생각하기와는 달리 불교와 과학 사이에 근본적인 의미에서 아무 갈등이나 모순이 없다는 말이다.

모든 존재가 항상 변한다. 즉 '무상'하다는 말은 무슨 뜻인가? 인간, 동물, 너, 나, 나무, 돌, 책, 펜 등과 같이 무수한 사물 혹은 현상들이 구별된다. 우리는 그것들이 개별적으로 독립해서 존재하고 있음을 상식적인 차원에서 의심치 않는다. 그러나 조금 따지고 보면 그러한 구별은 피상적이다. 더 궁극적으로 말해서 그러한 개별적인 사물들은 그 자체로서 존재하지 않는다. 한 사람은 항상 똑같은 상태에 있지 않다. 생물학, 물리학이 이러한 사실을 증명한다. 마찬가지로 동물, 나무, 돌, 책, 연필도 우리의 시각으로는 볼 수 없지만, 미시물리학적 관점에서 볼 때 부단히 변하며, 결코 똑같은 상태를 유지하고 있지는 않다. 이렇게 따지고 보면 엄격히 말해서 사람과 동물, 책과 펜 사이에는 궁극적, 즉 절대적으로 객관화할 수 있는 구별이 결코 설 수 없고, 너와 나 사이에 엄격한 구별이 있을 수 없다. 그렇다면 그러한 사물들 사이를 분간할 구별의 근거가 엄격한 관점에서 존재하지 않으며, 더 나아가서는 그러한 것들이 존재한다고 주장할 수 없게 된다. 그것들은 서로 단절되지 않고 연속된 상황에 있다. 존재하는 모든 것이 서로 차별할 수 없는 단 하나로서 고대 그리스시대의 헤라클레이토스, 그리고 현대 프랑스의 철학자 베르그송이 주장한 것과 같이 존재는 오로지 흐름, 혹은 생성으로써만 올바로 서술될 수 있다는 말이다. 존재being가 곧 생성becoming이라는 역설적 해석이 서게 된다. 이와 같이 볼 때 불교에서 말하는 '무분별'이라는 개념, '무' 혹은 '공thathata'이라는 개념이 비로소 이해된다.

우리가 현상적 차원에서 볼 수 있는 개별적 사물현상들은 사실상 '무' 존재라는 것이다. 뒤집어 말해서 우리가 구별하여 보고 있는 개별적 사물현상은 환각illusion에 불과하다는 불교의 주장이 '무'존재라는 개념과 관련되어 이해된다. 모든 것이 구별할 수 없는 '무'라는 것은 모든 것이 하나인 이상, 다시 말해서 서로 구별될 수 없는 이상 개념화될 수 없으며, 따라서 '아무것도 아니다'라는 말이 된다. 존재 일반을 '무'라고 하는 것은 존재 일반은 본질적으로 개념화될 수 없다는 말과 똑같은 의미를 갖는다. 모든 것이 구별될 수 없는 '무'로 볼 때 불교에서는 그것을 '아니까anicca', '무존無存', 즉 '무상'이라 부른다.

이러한 불교적 존재론은 비단 인간의 인식대상으로서의 사물현상에만 적용되지 않는다. 그것은 무차별한 단 하나로서 존재 일반의 일부에 불과할 수밖에 없는 각 인간에게도 똑같이 해당된다. 우리 모두는 나와 나 아닌 사물현상, 그리고 나 아닌 다른 사람들과 구별된다. 나는 '나'를 위해 살고 '나의' 욕망을 채우려고 하며, '내'가 죽기를 두려워한다. 그러나 다른 현상들과 마찬가지로 '나'라는 현상도 사실은 존재하지 않는다. 왜냐하면 나도 존재 일반과 근본적으로 구별될 수 없는 연속적인 관계 속에서 항상 변하고 있기 때문이다. 즉 무상하다는 말이다. 그러므로 '나'라고 부를 수 있는 어떤 고정된 존재를 찾아낼 수 없다. 여기서 '아니까', 즉 '무존'이라는 개념과 나란히 '아나다anatta', 즉 '무아無我'라는 개념이 또한 도입된다. 불교에서 그러한 무아를 '순야다shunyata', 즉 '공空'이라고 부르기도 한다. 이러한 존재의 근본적인 사실을 깨닫는 행위를 '무여無如'라고 부른다.

그럼에도 불구하고 피상적 관찰을 넘어서지 못하는 대부분의 우리들은 환각과 실체를 구별하지 못하고 환각 속에서 빠져나오지 못하여, 사물현상들 가운데서 실재하지도 않는 구별을 잘못 인정하고 '내'가 독립한 존재로서 별개로 있다고 믿고, 그러한 환각적인 '나'에게 집착한다. 이러한 무지의 상태를 불교에서는 '무명無明'이라 부른다. 불교는 우리들을 무명의 긴 잠에서 깨어나게 하는 데 그 근본적인 의의를 찾는다. 무명에서 깨어난다는 것은 '무존'과 '무아'가 진리임을 깨닫는다는 뜻이며, 그러한 진리를 인정함이 고통의 근본적 원인을 제거하는 기본적 조건이다. 고통의 근원이 무아를 고집하고 그 자아에서 생기는 욕망에 있다면, 자아가 부정되고 무아를 인정할 때 고통은 자연히 없어지게 마련이다. 달리 말해서 나는 자아와 그 자아에서 생기는 끊임없는 욕망이 실체가 아니라 환상임을 깨닫게 된다. 열반은 다름 아니라 환각으로부터 깨어난 정신적 상황에 지나지 않는다.

이와 같이 볼 때 불교는 하나의 형이상학, 하나의 이른바 인생철학에 불과하며 인격적인 신이 들어설 자리가 아직도 마련되어 있지 않고, 어떠한 종류의 미신과도 아무런 상관이 없다. 불교는 하나의 삶에 대한 지혜이며, 과거 많은 사상가, 예를 들어 노자, 장자, 공자, 맹자, 금욕주의자들, 스피노자Spinoza, 더 가까이는 사르트르와 같은 철인들의 무신론적 실존주의 인생관과 상통한다. 순전히 이런 관점, 즉 이론적 입장에서 볼 때 불교는 종교라기보다는 철학에 속한다.

불교의 본질을 이렇게 풀이할 때 불교는 기도라든지 공양이라든지의 제의의식을 필요로 하지 않는다. 왜냐하면 이런 제의는 초월적·초자연적인 어떤 인격적 존재를 전제해야 하는데, 불교는 이론적으로 그러한 존재를 인정하지 않기 때문이다. 석가모니는 한 스승, 지혜로운 사람에 불과하지 초월적 신이 아니다. 그는 신적 존재로서 숭배나 기도의 대상이 될 수 없으며, 오로지 스승으로서 존경의 대상이 될 뿐이다. 이런 점에서 선불교가 불교의 본질을 대표하고 있다고 볼 수 있다. 선불교가 강조하는 것은 불공이나 불상 앞에서의 예배를 통해서가 아니라, 우리들의 속된 관점, 우리들 속에 갇혀 있는 환각된 인식, 즉 무명으로부터 직관적인 지혜를 통해서 무존과 무아의 본질을 파악하는 일이다. 선불교에서 강조하는 것은 어떤 의식이 아니라 정신적 수련을 통해서 우리들의 잘못된 세계관, 인생관을 180도 바꾸어 전혀 새로운 눈으로 보자는 것이다. 불교에서 말하는 유명한 공안, 혹은 화두란 위와 같이 하여 혁명적으로 세계관, 인생관을 완전히 전환하려는 인식적, 이른바 개종을 위한 테크닉에 불과하다.

불교의 본질을 위와 같이 해석할 때 그러한 불교는 철학과 구별되지 않는다. 그렇다면 불교를 종교라고 부를 수 없다. 아직도 선불교가 종교적 의미를 갖고 있다고는 보기 어렵다. 그럼에도 불구하고 불교는 철학이라기보다는 오랜 역사를 통해 종교로서 세계에서 가장 대표적인 종교로 확인되어왔다. 여기에 종교에 있어서의 이론적인 측면과 실천적인 측면 간의 갈등, 형이상학적 내용과 구체적인 종교생활과의 갈등이 있으며, 이런 사실에서 종교가 철학과 다른 측면을 볼 수 있다.

제의

이론적인 결론과는 달리, 아니 이론과 모순되면서도 실질적으로 믿어지고 있는 불교는 역시 다른 종교에서와 마찬가지로 여러 형태의 의식 예절을 그 내용으로 하고 있으며, 초월적 어떤 존재를 도입하고 염불, 불공 등의 행위를 동반한다. 불교도들은 사찰, 사리탑을 짓고 그곳에 여러 불상들을 모시고 절을 하고 기도를 하며, 각기 자기들의 소원성취를 바란다. 석가모니가 불교의 근본적 교리로 삼았다는 사성제와 팔정도에서는 찾아볼 수 없을 뿐만 아니라, 그런 교리와는 모순된 이론, 형이상학적 믿음을 지키고, 그것에 따라 의식을 갖추고 있다.

모든 불교국가에서는 헤아릴 수 없이 많은 사찰, 사리탑, 파고다 탑, 불상들이 개인은 물론 국가와 사회의 재력을 희생적으로 소비하면서 세워졌고, 더 많은 수의 불상들이 만들어져서 그곳에 모셔졌다. 승려들이 속세를 버리고 산속 깊이 자리한 절 속에 파묻혀 도를 닦고, 불교신자들은 촛불을 켜놓고 향을 피우면서 땀 흘려 번 돈을 바치면서 아기처럼 웃는 불상 앞에 엎드려 큰 절을 하고 정성껏 빈다. 국가를 적으로부터 보호해달라, 농사가 잘되게 비를 내려달라, 아들을 더 낳게 해달라, 시집을 가게 해달라, 입학시험에 합격시켜달라고 소원을 전달하고, 그 소원이 청취되어 이루어지기를 기다린다. 병이 낫게 해달라, 오래 살게 해달라, 심지어는 보기 싫은 이웃사람이 병들어 죽게 해달라고 기원할 수도 있다. 아침, 저녁으로 목탁을 두드리면서 불경을 외우고 염불을 하기도 한다. 마침내 불교신자들은 자신들이 다음 생에 있어서 제발 지옥에 떨어지지 않고 극락세계에 갈 수 있게 되기를 바란다.

많은 사람들의 위와 같은 행위를 떠나서는 오늘날의 불교를 생각할 수 없다. 그러나 이러한 불교에 있어서의 보편적 현상, 불교신자들의 보편적 행위는 불상으로 상징되는 부처님, 즉 석가모니가 초월적인 세계에 존재하는 적어도 하나의 인격적 신임을 논리적으로 전제한다. 과학적으로는 물론, 자연적으로는 관찰할 수도 없고 상상할 수도 없는 어떤 신비스러운 초월적 힘을, 우리의 눈으로 직접 볼 수 없는 부처라는 인격적 존재가 마음대로 행사할 수 있음을 객관적 사실로서 전제하고 있는 것이다. 이러한 사실은 원래 석가모니의 가르침인 불교가 어느덧 넓은 의미에서 유신적으로 변했다는 것이며, 더 속되게 말해서 그 구조상 불교도 미신과 근본적으로 다를 바가 없음을 입증한다. 이런 사실에서 불교가 한 예를 들어 기독교와도 극히 유사한 양상을 띠게 된다.

이러한 불교현상을 통속적이라고 가볍게 얘기할 수 있을지 모른다. 그러나 오늘날 이러한 현상을 빼놓고 오로지 순수한 이론으로서의 사성제와 팔정도만을 놓고 불교라고는 말할 수 없다. 우리가 말할 수 있는 불교는 다름 아니라 통속적인 불교, 즉 사람들에 의해서 실천되고 있는 불교뿐인 것이다.

이러한 통속적, 그러나 보편적 불교, 즉 이러한 일반 불교신도들의 행위가 지적인 이해 훨씬 이전에 인간의 본능적인, 따라서 간절한 욕구에 의해서 설명되고 이해될 수 있으면, 그러한 행위는 적어도 어느 정도 이론적인 뒷받침을 요청한다. 다시 말해서 위와 같은 의식, 즉 종교적 행위를 하는 불교신도는 그 행위가 어디에 근거를 두고 있는가를 다소나마 이론적으로 설명할 수 있어야 할 것이다. 그러한 종교적 행위의 정당성이 필요하다는 것이다. 대승불교의 일파에서 애독되는 정토경을, 그러한 이론적 요청을 충당하기 위해 석가모니의 가르침을 따르겠다는 후세의 불교들이 만들어낸 것으로 볼 수 있다. 이 세상 말고 다른 초월적 영역의 서방정토가 있으며, 그곳에서는 완전히 고통과 병과 죽음으로부터 해방되어 그저 즐겁기만 한 영생을 누릴 수 있다는 것이다. 불교에서 가르치는 모든 의식, 제의 그밖의 행동규범을 지키면 그러한 소원이 이루어질 수 있다는 것이다. 그러므로 불교적 극락세계에 들어갈 수 있는 노력과 업적, 즉 '업'을 쌓을 필요가 있다. 적절한 '업'은 일종의 정토에의 여권이며 '비자'이다. 이렇게 하여 극락세계에 갈 수 있는 사람은 힌두교에서와는 달리 승려계급에 속하는 사람뿐만 아니라 누구를 막론하고 당장 다음번의 생에서 이루어질 수 있다는 것이다. 이와 같이 하여 불교에서는 힌두교에 비해 해탈이나 그에 의한 극락이 극히 민주화됐다고 말할 수 있다. 이러한 극락, 혹은 열반의 세계로 가는 길이 대승불교의 어느 여파에 의해서 극히 용이해졌다. 이런 파에 의하면 아미다amida라는 불신이 있는데, 그의 이름만 부르면 그는 기적을 베풀어 병도 고쳐주고, 아들도 낳게 해주고, 돈도 벌게 하고 권력도 잡게 할 뿐만 아니라 우리들을 서방정토의 극락세계로 보내줄 수 있다는 것이다. 이렇게 해석된 불교가 헤아릴 수 없이 많은 사람들, 병과 가난에 고달프고, 궁극적으로는 죽음에 대한 공포에 잡혀 있는 대부분의 인간들의 귀에 솔깃하게 들리고 호소되어, 그들을 불교신자로 만들었다는 사실은 쉽게 이해된다.

보편적 인간의 욕망을 심리적으로 만족시키도록 적절하게 변형된 석가모니의 가르침을 실제로 실행하고 있다는 불교는, 석가모니의 가르침의 정수라고 볼 수 있는 사성제와 팔정도와는 전혀 상관없는 힌두교에서의 윤회사상, 즉 연기설이 도입되고, 그에 따라서 역시 힌두교에서 뺄 수 없는 '업'이라고 하는 개념을 중요한 이론적 핵심으로 흡수하게 된다. 이 두 개념은 앞에서 보았듯이 힌두교의 형이상학적 구조에서 극히 핵심적인 개념들이다. 그러나 원래의 불교의 무상, 무존, 무아의 형이상학, 무차별의 형이상학과는 일관성 있게 한 자리를 차지할 수 없다. 그럼에도 불구하고 그 두 개념들이 다시금 불교에서도 중요한 위치를 차지하고 있다.

좋은 일을 하면 다른 세상에 갈 수 있다는 것이며, 지금 우리가 살고 있는 삶과는 별도의 다른 삶을 우리가 죽어서 다시 살 수 있다는 것이다. 이러한 이론적·인과론적 뒷받침에 의해서 극락세상을 이야기하는 정토경이 이해될 수 있고, 또 더 나아가서는 불공, 염불이나, 혹은 불상 앞에서의 소원을 비는 불교신도들의 행위가 의미를 갖게 되고 이해된다. 이런 관점에서 볼 때, 사찰을 짓거나 막대한 재산을 들여 불상을 만들고, 그것을 신격화하여 그 앞에서 두 손을 모아 절을 하며 소원을 비는 불교도들의 행위가 비로소 이해된다. 만약 이러한 사찰·불상들이 없었다면, 만약 불교도들의 가지가지 의식적 행위가 전혀 없었다면, 누군가가 아니 모든 인간이 사성제와 팔정도의 가르침을 그대로 믿고, 그것에 따라 행동한다고 해도 그를 불교신자라고 부를 수 있을지 의문스러우며, 오늘날 우리가 알고 있는 바, 불교라는 종교가 있었을 것 같지도 않다. 모든 이론적·논리적 모순에도 불구하고 불교신도들의 초자연적 존재, 초월적·인격적 신을 전제하는 여러 가지 의식행위가 있어 왔기에 석가모니의 순수한 가르침인 사성제와 팔정도는 종교로서의 불교라는 체제를 갖게 된 것이다.

유대교

기원

유대교는 기원전 약 2,000년에 살았었다는 아브라함을 시조로 하는 유대민족의 역사적 경험에 바탕을 둔다. 더 구체적으로 말해서 유대교는 기원전 약 500년에 정리되기 시작하여 기원후 약 200년에야 오늘의 형태를 갖추게 된『구약성서』에 근거를 둔다. 더 정확히 말해서『구약성서』가운데 첫 오서伍書, 즉『모세오경Pentateuch』이라고도 부르고, 『율법경Torah』이라고도 불리는 부분의 텍스트, 즉『창세기』,『출애굽기』,『레위기』,『민수기』,『여호수아』에 뿌리를 박고 있다. 이『모세오경』과 더불어 4~5세기에 걸쳐『모세오경』의 해설로 볼 수 있고, 그 오경에 근거하여 일상생활에 있어서의 행동의 규범을 결정해놓은 책인『탈무드율서Talmud』가 있다. 요약해서 유대교에서는『구약성서』의 첫 5부인『모세오경』과 행동지침을 설정한『탈무드율서』가 기본적 텍스트로 되어 있다. 유대교도 다른 교들과 마찬가지로 여러 파로 분열되지만, 모두가 한결같이 위의 두 개의 텍스트에 가장 충실함을 주장한다.

불교는 석가모니라는 한 개인에 의해서 시작되었고, 뒤에서 보겠지만 기독교나 이슬람교가 각기 구체적인 역사적 인물인 예수Jesus와 마호메트Mahomet, Muhammad라는 개인에 의해서 창립됐지만, 유대교는 힌두교와 마찬가지로 이렇다 할 특정한 인물을 창설자로 지적해낼 수 없다.

유대교는 신의 계시를 받은 아브라함과, 모세를 선조로 하는 유대민족 전체의 공동적 믿음이라고 할 수 있다. 유대교의 텍스트는 신의 계시의 기록이라고 하지만, 그것은 몇백 년 동안에 걸쳐서 유대인들이 공동작업에 의해 만들어낸 것으로 보아야 한다. 그것은 유대민족 전체의 오랜 역사를 통한 체험의 기록이요, 희망의 표현이다. 이런 점에서 유대교의 텍스트는 불교에 있어서『법구경』이나 기독교에 있어서『신약』, 즉『복음서』, 그리고 이슬람교에 있어서『코란경Koran』과 그 성격이 다르다.

교리

유대교의 믿음이『모세오경』에 담겨 있고, 유대교의 율법이『탈무드율서』에 밝혀져 있다면 그 내용은 어떻게 요약될 수 있는가? 행동의 규제를 설정한 후자의 텍스트가 전자에 나타난 진리, 즉 믿음의 내용에 근거하는 이상, 우리는 먼저 전자의 텍스트의 내용을 알아둘 필요가 있다. 요컨대 우리는 먼저『모세오경』에 기록된 믿음의 내용, 즉 유대교의 교리를 알아야 할 것이다.

유대교의 가장 독창적 특색의 하나는 유일신에 대한 믿음이다. 온 인류의 역사를 통해서 초자연적인 힘, 마술적인 힘을 갖고 있다고 전래된 신, 즉 초월적인 인격적 존재에 대한 믿음은 어디서고 찾아볼 수 있다.

피라미드과 스핑크스를 세운 고대 이집트, 파르테논 신전을 세운 고대 그리스인들, 토템을 믿고 있는 아프리카의 원주민들은 한결같이 초자연적 힘을 행사하는 수많은 신적 존재를 믿었던 것이다. 그러한 신들 또는 귀신들의 존재를 가설함으로써 신비스러운 만물현상을 설명하고, 삶에서 부딪히는 어려움을 해결하고자 했던 것이다.

이른바 미신도, 그리고 발달되었다는 힌두교, 불교에서도 그것들이 각기 갖고 있는 형이상학과 모순되면서도 신적 존재를 믿었고, 고대 이집트, 고대 그리스에도 수많은 신적 존재를 인정해왔다.

그러나 유대교를 제외한 위와 같은 그 이전의 고대 종교에서는 단 하나만의 신이 아니라 수많은 신들을 믿었다. 이 고대인들에 의하면 그 신들도 사람이다. 짐승과 마찬가지로 서로 싸우고 정복하고 패배한다. 다시 말해서 유대교 이전에 있어서 종교적 믿음은 다신교적이었다. 오직 유대인들에 의해서 유대교에서 절대자로서의 신, 유일자로서의 신의 개념이 생기게 된다. 오직 하나만의 신을 빼놓고는, 다른 종교에서 말하는 여러 신들은 사실상 존재하지 않는다는 것이다. 그러한 신들을 믿는다는 것은 진리를 모른 데서 생기는 우상숭배에 불과하다는 것이다. 이와 같이 하여 유대교에 의해서 역사상 처음으로 유일신교가 생기게 됐다. 그리하여 유대교는 처음으로 모든 현상에 대한 통일된 유일한 원리에 의한 신학적 설명을 시도한다. 종교가 만물현상에 대한 설명을 해준다면 유일신에 의한 설명은 여러 신들에 의한 설명보다 발전된 것으로 볼 수 있다. 그것은 마치 아인슈타인이 시도한 통일이론이 거시적 물리현상과 미시적 물리현상을 동시에 하나의 원리로 설명할 수 있다는 점에서 보다 발달되고, 보다 진보된 설명, 즉 이론이라고 볼 수 있다는 것과 마찬가지다.

만물현상의 궁극적이며 통일된 설명을 시도한 종교와 이론적 사고일반은 유대교에 국한된 것이 아니다. 힌두교에서 '브라만'(범천)이라는 개념, 불교에 있어서 '무상'이라는 개념, 고대 중국에 있어서 '태극'이라는 개념은 물론, 19세기 헤겔철학에서 '가이스트Geist'라는 개념들은 다 같이 모든 현상에 대한 통일된 궁극적 설명을 도모한 유일절대 개념들이다. 즉 그 개념들은 각기 그것으로부터, 그리고 그것에 의해서 모든 현상이 설명될 수 있다고 전제되는 어떤 존재를 지칭한다. 유일하다는 점에서 이러한 형이상학적 개념들은 유대교에서 유일신의 개념과 동일하다. 그렇다면 유대교에 있어서 유일신의 개념은 별로 독창성이 없어

보인다.

그러나 유대교는 극히 독창적이다. 그것은 만물현상의 근원으로서 유일 절대자가 추상적인 원리나 존재가 아니라 인격자, 즉 신이었다는 점에 있다. 신은 그냥 존재하는, 그냥 인과적 작용을 하는 원리가 아니라 비유해 말해서 숨쉬고, 생각하고, 판단하고, 창조하고, 벌 주고, 보상을 줄 수 있는 존재, 즉 인격자라는 것이다. 그래서 신을 전지, 전능, 전선하다고 할 수 있으며, 그래서 그를 창조자라고 부를 수 있고, 그래서 그를 아버지라고 부르며, 그가 정의롭고, 인류를 사랑하고, 인류를 구원할 수 있다는 말이 성립될 수 있다. 이렇게 볼 때 신은 우리 자신, 즉 인간상과 극히 유사하다.

신, 즉 하느님은 무로부터 우주를 창조하고 그 위에 만물의 생물체를 덧붙여 만들었으며, 마지막으로 자신의 형상을 따라 인간, 즉 아담과 이브라는 한 쌍의 남녀를 창조하고, 인간이 영원한 평화와 행복을 누리도록 에덴동산을 마련하여 주었다. 불행히도 이브는 악마인 뱀의 농락에 넘어가 조물주와의 약속을 어기고 죄악의 씨인 무화과를 따먹어서 지식을 얻되 죄를 짓고 에덴동산의 낙원에서 쫓겨나며, 그 죄의 벌로 평생을 그 대대손손에 이르기까지 삶의 고통에서 벗어나지 못하게 되었다는 것이다. 이것이 이른바 서양종교에서 말하는 원죄의 내력이다.

이렇게 전락한 인간의 자손 가운데에 기원전 약 4000년에 아브라함이라는 사람이 팔레스타인이라는 땅에 살고 있었다. 그는 히브리인, 즉 오늘의 유대인이라는 한 씨족에 속해 있었다. 그는 어느 날 하느님, 즉 여호와로부터 가혹할 만한 신앙테스트를 받고 그것에 합격하게 된다. 하느님 여호와는 아브라함이라는 특정한 인간을 통하여 아브라함이 소속된 유대인, 아니 인류를 타락으로부터, 원죄로부터, 고통으로부터 구원하고자 하여 아브라함과 이른바 '약속covenant'을 맺는다. 이것이 유대교에서 말하는 유대인과 하느님 여호와와의 첫 약속이요, 이 약속에서 유대교가 시작된다.

하느님과 아브라함의 약속은 하느님이 유대인을 선택했다는 뜻이 되고 그리하여 유대교에서, 유대인 가운데서 이른바 '선택된 민족'이라는 믿음이 근본적으로 중요한 종교적 의미를 갖게 된다. 하느님은 아브라함을 통하여, 그의 자손들, 즉 유대인들에게 반드시 '약속의 땅'을 돌려주어 영원한 번영을 누리게 한다는 것이다. 그리고 하느님은 오로지 유대인들에 의해서, 유대인들을 통하여 인류 전체를 구원하기로 했다는 것이다. 여기서 유대교의 선민의식과 아울러 유대인의 자존심과 책임의식이 생기게 됐다.

거듭되는 흉년 때문에 생존을 위하여 아브라함의 후예들은 팔레스타인 땅에서 이집트로 몰려가게 된다. 기원전 약 1,300년 이집트에서 성공하여 잘 살던 유대인들이 이집트인들로부터 학대를 받게 되자, 그곳에 살던 유대인들의 지도자였던 모세Moses의 인도로 이른바 민족적인 애굽탈출Exodus이 성공적으로 이루어져서 유대민족의 존속이 보장된다. 탈출하던 도중 시나이 산에서 모세는 하느님으로부터 '십계명Ten Commandents'을 받게 되고, 그 계명에 따라 약속의 땅 가나안에 정착한다. 모세가 '십계명'을 받음으로써, 이른바 유대인들의 하느님과의 '제2의 약속'이 이루어진 것이다. 그후 위대한 지도자 다윗, 솔로몬 등에 의하여 부유하고 강력한 유대인들의 왕국이 생긴다. 그러나 기원 전후하여 이 유대왕국은 로마제국에 의해서 정복되고, 유대인들은 유럽, 아프리카로 분산되어 약 2천 년 동안 자신의 나라 없이 방랑생활을 하게 된다. 그러한 방랑생활을 하는 동안 유대인들은 유럽 각처에서 심한 차별과

학대를 받아왔고, 마침내는 제2차 세계대전 중 히틀러의 나치 세계정권에 의해서 가혹한 '홀로코스트', 즉 민족적 대학살을 당하게 되었다.

이러한 고난의 운명을 살아가면서도 유대인들은 자신들이 하느님으로부터 선택된 민족이라는 확신을 버리지 않고, 언젠가는 하느님과의 약속대로 구원을 받아 약속된 복지를 되찾아갈 것을 의심치 않았다. 그들은 제2차 세계대전 후 마침내 그들의 민족적 소원인 그들 자신들만의 나라, 즉 선택된 민족의 나라 '이스라엘'이라는 국가를 세우게 됐다. 유대교는 인간의 역사에 어떤 목적이 있고, 그러한 역사를 통하여 유대인들은 선택된 민족으로서 앞장을 서고, 역사의 종말에는 하느님이 아브라함과 모세에 한 약속에 따라 선택된 민족으로 영원한 축복을 받게 될 것이라는 것이다. 이런 주장이 바로 시오니즘Zionism이다.

제의

『모세오경』과 『탈무드율서』를 읽고 이해하는 것으로서만, 또는 이스라엘의 역사, 유대민족의 역사를 알고 있는 것만으로는 유대교를 믿는다고 말할 수 없다. 유대교인이 된다는 것은 다른 종교에서와 마찬가지로 믿음과 아울러 어떤 행동을 동반해야 한다. 다른 종교도 그러하듯이 유대교도들에게도 유대교신자로서 마땅히 해야 할 의무, 의식이 있고 예절이 있다. 유대교도들은 원칙적으로 『탈무드율서』에 나타난 율법에 따라 사내아이들은 할례circumcision, 즉 종교적 의미를 갖는 포경수술을 하고, 음식을 가려 코셔Kosher를 지켜야 하며, 성년식for mitzvah을 치르고, 유대교회당synagogue에 참석해야 한다. 유대월력에 따라 욤 키퍼어Yom Kippur, 즉 속죄절을 지켜야 하고, 모세의 지도로 고대 이집트를 출국한 일을 기념하는 유월절Passover의 의식을 지켜야 한다.

일곱 개의 촛불이 켜진 촛대, 유대교 회당, 남자들 머리 위에 얹어 쓰는 호떡 모양의 모자, 예루살렘에 있는 옛 솔로몬 시대에 지었던 화려한 유대교회당의 폐허의 일부인 '통곡의 벽' 등이 종교로서의 유대교, 따라서 유대민족의 역사를 상징한다.

위와 같은 의식, 예절, 행동, 그리고 상징물들은 유대교의 실천적 측면을 나타내는 몇 개의 예에 불과하다. 다른 종교와 같이 여러 파로 갈라진 유대교는 각기 어느 파에 속하느냐에 따라 그들만의 특수한 율법 『모세오경』에 대한 각기 다른 해석을 갖고 있으며, 그에 따른 의식 혹은 예식, 그리고 행위를 규정하는 율법이 다르며, 종교적 상징물도 자연히 조금씩 달라진다. 그러므로 유대교신자들 가운데서도 정통파, 보수파, 그리고 개혁파들의 믿음의 자세나 구체적인 삶의 내용은 다르다.

그런 차이에도 불구하고 모든 유대교는 어떤 형태이든 간에 의식을 갖추어야 한다. 또한 어떤 초월적인 숭배의 대상자, 그리고 초자연적인 의미를 갖고 정신적 의미를 지니고 있는 세계를 전제로 한다. 이런 존재를 가정하지 않고는 유대교의 모든 의식은 엄격한 뜻에서 의미를 잃는다. 모든 종교가 그러하듯이 유대교도 가장 적절한 말로 '영적인 것', '성스러운 것'이라고 이름 붙일 수밖에 없는 세계, 우리가 지각적 경험을 통해 알고 있는 이 세계와는 절대적으로 다른 세계가 실재함을 전제로 한다.

그러므로 그런 영적 세계와 우리가 통할 수 있도록 도와주는 역할을 하는 사람이 유대교에서도 필요함은 두말할 필요도 없다. 힌두교에 브라만이 있고, 불교에 승려가 있고, 기독교에 신부나 목사가 있듯이, 유대교에는 랍비rabbi라고 부르는 유대교 사제자가 있어서 유대교인들의 종교생활을 지도하고, 모든 종교적 의식을 인도하며 도와준다.

기독교

기원

서기 영년 나사렛의 한 유대인 목수와 동정녀 마리아 사이에서 예수의 탄생과 더불어 기독교가 시작된다. 예수는 하나님의 아들로 태어났으며, 하느님 자신의 구현이라는 것이다. 그는 『구약성서』의 예언자들이 말했던 메시아, 즉 구세주로 나타났다. 하느님이 인간의 모습을 하고 이 세상에 오셨다는 것이다. 예수를 구세주로 받아들이는 점에서 기독교는 유대교와 서로 대립된다. 유대교에서 볼 때 예수는 잘해야 하나의 예언자에 불과할 뿐 결코 구세주는 아니며, 진짜 구세주는 아직 나타나지 않았다.

예수는 수많은 기적을 베풀면서 유대인만이 하느님에 의해 선택된 특수한 민족이 아니라 만인이 하느님의 다 똑같은 평등한 아들이라는 사실을 가르치고, 하느님의 사랑, 하느님만에 대한 사랑을 주장하면서 하느님의 왕국, 즉 천당이 가까이 왔다는 '복음', 즉 '기쁜 소식'을 전한다.

초라한 짚신을 끌고 거리거리를 다니면서 천국이 멀지 않았음을 가르치고, 우리 인간들이 우리의 죄를 뉘우치고 회개할 것을 역설하면서 가난하고 힘없는 사람, 병든 사람들 편에 서서 그들에게 기적을 보이고 병을 고쳐 주던 예수는, 어부 등 대부분이 무식하고 가난한 사람들인 열두 명의 사도를 갖게 된다.

예수는 마침내 그가 유대교를 모독했다는 죄로 나이 겨우 33세에 십자가를 메고 골고다 산에 끌려가 그곳에서 못 박혀 죽는다. 그러나 그는 장사 지낸 3일 후 무덤으로부터 부활하고 천사들에게 싸여 승천한다.

그의 죽음 후 그의 사도들은 마침내 예수의 복음을 전도하러 멀리는 그리스, 로마로 떠난다. 이와 같이 시작한 기독교는 오랜 역사를 통하여 수많은 반발과 박해를 받으면서도 꾸준히 지켜나와, 오늘날에는 전세계에 퍼진 가장 큰 종교, 가장 세력이 큰 종교가 되었다.

부처, 석가모니가 그러했듯이, 그리고 철학자 소크라테스가 그러했듯이 예수도 자신의 믿음, 자신이 살았던 사건 행적을 스스로 단 한 자도 기록하지 않았다. 이러한 예수의 삶의 역사적 사실은 오로지 그의 사도들에 의해서 여러 각도에서 기록되어 『신약성서』에만 담기게 된다.

그렇다면 기독교의 텍스트는 무엇인가? 기독교의 믿음은, 그것의 가르침은 어디서 찾을 수 있는가? 가장 중요한 텍스트가 『신약성서』임은 말할 필요도 없다. 그러나 또한 기독교는 『구약성서』에 기록된 모든 것을 자신의 교리의 일부로 받아들인다. 이런 사실에서 기독교가 유대교와 같은 뿌리를 갖고 있을 뿐만 아니라 역사적으로나 지역적으로나, 그리고 내용상으로 보아도 기독교가 유대교에서 파생된 종교임을 알 수 있다. 왜냐하면 『구약성서』는 유대교의 뿌리이며, 유대교도들이 기록했던 것이기 때문이다.

약 2,000년의 역사를 통해서 기독교는 380년 가톨릭교회, 즉 구교로서 통일을 이루었다. 1054년 구교는 로마구교와 동부정통교로 파가 갈라졌고, 로마구교는 독일의 신부 루터에 의해서 1529년 다시 프로테스탄트 교회, 즉 신교로 쪼개졌다. 그리고 신교는 다시 수많은 교파로 나누어져 오늘날 약 400개 이상의 신교파들로 갈라져 있다.

이런 과정에서 기독교는 유럽은 물론 미주 전역을 휩쓸고, 서구세력과 함께 전 세계를 덮다시피 하고 있다. 그 수에 있어서나 그 실제적 세력에 있어서, 그리고 지리적 면적에 있어서, 기독교는 오늘날 가장 세계성을 띤 종교로서 발전하게 되었다. 그뿐만 아니라 기독교 교회는 가장 조직적인 종교단체로서 왕성한 이론적 뒷받침을 찾으려 애쓰고 있는 종교로 나타나게 되었다.

교리

다른 종교와 마찬가지로 기독교의 교리도 모든 신자가 완전히 동의할 수 있을 만큼 하나로 통일되어 있지 않다. 앞에서 보았듯이 교파가 많다는 사실이 그것을 구체적으로 뒷받침한다. 교파에 따라, 신학자에 따라, 각 개인의 믿음에 따라, 한없이 다양한 견해를 갖고 있다. 교리에 대한 다양한 해석이 있다는 것이 그 다양한 가운데에 어떤 공통적인 믿음이 없다는 것은 아니다. 기독교라고 하는 이상 모든 파의 기독교들은 반드시 무엇인가를 공통적으로 갖고 있어야 할 것이다. 그 내용은 무엇인가?

모든 존재, 모든 사물현상은 절대자, 전지, 전능, 전선한 신에 의해서 창조되고 그의 뜻에 따라 관리된다. 하느님은 모든 사물을 창조한 인간을 창조하여 삶을 즐기게 했다. 그러나 하느님과의 약속을 어긴 인간의 시조 아담과 이브가 그 죄로 에덴동산의 낙원에서 추방되어, 그의 후손인 모든 인간들은 병을 앓고, 죽음을 당하며 괴롭게 살아야 하는 것이다. 아담과 이브의 약속위반이 원죄이며, 에덴동산으로부터의 추방이 인간의 전락을 의미하며, 인류가 한결같이 겪어야 하는 삶의 괴로움이 원죄에 대한 벌이 된다.

우리는 누구를 막론하고 아담과 이브의 원죄 때문에 고통을 반드시 받아야 할 것 같지만 꼭 그렇지만은 않다. 왜냐하면 구세주가 이곳에서의 고통스러운 삶에서 우리를 구원해줄 수 있기 때문이다. 우리에겐 희망이 있다. 우리는 행복한 새로운 삶을 바랄 수 있다. 천당이 있으며 우리는 그곳에 갈 수가 있다. 이와 같은 기독교의 우주론, 신학은 유대교에서와 전혀 다를 것이 없다.

그러면 기독교는 유대교와 어떤 점이 다른가. 첫째, 천당에 대한 해석이 다를 수 있다. 유대교에서의 천당은 우리가 죽은 후 갈 수 있는 초월적인 세계가 아니라 이 땅에서, 이 지구에서의 이상적 삶을 가리키는 데 반하여, 기독교에서의 천당은 이곳에서의 삶이 아닌 또 하나의 삶, 두 번째의 삶이 갈 수 있는 곳으로서 지구와는 전혀 다른 세계를 가리킨다. 기독교에서 말하는 천당은 '하느님의 나라'요, 이 세상이 아닌 다른 세상, 정신적, 아니 영적 세상을 가리킨다. 기독교에서 말하는 복음, 즉 '기쁜 소식'이란 이 세상이 아닌 다른 세상, 즉 '하느님의 왕국'이 있다는 소식이며, 우리도 그곳에 가서 살 수 있다는 소식이다.

둘째, 기독교와 유대교는 더 크게 달라진다. 유대교에서는 예수를 구세주로 인정하지 않는다. 예수는 신의 구현이 아니다. 신의 아들이 아니다. 이와는 달리 기독교에서는 예수를 구세주로 받아들인다. 유대교가 『모세오경』의 율법성에 치중한다면, 기독교는 그러한 책, 그러한 율법이 아니라 구체적인 역사적 사건, 즉 예수의 탄생, 구세주의 나타남에 바탕을 둔다. 예수는 스스로를 희생하면서 인간을 구원해주기 위하여 이 지구상에 인간의 모습을 하고 내려온 신이다. 그래서 그를 신의 아들이라고도 한다. 기독교는 예수가 동정녀에게서 태어났다는 사실과 예수가 살아 있는 동안 보여준 기적들과, 예수가 십자가에 못 박혀 죽은 지 3일 후에 부활하여 승천했음을 역사적이고 구체적인 사실로서 믿는다.

셋째, 유대교는 오로지 유대인이 하느님한테 특별히 선택받은 특별한 민족임을 전제한다. 하느님 앞에서 모든 인간이 동등하지 않다는 말이다. 이와는 달리 기독교에서는 예수의 가르침에 따라서 모든 인종들이, 모든 사회의 구성분자들이 노소를 막론하고, 건강하고 약한 사람을 가릴 것 없이 한결같이 하느님의 똑같은 아들이요, 따라서 그들 사이에는 형제와 같은 관계가 있다고 한다.

기독교에 있어서의 평등사상, 즉 모든 인간이 똑같은 하느님의 아들이라고 하는 생각은 기독교의 '사랑' 정신으로 연결된다. 우리는 하느님을 같이 아버지로 갖고 있는 형제, 자매들의 관계에 있으므로 남들의 고통과 즐거움을 나의 고통과 즐거움으로 삼아야 하며, 나를 아끼듯이 남을 아껴야 한다. 부모형제가 서로를 무조건 희생적으로 아끼고 위하듯이, 우리는 다 같이 가난한 사람, 병든 사람, 아니 우리들의 적까지도 우리들 자신에게 하듯이 희생적으로 아끼고 위해야 한다. 이와 같은 희생적인 아낌과 위함의 마음, 혹은 행위, 어떤 타산을 떠난 무조건의 희생적 태도와 행위가 바로 기독교에서 말하는 '사랑'이다.

이와 같은 도덕적인 차원이 있고 그것이 중요하면서도 기독교가 그냥 하나의 논의규범이기를 넘어서 종교로 될 수 있는 것은, 그것이 천당에 대한 믿음, 이 세상과는 전적으로 다른 세계가 있다는 믿음, 그리고 그곳에서의 삶만이 참되고 영원한 것이라는 믿음이 있음으로써이다. 기독교는 이 세계가 아닌 다른 세계, 영적인 타계를 전제로 한다. 그러므로 기독교의 입장에서 볼 때 현재 우리의 삶은 죽음을 초월하여 영생할 수 있는 천당에 가기 위한 준비이며 시련에 불과한 것이다. 이 세상에서의 모든 사건, 상황, 우리들의 행위는 앞으로 가서 영원히 살 수 있는 천당에 비추어서만 참된 의미를 갖는다. 지금까지 요약해 관찰한 세계적 종교들 가운데에 타계의 존재를 확실히 하고 강조하는 것은 기독교에서 비로소 뚜렷하다. 이런 점에서 기독교는 다른 종교와는 달리 형이상학이기 전에, 윤리적 규범이기 이전에, 무엇보다도 뚜렷한 종교적인 가르침이다. 가장 뚜렷하게 종교적이라는 점, 즉 천당의 존재와 그곳에서만 죽음과 고통을 극복한 영원한 삶을 행복하게 누릴 수 있다는 기독교의 교리가 죽음을 두려워하는 모든 인간에게 가장 쉽사리 심리적인 만족을 주고, 따라서 호소되는 사실이 수긍된다.

제의

어마어마하게 장엄하고 화려한 성당이 유럽의 큰 도시마다 높이 솟아 있다. 마을마다, 골목마다 교회당이 서 있다. 수도원, 승원들이 산골짜기에 자리 잡고 있고, 그곳에서 신부, 목사들이 수도한다. 마리아상, 십자가에 못 박힌 예수의 초상을 어디서고 쉽게 볼 수 있다. 성당에, 교회당에, 집안에, 사람들의 목걸이에 있는 십자가가 기독교를 상징한다. 사람들은 식사를 시작하기 전 죽은 사람 앞에서 자기 가슴에 십자가를 긋는다. 성당에서 미사를 보고 교회당에서 예배를 본다. 십자가 앞에서 무릎을 꿇고 기도를 올리며, 성수를 뿌려 세례를 받는다. 이러한 모든 행위들은 하느님, 예수를 상징하고 하느님과 통하는 의식이며, 하느님 앞에서의 예식이다.

기독교인들은 적어도 일요일이면 성당이나 교회에 가서 미사나 예배에 참석하면서 자신의 신앙심을 키우고 확인한다. 예수가 태어난 날을 축하하기 위하여 크리스마스에 휴가를 얻는다. 그러나 성당에서 전지전능한 하느님을 찬미하며, 하느님, 예수, 성모마리아에게 성령의 힘으로 병이 낫게, 출세를 하게끔 기도를 올린다. 신자들은 그들이 지은 죄를 용서하여 주시고 제발 천당에 가게 하여 달라고 빌며 애원한다. 예수가 부활한 날을 기념하기 위하여 부활절을 마련하고 다시 한 번 자신의 신앙과 하느님에 대한 복종을 다짐한다.

위와 같은 의식, 예절, 종교적 상징물 외에도 무수한 종류의 제의행위와 상징물이 있다. 각기 교파에 따라, 각 지방에 따라, 그리고 각 개인에 따라 다소 다른 의식과 예절이 실천되고 상징물을 갖고 있다. 가톨릭교도들이 성당에서 하는 의식은 프로테스탄트의 교회당에서 하는 의식과 같지 않다. 소련이나 그리스에서의 기독교인들이 하는 의식을 미국이나 영국의 기독교인들은 미신적 행위라고 부를 수 있고, 한국이나 일본인들이 갖는 종교적 상징물들이 유럽이나 아프리카의 기독교인들에게 우상으로 보일 수도 있다. 그럼에도 불구하고 한 가지 확실한 것은, 가장 첨단적인 산업국가에 살고 있다는 기독교인들도 어떤 특별한 종교적 의식을 올리고, 어떤 특별한 상징물을 숭배하며 존중한다는 사실은 부인할 수 없다. 한마디로 간추려 말해서 기독교가 과학적 사고가 가장 발달된 서양의 지배적 종교라고는 하지만, 기독교를 믿는 서양인들은 과학적 관점에서는 이해할 수 없는 제의에서 벗어나지 못하고 있다. 물론 이러한 제의들이 완전히 제거된 어떤 종교도 상상될 수 없다. 종교는 어떤 형태의 제의를 떠나서는 생각될 수 없다는 말이다.

이슬람교(회교)

기원

세계성을 갖고 있는 종교 가운데에서 이슬람교Islam가 가장 젊다. 그것은 현재의 사우디아라비아의 한 마을인 메카Mecca에 살던 한 예언자 마호메트가 7세기에 하느님 알라Allah의 계시를 받음으로써 시작된다. 불과 1,300년 전의 일이다. 기원후 570년 메카에 태어났을 때 마호메트는 이미 아버지를 잃었었고, 6세 때에 어머니마저 잃었다. 그는 그곳 아랍인들과 마찬가지로 유목민으로 생활을 하며 그 당시 그곳 사람들이 갖고 있던 미신적인 다신교를 믿고 있었다. 그러나 차차 그는 유대교, 기독교와 접촉하면서 다신교에 불만을 느끼고 유일신을 믿게 된다. 즉 하느님은 하나뿐이라는 유대교, 기독교적 믿음이다. 그 밖의 여러 신들은 사실상 실재하지 않고 우상들에 불과하다는 것이다. 그러나 마호메트는 같은 유일신교인 유대교나 기독교를 그대로 믿지는 않는다. 그러다가 마호메트는 그의 나이 40세가 되던 해 히리산의 동굴에서 수도하던 중 처음 알라신의 계시를 받았고, 그후 몇 번 계속해서 계시를 받음으로써 새로운 신앙을 받아들여, 새로운 종교, 즉 이슬람교를 창설하게 된다.

계시를 받은 그는 첫 번째로 우선 아내를 개종시켰지만, 그가 살고 있던 메카의 다른 사람들로부터는 배척을 받고 이단시당한다. 그런 상황에서 그는 잠시 이웃마을 메디나Medina로 가서 그곳에 있는 사람들 가운데서 동지를 만들고 힘을 얻어, 무력으로써 메카를 점령하여 자기가 태어난 고향으로 다시 돌아가 새로운 신앙, 즉 이슬람교의 터전을 마련한다.

그가 죽은 후 그가 창설한 새로운 종교인 이슬람교는 그의 추종자들에 의해서 밀물처럼 아랍 전체뿐만 아니라 그후에는 극동의 일부, 인도네시아 등 미주, 그리고 유럽의 핵심지역만 빼놓고는 거의 전 세계로 퍼진다. 1492년까지 스페인은 한동안 이슬람국이었으며, 기독교 세력에 의해 그곳으로부터 다시 밀려난 후에도 터키를 중심으로 한 오토만제국을 세우고 파키스탄, 인도 일부, 인도네시아, 말레이시아, 중국 일부, 또 대부분의 아프리카 북방들이 이슬람국으로 개종하게 된다. 1600년에 오토만제국이 기울어지면서 아랍세력이 약해져왔던 오늘날까지 이슬람교의 인구는 세계인구의 13% 이상을 차지하게 되었다. 이 종교가 얼마만큼 뿌리 깊은가는 오늘날 아랍제국은 물론, 비아랍국인 이란에서의 광신적 종교열을 보아도 충분하다. 아마도 이슬람교만큼 열광적으로 믿어지는 종교가 또 있는 것 같지 않으며, 아마도 이슬람교도처럼 자신의 종교에 철저한 경우를 다른 종교 신자 중에서는 보기 드물다.

이와 같이 시작되고 발전한 이슬람교는 마호메트 사망 후 20년이 지나서야 샤리아Sharia, 즉 이슬람교 율법을 기록한 『코란Koran』을 정리하고 작성했다. 이『코란』한 권이 이슬람교의 근본적인 텍스트이며, 이슬람교의 기초가 된다. 『신약성서』와 비슷한 분량밖에 되지 않는 이슬람교의 텍스트, 즉 코란은 알라신이 마호메트에게 계시한 것을 사실 그대로 기록한 것이라고 믿어지고 있다. 코란이란 말은 가장 오리지널한, 즉 가장 권위 있는 것임을 의미한다. 마호메트가 받아들인 하느님의 말씀, 하느님의 뜻이야말로 가장 근본적인 것, 직접적인 것, 따라서 진짜라는 말이다. 정말로 그렇다면 그것에 그렇게 큰 권위가 있음이 당연하다.

이슬람교 또한 다른 종교와 다를 바 없이 그것의 역사적 발전과정을 통해서 여러 파로 나누어지지만, 대체로 정통파로 자처하는 수니파Sunni와 이란을 지배하고 있는 시아파Shiite로 나누어지고, 그것은 다시 드레즈파Dreuze, 수피즘Sufizm, 정의파 등으로 세분되고 있다. 똑같은 이슬람주의자, 즉 모슬렘Muslim 가운데에 얼마만큼 치열한 파벌경쟁이 있느냐는 것은 현재 중동 아랍국에서 일어나고 있는 뒤얽힌 폭력이 충분히 입증하고도 남는다.

교리

기독교 교리의 뿌리를 유대교에서 찾을 수 있다면, 이슬람교는 유대교와 기독교에서 그 교리적 근거를 발견한다. 유대교, 기독교, 이슬람교가 궁극적으로는 다 같은 바탕을 갖고 있다는 말이다.

그리하여 이슬람교는 유대교와 기독교에 있어서와 마찬가지로 유일절대자로서의 인격적 신을 믿음으로써 시작된다. 또한 이슬람교는 이 세상과는 전혀 다른 하느님의 왕궁이 있음을 믿는다. 이런 점에서 이슬람교는 유대교보다는 기독교에 더 가깝다. 그뿐만 아니라 이슬람교는 유대교의 '선택된 민족'이라는 개념 속에 내포되어 있는 배타성, 독선성을 배척한다. 하느님 앞에는 모든 사람이 동등하며 모든 사람들이 누구나 이슬람교의 가르침, 즉 하느님의 말씀대로 살기만 하면 죽어서 하느님의 왕국에 갈 수 있다는 것이다. 이처럼 종교의 보편성, 모든 인간의 평등함을 강조하는 점에서 이슬람교는 기독교와 같다.

그러나 이슬람교에서는 예수그리스도를 하느님의 아들, 하느님의 구현, 인류의 구세주로서 인정하지 않는다. 예수는 여러 예언자 가운데한 사람에 불과하다. 이런 점으로 볼 때 이슬람교가 이번에는 기독교보다 유대교에 가깝다. 이슬람교의 관점에서 볼 때는 한 마디로 말해서 유대교와 기독교는 다 같이 하느님의 뜻을 올바르게 알지 못하고 전하지도 못한다는 것이다. 유대교와 기독교가 하느님의 계시에 근거하고 있다고는 하지만, 하느님이 위의 두 종교에는 참된 계시를 내리지 않았다는 것이다. 하느님의 진짜 계시, 참된 계시는 오로지 예언자 마호메트를 통해서만 처음으로, 그리고 마지막으로 나타났다는 것이다. 그리하여 마호메트는 '예언자의 봉인the seal of prophets'을 뜻하게 된다. 마호메트는 하느님의 뜻을 전달하는 예언자들 중의 하나지만 그 뜻을 결정적으

로 전달하는 마지막 예언자라는 것이다. 한마디로 마호메트에게 나타
난 하느님의 계시가 절대적이라는 뜻이다.

그러므로 이슬람교에서는 유대교의 기본적 텍스트인 『모세오경』이
나 기독교의 핵심적 텍스트인 『신약성서』를 정말 믿을 수 있는 하느님
의 가르침이라고 생각하지 않는다. 그러한 텍스트들이 하느님의 뜻을
다소는 보여주지만, 그 뜻이 순수한 상태로 전달되어 있지 않다는 것이
다. 유일한 하느님의 참된 뜻은 마호메트에게 계시된 것을 그대로 기록
했다는 『코란경』에서만 찾을 수 있다는 것이다. '코란'이라는 말은 '원
래적 참된' 것임을 뜻한다. 오로지 『코란경』만이 하느님의 원래 뜻을 담
고 있다는 말이다. 이와 같은 이유에서 이슬람교도는 오로지 그들 자
신만이 절대적 진리를 전달받고 있다고 확신한다. 그렇다면 이슬람교
가 말하는 그 절대적 진리, 하느님의 원래적 가르침의 내용은 어떤 것
인가?

첫째 신조는 신앙고백이다. 이슬람교도는 하느님의 무한성을 믿고
무조건 그 믿음에 따라 살 것을 공적으로 표방해야 한다. 이슬람교에서
하느님을 알라Allah라고 부르는데, 그 말은 '무한계'를 의미한다. 하느님
의 절대성을 말하는 것이다. 이러한 하느님에게 무조건 복종해야 한다.
이슬람교를 회교라고 부르는데, 그 뜻은 '하느님 앞에서의 굴복'이다.
이 말은 이슬람교도에 있어서의 신앙이 절대성, 무조건성이 강조되어
있음을 보여 준다. 과거나 현재에 이슬람교도들이 경우에 따라 광신적
으로 보이는 사실은 위와 같은 종교신앙의 철저함에 근거하고 있다고
해석된다. 이슬람교도들은 '알라신 말고 다른 신은 없다'라는 사실, '마
호메트는 알라신의 메신저이다'라는 사실을 다짐하고, 그것대로 살아
갈 것을 항상 맹세해야 한다. 어떠한 경우에도 알라신의 진실을 의심해

서는 안 된다. 과거 유럽, 아프리카, 중동, 그리고 인도 대륙을 무력으로 정복할 때는 적의 화살과 창칼에 쓰러지면서, 얼마 전 이스라엘군의 포격에 죽어가면서, 그리고 최근 이라크, 이란에서 피차간에 폭포수같이 쏟아지는 총탄에 쓰러지면서도 젊은 종교 신도들은 '알라신은 위대하다!'라고 부르짖었었고, 또 부르짖고 있는 것이다.

둘째 신조는 의식적 기도다. 모든 신도는 하루에 다섯 번씩 매일 모스크Mosque 사원에서나, 혹은 혼자 집에서 또는 아무데에서라도 알라신 앞에 엎드려 기도를 올려야 한다. 이것은 알라신에 대한 믿음과 그에 대한 절대 복종을 다짐하는 행위로 해석된다.

셋째 신조는 자선이다. 인간은 누구를 막론하고 하느님의 똑같은 아들이다. 모든 사람은 인류 전체의 행복과 구원에 대한 책임을 갖고 있다. 그러므로 어려운 사람들을 위하여 각자가 우선 물질적으로 도움을 주어야 한다. 자기의 재산을 혼자만 향락해서는 안되며, 반드시 그 재산의 일부를 남들을 위하여 희사해야 한다. 이슬람교의 이와 같은 자선은 불교의 자비심, 특히 대승불교에 있어서의 '보살'의 정신과 통한다. 이 대승불교에 의하면 참된 자비심을 가진 불교신자라면, 비록 자신이 열반에 갈 수 있어도 그곳으로 혼자 가지 말고 모든 인류가 다 같이 그러한 열반으로 갈 수 있을 때까지 도와주고, 그때까지 기다려야 하며, 이러한 사람을 '보살'이라고 부른다. 또 한편 이슬람교에 있어서 자기 재산을 바쳐야 하는 행위는 기독교에 있어서의 '연보' 또는 '헌금'과 유사하다. 이러한 이슬람교의 관점은 이 종교가 공동체의식을 강조하고 있음을 보여준다.

넷째의 신조는 단식수련이다. 마호메트가 처음으로 알라신의 계시를 받은 사실을 축하하기 위하여 한 달 동안의 기간을 라마단Ramadan이라고 부르며, 이 기간 동안 이슬람교신자들은 낮에는 물 한 방울, 밥 한 수저도 들어서는 안 된다. 이와 같이 하여 본능적이며, 인간적인 욕망을 억제하고 마음의 참다운 자유를 찾아 진정한 의미에서 종교적 체험, 즉 영적 체험을 하자는 것이다.

다섯째 신조는 순례에 관한 것이다. 모든 이슬람교도들은 가능한 한 적어도 일생 동안 한번은 마호메트의 탄생지인 '메카'라는 성지를 방문하는 것이다.

제의

모스크 사원, 미나레탑, 메카의 카바Kaba 묵석 등이 이슬람교의 두드러진 물질적 상징이다. 사원을 모스크라고 부르는데, 그 말은 아랍어로 '찬미의 장소' 혹은 '엎드리는 곳'을 뜻한다.

이슬람교의 의식과 행동의 규범은 앞서 본 바와 같이 이슬람교의 5대 기본신조 가운데 처음 것을 제외한 네 개의 신조에서 밝혀져 있다. 이슬람교도의 행위를 규제하는 것들에는 위의 네 신조에서 밝혀진 것 외에도 수많은 일상생활규범이 있다. 이슬람교국에서의 여성, 음주 등에 규제가 얼마만큼 복잡하며 엄격한가는 최근 아랍국과 접촉이 잦아짐으로써 우리는 더욱 잘 알고 있다. 이러한 규범들이 모두 종교적 의미를 갖고 있다는 것이다. 이러한 규범에 따라 모든 신도들은 자신의 일거일동을 하게 된다.

모스크 사원에서, 혹은 그 밖에서 이슬람교도들은 하루에 다섯 번 기도를 한다. 메카로 순례하여 카바 묵석의 주위를 일곱 번 돌아야 한다. 그 묵석이 있는 곳은 이슬람교신도가 아닌 사람들은 절대로 들어갈 수 없는 신성한 곳이다. 한 달 동안의 라마단의 모든 행사 행위는 엄숙하고 신성한 종교적 의미를 띠고 있다. 그뿐만 아니라 사실상 이슬람교도들에게서는 모든 행위에서 종교적 의미를 발견한다. 이슬람교도들의 신앙생활은 이맘imam이라고 불리는 종교적 지도자들에 의해서 지도되고 관리된다.

이슬람교에서의 모든 상징물들이 이 세계가 아닌 다른 세계, 그리고 그러한 다른 세계와의 관계를 전제로 함은 두말할 여지도 없다. 모든 종교가 어느 정도 그러하지만, 각별히 이슬람교만큼 내세, 천당의 존재를 확신하는 종교도 드물 것 같다. 이슬람교도의 모든 의식예절행위가 궁극적으로는 내세에 대한 믿음, 천당에 들어가고자 하는 소망과 관계된다. 옛날 세계 정복에 나섰던 사라센군들, 그리고 오늘날 아야톨라 호메이니Ayatollah Khomeini의 명령에 따라 이란과 이라크의 전쟁에서 먼지 같이 죽어 쓰러지고 사라져가는 이란의 군인들, 아직도 미성년인 이란의 지원병들은 천당에 가서 영원하고 완전한 행복을 누릴 수 있다고 믿고 있는 것이다. 그들에겐 전쟁 자체, 죽음 자체가 종교적 행위, 종교적 의식의 의미를 띠고 있는 것으로 해석된다.

『종교란 무엇인가』(1985)

04
종교의 개념

정의의 기능

극히 간략하나마 위에서 서술한 힌두교, 불교, 유대교, 기독교, 이슬람교를 조형적인 동시에 대표적인 '종교'라고 한다면, 그러한 구체적 종교들을 통해서 '종교'가 무엇인지 밝혀질 수 있는가? 문제는 '종교'라는 개념이 어떻게 밝혀질 수 있는가에 있다. 그것은 곧 '종교'라는 말의 의미를 어떻게 규정해야 하느냐에 있다. 이 문제는 종교철학의 가장 기초적이며 근본적인 문제의 하나가 될 것이다.

한 낱말의 정의는 그것이 사용되는 여러 가지 서로 다른 현상들 가운데에 다 같이 깔려 있다고 전제되는 어떤 보편적 조건 혹은 조건들과 동일하다고 우선 잠정적으로 해석될 수 있다. '사람'이라는 말이 복돌이, 복순이, 피터, 매리, 한스, 바바라, 피에르, 프랑스카즈와 같이 서로 상이한 개별적인 개체들에 적용된다면, 이 여러 개체들에게 공통된 하나의 조건 혹은 여러 조건들을 찾아냈을 때 '사람'이라는 말의 정의를 냈다고 말할 수 있다. 그리하여 '사람'은 가령 '두발로 걷는 포유동물' 혹은 '합리적 동물' 혹은 '언어를 사용하는 동물' 혹은 '사회적 동물' 등으로 정의될 수 있다.

'사람'에 대한 위와 같은 몇 가지 정의가 있을 수 있다는 것은 그 낱말의 정의가 쉽지 않다는 것, 그 정의에 대한 의견들이 다르다는 것을 시사한다.

'사람'이라는 말의 정의가 이처럼 간단하지 않다면 '종교'는 더욱 복잡하다. '사람'의 조건을 규정하는 데 서로 의견을 달리할 수는 있지만, 실제로 사람이라는 말을 적용함에 있어서 일상적인 차원에서는 별로 혼동이 없다. 정의의 대상, 즉 본질적 조건 혹은 조건들을 찾아낼 수 있는 어떤 대상이 무엇인가에 대해서 별로 의견의 차이가 없기 때문이다. '사람'에 대한 개념의 결정, 즉 정의에 대해 의견이 일치하지 않는다면 그것은 사람이라고 불리는 대상의 결정에 있지 않고, 이미 결정된 대상이 지닌 본질의 규정에 대한 의견이 다른 데서 그 이유를 찾아낼 수 있다.

불행히도 '종교'의 경우에는 '사람'의 경우와 다를 뿐만 아니라 극히 복잡하다. 정의의 대상 자체가 확정되지 않고 있다. 사람에 따라, 문화에 따라, 학설에 따라 꼭 같은 현상이 '종교현상'이라는 대상으로 보이기도 하고, '비종교현상'으로 보이기도 하기 때문이다. 예를 들어 어떤 이는 무속을 종교의 한 예로 보는가 하면, 다른 사람은 그것이 종교현상임을 부정한다. 유교 혹은 도교도 경우에 따라 '종교'라고 취급되기도 하며, 그와 반대로 '사상' 혹은 '철학'이라고 주장되기도 한다. 원시인들의 토테미즘을 종교현상으로 볼 수 있고, 반대로 그것을 미신이라고 부를 수도 있다. 미신을 종교적 믿음의 한 예로 볼 수 있는가 하면 종교적 믿음과는 전혀 상관없는 심리현상 혹은 정신현상으로 볼 수 있다. 이와 같은 상황에서 '종교'의 정의를 내리려 할 때, 우리는 우선 그 정의의 대상 자체를 결정해야 할 입장에 놓이게 된다. 정의의 대상을 결정하여 합의를 갖지 않는 한 그 대상에 대한 정의를 내릴 수 없다는 것이며, 따라서 '종교'라는 말을 정확히 어떤 의미로 이해할 수 없는 난관에 부딪힌다.

이런 문제에 부딪혔을 때 종교라는 말에 임의적인 정의를 독단적으로 내려서 그 정의에 맞는 현상들을 종교라고 부르고, 그렇지 않은 현상에 대해서는 '종교'라는 레테르를 붙이지 않을 수도 있다. 가령 '종교'를 '유일 절대신의 존재에 대한 확신과 그 확신에 따른 행위'라고 일단 정의를 내리고, 그러한 틀에 맞지 않는 모든 믿음이나 행위는 종교가 아니라고 주장할 수도 있다. 이러한 경우 유대교, 기독교, 이슬람교를 제외한 모든 믿음이나 행위, 즉 미신을 비롯해서 보편적으로 알려진 힌두교, 불교까지도 종교라는 범주에서 제외된다.

그러나 이러한 정의가 독단적이라는 것은 두말할 필요가 없으며, 그러한 '종교'에 대한 정의는 정의를 내리고자 하는 원래의 의도와 상반된다. '종교'에 대한 정의를 내리고자 하는 목적은 우리 자신이 임의적으로 '종교'가 무엇이라는 것을 선포하고자 함이 아니라, 이미 존재하고 있는 종교라는 객관적 현상을 보다 투명하게 파악하고자 함에 있다. 다시 말해서 원래 '종교'라는 낱말을 정의하려는 것은 그 말에 각기 우리가 임의적인 의미를 부여하자는 것이 아니며, '종교'라는 말이 이미 뜻을 갖고 널리 사용되고 있다는 사실을 전제로 한다. 우리가 임의적인 의미를 부여하기 이전에 '종교'라는 말이 이미 어떤 의미를 갖고, 그 의미에 따라 사용되고 있다는 사실이 전제되지 않는다면, '종교'의 정의를 밝히고자 하는 근거가 도대체 있을 수 없다.

이미 '종교'라는 말이 널리 사용되고 있다는 사실은 '종교'라는 말에 어떤 의미가 이미 결정되어 있다는 사실을 논리적으로 내포한다. 따라서 '종교'라는 말의 정의를 찾는다는 것은 그 말에 우리의 생각대로 아무 의미나 임의적으로 붙여 보자는 것이 아니라, 이미 존재하는 의미를 발굴하고 분명히 하려는 일에 지나지 않는다. 문제는 이미 '종교'라는 말이 있고, 그 말에 의미가 있으며, 어느 정도의 차원에서 볼 때 누구나 그 말의 의미를 알고 그 말을 사용하고 있지만, 좀더 숙고해보면 그 말을 쉽게 사용하고 있는 사람들 자신에게도 그 말의 의미가 불투명함을 나타낸다는 데 있다. 따라서 '종교'라는 낱말의 뜻, 즉 종교의 개념을 밝히는 철학적 과제는 이미 사용되고 있고 사용자가 이미 알고 있지만, 아직도 불투명한 상태의 그 낱말의 의미를 가능한 한 정밀하고 투명하게 결정하고 밝히는 데 있다.

이론적으로 보아서 '종교'의 정의의 문제가 분명해졌다고는 하지만, 실제적으로는 그렇게 간단하지가 않다. 우리가 찾고자 하는 '종교'의 정의가 내려지려면, 앞서 보았듯이 '종교'라고 불리는 어떤 현상을 결정해야 하는데, 불행히도 사람에 따라 혹은 문화에 따라 어떤 현상을 '종교'라고 부르느냐에 대한 의견이 극히 다양한 데 문제가 있다. 이러한 사실은 '종교'라는 말의 개념과 그 말의 뜻이 사람에 따라, 문화에 따라 서로 상이하다는 사실을 입증한다. 그렇다면 '종교'라는 말은 보편적으로 정의될 수 없다는 결론이 나온다. 보기에만 같고 듣기에만 같았지 '종교'라는 낱말은 사용하는 사람에 따라, 사용되는 사회에 따라, 그리고 사용되는 경우에 따라 사실상 각기 다른 '말'이라는 결과를 낳는다.

이러한 사실에서 비트겐슈타인Wittgenstein은 '가족유사家族類似'라는 개념을 도입한다. 그에 의하면 많은 낱말의 의미는 결코 보편화된 단 하나의 확정된 의미를 갖지 않는다는 것이다. 가령 '놀이'라는 말이 적용될 수 있는 것을 결정적으로 확실하게 정할 수 없다는 것이다. '놀이'라고 불리는 수많은 것들 가운데서 어떤 동일한, 그리고 보편적인 신조 혹은 요소를 찾아낼 수 없다는 것이다. 경우에 따라 서로 다른 조건에서, 혹은 서로 다른 요소 때문에 어떤 것들이 똑같이 '놀이'라는 말로 불린다는 것이다. 다시 말해서 놀이라는 말의 의미, 즉 개념을 일정한 결정적인 단 하나로 규정해낼 수 없다는 것이다. '화투치기', '축구', '구슬치기', '노래자랑', '도박' 등을 다 같이 '놀이'라고 부르지만, 그것들을 통일하는 단 한 가지 결정적인 요소를 각기 모든 '놀이'들 속에서 찾아낼 수 없다는 것이다. 한마디로 그것들 사이에는 일정한 공통적인 요소가 없다는 것이다. 그것들이 한결같이 '놀이'라고 불리는 이유는 각기 서로 다른 근거에 바탕을 둔다는 것이다.

비트겐슈타인의 위와 같은 주장은 철학적으로 큰 영향을 미쳤다. 그럼에도 불구하고 그의 주장은 철학자들에 의해서 비판되기도 했다. 이 철학자들에 의하면 비트겐슈타인의 주장과는 달리 '놀이'라고 불리는 것들 가운데에는 눈으로 볼 수는 없지만 어떤 하나의, 혹은 몇 개의 보편적인 조건, 혹은 요소를 찾아낼 수 있다는 것이다.

그렇다면 언뜻 보기에 종교라고 불리는 것들 가운데에는 공통적인 어떤 조건 혹은 요소가 없는 것 같지만, 좀더 검토하고 분석해보면 그것들 가운데에서 어떤 공통적인 것을 발굴해 낼 수 있을지 모른다. '종교'라는 개념을 정의하기가 복잡하다는 사실은 그 개념의 정의가 곧 불가능하다는 뜻은 아니다. 앞서 본 바와 같은 종교의 대상 자체가 불확정적이므로 종교의 본질을 결정함에 있어 어떤 이상, 어떤 대상을 검토하고 분석해야 할지가 문제가 됨은 사실이다. 그러나 다행히 제1부에서 요약 서술된 바와 같은 현상들, 즉 힌두교, 불교, 유대교, 기독교, 이슬람교 들은 보편적으로 다 같이 종교라고 말하는 데 이의가 전혀 없다. 이러한 사실은 위의 5대 종교가 종교의 전부는 아니지만 종교의 모델, 즉 전형적인 패러다임의 경우임을 뜻한다. 그렇다면 이러한 5대 종교에서 찾을 수 있는 공통적인 요소는 설사 종교의 완전한 정의가 될 수 없다 해도, 적어도 종교의 핵심을 보여줄 수 있을 것이다. 달리 말해서 설사 5대 종교에서 찾을 수 있는 공통된 본질적 요소가 종교의 절대적 정의가 될 수 없다 해도, 그것은 적어도 종교의 본질을 이해하는 유용한 출발점이나 꼭 필요한 바탕이 될 수는 있다.

일단 위의 다섯 가지 종교에 근거하여 잠정적이나마 정의가 내려질 때, 한편으로 그 정의에 비추어 다른 믿음 혹은 행동의 이상들이 어째서 종교라고 불릴 수 있는지 아닌지의 근거가 제공될 수 있으며, 또 한편으로 그러한 작업의 과정에서 5대 종교와는 다른 믿음, 다른 종교의 내용에 비추어 잠정적으로 정해졌던 '종교'라는 개념 자체가 수정되고 확대될 수 있을 것이다. 이와 같이 볼 때 한 낱말의 훌륭하고 유용한 정의는 그 낱말의 뜻을 확실히 규정시켜주는 동시에, 그 낱말이 적용되는 사물 현상들의 특징을 밝혀줄 수 있다.

그렇다면 '종교'는 어떻게 정의될 수 있는가? 위에서 본 5대 종교들은 어떤 공통점을 갖고 있으며, 어떤 점에서 서로 다른 믿음, 행위인데도 불구하고 그와 같은 5대 종교가 다 같이 '종교'라는 범주 속에 들어갈 수 있는가? 어떤 점에서 5대 종교와 도교, 유교, 미신은 다르며, 어찌하여 도교와 유교가 종교라기보다 철학에 가까우며, 어찌하여 미신은 철학이라기보다 종교에 가까운가?

여기서 우리가 밝히고자 함은 종교의 보편적 개념이지만, 그러한 작업에 착수하기 전에 과연 그러한 작업이 타당한가를 생각해볼 필요가 있다. 왜냐하면 종교라는 개념 자체가 오늘날 사용되고 있는 다른 여러 개념들, 특히 학문의 개념들이나 그밖의 여러 분야의 개념들과 마찬가지로 서양적인 것이기 때문이다. 그것은 서양문화가 만들어낸 것이며, 뿐만 아니라 그것도 오래 전이 아닌 18세기에 서양에서 만들어진 개념이다. 서양에서는 '종교'라는 말이 없었고, 그것이 다른 것과 구별되지 않았다. 마치 철학이라는 개념이 없었던 것과 같다. 동양에서는 철학, 문학, 종교, 과학 등의 분야에 대한 구별이 없었다.

서양에 있어서도 근대에 이르기까지는 철학과 종교, 사상이 구별되지 않았다. 동양에서는 서양문화가 들어오기까지, 그리고 서양에서는 18세기에 와서 종교라는 말이 만들어지고 개념이 서기까지 '종교'라고 부를 수 있는 어떤 현상이 따로 있지 않았다는 것이다. 그러나 사고가 정밀해지고 인간의 지적인 활동이 복잡하게 됨에 따라 사물현상을 보다 세분할 필요를 느꼈다. 예를 들어 다 같이 지적 활동이라고 하지만, 정신활동을 '역사', '철학', '문학', '종교', '과학'으로 나누어봄으로써 우리들의 활동 자체, 우리들이 알고자 하는 대상 자체가 더 분명해질 수 있기 때문이다.

그러므로 설사 동양적 전통에서 '종교'라는 현상이 따로 생각되고 분리되지 않았음에도 불구하고, 그리고 근대에 이르기까지 서양에서도 그러한 분야가 독립되어 있었지 않았더라도, 동양의 여러 현상들, 근대 이전에 여러 현상들을 '종교'라는 새로운 테두리 안에 묶어 다른 현상들과 구별한다는 것은 지적·학문적 발전을 위해 방법론적으로 극히 유용할 뿐 아니라 절대로 필요하다. 이러한 주장은 종교라는 각도에서 여러 현상들이 언제든지 구별되어야 한다는 말은 아니다. 먼 장래에 우리가 현재 사용하고 있는 학문적 구별, 즉 철학, 문학, 역사, 과학, 종교가 불필요하게 느껴지고 그것들을 새로운 각도에서 재조직하며, 보다 통일적이고 투명한 지적 발전을 도모해줄 수 있는 전혀 새로운 학문적 개념이 만들어져서 그에 따른 학문이 서고, 그런 학문적 관점에서 세계가 이해될 수 있을 수 있다. 최근 문제되고 있는 이른바 '상호학interdisciplinary science'의 개념은 그러한 가능성뿐만 아니라 그러한 필요성을 암시한다.

종교의 정의

앞에서 서술해본 힌두교, 불교, 유대교, 기독교, 이슬람교를 전형적인 종교라고 할 때, 그것들은 다 같이 두 가지 측면에서 서로 다른 요소를 내용으로 하고 있다. 그 내용은 우리가 그 종교들을 다룬 두 가지 각도, 즉 교리적 각도와 실천적 각도에서 이미 시사되고 있다. 달리 말해서 위에서 본 5대 종교들을 바탕으로 볼 때 '종교'라고 하는 것은 인식적 내용과 실천적 내용을 갖고 있다. 이와 같은 차원이 전혀 다른 양면성 때문에 종교는 한편으로 과학, 철학과 같은 인식을 담당하는 분야와 구별되고, 또 다른 한편으로 도덕규범이나 요가 혹은 그밖의 정신수도와 다르다.

　인식적 내용으로서의 종교는 사물현상, 특히 궁극적·초월적 사물현상에 대한 진리의 주장이며, 실천적 내용으로서의 종교는 삶의 근본적 목적을 달성키 위한 규범이며 처방이다. 전자의 입장에서 볼 때 종교는 도덕율이나 요가와 같은 정신수도와 다르고, 그런 행위 이상의 것이며, 후자의 관점에서 생각할 때 종교는 과학이나 형이상학과도 다르며. 그러한 주장 이상의 구체적 삶의 형식을 의미한다. 그러면서도 또 한편 종교는 인식적 측면에서 과학이나 형이상학과 유사하고. 실천적 측면에서 도덕적 실행과 비슷하다. 이와 같이 고찰할 때 종교는 과학 혹은 형이상학인 동시에 도덕적 실행이라고 말할 수 있다. 한마디로 종교는 다른 분야에서 볼 수 없는 복합적 측면을 갖고 있으며, 그중 한 가지가 없어질 때 종교는 이미 종교이기를 그치고 하나의 인식. 즉 진리로서의 철학이나 과학으로 바뀌거나, 아니면 하나의 목적달성을 위한 행동의 규범 혹은 훈련으로 타락한다.

앞에서 살펴본 5대 종교는 다 같이 삶과 죽음을 포함한 궁극적 존재에 대한 진리를 주장하며, 동시에 그 진리를 비추어서 인간이 어떻게 살아야 할 것인가에 대한 구체적인 삶의 태도와 규범을 제시한다. 이런 관점에서 볼 때 도교라고 불리는 노장사상이나 유교라고 호칭되는 공자사상도 종교에 속해야 할 것이다. 노장사상으로서의 도교나 공자사상으로서의 유교는 다 같이 궁극적 존재, 그 원리에 대한 이론이며, 동시에 우리가 어떻게 행동하며 살아가야 하는가에 대한 구체적 방법을 제시하기 때문이다. 비단 도교나 유교뿐만 아니라 많은 철학도 종교라고 불러야 할 것이다. 예를 들어 플라톤의 철학, 스피노자의 철학, 헤겔의 철학, 사르트르의 철학이라는 말들을 사용하는데, 그러한 철학들은 다 같이 궁극적 존재에 대한 이론이며, 동시에 어떻게 살아가야 하는가에 대한 지시이기도 하기 때문이다. 전통적 철학은 흔히 사물현상에 대한 궁극적 진리를 보여주는 이론적 차원을 갖고 있는 동시에, 실제로 어떻게 살아야 할 것인가에 대한 실존적 훈육이기도 하기 때문이다.

그러나 철학은 전통적으로 생각해왔던 바와는 달리, 반드시 사물 현상에 대한 이론도 아니며 삶에 대한 실존적 지도만도 아니다. 철학은 오히려 사물현상이나 실존의 문제와는 직접적 관계없이 개념을 정리하는 작업이라는 주장이 있음을 잊어서는 안 된다. 이러한 새로운 철학에 대한 이해를 무시하고 전통적 입장에서만 보더라도, 위에서 예로 들은 철학들을 종교라고 부를 사람은 없으며, 도교나 유교를 종교라고 부르기를 주저하는 사람들이 적지 않다.

이러한 사실은 종교가 단순히 인식과 실천의 이중적 체계라고 간단히 볼 수 없다는 사실을 드러낸다. 플라톤의 철학이나 사르트르의 철학이 힌두교, 불교, 유대교, 기독교, 이슬람교와는 어딘가 판연히 다르다는 것, 그리고 도교와 유교가 위와 같은 전형적 종교와도 어딘가 좀 다르다는 것을 우리는 막연하나마 직감적으로 의식하고 있다. 그렇다면 종교의 본질은 직감적으로 막연하게나마 느껴지는 위와 같은 차이점의 성격을 밝힘으로써 보다 확실히 드러날 듯하다. 따라서 문제는 한편으로 종교적 인식이 어떤 종류의 존재, 어떤 종류의 대상에 대한 것이며, 또 한편으로 종교적 실천이 어떤 성질인 것에 대한 실천인가를 밝혀내는 데 있을 것 같다.

그러한 종교의 인식적, 그리고 실천적 특성을 어떻게 규정할 수 있을 것인가? ① 종교적 인식은 '타계'라는 말로 적절히 표현될 수 있는 세계, 혹은 존재, 또는 현상에 대한 인식이며, ② 종교적 실천은 그러한 '타계'와의 관계에서만 이해될 수 있는 '의식적' 의미를 띠고 있다. 그렇다면 '타계'라는 대상은 어떤 종류의 대상이며, '의식'이라는 행위는 무슨 의미를 내포하고 있는가?

타계

종교의 궁극적 인식대상, 즉 종교가 서술해보이려는 진리의 대상은 한 편으로 자연과학이나 사회과학이 담당하는 대상과 다르며, 또 다른 한 편으로는 철학, 더 정확히 말해서 형이상학의 인식대상과도 다르다. 물론 종교가 이야기하고자 하는 대상이 과학이나 형이상학이 이야기하고자 하는 대상과 다르다는 것이 종교가 과학이나 철학의 인식대상을 자신의 대상에서 제외한다는 말은 아니다. 그것은 다만 종교가 과학이나 철학과는 근본적으로 다른 입장과 원칙에서 과학이나 철학의 인식대상을 설명하고자 한다는 말이다.

플라톤 철학은 물론, 인도, 중국의 철학들은 모든 존재를 흔히 실체 reality와 현상appearance, phenomenon 또는 범천brahman과 환상maya 등으로 구별하다. 전자는 시간과 공간을 초월한 영원불변의 존재이며, 후자는 시간과 공간에 매달린 무상의 존재이다. 달리 말해서 전자가 비지각경험적인 것인 데 반해서, 후자는 지각경험에 의해서 인식될 수 있는 존재이다. 실체에 의해서는 현상이 설명되지만, 현상에 의해서는 실체가 설명될 수 없다는 것이 전통적인 관점이다. 현상은 실체에 의존되어 있다는 것이며 존재라는 관점에서 볼 때 현상은 실체의 나타남, 즉 본질이 결여됐다는 것이다. 이처럼 존재를 실체와 현상으로 갈라놓았을 때 실체라고 불리는 존재대상은 오로지 형이상학에 의해서 인식될 수 있으며, 현상이라고 불리는 존재대상만이 과학의 인식대상이 된다는 것이다.

과학의 인식대상으로서의 현상은 인과적 법칙에 의해서 설명된다. 그러나 이러한 과학적 인식, 그리고 그러한 인식에 깔려 있는 전제 자체가 또한 설명과 인식의 대상으로 등장한다. 바꿔 말해서 과학적 인식에는 한계가 있다는 것이다. 과학적으로 인식되는 현상 자체를 설명할 필요가 생긴다. 그러한 현상은 도대체 어디서 어떻게 생겼는가? 그러한 현상을 과학적으로 설명해주는 인과법칙의 근거는 어떻게 설명될 것인가? 이러한 질문이 피할 수 없는 것이라면 그 질문은 이미 과학적인 질문이 아니라 과학이 미치지 못하는 과학을 넘어선 성질의 것이며, 따라서 그러한 질문에 대한 대답도 과학적인 것일 수 없다. 이와 같이 우리는 이미 과학적 인식에서 형이상학적 인식의 문제로 옮겨가고 있는 것이다.

이와 같이 하여 형이상학적 인식의 대상은 지각적, 즉 경험적인 것이 아니라 비지각적인 것, 즉 비경험적인 존재로서 나타난다. 이러한 대상에 대한 인식의 추구는 비경험적인 존재가 경험적인 현상을 설명할 수 있다는 생각을 전제한다. 이와 같이 경험적 현상을 설명하는 존재를 밝힘으로써 현상을 포함한 모든 존재에 대하여 보다 통합적이고, 따라서 보다 근본적인 통합진리를 밝혀내자는 것이다. 그러한 진리를 존재에 대한 근본적인 본질, 근본적인 구조에 관한 인식이라고 말할 수 있다. 오랜 역사를 통하여 철학자들은 이러한 진리를 추구해왔었다. 많은 철학자들의 근본적인 추구가 형이상학적이었다는 사실은 자연스럽다. 존재는 궁극적으로 단 하나라는 주장, 존재하는 것은 언제나 변화하는 것이라는 주장, 존재하는 것은 근본적으로 물질로 환원된다든지 아니면 그와 반대로 정신적인 성질이라는 주장, 혹은 존재하는 것은 물질과 정신이 서로 환원할 수 없는 두 개의 본질로 되어 있다는 주장, 또는 플라톤 식으로 가사적 세계the intelligible world가 현상적 세계the phenomenal world와 구별되고 전자가 후자의 근원이라는 주장, 혹은 헤겔 식으로 모든 현상은 카이스트라고 부르는 정신적 절대체의 역사를 통한 구체적 표현과정에 불과하다는 등의 수많은 주장들은 결국 비가시적, 즉 비지각적인 근본적 존재에 대한 인식이나 그러한 것들에 대한 진리로서 제시된 것이며, 그것들의 진리는 한결같이 경험적으로, 또는 과학적으로 입증되거나 반증될 수 없다는 점에서 형이상학적이라는 것이다. '범천', '도', '태극', '이기', '자유', '실체', '인과법칙', '절대자', '신' 등등이 비지각적 존재를 지칭하거나 그러한 존재의 성격을 표현하는 개념들이다.

이와 같은 형이상학적 개념들은 비록 형이상학에서만 나타나는 것이 아니라 종교에서도 발견된다. 힌두교를 종교로 볼 때 힌두교에서의 중심개념인 '범천'은 역시 종교적 개념으로 봐야 할 것이며, 불교를 종교로 생각할 때 불교에 있어서의 중심개념인 '열반'도 해석에 따라 종교적인 개념으로 보아야 한다.

유대교, 기독교, 이슬람교가 무엇보다도 종교이고, '신' 혹은 '천당'이라는 개념이 가장 중심적이라면, 이런 개념들은 틀림없이 종교적 개념이다. 그러한 개념들은 한결같이 지각적 경험으로 볼 수 없는 무엇인가를 지칭하는 개념, 즉 형이상학적 개념들이다. 요약해 말해서 종교가 이야기하고자 하는 대상은 과학의 인식대상을 넘어선 형이상학적, 즉 비지각적 존재이다. 이런 점에서 종교와 과학이 다 같이 어떤 인식, 즉 진리를 목적으로 하고 있지만, 종교적 인식의 대상은 과학적 인식의 대상과 근본적으로 구별된다.

그러나 형이상학적 대상을 인식의 대상으로 하는 모든 작업이 다 같이 종교인 것은 아니다. 철학, 더 정확히 말해서 형이상학은 종교와 마찬가지로 형이상학적 대상, 즉 비지각적 존재를 인식의 대상으로 삼는다. 그러나 형이상학이 곧 종교이며, 종교가 곧 형이상학이 아님은 물론이다. 플라톤, 스피노자, 헤겔, 니체, 사르트르 등의 철학이 형이상학적 대상들에 대해 언급하고 어떤 주장을 내걸고 있기는 하나, 그것들과 같이 형이상학적 대상에 언급하고 있는 힌두교, 불교, 유대교, 기독교, 이슬람교 등과는 다르다는 것은 직감적으로 이해할 수 있다. 이러한 사실은 형이상학적 대상을 인식대상으로 하는 모든 주장, 학설, 이론이 곧 종교가 아님을 말해준다.

형이상학적 인식대상이 지각으로 이를 수 없는 인식대상을 지칭하긴 하지만, 사실 그 대상은 반드시 우리가 지각할 수 있는 경험적 인식대상과 단절된 전혀 다른 세계나 전혀 별도의 대상이 아니라 경험적 인식대상들을 설명하기 위한 가장 추상적이고 가장 일반적인 서술체계에 불과하다고 볼 수 있다. 다시 말해서 형이상학은 구체적인 지각대상들의 가장 일반적, 따라서 가장 추상적 인식을 도모한다. 형이상학적 테두리 안에서 볼 때 플라톤의 '가사세계可思世界', 스피노자의 '본체substance,' 사르트르의 '즉자와 대자', 도교에 있어서 '도', 힌두교에 있어서 '범천', 유교에 있어서 '태극' 등은 우리가 일상적으로 지각할 수 있는 것과는 전혀 다른 대상, 경험대상인 현상과 전혀 분리된 다른 존재를 지칭하는 것이 아니라, 그러한 현상들을 가장 일반적이며, 그러면서도 추상적이고 또한 가장 일괄적으로 설명해주는 역할을 할 뿐이다. 이런 테두리 안에서 볼 때 '도', '범천', '태극' 등은 우리가 현재 지각하고 있는 사물현상과 동떨어져 있는 다른 세상, 우리가 현재 살고 있는 이곳과 구별되는 전혀 다른 곳, 새로운 삶을 가리키는 것이 아니다.

존재 일반을 어떠한 이름으로 부르든 간에 그것들은 우리가 현재 알 수 있는 존재, 우리가 현재 살고 있는 이 삶에 대한 하나의 서술형태, 설명적 체계에 불과하다. 그 개념들이 형이상학적인 점에 한해서 그것들은 우리들이 지각할 수 없는 어떤 존재를 가리킨다고는 하지만, 사실상 따지고 보면 그것들이 가리키는 존재는 비지각적인 것이 아니다. 그것들이 비지각적인 존재를 지칭한다고 보이는 이유는 그 개념들이 극히 일반성을 띠고 있다는 사실, 즉 극히 추상적인 성질을 갖고 있다는 사실에 기인된다.

이와는 달리 종교의 관점에서 볼 때, 즉 종교적 테두리 안에서 볼 때 종교가 말하는 비지각적 존재, 즉 형이상학적 존재는 지각될 수 있는 현상·세계·존재들과는 전혀 다른, 즉 절대적으로 단절된 것으로 전제되어 있다. 전형적인 종교에서 가장 핵심적인 개념인 '신' 혹은 '천당'은 우리들의 지각적 경험에 비추어서는 전혀 이해될 수 없는 존재이며 세계를 지칭한다. '신'은 그것의 창조물인 이 세계와 근본적으로 구별되며, '천당'은 우리가 살고 있는 현재 형태의 삶이나 우리가 상상할 수 있는 어떠한 우주와도 본질적으로 구별되는 곳에서의 삶이자 세계를 의미한다. 우리가 지각할 수 있는 사물현상들, 형이상학이 밝혀주려는 존재들은 그것들을 물질적이라 하든, 혹은 비물질적, 즉 정신적인 것이라고 하든 간에 상관없이 비인격적인 것, 비영적非靈的인 것이다.

이와는 전혀 달리 종교에서 말하는 비지각적 대상, 비경험적 존재, 비물질적 존재는 근본적으로 인격적인 것, 보다 정확히 말해서 영적 성격을 띠고 있다. 따라서 그러한 존재는 인과적 법칙으로나 논리적으로 서술될 수 없고, 설명될 수 없다. 영적인 한 그 존재는 모든 법칙과 논리에 구애되지 않고, 그것들을 완전히 초월한다. 그것은 경험, 관찰, 사고의 완전한 피안에 놓여 있다.

다시 말해서 종교에서 말하는 대상, 혹은 세계는 우리가 일상적으로 말하는 대상이나 존재가 아닐 뿐만 아니라 과학에서 말하는, 또는 형이상학에서 말하는 대상, 혹은 세계와 절대적으로 다른 종류의 대상이며 다른 세계이다. '신'은 모든 존재를 통칭하는 추상적 개념이 아니라 우리가 알고 있는 모든 존재, 어떠한 우주와도 그 성질이 완전히 다른 존재이며, '천당'은 우리가 살 수 있는 어떠한 이상적 세계를 말하는 것이 아니라 어떠한 이상적 세계, 우주와도 비교될 수 없으며 그 성질상 완전히 다른 별개의 세계를 가리킨다. 한마디로 말해서 신은 절대적인 의미에서 '타자'이며, '천당'은 절대적인 의미에서 '타계'이다.

이와 같은 '타자'와 '타계'의 속성은 서양적 개념을 빌리자면 신성하다고 하는데, 그 말이 원래 '타자'라는 의미를 갖고 있음을 신학자 오토Otto가 주장한 것은 우연한 일이 아니다. 그러한 주장을 통해서 이 신학자는 종교의 핵심을 지적해냈던 것이다. 종교라는 낱말을 영어로 릴리전religion이라고 쓰는데, 그 낱말의 어원적인 의미가 '연결'이라는 뜻을 갖고 있음도 우연한 사실이 아니다. '연결'이라는 말의 의미는 두 개의 서로 이질적인 존재를 전제한다. 종교의 기능이 이 세상과는 다른 '타계'와의 관계를 연결함에 있음을 말해준다.

서양의 3대 종교, 즉 유대교, 기독교, 이슬람교는 '신'의 타자성, '천당'의 타계성을 분명히 전제한다. 이런 점에서 위의 3대 종교는 틀림없이 형이상학과 구별되며, 분명히 종교에 속한다. 그러나 동양의 힌두교, 불교, 도교, 유교는 언뜻 보아 그것들이 위에서 설명한 대로의 '타자' 혹은 '타계'를 전제하는지가 분명치 않다. '범천', '열반', '도', '태극' 등이 단순히 형이상학적 의미를 갖는 것인지, 아니면 종교적 뜻으로서 '타자' 혹은 '타계'를 가리키는 말인지 확실치가 않다. 그러므로 이러한 교들은 위의 개념들이 인격적 '타자', 영적 '타계'를 가리키는 것이라고 보는 한에서만 종교로 취급될 수 있다.

앞에서 세계 5대 종교의 예를 들 때, 동양에서는 힌두교와 불교를 주저하지 않고 종교로 취급하면서 도교와 유교를 종교의 예로 선뜻 들지 않은 이유는, 전자의 경우 '타자'와 '타계'가 틀림없이 전제된 데 비해서, 후자의 경우에는 그것이 확실치 않기 때문이다. 힌두교나 불교도 순전히 철학적 교리상으로만 볼 때는 종교적 뜻으로서의 '타자나 타계'를 인정하지 않는다. '범천'이나 '범아'는 원래 인격적인 존재도 아니며, 현세와 절대적으로 구별되는 '타자'가 아니다. 그러나 그 사상의 발전적 과정에서 그 개념은 이론적인 내적 모순을 띠면서도 인격적으로 보게 되었다. 여러 가지 신들에 대한 숭배가 오늘날에는 힌두교의 핵심적 부분이 되어 있다. 불교에서의 '열반'이 원래 다른 세상을 지칭하는 것이 아니었음에도 불구하고, 오늘날에 와서 그것은 이 세상과 구별되는 다른 세상이 '속세'와는 절대적으로 구별되는 다른 극락의 세계로 받아들여지고 있으며, 그러한 한에서 불교신자들이 사찰에 가고 기도를 하는 것이다.

이러한 사실은 불교의 발전과정을 통해서 '서방정토'에 대한 믿음이 생겼다는 것으로 확증된다. 이와는 반대로 도교나 유교에서는 그것들의 역사적 흐름의 과정에서 '타자', '타계'를 도입하는 경향도 있었으나, 우리가 오늘날 알고 있는 도교나 유교는 그러한 사상을 거의 볼 수 없다는 점에서 종교라기보다는 철학사상으로 보는 편이 보다 타당하다. 물론 해석에 따라 그것들을 종교로 볼 수도 있다는 것은 많은 종교사 속에 도교와 유교가 전형적인 종교의 예로서 들어 있다는 사실로서 입증된다.

그러나 한마디로 이 세상과 저 세상, 사바, 즉 속세samsara와 열반, 즉 천당nirvana, 속the profane과 성the sacred과의 절대적 구별 없이는, '타자'와 '타계'를 전제하지 않고는 종교란 있을 수 없다. 인격적 타자, 그리고 영적 타계의 존재는 종교의 가장 근본적인 조건이다.

종교를 이와 같이 볼 때 종교와 흔히 구별되는 미신도 엄격한 의미에서 일종의 종교라는 것을 부인할 수 없다. 왜냐하면 미신은 영적 존재, 그리고 그러한 영적 존재가 살고 있는 전혀 차원이 다른 세계를 전제하고서만 가능하기 때문이다. 미신과 종교, 특히 미신과 5대 종교와의 근본적 차이는 쉽사리 구별되지 않는다. 만약 그것들 간에 어떤 구별점과 차이를 찾을 수 있다면 그 근거는 다른 곳에서 찾아야 하고 검토되어야 한다. 이미 뿌리를 박고 세력을 갖게 된 몇몇 종교의 신도들이 미신을 종교와 구별하고 배척하는 근거는 확실치 않다. 그럼에도 불구하고 미신을 무조건 배척한다면 아마도 그것은 오로지 배타적인 심리에서만 찾을 수 있을지 모른다.

제의

타계에 대한 앎이 종교적 앎과 그냥 형이상학적 앎으로 구별할 수 있다 해도, 그러한 앎만 가지고 종교가 형성되지 않는다. 이미 지적했듯이 종교는 일종의 앎, 일종의 인식, 일종의 진리이긴 하지만, 그러한 것에 머물지 않는다. 종교는 그러한 것 이상의 무엇을 의미한다. 종교는 반드시 어떤 종류인가의 의식제의를 동반한다. 각 종교마다 서로 다른 제의를 갖는다. 이런 점에서 종교는 인식, 체계로서의 형이상학에 그치지 않고 실천적 측면을 띠고 있다. 종교는 순수한 지식만을 가르치지 않고 일종의 행위를 요구한다는 말이다. 그러한 행위는 어떤 형식을 갖춘 의식제의로 나타난다. 이러한 제의, 보다 정확히 말해서 제의의 체계를 갖추지 않은 어떠한 형이상학적 앎도 종교가 될 수 없다. 도교를 노자의 『도덕경』과 장자의 『장자』에 쓰여진 사물현상이나 행동에 대한 진리라고 볼때, 도교는 오로지 철학으로서만 볼 수 있지 종교로 취급될 수 없다.

왜냐하면 그 두 개의 텍스트는 그곳에서 보여준 진리를 믿는 사람, 즉 노장老莊의 사상을 따르는 사람에게 어떤 형식적인 제의를 갖출 것을 지시하지 않기 때문이다. 만약 도교를 미신화된 형태, 즉 많은 민중들이 실행하고 있는 '종교적 도교'로 볼 때 그것은 종교의 범주에 귀속되어야 한다.

노장사상을 따른다고 하여 사찰을 짓고 그곳에 가서 어떤 의식을 올리고 제의를 차리고, 그곳에 돈과 물건을 헌납하면서 복과 장수를 빌고, 병이 낫게 해주기를 빌기 때문에 도교는 많은 수의 민중의 손에서 종교로 변하는 것이다. 똑같은 예를 불교에서도 들 수 있다. 원래 부처 석가모니의 가르침의 골자인 사성제와 팔정도는 의식이나 제의를 전혀 내포하지 않는다. 만약 이러한 가르침을 불교라고 부른다면 불교는 종교라기보다는 인생철학이라고 하는 것이 더 적절하다. 이른바 선불교에 대해서도 비슷한 이야기를 적용할 수 있다. 만약 불교의 본질이 석가모니가 가르친 진리를 깨닫는 하나의 실천적 방법이라면, 그러한 방법은 제의를 갖출 필요성을 갖지 않는다. 만약 오늘날 석가모니의 가르침으로서의 불교가 한결같이 종교라고 불리는 이유는, 긴 역사적 발전과정을 통해 불교는 여러 형태의 외형적 또는 내형적 제도를 갖추게 되고 그에 따른 제의를 갖게 되었기 때문이다.

사찰이라는 외형적 존재, 불교가 갖추는 수많은 의식의례를 제외한다면 오늘날 우리가 알고 있는 종교로서의 불교는 상상할 수도 없다. 오늘날 주저하지 않고 불교를 하나의 전형적 종교로 다루게 되는 이유는, 불교가 도교나 유교에 비해 너무나도 두드러지게 외형적·내형적 의식과 제의를 제도화하고 있다는 사실에서 찾을 수 있다. 만약 노장사상으로서의 도교가 종교라고 취급될 수 있다면, 일종의 미신적으로 볼 수 있는 이른바 '종교적 도교'만을 염두에 두어야 할 것이다. 많은 서민들이 일종의 사원, 일종의 제단을 짓고 거기에 노자상을 모시며 그 앞에 향을 피우며, 음식을 차려 놓고 장수를 빌고, 복을 빈다. 그러나 도교라는 명목하에 행해지는 이러한 의식적 행위는 불교에 비해 극히 적은 자리를 차지하고 있다.

도교라고 할 때 우리는 위와 같은 의식보다는 노자의『도덕경』, 그리고 장자의『장자』라는 두 텍스트만을 염두에 둔다. 그러므로 어떤 학자들은 도교를 종교의 하나로 보고 있지만, 도교는 불교와 달리 종교라기보다는 그냥 하나의 철학으로 보는 것이 보다 타당할 것 같다.

똑같은 논리로 유교가 논의될 수 있다. 유교, 즉 공자의 가르침을 따르는 사람들이 조상을 숭배하고 제사를 지낸다는 사실에서 유교도 타계, 그리고 타계에 사는 영적 존재를 전제한다는 사실과, 또한 의식제의를 갖추고 있다는 사실을 인정해야 한다. 이런 사실로 보면 유교도 일종의 종교라고 봐야 할 것 같다. 그러나 이러한 사실에도 불구하고 유교의 핵심은 공자의 가르침인『논어』의 진리를 따르는 데 있을 뿐이며, 설사 미신적·의식적 형식이 있기는 하지만, 그러한 차원이 공자의 가르침을 따르는 중요한 핵심이 아니다. 그뿐만 아니라 유교라는 하나의 단체 혹은 체제가 있지 않으며, 사원이 있지 않다. 이런 관점에서 유교는 도교 이상으로 철학에 가까우며 종교라고 말하기 어렵다. 한 발짝 더 나아가 유교에서의 의식은 사실상 일종의 형식이지 엄격한 의미에서 의식이 아니다. 왜냐하면 의식은 초자연적 세계를 전제함으로써만 가능한데, 공자의 가르침은 그러한 초자연적 세계에 대한 가르침이 아니었기 때문이다. 그는『논어』에 영적 존재, 사계에 대해서 아는 바가 전혀 없다는 것을 분명히 하고 있다. 만약 어떤 형식적 행위, 제도적 행위를 다 같이 의식이라 하고 모든 의식행위를 다 같이 종교적 행위라고 한다면, 비단 유교뿐만 아니라 거의 대부분의 사회적 행위가 종교적인 것이어야 될 것이다.

결혼, 입학, 장의, 국가의 독립기념 등 허다한 사회적 행위는 거의 예외 없이 어떤 형식을 갖춘다. 이런 형식을 통하여 어떤 행위에 우리가 지각할 수 없는 어떤 보이지 않는 의미를 부여한다. 이런 점에서 이런 형식적 행위는 의식의례의 성격을 띠게 마련이다. 그러나 이와 같은 행위가 반드시 종교적 행위가 아님은 두말할 것도 없다. 종교를 공공연히 부정하는 유물론적, 즉 영적 세계, '타계'를 적극적으로 부정하는 무신론자들, 그리고 종교를 아편이라고 규탄하는 마르크스주의자들도 죽음을 당함에 있어서, 또는 혁명기념일, 전승기념일에 있어서 어떤 형식적 행위, 즉 일종의 의식을 엄숙하게 치른다는 사실을 부정할 수 없다. 그러나 그러한 행위가 종교적 의미를 갖지 못함은 논리적으로, 그리고 구체적으로 자명하다. 여기서 말하는 의식의례가 종교적인 의식의례를 뜻함은 물론이다.

기도, 염불, 미사, 예배, 요가, 단식, 공양, 참선, 성역참배, 성지순례 등이 전형적인 종교적 의식의례 행위이다. 이러한 제의는 타계와 현세, 성과 속, 초월계와 현실계, 영과 육체, 삶과 죽음, 저승과 이승, 열반과 사바 등의 엄격한 절대적 구별을 전제하고, 그것들 두 개의 서로 차원이 다른 세계 간의 관계의 가능성을 전제한다. 종교적 제의의 기능은 이와 같이 서로 절단된 세계, 두 개의 다른 종류의 삶들 사이에 어떤 관계, 보다 정확히 말해서 연결을 맺고자 하는 데 있다. 종교는 연결, 아니 재연결을 의미한다. 그것은 사람과 신, 이승과 저승, 이 세상과 저 세상, 속세와 천당을 서로 다시 맺는, '다시 이음'을 뜻한다. 종교적 의식의례는 그와 같은 목적을 이루기 위한 행위, 맺는 과정, 방법으로 볼 수 있다. 기도, 염불, 공양, 단식, 예배 등의 형식적 행위를 통해서 나는 이 세상에서 저 세상으로, 이 세계에서 전혀 다른 저 세계로, 이승에서 저승으로 다시 통로를 찾아 연관을 맺고, 그곳으로 가서 이 세상보다 좋은 땅, 이 지옥이 아니라 저 천당에서, 고통스러운 이 삶이 아니라 영원한 기쁨에 찬, 또 하나의 다른 삶을 살고자 바라는 것이다.

이처럼 종교적 의식의례는 '바람', '소원성취', '희망'의 행위이며 종교는 그러한 바람, 희망, 소원성취를 떠나서는 이해되지 않는다. 희망을 갖고 다른 세상 '타계'를 바란다는 것은 현재의 세계가 만족스럽지 못하다는 의식이 세상에서의 삶이 고통스럽거나 불만스럽다는 의식을 전제한다. 종교는 인간의 근원적인 소외감, 불만감의 표현이다. 종교적 의식의례는 그러한 소외, 그러한 불만에서 해방되어 완전한 세계, 완전히 만족할 수 있는 삶을 이루고자 하는 수단방법이며 절차로 이해된다.

이러한 기능을 맡게 되는 종교적 의식의례는 필연적으로 주술적 혹은 마술적이기 마련이다. 제의행위가 자연법칙으로 설명될 수 없는 자연법칙과 어긋나는 방법에 의해서 그 효과를 성취할 것이라는 것이 전제되어 있기 때문이다. 자연법칙으로 보아서 암은 수술을 해야만 치료될 수 있지만, 기도를 올리거나 부처님 앞에 공양물을 바침으로써 수술을 받지 않고도 영적 힘에 의해서 치료될 수 있다는 것이다. 모세가 지팡이로 바위를 치자 바위틈에서 시원한 샘물이 솟아나왔다는 것이다. 모세의 믿음의 힘에 호응한 유대인의 신, 여호와께서 기적을 베풀었다는 것이다. 이러한 기적이 자연법칙으로는 이해될 수 없을 뿐만 아니라 자연법칙과 상반된다는 것은 두말할 필요도 없다. 그렇다면 종교적 의식의례로 이룩되는 결과는 마술적·주술적인 것이라고만 봐야 한다.

종교적 제의행위에 전제되어 있는 이러한 주술·마술적 힘은 그 행위에 의해서 우리가 다시 관련을 맺고 연결되고자 하는 타계와 그곳에서 존재하는 것, 또는 개개의 삶, 개개의 인간이 초자연적인 것, 즉 영적이라는 사실을 전제로 하며, 그러한 영적 존재들은 생각과 감정을 갖고 무엇인가를 자신들의 뜻에 의해서 결정하는 인격적인 것임을 전제한다. 종교적 제의는 그러한 인격적 존재를 향하여 하는 호소이며, 애원이며 청탁행위이다. 그런 행위를 통해서 나는 영적 세계와 통하고, 그곳에 존재하는 어떤 인격자와 초자연적·인격적 관계를 맺고, 그 인격자의 호의적인 반응을 기대하는 것이다.

기도, 염불, 공양 등의 의식의례의 행위를 빼놓고는 종교는 상상할 수 없으며, 거꾸로 종교와 떼어놓고 그러한 행위는 이해될 수 없다. 그리고 그러한 제의행위를 타계에 존재하는 초월적 인격자와의 관계, 그러한 인격자의 힘을 빌려 어떤 소원을 기적적으로 이룩하자는 방법으로 해석함으로써만 위에서 예로 들은 여러 가지 종교적 의식행위는 이해될 수 있다. 뿐만 아니라 역시 종교와 떼어서 생각할 수 없는 사찰, 성당, 사원, 모스크, 성황당의 존재는 종교적 의식 제의의 의미를 위와 같이 해석함으로써만 의미를 갖는다. 그와 같은 사물들은 속세에 속하는 나와 타계에 존재하는 어떤 영적 인격자와의 만남의 장소이기 때문이다. 그런 특수한 장소에서 나는 어떤 제의행위를 함으로써 자연적으로는 이룰 수 없는 어떤 소원을 성취하고자 하는 것이다.

종교란 무엇인가

지금까지 꽤 오랫동안 종교의 본질인식과 실천이라는 측면에서 고찰해 보았다. 그러나 종교는 보다 간단히, 그리고 정확히 정의될 수 없을까?

종교의 정의, 즉 종교의 본질을 발견한다는 일, 무엇인가를 '종교'라고 분류할 수 있는 필요조건과 충분조건을 정확히 지적하는 일이 쉽지 않다는 것은 오래전부터 의식되어왔다. 대표적 유일신 종교, 즉 유대교, 기독교, 이슬람교의 문화권 내에서의 종교는 절대자인 인격적 신의 존재를 전제한다. 이런 문화적 테두리 안에서는 종교가 '신에 대한 믿음'으로 간단히 정의될 수 있었다. 그러나 서양적 의미에서의 유일신을 인정하지 않는 동양적 종교, 즉 힌두교, 불교 등을 의식할 때 종교는 절대자인 인격신을 믿는 것으로 정의될 수 없다. 그뿐만 아니라 과학적 세계관의 보편화와 더불어 신의 존재 자체가 의심스럽게 된 오늘날 서양문화 자체 내에서도 종교는 종전대로 정의될 수 없게 된 것 같다. 이러한 역사적, 그리고 객관적 상황에서, 어떤 종류의 믿음, 어떤 종류의 행위 또는 태도, 어떤 문화현상을 다른 현상과 구별하여 종교라고 불러야 할 필요성을 무시할 수 없는 이상, 종교는 새로운 정의를 요청한다.

현대 신학자 틸리히의 유명한 '궁극적 관심'이란 종교에 대한 정의는 위와 같은 상황에서 나온 철학적 요청에 대한 하나의 응답이라고 볼 수 있다. 그의 간명한 종교에 대한 정의는 많은 사람들의 호응을 받았다. 하지만 많은 학자들에 의해서 이미 지적되었듯이 그의 정의는 종교적인 경험의 한 차원, 종교인의 태도에 대한 한 측면을 분명히 밝혀주었다고는 할 수 있지만, 정의로서는 만족스럽지 않다. 만약 한 정의가 만족스러운 것이 되려면, 그 정의에 의해서 모든 종교가 포괄되고, 또 모든 종교가 철학이나 과학이나 어떤 심리적 태도와 완전히 구별될 수 있어야 한다. 그러나 '궁극적 관심'이란 정의는 위와 같은 만족할 수 있는 정의의 신조를 채워주지 못한다. '궁극적 관심'이란 말의 의미를 한 개인이 갖고 있는 가장 중요한 가치문제라고 해석할 때 공산주의자, 실존주의, 반종교운동가들은 각기 그러한 가치문제를 갖고 그러한 가치를 위해 모든 것을 희생할 수 있으며, 실제로 그러한 사람들의 예를 얼마든지 찾을 수 있기 때문이다.

그러나 광신적 공산주의자, 철저한 유물론적 실존주의자를 종교인이라고 부른다는 것은 논리적 모순을 범함에 지나지 않는다. 신학자 틸리히의 정의가 종교현상의 의미를 설정하고 밝혀주기에 그 정의는 너무나 포괄적이다. 종교의 정의가 그 기능을 하려면 모든 정의가 그러하듯이, 그것은 우선 모든 사람들이 이견 없이 한결같이 종교라고 부르는 것들을 다른 현상 혹은 활동, 또는 믿음과 구별하는 기준을 세워야 하고, 그 기준에 따라 어떤 현상들이 종교냐 아니냐로 결정되고 가려질 수 있어야 한다. 이런 점에서 아무리 매력적이라 해도 종교는 그냥 '궁극적 관심'이라는 말로 정의될 수 없다.

그렇다면 극히 평범한 사전적 정의를 찾아보자. 한 사전의 정의에 따르면 '종교는 숭배, 신성한 명분에의 복종…… 그리고 참된 신자에게 마땅한 것으로 생각되는 생활방식의 추구를 통한 신에의 봉사와 찬미'[2]이다. 이러한 정의에 따르면 인격적 신의 존재를 명확히 인정하지 않는 동양의 종교, 그리고 복종의 개념이 희박한 그밖의 여러 종교들이 제외된다는 문제가 있다. 그렇다면 보다 포괄적인 정의가 요청된다. 최근의 공저서에서 어떤 신학자들의 다음과 같은 정의를 참작해보자. "종교는 성스러운 칙령, 힘, 의의 그리고 가치와의 인간적 참여이다. 그러한 참여는 상징적 전환의 과정을 통해서 매개된다. 종교는 상징적 체제를 구성하는 문화전통에 의해서 표현되고 전달된다."[3] 종교는 타계와의 관

---

2   Webster's New International Dictionary of English Language, second ed.

계과정, 전통적 상징체계라는 세 가지 요소에 의해서 기술될 수 있다는 것이다.

이러한 정의는 종교의 본질을 드러내는 데 보다 구체적이며 정확하다. 그러나 필자의 입장에서 볼 때 극히 중요하다고 생각되는 실천적 차원, 즉 의식의례의 차원이 확실히 밝혀지지 않고 있다는 불만을 갖게 된다.

여기서 우리는 지금까지 본 장에서 길게 검토한 사실을 기초로 하여 보다 적절하고 명확한 정의가 다음과 같이 내려질 수 있다고 생각된다. '종교는 첫째, 초자연적 타계와 그곳에서의 어떤 인격적 존재 혹은 존재들에 대한 믿음, 즉 인식이며 둘째, 그러한 존재들의 힘을 빌려 이상적인 새로운 삶에 대한 소원을 달성하기 위한 수단 방법 혹은 절차로서의 의식의례 행위이다.'

종교가 이와 같이 정의될 때 한편으로 이른바 5대 종교, 즉 힌두교, 불교, 유대교, 기독교, 이슬람교와, 또 다른 한편 원시적 애니미즘, 고대로부터의 그밖의 허다한 믿음들, 이른바 미신과의 차이는 희박해진다. 만약 전자의 예들이 종교일 수 있다면 그밖의 믿음들, 미신들도 종교가 아니라는 근거는 찾아낼 수 없다. 만약 그것들, 양자간에 차이가 있다면 그것은 전자의 종교들이 이론화, 체계화되고 보편화되어 세력을 갖게 된 데 반하여, 후자의 종교가 그렇지 못한 데 있을 따름이다.

『종교란 무엇인가』(1985)

---

3   Niels L. Nielsen, Jr. (ed.), *Religions of the World*(N. Y. St. Martin's Press, 1983), p.6.

05
종교적 진리

종교적 인식의 대상 종교가 믿고 주장하는 사실을 어떻게 믿을 수 있는 가? 이것은 진리의 문제이다. '진리'라는 개념은 반드시 믿음이라는 행위를 전제하며, 믿음은 그냥 행위가 아니라 무엇인가에 대한 믿음이다. 믿음이라는 행위가 없다면 진리라는 말이 의미를 가질 수 없으며, 어떤 대상이 전제되지 않는다면 믿음이란 말은 공허한 소리에 지나지 않는다. 한편 믿음의 행위는 느낌이 아니라 하나의 인식행위이다. 이와 같이 볼 때 진리라는 말은 어떤 대상에 대한 지적 행위로서의 믿음의 어떤 성격을 두고 말한다. 그러나 믿음만으로 '진리'라는 말이 사용될 수 없다. 그러한 믿음이 '참'일 때, '옳다'고 판단될 때 비로소 그것은 '진리'로서 표현된다. 그렇지 않을 때 그것은 '틀림', '허위'라고 판정된다. 내가 한 송이 장미꽃이라는 대상을 놓고 그 꽃이 빨갛다고 믿으며, 또한 그 장미꽃이 실제로 빨갰을 때, 나의 믿음은 진리라고 부를 수 있다.

바꾸어 말해서 나의 믿음을 명제라고 부를 때, 그 명제가 사실과 맞아떨어졌을 때 그 명제를 진리라고 부른다. 그러므로 '진리'라는 개념은 어떤 대상만을 가리키는 것도 아니고, 어떤 명제만을 지칭하는 것도 아니다. 그것은 어떤 대상과 그 대상에 대한 명제와의 관계를 가리키는 개념이다. 더 정확히 말해서 진리는 어떤 대상과 맞는 관계를 뜻한다. 그러므로 어떤 진리가 성립되려면 어떤 명제가 사실과 맞는가 아닌가를 결정할 수 있어야 한다. 이와 같은 절차로 진리가 결정되었을 때 우리는 비로소 무엇을 '알았다', '인식했다'고 말할 수 있다. 진리는 곧 맞아들어간 믿음, 옳은 믿음, 즉 '앎'에 지나지 않는다.

종교가 어떤 대상에 대한 믿음이요, 그 믿음이 옳다, 즉 '진리이다'라고 주장한다면 그 믿음의 대상은 어떤 종류의 존재일 수 있으며, 그러한 대상에 대한 믿음이 옳다는 주장은 어떻게 보장될 수 있을까? 가령 한 종교가 신의 존재를 전제하고 신이 전지전능하다고 주장할 때 우리는 도대체 신이라는 인식 대상, 신이 전지전능하다는 믿음을 어떻게 증명할 수 있는가?

종교적 인식의 대상

앞서 본 대로 종교적 믿음, 즉 인식대상은 '타계'에 속한다. 그 세계는 우리가 지각을 통해서 경험할 수 있는 자연계나 자연현상과 절대적으로 이질적인 초자연적, 따라서 초월적 성격을 필연적으로 띠게 된다. 따라서 그곳에 존재하는 대상들은 물리학, 생리학, 심리학으로 설명될 수 있는 자연적인 현상과는 달리 비물리적, 따라서 영적인 것이며, 또한 인격적인 것을 특징으로 하고 있다.

그러한 타계, 그 안에 속하는 영적·인격적 존재는 여러 종교들이 각기 서로 다른 말로 표현한다. 예컨대 힌두교에서의 '범천', 불교에서의 '열반', 유대교·기독교·이슬람교에서의 '천국' 혹은 '천당' 등은 각기 똑같은 타계를 지칭하는 말이며, 힌두교에서의 '비쉬누Vishnu', 불교에서의 '부처님', 무속에서의 '산신령', 그리고 서양의 3대 종교에서의 '여호와신'은 각기 타계에 존재하는 대표적 영적 인격자를 두고 말한다.

  '천당'과 '신'이 각기 종교적 믿음이 전제하는 타계와 인격자를 의미한다는 것은 쉽사리 이해될 수 있다. 그러나 많은 독자들은 '범천'이나 '열반'을 위와 같은 의미에서 타계로 보고자 함에 대하여, 그리고 '부처님'을 영적 인격자로 보려는 데 대하여 반대할 것이다. '범천'이 다른 세계를 지칭하는 개념이 아니라 모든 존재에 대한 가장 일반적인 총칭이라는 해석, 열반이 우리가 살고 있는 세계와 전혀 다른 세계를 가리키는 말이 아니라 우리들의 어떤 심리상태를 가리키는 것에 지나지 않는다는 해석, 그리고 '부처님'은 다른 세계에 살고 있는 지각할 수 없는 영적 존재가 아니라 우리와 똑같이 살과 피로 되어 있는 어느 한 인간에 불과하다는 해석은 힌두교학자, 불교학자들이 공통적으로 갖고 있는 테두리이다. 가장 전통적인 해석에 의하면 힌두교는 타계를 전제하지 않고, 불교는 이 세상 밖의 인격자들과 전혀 다른 딴 인격자를 인정하지 않는다.

  그러나 이러한 일반적 해석, 어떤 권위자들이 공통적으로 주장하는 해석이 옳다면 힌두교나 불교를 종교로부터 과학이나 형이상학적 학설과 구별할 수 없게 된다. 힌두교나 불교를 종교로 취급하여 다른 인식 분야와 구별하려는 이상, 위에서 예로 들은 개념들은 종교적 의미에서의 타계를 가리키는 개념이며, 종교적 의미에서의 영적 인격자를 가리킨다는 것으로 해석할 수밖에 다른 도리가 없다. 힌두교나 불교의 교리를 순전히 철학적 체제로 보았을 때 '범천'이나 '열반'이라는 말이 형이상학적 혹은 심리학적 개념으로 해석될 수도 있으며, '부처님'이라는 말이 우리와 비슷한 인간을 지칭한다는 해석이 가능하다.

'범천'은 존재 일반을 지칭하는 말이며, '열반'은 모든 존재의 무상성을 깨달음으로써 이루어지는 우리들의 심리적인 완전한 평화 상태를 뜻한다고 얘기할 수 있다. 그러나 설사 이러한 해석이 가능할 뿐 아니라 원래의 힌두교, 원래의 불교의 가르침이 있다고 인정해도, 오랜 역사를 통해서 변화를 거듭하면서 오늘날 힌두교신자들, 그리고 불교신자들이 믿고 있는 구체적인 힌두교나 불교를 검토할 때, '범천'과 '열반'은 각기 순전히 철학적, 그리고 순전히 심리적인 뜻으로 해석할 수 없다. 원래의 가르침이 달라졌다는 사실을 인정해야 하며, 오늘날 우리가 종교로서 알고 있는 힌두교나 불교는 이처럼 달라진 힌두교나 불교를 두고 말하기 때문이다. 만약 이와 같이 달라지고 달리 해석되지 않았던들 힌두교는 오늘날 우리가 알고 있는 종교로서의 힌두교가 아니었을 것이며, 불교는 오늘날 우리가 보고 있는 종교로서의 불교가 아니었을 것이다. 힌두교인들이 그들의 교리와 의식을 지키는 것은 범천이라는 초월적 세계에 가기 위해서이며, 불교도들이 염불을 올리고 부처님의 가르침, 불교 교단의 규범을 지키는 것은 그들이 이 세상과는 다른 '서방정토', 즉 고통이 없는 열반의 세계에 가기를 원하기 때문이며, 불상 앞에 기도를 하고 소원을 얘기하는 것은 이 세상과는 전혀 다른 세상에 사는 인격자로서의 부처님이 그들의 사정을 알고, 그들의 뜻을 받아들여 주는 것이라는 믿음이 전제되어 있기 때문이다.

종교적 믿음 혹은 인식의 대상인 타계와 그곳에 존재하는 인격자는 종교에 따라 각기 다른 이름으로 불리고 각기 달리 해석도 된다. 그러나 그러한 세계, 그러한 인격자를 어떻게 설명하느냐의 문제를 다루기 전에 우리들의 종교의 본질에 대한 검토를 추진하기 위해서 편의상 그것들을 각기 '천당', 그리고 '신'이라는 개념들로 통틀어 묶어 검토해보자. 하필이면 이러한 개념들을 골라내는 이유는 서양적 종교에서 보다 투명하게 전제되어 있는 이 두 개념들이 우리가 검토하고자 하는 종교적 인식대상으로서 '타계'와 '인격자'의 성격을 각기 가장 잘 표상해주기 때문이다.

천당

천당은 다른 곳을 가리킨다. 그것은 내가 살고 있는 집, 나라, 대륙, 지구가 아니라는 말이다. 그렇다고 그것은 구름 위에 있는 다른 공간, 무한히 광대한 저편에 펴져 있는 이 우주 아닌 다른 우주를 가리키지도 않는다. 그것은 물리적인 세계와는 다른 시간과 공간에 매여 있는 모든 존재, 모든 세계와 전혀 다른 세계를 말한다. 따라서 천당은 위에 있지 않고 밑에 있지도 않으며, 하늘 위에 있지도 않고 땅 밑에 있지도 않다. 한마디로 시간과 공간 밖에 있는 세계이며 고장이다. 도대체 그러한 천당은 어떤 세계이며 어떤 고장일 수 있는가?

우리가 살고 있는 세계는 우리가 지각할 수 있고, 우리가 알 수 있는 세계는 원칙적으로 우리가 지각할 수 있는 논리적 가능성이 있는 세계일 수밖에 없다. 내가 볼 수 있는 주위의 여러 사물들, 사람들, 그리고 내가 살고 있는 집, 마을, 나의 마을을 둘러싸고 있는 산 등이 우리가 말하는 이 세계의 일부를 구성한다. 그러나 이 세계는 내가 당장 지각할 수 없는 세계, 아니 아직 아무도 지각하지 못한 세계에까지 확장된다. 우리가 살고 있는 지구, 그리고 많은 천체들, 우리가 직접 만나보지 못한 생물들, 그리고 후에 태어날 모든 생물들, 모든 인간들도 역시 이 세계의 일부를 구성하게 될 것이다. 현대 천문학은 이러한 세상이 우리의 상상을 넘는 먼 곳까지 방대하게 확대됨을 증명해주고 있다. 지구가 크다지만 그것은 태양계의 작은 부분이요, 우리가 들어 있는 우주에 비해 볼 때 하나의 티끌같이 작은 존재에 불과하다. 천문학은 그러한 크기의 우주가 수없이 존재한다고 알려준다. 이렇게 생각을 밀고 나갈 때 세상은 거의 무한하다. 그러한 세상을 전체적으로 부를 때 우주, 존재 일반, 도, 태극, 범 천, 무 등의 개념이 고안된다. 설사 낱말이 달리 쓰이고 개념이 다르더라도 그 개념들이 다 같이 '존재 일반'을 지칭함에는 틀림없다.

그러나 '존재 일반'이라는 개념은 역설적이다. 만약 존재 일반, 즉 '존재전체'라고 부를 수 있는 세계가 있다면 그 세계는 '존재전체'가 될 수 없다. 그것이 무엇이든 간에 어떤 존재, 존재하는 것이 무엇이든 간에 존재하는 것은 공간을 떠나서 생각될 수 없다. 칸트가 말한 대로 공간은 모든 현상적 존재의 필요조건이다. 그렇다면 전체가 들어 있는 공간의 존재를 전제로 해야 한다. 그러나 그러한 존재를 인정하는 한 '존재전체'는 존재전체가 아니라 존재전체의 일부에 불과하다는 역설적 결론이 나올 수밖에 없다.

이런 논리적 갈등에서 공간 밖의 존재는 부정으로서의 '무', 즉 없다고 해야 하며, 존재하는 것은 반드시 공간 속에 있어야 한다는 결론이 나온다. 그러나 이러한 결론은 우리들의 이성적 요구에 배반되며, 우리들의 사유의 한계를 넘는다. 왜냐하면 존재전체가 공간 속에 놓여 있어야 한다고 인정할 때 그러한 존재전체 밖에 있는 존재, 즉 그 존재전체를 포괄하는 존재를 생각해야만 하기 때문이다. 그렇다면 공간 속에 있는 존재전체 외에 존재하는 다른 존재, 즉 공간적 존재와는 전혀 다른 존재를 인정하지 않을 수 없다.

그렇다면 공간 밖에 있는 종류의 존재는 어떠한 것일 수 있는가? 편의상 그러한 존재를 공간 속에 있는 존재, 즉 이 세계와 대조시켜 다른 세계, 즉 타계라고 한다면 그것은 도대체 어떤 것일 수 있으며, 논리적으로 어떤 것일 수밖에 없는가? 만약 불교에서 '이승'과 대립되는 '저승' 혹은 '열반'의 세계가 있다면 그러한 '저승'은 어떤 성질의 것일 수 있는가? 만일 기독교에서 말하는 '천당'이 이 세상과 다르다면 그 천당은 도대체 어떻게 기술될 수 있을까? 종교가 전제하는 타계는 어떻게 표상될 수 있는가? 한마디로 말해서 열반 혹은 저승이나, 천당 혹은 천국은 무엇인가?

지각을 통해서 인정할 수 있는 모든 존재는 부득이 공간 속에 놓여 있고, 공간 속에 놓여 있는 모든 그러한 존재는 필연적으로 현상적인 것이며, 현상적인 것은 반드시 물리적인 것으로 환원된다면, 공간 밖에 있는 존재가 비물리적, 비지각적인 것이라는 것은 어쩔 수 없는 논리적 결론이다. 여기서 우리가 지각적 경험을 통해서 알 수 있는 현상은 반드시 공간 속에 있어야 할 필연성이 없으며, 따라서 물리적인 것이 아닐 수 있다는 반론이 쉽게 나올 수 있다. 우리들의 정신, 우리들의 의식을 우리가 직관적으로 가장 직접 경험할 수 있다는 사실은 누구나 스스로의 경험을 반성해보면 확인할 수 있는 사실이다. 현대철학의 조상으로 공인된 데카르트의 철학이 이와 같은 경험, 그리고 그러한 경험을 통한 정신적, 즉 비물리적 존재를 전제하고 있음은 누구나 잘 알고 있는 터이다.

불행히도 비공간적 존재, 즉 공간과 독립된 정신 혹은 의식이라는 존재가 있다는 위와 같은 주장은 쉽사리 반박될 수 있다. 정신 혹은 의식현상이 자명하긴 하지만, 그러한 현상은 공간 속에 있는 우리들의 구체적 육체를 떠나서는 있을 수 없다는 사실을 잊어서는 안 된다. 정신 혹은 의식현상도 완전히 공간과 시간을 떠나서는 경험될 수 없다. 비록 정신 혹은 의식이 우리들의 육체와 어느 차원에서 구별될지라도 그 현상은 역시 이 세상의 현상이며 이 세상에서 일어나고 경험되는 현상이지, 이 세상과 동떨어진 다른 세계에 속해 있다고 볼 아무런 근거가 없다.

만약 이 세상에 속하지 않은 세계, 물리적 현상과는 근본적으로 이질적인 다른 세계, 즉 천당이라든지 저승이라고 불리는 현상이 있다면, 그러한 존재는 부득이 '영적'이라는 이름으로 불릴 수밖에 없다. 그러나 문제는 그러한 영적 세계로서의 천당 혹은 열반이 과연 생각될 수 있느냐, 과연 의미를 가질 수 있느냐를 알아보는 데 있다. 도대체 '영적'인 존재 혹은 비물리적 현상이란 도대체 무엇을 뜻할 수 있느냐가 문제이다. 영적인 존재가 필연적으로 초시공적인 것이라면, 시공을 넘는 차원에 있는 존재를 과연 생각할 수 있을까, 과연 상상이라도 할 수 있을까하는 문제가 있다.

여기서 우리는 뛰어넘을 수 없는 하나의 딜레마에 빠진다. 한편으로 종교가 타계, 즉 천당의 존재를 전제하고, 천당은 공간과 시간 밖에 있는 세계일 수밖에 없다는 결론을 받아들여야 한다. 그러나 또 한편으로 지각할 수 있는 존재뿐만 아니라 상상할 수 있는 세계는 필연적으로 시간과 공간 안에서만 가능하다는 사실을 부정할 수 없다. 만약 종교가 필연적으로 전제하고 있는 타계, 즉 천당이 존재한다면 그것은 알 수 없는 존재, 생각할 수도 없는 존재, 근거가 없는 세계이며, 따라서 종교가 전제하는 믿음, 진리는 환상이거나 오류이거나 아니면 순전히 상상적 도구, 즉 픽션이라고 말할 수밖에 없다. 그러나 만약 그러한 종교적 믿음이 진리라면, 즉 공간과 시간 밖에 타계, 즉 천당이 따로 있다면 그것은 우리가 알 수 없을 뿐만 아니라 상상조차 할 수 없다고 해야 할 것이다. 즉 그것은 비가지적unintelligible이다. 그렇다면 종교적 믿음, 종교적 진리, 즉 종교에서 천당이 있음을 안다는 주장은 의미를 잃는다. 왜냐하면 종교는 타계, 즉 천당이 있는지 없는지 알지 못하고 알 수도 없지만, 동시에 그러한 것을 알 수 있을 뿐만 아니라 확신까지 하고 있다는 논리적으로 모순된 주장을 하고 있는 셈이 된다.

이쯤 되면 타계, 즉 천당이 따로 있다는 종교적 전제, 종교적 주장의 옳고 그름을 따지기 이전에 '타계' 혹은 '천당'이라는 말의 의미 자체가 의심스럽게 된다. '천당'이라는 말이 무의미하다는 것은 그 말이 도대체 무엇을 가리키는지, 즉 그 말이 지칭한다고 전제된 세계가 무엇인지 분명치 않다는 뜻이다. 왜냐하면 한 낱말, 한 명사가 의미를 가지려면 그것은 그것이 지칭하는 대상이 결정되어야 하는데, 천당이라는 말이 지칭한다고 전제된 대상이 구체적으로 무엇일 수 있는가를 결정할 수 없기 때문이다.

이와 같은 곤경에 처하여서 '천당'이라는 말의 뜻이 지금과는 다르게 해석되어야 한다는 생각을 하게 되는 것은 자연스러운 태도이다. 천당은 우리가 고집하고 있던 바와는 달리, '타계'는 또 하나의 어떤 초월적 다른 고장을 지칭하는 말이 아니라, 사실인즉 바로 이 세상에서의 가장 현상적 세계, 아니면 현재 살고 있는 이 세상에서 가장 만족스러운 심리적 상황을 지칭하는 말이라고 해석할 수 있다. 그리하여 천당은 가령 성서에서 말하는 '에덴의 동산' 아니면 어떤 파의 불교에서 말하는 마음의 상태로서의 열반을 두고 말한다고 주장할 수 있다.

'에덴의 동산'은 아담과 이브가 원죄를 범하기 전에 고통이나 죽음이 없는 가장 만족스러운 삶의 장소 혹은 삶의 환경이며 삶의 체험을 지칭하고, '열반'은 흔히 해석되듯이 어떤 객관적 세계 혹은 존재를 말하는 것이 아니라, 석가모니의 가르침을 따라 지혜를 갖추고 해탈을 했을 때 우리들이 체험하게 될 만족스러운 정신상태를 지칭한다고 주장되고 있다. 그리하여 어떤 유대교에서는 천당은 유대인이 오랫동안의 방랑생활과 다른 민족으로부터의 학대에서 해방되어 언젠가 돌아갈 수 있는 약속의 땅인 가나안이란 복지福地에 지나지 않으며, 어떤 기독교에서는 '천당은 네 마음 속에 있느니라'라고 가르치며, 어떤 불교에서는 '저승'과 '이승', '열반'과 '사바'는 전혀 서로 다른 세계가 아니라 객관적으로는 결국 똑같은 세계라고 주장한다.

이러한 해석은 종교가 전제하는 타계, 종교가 존재할 수 있는 근본적 조건인 '타계', 즉 '종교'라는 분야가 '과학'이나 '형이상학'이라는 분야와 구별될 수 있게 하는 조건인 '타계'라는 하나의 세계에 대한 믿음과 양립하여 갈등을 일으킨다. 그러므로 '천당'이라는 말이 종교적 의미를 갖는 말로 취급되는 한, 그 말은 예컨대 '에덴의 동산'이나 가장 평화롭고 만족스러운 심리적 태도, 혹은 '상태'를 지칭하는 말로 해석될 수 없다. '천당'이라는 말은 마땅히 초월 타계, 이 세상과 완전히 분리된 또 하나의 객관적 세계를 지칭하는 것으로 해석되었을 때에만 비로소 종교적 의미를 지탱한다.

신

우주라는 개념이 물리현상에 대한 가장 총괄적 개념이라면, 그 우주 내에서 별, 태양, 지구 같은 개별적 천체를 구별해낼 수 있고, 지구가 인간이라는 하나의 종이 살고 있는 하나의 천체에 대한 총괄적 개념이라면,

그 위에 존재하는 여러 가지 서로 다른 사물현상들, 예를 들어 산, 사람, 코끼리, 벌레, 꽃, 책상 같은 수많은 사물현상들을 구별하여 지적해낼 수 있다. 이와 마찬가지로 타계가 물리적 세계와 전혀 구별되는 세계, 즉 시간과 공간 밖에 있는 존재에 대한 가장 총괄적 개념이라면, 수많은 귀신, 천사, 신령, 부처님들은 그 타계에 살고 있는 개별적 존재로 봐야 한다. 유대교, 기독교, 이슬람교에서 위와 같은 여러 가지 신적 존재를 부정하고 오로지 신의 유일성, 즉 유일절대자로서의 신만의 존재를 주장할 때, 그 신은 타계에 존재하는 유일한 개체를 지칭하는 개념으로 볼 수 있다.

위에서 든 서양의 3대 종교를 제외한 모든 종교가 타계에서 다수의 거주자를 인정하는 반면 위의 서양 3대 종교는 오로지 유일한 거주자만을 보고 있다고 말할 수 있다. 종교에 있어서 신적 존재의 수에 관한 차이는 유일신교와 다신교라는 개념으로 구별된다.

수에 관한 의견의 차이가 있음에도 불구하고 타계의 거주자가 '신'이라는 점에서는 귀신, 신령, 절대신이 마땅히 동일한 속성을 갖고 있음에 틀림없다. 다시 말해서 '신'이라는 개념은 '신'이라고 분류되는 개별적인 존재가 다른 측면에서는 어떻게 서로 상이하든지 간에 동일한 어떤 속성을 지니고 있어야 할 것이다. 그렇다면 신이라는 존재들은 일반적으로 어떤 성격을 갖고 있는 존재들인가? 그것들은 신이 아닌 다른 만물현상이나 존재들과 어떻게 구별될 수 있는가?

그것은 우선 시간과 공간을 벗어나서 존재하는 비물리적인 존재이다. 생명을 갖고 있다는 점에서 생물이나 동물이 그냥 사물현상들과 구별되듯이, 그리고 의식, 사고의 능력을 갖고 있다는 점에서 인간이 다른 생물이나 다른 동물들과 구별되듯이, 신은 비물리적이라는 사실과 영적이라는 점에서 육체를 떠날 수 없는 인간과 완전히 구별된다. 신은 비물질적이라는 점에서 플라톤이 말하는 '이데아' 혹은 '원형'들과 같은 성질을 갖고 있지만, 추상적 존재가 아니라 인격적이라는 점에서는 오히려 인간과 어느 정도 유사하다. 귀신, 신령, 절대신은 한결같이 다른 사물현상들이나 인격자로서의 인간처럼 지각될 수 없는 비물리적 존재이지만, 역시 인격자로서의 인간처럼 의식하고, 느끼고, 생각하고, 판단하고, 결정하고 행동할 수 있는 존재이다. 한마디로 신은 볼 수는 없지만 완전히 주체성을 갖고 있는 존재이다. 그것은 살아 있는 행동의 주체자이다.

행동의 주체자는 모든 생물이나 동물에서도 찾을 수 있다. 그것들은 그들의 적을 해치고 자신들과 자신들의 병의 생존 번영을 위해서 노력하고 다른 생명체와 싸운다. 보다 뚜렷한 행동의 주체자는 인간이라는 동물이다. 인간은 단순히 본능적으로 행동할 뿐만 아니라 사고력을 갖는 인격적 존재로서 그의 행동은 본능적일 뿐만 아니라 이성적이기도 하다. 그러나 같은 인격적 행동의 주체자이면서도 신들은 인간과도 완전히 구별된다. 인간의 행동, 그리고 그 행동의 효과는 원칙상 관찰될 수 있으며 과학적으로 설명될 수 있다. 그렇기 때문에 그의 행동은 자연의 법칙 테두리 안에서만 가능하다. 그의 행동은 기적적이 아니다.

그러므로 그의 행동은 과학적 이론에 비추어 예측될 수 있고, 또한 예방될 수 있다. 그러나 신들의 행위는 우리들의 이해의 한계를 넘어서 이루어지고, 그 행동의 효과는 과학적으로 자연의 법칙에 의해서 이해될 수 있는 성질의 것이 아니다. 귀신들은 우리가 알 수 없는 방법으로, 다시 말해서 초자연적으로, 기적적으로 우리를 지켜보고, 신령들은 우리가 알 수 없는 방법에 의해서 우리에게 해를 끼치거나 혹은 우리들의 소원에 응하여 도움을 주기도 한다. 부처님은 우리들이 염불을 드리고 공양물을 바칠 때 인간으로는 할 수 없고 자연법칙으로는 이해될 수 없는 방법으로 자비를 베풀어 아들을 낳게 해주기도 하며, 서양종교에 있어서의 신은 뜻에 따라 우리를 살리기도 하고 죽게도 하며, 벌도 주고 도움도 주고 천당이나 지옥으로 골라 보낸다.

이런 점에서 신을 영적 존재라고 부른다. 다신교에서의 신들과 유일신교에서의 신의 차이는, 첫째 전자의 경우 다수의 신들을 인정하는 데 반해 후자의 경우 신은 오로지 하나뿐이라는데 있으며, 둘째로는 전자의 신들의 능력과 힘이 절대적이 아니라 제한되어 있어서 서로 경쟁도 하고 싸우기도 하는 데 비해서 후자의 신의 능력과 힘은 절대적이고 무한무궁하다는 데 있을 뿐이다. 이런 차이를 빼놓고는 다신교에 있어서나 유일신교에 있어서나 신이 영적인 인격자라는 데는 서로 다름이 없다.

대상의 조건

모든 종교는 위와 같이 해석된 타계로서의 천당, 그리고 위와 같이밖에는 해석될 수 없는 신들의 인식, 즉 그러한 것들을 알고 있음을 전제로 한다. 그리고 모든 인식, 즉 앎은 인식의 주체자로서의 우리의 존재, 소원, 인식 능력과는 전혀 상관없이 독립된 객관적 존재를 전제로 한다. 인식은 반드시 무엇인가의 객관적 대상에 대한 인식이다. 아무 대상도 아닌 것, 없는 것을 인식한다는 말은 자기모순을 내포하는 무의미한 주장이다. 다시 말해서 내가 인식의 주체자로서의 어떠한 존재가 사실이기를 바란다고 해서 그렇게 바라는 사실이 곧 객관적으로 존재할 수 없다. 내가 아무리 궁궐 같은 저택을 바란다고 해서 그러한 궁전이 곧 존재할 수 있는 것도 아니며, 내가 죽어서 갈 수 있는 천당이 있기를 원한다고 해서 곧 천당이 객관적으로 생기는 것은 아니다. 요컨대 인식대상은 반드시 어떤 조건을 갖추어야 한다.

종교가 전제하는 가장 기본적인 인식대상으로서의 천당 혹은 신은 과연 인식대상의 조건을 갖추고 있는가? 천당이나 신은 객관적 사실이 아니라 다만 우리들의 소망이 꾸며낸 상상적, 즉 허구적인 존재에 불과하지 않다는 것이 극히 의심스럽다.

천당이나 신이 객관적인 존재, 즉 인식대상이 될 수 있느냐 없느냐의 곤란한 문제 이전에 좀더 곤란한 문제는 천당이라는 개념, '신'이라는 개념이 도대체 이해될 수 있는가, 의미를 갖는가, 말이 되는 말인가 하는 데 있다. 다시 말해서 그러한 존재가 객관적 사실이냐 아니냐의 문제 이전에 그러한 말들이 지칭하는 대상이 과연 어떠한 것들일 수 있느냐가 문제이다. '천당'이나 '신'이라는 말들이 전달하고자 하는 사물현상이 상상조차 할 수 없는 것인지도 모른다.

이와 같이 우선 첫째로 '천당'이나 '신'이라는 개념이 이해될 수 없는 개념들이라면, 그러한 말들이 지칭하는 대상이 객관적으로 있다는 주장은 말로 성립되지 않는다. 이러한 논리에 근거가 있다면 '천당'이나 '신'의 객관적 존재를 전제하는 모든 종교는 근본적으로 근거가 없다고 해야 한다. 어쩌면 '천당'이나 '신'이라는 말의 개념은 '원형사각형'이라는 개념처럼 이해할 수 없는 무의미한 것인지도 모른다. 둘째로 백 보를 양보하여 '천당'이나 '신'이라는 말이 의미를 갖는다고 가정하더라도 그 말들이 지칭하는 대상의 객관성이 입증되지 않는 한, 그러한 대상의 객관적 존재를 전제하는 종교는 무너지고 말 것이다. 어떤 낱말이 의미가 있다고 하여 반드시 그 말이 지칭하는 대상이 있다는 결론은 서지 않는다. '외뿔말unicorn'이라는 말의 의미가 있고 그것이 이해가 되지만, 그렇다고 해도 외뿔말이 객관적인 동물이 아니라 완전히 상상적인 허구적 동물임을 우리는 알고 있다.

종교가 반드시 전제하는 인식대상이 위와 같은 난점에 부딪칠 때, 객관적 대상을 인식하는 기능에 대한 고찰로 관점을 바꿔 종교적 믿음, 종교적 진리를 뒷받침하려는 시도가 꾸며질 수 있다.

인식과 신앙

종교는 일종의 믿음, 일종의 앎, 일종의 인식이다. 그것은 어떤 객관적 인식대상을 전제한다. 그러나 모든 믿음이 다 같이 옳은 것은 아니다. 믿음은 믿는 행위와 믿음의 대상이라는 객관적 사실을 전제하며, 그 행위나 그 사실은 동일하지 않다. 어떤 믿음은 사실과 일치하지 않을 수도 있다. 어떤 믿음은 착각이거나 그 대상이 사실과는 다른 환상일 수도 있기 때문이다. 아이들은 크리스마스 이브에 산타클로스가 선물을 가져올 것이라고 믿지만 그러한 믿음은 사실과 맞지 않는다. 대마초를 피우면 실제로 있지 않은 것들이 많이 보이지만, 본인이 그것을 믿는다 해도 그러한 믿음의 대상이 환상임을 우리는 잘 알고 있다. 어떤 이유로 장미꽃이 까맣다고 믿는다고 해서 그 꽃이 실제로 까만 것은 아니다. 한마디로 모든 믿음이 다 자동적으로 '참'이 되는 것은 아닌 것이다.

그러므로 모든 믿음을 자동적으로 '앎' 혹은 인식이라고 말할 수 없다. 나의 믿음이 그 대상과 사실로 일치했을 때 비로소 나의 믿음은 '참'이며, 나의 믿음이 '참'일 경우에만 "나는 무엇인가를 알았다, 인식한다"고 말할 수 있기 때문이다. 따라서 어떤 사실에 대한 믿음이 앎, 즉 인식적 내용이 있는 믿음이 수용되기 위해서는 그 믿음이 반드시 객관적으로 합리적 뒷받침이 되어 있어야 한다. 이러한 믿음만이 진리라고 불릴 수 있으며, 그러한 진리만이 지식이라고 호칭될 수 있다.

종교적 믿음은 진리라고 전제되어 있다. 문제는 그러한 전제에 정당한 근거가 있느냐에 있다. 뒤집어 말해서 종교적 믿음의 문제는 다른 종류의 믿음의 문제와 아울러 그 믿음이 뒷받침이 되어 있을 때에만 비로소 인정될 수 있다는 데 있다. 그렇다면 종교적 믿음은 어떻게 뒷받침될 수 있는가? 어떻게 하여 내가 개인적으로 믿어 의심치 않는 종교적 믿음이 사실과 일치한다고 주장될 수 있는가?

대체로 어떤 사실에 대한 믿음은 지각적 경험에 의해서 뒷받침된다. 구체적인 사물현상에 대한 앎은 오로지 지각적 경험에 의해서만 가능하다는 말이다. 내 앞에 황금덩어리가 있다고 내가 믿는 믿음의 근거는 나의 지각이다. 눈을 뜨고 보니까 그 황금이 보이기 때문이다. 그러나 나 혼자만의 지각적 경험으로는 그 근거가 희박하다. 왜냐하면 내가 생리학적 또는 심리적 원인으로 착각했을지도 모르기 때문이다. 그러므로 나의 지각적 믿음은 나뿐만 아니라 정상적인 모든 사람들의 지각적 경험에 의해서도 확인되어야만 한다. 이와 같이 다른 사람들에게도 공통적으로 확인됐을 때에 비로소 나의 믿음은 옳다고 말할 수 있으며, 그에 따라 나의 믿음은 앎, 인식으로 승진된다.

즉 내가 눈앞에 황금을 보았다고 했을 때, 나와 비슷한 모든 사람들 역시 눈을 뜨고 그것을 볼 수 있을 수도 있고, 볼 수 없을 수도 있다. 남들의 눈에 의해서 그 황금이 보였을 때만 나의 황금의 객관적 존재에 대한 믿음은 상호주관적으로 '참'이라고 할 수 있으며, 그에 따라 '앎'이

된다. 앎의 객관성은 상호주관적으로 보장될 수 있다.

천당 혹은 신에 대한 종교적 믿음은 과연 위와 같은 절차에 의해서 뒷받침되어 정말 앎이라고 할 수 있는가? 불행히도 그에 대한 대답은 부정적일 수밖에 없다. 일반적으로 사물현상은 지각적 경험으로만 알 수 있다고 했다. 그렇다면 인식의 대상은 반드시 지각적 경험의 가능성이 있는 지각될 수 있는 사물현상이라야만 한다는 것은 자명한 논리다. 그러나 천당이나 신은 원칙적으로 지각적 경험이나 관찰이 가능한 대상이 아니다. 관찰의 대상이 되려면 물리적인 현상이어야 하는데, 천당이나 신은 처음부터 그러한 물리적 현상과는 그 성질이 절대적으로 다른 존재, 즉 초자연적·초월적·영적인 것으로 되어 있기 때문이다. 이와 같이 볼 때 종교적 대상에 대한 믿음은 일반적인 믿음, 그리고 일반적인 앎의 근거에서 볼 때 객관성이 있는 믿음도 아니며, 믿음의 근거가 있는 것도 아니다.

이런 점에서 종교적 믿음은 맹목적인 믿음에 불과할 뿐 '참' 혹은 '앎'이 될 수 없다는 것은 당연한 논리적 결론이다. 종교인들이 천당이나 신이 있음을 실제로 믿는다고 해도, 정말 그러한 것들이 객관적으로 있다고 인정할 수는 없다는 말이다. 한마디로 종교적 믿음은 근거가 없다. 종교가 전제하는 존재, 즉 천당이나 신은 어쩌면 하나의 환상이나 하나의 착각에 불과할지도 모른다는 결론이 나온다. 종교 자체가 의심되고 더 나아가서는 부정될 위험성에 부닥친다.

이와 같은 분석과 비판, 의심과 부정에 당면할 때 종교는 자신의 존재 이유의 타당성을 찾기 위하여, 한편으로는 '계시'라는 개념과, 또 한편으로는 특별한 뜻에서의 '믿음'이라는 개념을 도입한다.

여기서 언어의 혼돈을 피하기 위해서 두 가지 서로 다른 뜻으로 사용되는 '믿음'이라는 우리말의 뜻을 밝힐 필요가 있다. 우리말인 '믿음'이라는 어휘는 '확신하다', '의심치 않는다' 혹은 '신뢰하다'라는 뜻으로, 영어의 'belief'라는 일반적 뜻을 갖기도 하며, 그와는 달리 지각적 경험이나 논리적 추리에 의한 인식수단과 구별하여 특수인식수단이라는 뜻으로 영어의 'faith'라는 뜻으로 쓰이기도 한다. 그리고 영어의 'faith'라는 말은 지각적 혹은 논리적 방법에 의한 자연현상에 대한 인식, 즉 앎 knowledge과 구별하여 초자연적 현상에 대한 앎으로도 쓰인다. 여기서 언어의 혼돈을 피하기 위하여 전자의 뜻으로서의 '믿음', '앎'과 구별하여 특수한 인식수단으로서의 '믿음', 즉 특수한 대상에 대한 앎이란 뜻으로서 'faith'를 '신앙'이라는 용어로 쓰기도 한다.

계시

이 세상, 즉 자연적 사물현상을 알 수 있는 방법이나 그러한 것들을 인정할 수 있는 원천을 지각적 경험empirical experience이라고 한다면, 이 세상이 아닌 다른 세상, 즉 초자연적인 존재를 알 수 있는 방법이나 그런 존재를 인정하게 되는 원천을 계시revelation라고 부를 수 있다. 자연 현상에 대한 앎을 인식knowledge이라고 부른다면 초자연적 세계에 대한 앎은 신앙faith이라고 부른다. 종교적 진리가 계시적이라는 것은 그것이 일상적·과학적 자연현상에 대한 진리와 다른 방법에 의거하여 인식됨을 뜻하며, 종교적 믿음이 지각 경험적, 즉 실증적이 아니라 그러한 객관적 경험에 의거하지 않은 다른 근거에 의거함을 뜻한다. 이러한 근거를 실증적 경험과 구별하여 신앙이라고 부른다.

앎의 특수한 근거로서의 계시란 어떤 것일 수 있는가? 만약 그것이 비실증적, 즉 비지각적 경험이나 비논리적 추리를 의미하는 방법 혹은 형태라면, 그것은 도대체 어떠한 성질일 수 있는가? 천당 혹은 신의 존재가 사실이라면 그것은 어떻게 알 수 있는가?

계시revelation라는 원래 영어는 어원적으로 '드러냄', '열람' 등의 뜻을 갖는다. 그것은 자연현상적 대상의 인식을 가능케 하는 지각적 경험을 필요로 하지 않고, 말하자면 비정상적 앎이나 진리의 파악을 가능케 해주는 방법일 것이다. 바꿔 말해서 정상적 방법을 위반하는 앎의 방법이 될 것이다.

눈으로 보지 않아도 천당이 내 눈앞에 나타나고, 귀로 들을 수 없는데 신의 거취, 신령들의 말씀이 들린다는 주장이 된다. 상식적으로 아니 과학적으로 이해할 수 없는데 천당이나 신이 있음을 알 수 있다는 것이다. 그러한 존재들이 우리들의 지각이나 이성을 거치지 않고 그냥 나타난다는 것이다. 지각이나 이성의 확인을 받지 않고서도 그와 같이 나타난 존재 혹은 현상들은 의심을 용납하지 않는다. 지각적 경험을 통해 알 수 있는 진리는 항상 부정될 가능성이 있다. 아무리 과학적 지식이 객관적인 진리라고 해도 그 지식은 지각적 경험에 바탕을 두고 있는 이상 결코 절대적이지 않다. 그것은 언제고 수정될 여지를 남기고 있다. 그러므로 모든 지각적 경험으로 얻은 앎은 절대적이 아니다. 그런데 지각적 경험에 바탕을 두지 않았는데도 불구하고, 즉 일반적 관점에서는 가장 의심스러운데도 불구하고 비지각적 경험, 즉 계시에 의한 앎이 절대적이고 확신적이라는 사실은 극히 역설적이다.

힌두교가 주장하는 진리의 근거가 『베다경』에 있다면 그 『베다경』에 쓰여 있는 사실은 우리가 새삼스럽게 경험을 통해서 증명하거나 확인할 수도 없고, 전혀 그렇게 할 필요도 없는 계시에 바탕을 두었다는 것이다. 그러한 진리는 초자연적인 세계, 즉 천당에 사는 신이 직접 말하고 밝힌 것의 정확한 기록이라는 것이다. 우리가 전혀 지각할 수도 없고 실증할 수도 없지만, 유대교의 근거는 신이 유대인, 아브라함, 모세, 그리고 많은 예언자들에게 직접 특별히 나타났던 사실의 기록에서 찾을 수 있다는 것이다. 기독교는 『구약성서』에서 말하는 예언자들, 예수 그리스도, 그리고 그밖의 사도들에게 계시됐던 신, 그리고 신이 말씀한 천당에 근거한다. 이슬람교도들은 이슬람교가 주장하는 진리인 『코란경』에 기록된 진리가 그 교의 창설자인 마지막 예언자 마호메트에게 나타난 신의 계시라고 확신한다. 어떤 한 파의 불교가 이승과 다른 저승을 믿고, 이른바 서방정토라는 극락세계가 있음을 믿으며, 잘하면 그곳에 우리도 갈 수 있다고 믿는다고 할 때, 불교신자들은 그 믿음의 근거가 부처님의 계시에 있다고 주장할 것이다.

여러 종교가 확신하는 진리의 근거가 각기 한 종교가 가르치는 교리에 있고, 그 교리를 믿는 근거에서 그 교리를 계시라고 믿을 수 있는가를 밝히는 데 있다. 한 종교를 믿는 신자들은 그들이 믿는 근거를 댈 때, 각기 그 종교의 텍스트, 예를 들어 『베다경』, 『불경』, 『구약성서』, 『신약성서』를 대게 될 것이다. 더 따져 들어가 어째서 그런 텍스트를 믿을 수 있느냐고 물을 때, 그 텍스트가 초월자, 즉 천당에 있는 신의 계시의 기록이기 때문이라고 주장할 것이다. 그러나 종교적 믿음에 종교적 진리의 근거에 대한 위와 같은 대답은 전혀 만족스럽지 않다. 왜냐하면 위와 같은 대답에는 '순환적'이라고 불리는 논리적 오류가 범하여져 있기 때문이다.

텍스트에 씌어져 있는 주장의 옳고 그릇됨은 텍스트에 씌어져 있는 주장에 의해서는 입증될 수 없다. 문제의 핵심은 텍스트 속에 주장된 사실을 텍스트의 주장에 근거해서가 아니고 텍스트의 주장 자체, 즉 텍스트를 믿는 근거는 텍스트 밖에서, 텍스트가 주장하는 사실 밖에서 찾아야 마땅하다. 텍스트의 진리가 계시적이라는 것을 믿는 근거를 텍스트 자체 내에서만 찾으려는 것은 마치 우리들의 조상들이 5+7=20이 된다고 믿거나, 혹은 태양이 지구를 돈다고 믿고 그것을 어떤 책에 기록했다고 해서 그러한 믿음들이 진리일 수는 없다는 것과 같다. 5+7=20이 아니며 태양은 지구 주위를 돌지도 않는다.

　종교적 진리가 계시적이라는 데 대한 믿음의 근거를 종교적 텍스트에서 찾을 수 없다면, 그 근거는 직접적으로 각기 우리들 자신의 계시적 경험에서 찾을 수 있을지도 모른다. 내가 천당 혹은 서방정토의 객관적 존재를 믿고, 그런 곳에서 이 세상에서와는 전혀 다른 삶을 살 수 있다는 것을 믿으며, 그런 곳에서 아미다 부처의 자비심이나 신의 사랑을 받아 영원한 신복을 누릴 수 있다고 믿는 것이 계시적인 진리라면, 내가 그러한 계시성을 인정하는 이유는 『정토경』이나 『성서』가 계시를 기록한 것이라고 믿기 때문이 아니라, 그러한 진리가 내 자신에게 개인적으로 직접 계시되었기 때문이라는 주장이 마련될 수 있다.

　종교적 진리가 직접 나에게 계시된 이상 지각적 경험을 통해서는 아니지만, 즉 구체적인 눈으로 본 것은 아니지만 내가 천당과 신을 비육체적인 눈으로 본 이상, 나에게 직접 나타난 이상, 더 확실한 근거를 댈 필요가 없다고 주장할 수 있다. 나의 직접적 경험이 진리의 마지막 근거가 된다는 말이다. 그러므로 종교적 진리는 일상적·과학적 진리와 달리 지각에 의한 실증을 필요로 하지 않는, 그냥 투명하기만 하다는 입장이 설 수 있다. 이 이상 증명을 요구치 않는 진리를 계시적 진리라고 말할 수 있으며, 그러한 진리를 무조건 받아들이는 태도를 신앙이라고 부른다는 것이다.

신앙

대부분의 신학은 신의 존재나 신의 여러 가지 속성에 대한 진리를 의심치 않는다. 그 학문은 그러한 진리를 처음부터 전제한다. 그러면서도 신학의 중요한 기능은 그러한 진리를 합리적으로 뒷받침하는 데 있어왔다. 성 안셀름St. Anselm 이후 성 아퀴나스St. Aquinas, 데카르트, 칸트와 같은 철학자들이 신의 존재를 합리적으로 증명하려 애써왔다. 많은 신학자들이 위와 같은 철학자를 따라 같은 일을 해왔다. 이와 같은 신의 존재에 대한 증명은 대략, '존재론적 증명ontological argument', '우주론적 증명cosmological argument', '목적론적 증명teleological argument' 등으로 분리되어 불려왔는데, 오랫동안 철학자와 신학자들 간의 중요한 논쟁의 자료가 되어왔다.

그 성질상 종교적 진리, 예를 들어 '천당' 또는 '신'이라고 불리는 세계나 존재가 지각적 경험이나 논리에 근거해서 입증될 수 없는 진리라는 것이 전제되어 있음에도 불구하고, 그러한 것들의 존재의 진위가 항상 문제되어왔다는 사실은 그것들이 실제로 존재한다는 종교적 전제가 어디인가 석연치 않은 면을 내포하고 있음을 은근히 암시한다. 종교적 진리는 어딘가 확실치 않은, 종교적 진리에 대한 우리들의 신앙은 어딘가 불안한 점을 지니고 있다는 사실, 어쩐지 자신할 수 없는 성질의 것임을 암암리에 드러낸다.

이러한 사실뿐만 아니라 신의 존재를 증명하려는 철학자들의 여러 가지 시도는 한편으로 종교적 진리와 또 다른 한편으로 비종교적 진리 사이에 뛰어넘을 수 없는 장벽이 있다는 것을 의미하며, 인식과 신앙의 관계를 혼돈하여 그것들이 똑같은 성질의 '앎'이라고 잘못 전제하고 있었다는 것을 드러낸다. 종교적 진리도 비종교적 진리와 마찬가지로 증명되어야 하며, 사실상 그렇게 증명될 수 있다는 생각이 전제되어 있었던 것이다.

파스칼Pascal이 데카르트를 비롯한 모든 철학자와 신학자들이 신의 존재를 증명코자 한다 하여 맹렬히 공격한 것은, 인식과 신앙의 차이를 인정할 때 마땅한 짓이었음을 알 수 있다. 철학자·신학자를 규탄함으로써 파스칼은 인식과 신앙의 질적 차이, 자연현상에 대한 진리와 초월적 존재에 대한 진리는 전혀 그 차원이 다르다는 사실을 새삼 상기시킨 것이다. 그는 철학자·신학자들의 신은 아브라함, 야곱, 이삭의 신과 전혀 성질이 다른 것으로, 혼동되어서는 안된다고 역설했다. 종교적 진리는 비종교적 사람들, 과학자, 유물론자 등에 의해서 알려지지 않고 오로지 종교적 신자들에 의해서만 체험될 수 있다는 것이다. 종교적 진리는 관찰과 지각경험으로서가 아니라 오로지 신앙에 의해서만 접할 수 있다는 것이다.

인식이 지각적 경험과 논리적 추리에 근거를 둔 믿음이라면, 신앙은 일종의 갬블, 즉 도박으로서 결단에 의한 행위 자체 이외에는 아무 근거를 필요로 하지 않는다. 그리하여 파스칼은 신의 존재를 믿고, 또 우리로 하여금 그러한 무조건의 결단을 내리라고 역설한다. 그러나 파스칼적 신앙을 수용하는 데는 문제가 있다. 종교적 믿음, 즉 신앙은 아무 근거도 필요치 않은 무조건의 '도박'이라고 주장하면서, 종교적 믿음, 즉 신의 존재가 있다는 쪽으로 '도박'을 걸어도 아무 손해가 없기 때문이라는 것이다. 그러므로 파스칼의 '도박'은 전혀 이유가 없는 것이 아니라 그대로의 이유가 있다. 뿐만 아니라 파스칼의 입장에서 볼 때 신의 존재는 아직도 진리, 즉 사실이 아니라 하나의 편리한 가설의 성격을 띠고 있을 뿐이다. 이런 점에서 그의 신의 존재는 칸트의 신과 마찬가지다. 칸트는 신의 존재가 원칙적으로 앎의 대상이 될 수 없으며, 따라서 철학자들이 시도했던 것처럼 결코 증명도 반증도 될 수 없음을 주장하면서, 그래도 우리의 도덕적 경험을 비추어볼 때 존재를 가설할 논리적 필요성이 있다고 말한다.

만일 종교적 진리가 오로지 가설적이라면 그것은 현재 우리가 알고 있는 종교적 믿음, 즉 신앙, 그리고 더 일반적으로 말해서 원칙적으로 종교적 행위와 어긋난다. 누가 어떤 종교를 믿는다고 할 때 그는 신의 존재를 오로지 가설하는 것으로 머물러 있는 것이 아니라, 그 신의 존재가 사실임을 전제하고 확신하고 있게 마련이기 때문이다. 만약 신앙이 하나의 가설을 제시하는 데 지나지 않는다면 그러한 믿음은 과학적 믿음과 유사하고, 과학적 믿음과 종교적 믿음과의 근본적 차이를 잃는다. 과학적 믿음, 즉 인식과 종교적 믿음, 즉 신앙과의 구별을 할 수 없게 된다. 그러나 신앙을 갖는다는 것은 지식을 갖는다는 것과는 근본적인 차이가 있다. 그것은 신앙의 존재가 객관적인 사실임을 확신함, 무조건 믿음을 뜻한다. 믿음의 절대적 객관성이 종교적 믿음, 즉 신앙을 다른 종류의 믿음, 즉 지각적 믿음 혹은 과학적 믿음과 구별하는 근본적인 기준이다.

종교적 믿음, 즉 신앙이 절대적이며 무조건적인 데 반하여 지각적 또는 과학적 믿음은 상대적이고 잠정적이며, 종교에서의 신앙이 결정적인 데 반하여 지각적 또는 과학적 믿음인 인식은 잠정적이다. 뉴턴의 물리학이 과학적 믿음이었던 것은 그것이 아인슈타인에 의해서 반증될 수 있는 가능성이 있었기 때문이며, 아인슈타인의 상대성이론이 과학적 믿음인 것은 그 믿음이 언젠가는 역시 반증될 수 있는 가능성을 갖고, 따라서 잠정적·가설적 진리임을 전제하는 점에 있다. 종교적 교리를 흔히 도그마dogma라고 부른다. 종교적 신앙이 전제하는 진리가 독단적, 즉 전혀 검토나 비판의 여지가 없이 절대적·무조건적이라는 뜻이며, 종교적 신앙의 이러한 도그마적 성격에 의해서 종교적 신앙은 과학적 믿음과는 근본적으로 그 성격을 달리하고 있다.

이러한 관점에서 볼 때 신종교적 믿음의 본질, 즉 신앙의 본질은 파스칼 혹은 칸트에 의해서보다 키르케고르Kierkegaard에 의해서 보다 옳게 파악됐다. 키르케고르는 신앙이 도저히 지적으로 이해할 수 없는 무조건적, 아니 맹목적 행위이며 절대적 결단임을 역설한다. 종교적 신앙은 아브라함에서 가장 뚜렷한 예를 볼 수 있다는 것이다. 애지중지하는 외아들 이삭을 아무런 이유도 없이 희생시켜 제물로 바치라는 신의 명령, 여태까지 그가 알아왔고 생각할 수 있는 신의 뜻과 너무나도 어긋나는 신의 명령, 도덕적인 견지에서 도저히 상상할 수 없이 가혹한 악이었지만 아브라함은 끝까지 신을 믿고 그 신의 명령에 절대성을 조금도 의심치 않고, 신의 명령에 따라 아들을 희생의 제물로 바치기를 거역하지 않았던 것이다. 아브라함은 신의 뜻이 그렇게 가혹했었는데도 불구하고, 신의 명령을 전혀 이해할 수 없었음에도 불구하고, 신의 명령을 따랐던 것이다.

이처럼 아브라함의 행위는 신앙의 절대성, 무조건성, 모든 지적 검토를 초월하는 성격을 구체적으로 보여준다. 아브라함의 그와 같은 행위는 신앙의 본질, 즉 신앙이라는 믿음이 지각적 믿음이나 과학적 믿음이나 철학적 믿음과 근본적으로 그 성격이 다르다는 것을 보여준다는 것이다. 절대성·무조건성이 신앙의 본질이며, 이러한 점에서 신앙은 보통 인식과는 근본적으로 구별되고, 또 이런 점에서 종교적 진리는 비종교적 진리와 전혀 비교조차도 될 수 없이 그 성질이 다르다.

진리의 근거

과학적 믿음이든 종교적 믿음이든, 믿음은 다 같이 무엇인가의 대상에 대한 믿음이며, 그 대상이 어떠어떠하다는 것, 즉 어떤 것에 대한 진리임을 동시에 내포하고 있다. 어떤 대상이 어떤 진리인지 확실하지 않다는 것을 인정하면서도 그것을 믿는다는 것은 가장 뚜렷한 모순이다.

종교적 믿음으로서의 신앙은 그 대상이 절대적 진리임을 뜻한다. 믿고 있는 사실이 절대적으로 무조건 진리라는 것이다. 그러나 절대적 확신이나 무조건적 믿음이 반드시 그 믿음의 진리를 보장하지는 않는다. 어떤 이유에서든 간에 어떤 사람은 나의 아버지가 황제였고, 내가 역사에서 예를 찾아볼 수 있는 천재이고, 내가 신의 특별한 사명을 받고 모든 사람들을 기독교신자 혹은 이슬람교신자로 개종시킬 신성한 임무를 맡았다는 절대적 확신을 가질 수 있다. 이러한 종류의 확신을 가졌던 사람들의 예는 얼마든지 찾아낼 수 있다. 현재가 아닌 과거의 다른 삶을 살았을 때 자신이 나폴레옹 장군이었다든지 그의 애첩 조세핀이었다고 확신하는 사람들이 있다. 과거 수많은 정치가들은 자신이 한 국가를 구원할 사명을 타고 났다고 확신했던 것이며, 수많은 선교사들은 자신들이 하느님의 복음을 세계에 전파할 신성한 의무를 갖고 태어났다고 확신하여 순교자로서 달갑게 스스로를 희생했었다. 이슬람교의 창설자 마호메트는 자신이 마지막 예언자로서 자신만이 하느님의 참된 뜻을 전달받았다는 절대적 확신을 갖고, 한손에 칼을 또 한손에 코란을 들고 세계를 정복하여 이슬람교를 전파하려 했다.

중세기 기독교신자들도 기독교의 진리를 확신하고 유럽에서 멀리 중동에까지 십자군 정복에 나섰었다. 그뿐만 아니라 갈릴레오의 지동설이 나오기 전에 지구상의 모든 사람들은 태양이 지구를 회전한다는 것을 추호도 의심치 않고 확신했었다. 그러나 이러한 확신이 진리라는 근거가 없다는 것, 갈릴레오 이전 모든 사람들의 절대적 확신이 사실상 틀린 믿음이었다는 것은 두말할 필요도 없다.

절대적 확신으로서의 신앙은 위와 같은 문제점만을 갖고 있지 않다. 더 고약한 문제는 여러 사람들의 확신이나 여러 가지 종교가 갖는 신앙의 내용이 서로 다를 뿐만 아니라 모순을 내포하고 서로 갈등한다는 사실이다. 예를 들어 힌두교, 불교, 유대교, 기독교, 이슬람교, 그리고 그밖의 수많은 종교들이 절대적 진리라고 확신하는 신앙의 내용이 서로 어긋난다. 설사 그중의 어떤 신앙적 내용이 진리라고 한다면 그밖의 모든 신앙적 내용은 진리가 될 수 없다. 그럼에도 불구하고 모든 종교는 각기 자기의 신앙적 내용이 절대적으로 옳다고 확신한다. 그렇다면 그 가운데 어떤 것도 객관적으로 옳다고 할 수 있는 근거가 없다는 말이다. 역설적으로 말해서 근거가 없는 신앙은 객관성이 없다는 결론이 선다. 이러한 사실은 한 개인, 한 집단이 확신한다고 해서 그 확신하는 내용의 진리가 보장되지 못한다는 말이다.

신앙의 절대성이 신앙의 절대적 진리를 확보하지 못한다. 믿음의 절대성은 필연적으로 주관적일 수밖에 없고, 그 믿음의 주관성을 인정한다면 그 믿음의 진리, 즉 객관성은 보장되지 않는다. 한 믿음의 내용이 진리냐 아니냐는 종교적 확신이 진리로서 인정되려면 아무리 절대적이라 해도 주관적 신념, 즉 신앙도 객관적인 근거를 제시해야 한다. 그렇다면 일반적으로 한 믿음의 진리, 더 각별히 말해서 종교적 신앙, 즉 종교적 진리의 객관성은 어디서 어떻게 찾아질 수 있는가? 여기서 우리는 종교적 언어의 문제에 접근하게 된다.

종교적 언어

사물현상은 물론 그러한 것들의 존재를 보고 믿는 행위, 혹은 믿을 때의 심리적 상태는 그러한 것들, 그러한 행위, 그러한 상태를 표상하는 언어와 구별된다. 강아지의 존재, 강아지가 존재함을 믿는 행위, 그러한 행위를 수반하는 심리적 상태는 '강아지'라는 말, '믿는다'라는 말, '확실하다'라는 말과 혼돈될 수 없음은 자명하다. 존재하는 신 혹은 천당은 그러한 존재들을 지칭하는 '신'이라는 말, '천당'이라는 말과는 동일시될 수 없으며, 그러한 존재들을 믿는 행위와 '믿는다'라는 표현과는 완전히 성질이 다르다.

존재와 언어, 행위와 언어가 전혀 다른 범주에 속하지만 어떤 존재가 정말 존재하는 것으로 지각되고, 전달되며, 그러한 존재에 대한 믿음이 옳으냐 그르냐가 결정되려면 그러한 존재, 믿음은 반드시 언어를 통해서만 가능하며, 언어를 떠나서는 존재나 믿음의 진위는 결정될 수 없다. 그뿐만 아니라 그러한 것들에 대한 진위, 따라서 앎의 문제는 생겨나지 않는다. 무엇이 존재한다고 할 때, 그것이 P 혹은 Q라는 명제로 표현됐을 때 비로소 그것의 존재가 인정될 수 있기 때문이다. 가령 강아지가 존재한다는 것이 사실이냐 아니냐는 '강아지가 존재한다'라는 믿음이 언어로써 표현됐을 때 비로소 검토될 수 있을 뿐이다.

이와 같이 볼 때 존재와 언어, 믿는 행위와 그것을 표상하는 언어가 완전히 다르면서도 그것들 사이에는 서로 분리되어 생각할 수 없는 밀접한 관계가 있다. 극단적으로 말해서 논리적으로 보아 언어 이전 언어의 테두리를 벗어나서는 존재의 문제, 믿음의 문제, 진리의 문제는 생겨나지 않는다.

이런 점에서 볼 때 종교철학의 문제, 예를 들어 종교에서 전제하고 있는 천당이나 신이 정말 있는가 없는가의 문제는 우선 '천당'이나 '신'이라는 언어의 문제와 떼어 놓고 고찰될 수 없으며, 가령 신이 전지전능하다는 서양종교적 믿음이 참이냐 아니냐라는 문제는 우선 '하느님이 전지전능하다'라는 언어적 표현과 뗄 수 없으며, 언어와 관련해서만 따질 수 있고 해결될 가능성이 있다. 여태까지 앞에서 길게 그러한 문제를 따져보면서 종교적 신앙의 내용의 진리가 결정될 수 없었던 까닭은, 그러한 문제를 마치 언어와 상관없이, 언어와 독립된 문제인 것으로 취급해왔고, 언어의 테두리 밖에서 고찰하고 해결하려 했기 때문이었는지 모른다.

진리의 문제가 언어의 측면에서 언어의 문제로 바꿔서 고찰될 수밖에 없다면, 언어의 문제라는 것은 무엇보다도 의미의 문제, 좀더 정확히 말해서 언어적 의미의 문제로 바뀐다. 그 이유는 언어가 원칙적으로 의미를 전달하는 것이기 때문이라는 데 있다. 의미가 없는 언어는 언어가 아니다. 어떤 시각적 혹은 청각적 또는 동작적 현상을 언어라고 부르는 유일한 근거는 그것이 어떤 의미를 갖고 있어서, 그냥 사물, 그냥 음향, 그냥 동작과 구별되기 때문이다.

모든 종교가 전제하는 천당이나 신이 진짜로 믿을 수 있는 사실이냐 아니냐의 문제는 우선 '천당' 혹은 '신'이라는 말의 의미, 그리고 '진짜로 있다'라는 언어적 표현의 의미를 이해하지 못하고서는 결정될 수 없음은 따져질 수도 없고, 이해될 수도 없다. 그러므로 여러 가지 종교적 신앙의 내용이 진짜냐 아니냐, 사실이냐 아니냐를 따지기 전에 우선 종교에서 사용되는 언어, 종교적 믿음을 나타내는 언어의 의미를 밝혀야 할 필요가 있다. '천당', '신', '영생', '극락', '계시', '신앙', '전지전능'

따위의 종교적 언어는 도대체 어떻게 하여 어떤 의미를 갖고 있는가? 아니 과연 그 말들은 보통 우리가 이해하고 있는 언어적 의미를 갖고 있는가? 더 일반적으로 도대체 한 언어의 의미라는 것은 무엇을 의미하는가?

언어의 의미는 언어의 특수한 기능을 나타내는 것으로서 그것은 편의상 지칭적 의미, 용도적 의미, 상징적 의미로 분류하여 고찰될 수 있다.

실증적 의미

비단 종교뿐만 아니라 형이상학, 과학은 다 같이 어떤 객관적 대상에 대한 진리를 주장한다. 그러한 진리를 표현하기 위하여 언어가 동원된다. '신', '가사세계', '원자' 등의 낱말들이 어떤 대상들을 지칭하고, '신은 전지전능하다', '가사세계는 비물리적인 세계로서 물리적 세계의 원형이다', '원자는 전자로 구성되어 있다' 등의 언어적 명제를 만들어내며, 그러한 명제의 진위가 검토된다. 언어의 문제보다 정확히 말해서 언어의 의미가 검토되지 않고, '신', '가사세계' 등이 지칭하는 대상 자체들이 토론되어 왔었다는 사실은 그러한 낱말들의 의미가 명확함을 전제하고 있었다는 말이 된다. 낱말들이나 명제의 의미를 분명히 알지 못하고 어떻게 그러한 낱말들이 지칭하는 대상의 존재 여부, 그러한 대상들에 대한 명제의 진위를 따질 수 있었겠는가?

하지만 내 스스로가 어떤 말의 의미를 분명히 알고 있다고 생각한다고 해서 정말 내가 그 말의 의미를 정확히 알고 있는 것은 아니다. 과연 '천당', '신' 등의 존재 자체를 두고 논쟁을 해왔던 우리들, 그리고 과거의 수많은 철학자들은 그러한 낱말들 또는 명제들의 의미를 확실히 알고 있다고 자신할 수 있는가? 과연 지금까지 신학자들, 형이상학자들, 그리고 과학자들은 그들이 전혀 의심치 않고 있었던 바와 같이 그들이 정말 무슨 대상, 어떠한 존재를 두고 얘기한다는 것을 확실히 알고 있었던가? 만일 그들이 사용하고 있는 언어의 의미를 예를 들어 '천당', '신' 등의 낱말의 의미, '신은 전지전능하다'는 명제의 정확한 뜻을 모르고 있었다면, 도대체 그러한 말들이 지칭하는 대상들의 존재 여부, 그러한 명제들이 주장하는 사실의 진위를 어떻게 거론할 수 있으며 어떻게 거론할 수 있었을까?

언어에 대한, 언어의 의미에 대한, 그리고 언어와 진리와의 관계에 대한 반성과 질문과 검토가 체계적으로 제기된 것은 20세기 초엽 철학계에 혁명을 일으킨 논리실증주의자들에 의해서였다. 대부분 과학교육 배경을 갖고 있었던 이 철학자들은 지금까지 심오한 진리를 다룬다고 생각해오던 형이상학 또는 종교적 주장은 그것의 진위가 따져지기 이전에 난센스, 즉 전혀 의미가 없다고 주장하고 나왔다. 이런 관점에서 볼 때 가령 플라톤이 말하는 '가사세계', 종교에서 말하는 '천당', '신' 등의 말, 혹은 '신은 전지전능하다'는 말은 어떤 인식적 내용이 있는 의미 있는 말인 것 같지만, 사실은 전혀 의미가 없다는 것이다.

이러한 논리실증주의자들의 주장은 언어의 '의미'에 대한 그들대로의 이론에 근거하고 있는 것이다. 그들이 믿고 있는 언어의 의미규준에 비추어볼 때 형이상학, 종교에서 사용되는 핵심적인 언어는 의미가 없다는 것이다. 달리 말해서 그러한 언어는 말이 언어이지 사실은 언어의 구실을 하지 못하고 있다는 말이 된다.

그들의 관점에서 볼 때 한 낱말의 엄격한 의미에는 논리적 의미와 경험적 의미 두 가지 밖에는 없으며, 한 명제의 진위는 분석적인 것과 종합적인 것 둘밖에는 있을 수 없다는 것이다. '그리고', '아님' 등의 말은 어떤 명제들 간의 논리적 관계를 결정하는 말로, 약속에 따라 각기 가산적 관계·부정적 관계를 뜻하며, 직접 혹은 간접적으로 지각될 수 있는 강아지라는 사물, 원자라는 사물, 죽음이라는 사건 등을 지칭할 때에 그 의미가 있다. '총각은 미혼남자다'라는 명제는 그 명제를 구성하는 의미를 분석함으로써 그것의 진위가 결정될 수 있는 분석적 명제이며, '총각은 심술궂다'라는 명제의 진위는 총각들이 심술궂은지 아닌지를 관찰해 사실과 일치하는가를 체크함으로써 결정될 수 있다. 논리적 낱말, 분석적 명제는 사실에 대한 정보를 주지 않는다. 그것들은 진위와는 관계없이 오로지 논리적인 기능을 함으로써 뜻을 갖는다. 다시 말해서 그것들은 인식적 내용을 전혀 갖고 있지 않다. 반면 진위와 관계되는 내용, 즉 정보적·인식적인 언어는 오로지 경험적 낱말, 종합적 명제뿐이다.

한 낱말, 한 명제의 언어적 의미는 각기 그것들의 지칭대상이라는 것이 우리의 직관적 입장이다. '강아지'라는 낱말의 의미는 실제로 존재하는 '강아지들'이며, '강아지는 짖는다'라는 낱말의 의미는 강아지가 짖는 현상이라는 것이다. 뒤집어 말해서 구체적인 강아지나 구체적인 강아지의 짖음이라는 사건과 연결됐을 때 나는 '강아지'라는 낱말의 의미, '강아지는 짖는다'라는 명제의 의미를 알 수 있다는 것이다. 그렇다면 '신'이라는 낱말의 의미, '신은 전지전능하다'라는 명제의 의미는 신이라는 지칭대상일 것이며, 신이 전지전능하다는 객관적 사실이어야 할 것이다. 그리고 신이라는 것, 신의 전지전능한 사실을 머릿속에 구체적으로 상상할 수 있고, 그런 것들과 관련했을 때 나는 '신'이라는 낱말의 의미, '신은 전지전능하다'라는 명제의 의미를 알았다고 할 수 있으며, 그러한 의미를 파악했을 때 비로소 신의 존재, 신의 전지전능함이 진리인가 아닌가를 결정할 수 있다.

그러나 문제는 강아지라는 대상, 강아지의 짖음이라는 사건과는 달리 신이나 신의 전지전능함은 눈으로 보거나 귀로 들을 수 없다는 데 있다. 그렇다면 언뜻 생각했던 것과는 달리 '신'이라는 낱말 혹은 '신은 전지전능하다'라는 명제는 그것들의 지칭대상을 갖지 않는다고 해야 하며, 따라서 그러한 언어는 의미를 갖지 않는다는 결론이 나온다. 더 정확히 말해서 그러한 언어들은 인식적·정보적 의미가 없다는 것이다. 이러한 논지는 논리실증주의자들에 의해서 비로소 강조되었다.

논리실증주의자들을 따르자면 인식적 의미가 있는 언어, 즉 언어의 인식적 의미는 막연히 지칭대상이라고 부르기보다는 경험적 지칭대상이라고 규정해야 한다는 것이다. 경험적 낱말, 경험적 명제의 의미는 그 낱말이 지칭하는 대상이 지각될 수 있는 한에서, 그리고 그러한 명제는 그 명제가 경험적으로 실증될 수 있는 한에서 비로소 인정될 수 있다는 것이다. 지각될 수 없는 대상을 지칭하는 듯한 낱말, 실증될 수 없는 사실을 지칭하는 명제는 무의미하다는 것이다. 이와 같이 해서 논리실증주의자들은 경험적 낱말의 의미를 지각대상으로 규정하고 종합적 명제의 의미를 그 명제의 진위를 가릴 수 있는 실증방법이라고 주장했다.

의미의 기준을 이와 같이 정할 때 종교적·형이상학적 언어뿐만이 아니라 윤리적 혹은 미학적 언어도 사실상 의미를 갖지 않은 난센스에 지나지 않는다는 것이다. 왜냐하면 '신' 혹은 '신은 전지전능하다'라는 종교적 언어, '가사세계' 혹은 '시초에 절대정신이 있었다'라는 형이상학적 언어, '선' 혹은 '복돌이는 착하다'라는 윤리적 언어, '미' 혹은 '꽃은 아름답다'라는 미학적 언어는 어떤 객관적 진리를 나타내는 인식적, 즉 정보적 의미가 없으며, 만약 그런 언어가 의미를 갖고 있다면 그 의미는 순전히 화자의 주관적 태도, 감정을 나타내는 감탄적 의미를 띠고 있다는 주장이다. 이와 같이 볼 때 오로지 객관적, 그리고 과학적 언어만이 인식적 의미를 갖게 된다고 해야 한다. 오로지 그러한 언어에서만 우리는 어떤 객관적 사실에 대한 정보를 얻을 수 있다는 것이다. 왜냐하면 오로지 그러한 언어만이 관찰할 수 있는 대상을 지칭하며, 오로지 과학적 명제에 대해서만이 그것의 진위를 객관적으로 따질 수 있기 때문이다.

어떤 구체적 사물현상을 지칭하지 않는 모든 낱말, 경험적으로 실증될 수 없는 모든 명제는 인식적으로 무의미하며, 오로지 화자의 느낌이나 태도를 나타내는 데 그친다는 주장은 납득할 수 있는가? '신', '천당', '그리스도', '부처님', '극락', '영생' 등의 낱말들, '신은 전지전능하다', '천당에서 영생을 누릴 수 있다', '예수가 부활하셨다', '부처님이 자비심을 베풀어 우리를 구원하신다' 등등의 명제가 단순히 그런 말을 하고 그런 말을 받는 신자들의 감정을 나타내는 감탄사에 지나지 않고, 인식적으로 난센스다라는 결론은 쉽사리 납득되지 않는다.

아득한 인류역사를 통해서 모든 사회에 일종의 종교가 있어왔고, 과학이 상상을 뛰어넘어 발전하고 있는 오늘날에도 헤아릴 수 없이 많은 사람들이 종교를 지키고 있다는 사실, 그리고 그러한 사람들은 막연하나마 종교가 어떤 궁극적 진리를 보여주고 있다는 사실, 마지막으로 종교적 행위가 언제나 결코 감정적인 표현이라고는 볼 수 없다는 사실은 종교에서 말하는 진리가 실증주의자들이 주장하는 것처럼 난센스라고만 쉽사리 결론지을 수 없기 때문이다. 종교에서 사용하는 낱말 혹은 명제의 의미가 설사 실증적 대상을 지적하지도 않고, 실증적으로 이해될 수 없다고 해도, 그러한 언어는 주관적 감정이나 태도의 표현 이상의 객관적 의미, 인식적 의미를 갖고 있을지 모른다. 만약 종교적 언어의 의미가 난센스가 아니라면, 만일 실증적 의미가 없다면, 만약 그것이 단순한 감탄적 의미만을 갖는 것이 아니라면, 그 언어는 과연 어떤 의미를 갖고 있을까?

용도적 의미

논리실증주의자들의 '실증방법'이란 언어의미의 규율은 언어의 참된 기능을 인식인 것으로만 보고, 한 언어의 의미를 그 언어가 가리키는 지칭대상으로만 본다는 것을 전제한다. 윤리적 의미만을 가진 언어가 아닌 그밖의 언어, 즉 무엇인가에 대한 언어는 그 언어의 지칭대상을 지적할 수 없을 때는 무의미하다는 것이다.

그러나 이러한 실증주의적 입장은 언어의 기능을 너무 단순하고 소박하게 본 데서 기인된다. 언어는 윤리적 관계를 결정하거나 또는 어떤 대상을 지칭하거나, 혹은 언어 사용자의 감정을 표현하는 기능 이외에도 다른 여러 가지 기능을 한다. 언어가 일정한 하나 혹은 몇 개의 목적만을 위해서 사용되는 것이 아니라 다양한 목적을 위해서 다양한 용도로 사용된다는 말이다. 그러므로 언어의 의미를 논리적 관계, 지칭대상 혹은 감정표현으로만 볼 것이 아니라 용도라는 개념으로 봐야 한다. 바꿔 말해서 언어의 윤리적·지칭적·감탄적 의미는 용도적 의미에 포함되는 개별적 특수한 의미로 봐야 한다. 언어의 의미에 대한 이러한 새로운 관점은 현대철학에 논리실증주의자들 이상으로 더 근본적인 혁명을 일으킨 비트겐슈타인에 의해서 발견되고 주장되었다. 만일 언어의 용도가 다양하다면 언어의 의미도 특수한 경우에 따라 다양하게 규정되어야 할 것이다. 언어는 과학에서 사용되는 것처럼 지칭적 용도에서만 의미가 있고, 그 외에서 사용되는 언어는 한결같이 난센스라고 단정할 수는 없다.

종교적 언어가 한편으로 과학에서처럼 관찰될 수 있는 어떤 대상을 지칭하기 위하여 사용되지 않고, 또 다른 한편으로 그렇다고 해서 단순히 언어사용자의 감정을 표시하기 위해서 사용된 것도 아니라면 그러한 종교적 언어는 무엇을 위해서 어떻게 사용되는 것이며, 그 의미는 어떻게 규정될 수 있는가? 다시 말해서 언어의 의미가 그것의 용도에 지나지 않는다고 한다면 종교에서 사용되는 '천당', '신', '신은 전지전능하다' 등의 언어는 어떤 용도로 사용되고 있는가? 이러한 물음에는 종교적 언어가 과학적 언어와는 다른 용도를 갖고 있으리라는 생각이 전제되어 있다. 만약 언어가 과학에서 사용될 때 그것이 어떤 경험적 대상을 지칭하기 위한 것이라면, 똑같은 언어라 할지라도 그것이 종교에서 사용될 때는 그 언어가 전혀 다른 목적을 위해 사용됐을 것이라는 것이다. 그렇다면 종교적 언어의 특수한 용도는 무엇인가? 이 질문에 대하여 세 가지 서로 다른 입장을 가려낼 수 있다.

첫째, 종교적 언어는 실존적 용도를 맡아서 한다. '신'의 존재를 믿거나, '신'이 전지전능하다'는 것을 믿는다고 할 때 그런 것을 믿는 종교인은 '강아지'가 존재함을 믿거나, '강아지는 주인에게 충실하다'라는 사실을 믿는다고 할 때와는 전혀 다른 짓, 다른 일을 하고 있는 것이다. 그는 강아지가 어떤 시간과 공간에 존재하고, 그 강아지가 주인을 잘 따른다는 객관적 사실, 관찰할 수 있는 사실을 서술하려는 것이 아니라, 그와는 다른 사실을 전달하려는 것이다. '신'의 존재를 믿고, '신은 전지전능하다'라고 하는 것이 무엇인지 잘 모르고 말할 수도 없지만, 그런 말에 의해서 정의된 존재, 그런 말이 뜻하는 사실을 믿기로 결정적인 결단을 내렸다는 것이다. 그 아무도 모든 것을 완전히 의심하고서는 살 수 없다. 우리는 생존하기 위해서 무엇인가를 최소한 믿어야 한다. 그런데 그런 믿음을 가지려면 그것이 무엇인가를 알아야 한다. 경험과 관찰과 과학이 주로 이러한 필요성을 충족해준다.

그러나 불행히도 우리는 모든 것을 다 알 수 없으며, 특히 궁극적인 사실, 예를 들어 존재의 기원, 인생의 목적, 역사의 의미 등을 과학적으로 단순히 관찰과 경험을 통해서, 단순히 이성적 사고를 통해서 알 수 없다. 우리의 경험, 관찰, 사고는 반드시 어느 한계에 부딪치게 마련이다. 그럼에도 불구하고 궁극적인 문제, 궁극적인 사실에 대한 무엇인가를 믿지 않고는, 우리는 삶의 방향을 결정할 수가 없고, 따라서 구체적인 행동을 할 수 없다. 삶에 있어서의 궁극적인 결정을 실존적인 결정이라고 한다면 종교에서 사용되는 언어들은 그러한 결정, 즉 실존적 참여혹은 가장 근본적인 헌신commitment을 나타낸다. 그러므로 종교적 언어는 실존적 용도를 가지며, 그러한 언어의 의미는 실존적 의미, 즉 한 사람의 삶에 궁극적 방향인 가치의 선택을 의미한다.

종교적 언어에 대한 위와 같은 풀이는 영국의 철학자 헤어Hare에 의해서 제안되었다.[4] 분명히 헤어의 이론은 종교적 언어의 어떤 측면을 밝혀주는 데 큰 도움을 준다. 그러나 종교적 언어의 특수성에 대한 그의 해석은 지나치게 광범위하다. 그의 해석으로는 종교적 언어의 진정한 특수성이 밝혀지지 않는다. 그의 해석은 비종교적 언어에서도 똑같이 적

---

4   R. M. Hare, in *New Essays in Philosophical Theology*, ed. Anthony Flew & A. MacIntyre(N. Y. Macmrllan, 1956), pp.101~102.

용될 수 있기 때문이다. 사르트르는 대표적 실존주의자이다. 그는 모든 인간이 의식적이건 아니건 간에 헤어가 말하는 뜻에서의 실존적 결단, 즉 무엇인가에 대해서 무조건의 헌신을 하고 있으며, 그뿐만 아니라 싫건 좋건 그럴 수밖에 없음을 역설한다. 그러한 상황이 바로 보편적인 인간현실, 인간조건이기 때문이라는 것이다. 이런 관점에서 마르크스나 수많은 공산주의자들도 어떤 가치를 위해 투쟁한다. 그러나 사르트르는 스스로 무신론자임을 선언하고 마르크스나 그의 추종자들은 유물론을 주장한다. 이런 점에서 그들은 분명히 종교적 세계관, 형이상학적 인생관을 반대하기로 결단하고 그 결단에 따라 살아나가기로 헌신을 내린 것이다.

종교적 언어의 의미를 단순히 실존적 헌신을 나타내는 것으로 보기에는 마땅치 않으며, 종교적 언어의 용도를 실존적 결단에 있다고 볼 수 없음은 자명하다. 종교적 언어의 의미를 실존적 결단으로 본다면 그 의미는 지나치게 광범위하여 종교적 의미의 특수성을 밝혀주지 못한다.

종교적 언어의 용도에 대한 둘째 관점을 윤리적 용도라고 부를 수 있다. '신' 혹은 '신은 전지전능하다', '신은 모든 사람을 다 같이 사랑한다' 등의 종교적 낱말, 종교적 명제는 어떤 객관적 사실을 서술하려는 목적을 갖지 않는다. 그것은 그러한 말, 그러한 명제를 제시하는 자가 어떠한 종류의 행위를 취하겠다거나, 어떠한 원칙을 갖고 살겠다든지 하는 결단을 천명하기 위해 사용되는 것이며, 따라서 그러한 언어는 윤리적인 의미를 갖는다. 예컨대 기독교의 교리를 믿는다는 것은 그 교리에 내포된 윤리적 가치, 윤리적 원칙을 채택함을 선언하는 행위이며, 불교를 믿고 불교의 교리의 옳음을 주장한다는 것은 어떤 구체적인 측면에서 기독교적인 윤리적 원칙이나 가치와는 다른 딴 윤리적 원칙이나 가치를 지키겠다는 행위라는 것이다.[5] 위와 같은 논지는 주로 영국의 철학자 브레이드웨이트Braithwaite에 의해서 퍼져 있다.

이 논지에는 일리가 있다. 모든 종교가 한결같이 각기 자신에 특수한 윤리적 원칙·윤리적 가치를 내포하고 있으며 때로는 체계화하고 있다. 뿐만 아니라 어떤 종교를 믿는다는 것은 그 종교에 내포된 윤리적 원칙과 윤리적 규범을 채택하는 행위와 결코 동일하지 않다. 윤리적 규범이 종교적 교리를 반드시 전제하지 않는다는 말이다. 어떠한 종교도 믿지 않는 사람, 종교를 부정하고 규탄하는 휴머니스트들도 종교인에 못지 않게 더 엄격한 윤리적 생활을 할 수 있으며, 이와 반면 종교를 지키기 위해서 때로는 윤리적 규범을 어기고 윤리적 가치를 부정할 필요를 어떤 종교인은 경험할 수 있을 것이다. 아브라함의 경우가 그러했다.

신의 믿음을 잃지 않기 위하여 바로 신을 믿는 이유로 해서 그는 윤리적 입장에서는 도저히 용납할 수 없는 행위, 즉 사랑하는, 죄 없는 자신의 어린 아들 이삭을 스스로의 손에 도끼를 들고 희생시키려고 했었다. 키르케고르, 그리고 이미 그전에 파스칼이 역설했던 바와 같이 종교적 차원과 윤리적 차원 사이에는 뛰어넘을 수 없는 벽이 막혀 있는 것이다.

셋째, 종교적 언어의 용도를 사회적 기능으로 보는 입장을 생각할 수 있다. 종교는 사회적 질서를 유지하는 데 빼놓을 수 없는 역할을 한다. 종교는 절대적 복종을 요구한다. 한 가지 믿음, 한 가지 종류의 행위를 사회의 모든 구성원들로 하여금 무조건 따르게 함으로써 종교는 한 사회의 질서를 마련하고 갈등을 피하며, 전통을 강화하고 단결을 굳힌다

---

5   R. B. Braithwaite, *An Empiricist's View of the Nature of Religious Belief*(Cambridge University Press, 1955) 참조.

는 것이다. '신' 혹은 '신은 전지전능하다'는 종교적 언어의 의미는 한 사회의 어떤 사회적 가치, 규범을 지키겠다는 의미로 해석될 수 있다.

그러나 따지고 보면 종교적 언어의 용도, 즉 의미에 대한 위와 같은 해석은 만족스럽지 않다. 종교가 맡는다고 해석되는 위와 같은 사회적 기능은 종교가 아니고서도 종교를 믿지 않는 사람들에 의해서도 채워질 수 있기 때문이다. 종교를 아편으로 규탄하는 공산주의 소련에서도 그 나라의 국기에 절을 하고, 그 앞에서 국가를 부르며 국가에 대한 충성을 맹세한다. 혹은 군가를 부르면서 그 사회를 수호하겠다고 다짐하면서 종교를 갖고 있는 다른 사회를 타도하는 데 기꺼이 스스로를 희생하기도 한다. 이러한 사실은 종교를 믿든 아니든 국기를 흔들거나 국가를 부르면서 한 사회의 공동체 의식은 강화될 수 있다.

'신은 존재한다', '신은 전지전능하다'라는 명제들은 어떤 특수한 사회, 어떤 특수한 경우에 있어서 그 단체, 그 사회의 단결을 강화하는 데 기여할 수 있지만, 그것이 다른 단체, 다른 사회에서는 오히려 공동체의 단결을 방해하는 역할을 할 수도 있다. 그러므로 어떤 신자가 종교적인 언어를 사용한다는 것은 어떤 단체, 어떤 사회의 단결을 위해서가 아니다. 그 이상의 의미를 갖고 있다.

만약 그러한 언어가 사회적 단결에 기여할 수 있고 또 역사적으로 그렇게 사용되었다면 그러한 기능, 그러한 용도는 종교적 언어의 본질을 나타내는 것이 아니라 우연적인 것으로 해석될 수밖에 없다. 종교인이 '신은 존재한다', '신은 전지전능하다'고 말할 때 그는 어떤 사회적 효과를 위한 행위를 나타내려는 것이 아니다. 그는 어떤 객관적 사실에 대한 인식적 내용을 진술하려는 것이다. 그 내용이 진리임을 천명하는 것이다.

그런 진리 때문에 기성 사회의 질서가 깨어질지라도, 참다운 종교적 신자라면, 그가 믿고 있는 진리가 어떠한 것보다도 귀중하게 될 것이다. 그러므로 설사 경우에 따라 사회단결, 사회공동체의 이익을 위해서 사용될 수 있다 하더라도 종교적 언어의 원래적 의미는 사회적 용도에 있지 않다.

실존적이건 윤리적이건 혹은 사회적이든 간에 종교적 언어의 의미를 그 언어의 용도 측면에서 볼 때, 위와 같은 세 가지 경우에 그 용도는 다 같이 비인식적, 즉 비정보적인 성격을 띠고 있다는 점에서 공통점을 갖고 있다. 그러므로 그것들 간의 개별적인 차이가 있음에도 불구하고 위의 세 가지 해석에 따르면, 종교적 언어의 기능은 진리를 보여주는 데 있지 않고 진리와는 아무 관계도 없는 것을 위해 쓰여지고 있다는 입장을 전제하고 있다. 그러나 이러한 전제는 종교의 기능에 대해 근본적으로 잘못된 판단을 하고 있는 데 기인한다. 앞에서 보았던 바와 같이 어떤 인식적 내용, 즉 정보 내용이 없는 종교는 종교일 수 없다.

왜냐하면 종교가 반드시 인식적 측면만을 갖고 있는 것은 아니지만 그러한 측면은 종교의 근본적 존재조건의 하나이기 때문이다. 종교가 과학과 다르고 철학과도 다를지 모르지만, 과학이나 철학과 마찬가지로 그것은 반드시 어떤 진리에 바탕을 두고 어떤 진리를 주장한다. 그러므로 종교적 언어의 용도적 해석이 종교적 언어의 비인식성을 전제로 하고 있는 그와 같은 용도적 의미해석은 종교적 언어의 의미를 근본적으로 잘못 이해한 데 기인한다. 요컨대 종교적 언어의 의미는 용도적으로만 이해될 수 없다.

상징적 의미

인식적 내용이 없는 종교는 생각조차 할 수 없고 인식적 의미가 없는 종교적 언어는 이해될 수 없다. 종교적 언어의 의미를 실존적 혹은 윤리적으로 해석할 수 없는 이유는 위와 같은 해석이 종교적 언어의 인식내용을 부정하는 결과를 낳기 때문이다. 그런데 종교적 언어의 인식내용을 인정한다는 것은 그러한 언어의 기능이 관찰될 수 있는 어떤 대상을 지칭한다는 것을 전제하는 것이다.

그러나 불행히도 앞서 보았듯이 종교적 언어가 지칭한다고 전제되는 실증적, 즉 원칙적으로 관찰할 수 있는 어떤 대상을 밝히지는 못한다. 다시 말해서 종교적 언어가 어떤 대상을 지칭한다고는 해도, 도대체 그것이 무엇인지 구체적으로 알아낼 수가 없다는 것이다. 이런 사실에서 앞서 검토했듯이 논리실증주의자들에 의하면 종교적 언어가 어떤 대상을 지칭하는 것 같지만 실제로는 그렇지 않고, 그 언어는 전혀 다른 기능을 하며 사실상 종교적 언어는 인식적 언어가 아니라는 것이다. 그러나 우리는 이러한 결론이 용납되지 않음을 알고 있다. 인식적 내용, 인식적 의미가 없는 종교적 진술은 자기모순을 폭로한다. 한편으로 종교적 언어는 인식적 의미가 있으나, 또 한편으로는 그러한 인식적 의미를 실증적으로 입증할 수 없다면, 도대체 종교적 언어는 어떤 방식으로 그것의 인식적 의미를 가질 수 있는가?

여기서 우리는 종교적 언어의 상징적 의미를 생각할 수 있다. 언어의 상징적 의미는 언어의 기호적 의미와 구별되어 검토될 수 있다. 후자의 경우 언어가 그냥 기호의 기능을 하는 데 반하여, 전자의 경우 언어는 상징의 기능을 한다. 일상생활, 더 정확히는 과학에서 사용될 때의 언어는 그냥 기호로서 존재하고, 종교나 문학에서 사용될 때 그것은 상징으로 존재한다. 그렇다면 기호와 상징은 정확히 어떻게 서로 다르며, 정의될 수 있는가? 그것들의 의미는 각기 어떻게 달라질 수 있는가? 만약 기호와 상징이 다 같이 어떤 대상을 지칭한다고 할 때 그것들의 지칭대상은 어떻게 달리 결정될 수 있는가?

기호와 상징이 다 같이 그 자체가 아닌 다른 대상들을 지칭한다는 데에는 서로 차이가 없다. 그것들 간의 차이는 그것들이 대상을 지칭하는 방식에 있을 뿐이다. 신학자 틸리히에 의하면 기호의 대상이 언어적 약속에 따라 결정되는 데 반해서, 상징의 사용자는 상징의 대상에 대하여 일종의 참여적 관계를 맺고 있다는 것이다. 교통신호 혹은 '강아지'라는 언어는 단순한 기호로서, 그것의 지칭대상은 한 사회의 언어적 약속에 의해서 결정된다. 빨간불 신호가 '정지'라는 행동을 지칭하고 '강아지'라는 말이 우리가 알고 있는 강아지들을 지칭한다면, 그러한 관계는 순전히 약속에 의해서 맺어진다. 약속을 바꾸어 빨간불 대신 파란불이 '정지'를 지칭하고, '강아지'라는 기호 대신 '송아지' 라는 기호로서 우리가 현재 강아지라고 부르는 동물들이 지칭될 수 있다. 이와는 달리 국기, 혹은 '신'이라는 상징은 한 공동체가 갖고 있는 잠재의식, 심층의식, 영혼에 의해서 자연적으로 그 대상이 결정된다는 것이다. 인위적인 약속에 따라 다른 국기로 내 나라를 표상할 때 그것은 나의 국기로 표상할 때와 전혀 다르다.

그러므로 기호와 그 지칭대상과의 관계가 인위적이라면 상징과 그 지칭대상과의 관계는 자연적이며, 기호의 의미가 그것을 사용하는 사람의 감정과 아무런 관계가 없는 외적인 데 반하여, 상징의 의미는 그것을 사용하는 사람의 감정과 뗄 수 없는 내재적 관계를 갖고 있다. 거리의 신호등 혹은 '강아지'라는 기호들은 각기 어떤 행동이나 어떤 동물을 지칭하는 것으로 그 기능을 다하지만, 국기 혹은 '신'이라는 상징은 각기 무엇인가를 지칭할 뿐만 아니라 그 국기가 대표하는 한 국민들, 그 신을 믿는 한 종교인들에게 밖으로는 관찰될 수 없는 감동적·정서적· 정신적 의미를 갖고 있다. 상징이 기호와는 달리 그 사용자를 참여시킨 다는 말은 바로 그러한 내재적인 의미가 있다는 뜻이다. 국기를 볼 때면 나는 가슴이 뛰고, '신'이라는 말을 들을 때면 나는 갑자기 경건한 마음 으로 돌아가 성스러운 세계에 접촉하고 참여한다. 이처럼 기호와 상징 과의 차이는 그것을 사용하는 사람들의 배경에 의해서 달라진다.

그러나 그것들 간의 차이는 각기 그것들이 지칭하는 대상을 확실히 규정함으로써 보다 객관적으로 밝혀질 수 있다. 왜냐하면 그것들은 다 같이 대상의 어떤 다른 측면을 지칭하고 있기 때문이다. 가령 '천당' 혹 은 '신은 전지전능하다'라는 종교적 언어, 즉 상징은 어떠한 기호로도 표상할 수 없는 어떤 세계, 어떤 존재의 알 수 없는 무엇인가를 지칭하 는 것이다. 그러므로 '천당'이라는 말이나 '신은 전지전능하다'라는 명 제는 문자 그대로 그 뜻을 받아들일 수 없으며, 그 문자를 통해서 갖고 있는 축어적 의미, 즉 정상적 의미 이상의 의미를 갖는 한 상징적 의미 를 갖게 된다.

다시 말해서 종교적 언어가 상징적이라는 주장은 그 언어가 표현할 수 없는 것을 표현한다는 말이며, 그 말은 곧 그 언어가 지칭할 수 없는 것을 지칭한다는 모순된 결론은 낳게 된다. 기호로서의 언어, 즉 정상적 인 언어가 어떤 대상을 지칭하는 데 만족스럽지 못하다고 판단되었을 때, 상징적인 언어의 사용이 고안된다.

표현할 수 없는 것을 표현한다는 생각, 즉 지칭될 수 없는 것을 지칭 한다는 뜻, 정상적인 방법으로는 나타낼 수 없는 진리를 보인다는 주장은, 비단 종교에서만 볼 수 있는 것이 아니고 널리 수용되고 있는 관점이다. 특히 예술의 기능을 그러한 것으로 보는 경향은 긴 예술사를 통해서 보편적으로 찾아볼 수 있다. 흔히 말하기를 예술은 일종의 언어이며 그 언어는 보통 언어로, 보통 언어구조로서는 표현할 수 없는 사실이나 경험들을 표현하는 데 그 목적이 있다고 한다. 한 편의 시, 한 편의 소설, 한 곡의 음악, 한 폭의 그림들은 각기 일상적 방법으로, 기성적 양식으로, 과학적으로는 표현할 수 없는 어떤 객관적인 사실 또는 주관적 경험을 표현하려는 것이며, 어느 정도 그러한 목적을 이룰 수 있다는 것이다.

이런 관점에서 볼 때 예술은 종교와 마찬가지로 어떠한 과학적 이론보다도 깊은, 아니 정말 참된 진실을 보여준다고 할 수 있다. 그렇다면 논리실증주의자들이 주장하는 것과는 반대로, 예술과 종교가 비인식적인 기능을 한다기보다는 오히려 과학보다도 높은 차원에서 인식의 기능을 맡고 있다고 봐야 한다. 이처럼 종교적 언어가 예술적 언어와 같은 관계를 갖고 있고 유사함을 틸리히는 강조하고 있다.[6]

종교와 예술에 있어서의 언어의 지칭적 기능, 그리고 그러한 언어의 상징적 의미는 종교인들이나 예술가들뿐만이 아니라 일반적으로도 인정되어왔다. 그러한 관점은 거의 자명한 것처럼 믿어져왔었다. 그러나 좀더 세밀히 따지고 볼 때 문제가 있다. 가령 '신'이라는 종교적 상징이 바로 그 상징적 언어 말고 다른 언어로 표현할 수 없는 어떤 대상을 지칭한다는 말은 무슨 말인가? '신'이 과연 어떤 대상을 지칭한다면 그 말이 지칭하는 대상이 구체적으로 무엇인지를 지적할 수 있거나, 그렇게

---

6   Paul Tillich, *Dynamics of Faith*(N. Y. Harer Raw, 1957) 참조.

지적할 수 있는 가능성이 있지 않고는 도대체 그 말이, 즉 상징이 무엇을 지칭하는지 얘기할 수 없다.

만약 그 상징의 지칭 대상을 골라낼 수 없다면 그것은 그 상징의 의미를 알 수 없다는 뜻이며, 그 상징의 의미를 모르고서는 그것이 가리키는 것이 사실인지 아닌지, 진리인지 아닌지 모른다. '신'이란 말의 의미를 모를 때 '신'이라는 말이 인식적 기능을 한다고 얘기할 수 없음은 너무나 당연하다.

어떤 사람이 '강아지'라는 소리를 내고 그것이 하나의 언어라고 전제하고, 그리고 그 언어가 어떤 대상을 지칭한다고 전제해도, 그러한 전제를 받아들일 수 있는 것은 그렇게 지칭된 강아지가 실제로 존재하고, 그러한 실제하는 것을 직접 보거나 가상할 수 있을 때에만 비로소 의미를 갖고 이해될 수 있다. 예를 바꾸어 '외뿔말'이라는 말이 무엇을 지칭한다 해도, 만약 그러한 동물을 실제로 발견할 수 없다면 그 말은 어떤 대상을 정말로 지칭한다고 말할 수 없다. '외뿔말'이라는 말은 원래 약속에 따라 실제로 존재하지 않는 상상된 신화적 동물임이 분명히 전해져 있기 때문에, '외뿔말'이라는 말은 아무 대상도 지칭하지 않음을 우리는 처음부터 알고 있다. 설사 그러한 말의 뜻을 안다고 해도 객관적 사실에 대한 새로운 진리를 우리는 전혀 더 발견하지는 않는다.

달리 말해서 '외뿔말'이라는 말의 의미와 종교인이 얘기하는 '신'이라는 말의 의미는 다르다. 이러한 차이는 언어의 의미와 언어의 지칭대상이 일치하지 않음을 보여준다. 언어는 어떤 대상을 지칭하지 않을 때에도 그 의미를 가질 수 있다는 것이다.

'외뿔말'이라는 말은 의미는 있어도 지칭대상을 갖지는 않는다. 그 말의 뜻은 '뿔이 하나뿐인 신화적 동물'이라는 뜻으로 통한다. 이와는 달리 어떤 신자가 '신'이라는 말을 할 때, 그 말이 지칭하는 것이 무엇인지를 결정할 수 없음은 고사하고 그 말의 의미조차 분명하지 않다. '신'은 '절대자'를 의미한다고 대답할지 모른다. 그러나 이러한 답변은 답변이 될 수 없다. 왜냐하면 '절대자'란 말이 무엇이냐의 문제가 다시 제기되기 때문이다. 그런 말에 의해서 지칭된 존재를 관찰할 수 없을뿐더러 상상조차 할 수 없기 때문이다. 이러한 문제에 부딪쳤을 때 어떤 종교인은 '신'은 '하늘에 계신 거대한 백발노인'이라고 대답하거나, 또 어떤 이는 '존재전체'를 의미한다고 주장하거나, 또한 다른 사람은 '완전히 평화스러운 마음의 상태'를 의미한다고 주장할 수 있을 것이다.

이처럼 하여 '신'이라는 말이 의미가 결정될 수 있지만, 문제는 서로 양립할 수 없는 여러 가지 의미를 갖는다는 데 있다. 한 낱말이 서로 양립할 수 없는 이런 의미로도 해석되고 저런 의미로도 해석된다면 그 낱말이 사실상 의미가 있다고 할 수 없다. 만약 '강아지'라는 말이 '집에서 키울 수 있는 동물'을 의미하기도 하고, '집에서 키울 수 없는 동물'도 의미하며, '버러지'도 의미하고 '날짐승'도 다 같이 의미한다고 할 때 우리는 '강아지'라는 말의 뜻을 잃는다. 한 낱말이 의미를 가질 수 있는 것은 그 말이 다른 말들이 가리키는 것들과 구별되는 어떤 일정한 것을 가리키기 때문이다. 불행히도 '신'이라는 말은 한 가지를 가리키는 것이 아니라 무엇이고 가리킬 수 있다는 데 문제가 있고, 따라서 그 의미를 잃는다.

똑같은 어려움은 '신'이라는 낱말뿐만 아니라 예를 들어, '신은 전지전능하다'라는 명제에도 해당된다. 이 명제는 해석에 따라 '신은 위대하다'는 뜻으로 해석될 수 있고, '신은 자기의 뜻대로 무엇이든지 할 수 있다'라고도 풀이될 수 있으며, '신은 모든 과거, 모든 미래를 거울 속을 보듯이 다 알고 있다' 등으로도 해석될 수 있다. 그러나 문제는 이러한 해석들이 너무 동일하지 않다는 데 있다. 만약 한 명제가 여러 가지 서로 상반되는 상황을 다같이 서술한다면, 그것은 사실상 아무것도 서술치 않는다는 얘기나 다름없다. '꽃이 좋다'는 명제가 '꽃이 나쁘다'라는 뜻을 갖기도 하고 '꽃은 좋다'라는 뜻도 동시에 가질 수 있다면, 그러한 명제의 뜻은 사라지고 만다. 비트겐슈타인이 밝혀준 것처럼 한 언어의 의미는 화자의 주관적 해석에 따라 마음대로 정해지지 않는다. 한 언어가 의미를 갖고 사용되어 그 뜻이 이해되고 전달되는 이유는 그 언어가 한 언어공동체의 구성원들의 약속에 따라 일정한 것을 지칭하고 일정하게 적용되기 때문이다. 이른바 사적, 즉 개인적 언어란 있을 수 없다. 언어는 반드시 공공적인, 즉 사회적인 것이며, 그 언어의 뜻도 반드시 공공적, 즉 사회적인 것이다.

종교적 언어의 문제, 예컨대 '신'이라는 말의 의미의 문제는 그것이 비록 틸리히가 주장하는 상징적 의미를 갖고 있을지도 모르고, 또 그 말을 사용하는 어떤 개인에게는 의미가 있을지 모르나, 그 말은 그것을 사용하는 모든 사람들이 공통적으로 인정하는 의미를 갖지 못한다. 돌려 말해서 그 말이 언제나 일정한 조건, 일정한 경우에 일정한 방식으로 사용되고 있지 않다는 사실에 문제가 있다. '신'이라는 말은 그 무엇인가를 일정하게 지칭하는 것으로 전제되어 있음에도 불구하고, 막상 그것을 지적하려 할 때 그 무엇이라는 것이 어떤 것인지에 대해서 일정한 사회적 합의가 찾아지지 않는다는 말이다.

이러한 비판에 대하여, '신'이라는 말이 절대자를 지칭하기 때문에 인간의 이해를 초월하고, 그러한 존재는 언어로는 도저히 적확하게 표현될 수 없고, 따라서 그 말이 무엇을 지칭한다고 꼭 찔러 보일 수 없으나, 틀림없이 어떤 의미를 갖고, 오히려 가장 근본적인 진리를 나타낸다고 주장할 수 있다. '신'의 이러한 의미, '신'이라는 말이 보여주는 이러한 진리가 있다는 주장은 원래 '신'이 헤브라이어에서 'Jehovah', 'Yahwah', 'Yhwh' 등으로 표기됐던 이유와 관계된다. 신은 마침내 발음조차 잘 할 수 없는 자음으로만 표기되어야 한다는 것이다.

위와 같은 '신'이라는 말의 원래 헤브라이어 발음은 절대자로서의 신이 언어로서는 결코 만족스럽게 표상될 수 없고, 따라서 그 의미가 언어로서 정확히 정의될 수 없음을 강조하기 위해서 발음 불가능한 말로 표기되었던 것이다. 요컨대 신의 헤브라이어 표기는 신이라는 절대자와 그것을 표시하는 언어와의 사이에는 뛰어넘을 수 없는 거리가 있다는 사실, 존재하는 것 혹은 진리와 그러한 존재 혹은 어떤 진리를 표상하는 언어 사이에는 어쩔 수 없는 거리가 있음을 나타낸다. 이러한 생각은 존재 혹은 진리에 비해서 그것을 표상하는 언어가 언제나 종속적이며, 열등적인 관계를 갖고 있다는 주장을 내포한다.

존재에 비추어본 언어의 열등성, 불만족성은 비단 종교적 언어에서만 발견되지 않는다. 종교적 진리뿐만 아니라 모든 진리는 완전히 표현될 수 없다는 생각, 따라서 어떤 진리를 표상하는 언어는 바로 이 표상코자 하는 그 진리를 왜곡시키게 마련이라는 생각은 널리 퍼지고 뿌리박혀 있는 생각이다. 선불교에서는 불교적 진리가 언어로 표현될 수 없는 진리, 오로지 직관으로 배우고 볼 수밖에 없는 진리라는 것이 크게 강조되고 있다.

이른바 공안이라는 선불교 수도의 한 테크닉은 존재와 언어의 관계에 대한 위와 같은 확신을 전제한다. 공안은 '말도 되지 않는 사제간의 대화법'이라고 정의할 수 있는데, 그것은 바로 불교의 진리가 말로 표현될 수 없음을 깨우치게 하는 방법에 지나지 않는다는 것이다. 노자가 『도덕경』의 유명한 첫머리에서 '표현된 도는 도가 아니다'라고 주장한 것도, 다름 아니라 존재에 비추어 그것을 표상하는 언어가 얼마나 열등한가를, 또한 비언어적·초언어적 진리는 어떠한 언어로도 만족스럽게 표현될 수 없음을 얘기하기 위해서였다. 대부분의 예술가들은 일상적인 언어뿐만 아니라 예술적 언어 자체의 한계를 강조하고, 가능하면 언어의 표현능력을 확장하려고 노력한다. 그러므로 진리는 고작해야 상징에 의해서 암시될 수밖에 없고, 그러한 상징은 자연히 그 뜻을 정확히 따지고 규정할 수 없는 오로지 모호한 의미만을 갖고 있다는 이론이 생긴다. 이런 이론은 납득이 되는가?

언어는 그것이 지칭하거나 서술하는 대상을 있는 그대로 표상할 수 없을 뿐만 아니라 그 대상을 왜곡시킨다는 주장은, 언어가 그 대상과 똑같지 않다는 사실에 근거한다. 그러나 어떤 언어가 무엇인가를 실제로 지칭하거나 표상하여 그 의미를 가질 수 있는 것은 그 언어가 그 대상과 동일하지 않을 때 비로소 가능하다. 언어와 대상의 비동일성, 불일치성은 곧 언어의 근본적인 존재조건의 하나가 되며, 그러한 조건에서만 언어는 정말 언어로서 의미를 갖게 된다. '강아지'라는 말이 언어로서 어떤 의미를 가질 수 있는 것은 '강아지'라는 발음 혹은 기호가 실제로 존재하는 구체적인 강아지와 다르기 때문이고, '한국'이라는 말이 구체적인 국가, 지구의 한 공간을 차지하고 있는 한반도의 사회와 똑같지 않기 때문이다. '한국'이라는 말, '강아지'라는 말이 실재하는 한반도나 실재하는 강아지라는 동물과 어찌 동일하기를 바랄 수 있겠는가?

하지만 표상하는 대상과의 차이가 한 언어의 가장 근본적 존재조건의 하나라는 것을 인정한다면, 그것이 표상하는 대상과 똑같지 않다고 해서 그 언어가 대상을 옳게 표현하지 못하고, 따라서 분명한 뜻을 가질 수 없다는 주장은 논리적인 착오에서 생겨난다.

한 언어가 어떤 대상을 정확히 지칭하거나 표상한다고 하는 것은 다름 아니라 사회적 언어상의 약속에 따라 한 언어가 옳게 사용됐다는 뜻에 불과하다. '강아지'라는 말, '신'이라는 말이 약속에 따라 어떤 일정한 사물, 인격자에 적용되었다면 '강아지'라는 말과 '신'이라는 말은 정확히 그것의 지칭대상을 표현한 것이며, 따라서 그것은 진리라고 할 수 있다. 그리고 강아지라는 말이 어떤 인격자를 지칭하기로 했는가의 약속이 확실할 때 비로소 그 말들의 의미를 확실히 알 수 있게 된다.

'강아지'라는 말은 한국어를 아는 사람이면 그것이 어떤 종류의 동물을 지칭하는지 누구나 똑같이 알 수 있다. 특별한 경우를 빼놓고는 누구나 실재의 강아지를 골라 다른 사물, 다른 동물들과 구별하는 데 이견이 없다. 그렇게 때문에 우리는 강아지라는 말의 의미를 분명히 안다고 할 수 있는 것이다. 이와는 달리 '신'이라는 말을 한국인들이 사용하긴 하지만 막상 그 말이 무엇을, 어떤 인격자를 지칭하느냐를 따져볼 때, 한국말을 잘 알고 있는 사람들 사이에서도 동일한 의견이 나오지 않는 것이 문제이다. 그뿐만이 아니라 막상 '신'을 가리켜봐라 할 때 한국인들은 도대체 어떤 구체적인 대상을 가리켜야 할지 극히 당황할 것이다. 이러한 사실은 '신'이라는 한국말이 모든 한국인에 의해서 똑같은 규칙에 따라 일정하게 사용되지 않을 뿐만 아니라, 원칙적으로 그럴 수가 없음을 보여주는 것이며, 따라서 그 말의 의미가 모든 한국인에게는 모호한 이유를 드러내보인다.

'신'이라는 말이 보통 의미, 즉 축어적 의미와 다른 상징적 의미를 갖고 말로 할 수 없는, 있는 그대로 표상할 수 없는 어떤 존재, 더 정확히 말해서, 어떤 인격자를 지칭한다고 하지만, 막상 따지고 보면 과연 그것이 정말 존재하는지 아닌지조차 알 수 없을 뿐만 아니라 그 이전에 도대체 그 말이 무엇을 의미하는지조차도 알 수 없다는 결론을 낳는다. 다시 말해서 종교적 언어가 상징적 의미만을 갖고 오로지 상징적으로 어떤 진리를 보여준다는 것이 사실이라고 가정하더라도, 그 진리가 무엇인지를 알아야 한다는 것이다. 먼저 '신'이라는 말의 의미가 모호하여 결정될 수 없다면 '신'이 정말 존재하는지, '신은 전지전능하다'라는 명제가 진리인지 아닌지 결정될 수 없다.

'신'이라든지, '천당'이라는 말의 의미가 '강아지'라든지 '책상'이라는 말들과 똑같은 차원에서 똑같은 방식으로 구체적인 관찰에 의해서 결정될 수 없다면, 그 낱말들이 의미가 없다는 말인가? 무엇이라고 꼬집어 얘기할 수 없지만 그래도 역시 '신'이라는 말이 어떤 의미를 갖고 있다면, 그 의미는 어떻게 전해질 수 있는가? '신'이라는 말이 무엇인지 꼬집어 낼 수 없는 것을 지칭한다면 그 지칭대상은 어떻게 가려내질 수 있는가? 여기서 우리는 비트겐슈타인의 '삶의 양식'이라는 개념을 검토할 필요가 있다.

언어의 의미와 삶의 양식

종교적 언어의 의미는 일상적인 기준, 혹은 실증적인 관점에서 볼 때 원칙적으로 뜻을 갖지 못한다. 그 말이 지칭대상을 결정할 수 없다는 뜻이다. 그렇다고 그 언어의 기능을 지칭적 혹은 서술적인 것으로 보지 않고 실재적·사회적·윤리적인 기능, 즉 비지칭적, 비서술적, 따라서 비인식적인 것으로도 볼 수 없다. 왜냐하면 종교적 언어는 무엇보다도 먼저 어떤 사실, 어떤 진리를 표상한다는 것이 전제되어 있기 때문이다. 어떤 객관적 진리를 전제함으로써만 모든 종교적 교리, 종교적 행위는 가능하며 그 의미를 지닌다. 만약 고집을 부려 종교적 언어를 비인식적 언어, 즉 실존적, 사회적 혹은 윤리적 기능만으로 본다면 그런 입장 자체는 종교적 언어를 비종교적 언어로 바꾸어본다는 모순된 결과를 낳기 때문이다. 문제는 종교적 언어를 종교적 언어로 볼 때, 즉 인식적 내용이 있는 것으로 볼 때 그것의 의미를 어떻게 해석하고 결정할 수 있는가를 밝히는 데 있다.

앞서 보았듯이 이처럼 난처한 상황에서 빠져나가기 위하여 종교적 언어의 의미를 상징적으로 해석하려는 시도가 있었던 것은 충분히 이해된다. 종교적 언어의 의미를 상징적으로 보는 입장은 종교적 언어의 인식적 기능을 전제하고 있기 때문이다. 그러나 막상 상징적 의미가 무엇이냐, 상징적으로 표상된 진리가 무엇이냐를 따져갈 때 종교적 언어의 의미는 극히 모호하고, 따라서 종교적 진리를 긍정하거나 부정할 수 없는 상황을 만든다. '신'이라는 낱말, '신은 전지전능하다'라는 명제의 의미가 문자 그대로의 의미를 갖지 않고 상징적인 의미만을 갖는다면, 도대체 그 의미가 무엇인지 대답하기가 어렵다. 그러한 말들이 전달하려는 어떤 깊은 진리가 상징적이라 한다면, 그 깊은 진리가 무엇일 수 있는지 막상 결정적인 대답을 해야 하는 순간에 당황할 수밖에 없게 될 뿐이다.

이러한 난관을 해결해주는 방법으로 비트겐슈타인은 '삶의 양식'이라는 참신한 개념을 도입한다. 그에 의하면 언어의 사용을 일종의 '놀이 game'로 봐야 한다는 것이다. 가령 화투놀이가 어떤 내재적 규범에 의해서만 가능하며 어떤 화투놀이를 하느냐에 따라, 즉 어떤 내재적 규범을 따르냐에 따라 '솔', '매조', '공산' 등 개별적인 화투놀이의 구성요소인 화투짝의 의미가 결정될 수 있는 것처럼, 한 언어의 낱말들은 어떤 언어 놀이에서 사용되느냐에 따라 그 의미가 달라지게 된다는 것이다. 화투 짝을 가지고 '섰다' 놀이를 할 때 갖게 되는 '솔'이나 '매조' 짝의 의미를 똑같은 화투짝을 가지고 '나일론 뽕' 놀이를 할 때의 규범에 따라 의미 를 결정할 수 없음을 누구에게나 쉽사리 이해된다.

이와 마찬가지로 '신'이라는 낱말, '신은 전지전능하다'는 명제는 그 것이 종교적 문맥context에 사용됐을 때, 즉 그것이 '종교놀이'에 사용되 었을 때, 그것들의 의미가 일상적 혹은 과학적 문맥, 또는 실존적·사회 적·윤리적 문맥에서 사용됐을 때와 같은 차원의 규범에 의해서 그 의 미를 결정해서는 안 된다는 것이다. 언어에 의한 '종교놀이'는 언어에 의한 '실존놀이', '사회놀이', '윤리놀이'와 전혀 다른 규범에 의해서 행 해지고 있는 것이며, 따라서 각기 다른 놀이가 행해지고 있을 때 그 각 각의 놀이에 사용되고 있는 똑같은 언어들이 전혀 서로 다른 의미를 갖 고 전혀 다른 방법, 즉 다른 규범에 의해서 이해되고 결정되어야 한다는 것이다.

똑같은 화투장을 갖고서 여러 가지 서로 상이한 화투놀이를 할 수 있 듯이, 똑같은 언어를 갖고서도 여러 가지 서로 다른 말놀이를 할 수 있 고, 사실 그렇게 되어 있다는 것이다. 이른바 여러 가지 학문분야, 여러 가지 일상생활들은 각기 서로 다른 독자적 놀이를 이룬다. 예를 들어, 똑같은 낱말이 과학에서, 윤리학에서, 문학에서, 역사학에서, 소설에 서, 시에서, 일상적 대화에서 다 같이 사용되지만, 위와 같은 학문분야 혹은 활동들은 각기 서로 다른 것들과 혼동할 수 없는 내재적 규범을 전 제하고, 그 규범에 따라 각자 독립된 하나의 단어세계, 즉 언어세계를 구성한다. 뒤집어 말해서 마치 같은 화투로 여러 가지 서로 독립된 화투놀이를 할 수 있듯이, 똑같은 언어를 갖고서도 여러 가지 서로 다르고 각기 독립된 말놀이를 할 수 있다. 종교를 얘기한다는 것은 하나의 말놀이를 노는 것이며, 그러한 말놀이는 과학을 할 때의 말놀이와는 전혀 상관이 없는 다른 말놀이를 놀고 있는 것이다.

예컨대 과학, 문학, 종교 등에 다 같이 서로 혼동될 수 없는 사고의 놀이, 사고를 표현하는 믿음의 놀이, 믿음을 표현하는 말놀이라는 것을 인정할 때 똑같은 낱말, 똑같은 명제라 할지라도 그 언어들이 어떤 말놀이에 사용되어 있느냐에 따라 그것들의 의미가 각기 상반될 수 있음은 자명하다. 과학서를 읽을 때 그곳에 사용된 말들을 시를 읽을 때처럼 이해하려 한다면, 그것은 과학을 잘못 이해했다는 사실밖에 나타내지 못한다. 종교적 문맥에서 읽을 때 그것을 마치 문학작품처럼 대한다면, 그것은 성서의 의미를 옳게 보지 못함을 폭로할 뿐이다. 이러한 차이를 혼돈하고 망각하여, 과학서·문학작품·성서를 읽는다는 것은 과학이 무엇인지, 문학이 무엇인지, 종교가 무엇인지를 모르고 있음을 드러내는 것에 지나지 않는다.

과학서·문학서·성서를 제대로 읽으려면 우선 과학의 규범, 문학의 규범, 종교의 규범을 알아야 한다. 그러한 규범을 안다는 것은 과학의 기능, 종교의 기능, 문학의 기능을 이해하는 것이다. 다시 말해서 언어적 역할에 따라 과학의 말놀이, 문학의 말놀이, 종교의 말놀이의 규범이 서로 어떻게 달리 정해져 있는가를 알아야 한다. 과학은 실증될 수 있는 어떤 결과적 현상, 사실을 서술하고 설명하는 기능을 하는 말놀이이다. 문학은 그 속에서 얘기하는 대상, 사건, 사실이 한결같이 허구인 것이라는 규범을 전제하는 말놀이이다.

그러므로 과학적 언어의 의미가 실증될 수 있는 사실·사건·현상과 뗄 수 없는 관계를 갖고, 그러한 것에 의존되어 있다면, 문학에서의 언어는 모두가 그러한 것들을 전제하지 않고 오로지 가상적인 것들과 관계하며, 그것들의 의미는 그런 가상적·상상적인 것들에 의존한다. 처음부터 실재하는 것이 아니라 오로지 상상적인 것들로서 전제되어 있는 문학 속에서의 대상, 사건, 상황들은 과학에서 말하는 대상, 사건, 상황들과는 달리 그것들의 진위를 입증하지 못한다. 문학 속에서의 서술은 그것의 진위보다는 그 상상물들, 상상적 사건 등이 잘 구성되어 있느냐, 혹은 생생한 감동을 일으킬 수 있느냐, 또는 독창적인 상상의 세계이냐 등만의 문제를 따질 수 있는 것이다. 처음부터 과학과 문학이 위와 같이 서로 다른 약속에 의해서 구별되어 있음을 망각하고 구체적인 사실적 세계에 대한 진리를 문학 속에서 찾고, 그것의 진위를 따지려 든다든지 혹은 상상력, 표현력 등의 예술적 경험을 맛보기 위해서 과학서를 읽는다면 그것은 문학, 그리고 과학을 처음부터 잘못 알고 있음을 보여줄 뿐이다.

과학의 기능, 문학의 기능을 모르고는 과학에서의 언어의 의미, 문학에서의 언어의 의미를 옳게 이해할 수 없는 것과 같이, 종교의 기능을 모르고는 종교에서의 언어의 의미를 모른다는 결론이 나온다. 한 낱말, 한 명제의 의미는 그것들이 사용된 각기 다른 말놀이의 규범과 구조를 갖고 있듯이, 그 속에 사용된 언어의 의미를 결정하는 기준도 그 규범과 구조에 내재적으로 종속되어 있다.

종교적 언어의 의미가 먼저 종교적 기능을 아는 것으로부터 이해될 수 있다면 종교의 기능은 무엇인가? 종교가 그것만의 특수한 기능을 갖고 있다면 그것은 어떻게 파악될 수 있는가? 바꿔 말해서 종교란 도대체 어떤 말놀이인가? 조금 전에 보았듯이 과학적 기능, 문학적 기능, 즉 과학에서의 말놀이, 문학에서의 말놀이가 어떤 규범을 전제로 하는가는 쉽사리 이해된다. 과학의 말놀이가 객관적인 사실을 서술하고 설명하는 일을 맡는다면, 문학의 말놀이는 상상적 세계를 구성해보는 창조적 기능을 맡고 있다. 과학과 문학의 말놀이들에 대한 위와 같은 해석에 대해 이견을 낼 사람은 별로 없을 것이다. 다시 말해서 과학과 문학이라는 분야의 활동들을 살펴보면 그것들 간의 차이는 쉽사리 입증될 수 있다.

과학과 문학이 각기 특수한 기능을 입증할 수 있듯이 종교의 고유한 기능, 종교라는 말놀이의 규범, 혹은 약속이 쉽사리 찾아질 것 같지는 않다. 종교적 말놀이가 과학적 말놀이와 같은가 하면 그와 동시에 문학적 말놀이와 유사하기 때문이다. 종교적 언어의 의미, 예컨대 유대교, 기독교, 이슬람교에서 쓰이는 '신'이라는 낱말, '신은 전지전능하다'라는 명제 등을 이해하기 위해서는 종교, 더 정확히는 위와 같은 유일신교의 기능, 말놀이의 규범을 알아야 한다면, 그것은 도대체 어떻게 알 수 있는가? 종교의 말놀이를 이해하려면 우선 그러한 말놀이를 하는 종교의 신자들처럼 종교를 믿어야 하며, 특정한 종교, 가령 기독교의 말놀이를 이해하려면 먼저 기독교를 믿어야만 한다는 주장이 있다. 이러한 입장이 선신주의fideism[7]라고 부르는 입장으로 비트겐슈타인 등에 의해서 주장됐다.

그러나 이러한 논리는 순환오류를 범하고 있다. 어떤 특정한 종교를 믿으려면 우선 그 종교가 사용하는 말이 무엇을 의미하며 어떠한 방법으로 살아야 하는가를 가르치는지를 알아야 할 것이다. 무엇인가를 믿

---

7   신앙주의라고도 함. 종교적 진리는 이성이 아니라, 믿음에 의해서만 파악된다는 입장.

으려면 그 무엇인가가 가르치는 말의 의미를 우선 알아야 한다. 우리 집에 금송아지가 있다는 것을 믿으려면, 우선 금송아지가 있다는 말이 무엇을 뜻하는가를 이해하지 않고는 논리적으로 불가능하다. 어떤 것을 표상하는 말의 의미를 이해하는 작업은 그 어떤 것을 믿고 안 믿는 행위에 선행하기 마련이다. 그렇다면 종교적 언어를 이해하기 위해서는 먼저 종교를 믿어야 한다는, 즉 종교의 가르침을 믿어야 한다는 논리는 전혀 타당치 않다.

아직 논리에 어긋나지만 백 보를 양보해서 우선 종교를 믿어야만 종교 언어를 이해할 수 있고, 가령 기독교신자가 되어야 비로소 기독교에서 사용하는 말들의 의미를 알 수 있다고 가정해보자. 그렇다면 종교를 믿는다는 것은 무엇을 말하는가? 그것은 종교가 주장하는 진리를 인정하고, 종교가 요구하는 어떤 형태의 삶을 살아가는 것이다. 기독교신자가 될 때 나도 무신론자였을 때와 달리 천당·신의 존재를 확신하고, 원죄를 역사적 사실로 믿고 유물론자로 있을 때와는 달리 성서를 읽고, 기도를 하고, 교회에 나가서 헌금을 하고 남들을 나 자신처럼 사랑하려고 노력해야 한다. 기독교도가 됐을 경우 나는 유물론자였을 때와 달리 기적을 믿고 생활을 하게 된다. 한마디로 종교를 믿는다는 것은 종교를 갖지 않았을 때와는 다른 '삶의 양식'을 갖고, 기독교신자가 된다는 것은 불교신자였을 때와는 다른 '삶의 양식'을 갖는다는 것은 사실이다.

성서를 읽거나 불경을 읽는 행위, 기도를 올리거나 염불을 하는 행위, '신'이라는 말이나 '열반'이라는 말의 의미는 각기 기독교와 불교를 믿는 사람에게만 종교적·기독교적·불교적 의미를 갖는다는 것이다. 비종교인들에게 성경이나 불경, 기도나 염불, 신이나 열반은 개념으로서 혹은 사물로서의 의미는 가질 수 있을지 모르나 종교적 의미를 갖지는 않는다. 그러나 종교인들에게는 그러한 사물, 그러한 말들은 경건하고 심오하고 엄숙하고 성스러운 의미를 갖는다. 기독교도들에게는 '신'이 가장 깊은 의미를 갖지만 '열반'은 의미가 없고, 불교도에게 '열반'은 엄숙한 의미가 있지만 '신'은 전혀 의미가 없다. 그렇다면 종교라는 말놀이는 종교의 '삶의 양식'에 해당되며, 기독교라는 종교의 말놀이는 또 다른 특수한 '삶의 양식'에 해당된다. 그렇다면 기독교의 특수한 말놀이는 오로지 기독교의 '삶의 양식'을 살아가는 사람에게만 의미가 있고 이해되며, 불교의 특수한 말놀이는 오로지 불교의 '삶의 양식'을 살아가는 사람들에게만 이해되고 의미가 있다는 것이다. 한 종교적 언어의 의미는 오로지 그 종교의 신자들에게만 이해되고 뜻이 있다는 것이다.

언뜻 보아 설득력이 있음에도 불구하고 종교적 언어에 대한 이러한 설명은 별로 도움이 되지 않는다. 만약 과학, 문학, 종교 등을 각기 다른 말놀이요, '삶의 양식'이라고 한다면, 더 넓은 테두리에서 각기 서로 다른 언어권·문화권들은 더 넓은 의미에서의 말놀이, '삶의 양식'이라고 주장해야 할 것이다. 그렇다면 한 문화의 언어, 한 학문의 분야, 즉 과학이나 문학이나 역사나 종교의 언어는 오로지 한 문화 내에서만, 한 언어권 내에서만, 한 학문 분야에서만 이해되고 의미를 가질 수 있다는 논리가 선다. 모든 말의 의미가 근본적으로 상대적이라는 말이다. 그렇다면 서로 다른 문화권 간의, 서로 다른 학문 분야 간의 공통된 의미를 찾을 수 없다는 결론이 나오게 되고, 그 결과 의미의 보편적 진리의 객관성이 불가능하다는 입장이 생기게 마련이다. 이러한 사실은 극단적으로 말해서 서로 모순되는 말의 의미가 관점이나 입장에 따라 다 똑같이 의미를 갖고, 서로 모순되는 진리가 관점이나 입장에 따라 다 같이 옳다는 주장을 끌어내게 된다.

그러나 모순된 두 가지 진리가 결코 동시에 옳을 수 없다는 사실을 잊어서는 안 된다. 그뿐만 아니라 한 언어의 의미는 개인적인 사유물이 아니며, 개인 혹은 한 단체의 주관적인 결정에 의해서 정해지는 것이 아니라 사회적으로 공공연한 합의 속에서만 가능하며, 한 명제의 진리는 오로지 보편성과 객관성 속에서만 뜻을 갖는다.

나만의 진리, 개개인의 개인적인 진리란 그 개념 자체 속에 모순을 내포한다. 예를 들어 한국인이 '태극기'라는 말을 듣고 감격의 눈물을 흘린다고 해서, 그 한국인 한 사람, 혹은 모든 한국인이 느낄지도 모르는 감동과 '태극기'라는 말의 의미는 아무 상관이 없다. 마찬가지로 '신' 혹은 '열반'이라는 말이 기독교인과 불교신자에게 각기 깊은 감동을 준다고 해도, 그 말들의 의미는 그러한 감동과 전혀 상관이 없다. 강아지가 반드시 '강아지'의 의미를 강아지가 아닌 인간보다 잘 이해한다고 할 수 없는 것과 같이, 독실한 종교인이 반드시 비종교인보다 '종교'의 의미, 종교에서 사용되는 말들 혹은 행동의 의미를 더 잘 알고 있다고는 말할 수 없다.

또 한번 백 보를 양보해서 종교를 놀이에 비유하여, 종교놀이를 종교인들의 '삶의 양식'에 해당시키고, 또한 종교인이 사용하는 말들이 종교라는 '삶의 양식'에 비추어 그 테두리 안에서만 밝혀지고 결정되며 이해된다고 가정해보자. 화투놀이에서 약속에 의하여 가령 '솔' 스물 끝자리는 어떤 점수를 딸 수 있으며, '비' 열 끝자리는 또 어떤 기능을 할 수 있다고 결정함으로써 한 가지 화투놀이가 가능하다고 인정하자. 종교라는 말놀이에서, 더 구체적으로 기독교라는 말놀이에서 '신'이라는 말을 사용할 때, 그 종교의 신자는 어떤 믿음과 태도를 가져야 하며,

목사가 기도를 할 때 어떠한 반응을 보여야 하며, 십자가 앞에서 어떤 행동을 해야 하는지가 어느 정도 일정하게 결정되어 있음으로써 비로소 종교놀이·기독교놀이라고 불릴 수 있을 것이다. 그리고 기독교인의 '삶의 양식', 즉 기독교라는 말놀이 안에서 개별적으로 그 속에서 사용되는 낱말들이나 명제들, 예컨대 '신', '신은 전지전능하다' 등의 말의 의미가 비로소 이해될 수 있을 것이다.

그러나 비록 위와 같이 종교인의 '삶의 양식'을 억지로나마 하나의 놀이로 봐준다고 해도 보통 의미에서의 놀이, 예를 들어 화투놀이와 종교놀이는 근본적으로 다르다. 말놀이에서의 개별적 낱말 혹은 개별적 명제들에 해당되는 48개의 화투장들의 의미는 각기 서로 다른 화투장들과의 상호관계 속에서만 의미를 갖게 되며, 그런 관계 속에서만 그 의미가 결정된다. 실제로 존재하는 것과 상관없는 세계를 상상에 의해서 가정하는 기능을 갖고 있는 문학의 의미도 위와 마찬가지다. 화투놀이의 경우나 문학놀이의 경우 그 말놀이는 어떤 객관적 대상을 갖지 않고, 그 말들의 의미로 대상이 실재하느냐 아니냐와는 상관없이 결정된다. 이와는 달리 종교놀이에서 사용되는 한 낱말, 한 명제는 다만 그 놀이 안에서 사용되는 다른 낱말, 다른 명제들과의 상호적인 내적 관계에서만 그 의미가 결정되지는 않는다.

종교에서 사용되는 낱말들은 그 낱말들 밖의 어떤 객관적 사물현상, 즉 그 말놀이 밖의 세계와 외적 관계에 비추어 그 의미가 정해지고, 그것의 진위가 결정된다. 종교적 말놀이가 아니라 애초부터 현상, 사건, 사실, 상황 등 말놀이와 독립된 말놀이 밖의 객관적 현실을 표상하고 그와 관계를 맺는 놀이라는 것, 종교적 언어가 그 언어 밖의 어떤 대상에 대한 언어라는 것을 잊어서는 안 된다. '신'이나 '신은 전지전능하다'라는 말들은 그것들, 그리고 그것들 밖의 다른 종교적 말들과의 횡적, 수평적, 즉 공시적diachronic 관계에 의해서만 결정될 수 없고 그것들이 지칭하는 어떤 대상이나 그들이 서술하는 어떤 사실에 비추어서만 의미를 갖게 된다. 한마디로 말해서 종교적 언어는 필연적으로 반드시 지칭적, 즉 표상적 기능을 전제하고 있다.

그러므로 종교언어는 지칭대상, 객관적인 대상을 전제로 한다. 달리 말해서 종교적 언어는 인식적 내용, 즉 정보적 내용을 갖고 있으며, 진리와 떼어 생각할 수 없다. 진리를 전제하지 않은 종교, 진리를 주장하지 않는 종교라는 개념은 논리적으로 모순이다.

위와 같은 논지를 인정한다면 종교적 언어의 의미, 더 단적으로 말해서 종교의 의미를 '생활의 양식'이란 테두리 안에서 설명하려는 비트겐슈타인의 이론은 수용될 수 없다. 비트겐슈타인의 의도는 실증적인 입장에서 볼 때 난센스로밖에 볼 수 없는 종교를 구제하여 그것을 정당화하려는 데 있었다. 종교인이 아닌 사람의 입장에서 볼 때 종교는 무의미하게 보일지 모르고, 비종교적인 관점에서 볼 때 종교는 난센스로 보일지도 모르나, 종교는 깊은 의미가 있고 종교에서 사용되는 언어도 역시 깊은 뜻이 있다. 그러나 그 뜻은 오로지 그 종교를 믿어 종교적 생활을 함으로써만 비로소 가능하다는 것이다. 그리고 그와 같이 하여 종교적 언어의 의미가 이해될 때 그 언어가 밝혀주는 진리, 비실증적이나 역시 객관적인 진리를 깨닫게 된다는 것이다.

그러나 닐슨Nielsen이 그의 저서에서 쓰고 있듯이 첫째, 종교적 담론을 이해하려면 반드시 종교를 믿는 사람의 입장에서 그것이 이해되어야 한다. 그러나 문제의 종교를 받아들이거나 믿어야 한다는 결론이 거기서부터 따르지 않는다.[8]

둘째, 이와 같이 하여 종교적 담론이 이해됐다고 해도 그 담론이 전제하는 진리가 수용되려면, 그것은 어떤 방식으로든지 뒷받침되어야 한다. 그것이 뒷받침되려면 어떤 개인의 신념·신앙만이 아니라, 경험과 이성에 의하여 이룰 수 있는 언어공동체의 합의를 얻을 수 있어야 한다. 종교라는 '생활양식'을 갖는 한 사람 혹은 일부의 사람들의 주관적 확신만으로 종교적 진리는 객관성을 갖지 못한다. 그러나 종교의 의미를 '생활양식'에 의해 정당화하려는 입장은 정당성의 조건뿐만 아니라 정당화의 필요성을 처음부터 제거하고 나온다. 왜냐하면 그것은 종교 신자의 주관성에만 의존하기 때문이다. 종교가 주장하는 진리의 객관성은 고사하고 종교적 언어, 담론의 의미가 아직도 확실히 정해질 수 없다면 그 언어, 그 담론이 전제하는 대상을 결정하지조차 못한다. 그러나 그러한 종교가 얘기하는 대상이 무엇인지를 먼저 알지 않고서는 종교의 궁극적 문제, 즉 종교적 진리가 정말 진리인지 아닌지를 결정하지 못함은 확실하다. 그러므로 종교에서 문제는 우선 종교가 말하는 대상이 무엇인가를 결정하는 데 있다. 종교가 얘기하고 지칭하는 대상은 도대체 어떠한 종류의 것이며, 어떻게 정해질 수 있을 것인가?

언어의 의미와 지칭대상

화투놀이를 할 때 가령, '솔' 스물 끝자리가 무엇을 의미하는가를 알기 위해서 그 '솔'이 무엇을 지칭하는가를 알려고 하는 것은 부질없는 일이다. 왜냐하면 그 '솔'은 처음부터 아무것도 지칭하지 않은 것으로 약

---

8   Kai Nielsen, *An Introduction to the Philosophy of Religion*(N. Y. St. Martin's Press, 1982).

속되어 있기 때문이다. 소설을 읽을 때 그 속에 이야기된 사물, 사건, 인물들이 사실인가 아닌가를 알려고 하는 것도 역시 부질없는 일이다. 왜냐하면 소설이라는 말놀이에서는 모든 말이 실제로 존재하는 것들에 대한 이야기가 아니라, 순전히 허구적인 것들임이 전제로 되어 있기 때문이다. 만일 누군가가 화투놀이를 할 때 '솔' 스물 끝자리가 무엇을 가리키는가를 알려고 한다든지, 소설을 읽을 때 그 속에서 이야기되는 것들이 사실이냐 아니냐를 묻는다면, 그러한 사실은 화투놀이가 무엇인지를 처음부터 모르고 있다는 것을 의미하며, 따라서 그는 화투놀이를 하는 것도 아니고 소설을 읽는 것도 아니다.

그러나 종교에 있어서의 언어의 의미는 사정이 다르다. 가령 '신'이라는 말의 의미는 '예수', '에덴의 동산', '원죄', '조물주' 등의 말과의 관계에서만 이해될 수 없다. '신'이라는 말은 그것이 지칭하는 것으로 전제되어 있는 지칭대상을 모르는 이상 의미를 가질 수 없다. 다시 말해서 '신'이라는 말이 무엇인가를 지칭한다는 것으로 전제되어 있는 한 그 말의 의미는 바로 지칭대상에 지나지 않는다. '신'이라는 말의 의미는 그 말의 지칭대상인 객관적 존재로서의 신인 것이다. 가령 '박정희'라는 말이 어떤 사람을 지칭한다고 전제되었을 때, 그 말의 의미는 박정희라는 구체적인 사람이다. '박정희'라는 고유명사의 의미를 안다는 것은 박정희를 안다는 것에 지나지 않으며, '강아지'라는 보통명사가 어떤 대상을 지칭한다고 전제되었을 때, 그 말의 의미를 안다는 것은 그말이 지칭하는 일종의 동물들을 안다는 말에 지나지 않는다. 구체적인 한 인물인 박정희와 구체적인 일종의 동물인 개들을 머릿속에 그릴 수 있고, 필요에 따라 그것들을 직접 관찰하고 지적해낼 수 있을 때 비로소 나는 각기 '박정희'라는 말의 뜻, '강아지'라는 말의 뜻을 알았다고 할 수 있는 근거를 갖는다.

'박정희', '강아지'라는 말의 의미에 지나지 않는 구체적인 한 인물인 '박정희', 그리고 일종의 구체적인 동물인 강아지들을 한국말을 아는 정상적인 사람이면 다 같이 관찰할 수 있고, 따라서 그것들을 지적하여 다른 인물, 다른 동물들과 구별해낼 수 있다. 한국어를 사용하는 언어공동체의 구성원들이 한결같이 똑같은 인물, 똑같은 종류의 동물을 가려내는 데는 어려움이 없고, 이의가 없기 때문에 '박정희', '강아지'라는 말들이 각기 지칭하는 대상이 공적으로, 다시 말해서 객관적으로 정해지고, 그러한 한에서 그러한 말들의 의미가 결정되며 이해된다. 그러나 똑같은 언어라도 종교적 문맥에서 사용되었을 때 사정은 전혀 다르다. '신'이라는 낱말, '천당'이라는 어휘, '열반'이라는 말, '영적 세계'라는 말들이 도대체 무엇을 구체적으로 지칭하는지 전혀 확실하지 않다. 물론 기독교신자, 불교신자들은 각기 위와 같은 단어들의 지칭대상이 무엇인지 알고 있다는 확신을 전제하고 주장한다. '신'은 하늘 꼭대기에 사시는 백발의 착하고 선한 할아버지라고 지적할 수 있으며, '천당'은 우리가 죽어서 가게 될 평화로운 고장이라고 말할 수 있고, '열반'은 부처님과 함께 고통 없이 살 수 있는 극락의 고장이며, '영적 세계'는 육체를 떠나 눈으로 볼 수 없고 시간과 공간을 떠나 존재하는 신성한 고장이라고 주장될 수 있다.

그러나 문제는 이미 앞에서 보았듯이, 똑같은 종교를 믿는 사람들 사이에도 '신', '천당', '열반', '영적 세계'라는 말들이 각기 지칭하는 구체적인 대상에 대하여 동일한 입장을 찾기 어렵다. 어떤 기독교인은 '신'이 하늘에 사시는 할아버지를 가리키는 것이 아니라 우리의 선한 마음씨를 지칭한다고 주장할지 모르며, 어떤 불교신자는 '열반'이라는 말이 지칭하는 것은 이 세상과 구별된 다른 세계가 아니라 우리들의 평화로운 마음의 상태라고 주장할 수도 있을 것이다.

이처럼 똑같은 말이 사람에 따라 서로 다른 대상을 지칭하는 것으로 볼 수 있다면, 그 말이 공통적인 지칭대상을 갖지 못한다는 결과를 낳고, 따라서 그 말의 의미가 사실상 증발하여 사라지고 만다는 결론을 낳게 된다. 한마디로 말해서 종교적 언어의 지칭대상을 찾아낼 수 없다는 말이다. 그렇다면 종교적 진리가 옳고 그름을 결정할 수 없다. 종교적 진리가 확실하지 않은 종교가 전제하는 진리를 받아들일 수는 없다. 종교가 전제하는 믿음, 즉 진리는 사실상 객관적 사실이 아니라 소설에서 얘기되는 상상적 존재에 불과하거나, 아니면 순전히 환상에 지나지 않을지도 모른다.

그러나 종교적 언어의 의미, 종교적 진리, 종교적 언어가 지칭한다고 전제되는 어떤 대상에 대한 위와 같은 결론은 종교적 진리가 틀렸다는 결론을 내지 않는다. 종교적 언어는 우리가 아직도 정할 수 없는 의미를 갖고 있는지도 모르며, 우리가 아직도 가려낼 수 없는 어떤 지칭대상을 갖고 있으며, 따라서 종교가 주장하는 진리는 정말 '참', 즉 사실인지도 모른다. 우리가 그러한 언어의 의미를 확정하고 그 언어가 지칭하는 지칭대상을 가려내지 못하는 이유는 오로지 인간으로서 우리의 제한된 능력에 기인하는지도 모르기 때문이다. 그럼에도 불구하고 종교적 진리가 참인지 아닌지 결정될 수 없다는 것은 그 반대로 종교적 진리가 옳다는 결론으로 이어지지도 않는다. 종교적 진리에 대해서 우리가 내릴 수 있는 유일한 결론은 그것의 진위를 알 수 없다는 회의적 입장이다.

종교에 대해서 우리는 그것이 주장하는 진리를 긍정할 수도 없고 부정할 수도 없다. 달리 말해서 종교인을 규탄할 근거가 전혀 없지만 그렇다고 우리 스스로 종교인이, 즉 어떤 특정한 종교, 예컨대 유대교인, 기독교인, 이슬람교인, 힌두교인, 불교신자가 될 수도 없다는 것이다. 우리가 알 수 있는 것은 우리의 이른바 한계조건boundary condition과 종교적 문제가 이른바 제한적 문제limiting question라는 사실이다.

『종교란 무엇인가』(1985)

06

종교적 행위

무엇인가의 사실을 믿는다는 것과 그 믿음에 따라 행동한다는 것은 서로 다르다. 담배를 피우면 암에 걸릴 가능성이 높다는 통계적 사실을 믿는다고 해서 바로 담배를 끊지는 않는다. 그러나 믿음이라는 지적 상황과 행위라는 동작은 서로 뗄 수 없는 관계를 갖고 있다. 하나의 믿음은 어떤 특정한 행위를 암시한다. 독을 마시면 죽는다는 것을 안다고 믿는다면 독을 마시지 않으려는 행위가 합리적이며, 오후에 비가 쏟아질 것을 믿으면 우산을 준비하고 나가는 행위야말로 가장 타당하다. 그런 것을 믿으면서도 그 믿음에 따라 행동하지 않을 수 있지만, 그러한 행동이 비합리적임은 두말할 필요도 없다.

   종교는 무엇보다도 하나의 특수한 믿음, 즉 앎의 체계이며 종교를 갖는다는 것은 그러한 믿음을 진리라고 전제함을 의미한다. 특별한 믿음, 즉 비실증적, 비과학적인 믿음인 종교적 믿음은 그 믿음에 근거한 어떤 특정한 행위를 수반한다. 만약 어떤 종교의 교리를 믿는 신자가 그 종교가 내포하는 어떤 특정한 행위를 하지 않는다면 그는 종교생활을 하지 않는 것이며, 엄격히 따져서 종교인이라고 자처할 수 없다. 이와 같이 볼 때 현존하는 여러 종교들이 과학적 관점에서는 이해할 수 없는 특수한 행위를 요구함은 당연한 논리이다.

유대교도는 토요일마다 시너고그라는 유대교 사원에 가고, 기독교도들은 주일마다 교회에 가서 예배를 본다. 이슬람교도들은 그들의 사원, 모스크에 가서 절을 하고 불교신자들은 절에 가서 경을 읽고 부처님 앞에 손을 모아 절한다. 기독교신자들은 무릎을 꿇고 신부가 주는 빵과 포도주를 받아먹는다. 불교신자들은 절에 가서 부처님 앞에 향을 피우고 공양미를 바친다. 기독교신자들은 성당을 짓고 십자가를 목에 걸고 다니며, 불교신자들은 사찰을 짓고 불상을 모신다. 기독교신자들은 복음을 온 세계에 전달하기 위하여 고통을 무릅쓰고 험악한 미개지에 전도사로 나가거나, 경우에 따라 기독교를 믿지 않는 나라에 총과 대포를 갖고 가서 선교활동을 한다. 불교신자들은 남의 집에 가서 탁발을 하면서 부처님의 진리를 포교하고, 경우에 따라 호국을 위하여 큰 모임을 갖는다. 이처럼 어떤 종교를 믿느냐에 따라 모든 종교인들은 어떤 특수한 행동을 할 의미를 갖게 된다. 그러한 행동은 사회적 형태, 문화적인 양식으로 굳어져 어떤 특수한 의식, 제의 등의 구체적인 형식을 갖춘다. 한마디로 말해서 개인적인 차원에서나 사회적인 차원에서 어떤 특수한 행위를 동반하지 않는 종교는 사실상 찾아볼 수 없으며, 그러한 종교는 종교로서 완전할 수 없다.

종교적 행위는 다양한 차원, 상황에서 극히 다양한 형식을 갖고, 각 종교에 따라 그 형식도 한없이 달라진다. 이처럼 다양한 종교적 행위는 편의상 대체로 두 가지 유형에 의해서 고찰될 수 있다. 첫째 기도, 염불, 명상 등과 같은 것으로 무형적 행위라고 한다면, 둘째 성찬, 공양 혹은 사원, 성당의 건축 등을 유형적 행위라고 부를 수 있다. 다시 말해서 모든 종교는 무형적 또는 유형적 행위를 반드시 동반한다. 이와 같은 행위를 갖추지 않은, 혹은 내포하지 않은 종교는 하나의 이론, 하나의 인식론에 불과할 뿐 우리가 실제 알고 있는 종교에 속하지 않는다. 어떤 행위를 갖지 않는 종교라는 개념은 모순된 개념에 지나지 않는다는 말이다. 왜냐하면 인식론으로서의 종교는 반드시 이런 행동을 내재적으로 포함하고 있으며, 요구하고 있기 때문이다.

종교에 있어서 인식과 행위가 서로 다르면서도 분리할 수 없는 관계를 갖는다면 철학적으로 보아 우선적인 문제는 그러한 관계를 어떻게 설명할 수 있느냐에 있다. 종교적 행위는 어떤 기능을 하는 것이며, 또 무엇을 전제하며 그런 전제에 근거를 제시할 수 있는가? 언뜻 생각할 때 이러한 물음에 대한 대답은 간단해 보인다. 한 특정한 종교적 행위는 어떤 특정한 인식, 즉 믿음을 전제하고, 한 특정한 종교적 믿음 속에 내포된 어떤 사실을 함의하며, 한 특정한 종교적 믿음 속에 내포된 목적을 달성하는 기능을 갖는다고 대답할 수 있다.

예컨대 기독교에서 기도나 성찬은 초월적 인격자의 존재를 전제하고, 그런 행위에 의해서 그 초월적 인격자가 주재하는 천당에 갈 수 있음을 함의하며, 천당에 가겠다는 목적을 이루는 기능을 담당한다고 말할 수 있다. 이와 마찬가지로 불교적 행위로서의 염불, 공양은 서방정토라고 불리는 부처님의 세계가 따로 있음을 전제하고, 그런 행위들을 통해서 죽어서 서방정토에 가겠다는 목적을 이루는 기능을 한다고 할 수 있다.

그러나 이러한 대답이 수긍되려면, 따라서 위와 같은 종교적 행위가 참다운 의미, 즉 이성적으로 납득될 수 있으려면, 위와 같은 전제들이 모두 객관적 사실, 즉 진리여야 한다. 따라서 모든 종교는 각기 자기들이 믿고 있는 위와 같은 전제들이 참이라고 확신한다. 이러한 확신이 없는 종교는 종교적 의미를 잃는다. 그러나 어떤 진리에 대한 모든 확신이 그런 진리를 보장해주지는 않는다. 확신은 언제나 주관성을 떠날 수 없다. 주관적 확신이 정말 진리로 승격되려면 그 확신은 객관적인 근거에 바탕을 두어야 한다. 나의 성적 행위의 목적이 아내와의 쾌락을 위한 것이라고 내 자신이 아무리 확신하더라도, 객관적으로 따지고 보면 그 행위는 종족의 연장이라는 생물학적 기능을 하고 있는지도 모르기 때문이다.

과학적인 관점에서뿐만 아니라, 상식적으로 생각해보아도 신의 존재, 이승과 저승의 존재, 기도나 염불의 효과, 예수의 살과 피라는 성찬의 내용 등이 한결같이 의심스럽다. 종교가 전제하는 이러한 것들에 대한 믿음이 의심스럽게 되는 이상, 그와 같은 종교적 행위가 종교적 목적을 달성하는 데 무슨 효과가 있을지 의심스럽게 됨은 당연하다.

만약 종교적 행위가 종교 자체 내에서 전제하는 의미를 갖지 못한다면, 즉 종교 자체보다, 정확히 말해서 종교적 교리, 종교적 믿음에 내포된 그런 행위의 전제가 정당한 근거를 갖지 못한다면, 그와 같은 종교적 행위의 뜻, 다시 말해서 그러한 종교적 행위의 기능을 어떻게 볼 수 있는가?

심리적 기능

상식적이거나 과학적 관점에서 볼 때, 종교적 여러 행위 혹은 행사는 심리적 기능으로 볼 수 있다. '하늘에 계신 아버지!' 하며 기도를 올린다든 지, '나무아미타불!'이라고 염불을 한다든지, 또는 성당에 가서 신부로 부터 성찬을 받아 삼킨다든지, 혹은 불상 앞에 향을 피우고 공양을 바 치는 행위는 정말 하느님이 나의 부름에 귀를 기울여 나의 소원을 채워 주신다고 믿기 때문이거나, 부처님이 나의 소원을 들어 준다고 믿기 때 문이 아니다. 내가 그러한 종교적 행동을 하는 것은 오로지 나의 마음의 궁극적 평화를 찾거나 내가 계속 희망 속에 살아갈 수 있는 심리적 효과 를 위해서라고 볼 수 있다.

실제로 많은 종교인들은 기도를 올리거나 염불을 하면서 그러한 행 위가 실제로 어떤 객관적 결과를 가져오리라고 믿지 않는다. 기도를 올 리면 그것을 들은 하느님이 나에게 구체적으로 아들을 낳게 한다든지 돈을 벌게 하리라는 것을 문자 그대로 믿는 사람은 별로 없는 것 같다. 실제로 많은 경우 종교 신도들은 종교적 행위를 통해서, 달리는 채울 수 없는 마음의 평화를 얻고, 달리는 할 수 없는 심리적 만족감을 경험함에 틀림없다. 만약 이러한 종교인들에게 논리적으로 따져 들어가 그들의 종교적 행위가 무엇을 전제하며, 어떤 기능을 하는 것으로 봐야 하는가 를 물을 때, 그들은 흔히 당황해하고 답변을 피하게 될 것이다. 그들은 종교인으로서, 한 종교의 신도로서 그와 같은 종교적 행위를 별로 따지 지 않고, 습관에 따라 거의 자연스럽게 여겨왔기 때문이다. 그들은 자신 들의 행위가 전제하는 것, 의미하는 것을 전혀 따지지 않는다.

경우에 따라 어떤 종교인들은 자신들이 하는 행위가 논리적으로 전 제하는 것, 그 행위의 논리적 기능을 문자 그대로 믿지 않는다고 솔직한 태도로 말할지 모른다. 그들은 상식적으로나 혹은 과학적으로 이해할 수 없는 이상스러운 종교적 행위가 오로지 심리적 효과를 위해서라고 스스로 인정하기도 한다.

설사 종교적 행위를 밖에서 볼 때 심리적인 의미로밖엔 이해할 수 없고, 또한 한 걸음 더 나가 종교적 행위를 하는 종교 신도 자신들이 그들의 행위가 오로지 심리적 효과만을 목적으로 함을 의식하고 인정한다 해도, 종교적 행위는 오로지 심리적인 것으로는 이해될 수 없다. 한 행위의 의미는 행위를 실천하는 본인이나 혹은 그 행위의 관찰자의 생각에 의해서 결정될 수 없다. 모든 동물이 이성에 끌리면서 마침내는 성행위를 할 때 그 행위의 목적이 상대방을 사랑하기 위해서라고 스스로 확신한다 해도, 성행위의 객관적 기능은 그런 행위자들의 주관적 생각과 독립된 기능, 즉 종족보존이라는 생물학적 기능을 한다고 볼 수 있는 것이다. 이런 점에서 볼 때 종교행위의 기능이 심리적인 효과를 거두려는 데 있다는 결론에는 문제가 있다.

첫째, 종교적 행위를 하고 그 행위의 의미를 심리적 기능으로 보더라도 그러한 종교인들은 사실상 자신들의 행위의 참된 기능을 알지 못하고 있는지도 모른다. 우리가 무엇을 알지 못한다고 해서 그 무엇이 없는 것은 아니다. 둘째, 종교적 행위의 심리적 해석은 논리적으로 보아 종교적 행위에 대한 대답이 될 수 없다. 앞에서 검토된 바와 같이 종교는 어떤 진리를, 객관적 사실을 전제한다. 종교는 반드시 인식적 내용을 갖고 있다는 말이다. 따라서 종교적 행위도 그 인식적 내용과 떼어서 생각될 수 없다. 종교적 행위는 종교적, 인식적 내용에 근거한다. 그렇기 때문에 종교적 행위는 종교적 인식에 비추어서만 의미를 갖는다. 이러한 사실은 내가 아스피린을 먹는 행위는 아스피린이라는 약이 통증을 해소해준다는 의학적 인식에 바탕을 두고 있으며, 그런 바탕에서만 의미를 갖는다는 논리와 똑같다.

그럼에도 불구하고 종교적 행위를 심리적 기능으로 해석한다는 것은 그 행위와 종교가 전제하는 인식, 즉 진리와의 사이에 필연적 관계가 없다는 것을 전제한다. 만일 종교적 행위가 가령 마음의 평화라는 심리적 효과를 찾는 데 있다면, 그러한 효과는 종교적 행위가 아닌 다른 여러 가지 행위에 의해서도 이루어질 수 있기 때문이다. 적당한 운동을 한다든지, 유행가를 불러본다든지, 혹은 대마초를 핀다든지, 또는 적당한 음주를 통해서도 똑같은 효과를 얻을 수 있다. 그러나 이와 같은 후자의 행위는 결코 종교적인 행위가 아니다. 문제는 기도, 염불, 성찬, 공양 등과 같은 행위는 테니스를 친다든지, 혹은 아편을 피우는 행위와 근본적으로 다른 종교적 행위이다. 문제는 이와 같은 종교적 행위의 의미를 종교적 믿음과 연관하여 어떻게 설명하느냐에 있다. 그렇다면 이와 같은 종교적 행위가 그러한 행위를 하는 종교인의 심리에 주는 효과가 아니라, 종교인의 심리와는 관계없는 어떤 객관적 진리와 관계되는지가 밝혀졌을 때 종교적 행위의 참된 의미는 이해된다. 기독교인은 어찌하여 기도를 해야 하고 성찬을 받아 먹어야 하며, 어찌하여 불교인은 염불하고 불상 앞에서 향을 피워야 하는지가 설명되어야 한다. 종교적 행위의 기능은 그러한 행위자가 갖게 되는 심리적 효과만으로써는 이해될 수 없다.

윤리적 기능

종교적 행위는 윤리적 기능을 한다고 생각할 수 있다. 기도, 염불, 성찬, 공양 등의 행위를 통해서 기독교신자와 불교신자는 자신들의 행동이 윤리성을 강화하려는 것이라고 해석할 수 있다. 그러한 행동을 함으로써 그들은 윤리적으로 옳은 사람으로 살아가려고 노력하는 것으로 설명할 수 있다.

종교적 행위의 윤리적 해석은 종교와 윤리가 실제로 뗄 수 없는 관계를 갖고 있다는 믿음에 근거한다. 윤리적인 문제가 옳고 그른 행동, 선하고 악한 행동의 문제라면, 모든 종교는 일종의 윤리를 내포한다고 볼 수 있다. 왜냐하면 모든 종교는 역시 옳고 그른 행위, 선하거나 악한 행위를 구별하고 우리가 다 같이 옳고 선하게 살기를 요구한다. 종교를 믿느냐 아니냐에 따라 똑같은 행위가 윤리적으로 보일 수도 있고, 반윤리적으로 보일 수도 있다. 보신탕을 먹는 행위가 불교신자에게는 반윤리적이지만 아무 종교도 믿지 않는 사람에게는 그렇지 않다. 똑같이 종교를 갖지만 어떤 종교를 믿느냐에 따라 동일한 행위가 윤리적으로 용납될 수도 있고, 그렇지 않을 수도 있다. 유대교도 혹은 이슬람교도들에게 돼지고기는 윤리적으로 위반되지만, 기독교도에게는 그렇지 않다.

설사 종교와 윤리, 종교적 가치와 윤리적 가치가 동일하지 않더라도, 모든 종교는 각기 그것과 상응되는 윤리적 규범을 갖고 있다. 다시 말해서 각 종교는 각기 그것대로 선악의 기준을 갖고 있다. 기독교도에게는 일부다처가 윤리적으로 용납되지 않지만 이슬람교도에게는 그러한 행위가 윤리적으로 저촉되지 않는다. 이와 같이 볼 때 윤리적 행위는 곧 종교적 행위이며, 종교윤리적 체계는 곧 종교적 교리로 볼 수 있고, 윤리적 가치는 곧 종교적 가치로 해석할 수 있다. 즉 윤리가 종교에 예속된다고 볼 수 있다.

그러나 종교와 윤리의 관계는 위와는 정반대의 입장에서 설명될 수 있을지 모른다. 종교적 교리를 윤리적 체계의 표현으로 볼 수 있다는 말이다. 초자연적인 어떤 진리를 종교가 전제한다면 사실상 그러한 전제는 윤리적 요청에 의해서 가상된 것에 불과한지도 모른다. 윤리적 가치를 뒷받침하기 위해서 우리들은 흔히 초자연, 초월적 진리에 의지하고자 하는 심리적, 그리고 논리적 필요성을 느끼기 때문이다.

기독교에서의 '십계명', 그리고 불교에서의 '팔정도'는 각기 기독교와 불교의 윤리적 기본규범으로 볼 수 있다. 그것들은 다 같이 우리들의 실생활에서의 구체적 행동의 규범이며, 우리는 그 규범에 따라 선악을 가린다. 종교적 행위를 윤리적으로 본다는 것은 종교의 근본적 기능이 윤리적 기준을 제시하는 데 있다는 말이다. 종교의 기능을 윤리적으로 볼 때 종교의 교리, 그리고 종교가 요구하는 모든 행위는 궁극적으로 윤리적 목적을 효과적으로 성취하는 데 있는 것으로 볼 수 있다. 그러므로 기독교신자가 교회를 짓고, 기도를 올리며 성찬을 받아 먹고 그밖의 여러 가지 의식의례를 지키는 것은, '십계명'에 밝혀진 윤리적 규범을 다짐하고 그에 따라 살겠다는 생각을 강화하는 기능을 가진 것으로 볼 수 있다. 불교신자가 사찰을 짓고 염불을 외우고 공양하며 그밖의 여러 가지 의식의례를 하는 것은, '팔정도'에 밝혀진 윤리적 규범에 따라 살겠음을 스스로 다짐하는 구체적인 수단방법으로 해석될 수 있다.

종교와 윤리가 아무리 깊은 관계를 갖고 있다고 해서 윤리를 종교로 환원시킬 수 없는 것과 같이 종교를 윤리적으로 해석할 수 없다. 종교는 어떤 객관적 존재에 대한 인식을 전제한다. 이런 인식을 전제하지 않는 한 종교는 성립되지 않는다. 그뿐만 아니라 종교적 인식의 대상은 필연적으로 초월적, 초자연적 타계이다. 가령 기독교는 절대자로서의 인격적 신을 전제하며 불교는 이 세상과 별도로 존재하는 극락세계를 전제한다. 그리고 신이나 극락세계가 처음부터 초월적 존재, 초자연적 세계임은 두말할 필요도 없다. 이와 반대로 윤리는 어떤 존재에 대한 믿음을 반드시 전제하지는 않는다. 윤리는 존재하는 현상과는 상관없이 인간 관계와 행동을 규제하는 규범체계에 불과하다. 그러므로 종교에서 요구하는 종교적 행위와 윤리에서 요구하는 윤리적 행위가 흔히 일치하지만, 경우에 따라 그것들 사이에 갈등이 생긴다.

앞서 키르케고르가 보여준 예에서 본 것과 같이 종교적 입장에서 볼 때 아브라함은 아들 이삭을 이유 없이 희생시켜야 했지만, 윤리적 관점에서 볼 때 그러한 종교적으로 옳은 행동은 용납되지 않는다. 윤리적으로 보아 나는 아버지의 목숨을 살리기 위해 공산군에게 나의 기독교적 신앙을 부정하고 목에 매고 있던 십자가를 짓밟아야 하지만, 종교적으로 볼 때는 아버지를 희생해서라도 나의 종교를 저버려서는 안 된다.

윤리적 행위와는 달리 종교적 행위가 반드시 초월적 어떤 존재, 즉 타계를 전제함으로써만 그 의미가 이해될 수 있다면 그러한 존재, 그러한 타계를 전제하지 않는 윤리적 행위의 의미와 구별될 뿐만 아니라 전혀 다른 차원에서 그 의미가 설명되어야 한다. 종교적 행위가 심리적인 효과를 가져올지 모른다. 또한 그 행위가 윤리적 행위를 강화해줄지 모른다. 그러나 비록 이러한 것이 사실이라고 해도, 심리적 기능, 윤리적 기능은 종교적 행위의 피상적이며 우연적인 기능에 불과하다. 종교적 행위의 기능은 그 행위와, 그리고 종교가 전제하는 천天, 당신, 초월적 세계, 저승 즉 타계와, 또 한편으로 속俗, 자연현상, 이승과의 관계의 테두리 안에서만 이해되고 설명될 수 있다. 요컨대 종교적 행위의 기능은 절대적인 구별을 전제하는 성역과 속세, 저 세상과 이 세상과의 관계에서 맡을 수 있는 역할로서만 이해될 수 있다.

인과적 기능

망치로 유리를 치면 유리가 박살난다. 부패한 음식을 먹으면 설사를 한다. 온도가 영도 이하로 내려가면 물이 언다. 망치의 때림과 유리의 박살남, 부패한 음식의 흡수와 설사, 영하 이하의 온도와 물의 동결의 관계는 통틀어서 원인과 결과의 관계를 이룬다. 어떤 현상이 다른 현상에 어떤 종류의 결과를 낼 때 그 두 개의 사물 간에 인과관계가 있다고 말한다.

인과관계는 위와 같은 물리현상 간에만 있는 것이 아니다. 사람과 사람과의 사이, 사람의 행위와 사람의 반응 사이에도 인과관계가 발견된다. 복돌이의 사랑이 복순의 기쁨이라는 결과를 가져온다면 복돌이의 사랑과 복순이의 기쁨 사이에 인과관계가 있다고 해야 한다. 똘똘이는 아버지를 졸라대서 용돈을 받아낸다. 상관에게 뇌물을 바치면 빨리 진급한다. 일을 열심히 하면 많은 보수를 받게 될 수도 있다. 아들의 조름과 아버지가 주는 용돈, 상관에게 바친 뇌물과 진급, 열심히 한 일과 늘어난 보수들 사이에는 각기 원인과 결과의 인과관계가 있어 보인다.

인간은 그냥 사는 게 아니라 항상 어떤 목적을 갖게 마련이며, 목적을 달성하고자 애쓴다. 목적 없는 인생, 아니 삶은 상상하기 어렵다. 목적은 어떻게 달성될 수 있는가? 거기에는 언제나 행동이 필요하다. 복통을 가라앉히기 위해서 아스피린을 삼킨다. 사랑하는 여자의 마음을 사기 위해서 연애편지를 쓰며, 진급하기 위해서 상관에게 뇌물을 바친다.

목적 달성을 위한 위와 같은 행동은 각기 그 행동과 그 행동에 의해서 생긴 상황 혹은 사건 간에 인과관계가 있음을 전제한다. 아스피린과 진통, 연애편지와 여자의 호의, 뇌물과 진급 사이에 인과관계가 있다고 전제했기 때문에 아스피린을 삼키고 연애편지를 쓰고 뇌물을 바치는 것이다. 만약 이러한 인과관계를 전제하지 않고 누군가가 그런 짓을 했다면, 그의 행위는 극히 비합리적이거나 우발적인 것이다. 우리의 삶이 언제나 어떤 목적달성을 요구하는 이상, 우리들이 이성적인 한 우리의 행동은 항상 목적달성적이다. 우리의 행위가 의식적인 한 그것은 필연적으로 목적적이다.

종교에 있어서의 여러 가지 행위가 의식적인 행위임은 두말할 필요도 없으며, 어떤 종교를 믿느냐에 따라 특수한 행위가 의식적으로 요청된다. 기독교신자가 교회에 가서 예배를 보는 것은 우연한 행위, 즉 사건이 아니라 의식적으로 의도된 것이다. 따라서 그러한 행위는 어떤 목적을 전제로 한다. 그러나 불교신자라면 똑같이 의식적이면서도 전혀 다른 목적을 갖게 되고, 따라서 다른 행동을 하게 될 것이다. 기도, 공양이 각기 어떤 목적을 달성하기 위한 의식적, 그리고 의도적 행위임은 말할 필요도 없다.

모든 종교가 목적달성을 위한 어떤 특정행위를 요청하고, 모든 종교가 어떤 초월적 세계를 전제하며 그러한 세계와 자연적 세계, 천당과 속세 사이에 어떤 인과적 관계가 있음을 전제한다. 가령 기독교에서는 천당이 있고, 그곳에는 전지전능한 신이 존재하며, 우리가 천당에 가기 위해서는 교회를 짓고, 기도를 하며, '십계명'을 따라 살아야 한다고 주장하게 된다. 불교의 입장에서 볼 때, 열반이라는 다른 세계가 있고, 그곳에서 극락의 삶을 누릴 수 있으며, 불교의 목적달성을 위해서 염불을 올리고 공양을 바쳐야 한다는 논리가 선다. 기독교인의 목적달성과 기독교인이 해야 하는 행위와, 그리고 불교도의 목적달성과 불교도가 해야 하는 행위 사이에는 인과관계가 있는 것으로 봐야 한다. 기독교에서의 신앙생활, 불교에서의 '업'이란 다름 아니라 각기 기독교적 목적, 불교적 목적을 달성하기 위한 수단으로 볼 수 있다.

이와 같이 볼 때 종교적 행위는 인과적 관계에서만 이해되고, 그것은 어떤 목적, 즉 결과를 이루기 위한 원인으로 해석된다. 그러나 문제는 우선 종교적 행위가 전제하는 초월적 세계, 신적 존재에 대한 진리를 받아들일 수 있느냐에 있다. 앞서 검토해보았듯이 그러한 진리가 적극적으로 부정될 수 없지만, 그렇다고 긍정적으로 입증될 수도 없다. 만일 종교가 주장하고 있는 초월적 진리가 확실하지 않다면 종교적 행위가 인과적으로 어떤 목적을 달성할 것이라는 보장이 없을 뿐만 아니라, 그러한 행위는 의미를 잃는다. 예를 들어 내가 어떤 그림자를 잘못 보고 내가 사랑에 빠진 여자라고 착각하여 그 그림자 앞에 무릎을 꿇고 사랑을 고백했다고 하자. 나의 사랑의 고백이라는 행위는 내가 사랑하는 여자의 마음을 움직여서 나를 사랑해주기를 바란다는 점에서 이해가 되고 의미가 있을 것이다. 다시 말해서 나의 사랑의 고백과 나의 목적과의 인과관계가 전제되어 있다. 그러나 그림자가 나의 사랑의 고백에 반응하여 내 목적이 달성케 될 수 없음은 말할 필요도 없다. 그림자 여자가 아닌 사랑하는 진짜 여자가 없는 사랑의 고백이 무의미한 것과 같이, 만약 종교가 전제하는 천당, 신 등의 초월적 존재가 실재하지 않고 그림자 혹은 환상에 지나지 않는다면, 그와 같은 환상과 종교적 행위 사이에는 인과적 관계가 있을 수 없고, 따라서 종교적 행위는 의미를 완전히 잃고 만다.

둘째로 백 보를 양보하여, 종교에서 전제되는 초월적 진리가 의심 없는 객관적 사실이라고 가정해보자. 그렇다면 종교적 행위를 인과적 관계로서 해석할 수 있는 가능성이 보인다. 천당 혹은 신이라는 존재는 마치 안방에 앉아 계신 할아버지가 손자의 장난에 반응하듯이 이 세상에서의 종교적 행위에 인과적으로 반응할 가능성이 있다. 그러나 문제는 초월적 세계와 이 세계, 초월자와 이 세상에서의 종교적 행위 사이에 과연 어떤 인과관계가 있는지 알 수 없다는 데 있다. 다시 말해서 종교적 행위에 전제된 인과관계가 사실이라는 보장이 없다. 그렇다면 그러한 인과관계에 의해서만 의미를 가질 수 있는 종교적 행위는 의미를 잃는다. 이러한 문제를 인정하면서도 종교행위를 한다면 그러한 행위는 이해조차 할 수 없다.

내가 기도를 열심히 하고 교회에 충실히 나가서 '십계명'에 따라 산다면, 나의 그러한 행위가 원인이 되어 나는 정말 천당에 갈 수 있는가? 부처상 앞에 엎드려 염불하고 값진 물건을 사찰에 기증하면 그런 행동이 원인이 되어 나는 뜻대로 아들을 낳고 끝내는 죽어서 서방극락세계에 갈 수 있는가? 과연 나의 행위는 나의 목적을 위해서 인과적으로 작용할 수 있는가? 어떠한 조건에서 그러한 인과관계를 믿을 수 있는가? 도대체 인과관계란 정확히 무엇을 말하는가?

우리가 어떤 두 사물현상 혹은 사건 간에 인과관계가 있다는 것을 믿게 되는 근거는 두 사물현상 혹은 사건 간에 언제나 같은 관계가 거의 기계적으로 반복되거나, 혹은 그렇게 될 확률이 많다는 것을 구체적인 경험을 통해 실증할 수 있는 가능성이 있기 때문이다. 아스피린을 삼키면 번번이 예외 없이 아픈 골치가 풀린다는 것을 경험을 통해서 안다. 상관이 뇌물을 받으면 거의 틀림없이 뇌물을 상납한 부하를 진급시켜준다는 확률이 있음을 여러 번의 경험, 여러 사람들의 경우를 통해서 안다. 그러므로 우리는 아스피린과 복통 사이, 상관에게 주는 뇌물과 부하의 진급 사이에 일종의 인과관계가 있음을 알고, 그러한 인과관계에 근거하여 아스피린을 복용하고 상관에게 뇌물을 바친다.

그러나 불행히도 종교적 행위에서 전제된 인과관계에는 실증성이 없다. 한편으로 나의 기도 혹은 나의 염불과, 또 다른 한편으로 나의 천당, 나의 극락세계 사이에 인과관계가 실제로 있다고 믿을 근거가 극히 희박하다. 우리들의 많은 경험은 그런 인과관계가 있다는 것을 암시하기는커녕 오히려 그 반대가 진리라는 것을 시사한다. 신이 전지전능하고 정의롭고 무한히 착하다면, 착한 사람들, 억울한 사람들을 도와주고, 독실한 기독교신자들을 행복하게 해주어야 될 텐데, 사실인즉 착한 사람들이 고생하고, 악독한 사람들이 더 잘사는 경우가 많고, 독실한 기독교신자들보다 비기독교신자들이 그들의 소원을 쉽사리 이룬다.

한 걸음 양보해서 종교적 행위가 전제하는 인과관계가 있기는 하나, 문제는 우리들의 지적 한계 때문에 그것이 무엇인지를 정확히 모른다고 가정하자. 우리가 현재 알고 있고 또 장차 더 알 수 있는 것은 자연현상이다. 인간 간의 인과관계이긴 하지만 종교가 전제하는 인과관계는 우리의 지적 파악을 초월하여 존재한다는 주장이 나올 수 있다. 과학적 지식의 한 분야로서의 의학적 지식에서 볼 때, 어떤 사람이 환자의 머리 위에 손을 댄다고 해서 나병이 고쳐지지 않으며, 과학적 지식으로 보아 누군가가 지팡이로 바위를 두드렸다고 해서 별안간 그 바위 속에서 샘물이 솟아난다고 믿을 수 없다. 환자의 머리 위에 손을 대는 행위나 지팡이로 바위를 두드리는 행위는 각기 나병의 치료, 바윗돌에서 솟아나는 샘물의 원인이 되지 않는다.

과학적으로, 그리고 상식적으로 보아 위와 같은 행위와 위와 같은 사건 사이에는 인과관계가 없다. 만일 실제로 나병환자가 갑자기 치료되거나 뜻밖에 바위라고만 알던 곳에서 샘물이 솟아났다면, 그 원인은 전혀 다른 곳에서 찾아야 할 것이다. 이러한 사실이 부정될 수 없음에도 불구하고, 종교는 위와 같은 사건들과 위와 같은 행위 사이에 인과적 관계가 있음을 전제한다. 나병환자가 순식간에 병을 고친 원인은 그의 머리 위에 댄 예수의 손에서 발견된다고 믿는다. 시나이 사막 바윗돌에서 별안간 시원한 샘물이 솟아난 것은 모세가 지팡이로 바위를 두드렸기 때문이라고 믿는다. 만약 이러한 사건들과 행위들 사이에 있는 관계를 인과관계라고 한다면 그러한 인과관계는 과학에서, 혹은 상식적으로 이해될 수 있는 인과관계와 그 성질이 전혀 다르다는 것을 거듭 말할 필요가 없다.

상식적으로 또는 과학적으로 도저히 이해될 수 없을 뿐만 아니라 상상될 수 없는 인과관계, 즉 상식적이고 과학적인 인과관계와 어긋나는 인과관계를 고집할 때 '기적'이라는 말을 쓴다. 많은 종교는 한결같이 일종의 기적을 사실로 믿고 있다. 그러나 문제는 그 기적, 즉 알 수 없는 인과관계가 기적적인 사실로 보이는 것은, 그 종교적 인과관계가 우리가 알고 있는 과학적 인과관계와 전혀 다르기 때문이 아니라 우리들의 능력의 한계 때문이고, 우리가 그것을 아직 알 수 없기 때문인지도 모른다. 과거 기적이라고 믿었던 헤아릴 수 없이 많은 사실, 사건들, 즉 과학적 인과관계에 의해서 설명할 수 없었던 사실, 사건들이 기적에 의한 신비로운 사건이 아니라 끝내는 과학적 인과관계에 의해서 설명되었던 것은 역사적 사실이다.

그렇다면 종교적 행위가 전제하는 특별한 인과관계, 즉 기적이 객관적으로 근거 없는 착오나 환상일 것이라는 의심이 더욱 커진다. 만일 기적, 즉 비상적 인과관계가 의심될 수 있다면, 그러한 인과관계를 전제해야만 의미를 갖고 이해될 수 있는 종교적 행위, 예를 들어 기도, 염불,

성찬, 공양, 교회, 사찰, 십자가, 불상 등에 대한 숭배는 그 근거와 의미를 잃는다고 말해야 한다.

지금까지 종교를 검토한 결과 종교의 두 가지 요소, 즉 인식적 내용과 실천적 행위의 근거가 다 같이 의심스러움을 보았다. 종교적 진리는 그 것을 수용할 적극적 근거가 없으며, 종교적 행위의 근거도 전적으로 뒷 받침되지 않는다. 종교의 근거가 이와 같이 적극적으로 긍정될 수 없는 마당에서 처음부터 종교의 근거를 완전히 부정하려는 비판적 태도가 있음은 자연스럽다.

『종교란 무엇인가』(1985)

07
종교비판

종교를 있는 그대로 받아들일 근거를 찾지 못한다는 사실로 종교적 진리가 틀렸다고, 종교적 행위가 그 기능을 하지 못한다고 주장할 수는 없다. 위와 같이 종교가 갖고 있는 어려운 문제들의 고찰에서 끌어낼 수 있는 유일한 결론은 종교적 진리가 의심스럽고, 종교적 행위의 의미가 석연치 않다는 극히 소극적인 결과뿐이다. 그럼에도 불구하고 위와 같은 종교에 대한 소극적 입장을 뒤집어 종교적 진리가 아예 틀렸다든지, 혹은 종교적 행위가 난센스라고 부정적 입장을 취할 수도 있다. 종교에 대한 부정적 관점은 종교의 문제를 비종교적인 관점에서 비판함으로써 가능하다. 종교에 대한 이러한 접근을 종교현상에 대한 설명으로서의 종교이론이라고 부를 수 있다.

물리현상은 역학이나 전자학 등에 의해서 설명되고, 생물현상은 생명학적 법칙에 의해서 설명된다. 물리, 생물과 같은 자연현상이 각기 물리학적 또는 생물학적 법칙에 의해서 별도로 설명될 수 있는 것과 마찬가지로 비물질학적 현상, 즉 문화적, 인간적 현상도 그 현상의 고유한

252 죽음 앞의 삶, 삶 속의 인간

원리에 의해서 설명될 수 있다. 서양문화와 다른 동양문화는 동양인 고유의 정신적 요청, 지리적 조건에 의해서 설명될 수 있으며, 어떤 젊은이가 한 여인에게 연애편지를 쓴다면 그의 행위는 그 젊은이가 그 여자를 사랑하고 소유하고자 하는 욕망이 있기 때문이라는 설명이 나올 수 있다.

모든 인간의 행위는 물리적 사건과 달라서 의식적이든 무의식적이든 간에 언제나 의도적, 또는 지향적이다. 그렇다면 인간이 하는 모든 행위, 인간이 갖는 모든 믿음도 인간의 의도에 의해서 인과적으로 설명될 수 있을 것이다. 종교가 인간의 믿음의 체계이며, 그것에 바탕을 둔 행위의 총체라고 한다면 종교도 그런 것을 갖는, 즉 종교적 믿음을 갖고 종교적 행위를 하는 사람들의 의도에 의해서 설명될 수 있을 것이다.

종교의 위와 같은 설명은 사회학적인 것 혹은 심리학적인 것이 될 수 있다. 이러한 설명은 그 입장이 어떤 것이든 간에 종교를 부정한다. 종교는 사회현상의 한 표현에 지나지 않으며, 그 독자적인 존재의 근거가 없다는 것이다.

사회학적 증명

종교에서 사용하는 개념, 예컨대 '신'이란 말, 혹은 종교에서의 어떤 주장, 예를 들어 '신은 전지전능하다'라는 명제는 어느 객관적 대상을 지칭하는 것도 아니며 어느 객관적 사실을 서술해주지도 않고, 사회적 필요에 의해서 만들어낸 상상적 존재이며 상상적 사실이라고 주장할 때 종교의 사회적 설명이 생기고, 이러한 설명이 수용될 때 종교는 비판되고 수정된다. 종교의 사회학적 설명은 독일의 철학자 니체에서 엿볼 수 있고, 프랑스의 사회학자 뒤르켐에서 보다 분명한 예를 볼 수 있다.

니체와 복수

니체에 의하면 인간의 궁극적 욕망은 권력을 행사하는 데 있다. 그리고 원래 선이나 악이라는 윤리적 개념들은 어떤 객관적 사실을 지칭하지 않는다. 선은 권력의 충족이란 뜻에 지나지 않으며, 악은 권력의 불충족에 지나지 않는다. 모든 사람들이 다 같이 서로 권력을 추구하는 이상, 그리고 권력은 인간관계에서만 의미를 갖게 되는 이상, 인간들 사이에 갈등이 생기게 됨은 필연적인 사실이다. 인간이 모여 사는 사회란 싸움의 마당이 된다. 싸움이 있는 곳에는 반드시 승자와 패자가 있으며, 그런 사실은 인간들이 강자와 약자, 지배자와 피지배자, 귀족과 노예로 구별됨을 말한다. 니체는 이처럼 인간들을 두 개의 계급으로 크게 분류한다. 그러나 니체가 말하는 계급은 경제적이거나 제도적인 것을 의미하지는 않는다. 그가 말하는 계급은 인간의 성격을 두고 말한다. 성격상 강자·귀족이 있고, 약자·노예가 있다는 것이다. 따라서 니체의 입장에서 볼 때 거부巨富·대장大將도 약자의 계급에 속할 수 있고, 가난뱅이·이등병도 강자, 즉 귀족적 인간이 될 수 있다.

권력을 위한 싸움의 결과로 강자와 약자가 생길 때, 약자가 강자보다 그 수가 절대적으로 많음은 물론이다. 추장, 왕, 대통령은 하나밖에 있을 수 없고, 귀족들은 몇 개 되지 않는 성에서 살아야 하지만, 이와 반대로 일반 씨족, 신하, 평민, 국민들은 절대다수를 이룬다는 것은 물론이다. 물론 전자가 강자·승자의 계급에 속하고, 후자가 약자·패자의 계급에 속한다. 니체의 설명을 따른다면, 강자와 약자, 승자와 패자 가운데 누가 옳고 그른가를 따진다는 것은 무의미한 문제이다. 약자도 강자와 같이 똑같이 권력을 확장하려 하고 있으나 불행히도 그 싸움에서 실패한 자에 불과하다.

약자, 즉 패자가 자신을 억압하고 지배하는 강자, 즉 승자에게 원한을 품게 되고, 그러한 감정이 복수심을 조장하여, 어떠한 방법으로라도 상대방을 괴롭히고 짓밟아주고 싶은 욕망을 갖게 됨은 인간 감정의 자연스러운 논리가 된다.

이러한 감정에 집념을 갖고 있다 해도 패자는 승자에게 보복을 하기에는 너무 약하고, 승자는 보복을 받기에는 너무 강하다. 이런 상황에 약자를 사로잡고 있는 충족될 수 없는 복수심은 약자를 외향적 행위의 인간이 아니라 내향적 사고의 인간으로 만든다. 이와 같은 과정을 거쳐서 내향적 약자의 지적 능력이 발달된다. 외향적 행동에 의해서 복수심을 만족시키고, 마침내는 스스로 지배자가 될 수 없는 피지배자들은 내적으로 기묘한 꾀를 써서 육체적인 힘이 아니라 지적인 힘으로써 상대방에게 복수를 하게 된다. 이렇게 하여 고안된, 아니 꾸며낸 믿음과 행위가 종교, 특히 서양적 종교이다.

어떻게 종교가 권력투쟁이 자아낸 복수심을 만족시킬 수 있는가? 가령 서양의 종교는 한결같이 절대자로서의 전지전능한 인격신과, 그러한 신의 사랑 아래서 영생할 수도 있고 영원히 지옥에 빠질 수도 있는 다른 세계, 또 하나의 세계를 전제한다. 이러한 세계와 인격신을 전제하는 종교, 예컨대 기독교는 이웃들과 약자를 돕고, 가난한 사람을 사랑하라고 가르친다. 자신의 욕망을 위해 남을 힘으로 지배하는 행위는 악에 속한다. 이같은 기독교의 가치는 지배자, 즉 현재 약자를 지배하고 있는 강자의 가치와는 정반대된다. 피지배자들은 위와 같은 기독교의 세계관, 가치관을 신의 이름으로, 천당이나 지옥의 이름으로 정당화하며 그렇게 상상으로 만들어낸 존재, 가치를 객관적인 사실로 믿도록 지배자를 설득하는 데, 즉 지배자로 하여금 기독교신자가 되게 하는 데 성공했다.

기독교신자가 된다는 것은 이웃을 사랑하고, 가난하고 약한 자를 돕는다는 것을 의미하며, 여태까지의 지배자들이 그들 뜻대로 살 때 그들이 지옥에 간다는 것을 의식하게 됨을 의미한다. 이러한 결과가 어떤 것임은 자명하다. 강자였던 지배자는 이미 약자가 되었을 뿐만 아니라, 다음 세상에 가면 지옥에 갈 전망으로 정신적인 고통을 받게 될 것임은 당연하다. 종교는 이와 같은 방식에 의한 복수를 하기 위하여 약자, 피지배자, 노예들에 의해서 꾸며진 것에 불과하다.

이와 같은 종교에 대한 니체의 설명은 서로 성격이 다른 두 사회계급, 즉 약자와 강자 간의 갈등에 바탕을 둔다는 점에서 사회학적 설명이며, 또한 각 인간의 권력에 대한 욕망을 전제하는 점에서 심리학적 설명이기도 하다. 그러나 두 계급 간의 갈등과 투쟁이 종교에 대한 니체의 현대적 독창성이 분명한 이상, 그의 설명은 사회학적 측면에서 보다 잘 이해될 수 있다.

그렇다면 니체적인 종교의 사회학적 설명은 과연 만족스러운가? 그의 주장이 실증될 수 있는가? 니체가 생각한 대로 인간의 근본적 욕망이 권력, 즉 힘의 행사에 있다는 주장은 하나의 가설에 지나지 않을 뿐만 아니라 그것을 실증할 근거가 없다. 오히려 우리들이 관찰할 수 있는 인간들에게서 그와는 일치하지 않는 욕망을 보다 쉽사리 찾아낼 것 같다. 프로이트나 사르트르가 주장하듯이 우리에겐 죽음에 대한 욕망이 언제나 숨어 있는지도 모르기 때문이다. 설사 신·천당이 사실이 아닌 상상물에 지나지 않는다 해도, 그것을 만들어낸 동기를 약자계급을 구성하는 대중이 강자계급을 형성하는 소수에게 원한을 갚기 위한 복수심에서만 찾을 수 있는지는 극히 의심스럽다. 종교발생이 사회학적으로 설명된다면 그러한 설명은 니체가 아니라 뒤르켐에서 찾아낼 수 있을지 모른다.

뒤르켐과 권위

인간은 생물학적으로 각기 개별적인 존재이지만 대부분의 동물들과 달리 하나의 사회를 이루고 산다. 사회공동체를 형성하므로 개인적으로는 충족될 수 없는 목적을 달성한다. 만약 사회를 형성하지 않고 인간이 존재해왔더라면, 인간생활은 동물생활과 별로 다르지 않았을 것이다. 이런 점에서 인간은 근본적으로 사회적인 동물이다. 사회를 벗어나서 인간은 인간답게 존재할 수 없다.

개별적 인간의 집합체로서의 사회공동체가 형성되기 위해서는 개개인의 이익이라는 관점보다는 하나의 유기체로서 사회 전체의 이익을 위해서 어떤 조직이 필요하고, 그런 조직은 개개인의 개인적 욕망이나 이권을 사회 전체라는 관점에서 때로는 희생시키기를 요구한다. 이와 같이 사회가 질서를 갖고 유지되어 기능을 발휘하려면, 반드시 그 사회에는 개별적인 구성원들을 초월하여 그 위에 군림할 수 있는 어떤 권위자가 필요하게 된다. 이러한 권위자의 필요성은 하나의 사회를 구성하는 개개인의 욕망이나 목적이 다르고, 또한 그들 간에는 언제나 갈등이 있게 마련이기 때문이다. 만일 갈등을 갖게 되는 개개인을 초월한 권위자가 없다면 개인들 간에 생기는 갈등을 질서 있게 해결할 수 없을 것이다. 항상 힘의 충돌이 생기고, 따라서 사회는 언제나 긴장과 불안에 놓이게 마련이며, 이런 상황에서 무엇을 장기적으로 연구하고 구상하며 계획할 수 없다. 오로지 개인을 초월하는 권위자가 있음으로써 개인 간의 갈등은 중재되고, 사회는 질서를 유지할 수 있다.

이러한 사회적 권위자로서 추장·왕·대통령이 필요하며, 그런 권위는 관습, 전통과 같은 추상적 형태로 나타난다. 한 사회를 구성하는 개개인들은 위와 같은 권위자 혹은 권위에 무조건 복종해야 하며, 개개인의 갈등이 생길 때는 위와 같은 권위자의 중재에 의해 해결하고, 위와 같은 권위에 비추어 개인 간의 혹은 한 개인 속의 문제를 풀어야 한다. 사회의 존속을 위하여 없어서는 안 될 권위자, 혹은 권위는 그 사회의 구성원에 비추어볼 때 필연적으로 초월적 성격, 즉 차원이 다른 높은 위치에 자리 잡게 마련이다. 한 부족원들의 관점에서 볼 때, 한 신민들의 입장에서 볼 때, 각기 추장, 왕은 초월적 입장에 있다. 하나의 행동, 하나의 절차 등 개별적인 행위에서 볼 때 관습이나 전통은 초월적 위치에 있다. 결국 각 개인들은 추장, 왕의 판단과 명령에 절대 복종을 해야 하며, 행위의 옳고 그름 혹은 적절함과 그렇지 않음은 결국 관습과 전통에 비추어 판결을 받아야 한다

사회적 권위를 상징하는 추장, 왕, 대통령 같은 지도자, 그리고 관습이나 전통 같은 제도나 가치기준은 사회구성원들에게는 하나의 '터부' 즉 금기대상으로 나타난다. 그것들은 무조건적 권위를 갖고, 그것에 복종과 충성이 요구되는 존재로 나타난다.

이러한 권위는 사회질서의 유지를 위해서, 그리고 궁극적으로는 개개인의 이익을 위해서 없어서는 안 된다. 그러나 추장, 왕, 대통령 그대로의 권위, 그리고 관습이나 전통 그대로의 권위는 만족스럽지 않다. 그러한 권위들은 비판되고 도전될 수 있기 때문이다. 추장, 왕, 대통령이

권위가 있다고 하더라도 그들이 다른 사회의 구성원들과 똑같은 인간인 이상, 그리고 관습이나 전통이 인간에 의해서 만들어진 것이라고 인정되는 이상, 그것들의 권위에는 절대성이 부족하다. 위와 같은 권위가 비판되고 흔들리게 되면 그 사회의 질서는 그만큼 흔들리고 그만큼 불안하게 됨은 당연하다.

이와 같은 달갑지 않은 결과를 피하기 위해서 한 사회는 추장, 왕, 대통령의 권위를 절대적으로 넘어서고 우월한 어떤 권위자를 찾아야 한다. 그와 같은 절대적 인격자는 우리가 이 세상에서 지각할 수 있는 사람이 아니라, 이 세상과는 전혀 차원을 달리한 영적 세계에서만 발견할 수 있을 것이다. 원시사회에서의 '토템', 그리고 '귀신'들, 한 걸음 더 나아가서 '절대신'은 위와 같이 만들어지게 되고, 관습과 전통의 근거가 위와 같은 영적 존재들에게 있다고 주장되었다. 한 인간에 지나지 않는 추장, 왕, 대통령의 권위도 토템, 귀신들, 마침내는 절대신에 근거한다고 생각하게 되었다. 초월적 인격자에 의하여 비초월적 인격자인 추장, 왕, 대통령의 권위의 절대성이 간접적으로 정당성을 갖게 되고, 따라서 사회적 질서가 보장될 수 있다.

인격자로서의 신, 그리고 신이 가졌다고 전제되는 여러 가지 속성은 어떤 객관적 사실이 아니라 사회적 인간의 필요 때문에 인간이 상상해 낸 권위의 상징에 지나지 않는다. 신, 그리고 신을 전제하는 종교는 사회적 필요에 의해서 사회가 만들어낸 사회적 산물이며, 사회적 도구에 지나지 않는다. 만약 인간이 사회생활의 필요성을 느끼지 않고, 인간들 사이의 이해관계가 흔히 갈등을 일으키지 않는 것이라면, '신'이라고 부르는 상상적 인격자, 따라서 종교는 생기지 않았을 것이다.

종교의 발생과 기능에 대한 위와 같은 설명은 뒤르켐의 학설을 요약한 것이다. 그의 학설은 철저하게 사회학적인 성격을 갖고 있다. 종교가 사회적 필요에 의해서 만들어지고, 사회적 기능을 한다는 것이다. 그러나 종교에 대한 사회학적인 뒤르켐식 설명은 몇 가지 문제를 제기한다. 첫째, 만약 신이 한 사회에 필요한 권위의 상징이며, 만약 신의 요청이 한 사회의 구성원에게 부과되는 것이라면, 인간으로서의 모든 사회적 제약을 초월했다고 전제되는 신은 어떻게 설명될 수 있으며, 그러한 신이 개별적인 사회를 초월하여 인간에게 요청한다고 전제되는 윤리적 의무는 어떻게 해석될 수 있는가?

둘째, 만약 종교적 권위가 사회적인 의미만 갖고 있다면, 한 사회 내에 기존하는 윤리적 권위를 부정하고 새로운 가치와 윤리적 규범을 요청하는 윤리적 혁명이 있어왔던 역사적 사실은 어떻게 설명될 수 있으며, 그러한 혁명의 주도자인 성인들, 도덕적 영웅들의 희생적 행위는 어떻게 설명될 수 있는가?

이러한 물음에 해답이 주어지지 않는 한 종교적 현상과 기능은 뒤르켐의 사회학적 설명으로 만족될 수 없다.

진리와 기능

니체에 있어서나 뒤르켐에 있어 종교의 사회학적 설명은 다 같이 종교의 기능에 바탕을 둔다. 니체에 의하면 사회를 구성하고 있는 사람들 간에는 필연적으로 지배자와 피지배자 두 계급 간에 갈등이 생기며, 그 갈등에서 피지배자는 지배자에 대한 원한을 갖고 복수를 하고자 한다. 종교는 피지배자의 복수심을 충족시키는 기능을 한다. 한편으로 뒤르켐에 의하면 권위자를 필요로 하는 사회는 마침내 절대적 권위를 상징하는 신, 초월자를 필요로 한다는 것이다. 니체의 설명과 뒤르켐의 설명이 서로 다르면서도 그것들이 다 같이 종교의 현상을 사회학적으로 설명한다는 데는 일치하며, 종교의 기능을 개인의 욕구나 개인을 위한 기능보다도 사회학적으로 해석한다는 데 일치한다. 그들에 의하면 종교가 사회학적인 기능을 한다고 볼 때 종교가 전제하는 신이나 타계 등의 객관성은 사라지고, 따라서 종교의 진리가 부정된다는 것이다.

그러나 진리와 기능은 동일하지 않다. 설사 종교적 믿음, 종교적 행위가 니체나 뒤르켐이 주장하듯이 사회적 기능을 함이 틀림없고, 사회를 떠나서는 종교적 믿음, 종교적 행위가 있을 수 없다고 가정하더라도 종교적 진리가 곧 부정되지는 않는다. 하나의 진리는 상황에 따라 서로 상반되는 기능을 할 수도 있기 때문이다.

가령 "지구는 태양 주위를 회전한다"라는 지동설의 진리는 중세 기적 우주관을 갖고 있던 기독교인들에게는 심리적으로 치명적인 기능을 했지만, 그러한 학설을 받아들인 르네상스 이후의 인류에게는 극히 유익한 기능을 했다. 그러한 학설에 따라 과학이 발달하고 생활이 개선될 수 있었기 때문이다. 이러한 사실은 지동설이 어떠한 기능을 했건 간에 지동설은 그러한 기능과는 전혀 관계없이 진리이기 때문이다. 종교를 갖고서 어떤 사람은 권력을 행사할 수도 있고, 어떤 사람은 순교자로 희생될 수도 있지만, 종교의 진리가 진리라면 그 진리는 그것의 여러 가지 다양한 기능과는 상관없이 역시 진리일 수밖에 없다. 갈릴레이가 "지구는 역시 회전한다"고 했듯이 종교를 믿는 사람은 '신은 역시 존재한다'고 말할 수 있다.

심리학적 설명

인간은 사회적 동물임에는 틀림없지만 그 이전에 개별적으로 숨 쉬고, 느끼고, 욕망하고, 두려워하는 실존적 동물이다. 인간의 사회성은 생물학적인 것이 아니라, 인위적인 것이다. 인간의 실존적 조건은 사회 이전에, 모든 사회의 조건을 초월하여 어디서나, 그리고 어느 때나 보편적으로 동일하다.

　종교적 진리가 어떤 사실을 보이는 것이 아니라 어떤 인간적 필요에 의해서 만들어낸 상상적 현상이라고 하더라도, 그것이 정확히 어떤 필요를 충족해주느냐에 대한 견해는 달라질 수 있다. 종교가 사회적 필요에 의해서 만들어졌다는 종교의 사회학적 설명이 있듯이, 그와는 달리 종교가 사회적 필요 이전에 실존적 인간 조건에 의해서 생겨났다고 할 때 종교의 심리학적 설명이 가능하다. 이런 설명의 대표적 예로서 마르크스, 특히 프로이트를 들 수 있다.

마르크스와 아편

마르크스의 이론이 사회학적이면서 심리적인 성격을 띠고 있음은 니체의 이론이 심리학적이면서 사회학적인 것과 유사하다. 그러나 니체의 학설이 보다 사회학적인 것과 마찬가지로, 마르크스의 학설은 심리학적인 견지에서 보다 잘 이해될 것 같다.

　마르크스에 의하면 종교가 인간을 만드는 것이 아니라 인간이 종교를 만든다. 이러한 견해는 마르크스와 시대를 거의 같이 하고, 어떤 면에서 마르크스주의의 기반을 닦았다고 볼 수 있는 독일철학자 포이어바흐Feuerbach의 견해와 같다. 이 철학자의 설명에 의하면 신은 인간과 다른 초자연적 인격자가 아니라 인간이 상상해낸 이상적 인간상에 불과하다는 것이다. 포이어바흐나 마르크스는 다 같이 종교에서 말하는 사실들이 허구적 상상물에 지나지 않는다고 주장하는 것이다.

그럼에도 불구하고 종교는 인류사회에서 보편적으로 나타난다. 모든 인류가 착각을 하고 있지 않다면, 이러한 종교현상은 어떻게 설명될 수 있는가? 어찌하여 인류는 이러한 상상물을 보편적으로 만들어내야 했으며, 그러한 상상물은 어떠한 기능을 하는가?

어떠한 인간도 자신의 삶에 완전한 만족감을 갖지 못한다. 인간은 누구를 막론하고 근심과 고통에서 완전히 벗어날 수 없다. 마르크스에 의하면 종교적 고통은 구체적 고통의 표현에 지나지 않으며, 구체적 고통에 대한 항의이다. 종교는 또한 사회적으로 억압된 인간의 한숨 소리이며, 무정한 자연에 대한 감상의 표현이며, 영혼 없는 인간 조건의 영혼이다.

종교의 기원을 인간의 고통, 인간의 불만에서 찾고 있는 마르크스가 그 고통과 그 불행의 원인을 어디서 찾고 있는지는 분명치 않다. 모든 이념은 물론, 모든 의식까지도 이른바 인간의 상부구조로서, 물질적 조건·경제적 삶의 조건을 구성하는 하부구조에 의하여 결정된다고 보는 마르크스의 변증법적 유물론을 문자 그대로 받아들일 때, 그리고 인간의 삶의 조건을 개혁하기 위해서는 공산혁명에 의하여 새로운 경제적 체제를 갖추어야 한다는 마르크스의 정치학을 수용할 때, 인간의 고통과 불행의 원인이 사회적 조건에 달려 있다는 입장이 선다. 사회제도, 경제제도에 의해서 절대다수의 인민들이 극히 소수의 지배를 받고, 억압되었기 때문에 대부분의 인민의 삶이 고통스럽고 불행하며, 이런 불행을 극복하기 위한 수단으로 종교가 발명되었다는 것이다. 종교가 고통을 해소하는 수단이 될 수 있는 것은 종교가 이 세상이 아닌 다른 세상보다 행복할 수 있는 천당이 있다고 전제하며, 죽어서 천당에 갈 수 있다고 믿는 사람에게는 이 세상에서 고통을 받고 있으면서도 위안을 줄 수 있기 때문이다.

고통의 원인, 그리고 종교의 발생에 대한 마르크스의 사회학적 이론이 옳다면 이 세상에서 지배자로서 경제적으로 윤택한 위치에 있는 계급에 속하는 사람들은 고통이나 불행을 느끼지 않는다는 말이 되며, 고통을 해결해주는 수단으로서의 종교는 오로지 억압된 인민, 탄압받고 가난한 절대다수의 백성에게만 필요한 것이라는 논리가 선다. 만약 이상적 공산주의 사회, 즉 지배자와 피지배자의 구별이 없고, 착취자와 피착취자가 없이 누구나가 평등한 무계급적 사회가 있다면 그곳에는 고통도 불평도 없으며, 종교적 믿음도 상상해낼 수 없다는 결론이 나와야 한다.

그러나 이러한 가상적 상황은 있을 수 없다. 삶이 항상 불안, 공포, 불행으로 누더기져 있다는 것은 계급과 사회를 초월하고 남녀노소를 막론하여 인간으로서는 완전히 극복할 수 없는 인간의 근본적, 실존적 조건인 것 같다. 이러한 사실을 마르크스가 몰랐을 이유는 만무하다. 마르크스가 종교를 아편이라 하고, 인류의 삶의 조건을 개선하려 하고 피지배자의 사회적 해방을 부르짖은 이유는 종교가 사회적인 의미에서만 아편의 기능을 하고, 인간의 고통이 사회적으로 완전히 해결된다고 믿어서가 아니다. 그것은 다만 많은 인간의 고통과 불행에 대해 사회적인 차원에서도 해결책을 찾아야 하며, 고통을 해결하는 방법으로 종교에 의존하는 것은 실존적 개개인의 차원에서뿐만 아니라 사회적인 차원에서도 유익하기는커녕 해롭다고 믿었기 때문이다.

장군도 병든다. 장관은 아내한테 배반당해서 고통을 받을 수 있다. 로마의 황제도 허리가 꼬부라지고 어느 땐가는 죽어갈 것을 알고 공포에 떤다. 록펠러 같은 부호도 그 많은 재산을 뒤에 남겨 놓고 무덤에 들어가 썩어야 한다는 것을 안다. 로마의 폭군 칼리굴라Caligula는 아무도, 아무것에 의해서도 풀 수 없는 무한한 고독에 울었다. 병, 노쇠, 죽음이 어떤 사람에게도 인간으로서는 벗어날 수 없는 궁극적 인간 조건이라면, 그리고 인간이 누구나 건강과 영생을 바라고 죽음을 두려워하지 않을 수 없다면, 인간의 고통, 인간의 불행, 인간의 공포는 아무리 이상적인 무계급사회라 해도, 아무리 절대적 권력을 가진 지배자라도 피할 수 없는 것이다. 이러한 조건을 부정할 수 없으면서도 그러한 조건을 극복하고 고통과 공포에서 벗어나고자 함이 인간의 근본적 본능이라면, 그리고 종교가 이러한 고통과 공포를 극복하는 데 기여할 수 있는 상상물이라면, 종교의 발생은 사회 이전의 인간 속에서 찾아야 할 것이며, 그러한 종교를 상상해낸 동기는 사회에서가 아니라 개개인의 심리적 조건에서 발견되어야 할 것이다.

마르크스가 종교를 아편이라고 규탄한 것은 인간 고통의 심리적 해결책으로 고안해낸 종교가 불행히도 인간의 고통, 인간의 불행을 해결해주기는커녕, 인간을 수동적이며 비현실적이고 도피적으로 만듦으로써 실제로는 인간의 고통과 불행을 더 가져온다고 보았기 때문이다. 아편이 일시적으로 고통을 잊게 해주지만 고통의 원인인 병을 고쳐주기는커녕 더욱 악화시키듯이, 종교도 일시적으로 인간의 아픔을 달래줄지는 몰라도 인간의 아픔의 근원을 제거하기는커녕 더욱 확장시킨다는 것이다.

프로이트와 환상

종교라고 하는 믿음의 체계와 행위가 인간의 보편적인 욕망을 떠나서는 생각할 수 없다면 그것은 어떠한 욕망과 관련되는가? 프로이트에 따르면 인간의 보편적이고 궁극적 욕망은 성적 만족 때문에 발생한다. 의식적이든 무의식적이든 간에 궁극적으로 인간은 성적 욕망을 추구한다. 그러나 이러한 욕망이 충족되려면 우선 인간이 계속 생존해야 함을 전제한다.

생존은 언제나 죽음의 위협을 떠날 수 없다. 질병, 가혹한 자연, 삶의 조건, 삶을 위협하는 적대적 타인들로부터의 피해를 벗어날 수 없다. 다행히도 우리들은 성인이 되어 독립할 때까지 부모, 형제들의 보호를 받고 생존한다. 그들은 생존에 절대적으로 필요한 양식과 거처를 마련해주고 자연적, 혹은 사회적 위협으로부터 보호해준다. 그들의 도움으로 교육을 받고, 그들의 따뜻한 애정에 감싸이고, 그들로부터 용기를 얻고 즐거움을 찾는다. 생존에 필요한 위와 같은 보호와 애정을 가장 대표적으로 상징하는 것은 한 가정에 있어서의 아버지, 즉 가장이다. 가장은 나로 하여금 생존의 위협에서 해방시켜주는 보호자이며, 필요할 때는 언제고 나를 도와줄 수 있는 존재다. 이와 같이 볼 때 모든 인간에게는 가장의 존재가 반드시 요청된다.

나이가 들면서, 우리들을 안심하고 살 수 있게 해주던 가장인 아버지의 능력에 한계가 있음을 발견하게 된다. 그는 여태까지 생각했던 것과는 달리 나를 완전히, 모든 것으로부터 보호해줄 만한 힘이 없다. 그는 완전히 의지할 수 없는 존재이다. 아무리 강한 아버지에게도 어쩔 수 없는 무섭고 위협적인 사건이나 문제들이 생겨나 우리의 생존을 위협한다. 흉년, 폭풍, 지진, 홍수와 같은 자연현상이 아버지의 힘으로는 막을 수 없는 위협으로 우리에게 닥쳐온다. 질병, 노쇠현상, 죽음은 그 아무도 그 누구의 힘으로도 막을 수 없는 것임을 알게 된다. 비단 변변치 않은 나의 아버지뿐만 아니라 세계 최고의 부호도, 세계 최강의 황제도, 세상에서 가장 위대한 철학자도 노쇠현상은 물론, 마침내는 모든 것의 마지막을 의미하는 죽음 앞에 극히 무력할 따름이다. 설사 삶을 위협하는 모든 것으로부터 해방되었다 해도 죽음으로부터의 위협을 느끼지 않는 사람은 아무도 없다.

어떠한 아버지, 어떠한 인간도 죽음이라는 궁극적 위협으로부터 우리를 보호해줄 수 없다는 것을 의식할 때, 인간은 다 같이 '신'이라는 존재, 무한히 강하고, 무한히 지혜롭고, 무한히 따뜻한 아버지, 복돌이나 복순이의 아버지가 아니라, 똘똘이네 돌순이네와 같은 어떤 개인, 어떤 가족, 어떤 민족의 아버지가 아니라 인류 전체의 아버지를 찾게 됨은 당연하다. 인류는 어떠한 아버지도 우리를 보호해줄 수 없는 인류 공통의 궁극적 죽음으로부터 우리를 구해줄 수 있는 절대적 보호자, 아버지 즉 '하느님'을 필요로 하고 그러한 존재를 믿고자 한다. 만일 그러한 신이 있어서 우리를 실제로 도와준다면 얼마나 좋겠는가? 이와 같은 절대적 보호자를 필요로 하는 절실한 욕망은 우리로 하여금 그러한 존재가 실제로 있음을 믿게 한다. 병이 나면 언제고 의사를 불러줄 수 있는 아버지가 있다고 믿을 때 우리의 마음이 든든하다면, 죽음의 위험에서 우리를 언제나 구해줄 신, 즉 인류의 아버지가 있다고 믿을 때 우리 인류의 마음이 얼마나 든든할 것인가는 짐작하고도 남는다.

그러나 우리가 바라는 것과 실재하는 것과는 동일하지 않다. 복돌이의 식구를 보호해주는 아버지가 실제로 존재하는 것과는 달리, 한 씨족을 지켜주는 추장의 존재와는 달리, 한 국왕의 신민들을 적으로부터 방어해주는 왕이 실제로 있는 것과는 달리, 인류를 죽음으로부터 보호해 주는 신, 즉 하느님 아버지는 실제 존재하지 않는다. 그것은 오로지 인류의 절실한 심리적 요청에 의해서 인류가 공동적으로 상상해낸 환상에 불과하다. 모든 인류가 한결같이 그와 같은 하느님 아버지가 있어 주기를 바란다고 해서 그러한 것이 실제로 존재할 수 없음은, 우리가 아무리 대통령이 되고 싶어도 실제로 대통령이 되지는 않는 것과 마찬가지다. 종교가 신의 존재를 전제한다면 종교적 믿음은 사실과 일치하는 것이 아니라 하나의 거대한 환상에 불과하다.

특히 유대교와 기독교에 있어서 신이 우리가 어려서 생각했던 아버지의 확장된 상이라는 것은 위의 종교에서 말하는 인간원죄의 개념, 그리고 인간의 근본적 욕망이 성적 만족이라는 사실에 비추어볼 때 더욱 설득력을 갖는다는 것이다.

인간의 가장 보편적이며 기본적인 인간관계는 부모와의 관계다. 역시 인간인 이상, 그리고 인간의 근본적 욕망이 성적 만족인 이상, 어린 아이들에게 자신의 성적 욕망을 만족시킬 수 있는 가장 가까운 존재가 어머니일 것임은 틀림없다. 아들은 어머니를 성적으로 소유하고자 한다. 그러나 아들은 아버지가 자기와의 경쟁자이며, 자기의 욕망을 방해하는 존재임을 깨닫게 된다. 자기의 어머니는 자기의 아버지에 의해서 이미 소유되어 있을 뿐만 아니라, 그가 어머니를 약탈하려 해도 아버지의 힘, 권위를 당해낼 수 없음을 의식하지 않을 수 없다. 이런 상황에서 아들은 자신과의 경쟁자, 자신의 욕망충족을 방해하는 존재로서의 아버지를 제거하고자 한다. 즉 아버지를 살해하고자 한다. 그러나 아버지는 역시 아버지라는 것, 자신의 존재의 원천이 아버지라는 것, 나아가서는 아버지가 양식과 거처를 자기에게 마련하는 은인이요, 보호자라는 것을 또한 알고 있다. 그러므로 그러한 아버지를 살해하고자 하는 자신이 죄인임을 의식한다. 이러한 아버지에 대한 죄책감은 아들이 아버지에 대해 갖게 마련인 서로 갈등되는 태도에서 기인된다. 이러한 인간의 갈등을 프로이트는 오이디푸스 콤플렉스Oedipus Complex라고 부른다. 서양의 종교에서 인류가 신에게 저질렀다는 원죄는 아들이 아버지를 살해하고자 하는 감정의 신화적 확장에 지나지 않는다.

아무튼 프로이트에 의하면 신은 객관적 존재가 아니며 심리적 필요에서 인류가 만들어낸 환상에 지나지 않고, 종교는 어떤 객관적인 진리를 보여주는 것이 아니라 심리적 만족을 위해서 인류가 꾸며낸 환상적 이야기에 불과하다. 한마디로 종교적 진리는 실제로 발견된 것이 아니라 상상적으로 조작된 것이다.

심리적 요구에 의해서 만들어진 환상으로서의 종교는 오랫동안 모든 인류에게 중요한 기능을 맡아왔다. 종교적 믿음에 따르면 이 세상이 아닌 또 하나의 세상, 이곳에서의 삶이 아닌 다른 곳에서의 또 하나의 삶이 있다. 우리가 눈으로 볼 수는 없지만 그 다른 세상에는 전지전능한 하느님 아버지가 계시며, 그의 의도에 따라 무엇이든지 이루어질 수 있다. 이 세상에서 남들로부터 지배를 받고 가난과 추위와 병에 허덕이며 사는 사람들에게 행복하고 평화롭고 자유롭게 살 수 있는 또 하나의 세상이 있다는 것이 얼마만큼의 위안이 될 수 있을 것인가는 상상하기에 충분하다. 죽음을 두려워하는 모든 사람들이 이 세상이 아닌 다른 세상에서 죽음이 없는 영원한 삶을 살 수 있다는 것이 큰 희망의 기쁜 소식이 될 것임은 말할 필요도 없다. 이와 같이 하여 종교는 헤아릴 수 없이 많은 사람들에게 온 인류의 역사를 통해서 흐뭇한 심리적 위안, 심리적 희망, 따라서 심리적 기쁨을 가져다주었다. 그러므로 프로이트의 관점에서 볼 때 마르크스의 입장과는 달리 종교는 단순한 아편이 아니다. 그것이 설사 아편이라고 해도 그 아편이 맡아온 기능은 반드시 부정적, 파괴적인 것이 아니라 오히려 긍정적, 건설적인 것이다.

그럼에도 불구하고 프로이트는 종교가 진리와는 상관없는 환상이라고 주장할 뿐만 아니라, 적어도 오늘날에는 그러한 종교를 믿고 종교생활을 하지 말아야 한다고 주장한다. 그 이유는 오늘날 인류는 옛날과 달리 과학적 지식과 기술을 갖게 되었기 때문이다. 이와 같은 지식과 기술을 동원할 때 종교를 통한 심리적 문제해결은 실제적인 해결로 대치될 수 있다. 병이 들었을 때 기도나 염불을 올려서 심리적인 위로를 찾는 대신, 약을 쓰든지 수술을 받아 그 병을 실제로 고칠 수 있다는 것이다. 현재의 불만스러운 삶의 조건을 상상적인 행복한 내세에서 위안을 받을 일이 아니라 과학적인 방법에 의하여 바로 이 세상, 한 번밖에 살 수 없는 이 세상에서 보다 만족스러운 생활조건을 만들어갈 수 있다는 것이다. 과학적 지식과 기술이 마련된 이상, 종교적 믿음과 행위를 고집한다면, 그것은 문제의 구체적인 해결을 회피하거나 더 나아가서는 복잡하게 만드는 결과를 만들 뿐이다. 왜냐하면 과학적 지식과 종교적 믿음은 흔히 서로 대립되기 때문이다.

환상으로서 종교의 기능은 과거에 오로지 심리적인 기능을 했을 뿐이며, 그러한 기능은 오늘날 과학에 의해서 대치되어야 한다는 프로이트의 주장은 극히 참신하고, 극히 설득력이 있어 보인다. 그러나 프로이트의 종교에 대한 설명이 과연 만족스러운지는 또한 의심스럽다.

첫째, 종교에 대한 프로이트의 설명은 모든 종교가 권위를 상징하는 아버지상, 그리고 인간의 아버지에 대한 원죄를 전제로 한다. 이러한 전제는 서양의 3대 종교인 유대교, 기독교, 이슬람교에 해당되지만, 그러한 전제는 힌두교, 불교, 그리고 그밖의 수많은 다른 종교에서는 찾아낼 수 없다. 그렇다면 프로이트의 종교에 대한 설명은 사실상 종교 일반을 설명해주지 못하고, 기껏해야 앞에서 예를 든 서양의 3대 종교, 특히 기독교를 설명해줄 뿐이다.

둘째, 프로이트의 종교에 대한 설명은 정신분석학의 성적 욕망이 모든 인간에게 보편적으로 존재하는 가장 궁극적인 욕망임을 전제한다. 그러나 그러한 전제가 정말 어느 정도 근거가 있는지는 극히 의심스럽다. 언뜻 보기에 과학적인 이론 같지만, 정신분석학이 과학과는 너무나 멀다는 것은 최근 더욱 많은 학자들에 의해서 강조되고 있다. 그뿐만 아니라 사르트르는 프로이트의 정신분석학을 부정하는, 이른바 실존주의 정신분석학을 제안하면서 프로이트의 정신분석학적 근본전제를 인정하지 않는다. 사르트르에 의하면 인간의 근본적 욕망은 생리학적인 성격을 갖는 성적 만족이 아니라 논리적으로, 그리고 존재론적으로 서로 양립할 수 없는 즉자와 대자를 양립시켜 보자는 모순된 욕망, 즉 의식으로서의 자아와 의식으로부터 해방된 물질로서의 자아를 동시에 이루고자 하는 욕망이라고 주장한다. 이와 같은 비평은 프로이트의 종교에 대한 이론이 아직도 확실한 근거를 제공하지 못함을 암시한다.

종교는 그것을 믿는 신도들에게 프로이트가 주장하는 기능을 해왔고, 또 종교라는 환상이 인류공동체에 의해서 상상되어 만들어진 동기는 프로이트가 주장하는 것처럼 이 세상에서 체험되는 무기력, 그리고 궁극적으로 다가오는 죽음에 대한 공포로부터 해방되어 보자는 데 있을지 모른다. 비록 그와 같은 종교의 기능, 그와 같은 종교적 환상을 만들어낸 동기가 사실이라고 해도 종교에서 주장하는 진리, 종교적 행위의 의미가 자동적으로 부정되지는 않는다.

진리와 동기

종교현상의 심리학적 설명은 종교현상이 어떠한 심리적 동기에서 발생했는가를 밝히려 한다. 인간이 종교, 즉 종교적 믿음과 종교적 실천을 만들어낸 동기는 마르크스에 의하면 현재 이 세상에서의 삶의 고통을 잊고자 하는 데 있으며, 프로이트에 의하면 삶의 희망을 잃지 않으려는 데 있다. 종교가 위와 같은 심리적 동기에 의해서 만들어져서 사람들이 종교적 교리를 진리라고 믿고 종교적 행위를 하게 된 것이 사실이라면, 종교는 종교가 주장하는 대로의 진리가 아니며, 종교적 행위는 종교가 전제하는 의미를 갖지 않는다는 것이다. 마르크스나 프로이트의 종교 발생의 심리학적 설명의 목적은 앞에서 본 사회학적 설명의 경우와 마찬가지로 마침내는 종교를 부정하려는 데 있다. 니체, 뒤르켐, 마르크스, 프로이트의 종교에 대한 이론은 결국 종교를 비판하려는 데 목적을 둔다. 그들 나름대로 사회학적 혹은 심리학적으로 종교가 설명될 때, 이성이 있고 생각과 행동에 일관성의 중요성을 인정하는 사람이라면, 비록 지금까지 열렬한 신자였더라도 종교적 믿음을 버리고 종교적 행동을 그치게 될지도 모를 일이다.

그러나 위의 학자들이 자명한 것처럼 전제하고 있는 것과는 달리, 설사 인류가 그들이 주장하는 대로 종교적 진리와는 상관없는 어떤 심리적 동기에 의해서 상상되고 꾸며진 환상에 불과하다 해도, 종교가 전제하는 진리가 곧 부정되는 것은 아니다. 진리와 그것을 믿는 동기와는 아무 상관이 없다. 하나의 진리가 정말 진리면 그것을 믿는 사람들의 동기가 어떤 것이든 간에 상관없이 진리이며, 만일 그 진리가 정말 진리가 아니라면, 그것을 믿는 동기와 상관없이 그 진리는 사실상 진리가 아니다. 가령 '지구는 태양의 주변을 회전한다'라는 명제를 여러 사람들이다 같이 믿고 있더라도, 그것을 믿는 동기는 각기 다를 수 있다. 어떤 사람은 새로운 관점을 좋아하기 때문에 그것을 믿을 수 있으며, 어떤 이는 물리학 교수의 마음을 사기 위해서 그렇게 믿을 수 있다.

그러나 만약 위의 명제가 진리라면 어떤 이유에서 믿든지 상관없이 그것은 진리이다. 위의 명제가 진리라면, 비록 어떤 이가 혹은 모든 사람이 여러 가지 서로 다른 심리적 동기 혹은 똑같은 심리적 동기에 의해서 믿었다는 것이 증명된다 해도, 위의 명제의 진리는 여전히 진리로 남아 있을 뿐 그것의 진리가 부정되지 않는다. 이와 똑같은 논리로 볼 때, 마르크스나 프로이트가 주장하는 것처럼 어떤 심리적 동기에 의해서 사람들이 종교적 믿음을 진리로 믿고, 종교적 행위를 한다고 해서 종교적 믿음이 진리가 아니라는 말은 되지 않는다.

사회학적 설명에 의한 종교비판이나 심리학적 설명에 의한 종교부정의 잘못은 그것들이 한결같이 종교를 인식적 내용이 없는 것으로 전제하는 데 있다. 그러나 인식적 내용이 없는, 즉 그러한 내용을 전제로 하지 않는 종교는 처음부터 종교가 아니며, 인식적 내용을 주장하지 않는 주장은 종교적 주장이 아니다. 그러므로 종교의 근본적 문제는 한 종교 또는 종교 일반에 전제되어 있는 사물현상에 대한 믿음, 주장이 정말 근거 있는 것인가, 즉 진리로서 받아들일 수 있는가 아닌가를 밝히는 데 있다.

이러한 인식적 문제를 벗어나서 종교의 기능, 종교를 믿는 동기 등만을 따진다면 그것은 더욱 우리의 문제, 즉 종교의 진짜 철학적 문제를 회피하는 결과밖에는 되지 않는다. 만약 종교가 핵심적으로 비판되고 부정될 수 있는 것은 종교와 대립되는 것 같이 보이는 과학에 견주어서만 가능할 것 같다. 종교와 과학은 어떤 진리를 주장한다. 그것들은 다 같이 종류를 달리하는 믿음의 체계이기 때문이다. 어떤 인식체계가 옳은가? 그들 둘 가운데 어떤 진리를 믿을 수 있는가?

과학적 비판

종교가 진리에 대한 주장을 한다면 과학도 또한 진리에 대한 주장이다. 종교와 과학은 다 같이 무엇이 있고, 그 무엇이 어떻다는 것을 주장한다. 종교가 자신이 믿는 진리에 바탕을 둔 행동을 하고 그것에 따라 살아갈 것을 가르친다면, 과학도 자신이 믿는 진리에 따라 행동하고 살아가기를 요구한다. 이런 점에서 종교와 과학은 다 같이 앎의 체계이며, 행동과 삶에 대한 규범을 제시하거나 암시한다.

그러나 문제는 종교와 과학이 흔히 서로 모순된 진리를 주장하고, 서로 양립할 수 없는 행동, 삶을 요청하는 데 있다. 서로 대립되는 두 개의 진리를 동시에 옳다고 수용할 수 없음이 가장 자명한 논리라면, 서로 갈등하는 두 가지 행동, 두 가지 다른 삶을 동시에 취할 수 없음도 자명한 논리이다.

성서에 의하면 지구를 비롯한 모든 현상, 모든 존재는 약 6,000년 전에 신이라고 부르는 절대적 인격자에 의해서 창조되었고, 지구는 우주의 중심이며, 인간은 그 인격자의 모습대로 만들어졌다. 그뿐만 아니라 그 인간은 이 지구상에서 다른 모든 사물, 현상, 모든 생물을 자신의 행복을 위해 마음대로 이용할 수 있는 특권을 신으로부터 받았다. 그러나 과학적 관점에서 볼 때 우주는 상상할 수조차 없는 오래된 과거에 어떤 물질이 폭발해서 생긴 것이고, 지구는 상상할 수조차 없이 방대한 우주

내의 한 작은 티끌에 비교될 수 있는 존재이며, 인간은 원숭이에서, 원숭이는 그보다 원시적인 동물에서, 그리고 그것들은 끝내는 박테리아, 그리고 궁극적으로는 화학적 물질로부터 진화되었다. 인간은 다른 동물들과 구별되어 특별한 권리를 갖지 않는다. 인간이 다른 동물을 정복하고 이용한다면 그것은 그가 지적 능력을 갖고 있기 때문에 지나지 않는다.

성서에 의하면 참다운 삶은 우리들의 육체가 죽은 다음에 가서 살게 되어 있는 또 하나의 세계인 천당에 있고, 현재의 삶은 하나의 괴로운 과정, 천당에 가서 죽음 없이 살 수 있는 또 하나의 삶을 위한 준비과정에 지나지 않는다. 그러므로 현세에 있어서의 즐거움은 중요하지 않을 뿐만 아니라, 때로는 천당에 가는 데 장애물로 작용할 수 있다. 이와 반대로 과학적 관점에 따르면 육체가 죽으면 우리의 삶은 그것으로 끝이 나고, 우리들의 육체는 다시금 흙으로 환원되며, 우리가 죽어서 갈 수 있는 천당 같은 것은 있지도 않다. 그러므로 우리에게 가장 중요한 것은 짧은 이 세상의 삶을 마음껏 살고 마음껏 즐기는 것밖에는 아무것도 없다.

종교와 과학의 양립할 수 없는 진리는 우리에게 그중 하나를 선택할 것을 요구한다. 그렇다면 과연 어떻게 선택하여야 하는가?

과학의 도전

종교적 관점이 기억할 수 없이 오랜 과거의 인류의 경험에 뿌리를 박고 있다면, 근대적 과학의 역사는 많아야 400여 년밖에 되지 않는다. 이 짧은 역사를 통해서, 특히 지난 200년 동안 과학은 종교와의 싸움에서 의심 없는 승리자로 등장했다고 보아도 틀림없다.

지동설을 주장한 갈릴레이를 재판장에 끌고 와 처형을 준비했던 기독교도들 가운데 아직도 태양이 지구 주위를 돈다고 믿는 이는 없다. 오늘날 초등학생들은 물론, 기독교 신도들도 다윈의 진화론을 부정하지는 못하리라. 유전학을 세운 멘델Mendel이 원래 성직자였던 것은 놀랍지 않다. 오늘날 우주학은 신이라는 인격자가 6일에 걸쳐 6,000년 전에 창조했다는 서양 종교의 주장을 잘해야 하나의 꾸며낸 신화로밖에 생각하지 않는다. 대부분의 환자들은 교회당에 가서 기도를 해서 병을 고치려고 하기보다는, 병원에 가서 의사한테 수술을 받아 병을 고치기를 택한다. 농사를 짓고 물건을 생산하기 위해서는 신부나 목사 대신 교수나 기술자의 도움을 받는다. 어떤 구체적 행동을 결정하기 위해서 우리는 하느님의 계시를 기다리기에 앞서 우리들 자신이 갖고 있는 과학적 지식과 이성에 의존한다.

과학적 진리에 근거한 과학적 기술의 기적에 가까운 힘과 혜택에 정상적인 정신을 가진 사람이라면 눈이 어두울 수 없다. 물질적 생활이 무한히 풍부해져서, 오늘날에는 100년 전, 아니 50년 전까지만 해도 꿈에서조차 있을 수 없는 물질적 혜택을 받고 있으며, 그만큼 더 편안하고 행복한 삶을 살 수 있게 되었음을 부정할 사람은 아무도 없을 것이다. 과학의 진리가 보여준 위와 같은 구체적인 위력 앞에서 신보다는 인간 자신의 이성에 의존해야 한다는 계몽주의 운동이 유럽을 휩쓸었던 것은 오히려 자연스럽다.

과학의 위와 같은 사실, 과학에 대한 위와 같은 우리들의 태도는 종교에 대한 우리들의 부정적 태도를 의미한다. 계몽주의와 더불어 과학은 이미 완전한 승리를 거두고, 종교는 적어도 이론적으로는 완전히 부정되었던 것이다.

이러한 상황에서 설사 수많은 사람들이 아직도 성서를 진리로 믿고, 종교적 진리를 고집하며, 목사로서, 신도로서 자처하며 활동하고 있다는 것이 사실이지만, 그러한 사실은 그들의 실제 행동, 즉 과학적 진리나 과학적 기술에 의지하는 그들의 실제 행동과 모순된다. 그들 자신이 무슨 말로 변명하더라도 과학에 의존하는 그들의 행동은 그들이 과학적 진리를 믿고 있음을 전제하며, 따라서 그들은 과학적 진리와 양립될 수 없는 종교적 진리를 믿지 않고 있음을 입증한다.

지난 약 400년의 역사는 종교에 대한 과학의 도전의 역사라고 볼 수 있으며, 과학의 진리 앞에 종교의 진리가 굴복한 역사라고 볼 수 있다. 그 역사는 종교적 세계관이 과학적 세계관에 의해서 대치되었던 성聖의 속화된 역사라고도 부를 수 있을 것이다.

이러한 역사적 사실은 종교가 일종의 원시적 지식으로서 잘못된 지식이며 미신이라고 쉽사리 버려질 수 있음을 시사하고, 오로지 과학만이 정말 진리라는 것을 보여주는 것 같다. 그렇다면 우리들의 적절한 행동, 올바른 삶은 종교가 아니라 오로지 과학에 의존되어야 할 것이다. 뒤집어 말해서 오로지 과학만이 유일한 객관적 지식·진리를 보여주며, 종교는 인간의 주관적 욕망에 바탕을 둔 상상적 환상에 불과하다는 결론이 나올 것 같다.

그러나 위와 같은 결론은 타당한가? 과연 종교는 과학과 대립되는가? 과연 종교적 진리는 과학적 진리와 대립되며, 오로지 과학적 진리만이 유일한 진리라고 할 수 있는가? 만약 과학이 진리의 체계라면 과학적 진리란 어떠한 진리인가? 어쩌면 종교와 과학의 본질, 각기 그것들의 진리의 성격에 대한 우리들의 여태까지의 생각이 잘못이었는지도 모른다.

과학적 진리

진리는 어떤 객관적 대상과 그 대상에 대한 우리들의 믿음과의 일치를 말한다. 어떤 대상 0을 '0'이라고 내가 믿을 때 나의 믿음을 진리라고 부른다. 그러나 나의 믿음이 진리인가 아닌가를 결정하기 위해서는 나의 믿음은 우선 언어로 표현되어 하나의 명제의 형태를 갖추어야 한다. 가령 강아지는 발이 네 개라는 나의 믿음은 '강아지는 발이 넷이다'라는 명제의 형태를 갖추었을 때, 누구에 의해서나 공적으로 옳다거나 그르다는 판단을 받을 수 있다. 진리라고 전제된 종교적 믿음과 과학적 믿음도 부득이 언어로서 명제의 형식을 갖추어 표현된다. 과학적 논문, 서적 그리고 종교적 경전은 다 같이 각기 종교적·과학적 믿음의 표현이다. 종교적 진리와 과학적 진리와의 차이는 각기 종교적 명제와 과학적 명제와의 차이에서 밝혀질 수 있을 것이다.

과학적 명제의 특징은 그 명제의 진위가 실증될 수 있다는 사실, 아니 더 정확히 포퍼Popper의 표현을 따르자면, 반증될 수 있는 데 있다. 그러나 종교적 명제는 그 명제의 진위가 실제로 반증될 수 없을 뿐만 아니라 이론적으로도 그 반증이 불가하다. 어떤 과학자가 '물은 섭씨 영도에서 언다'라는 명제를 냈을 때 그것은 실제의 실험에서 옳다는 것으로 밝혀질 수 있으며, 그가 '달 위에는 코끼리가 산다'고 할 때 그 명제는 아직 누구에 의해서도 실증도 반증도 되지 않았지만, 논리적으로 반증될 수 있다. 왜냐하면 과학적 기술이 더욱 발달하여 우리가 그 달에 가서 관찰해볼 수 있기 때문이다. 이와는 달리 종교가 진리라고 전제하는 명제들, 예를 들어 '모든 것은 신에 의해서 창조되었다', 혹은 '전지, 전능, 전선한 신의 판단에 따라 다음 생에서 우리는 천당에도 갈 수 있고, 지옥에도 갈 수 있다'라는 명제들은 그것들의 진위를 실제로 증명할 수도 없고, 반증할 수도 없다.

왜냐하면 어떤 명제가 참이냐 아니냐를 알기 위해서는 우선 그 명제가 무엇을 지칭하는가를 알아야 하며, 그렇게 지칭된 것들을 관찰해봐야 하는데, 위에서 예로 든 종교적 명제, 종교적 진리는 사실상 그 말들이 무엇을 지칭하는지 분명치 않다. 설사 그 말이 지칭하는 것이 무엇인지 알았다 해도, 그러한 지칭물들은 원칙적으로 지각적 경험이 불가능하다. 따라서 과학에서나 더 일반적으로 일상적 생활에서 사용되는 진리, 즉 명제들과는 달리 종교적 진리나 명제는 그것의 진위가 원칙적으로, 즉 이론적으로 불가능하다.

과학적 진리와 종교적 진리를 위와 같이 구별할 때 논리실증주의자의 관점을 따른다면 진리는 오로지 과학적으로만 찾을 수 있고, 종교에서 말하는 진리는 사실상 진리가 아니며, 종교에서 말하는 명제는 명제가 아니라는 주장을 할 수 있다. 만일 이러한 주장이 옳다면 종교는 비판될 뿐만 아니라 제거되어야 하며, 종교는 종전과는 달리 새롭게 이해되어야 한다는 것이다. 왜냐하면 종교가 전제하고, 종교신자들이 전제하고 있는 것과 달리 종교적 명제는 인식적 내용이 전혀 없기 때문이다. 다시 말해서 종교는 아무런 진리도 보여주지 않는다. 그렇다면 종교적 진위도 전혀 의미가 없다. 그러나 이와 같은 논리실증주의적 결론은 옳은가?

종교에 대한 논리실증주의적인 이와 같은 비판과 종교의 부정은 진리, 그리고 과학적 진리에 대한 몇 가지 전제에 바탕을 둔다. 과연 그러한 전제는 타당한가?

첫째, 모든 진리는 오로지 지각적 경험을 통해서만 얻어질 수 있다는 논리실증주의적 전제이다. 물론 어떤 객관적인 대상들은 반드시 지각적 경험으로써만 알 수 있다. 그러나 이러한 주장이 옳다고는 하지만 지각적 경험 자체도 지각 이전의 비지각적 조건을 전제하고 있음을 잊어서는 안 된다. 칸트가 벌써 명확히 지적해준 바와 같이 지각적 경험은 개념, 혹은 범주를 전제로 하지 않고는 불가능하다. 개념이 없는 지각은 맹목적이다. 칸트의 이러한 입장은 근래 심리학자, 철학자들에 의해서 다시금 재확인되고 있다. 지각은 이미 이론에 의해서 통제되고 있으며, 따라서 순수한 눈은 없다는 것이다. 과학적 지식도 오로지 지각적 경험에만 의존되어 있지 않다.

둘째, 진리는 오로지 물리현상에 대한 진리뿐이라는 전제이다. 이러한 전제를 뒤집어 말하자면 인식대상으로 존재하는 것은 오로지 물리현상이라는 유물론적 전제가 된다. 물론 많은 진리의 인식이 지각을 통해서 가능하고, 지각적 대상은 반드시 물리적 현상이다. 그러나 존재하는 모든 것이 물리현상이라는 주장은 성급하거나 독단적이다. 비물리적 현상 혹은 존재가 무엇이냐는 것을 규정하기가 쉽진 않지만, 그렇다고 비물리적, 즉 정신적인 것 혹은 관념적인 존재가 없다는 근거는 지각적 경험으로 입증할 수 없다. 플라톤에서 데카르트를 거쳐, 후설, 사르트르에 이르기까지, 그리고 힌두교, 불교, 유대교, 기독교에서 관념적 혹은 정신적인 존재가 있다는 것이 주장되어왔던 것은 전혀 우연한 일이 아니다. 비물질적인 존재가 있다는 것이 설사 입증되지 않는다고 해도, 그러한 존재가 부정될 수는 없다.

셋째, 과학적 진리는 절대적 진리라는 전제다. 다시 말해서 사물현상의 올바른 표상은 오직 과학적인 것뿐이라는 것이다. 예를 들어 과학이 어떤 현상에 대해서 P라는 명제를 어느 역사적 시점에서 문자 그대로 경험적으로 실증했다면, 같은 현상에 대해서 다른 명제는 나올 수 없다는 것이다. 뉴턴의 물리학이 18세기에 입증되었다면 그것은 과학적 진리요, 물리현상에 관한 진리는 오로지 뉴턴의 이론만이 진리라는 것이다.

그러나 뉴턴의 물리학이 20세기에 와서 아인슈타인의 물리학으로 대치되었다는 사실은 물리학적, 즉 과학적 진리가 절대적이 아닐 뿐만 아니라 도대체 진리가 아니라는 역설적 결론이 나온다. 이러한 논리가 타당하다면, 같은 논리로서 뉴턴의 물리학을 부정하게 된 아인슈타인의 물리학의 진리도 절대적인 진리가 되지 않을 가능성이 있을 뿐만 아니라, 도대체 진리가 아니라는, 역시 역설적 결론이 나온다. 과학사를 통해서 한 물리현상에 대한 과학적 학설이 자주 바뀌어왔었다는 사실을 우리는 잘 알고 있다. 과학적 진리가 진리인 것은 그 대상을 복사해 주기 때문이 아니라, 역사에 따라 자주 바뀌는 하나의 표상체계로서의 패러다임, 즉 과학계에서 널리 수용하고 있는 일반적 관점에 일치하기 때문이라는 것을 주장했을 때 과학철학자 쿤Kuhn은 과학적 진리가 절대적이 아니며, 유일하지도 않다는 것을 보여준 것이다. 뿐만 아니라 똑같은 물리현상이라도 과학과는 달리 예술로서, 혹은 문학으로서 옳게 표상될 수 있으며, 따라서 물리현상에 대한 과학적 진리뿐만 아니라 예술적 혹은 문학적 진리가 똑같이 존재함을 최근 굿맨Goodman이 역설하고 있음을 무시할 수 없다.

어떤 대상에 대한 지각, 더 일반적으로 말해서 인식이 그 대상 자체를 있는 그대로 반영하는 것이 아니고, 우리들이 이미 갖고 있는 개념의 틀, 인식의 체계, 비유해 말해서 지각의 그물과 뗄 수 없는 유기적 관계를 갖고 있다는 것은 오늘날 인식론자들에 의해서 대체로 인정되고 있다. 우리들이 마련한 인식의 그물에 따라 똑같은 사물현상이 달리 파악될 수밖에 없다는 것이다. 똑같은 물리현상이 '책상'으로 파악될 수 있고, '원자의 집합'으로도 인식될 수 있으며, '가구'로서 서술될 수 있으며, 또한 '인공품'이라는 개념으로 분류될 수 있다는 것이다.

오늘날의 물리학, 화학, 생물학은 50년 전만 해도 상상할 수 없을 만큼 발달됐지만, 50년 이전의 과학자들과 달리 오늘의 과학자들은 물리현상의 유일하고 절대적인 표상, 따라서 인식이 불가능함을 깨닫게 되었다. '물질이 근본적으로 무엇이냐', '물질은 어떤 법칙에 의해서 움직이는가'라는 문제는 더욱 대답하기 어려운 것으로 나타나고 있다. 물리현상을 있는 그대로 파악하기에는 우리가 현재 갖고 있는 과학적 이론이 한없이 원시적인 수준에 있음을 의식하게 되었다. 현재 갖고 있는 과학의 틀, 즉 진리의 객관성을 확보하고 그것의 척도가 된다고 생각했던 과학적 현미경이 한없이 불투명하고 거칠다는 것을 알게 되었다. 현미경으로는 볼 수 없는, 과학적 이론으로는 이해할 수 없는 현상이 헤아릴 수 없이 많이 우리 주변에서 일어나고 있다는 사실에 눈감아둘 수는 없다.

과학적 지식, 과학적 인식의 합계에 대한 위와 같은 몇 가지 사실들은 과학적 인식이 종교적 인식을 용납할 수 없는 유일한 인식이 아니며, 과학적 인식방법이 유일한 인식방법일 수 없음을 말해준다. 로마라고 하는 진리의 도시로 통하는 길은 과학이라는 길만 있는 것이 아니다. 종교도 또 다른, 또 하나의 길일 수 있다. 과학적 진리가 유일한 진리는 아니며, 과학적 진리는 종교적 진리와 반드시 대립되지 않을 가능성이 있다. 과학의 입장에서 종교를 배척하고 부정할 수는 없다. 과학의 진리가 절대적이 아니라면, 과학적 진리는 어떤 종류의 진리이며, 그것은 어떤 효용성을 갖고 있는가?

과학의 효용

종교적 진리가 객관성이 없다는 점에서 그 진리는 거부되고, 과학적 진리는 객관성이 있다는 데서 수용된다. 그렇다면 진리의 기준, 진리를 보장하는 객관성은 무엇인가?

인식의 객관성은 어떤 사물현상의 있는 그대로의 상황을 의미할 수 있다. 과학적 인식이 객관성을 갖는다면 그것은 그 인식대상을 있는 그대로 표상해주기 때문이며, 종교적 인식이 주관적이라면 그것은 인식의 대상을 있는 그대로 표상하지 않기 때문이라고 말할 수 있다. 그러나 이러한 뜻에서의 객관성은 종교에서와 마찬가지로 과학에서도 찾아볼 수 없다. 과학은 앞서 본 바와 같이 사물현상을 있는 그대로 반영하지 않는다. 과학적 인식은 모든 다른 인식과 마찬가지로 어떤 인식체계를 전제로 하며, 그 체계에 의해 사물현상을 표상해준다. 따라서 과학이 보여주는 사물현상은 있는 그대로가 아니라 과학적 체계에 의해서 이미 구성되고 결정된 것이다. 객관적 인식을 진리라고 부른다면 진리는 어떤 사물현상의 있는 그대로를 의미하지 않는다.

이와 같이 볼 때 과학적 진리도 종교적 진리와 마찬가지다. 그것들은 다 같이 똑같은 사물현상에 대한 두 가지 다른 인식체계로 볼 수 있으며, 그것들의 정당성은 오로지 그것들의 체계 내에서만 가능하다. 과학적 관점에서 종교적 관점을 비판하는 것은 마치 중량의 관점에서 부피의 관점을 잘못이라고 거부하는 경우와 같다. 이러한 사실은 모든 진리가 상대적임을 보여준다.

그럼에도 불구하고 우리는 하나의 진리를 거부하고 다른 진리를 선택하며, 종교적 진리를 거부하고 과학적 진리를 흔히 택한다. 아니 우리는 항상 서로 다른 진리들 가운데에서 하나를 선택해야만 하는 운명을 갖고 있다. 이러한 선택을 하지 않고서는 행동이 불가능하기 때문이다. 왜냐하면 불행히도 우리에게 필요한 행동은 진리에 대한 확증을 기다려주지도 않고, 서로 상반되는 진리를 동시에 받아들일 것을 허용치 않기 때문이다.

완전한 확증이 없는 진리임에도 불구하고, 그리고 서로 상반되는 진리임에도 불구하고 우리들이 해야 할 행동이 그런 진리 가운데에 하나를 선택할 것을 요구한다면, 그 선택의 근거는 어디서 찾는가? 어찌하여 종교적 진리 대신 과학적 진리를, 혹은 과학적 진리 대신 종교적 진리를 택하는가? 어떤 진리를 선택하느냐는 우리가 취하고자 하는 목적을 어떤 진리가 어떻게 충족시켜주느냐에 달렸다.

우리가 어떤 목적을 달성하기 위하여 어떤 행동을 해야 하는 경우 X라는 진리와 Y라는 진리 가운데 어떤 진리에 따르면 가장 만족스럽게 목적이 달성되느냐에 따라, X와 Y라는 두 개의 진리 가운데 하나가 선택될 수 있다. 큰 병이 들었을 때 병원으로 의사를 찾아가는 이유는 교회에서 기도하는 것보다 과학적 지식에 따라 병이 보다 쉽게 치유될 수 있다고 믿기 때문이며, 죽음에 임박했을 때 십자가를 쥐고 기도하는 것은 기독교를 믿음으로써 죽어서 천당에 갈 수 있다고 믿기 때문이다. 의사가 실제로 병을 고쳐주고, 기도를 한 사람이 천당에 실제로 감으로써 각기 과학적 믿음이 진리로 수용되고, 종교적 믿음이 진리로 받아들여진다. 진리의 선택, 진리 자체는 결국 그 믿음에 따라 행동을 취했을 때 얼마만큼의 효과를 얻을 수 있느냐, 즉 믿음의 효용에 따라 상대적으로 결정된다.

과학적 지식이 생기고 발달하기 이전 인류는 수천 년 동안 어떤 형태인가의 종교를 믿었고, 그 믿음에 의해서 이 세상에서의 소원과 죽어서의 소원을 풀려고 했다. 그러나 특히 과학이 종교와 다른 믿음, 다른 지식에 근거하여 극도로 발달한 오늘날, 과학적 기술은 커다란 성과를 낳았고, 그 과학적 기술에 의해서 우리는 종교적 행위로서는 이룩할 수 없는 허다한 욕망을 만족시킨다. 이와 같이 하여 과학자뿐 아니라 대부분의 사람은 과학적 기술의 놀라운 효용성에 압도되어, 머지않아 과학이 모든 인간의 욕망을 충족시켜주고, 인간의 모든 문제를 해결해줄 것이라는 낙관적 생각을 하게 되었다.

그러나 과학적 기술의 결과로 볼 수 있는 오늘날의 공해, 아니 어쩌면 인류의 종말을 가져올지도 모르는 핵전쟁 등의 위협에 인류는 직면하게 되었고, 컴퓨터, 생명공학 등은 인간을 기계화 또는 물질화하는 방향으로 이끌어가는 것 같게 되었다. 이와 같은 사실은 순전히 물질적 관점에서만 보더라도 과학이 반드시 인류의 소망을 충족시킬 수 없을 뿐만 아니라, 장기적으로는 인류의 멸망을 초래하게 될지도 모른다는 것을 보여준다.

백 보를 양보해서 과학이 물질적인 풍요를 가져온다고 가정해도 반드시 과학만을 믿고, 과학적 믿음에 따라 살아야 한다는 근거는 없다. 왜냐하면 우리들 인간은 물질적으로만 충족될 수 없는 동물이기 때문이다. 모든 인간의 의식주, 그밖의 물질적 모든 욕망이 완전히 채워졌다고 가정해도, 우리는 결코 행복하지 않을 것이다. 인간적 고독, 죽음에 대한 공포, 삶의 궁극적 의미, 아니 우주의 궁극적 의미에 대한 물음이 사라지지 않고 우리를 괴롭힐 것이기 때문이다.

이러한 문제·물음이 인간의 보편적인 실존적 문제이며 물음이라면, 이러한 문제·물음은 그 성격상 과학으로써는 해결될 수도 없고, 해답을 줄 수도 없다. 과학적 진리의 용도에는 그 한계가 있고, 실존적 용도를 충당하기 위해서는 과학 아닌 다른 믿음, 다른 진리가 요청된다. 그렇다면 종교적 진리는 과학적 진리에 의해서 제거되거나 부정될 성질의 것이 아니라, 과학이 채워줄 수 없는 실존적 용도를 맡을 수 있을지 모른다.

그렇다면 인간의 실존적 문제는 구체적으로 무엇이며, 그러한 문제 해결에 종교적 진리는 어떠한 역할을 할 수 있는가? 요컨대 종교와 실존적 문제는 어떻게 관련되는가?

『종교란 무엇인가』(1985)

08
종교와 실존

인간의 바람, 행동, 활동이 다른 동물에서 볼 수 없는 특이성을 갖고 있다면, 그 사실은 다른 동물들과는 다른 특이한 인간조건과 뗄 수 없는 관계를 갖고 있음에 틀림없다. 종교가 인간사회에서 보편적으로 나타나는 현상이라면, 그것은 인간의 어떤 특수한 보편적인 존재조건과 떼어서 이해될 수 없다.

생존하는 동물로서 인간은 무엇인가를 필요로 한다. 인간에게 의식주가 가장 기본적인 생물학적 필요성임에 틀림없지만 인간은 다른 생물, 다른 동물에서 찾아볼 수 없는 인간 고유의 무엇인가를 필요로 한다. 앎에 대한 지적 욕망이 그러한 인간 특이성의 한 예가 될 것이다.

무엇인가를 알고자 할 때 우리는 흔히 어떤 목적을 의식한다. 사법고시에 합격하기 위해서 법전을 외우려고 하며, 병을 고치기 위해서 그것에 적절한 약이 무엇인가를 알고자 한다. 자연과학은 자연을 지배하거나 자연에 적용하기 위해서 고안된 앎이라 할 수 있다.

앎에 대한 인간의 욕망은 어떤 특정한 목적을 성취하기 위한 수단이 아닐 수도 있다. 순수한 앎에 대한 욕망은 과학, 그밖의 여러 가지 활동으로 나타난다. 종교도 일종의 앎의 체계이다. 모든 종교는 궁극적 존재에 대한 어떤 진리를 제시한다. 그러나 종교는 순수한 앎에 대한 욕망이 아니라, 종교에 있어서의 앎은 다른 목적을 위한 수단에 불과하다. 종교가 인식적 체계라 하더라도 인식, 즉 진리는 종교의 궁극적 목적이 아니다.

종교가 앎에 대한 보편적인 목적을 충족하는 것으로 볼 수 없음에도 종교현상이 인간 사회에서 보편적으로 볼 수 있는 현상이라면, 종교는 앎에의 욕구와는 다른, 그리고 앎에 대한 욕구보다도 더 원초적인 인간의 어떤 욕구의 표현으로 볼 수 있으며, 또한 그러한 욕구를 만족시키기 위해 마련된 수단으로 풀이될 수 있다.

편의상 이와 같은 욕구를 지적 욕구, 즉 인식적 욕구와 구별하여 실존적 욕구라고 부르자. 그렇다면 그러한 욕구는 무엇에 대한 욕구인가? 그러한 욕구는 어떻게 충족될 수 있는가? 이러한 물음에 앞서 우선 실존의 문제가 아닌 어떤 종류의 문제인가를 알아볼 필요가 있다.

실존적 문제

실존적 문제는 인간의 실존성, 즉 인간 고유의 구체적인 실존양식과 뗄 수 없는 관계를 맺고 있으며, 그러한 양식에 기인한다. 그렇다면 실존한다는 것은 어떠한 존재양식을 말하는가?

인간이, 오직 인간만이 실존적으로 존재한다는 것은 오로지 인간만이 자유롭게 존재한다는 뜻이다.

그러나 문제는 인간이 정말 자유로운가, 정말 자유라는 것이 존재하는가를 결정해야 한다. 인간이 자유롭다고 생각하는 것과 인간이 정말 자유롭다는 것과는 다른 문제이기 때문이다. 이 문제가 철학에서 오래도록 시비되어온 이른바 자유론과 결정론 간의 갈등이다.

일상생활에서 어느 한가한 일요일, 낮잠을 자든지, 아니면 도서관에 가서 책을 읽든지 하는 것은 나의 자유로운 결정에 달려 있다고 확신한다. 복순이를 아내로 삼느냐, 아니면 순희한테 장가를 가느냐의 둘 중 하나를 선택할 자유가 내게 있음을 확신하지 않는 사람은 없을 것 같다. 그러나 좀 따지고 보면 나의 그러한 결정은 사실상 나의 자유로운 선택에 따른 것이 아니라, 내 자신이 의식하지 못하고 알 수도 없는 수많은 조건들이나 상황들의 복합적 관계에 의해서 이미 인과적으로 결정되어 있을지도 모른다는 생각도 든다. 사실인즉 자연과학은 모든 자연현상이 철통 같은 인과법칙에 의해서 일어나고 있음을 전제한다. 과학이 발달될수록 그러한 전제가 압도적으로 입증되는 것 같다. 만일 과학이 신뢰할 수 있는 인식의 체계이며, 인간도 자연의 일부에 지나지 않는다면 인간의 모든 행동도 자연현상을 지배하는 인과법칙에 따라 지배된다고 봐야 한다. 이와 같이 볼 때 인간이 여태까지 믿고 있던 인간의 자유는 하나의 환상, 하나의 착각에 지나지 않을는지도 모른다. 이른바 과학이 전제하는 결정론이 옳은 것 같다.

그러나 비록 결정론, 즉 인간의 행동은 자유로울 수 없다는 형이상학적 주장은 구체적인 인간의 삶, 우리가 일상생활에서 체험하고 있는 삶을 설명하는 데 아무런 도움도 되지 않는다. 생물학적·사회학적인 현상으로서가 아니라 구체적으로 살아 있는 인간은 싫든 좋든 시시각각 자유를 체험한다. 형이상학적 관점에서 자유라는 것이 존재하지 않는다고 해도, 우리가 체험하는 삶, 즉 넓은 의미에서의 현상학적 차원에서 인간은 자유 속에서 자유로운 존재로서 자유롭게 살아가고 있다. 인간은 자유로울 수 있을 뿐만 아니라, 사르트르의 표현을 빌리자면 "자유롭지 않을 수 없다".

이것 대신에 저것을 선택하고, 이렇게 하는 대신 저렇게 할 수 있는 결단의 가능성을 자유라고 부른다면 우리는 시시때때로 그러한 선택을 하고 그러한 결정을 내리고 있으며, 싫어도 그러한 상황에서 벗어날 수 없다. 인간은 싫어도 자유롭지 않을 수 없다. 설사 내가 적군의 포로가 되어 감옥에 갇혀 있어, 육체적으로는 내 마음대로 그곳에서 도망칠 수 없지만, 나는 그 적군에게 순종하거나 끝까지 반항하거나 두 가지 태도 중에서 하나를 선택할 수 있을 뿐만 아니라 싫어도 그러한 선택을 하지 않을 수 없다. 사르트르의 말대로 우리는 자유롭도록 처형되었던 것이다. 흔히 우리는 자유를 구가하고 추구하며, 자랑으로 여긴다. 그러나 사르트르에 의하면 자유는 반드시 구가할 것도 아니며, 자유로운 처지는 반드시 즐거운 것도 아니다. 자유는 인간에게 있어서 하나의 저주라 할 수 있다. 자유가 인간의 실존적 조건이라면 이러한 자유는 인간에게서만 볼 수 있는 실존적 문제를 낳게 된다.

내가 어떤 행동, 어떤 태도에 대한 자유를 갖고 있다는 것은 그 행동, 그 태도에 대한 책임이 오직 나에게만 있다는 것을 함의한다. 내가 작가 대신 의사가 되기로 자유롭게 선택한 이상, 후에 의사가 된 것을 후회하더라도 소용이 없다. 나는 아무도 원망할 자격이 없다. 작가가 되지 않은 불행의 책임은 오로지 나에게 있을 뿐이다. 내가 복순이 대신 순희를 자유롭게 선택한 이상, 순희와의 결혼 후 불행해도, 그 책임은 부모에게도 있지 않고 친구에게도 있지 않으며, 오로지 나에게만 있을 뿐이다.

나의 책임은 나의 불안을 동반한다. 불안은 곧 고통을 의미한다. 인간으로서의 삶은 불안, 즉 고통을 벗어날 수 없다는 말이다. 그러므로 인간은 가장 불안한, 근본적으로 불행한 동물이다. 이와 같은 인간의 불안, 불행은 보다 구체적인 형태를 띠고 나타난다.

첫째, 인간은 고독하다. 고독하다 함은 우리의 모든 행동이 궁극적으로는 오직 나만의, 나 혼자만에 의해서 결정되며, 나의 행복과 불행이 궁극적으로 나에게만 의존됨을 의미한다. 고독하다 함은 혼자 산다는 뜻이 아니다. 우리들은 부득이 가족들, 친구들, 동료들, 나아가서는 사회공동체를 이루고 인류 전체 속에서 얽혀 산다. 이런 의미에서 인간은 고독하기는커녕 오히려 고독을 필요로 할지 모른다. 그러나 실존적 의미에서, 즉 인간적 의미에서 고독하다 함은 마침내는 아무리 많은 사람들 가운데서 그들과 뒤범벅되어 산다 해도 나는 하나의 독립된 인간으로서 자유롭고, 나의 자유로운 행동에 대한 책임을 혼자만이 져야 하고, 혼자 괴로워하고, 혼자 아파하다가 혼자 죽어야 함을 의미한다. 나의 기쁨은 내가, 나만이 느끼는 기쁨이며, 그 아무도 나 대신 슬픔과 불안을 느껴주지 못한다는 것이다. 아무도 나 대신 작가가 되어줄 수 없으며, 아무도 나 대신 복순이와 결혼해줄 수 없다는 것이다. 나는 나 혼자만이 나의 기쁨·슬픔·아픔을 느끼고, 나 혼자만이 나의 삶을 살고 나 혼자만이 나의 죽음을 죽어가는 것이다.

이런 의미에서 우리는 누구나 다 같이 각기 하나하나의 개인으로서, 형제들 가운데서, 친구들 틈에서, 복잡한 거리에서, 아니 이 방대한 우주 속에서 외톨이로서 고독하며 외롭다. 혼자 왔다가, 혼자 느끼고, 혼자 애쓰고, 혼자 울고 웃다가, 혼자 앓고 아파하다가, 혼자 죽어 혼자 땅에 묻힌다. 그러나 이처럼 고독하면 고독할수록 나는 고독에서 해방되어 형제들과 친구들과, 그리고 인류 전체와, 마침내는 우주만물과 하나가 되어 외롭지 않게 존재하고 싶어진다.

둘째, 실존적 존재로서 인간은 그 자신의 궁극적 뿌리를 찾고자 한다. 그는 어딘가 근원적 소외됨을 의식한다. 그에게는 그 자신의 존재에 대한 궁극적 정당성을 필요로 한다.

나는 어디서 왔는가? 나는 어디로 가는가? 나의 존재는 너무나 무상하다. 무한한 우주에 비추어볼 때 나의 존재는 너무나 무의미하다. 나는 이 짧은 삶에서 무엇을 하고 있는가? 한마디로 나의 이 하잘것없고 짧은 인생의 '의미'는 무엇인가? 사르트르가 설명해준 것처럼 나를 둘러싼 모든 사물현상의 의미는 나의 목적, 이른바 나의 기도에 따라 나에 의해서 부여된다. 내가 사랑하므로 복순이는 나에게 의미가 있고, 맛있는 불고기는 내가 좋아하니까 나에게 의미가 있으며, 나를 해치려는 적은 나에게 있어서 싸우고 패배시켜야 할 존재로서 의미가 있으며, 높은 산은 내가 넘어가야만 한다는 점에서 의미가 있다. 나는 모든 것에 의미를 부여하는 주체자이며, 모든 것들이 나에 의해서 의미가 생긴다. 그와 같이 의미가 부여되는 만큼 모든 것들은 그것들마다 존재의 정당성을 갖춘다. 그러나 모든 것에 의미를 부여하는 주체자로서의 나의 의미는 어떻게 부여될 수 있는가? 만일 절대적 주체자로서 하느님이 없다면 내가 모든 것에 의미를 부여하는 나의 행위 자체는 의미를 얻지 못할 것이 아닌가?

이처럼 모든 인간은 의도적이든 무의도적이든 자신의 '삶의 의미'를 갈구한다. 그러나 이러한 의미의 문제가 과학의 문제가 아님은 두말할 것도 없다. 이러한 의미의 문제가 인식의 문제가 아니라는 것도 확실하다. 문제는 무엇을 알고자 하는 것이 아니라 그 무엇의 의미를 깨달으려고 하는 데 있다. 여기에서 과학적 견지에서 거세되고 부정되었던 종교의 고유한 기능이 다시 고려될 수 있다. 어쩌면 종교는 객관적 사실에 대한 진리를 보여주는 기능, 즉 인식적 기능을 갖기보다는 가장 근본적인 실존적 문제, 즉 삶의 의미의 문제를 풀어주려는 기능을 하고 있는지 모른다. 다시 말해서 종교는 실존적 물음에 대한 대답이나 반응으로 해석될 수 있다. 종교의 근본적 기능은 '삶의 의미'를 가르쳐주는 데 있는 것 같다. 그렇다면 '삶의 의미'란 도대체 무엇을 의미하며, 어떻게 하면 우리의 실존적 요청인 '삶의 의미'가 채워질 수 있는가?

인생의 의미

오로지 단 한 가지 "참으로 심각한 철학적 문제가 있다. 그것은 자살의 문제이다. 인생이 살 만한 가치가 있나 없나를 판단한다는 것은 철학의 가장 근본적인 질문에 대답하는 것이 된다. 세계가 3차원이냐 아니냐, 오성悟性은 9개 아니면 12개의 범주를 갖고 있느냐 아니냐 등과 같은 그밖의 모든 질문은 그 다음에 오는 질문이다"[9]라고 실존주의자 카뮈Camus는 선언한다. 카뮈의 이와 같은 선언의 참신성은 그것의 직선적 성격에 있을 뿐 새로운 내용은 전혀 없다. 그는 모든 철학자, 아니 스스로의 삶을 조금이라도 반성할 수 있는 모든 사람들이 몇 천 년을 두고 생각했던 문제를 거듭했을 뿐이다. 카뮈가 새삼 환기시킨 삶의 근본적인

---

9   Albert Camus, *The Myth of Sysiphus and Other Essays*, tr. J. O'Brien(N. Y. Albred Knopt, 1955), p.3.

문제의 절박성, 그리고 절실성은 부귀, 장수, 명예 등 온갖 호사를 누렸던 19세기 문호 톨스토이Tolstoy의 다음과 같은 노년의 고백에서 더욱 역력히 이해되고 공감될 수 있다.

저서생활이 시간의 낭비라고 보았지만, 나는 이러한 지난 15년 동안 계속 글을 썼다. 저서생활의 매력, 나의 무의미한 노동에 대한 막대한 금전적 보수와 갈채의 매력의 맛을 즐겼던 것이다. 그래서 나는 그러한 매력에 굴복되어 나의 물질적 조건을 향상하였지만, 내 영혼이 제기하는 나의 삶, 그리고 삶 일반의 의미에 대한 모든 질문들을 무디게 했었다. 나는 나의 저서를 통해서 나에게 있어서 무엇이 유일한 진리이며, 모든 사람이 자기 자신과 가족의 가장 큰 안락을 얻기 위해서 어떻게 살 필요가 있는가를 주장했다.

이처럼 나는 계속 살아왔으나 5년 전 내게 아주 기이한 사건이 생겼다. 나는 처음에 삶의 당황성, 그 다음엔 삶의 정지에 얼마 동안 완전히 사로잡히곤 했다. 그리하여 나는 어떻게 살아야 할지, 혹은 무엇을 해야 할지 알 수 없는 것 같았다. 그리고 나는 어떻게 해야 좋을지 몰랐고, 마침내는 낙심한 상태에 빠져 있었다. 그러나 그러한 일은 지나가고 나는 계속 그전과 마찬가지 생활을 했다. 그런데 삶에 대한 위와 같은 당황한 얼마 동안의 의식이 더욱 자주 반복되었는데, 그러한 의식은 언제나 똑같은 형태를 띠었다. 이와 같은 삶의 정지에 대한 체험은 언제나 동일한 질문으로 나타났다. 즉 "무엇 때문에? 그렇다면, 또?"라는 질문이었다.

처음엔 이와 같은 질문들이 쓸데없고 부적절한 질문일 따름이라고 생각했다. 이러한 사실은 너무나도 잘 알려진 것인 것 같았고, 그러한 문제를 해결하려고만 한다면 많은 노력이 필요없을 것 같았고, 다만 그런 일에 쓸 시간이 내겐 없을 뿐인 것 같았다. 그러나 만약 내가 원하기만 하면 나는 그러한 문제에 대한 적절한 대답을 곧 찾을 수 있을 것 같았다. 그럼에도 불구하고 그러한 인생에 대한 질문은 더욱더 빈번하게 반복되기 시작했고, 더욱더 끈질기게 그러한 질문에 대한 대답이 요청되었다. 마치 똑같은 지점에 떨어지는 흑점처럼 이러한 질문들은 대답을 갖추지 못한 채 하나의 검은 잉크자국으로 더욱 굳어갔다.[10]

카뮈나 톨스토이가 제기하는 문제는 삶의 의미, 더 정확히 말해서 우리들 인생의 의미에 대한 것이다. "우리의 삶, 나의 삶은 무슨 의미가 있나? 나는 도대체 무엇 때문에 사는가?" 따위의 질문은 위와 같은 작가, 혹은 사상가의 독점물이 아니다. 절실성의 차이는 있지만 조금이라도 자의식이 있는 사람, 아니 의식이 있는 사람이면 누구나 갖고 있는 질문이며 문제이다. 카뮈와 톨스토이는 그러한 질문을 보다 절실하고 명확하게 표현해주고 있을 뿐이다.

삶의 의미가 궁극적인 문제인 것은 조금만 반성해도 자명하다. 만일 나의 삶 그 자체에 의미가 없다면 내가 하는 모든 행동, 노력, 업적은 다같이 의미가 없을 것이기 때문이다. 그렇다면 '인생의 의미'는 도대체 무엇을 말하는가? '인생의 의미'를 알고, 그것을 찾을 때 도대체 우리는 무엇을 알려고 하며, 무엇을 찾으려고 하는가? 아니 인생의 의미에 앞서 '의미'란 도대체 무엇을 뜻하는가?

'의미'는 1차적으로 우선 언어에 적용되는 개념이다. 어떤 낱말, 어떤 명제, 어떤 서적을 두고 그것들의 의미를 얘기할 수 있다. 그리하여 '개'

---

[10]   Leo Tolstoy, *My Confessions*, tr, Leo Wiener(London, J. M. Dent and Sons, 1905) 참조.

라는 낱말의 의미, '개는 짖는다'라는 명제의 의미를 얘기할 수 있지만, 구체적 동물인 개, 혹은 구체적 사실인 개의 짖음을 두고 그것의 의미를 얘기함은 난센스다. '인생의 의미'라고 말할 때의 '인생'은 언어를 지칭하지 않는다. 그것은 구체적 삶을 지칭한다. 그렇다면 인생에 대하여 그것의 언어적 의미를 따진다는 것은 역시 난센스다. 그럼에도 불구하고 인생의 의미를 묻는다. 그렇다면 그 의미는 언어적인 의미가 될 수 없다. 도대체 인생의 의미를 물을 때의 의미는 무엇을 의미하는가? 다시 말해서 '의미'라는 말이 언어 아닌 것, 즉 행동, 사물, 사실, 사건 등에 적용될 수 있다면, 그 말은 무엇을 가리키는가?

우리는 '노동의 의미', '심장의 의미', '희생의 의미' 등이라는 말을 '인생의 의미'라는 말과 아울러 사용한다. 노동의 의미라고 할 때의 '의미'는 '목적'이라는 뜻이며, '심장의 의미'라고 할 때의 '의미'는 '기능'을 두고 말하며, '희생의 의미'라고 할 때의 '의미'는 '가치'를 가리킬 수 있다고 해석된다. 첫 번째의 경우 노동의 목적은 생산에서, 두 번째의 경우 심장의 기능은 혈액공급에서, 세 번째의 경우 희생의 가치는 우리들의 정신적 만족감에서 각기 그 의미가 밝혀질 것이다.

그렇다면 '인생의 의미'를 찾는다고 할 때 우리는 인생의 목적을 찾는 것이거나, 인생의 기능을 찾는 것이거나, 아니면 인생의 가치를 찾는 것이거나일 것이다.

그러나 언뜻 보기와는 달리 '인생의 의미'를 묻는 것은 '노동의 의미', '심장의 의미', '희생의 의미'를 묻는 경우와 다르다. 후자의 물음이 난센스라면, 즉 논리적으로 어긋남이 없는 물음이지만 전자의 물음은 논리적으로 불가능한 물음이라는 주장이, 이른바 분석철학적 입장에서 지적된다. '인생의 의미'를 찾는 것은 무의미하다는 것, 즉 논리적으로 불가능하다는 말이다. 다시 말해 '인생의 목적', '인생의 기능', '인생의 가치'라는 개념들은 처음부터 내재적으로 모순된 개념이며, 따라서 그러한 것을 찾으려는 것은 논리적으로 불가능하다는 것이다. 왜냐하면 그와 같은 질문은 논리적으로 대답이 불가능한 이른바 '제한적 질문', 즉 질문의 제한을 받는 질문이기 때문이다. 과연 '인생의 의미'를 물어서는 안 되는 것인가? 만일 몇 천 년을 두고 수많은 철학자, 아니 모든 사람들이 그러한 질문을 해왔다면, 그 많은 사람들이 한결같이 어리석었단 말인가?

인생의 목적

목적은 욕망 혹은 의도를 전제하지 않고는 존재할 수 없다. 목적은 필연적으로 어떤 욕망 혹은 어떤 의도의 목적이기 때문이다. 무엇을 생산하고자 하는 의도가 있는 한에서 노동의 목적이 얘기될 수 있지만, 의도가 없는 돌이 땅에 떨어질 때 떨어지는 돌에는 목적이 있을 수 없다.

의도는 물론 인간의 의도를 말한다. 인간은 죽을 때까지 헤아릴 수 없이 많은 것을 욕망하고 의도하며, 그러한 것을 충족시키려 한다. 인간으로 산다는 것은 끊임없는 목적 추구의 연속 속에서의 존재이다. 다시 말해서 누구나 수많은 목적을 갖고 있다. '인생의 의미'가 무엇이냐, '인생의 의미'가 있느냐 없느냐의 물음이 인생에 있어서의 목적이 있느냐 없느냐, 있다면 무엇이냐의 물음에 지나지 않는다면, 그에 대한 대답은 어렵지 않다. 모든 사람은 인생의 목적을 갖고 있을 뿐만 아니라 그처럼 갖지 않을 수 없다. 그리고 모든 사람의 인생의 목적은 사람에 따라, 경우에 따라 가지각색이다.

'인생의 의미'를 묻는 사람은 위와 같은 대답에 만족하지 않는다. 만약에 대답이 그렇게 쉬운 것이었다면 그 많은 사람들이 '인생의 문제'를 그렇게도 집요하게 추구하지는 않았을 것이다. 우리가 '인생의 의미'를 물을 때 그것은 '인생에 있어서의 목적'이 아니라, '인생의 목적'인 것이다.

그러나 이와 같은 뜻에서의 물음이 '제한적 질문', 즉 논리적으로 불가능한 물음이라고 했다. 왜냐하면 '인생의 목적'을 묻기 위해서는 인생 밖에, 즉 인생이 아닌 어떤 것인가의 목적을 묻게 되는데, 인생 밖의 인생, 인생이 아닌 인생이란 개념은 논리적으로 모순된다. 예를 들어 내가 '인생의 목적'을 물을 때 내가 묻는 것은 나의 삶을 하나의 사건, 혹은 행위, 혹은 존재로 볼 때 그 목적이 무엇인가를 묻는 말인 것이다. 이러한 물음에 대해서 '나의 삶'은 내 아들의 행복한 삶을 성취해주는 데 목적이 있다는 대답이 나올 수 있다. 그러나 이러한 대답은 역시 만족스럽지 않다. 왜냐하면 내가 나의 '인생의 목적'을 물을 때, 나는 남들의 입장에서 본 목적이 아니라 나 자신, 내 인생에 있어서 '나의 삶'이 어떤 욕망을 만족시켜주는가를 알고자 하는 것이다. 그러나 이러한 요구가 논리적으로 불가능한 것임은 자명하다. 나는 나의 '인생의 목적'을 제기할 수 없다. 내가 제기할 수 있는 유일한 물음은 나의 삶에 있어서의 여러 가지 목적에 대한 물음뿐이다.

그럼에도 불구하고 우리는 나의 삶에 있어서의 목적을 알려고 하기보다는 나의 삶 자체의 목적을 찾고자 한다. 왜냐하면 나의 인생에 여러 가지 목적이 있고 그런 것들이 모두 충족되었다고 가정하여, 그런 의미에서 나의 인생의 의미가 파악된다 해도, 만일 그러한 목적을 충족시키는 나의 삶 자체, 나의 한평생이 그 어떤 목적이 있지 않고 이런 뜻에서는 내 '인생의 의미'가 없다면, 내 '인생 안에서의 여러 가지 의미'도 근본적으로 의미가 없다는 논리에 부딪치게 되기 때문이다.

테일러Taylor는 다음과 같은 예로서 '인생의 의미'를 설명한다. 뉴질랜드의 어느 컴컴한 동굴 벽에 구더기들이 가득 붙어 살고 있다. 구더기들은 자신들의 몸에서 끈끈한 액체를 분비하여 거기에 걸리는 미생물들을 먹고 살며, 어느 시기에 알을 까고, 자신들은 하루나 이틀 살다가 알에서 부화한 구더기들의 밥이 되어 사라진다. 이와 같이 그곳 구더기들의 세계는 아무런 끝도 없이 몇 년, 아니 몇 백 년, 아니 몇 백만 년 동안 반복된다. 각 구더기의 목적은 미생물들을 잡아먹고 하루 이틀 생존하다 알을 까고 죽는 것이다. 그러나 그러한 삶의 끝없는 반복의 목적은 무엇인가? 만약 그러한 반복에 아무 목적이 없다면 구더기 하나하나의 하루 이틀 살아가는 목적도 무의미한 것이 아닌가.[11]

뉴질랜드의 동굴에서 하루 이틀 살다 죽는 하나하나의 구더기의 상황은 하나하나 인간의 삶의 상황과 비유된다. 우리들 하나하나는 어떻게 해서 태어나 본능에 따라 밥을 먹고 잠을 자고, 생식하고 목적을 추구하다가 기껏 많아야 100년 동안 허덕이다가 죽는다. 아무리 문명이 발달되어 생활조건이 다르다 해도 모든 인간은 위와 같은 운명을 벗어날 수 없다. 이와 같은 인류는 몇 만 년, 몇 백만 년 반복하여 생존해왔다. 그러나 이러한 인간의 삶의 반복 자체가 무슨 목적을 갖지 않는다면, 하나하나의 인간의 작은 목적들도 궁극적인 의미가 있어 보이지 않는다. 다행히 구더기들은 스스로의 그와 같은 생존조건의 반복성, 궁극적 무목적성을 의식하지 않는다. 그러나 불행히도 인간은 그러한 스스

---

11 Richard Taylor, 'Does Life Have a Meaning' in *The Meaning of Life* ed., S. Sanders and D. Cheney(Englewood Cliffs, Printice-Hall, 1980), p.81.

로의 상황을 의식하고, 그러한 의식에서 '인생의 의미'를 묻는다. 인간은 자신의 행동뿐만 아니라, 자신의 존재 자체에 어떤 목적을 발견함으로써 의미를 부여하지 않는 한 정신적 고통을 느낀다. 인간은 자신의 행동, 자신의 삶의 궁극적인 정당성을 찾지 않고는 견디지 못한다. 그렇다면 인간의 삶의 궁극적 목적은 어떤 조건하에서만 가능한가?

수백만 년 반복되는 뉴질랜드 동굴 안 구더기떼들의 생존의 의미는 그 구더기가 아닌 다른 생명체, 혹은 인격자의 욕망을, 혹은 목적을 전제함으로써 가능하듯이, 나의 '인생의 의미', 아니 인류 전체의 '인생의 의미'는 나 아닌 다른 사람, 인간 아닌 다른 인격자의 욕망과 목적을 전제함으로써만 가능하다. 나의 삶이, 인류의 역사가 어떤 초월적 인격자의 목적을 성취하는 데 어떤 기여를 할 수 있는 조건에서 나의 삶의 의미, 인류의 삶의 의미는 비로소 가능하다.

우리를 괴롭히고 우리가 알고자 하는 '인생의 의미'가 초월적 인격자를 전제로 해서만 가능하다면, 과연 그러한 '인생의 의미'를 찾을 가능성이 있는가? '인생의 의미가 무엇이냐'라는 물음은 정말 모순되지 않는 가능한 물음인가? 논리실증주의자들에 의하면 그러한 물음은 난센스다. 그러나 이와 같은 대답은 독단적이다. 논리실증주의자들의 위와 같은 입장은 초월적 인격자, 예를 들어 신의 존재를 부정하기 때문이며, 신의 존재를 부정하는 근거는 모든 존재는 인식될 수 있는 것이어야 하며, 인식될 수 있는 모든 것은 지각적 경험을 통해서만 가능하다고 전제하기 때문이다. 그러나 이와 같은 전제는 바로 논리실증적으로, 즉 지각적 경험만으로는 입증되지 않는다. 어떤 존재가 증명되려면 그것에 대한 믿음이 경험적으로, 논리적으로, 그리고 공적으로 수용되어야 함이 틀림없다. 이런 관점에서 신의 존재는 처음부터 적극적으로 증명될 수 없으며, 사물현상을 알려면 반드시 지각적 경험이 뒷받침되어야 한다. 그러나 논리실증주의자들이 독단적으로 생각하고 있던 바와는 달리, 이러한 사실은 신의 존재, 지각적 경험을 통하지 않은 어떤 인식, 즉 존재의 파악이 불가능하다는 결론을 가져오지는 않는다. 초월적 인격자의 존재 여부는 그에 대한 결론을 단정적으로 내릴 수 없는 '열린 문제open question', 즉 미결의 문제로 남아 있을 뿐이다.

위와 같은 결론은 우리가 알고자 하는 '인생의 의미'가 없다는 또 다른 결론을 내릴 수 없게 한다. 그것은 인생의 의미의 가능성을 남긴다. 그렇다면 종교가 주장하는 것처럼 인생의 의미는 우리로서는 알 수 없지만, 절대적 인격자인 신의 어떤 목적달성을 위해 기여하고 있는지도 모른다. 그러나 우리가 바라는 '인생의 의미'는 위와 같은 경우 완전히 만족될 수 없다. 왜냐하면 위와 같은 경우 우리는 스스로를 신이라는 '남'의 한낱 도구로 봐야 하기 때문이다. 주체성을 박탈당한 도구로서의 삶에 의미를 느낄 것인가?

인생의 기능

목적이란 뜻으로서 인생의 의미에는 인격적 신의 존재가 전제되어야만 함을 알았다. 그러나 인생의 의미를 말할 때의 '의미'는 '기능'의 뜻을 가질 수 있다. 그런 뜻에서의 인생의 의미는 인격적 신의 존재를 필요로 하지 않는다. 목적이 욕망이나 의도를 전제하지만, 기능은 그러한 것들을 전제하지 않는다. 그것은 오로지 유기적인 어떤 테두리, 혹은 전체라는 개념을 전제로 할 뿐이다. 살아 있는 생물은 하나의 유기적인 생명체를 이루고, 하나의 사회는 유기적인 하나의 조직을 이루며, 시계는 유기적인 기계로서 하나의 통일체를 이룬다. 생물이라는 테두리 안에서,

'심폐의 기능'이 의미를 갖고, 사회라는 하나의 조직체 안에서 '가정의 기능', '학교의 기능'이 의미를 가지며, 시계라는 한 기계의 테두리 안에서 '시계 바늘의 기능'이 의미를 갖는다. 이처럼 기능이란 개념은 유기체, 체계, 기계를 포함한 모든 질서를 전제한다. 어떤 기능을 알려고 한다는 것은 한 질서와 그 질서의 구성부분과의 관계를 파악하려는 것이다. 뒤집어 말해서 오로지 어떤 한 전체로서의 질서 속에서만 그 질서의 개별적인 구성물, 사건 등이 이해된다. 만일 인간에게 질서를 찾는 본능적인 욕구가 있는 것이 사실이라면, 그것은 여러 가지 사물현상들을 이해하려는 우리들의 지적 욕구와 뗄 수 없을 것 같다.

이와 같은 의미에서 '인생의 의미', 즉 '인생의 기능'은 존재하며, 그것이 존재한다면 구체적으로 무엇일까? 만일 신이 없다고 해도 인생의 기능을 발견할 수 있다면, '인생의 의미'에 대한 우리들의 한 가지 형태의 대답이 발견되는 것이다. 한 인생으로서 나의 기능은 무엇인가? 인간의 기능은 무엇인가? 이러한 물음은 내가 하나의 유기적인 질서, 즉 체계 내에서 어떤 역할을 담당하고 있느냐의 문제로 해석된다.

모든 사람은 생물학적으로, 혹은 사회학적으로 여러 가지 기능을 맡고 있다. 아버지로서 나는 인류의 존속을 위한 역할을 하고, 교수로서, 노동자로서, 혹은 대통령으로서 각기 학교에서, 경제체제에서, 그리고 국가체제에서 독특한 역할을 담당한다.

이런 점에서 누구나 '인생의 기능'을 갖고 있음은 조금만이라도 반성해볼 때 확인된다. 그러나 우리들은 이러한 대답으로써 만족할 수 없다. '인생의 기능이 무엇이냐'고 물을 때 이미 우리는 교수로서의 기능, 노동자로서의 기능, 대통령으로서의 기능을 맡고 있음을 모르고 있는 것이 아니다. 그러한 것을 확인한 후에도 우리는 역시 똑같은 물음인 '인생의 의미는 무엇이냐'는 질문을 던지지 않을 수 없다.

우리가 위와 같은 여러 가지 기능을 하고 있다면, 그에 따라 우리의 삶은 의미를 갖고 있다고 할 수 있다. 그러나 위와 같은 기능은 우리가 살아서 할 수 있는 기능에 불과하다. '기능'을 가짐으로써 의미를 갖게 된다 해도 우리가 알고자 하는 것은 우리가 살아서 맡을 수 있는 기능들만이 아니라, 우리가 세상에 태어나서 위와 같은 기능들을 맡고 죽어가는 우리들의 한평생의 기능, 우리들의 '인생의 기능'이다. 우리가 알고자 하는 기능은 우리들의 삶에 의미를 부여할 수 있는 어떤 전체, 우주 안에서의 기능이다. 인생이라는 시간과 공간에서 일어나는 사건을 한 단위로 볼 때, 그것이 세계, 아니 우주, 그리고 시간과 공간을 초월한 어떤 영원한 테두리 안에서 무슨 역할, 즉 기능을 하고 있는가를 알고자 하는 것이다. 만일 인생 자체, 인간의 한평생 자체가 인간 밖의, 인간활동 외의 어떤 형이상학적, 어떤 초월적 체계 내에서 무엇인가의 기능을 하지 않는다면, 우리가 살아가고 있는 동안 우리들 삶의 테두리, 인생의 테두리, 인간적 사회의 테두리 안에서 채워지는 무수한 기능들은 결국 근본적으로 근거가 없는, 즉 기능이 없는 기능이 아니겠는가? 이러한 질문은 우주적 질서, 완전한 질서를 찾고, 그런 테두리 안에서 우리들의 활동이나 삶의 궁극적인 정당성을 찾고자 하는 물음이다. 그것은 모든 우연적인 것에 대한 감정적 반발의 표현이며, 또한 우연적인 모든 것에 대한 불만은 모든 것을 합리화하고 정당화하려는 인간의 지적 요청이다.

이러한 물음에 대한 대답으로서 물리학은 인간을 포함한 모든 자연이 우연적인 것이 아니라 어떤 물리학적 법칙에 지배되어 있음을 지적할 것이다. 천문학자들은 온 우주가 어떤 엄격한 질서를 갖고 있음을 증명하려 할 것이다. 그리고 나의 하나하나의 행동, 나의 삶, 인류의 생존이 위와 같은 자연적·우주적 질서의 한 작은 부분으로서 그러한 질서의 유지를 위해 어떤 기능을 담당할 수 있음을 상기시킬 것이다.

그러나 우리는 자연의 질서, 우주의 기능이 무엇이냐고 다시 물을 수 있다. 자연 혹은 우주의 물리적 질서, 혹은 법칙에서 우리가 어떤 기능을 맡고 있다는 것으로, 즉 그런 질서 혹은 법칙에 비추어 인간의 존재가 의미를 갖고 있다는 데 만족되지 않을 때 종교적 사고가 동원될 수 있다. 종교는 자연이라는 말, 즉 초월적인 존재를 두고 말하는 형이상학적 개념을 도입한다. 그리하여 힌두교에서는 비인격적 절대존재로서의 브라만, 즉 '범천'이라는 형이상학적 개념을 도입하고, 불교에서는 '영원회귀'라는 개념으로 부른다. 나의 삶이 한 사회에서 기능을 맡고 있고, 인간이 자연현상에서 자연적 질서의 어떤 기능을 담당하고 있으며, 지구라는 자연현상이 우주라는 현상에서 어떤 기능을 맡고 있다면, 우주의 질서는 형이상학적 질서인 범천이나, 혹은 영원회귀에서 어떤 기능을 담당한다고 주장될 수 있다. 그렇다면 나의 하나하나의 행동, 나의 인생도 형이상학적인 기능을 간접적으로 맡고 있는 것이며, 따라서 나의 인생의 의미가 그만큼 궁극적인 근거를 갖고 있다고 할 수 있다.

어떤 종교가 이와 같은 논리에 따라 우리들에게 '인생의 의미'를 밝혀주려고 하지만, 그러한 종교적 대답은 역시 만족스럽지 않다. 첫째, 설사 위와 같은 종교적 관점에서의 설명을 받아들인다 해도 우리의 문제는 다시 꼬리를 물고 제기된다. 범천, 영원회귀의 기능은 무엇인가라는 물음이 논리적으로 제기된다. 이와 같이 하여 어떠한 대답이 나온다 해도 '궁극적'인 기능에 대한 만족스러운 대답이 나올 수 없다. 둘째, 가령 종교적 설명을 받아들이고, 이 이상 더 문제를 제기하지 않을 경우에도 우리들의 '인생의 의미'에 대한 물음은 만족할 수 있는 대답을 찾을 수 없다.

비록 우리의 삶이 우주적 기능, 즉 우주적 의미를 찾는다 해도, 그러한 사실은 우리들을 하나의 인격적 주체자로서보다는 하나의 사건, 혹은 역할이라는 비인격적, 그리고 추상적인 것으로 봐야 한다는 것을 뜻한다. 우주 속 하나의 나사못, 혹은 추상적 관계에 불과한 우리의 존재가 어찌 우리 자신에게 의미가 될 수 있겠는가? 우주의, 아니 형이상학의 질서를 지탱하는 데 이바지함을 인정한다고 해도, 그러한 사실이 어떤 기능, 즉 어떤 의미를 나에게 부여할 수 있겠는가? 형이상학적 입장에서 볼 때 내가 어떤 기능을 하여 나의 존재에 의미가 있다면, 그것은 오로지 나 아닌 추상적·객관적인 형이상학적 의미에 불과하지 나 자신의 의미는 있을 수 없기 때문이다.

이와 같이 문제를 분석해볼 때 우리가 찾는 인생의 의미의 '의미'는 목적이라는 뜻에서나 기능이라는 뜻으로 해석하여 대답을 찾지 못한다. 만일 모든 종교가 '인생의 의미'에 대한 대답을 마련하고자 한다면, 그리고 그러한 종교적 대답이 인생의 의미라고 할 때의 '의미'를 목적이나 기능의 뜻으로 볼 때만 가능하다면, 종교적 대답은 만족스럽지 못하다. 달리 말해서 모든 종교의 근본적 의도, 그리고 기능이 '인생의 의미'에 대한 인간의 물음에 대한 대답이라면, 그 대답이 만족스럽지 않은 한 종교가 뜻하는 바는 실패한 것이며, 따라서 종교적 믿음은 극히 의심스럽고, 어쩌면 의미가 없을지도 모른다. 그렇다고 종교가 부정된다는 결론이 나온다는 것은 물론 아니다.

그러나 하나의 확실한 결론은 하나의 인식체계, 즉 진리로서의 종교가 의심스럽고, 따라서 하나의 열린 문제, 즉 미확실성의 문제로 남았던 것과 마찬가지로, 하나의 실존적 해결책, 즉 '인생의 의미'에 대한 대답으로서 종교도 역시 의문의 여지가 있으며, 미확실성의 문제로 남아있다.

인생의 의미라 할 때의 '의미'가 목적의 뜻으로서나 기능의 뜻으로 대답을 가질 수 없다면, 그것은 어떤 뜻으로서 대답을 찾을 수 있겠는가? 여기에서 우리는 가치라는 뜻으로서 의미를 생각해봐야 한다.

인생의 가치

인간을 포함한 모든 존재가 절대적 인격자인 신의 의도에 따른 것이고, 그 의도에 따라 어떤 목적을 만족시킴을 인정한다고 하자. 혹은 인간을 포함한 모든 존재가 형이상학적 비인격자로서 '범천' 혹은 '영원회귀' 또는 '태극'이라는 질서 속에서 불가결한 어떤 기능을 맡고 있다고 가정하자. 다시 말해서 '인생의 목적' 혹은 '인생의 기능'이라는 뜻으로서의 '인생의 의미'를 발견했다고 하자. 그러나 이러한 경우에도 우리들의 가슴의 가장 깊은 곳에는 역시 '인생의 의미'는 무엇인가? '도대체 그런 의미의 의미는 무엇인가'라는 물음이 애절하게 울려올 것이다. 우리는 우리들 자신의 존재에 대해서 어쩐지 만족스럽지 않고 허전하고, 불안한 느낌을 갖지 않을 수 없다.

그렇다면 이제 우리는 초점을 돌려 '도대체 인생의 의미가 있고 없고가 중요한가'라고 물을 수 있을 것이다. 인생의 목적도 없고, 인생의 기능이 없다는 것이 왜 중요한가? 한 걸음 더 나아가 도대체 나의 삶, 나의 존재가 어째서 중요한가라는 물음도 던질 수 있다. 그렇다면 우리는 인생의 목적이나 인생의 기능을 알려고 하는 것이 아니다. 인생의 가치를 묻고 있는 것이다. 여기서 인생의 의미에 대한 물음은 인생의 목적이나 인생의 기능에 대한 물음에서 '인생의 가치'에 대한 물음으로 변모한다.

가치란 무엇을 뜻하는가? 가치는 욕망의 만족을 뜻한다. 돈이 가치가 있다고 하는 것은 사람들이, 내가 그것을 욕망하기 때문이며, 학문이 가치가 있다면 그것은 사람들이, 그리고 내가 지식을 욕망하기 때문이다. 가치는 어떤 객관적 대상을 가리키지 않는다. 따라서 그것은 금덩어리나 장미꽃이나 석유처럼 알 수 있고, 발견될 수 있는 객관적인 존재가 아니다. 그것은 욕망과 욕망의 대상과의 관계를 말하는 것이며, 따라서 가치는 욕망과 상대적이다. 6·25 사변 때 금값이 똥값으로 떨어진 이유는 갑자기 금덩어리가 축소되어서가 아니라 금덩어리를 필요로 하는 사람들이 적어졌거나, 그러한 것을 필요로 하는 사람의 절실도가 희박해졌기 때문이다.

인생의 '의미', 즉 인생의 '가치'가 있는가? 대답은 극히 명확하다. 재산, 명예, 지식이 중요하지만 그러한 것들은 삶 자체를 떠나서는 의미가 없다. 우리는 우선 살아야 한다. 생존은 인간의 가장 근본적이고, 보편적인 본능이요, 따라서 가장 중요하다. 삶을 떠나서는 아무것도 중요하지 않다. 내가 살아 있지 않고는 나에게 그 아무것도 중요하지 않다. 사르트르가 말한 것처럼 인간이란 존재, 아니 '나'라고 하는 존재에 의해서 비로소 그밖의 모든 것이 중요한 의미를 가질 수 있다. 그러므로 논리적으로나, 또 경험적으로 인생, 즉 나의 삶이 가장 중요하다. 모든 논리를 초월하는 삶에 대한 본능이 얼마나 원초적인가, 얼마만큼 중요한가를 톨스토이는 다음과 같은 인도의 한 우화를 들어 보여준다.

어느 초원을 걷고 있던 한 나그네가 성이 난 야수에게 걸려들었다. 그는 잡아 먹히지 않으려고 물이 메마른 우물에 뛰어들었다. 그런데 그 밑바닥에는 용 한 마리가 주둥이를 크게 벌리고 그를 삼켜버리려고 한다. 그러나 불행한 그 나그네는 감히 그 웅덩이에서 기어 나오질 못한다. 만일 밖으로 나오면 성난 야수한테 잡혀 먹힐 것이기 때문이다. 그렇다고 그는 그 웅덩이 밑바닥으로 뛰어내리지도 못한다. 만일 밑바닥으로 뛰어내리면 용한테 뜯어 먹힐 것이기 때문이다. 그래서 그는 우물 벽에 자라는 야생 잡목의 가지에 매달렸다. 나뭇가지를 잡은 그의 손에 힘이 없어지고, 머지않아 양쪽에서 그를 기다리고 있는 그의 죽음에 항복해야 함을 알고 있다. 그러면서도 그는 계속 나뭇가지에 매달려 있다. 그때 그는 하나는 희고 하나는 검은 두 마리의 생쥐가 일정한 속도로 그가 매달려 있는 잡목의 가운데 나무통을 뱅뱅 돌면서 갉아먹고 있음을 보았다. 이제는 금방이라도 잡목은 부러지고 그는 웅덩이 밑바닥에 떨어져 용의 주둥이 속으로 들어갈 것이다. 나그네는 그러한 사실을 잘 알고 그가 꼼짝 못하고 죽게 됨을 의식하고 있다. 그럼에도 불구하고 그는 아직도 나뭇가지에 매달려 있으면서, 마침 그 잡목의 잎사귀를 타고 떨어지는 꿀물 방울을 발견하고서는 혓바닥을 내밀어 그 꿀방울을 핥는다.[12]

그러나 이러한 인간의 본능, 삶에의 애착을 인정한다고 해서 '인생의 가치'에 대한 대답이 석연한 것은 아니다. '인생의 가치가 무엇이냐?'고 물을 때 우리는 이미 위와 같은 사실을 잘 알고 있다. 우리가 알고자 하는 것은 우리에게 근본적인 본능, 가장 중요한 것이 무엇인가를 새삼 찾고자 하는 데 있지 않다. 우리가 알고자 하는 것은 전혀 다른 문제, 즉 우

---

12   Leo Tolstoy, in *'My Confessions' in The Meaning of Life*, pp.17~18.

리가 '어떻게 살 것인가'하는 문제이다. 우리는 다 같이 생존한다. 그러나 똑같이 생존하면서도 살아가는 방식, 태도는 한없이 다양하다. 우리는 여러 가지를 추구하고 만족시킬 수 있다. 그러나 우리는 그것을 다 같이 한꺼번에 추구할 수 없고 만족시킬 수 없다. 우리는 정치가로서 학자로서, 혹은 예술가로서 살 수 있고, 사기꾼으로서, 자선가로서 양심적으로 살아갈 수 있다. 그러나 우리는 그러한 삶을 동시에 추구할 수 없다. 그러므로 우리는 그중 하나의 삶을 선택할 필요성에 부딪친다. '인생의 가치'를 물을 때 우리가 알고자 하는 것은 그와 같은 여러 가지 삶의 방식 가운데서 어떤 방식을 어떻게 선택해야 하는가에 있다. 다시 말해서 그것들이 모두 중요한 것이라면 어떠한 것이 더 중요한가를 알고자 하는 것이다.

이러한 물음에 대한 대답으로서는 각자 자기가 가장 소중하다고 생각한 것이 가장 중요한 삶이라는 동어반복적인 대답만이 가능하다. 왜냐하면 어떤 욕망을 떠나서는 아무것도 전혀 중요하지 않다. 그러므로 어떤 욕망 자체에 대해서 그 욕망이 더 중요하고 중요하지 않다는 말은 할 수 없기 때문이다. 그러나 우리가 '어떻게 살 것인가'라고 물을 때 그런 물음에 대해서 위와 같은 대답, 즉 '각자 중요하다고 생각하는 대로 살아라'라고 대답해도 우리는 만족하지 않는다. 우리가 정말 알고자 하는 것은 '어떤 삶을 살까'의 문제가 아니라 여러 가지를 동시에 중요시하며, 그것들을 추구하고 살다가 죽는 인생 자체가 중요한가 아닌가의 문제이다.

비록 본능이 삶에 집착한다고 하지만, 이성적으로 반성해볼 때 어찌하여 그러한 삶이 죽음보다도 나을 수 있는가 아닌가를 알고자 하는 것이다. 그러기에 삶에 의미가 없다면, 즉 삶에 가치가 없다면, 다시 한 번

더 반복해서 말해서, 삶이 중요하지 않다면 논리적으로 보아 죽는 게 당연히 택해야 할 길이라고 흔히들 생각하는 것이다. 카뮈의 말대로 인생의 의미와 자발적 죽음, 즉 자살이 뗄 수 없는 관계를 갖고 있다고 생각되는 것은 우연이 아니다.

그럼에도 불구하고 삶 자체의 가치를 묻는다는 것, 삶 자체가 그 삶을 사는 사람에게 중요한 것인가 아닌가를 묻는 것은 논리적으로 불가능하다. 따라서 그러한 질문은 하나의 난센스에 불과한 것 같다. 무엇의 가치, 즉 무엇의 중요성은 인간의 욕망을 전제하지 않고는 생각될 수 없다. 나에게 있어서 나의 삶의 중요성은 나의 삶을 전제하지 않고는 의미가 없다. 더 구체적으로 말해서 나 아닌 모든 것은 물론, 나에게 있어서 나 자신의 삶의 중요성과 자신의 죽음의 중요성은 나 자신의 존재나 나자신의 욕망에 비추었을 때에만 의미가 있다. 그렇다면 나의 '인생의 가치'를 따진다는 것은 죽은 내가 살아 있는 나에게 중요한가를 묻는 경우와 마찬가지가 된다. 그러나 이러한 물음이 가능하려면 죽은 나와 살아있는 내가 동시에 병존할 수 있어야 하는데, 그것들은 물론 공존할 수없는 모순된 관계를 갖고 있다.

이와 같은 사실은 '인생의 의미'를 '어떻게 살 것인가'에 대한 질문으로 해석하고, 신이나 범천과 같은 개념을 도입하는 종교적 입장에서가 아니라 이성적 입장에서 볼 때, 그러한 질문에 대한 궁극적, 즉 완전히 만족스러운 대답이 나올 수 없음을 말한다. 요컨대 '인생의 의미'에 대한 물음은 그것을 인생의 목적이나 인생의 기능이라는 뜻으로 해석하여 종교적으로 대답하려 해도 만족스럽지 못하고, 그렇다고 그 문제를 '인생의 가치', 즉 인생에서 중요한 것이라는 뜻으로 해석하여 비종교적, 따라서 순전히 경험과 이성의 입장에서 대답을 찾으려고 해도 만족

스럽지 않다. 그 이유는 위의 세 가지 경우 모두 '인생의 의미'의 문제는
제한적 문제로서밖에 질문될 수 없는 것이기 때문이다.

그렇다면 '인생의 의미'는 없다고 결론지어야 하는가? '인생의 의미'
가 없다는 결론이 나오면 종교는 그 본래의 뜻을 잃고, 종교적 진리는
잘해야 하나의 신화, 혹은 난센스에 그치고 마는가? 아니면 종교적 차
원에서 '인생의 의미'는 없다고 결론지어야 하는가? 많은 분석철학, 혹
은 논리실증주의자들의 입장과는 달리 위와 같은 질문, 즉 '인생의 의
미'에 대한 질문은 완전히 난센스도 아니며, 인생의 의미가 없다고 확
고한 결론도 나오지 않는다. 분석철학자 혹은 논리실증주의자들의 주
장의 근거는 모든 문제는 순전히 언어적으로, 언어적인 차원에서만 이
해되고, 검토되고 해결될 수 있음을 전제하는 데서 찾아볼 수 있다.

논리실증주의자는 물론 더 일반적으로 분석철학자들은 '인생의 의
미'에 대한 물음이 난센스라고 치워버린다. 이런 입장은 모든 문제는
언어적인 문제로, 언어적인 차원에서만 제기되고 대답될 수 있다는 전
제에 바탕을 둔다. 그러나 모든 문제가 언어적인 문제라는 주장은 언어
적 문제 자체도 결국은 언어 이전의 현상, 언어로 표현되기 이전의 경
험, 아니면 적어도 언어와 동일시될 수 없는 경험에 바탕을 두고 있다
는 사실에는 고의적으로 눈을 감고 있는 데 근거한다. 그러나 언어의 차
원에서 제기될 수 있는 모든 문제가 이해되고 결정적인 명확한 대답을
찾았다고 해도 논리실증주의자, 분석철학자들은 사물현상, 그리고 인
생에 대한 궁극적인 수수께끼에 부딪치지 않을 수 없을 것이다. 이런 점
에서 17세기 철학자 라이프니츠Leibniz, 그리고 20세기 철학자 하이데거
Heidegger가 반복하여 제시한 물음, '어째서 아무것도 없지 않고 도대체
무엇인가가 존재하는가'라는 물음은 의식을 갖고 다소라도 반성할 수

있는 사람에게는 누구에게나 피할 수 없는 물음이 될 것이다.

물론 그러한 물음이 언어의 차원에서 정확한 대답을 갖지 못함은 누구나 처음부터 알고 있다. 그럼에도 그러한 물음은 모든 문제가 해결된 후에도 우리들의 생각을 떠나지 않는 궁극적 수수께끼, 궁극적 신비로서 남아 있을 것이다. 그렇다면 비록 '인생의 의미'가 언어의 차원에서 논리적으로 제기될 수 없는 문제라는 것을 인정하더라도, 의식을 가진 인간에게는 무시할 수 없는 궁극적 문제의 하나가 될 수 있다.

'인생의 의미'에 대한 물음은 실존하는 인간이 다 같이 갖고 있는 언어 이전의 어떤 사실, 개념화, 이전의 어떤 궁극적 경험에 대한 질문이라고 해석된다. 우리는 이러한 경험, 즉 일상적으로나 과학적으로 표현할 수 없는 경험을 종교적 체험이라고 부를 수 있다. 종교는 순전한 인식도 아니고, 순전한 행위도 아니며, 그러한 구별을 초월하고, 그런 구별이 종합된 하나의 궁극적인 체험의 표현인지 모르며, 그런 체험 속에서 개념화될 수 없는 인생의 의미, 아니 모든 것의 의미를 발견할 수 있을지 모른다. 그렇다면 종교적 체험은 무엇인가? 그것은 어떠한 체험을 말하는가? 이러한 물음은 역설적이다. 왜냐하면 그런 체험은 원래 언어로, 논리적으로 표현할 수 없는 성질을 갖고 있기 때문이다. 그럼에도 불구하고 우리가 그것을 다소라도 이해하기 위해서는 언어로 서술해야만 한다는 거북한 처지에 빠져 들어간다.

종교의 체험

종교는 초월적 존재에 대한 인식과 그런 인식에 근거한 행위라는 두 측면을 동시에 지칭한다. 그렇다면 종교의 인식적 내용과 실천적 내용을 알았을 때 종교가 파악됐다고 말할 수 있다. 그러나 그러한 파악은 오로지 지적 파악에 불과할 뿐이고, 참다운 파악이 될 수 없다는 주장이 나올 수 있다. 종교에 대한 지적 파악과 종교 자체와의 관계는, 예를 들어 사람에 대한 과학적, 예컨대 철학적·심리학적·사회학적 등등의 파악과 사랑과의 관계에 비유될 수 있을지 모른다. 과연 이와 같이 사랑을 과학적으로 알았다고 해서 정말 사랑을 이해했다고 할 수 있을까? 사랑을 스스로 체험했을 때에야 비로소 사랑이 무엇인가를 정말 알았다고 할 수 있지 않을까? 그와 마찬가지로 종교도 그것이 체험되었을 때에만 비로소 이해됐다고 할 수 있다. 종교는 인식의 대상만이 아니며 실천적 행동만이 아니라, 그 이전의 어떤 종류의 체험 자체를 가리킨다고 볼 수 있다. 이러한 앎을 지적 인식과 대조하여 체험적 인식이라고 부를 수 있다.

지적으로만 종교를 완전히 알 수 있다고 말할 수 없는 것과 마찬가지로, 기계적인 의식적 행위를 한다고 해서 그런 행위를 하는 사람이 종교를 알았다고 말할 수 없다. 오히려 종교를 알았다는 것은 종교에 대한 지적 파악이나 의식적 행위를 하기에 앞서 어떤 체험을 했음을 가리킨다. 종교적 진리를 알고, 그것을 믿고, 그 믿음에 따라 행동한다고 해도, 그런 사람이 내적으로 어떤 체험을 하지 않을 때 그는 참다운 종교인이라고 부를 수 없다. 어떤 교리로써 분명히 표현할 수도 없고, 의식적 행위로 밖에는 관찰할 수 없는 어떤 특수한 체험만이 종교의 본질을 이루는지도 모른다. 그러한 체험은 종교적 체험이며, 종교적 체험이 진정한 종교적 앎이라고 볼 수 있다. 다시 말해서 종교의 종교적 앎은 지적인 앎만도 아니고, 실천적인 앎만도 아니다. 근본적으로 체험적 앎, 즉 살아 있는 앎, 피와 살로 느끼는 앎이다. 모든 종교적 진리, 종교적 의식은 이러한 체험을 전제로 한다. 이러한 체험, 이러한 앎이 전제되지 않은 종교적 진리, 즉 구체적으로 언어에 의해 주장된 종교의 진리 또는 의식은 종교의 로봇, 종교의 송장에 불과하다.

그렇다면 종교적 체험의 본질은 어떠한 체험일 수 있는가? 그것이 언어로 표현될 수는 없다고 한다 해도, 어떻게 대충이나마 암시될 수 있을까? 힌두교도, 불교도, 유대교도, 기독교도 또는 이슬람교신자가 독실한 신자로서 각기 자신의 종교적 교리를 진심으로 받고, 사원 혹은 교회당에 가서 기도를 올리고 진정한 마음으로 예배를 볼 때 그들은 다 같이 어떤 체험을 하고 있는가? 만일 내가 어떤 종교를 정말 믿고 그것대로 살아간다고 스스로 확신할 때, 나는 과연 어떤 체험을 하고 있는 것일까?

침묵

심한 가난의 아픔을 체험한다. 실연의 아픔을 체험한다. 아테네시 파르테논신전 앞에서 예술적 아름다움을 체험한다. 체험은 본질적으로 '나'의 체험일 수밖에 없다. 어떠한 사람도 '나'를 대신해서 아픔을, 슬픔을, 아름다움을 체험해줄 수 없음은 말할 필요도 없다. 체험은 공적인 것이 아니라 필연적으로 극히 사적일 수밖에 없다. 그러나 나는 나의 가난의 아픔, 실연의 슬픔, 심미적 즐거움을 말로서 표현하고 남들에게 전달할 수 있다. 흔히 예술, 특히 시는 위와 같은 체험을 표현하고자 한다.

그러나 누군가가 신, 범천, 열반 등 종교적 경험대상을 체험했다고 할 때, 그는 그것이 무엇인가를 결코 언어로 표현할 수 없다고 말할 것이다. 어떤 종교인이 위와 같은 종교적 대상을 발견하고 무한한 경건심,

혹은 환희를 느꼈다고 할 때 그는 그의 체험을 만족스럽게 표현하거나 전달하지는 못할 것이다. 그는 그가 발견한 종교적 진리에 대해서 흔들릴 수 없는 확신을 가졌고, 무엇과도 비교할 수 없는 경건한 신성과 무한한 기쁨을 느꼈다 해도 그것을 남들에게 언어로써 꼭 무엇이라고 전달할 수 없고, 실증적으로 지적할 수도 없을 것이다.

말로 표현할 수 없는 초월적 존재에 대한 체험을 신비적 경험이라고 부를 수 있다. 종교적 진리가 말로 표현할 수 없다는 것은 자주 지적되어왔다. 종교적 진리의 체험이 언어로써 표현되고, 설명될 수 없다는 말이다. 초월적 존재로서의 신을 어떻게 현실적 세계에서 적용되는 언어로 표현할 수 있으며, 열반에 대한 체험을 어떻게 이 세상에서의 체험과 같은 차원에서 말로 표시할 수 있겠는가? 유일신을 발견한 이스라엘인들이 신을 여호와라고 부르고 발음 불가능한 4개의 자음, YHWH라고 표기한 이유는 종교적 진리가 언어로써 표상될 수 없다는 사실을 간접적으로 강조하기 위해서였다. 선불교에서 불교적 진리를 깨닫게 하는 하나의 방법으로 사용되는 공안이라는 테크닉도 종교적 진리가 언어로 표현될 수 없고, 오로지 말없는 가운데 체험으로서 체득된다는 것을 반증하는 것이다. 언어적 의미로 볼 때 난센스에 지나지 않는 문답을 의미하는 공안은, 언어로써 종교적 진리를 설명하고 이해하려는 태도 자체가 근본적인 잘못임을 가르치려는 데 그 목적이 있다. 종교적 진리가 언어로 표현될 수 없고, 따라서 언어를 통해서는 가르칠 수 없다는 것을 깨달을 때 비로소 우리는 종교적 진리에 가까울 수 있다는 것이다.

언어로 표현할 수 없는 종교적 진리, 예컨대 신, 열반, 범천, 영원한 세계 앞에서 우리는 마침내 침묵할 수밖에 없다. 침묵 속에서의 그와 같은 실체에 대한 체험은 더욱 확고해지고, 더욱 뚜렷하다. 참다운 종교적 진리를 체험하기 위해서, 아니 종교적 경지에 이르기 위해서는 과학적 사고는 물론, 철학적·예술적 사고를 초월해야 함은 물론이다. 그러한 진리에 도달하기 위해서 잠시라도 속세를 떠나 산, 혹은 사막에 들어갈 필요를 느끼는 것은 자연스럽다. 그것은 종교적 체험이 정적, 그리고 고독을 요구하기 때문이다. 한마디로 종교는 과학적으로든, 혹은 철학적으로든 설명될 수 없는 어떤 진리에 대한 체험이다. 그러므로 그것은 인식 아닌 인식이요, 진리 아닌 진리이다. 아니 더 정확히 말해서 인식 이전의 인식이요, 진리 이전의 진리이다. 종교적 진리는 말없이 말한다. 그것은 침묵을 통해서만 전달된다. 그러므로 종교적 진리는 근본적으로 신비적이다.

귀의

종교적 체험이 말로 표현할 수 없고 침묵만을 요청하는 어떤 존재, 혹은 진리에 대한 체험이라는 사실은 종교적 체험이 유일존재, 무엇으로도 분리·분석될 수 없는 유일존재에 대한 체험이라는 사실과 뗄 수 없는 관계를 갖고 있다. 저서 『종교와 유일존재』에서 코플스톤Copleston은 종교가 추구하는 것이 근본적으로 '유일존재the One'라고 주장하며, 이러한 존재에 대한 추구는 모든 형이상학이 종교와 더불어 희구하는 것이라고 설명한다. 그리하여 그는 종교와 분리되는 형이상학도 일종의 종교적 표현이라고 주장한다.[13]

서로 연관이 있어 보이지 않을 뿐만 아니라 갈등관계에 있던 만물현상은 물론, 발기발기 찢어진 채 그것들의 일관된 연맥이 확실치 않은 시

---

13 Fredrick Copleston, *Religion and the One*(N. Y. Crossnood, 1982) 참조.

간, 그리고 그 속에서 하잘것없는 개별적 존재로서 방황하고 애태우는 내 스스로의 괴롭던 존재가 갑자기 서로 뗄 수 없는 연맥 속에서 단 하나의 존재의 일부로 체험될 수 있다. 개체는 사라지고, 존재하는 것은 단 하나뿐임을 의식한다. 사물현상들은 단 하나의 존재 속에서만 각자 그 뜻을 갖고, 여태까지 남들과 자연과, 그리고 자기 자신으로부터 소외되었다고만 믿었던 '나'라고 부르는 자아가 하나의 환상이었고, 그것이 궁극적으로 존재의 한 차원이나 측면이라고 파악되는 것이다. 나의 죄로 인해서, 혹은 나의 무지로 인해서 영원과는 달리, 그리고 영원한 세계로부터 떨어졌다고 믿었던 나는 갑자기 영원한 하느님의 세계를 발견하고, 내가 결국 그러한 영원한 세계와 떨어진 게 아니라 그 품 안에 있음을 이제 깨닫게 된 것이다.

힌두교에서 이른바 범천이 범아와 궁극적으로 동일함을 강조하고, 대승불교에서 모든 존재를 하나의 무상으로 보고, 결국 열반과 사바, 즉 극락계와 속세가 동일하다고 본다는 사실은 종교의 궁극적 진리가 유일존재이며, 종교의 궁극적 목적이 그러한 사실을 깨닫게 하는 데 있음을 말해준다. 다분히 종교적 성격을 갖고 있는 철학으로서의 도교, 즉 노장사상에서 '도'가 모든 존재를 서로 분리할 수 없는 포괄적인 존재를 지칭하는 개념이라는 것은 우연한 일이 아니다. 기독교에서 말하는 이 세상이 천당과 구별되는 독립된 다른 세상이 아니라, 결국 천당에 계신 신의 피창조물이요, 원죄를 저지른 인간이 천당으로 연결되었다는 믿음은 다 같이 종교적 체험, 즉 하나, 유일존재의 체험이라는 것을 말해준다.

모든 존재가 '하나'로 파악된다는 것은 그러한 것을 체험하는 인간의 주관적 입장에서 볼 때 '돌아간다'는 것을 의미한다. 나의 무지 때문에,

인간의 무지 때문에, 나 그리고 모든 인간은 고통스러운 이 세상에서 자신의 존재에 의미를 발견하지 못하고 집 없는 고아처럼 소외되어 방황해왔었다. 그러나 모든 것이 무분별의 '하나'라는 것을 깨달을 때 나는 마치 집을 잃고 방황하다가 따뜻한 집을 찾아 가족의 품으로 돌아감을 알게 된다. 마치 길 잃은 어린 양처럼 다른 양들로부터 소외되어 서성거리던 나는, 마침내 속죄를 통하여 신의 영원한 품 안으로 다시 돌아간다. 나의 죽음은 죽음이 아니라 단 하나의 존재로서의 한 측면에 불과하다. 죽음은 나의 존재의 단절이 아니라 종전과 다른 형태로 나타난, 단 하나의 전체의 한 측면에 불과하다. 나는 죽는 것도 아니며, 없어지는 것도 아니다. 나는 어떤 경우에도 영원한 존재이다. 이처럼 나의 영원성은 단 하나만의 존재, 즉 형이상학적 전체 속으로 돌아감으로써만 발견된다. 한마디로 종교적 체험은 일종의 귀가의 체험이며, 귀의의 체험, 즉 전체에 귀의하는 체험이다.

이와 같은 체험이 언어로 표현될 수 없고, 마침내는 오로지 침묵 속에서만 머물러 있어야 함은 당연하다. 그러한 체험은 분리·분간할 수 없는 하나, 즉 유일존재에 대한 체험, 즉 모든 것은 서로 뗄 수 없는 하나라는 체험은 필연적으로 모든 언어적 표현을 거절한다. 왜냐하면 무엇이 언어로 표현되려면, 그것은 다른 것과 구별되고 분리됨으로써만 가능하나, 종교가 체험한 존재는 처음부터 분리될 수 없는 존재이기 때문이다.

단 하나로서 전체, 유일존재에 귀의하는 경험이 종교적 인식이요, 그것이 말로써 정확히 설명할 수 없어 침묵을 요구할 수밖에 없다고는 하지만, 그러한 인식은 무어라 표현할 수 없는 어떤 느낌을 동반한다.

희열

외톨박이로 놀림을 받고 있는 줄만 알았는데 사실은 꼬마 동무들이 날 극히 아껴주고 있었음을 발견할 때의 심정은 어떤 것일 수 있겠는가? 집도 부모도 없는 고아인 줄만 알았던 내가 사실은 따뜻한 집에서 나를 기다리며 찾고 있는 부모가 있다는 것을 알았을 때의 나의 심정은 어떤 것일 수 있겠는가? 이러한 경우 내가 기쁨을 느끼리라는 것은 당연하다. 나의 짧은 한 평생이 무의미한 사건인 줄 알고 있었는데 유일존재로서 전체의 일부로서 이 세상에서의 삶과 죽음을 초월한 영원한 신의 포근한 집에 돌아갈 수 있음을 깨달았을 때, 나의 기쁨이 얼마만큼 큰 것일 수 있는지는 짐작하고도 남는다.

이와 같이 하여 종교적 체험은 궁극적으로 영원한 삶을 발견함으로써 느끼는 무한한 희열을 특징으로 한다. 수많은 종교적 경험의 기록들은 이러한 희열의 경험을 얘기해준다.[14] 어떠한 고통이 있더라도 불교의 진리를 해탈한 불교신자는 역설적으로 무한한 희열의 미소를 짓는다. 그 미소는 아주 더러운 연못에 살고 있지만, 무한히 청결한 흰 연꽃에 비유된다. 수많은 성인들이 고행 속에 체험한 희열의 얘기를 전한다. 사막에서 성 프란체스코가 경험한 환희가 바로 그러한 종교적 희열의 한 예가 될 것이다. 어떠한 기쁨과도 바꿀 수 없는 희열을 느끼면서 로마의 병정에게 학살당하여 수많은 기독교의 순교자들은 죽어갔던 것이며, 오늘날 어떤 이슬람교도들은 폭탄을 가슴에 안고 적진에 뛰어들어 기꺼이 자폭할 수 있는 것이다.

---

14 William James, *The Varieties of Religions Experience*(N. Y. The New American Library, 1958) 참조.

누구나가 인생의 의미를 추구하고, 인생의 의미가 언어적 의미가 아닌 체험적 의미일 수밖에 없다면, 그러한 의미는 종교적 체험에서만 발견할 수 있는 희열이 아니고 무엇이겠는가? 종교를 통해서 우리가 궁극적으로 찾고자 하는 것은 어떤 객관적 진리가 아니라 우리들의 삶을 충만시켜주는 희열에 불과하다. 이런 점에서 종교는 형이상학과 비슷한 인식적 내용을 갖고 있으면서도 형이상학과 근본적으로 다르다. 이와 같이 종교의 근본적인 기능이 우리로 하여금 삶의 고통, 삶의 무의미를 극복하여 삶의 희열을 체험하게 한다면, 수많은 종교들 간의 차이는 똑같은 희열을 마련해주는 방법의 차이에 있을 뿐이라고 볼 수 있다.

그렇다면 종교는 정당화될 수 있는가? 모든 종교가 궁극적으로 일상생활에서 느낄 수 없는 희열을 마련해준다고 해서 종교를 믿고, 종교적 믿음에 따라 사는 이른바 종교인이 되어야 하는가? 문제는 종교가 마련해준다는 그 희열, 종교를 통해서 경험하는 그 희열이 정말 객관적 바탕에 근거하는가를 알아보는 데 있다.

종교가 말하는 희열은 종교가 주장하는 어떤 진리를 전제로 한다. 그런데 만약 그 진리가 확실성이 없다면 그 진리에 바탕을 둔 희열, 즉 인생의 의미의 체험도 객관성이 없는 주관적인 느낌에 불과한지도 모른다. 주관적인 느낌으로만 볼 때, 종교에서 말하는 희열의 체험, 즉 삶의 의미에 대한 체험은 종교를 통해서가 아니라 종교 밖에서, 혹은 종교를 반대하는 행위 속에서도 할 수 있는 체험이다. 자신이 믿는 어떤 정치적 이상 혹은 이론적 원칙을 위해서, 어떤 마르크스주의자들처럼 반종교적 투쟁을 위해 철저하게 자신의 목숨을 바치면서 행동하는 가운데 무한한 희열을 체험할 수도 있기 때문이다. 아니면 정반대로 마약을 써서 희열의 경지에 도달할 수도 있음은 널리 잘 알려진 사실이다.

모든 인간이 인생의 의미를 찾고, 인생의 의미가 결국 극치의 무한한 희열에 지나지 않으며 종교가, 아니 오로지 종교만이 그것을 마련해준 다고 하지만, 그러한 주장에는 아직도 확실한 근거가 없다.

　'인생의 의미는 무엇인가'라는 물음이 '어떻게 궁극적 희열, 즉 궁극 적 가치를 발견할 것인가'라는 물음이며, 또한 이러한 물음은 '어떻게 살 것인가'라는 물음으로 귀착하는 것이라면, 그리고 종교는 스스로 주 장하는 바와 달리 그러한 물음에 만족스러운 대답을 마련하지 못한다 면, 우리는 과연 무엇에 기대어 무엇을 믿고, 어떻게 살 것인가?

『종교란 무엇인가』(1985)

09
어떻게 살 것인가

싫든 좋든, 의식적이든 무의식적이든 누구나 살려고 애쓴다. 삶에 대한 의지는 본능의 본능이다. 살기 위해서 우리는 사물현상을 알아야 한다. 다소를 막론하고 누구나 무엇인가를 알고 있다. 누구나 보다 잘 살려고 애쓴다. 보다 잘 살기 위해서 보다 많은 사물현상에 대해 보다 정확한 앎이 필요하다. 그리하여 과학적 지식, 철학적 앎이 마련되었다. 아무리 순수한 지식도 결국은 삶, 보다 만족스러운 삶을 떠나서는 그 의미를 잃는다. 플라톤이 최고의 실체를 '선'이라고 부른 것은 우연한 일이 아니다. '선'은 모든 것의 의미에 지나지 않는다.

이와 같이 하여 우리는 많은 것을 알고 있으며, 그러한 앎을 바탕으로 살아가면서 수많은 삶에 있어서의 의미를 발견한다. 그러나 우리는 죽음 앞에서 궁극적인 삶의 의미를 찾고, 그러기 위해서 역시 궁극적인 앎을 찾는다. 궁극적 의미는 이 세상에서의 삶 자체에 부여해줄 수 있는 의미일 수밖에 없는 이상, 그것은 필연적으로 초월적, 즉 일상경험으로나, 과학으로나, 철학으로 설명될 수 없는 의미일 수밖에 없다. 초월적 의미를 가질 수 있는 삶을 살기 위해서 부득이 초월적, 즉 일상경험적, 과학적, 그리고 철학적 앎이 도달할 수 없는 앎, 즉 진리가 필요하다. 여기에서 종교가 나타난다. 종교는 초월적 앎에 바탕을 둔 초월적 삶의 의미, 다시 말해서 절대적 진리에 근거한 절대적 삶의 의미를 제공하는 데 있다. 모든 종교는 한결같이 절대적 진리가 무엇인가에 대한 대답이 되고자 하며, 동시에 삶의 절대적 의미가 무엇인가에 대한 물음에 답하고자 한다. 한마디로 종교는 궁극적으로 어떻게 살아야 할 것인가에 대한 대답이다.

문제는 그러한 종교적 대답이 만족스러운가, 즉 종교가 주장하는 앎과 삶의 길을 따라 살아갈 것인가 아닌가에 있다. 지금까지 검토해본 바와 같이 불행히도 종교적 대답은 만족스럽지 않다. 종교가 주장하는 초월적 존재, 그 존재의 모습에 대한 진리는 확실한 근거가 없고, 따라서 종교가 주장하는 삶의 의미도 믿을 수 없다. 종교적 대답에 확실성이 없는 이유는 그러한 대답을 받아들이는 종교인들의 믿음이 약해서가 아니라, 종교적 주장은 그 성질상 논리적으로 확실성이 없다는 데 있다. 종교가 주장하는 진리는 원칙적으로 초월적, 즉 비경험적·초인간적인 것이다. 그렇기 때문에 그것은 처음부터 인간의 관찰과 이성이 도달할 수 없는 것이다. 만약 그러한 진리가 있다고 해도 그것은 인간에게 나타난 진리가 아니며, 그런 진리에 바탕을 둔 삶에 의미가 있다 해도 그것은 인간이 이해하고 느낄 수 있는 의미가 아니다.

그러나 우리가 알 수 있는 진리와 인생의 의미는 오로지 이성과 경험을 넘어서서는 있을 수 없다. 우리는 어디까지나 인간이며, 인간으로서 그러한 진리와 인생의 의미를 알고자 하는 것이다. 인간이 이해할 수 없는 진리, 인간이 느낄 수 없는 인생의 의미는 인간에게는 전혀 의미가 없다. 아니 한 걸음 더 나아가서 인간이 알 수 없는 진리, 인간이 느낄 수 없는 의미는 도대체 있을 수 없다. 모든 앎, 진리, 의미는 언제나 인간적일 수밖에 없다. '어떻게 살 것인가'에 대한 종교적 대답은 만족스럽지 않다.

여기에 하나의 반박이 나올 수 있다. 어떤 종교신자가, 아니 수많은 종교인들이 이성과 경험이 도달할 수 없는 초월적 진리와 초월적 의미를 발견하고, 그러한 발견에 절대적 확신을 가져 기꺼이 순교자가 되었던 역사적 사실이 지적될 수 있다. 그러나 개인의 확신이 진리를 보장하지는 않는다. 이러한 사실은 여러 가지 종교적 확신이 서로 다를 뿐만 아니라 흔히 모순되어 있다는 것으로도 입증된다.

'어떻게 살 것인가'라는 모든 인류의 애절한 궁극적 물음에 종교가 만족스러운 대답을 제공하지 못함을 인정할 때, 종교에 대한 우리들의 이성적인 태도는 어떤 것일 수 있는가? 이런 마당에서도 우리는 아직도 종교를 믿을 것인가? 아니면 종교를 부정하고 나설 것인가? 실용주의 철학자 제임스James는 『믿고자 하는 의지』라는 유명한 글에서 다음과 같은 대답을 한다.

종교는 결정적 하나의 선택으로 제시된다. 종교를 믿음으로써 우리는 지금 당장이라도 일종의 극히 본질적 이익, 즉 '선'을 얻게 되지만, 종교를 믿지 않을 경우 그런 것을 잃게 된다는 것이다. 뿐만 아니라 종교는 우리가 회피할 수 없는 선택이다. 종교적 진리의 확실성을 발견할 때까지 회의적으로 기다리면서 선택의 문제를 도피할 수 없다. 종교의 주장이 틀렸을 경우, 위와 같은 태도로써 오류를 피할 수 있지만, 만약 종교의 주장이 옳다면, 종교를 믿지 않을 경우와 똑같이 우리는 선을 잃는다.[15]

제임스는 종교적 세계관과 갈등하고 있는 과학적 세계관이 나타난 오늘날에도 종교는 이성적으로 과학적 세계관과 똑같이 선택될 수 있는 가능성이 있음을 말한다. 과학적으로 설명될 수 없고, 믿을 수 없다 하여 종교적 주장이 틀렸다는 근거는, 그것이 옳다는 근거가 없는 것과 똑같이 확신될 수 없기 때문이라는 것이다. 이러한 제임스의 종교에 대한 입장은 종교적 진리를 선택하라는 파스칼의 입장과 유사하다. 다만 제임스의 입장이 소극적이라는 데 차이가 있다. 파스칼을 따라 제임스는 우리에게 인생을 건, 아니 영원을 건 도박을 하라고 요구한다.

그러나 제임스의 주장은 설득력이 부족하다. 첫째, 앞에서 검토했듯이 종교에서 말하는 존재, 세계, 그리고 '선'이 도대체 무엇인지 알 수 없다는 데 문제가 있다. 인간의 경험이나 이성으로는 그러한 얘기들을 이해조차 할 수 없다는 것이다. 둘째, 설사 그러한 얘기가 이해된다고 가정해도, 종교적 세계관을 따라 살아간다는 것은 이성적으로 납득되지 않는다. 종교적 세계관과 과학적 세계관이 갈등을 한다면 우리는 두 개의 세계관을 동시에 가질 수 없다. 그러나 제임스의 주장은 그러한 가능성을 전제한다. 인간이 신의 형상대로 창조의 마지막 날 만들어졌다는 종교적 믿음이 옳다면, 인간은 원숭이로부터 진화된 것으로 볼 수 없다.

종교에서 하는 얘기가 우리에게 이해되지 않는다고 해서 그것이 초인간적 인격자들에게도 이해되지 않는다는 말은 아니다. 다만 인간으로서의 우리들에게 이해될 수 없다는 것이다. 종교적 주장이 초인간적 인격자에게 입증될 수 없다는 것은 아니다. 다만 우리 인간의 힘으로는

15   William James, *The Will to Believe*(N. Y. Dover, 1960) 참조.

알 수 없다는 것일 따름이다. 남이 알고 있는 것을 내가 모르는 경우 내가 안다고 하는 것이 모순이라면, 종교적 진리가 초월자에게 알려진 사실이라고 해도 내가 초월자를 모르는데도 불구하고 그것을 내가 안다고 하는 것은 역시 모순이다. 종교를 믿을 수 없다는 것은 그것을 부정하는 것이 아니라 단순히 나는 인간으로서 그것을 알 수 없는 나의 솔직하고 담백하게 겸손한 입장을 말할 뿐이다. 내가 모르는 것을 내가 안다고 어찌 주장할 수 있겠는가? 인간이 모르는 것을 인간이 안다고 어찌 우길 수 있겠는가? 여기서 우리는 공자의 극히 평범하면서도 무한히 심오한 말을 들어보자. '미능사인, 언능사귀, 미지생언지사未能事人, 焉能事鬼, 未知生焉知死(산 사람도 능히 섬기지 못하면서 어찌 귀신을 섬기리오. 아직 삶도 모르면서 어찌 죽음을 알리오).'[16]

'어떻게 살 것인가'라는 물음에 대한 종교적 대답이 쉽사리 수용되지 않는다면, 즉 종교를 믿지 않는다면 우리는 절망해야 하는가? 그렇지 않다면 우리는 도대체 어떻게 살아야 하는가? 종교적 대답이 아닌 다른 대답이 가능한가?

우리가 미흡하나마 의지할 수 있는 것은 우리의 구체적인 지각경험과 이성뿐이다. 이성과 경험의 이와 같은 강조는 종교적 진리를 부정하는 것이 아니다. 그것은 다만 이성의 빛이 도달할 수 없고 지각경험이 뻗치지 못하는 것들에 대해서, 우리는 다만 침묵을 지켜야 한다는 것이다. 이성은, 아니 오직 이성만이 자신의 한계, 너무나도 좁은 한계를 잘 의식하고 있다. 그것은 자신이 미치지 못하는 어둠의 세계, 자신의 말로 표현할 수 없는 침묵의 세계를 무엇보다도 잘 의식한다. 이성은 그 어

---

16   『논어』, 표소태 역해, (서울: 현암사, 1965), p.102.

둠, 너무나도 방대한 형이상학적·신학적·초월적·우주적 어둠의 세계 앞에 지극한 겸허감을 느낀다. 그렇기 때문에 그 앞에서 입을 다물고자 한다. 그러면서 그것은 그가 의지할 수 있는 것이란 오로지 자신뿐임을 알고 있으며, 자신이 믿을 수 있는 것은 오로지 이성이 밝혀주는 진리임을 알고 있다. 그러기에 그는 고독하고 누구한테 의지하고 싶어진다.

어떻게 살 것인가? 우리는 종교적 대답을 믿을 수 없다고 했다. 우리가 기대할 수 있는 유일한 대답은 이성이 마련한 대답뿐이다. '어떻게 살 것인가'라는 물음이 인생의 의미에 대한 물음이라면, 그것은 종교적 의미일 수 없고, 오로지 인간적 의미일 수밖에 없게 된다.

'어떻게 살 것인가'의 문제는 '어떻게 인간답게 살 것인가'라는 물음으로 바뀐다.

가냘프기 한없음을 명백히 인식하면서도 오직 하나밖에 없는 이성의 빛이 조명하는 대로, 절대적 확실성이 없음을 인정하면서도 도덕적 양심의 가르침을 따라 살아갈 수밖에 없다. 가난에 허덕이는 이를 도와 나의 것을 나누어주고, 병에 신음하는 이웃에 약을 마련해주며 살아가는 것이다. 분노를 폭발시키는 불의를 없애기 위하여 때로는 목숨을 버릴 각오로 살아갈 수 있다. 세상을 보다 더 밝히기 위하여 학문을 닦고, 보다 아름다운 것을 마련하기 위하여 예술에 종사할 수도 있다. 당장 배고픈 사람에게, 당장 병에 신음하는 사람에게 천당에서의 성찬과 죽은 다음의 영생이 무슨 소용이 있겠는가? 당장 비인간적인 처지에서 폭군의 압박을 받고 있는 백성들에게 천당에서의 하느님을 찬미한들 무슨 뜻이 있겠는가? 그들에게 중요한 것은 당장 이곳에서 배를 채우는 일이며, 이 세상에서 병을 고치는 일이며, 이 사회에서 폭군으로부터 자유를 찾는 일이다. 기도하는 시간에 농사를 배우고, 과학적 지식을 넓혀

약을 생산하고 병을 고치는 것이 더 중요하다. 천당을 구가하기 전 억울하게 억압된 약자들을 해방시키는 일이 더 시급하다.

물론 우리가 죽으면 모든 것이 영원히 사라질지 모른다는 것을 잘 알고 있다. 영원의 입장에서 볼 때 위와 같은 인간의 노력, 그러한 노력에서 발견되는 자질구레한 인간적 기쁨, 의미가 궁극적인 기쁨이 아니며, 궁극적인 의미가 될 수 없음도 잘 알고 있다. 그러나 그러한 기쁨과 의미가 아무리 궁극적인 기쁨과 의미가 될 수 없다 하더라도, 인간에게 그 이상의 기쁨, 그 이상의 삶의 의미가 어디 있겠는가?

어떻게 살 것인가? 우리는 싫든 좋든 인간으로밖엔 살 수 없다. 우리는 신도 아니요, 짐승도 아닌 인간이기 때문이다. 인간으로서의 우리는 우리의 상상의 한계를 넘어서는 방대한 우주를 의식하고, 상상할 수 없는 영원한 시간을 피부로 느낀다. 그러한 공간, 그러한 시간 속에서 우리의 존재가 얼마만큼이나 작은 존재임을 또한 자각한다. 그와 같은 의식과 자각은 존재 일반의 궁극적 신비에 압도되고, 무한한 경건심과 아울러 외경심을 느낀다. 우리는 그 앞에서 무릎을 꿇고 무조건 기도를 올리고, 찬가를 부르며 구원을 찾고 산다. 그러면서도 우리가 택할 수 있는 유일한 길은 인간으로서 이 세상에서 인간적·사회적 의미를 찾는 일뿐이다. 이러한 의미가 종교적인 입장에서 보면 불만스럽겠지만, 인간적으로 볼 때 그러한 의미는 충족된다. 궁극적 존재와 궁극적 의미에 대하여 어쩔 수 없는 심오한 신비를 느끼며, 종교가 주장하는 삶의 의미 대신 오로지 인간적 의미를 찾고 그것을 경험한다는 그 자체는 역설적으로 넓은 의미, 아니 진정한 의미에서 이미 진정한 종교적 의미를 갖게 될 것이다.

종교를 넘어서 겸허하고 확실한 인간적 자세를 다시 찾았을 때 참다

운 종교적 체험이 있으며, 어떤 특정한 종교를 믿는 대신 그것을 넘어서
이성이 가르치는 것을 따라 살아갈 때 참다운 종교적 인간이 나타날 것
이다. 그럴 때 산, 들, 하늘과 땅이 모든 종파를 초월한 하나의 우주적 성
당으로 바뀌고, 그곳에 있는 우리들 자신들은 물론 구더기를 포함한 모
든 생물, 쓰레기를 포함한 모든 것, 사물이 거룩한 존재로 변하게 될 것
이다.

『종교란 무엇인가』(1985)

『종교란 무엇인가』 초판 서문

처음엔 놀라움이 있었다. 아직도 눈이 다 녹지 않았는데 검은 땅에서 파랗게 트는 풀잎, 밭둑에 피는 할미꽃, 개천 건너 바라보이는 산을 덮은 진달래꽃, 알록달록한 산새들에 나는 자주 황홀했다. 그리고 또 충격이 있었다. 어려서 20살이 갓 넘은 당숙이 뒷동산에 매장되는 것을 보았을 때, 그리고 소학교에 다니던 우리 꼬마들이 돌을 던지며 놀려먹던 읍내 거지가 길바닥에 쓰러져 죽은 것을 보고 삶과 죽음이 하나의 수수께끼만 같았다.

일찍이 문학과 예술 일반에 심취되어 시인이 되겠다고 마음먹었던 것은 시골 산천에서 느낀 황홀감을 표현해보고자 했기 때문이며, 뒤늦게 철학에 관심을 갖게 된 것은 읍내의 소학교에 다닐 때 발견한 수수께끼를 풀고자 했기 때문이다. 황홀하기만 했던 나의 주변의 모든 자연현상들, 수수께끼만 같은 인간의 삶이 나에게 잊혀질 수 없는 크나큰 실존적 충격으로 남았다. 내가 아직도 문학적 작품에 마음이 끌리고, 철학적 담론에 주의를 쏟는다면 그것은 자연과 사람들로부터 받은 놀라움, 실존적 충격을 해소하기 위해서였을 것이다. 나는 극단적 허무주의에 빠져 허우적거리기도 했었다. 죽음으로 모든 문제를 청산하려고도 했었다.

의식적으로 혹은 무의식적으로 나는 항상 묻고 있었다. '이것이 다 무엇인가?', '이것이 도대체 무슨 의미를 갖고 있는가?' 불교도 모르고 기독교도 모르고 있었지만, 나는 벌써 아니 처음부터 넓은 뜻에서 종교적 문제를 묻고 있었다. 문학과 철학에 마음이 끌린 동기의 밑바닥에는 종교적 물음이 깔려 있었던 것이다. 이와 같은 종교적, 즉 실존적 충격에 근거하지 않거나, 그러한 충격과 관계없을 때 아무리 아름다운 문학적 표현도 진정한 예술성을 갖지 못하며, 아무리 정연한 철학적 논리도 진정한 지적 가치를 상실한다. 그러한 것들만으로는 궁극적으로 다 같이 허전할 뿐이다. 시를 쓰다가 그리고 현상학 또는 분석철학을 따져 보다가 이제 신, 천당, 기도 등 종교적 문제를 내가 여기서 생각하게 된 것은 당연하고 자연스러운 과정인 것만 같다.

어린 가슴은 삶과 죽음의 수수께끼에 충격을 받았었다. 소년 시절에 삶의 고통, 세상의 불의에 아파했다. 사춘기에 인생의 허무를 극복하려고 몇 번이고 자살을 생각해봤었다. 공자는 마흔에 불혹했다고 한다. 그러나 나는 쉰이 훨씬 넘었는데도 아직도 한없이 흔들릴 뿐이다. 정확한 정보와 빈틈없는 논리로 짜여진 예술작품과 같은 철학적 책을 쓰겠다고 하면서 어느 모로나 엉성한 저서가 되고 말았다면 그것은 내가 아직도 크게 흔들리고 있기 때문이다. 내가 언젠가 불교신자가 되거나 독실한 기독교신자가 될지도 모른다는 것을 나는 확신할 수 없다. 그러나 나는 이 책에서 내가 지금 알고 있고 믿고 있는 이야기를 했을 뿐이다.

이 책을 읽게 될 어떤 종교인들은 나의 생각을 불경하다고 규탄하거나, 사탄에게 잡혀 있다고 분노할지 모른다. 또 어떤 종교인은 그러한 나를 측은히 생각하고 구원하려 할지 모른다. 그리고 종교인이 아닌 독자들 가운데도 나의 생각에 대하여 불편하고, 불만스럽게 느낄 수 있을 것이다. 나의 입장을 오만하다고 규탄할지도 모른다.

그러나 나는 나대로 나 자신에게 어디까지나 정직하고자 했다. 종교인은 물론, 다른 사람들을 위해서 이 책을 쓰지 않았다. 나 자신을 위하여, 나 자신의 생각을 정리해보기 위해 나는 이 책을 썼다. 지금 나에게는 그러한 것을 정리하는 것이 개인적으로 극히 절실한 문제이기 때문이다.

삶의 궁극적 의미, 어떻게 살 것인가의 문제에 대하여 나는 종교적 입장이 아니라 휴머니스트의 입장을 취한다. 휴머니스트로서 나는 누구보다도 나 자신, 아니 인간의 지적 한계를 잘 의식하며 괴로워한다. 궁극적으로 모든 것이 알 수 없고 신비하다는 것을 나는 누구보다도 절실히 의식하며 엄숙하고 경건한 마음에 사로잡힌다. 나는 겸허하다. 그러기에 나는 하느님을 모르겠다고 고백한다. 그러나 바로 이러한 고백은 그 자체가 종교적 고백이라고 믿는다. 나는 극히 겸허한 마음으로, 나대로의 지적 정직성을 지키며 종교에 대한 나의 철학적 입장을 밝혀보고자 한다. 두 여름방학 더위와 싸우며 아직 거친 상태로나마 내 생각을 정리했다는 생각에 약간의 해방감을 느낀다. 이 책이 우리에게 그렇게도 중요한 종교를 여러분과 함께 다시 한 번 생각해보는 계기가 되기만 한다면, 나는 그것보다 더 큰 만족을 바라지 않는다.

1984년도부터 하버드대학 교육대학원 내의 교육철학연구소(Philosophy of Education Research Center) 연구원으로 있게 되어 하버드대학 도서관을 사용할 수 있어 도움이 되었고, 또한 소장 이스라엘 쉐플러(Israel Scheffler) 교수와의 의견 교환을 통해 이 책을 쓰는 데 큰 도움을 받았다. 10여 년 전부터 가까이 지내며 항상 나를 철학적으로, 그리고 인간적으로 격려해준 쉐플러 교수에게 이 자리를 빌려 깊은 사의를 표하고 싶다. 이 책의 집필이 끝나기까지는 쉐플러 교수 외에도 몇 사람의 도움을 받았다. 철학보다는 아이스크림을 훨씬 좋아하는 여인, 학희가 문외한으로서의 의견을 들려주었고, 따분함을 참고 맞춤법을 고치고, 어휘를 골라주고 여러 가지 표현을 고쳐주었다. 학희는 사실인즉 반짝이는 철학적 사고력을 갖고 있다. 하버드대학에 인류학을 공부하러 온 한경구 군, 그리고 로체스터대학에 서 철학학위를 끝내가고 있는 정혜진 양이 초고를 훑어보고 몇 가지 의견을 주어 참고로 했다. 이 책의 출판을 맡아준 한만년 사장, 출판의 잡무를 언제나 정성껏 돌보아준 최재용 상무와 더불어 모든 분들이 고맙다.

1985년 7월 20일 미국 케임브리지에서

『종교란 무엇인가』 개정판 서문

지금부터 22년 전인 1985년 나는 『종교란 무엇인가』라는 제목이 붙은 책을 냈다. 이 책은 바로 그 책의 개정증보판이다. 나는 원래 이 책을 전문가들만이 아니라 어느 정도의 교양인이면 누구나 부담없이 읽을 수 있도록 쉽게 썼다. 그러나 그동안 출판 후 판을 수차례 거듭했지만 한문세대에서 한글세대로 바뀌면서 이 책에서 사용한 적지 않은 수의 한자가 새 세대의 독자들에게 차츰 더 큰 걸림돌이 되어가고 있음을 감지할 수 있었다. 이 개정판을 내는 제일 중요한 이유는 그러한 문제를 해소하자는 데 있다.

개정판을 내는 이 계제에 초판에 있었던 오식 및 서툰 문장을 다소 수정했다. 이 개정판이 초판과 더 크게 달라진 것은 위의 두 가지 점에서 뿐만 아니라 「'개념'의 개념과 '종교'의 개념」이라는 논문의 첨가이다. 이 글은 2007년 8월 30일 '성숙한 사회 이슈토론' 모임에서 발표했던 것이다. 이 글을 통해서 독자들은 종교의 철학적 문제와 종교의 역사적·사회학적·심리학적·정치적 문제가 얼만큼 다른 것인가라는 사실만이 아니라, 후자의 담론에 이미 전제된 문제임을 좀더 분명히 알게 될 것이다.

최근 미국에서만이 아니라 한국에서도 크게 화제가 됐던 리처드 도킨스의 『만들어진 신』을 비롯한 몇 학자들의 종교비판 서적의 출판과 그런 책들을 반박하는 책들이 쏟아져나오고 있는 것으로도 알 수 있듯이, 최첨단 과학지식과 기술의 위력에도 불구하고 종교를 믿는 이들의 수는 결코 줄어들지 않는 것 같다. 그만큼 종교와 인간의 관계는 뿌리 깊다. 그렇다고 이러한 사실이 종교에 깔려 있는 핵심적인 신념이 옳다는 것을 증명하는 것은 아니다. 종교인이나 비종교인 모두가 다 같이 종교에 전제된 형이상학적 내용들은 물론 그것이 새로운 문명에서 차지해야 할 위상을 깊이 통찰해볼 필요가 있다.

종교적 문제에 대해서 단언적인 발언을 하는 것은 위험하다. 그러나 지식인으로서, 특히 철학자로서 자신의 입장을 잠정적이나마 정리하는 작업은 중요하다. 종교에 관한 한 나의 철학적 입장은 22년 전이나 지금이나 근본적으로 변한 것은 없다. 이런 점에서 도킨스처럼 과격하지 않지만 그의 주장에 대체로 동의한다. 특히 자신의 최근의 저서 첫머리에서 종교에 관해 언급할 때 중요한 것은 종교라는 낱말의 개념정리라는 점에는 전적으로 동의한다. 이런 개념정리가 없는 상황에서의 논쟁은 모두 무의미한 헛소리가 되기 때문이다. 어떤 낱말이고 'abracadabra'라는 발음처럼 그 뜻을 규정할 수 없는 주문이 되어서는 안 된다. 이런 사실은 철학적 담론의 경우 더욱 분명하다.

끝으로 이 개정판을 내준 아름나무 출판사의 유영석 편집장에게 사의를 표한다.

2007년 11월 15일 연세대학교 연구실에서

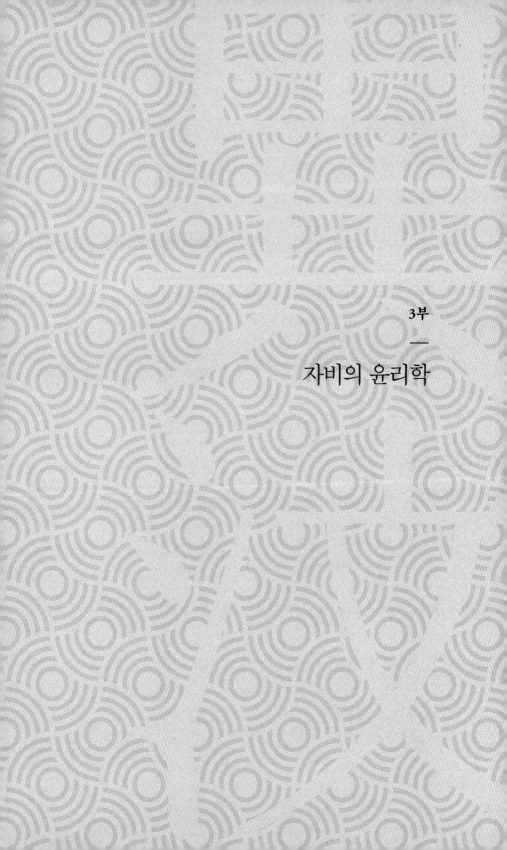

3부

—

자비의 윤리학

들어가는 말

모든 이론은 어떤 경험 현상을 설명하고자 하며 경험 현상은 이론에 의해서 설명된다. 그리고 모든 이론의 출발은 경험에서 시작되고 경험에 의해서 매듭지어진다. 내가 이 책에서 윤리도덕에 대한 철학적 이론을 시도한다면 그것은 윤리적 혹은 도덕적 경험이 다른 경험들과 구별되는 특수한 경험임을 전제하는 것이다. 만약 이런 경험의 특수성이 지각적, 미학적, 성적 경험과 엄연히 구별될 수 없다고 전제한다면, 철학으로서의 윤리학은 기껏해야 심리학, 사회학 혹은 생물학에 흡수되고 말 것이다. 윤리도덕적 경험의 특수성을 부정하는 철학적 이론이 있긴 하지만, 나는 여기서 그 특수성을 믿고 그 특수한 경험에서 출발하여 새로운 이론, 즉 새로운 윤리학을 세우고, 그 이론에 비추어 특수한 경험으로서 윤리도덕적 경험을 설명하고자 한다. 윤리도덕에 관한 철학적 고찰을 내가 처음 시작한다는 말은 물론 아니다. 내가 처음으로 윤리학을 새롭게 세우려 하지 않는다는 것은 두말할 필요도 없다. 이 문제에 대한 사고는 철학적 사고와 함께 시작되었으며, 철학적 사고가 시작된 후로 이 문제는 동서를 막론하고 가장 핵심적인 철학적 사고가 되어왔다.

어떻게 보면 플라톤의 모든 철학이 윤리학이라고 과장해서 말할 수 있고, 노자나 공자의 사상이 근본적으로 윤리적 문제에 관여하고 있음은 누구나 잘 알고 있는 바다. 이러한 전통은 서양에서 칸트, 밀, 니체, 하이데거, 사르트르, 마르크스, 하버마스로 이어지고 있다. 윤리학을 철학적 주제로서 부정하거나, 아니면 오랫동안 학대를 해왔던 이른바 분석철학의 지배에 놓여 있던 영미 철학계에서도 지난 20년 동안 윤리학적 문제를 가장 많이 논의해온 것이 사실이다. 그럼에도 불구하고 나는 여태까지 만족스러운 철학적 해명을 발견하지 못했다. 이러한 맥락에서 극히 소박하나마 내 나름대로 윤리도덕적 경험, 그 현상을 새로운 각도에서 설명하고, 아직도 엉킨 채 남아 있는 윤리도덕적 문제를 풀어보고자 한다.

윤리ethics와 도덕morality, 윤리적ethical과 도덕적moral이란 말들은 흔히 혼동되거나 아니면 동의어로 사용된다. 이러한 사실은 두 개념 사이에 뗄 수 없는 관계가 있음을 암시한다. 그러나 두 개념이 존재한다는 사실은 그들이 똑같은 의미를 갖지 않음을 또한 시사한다. 그러므로 나는 위에서 윤리적, 도덕적이라는 말을 구별해서 사용한 것이다.

윤리ethics는 그리스어인 에토스ethos에서 유래되고, 도덕morality은 라틴어인 모레스mores에서 그 어원을 찾는다. 그리스어 에토스는 원래 한 사람, 한 사회에 사는 사람들의 성격 혹은 욕구를 지칭한다. 이와 반대로 라틴어 모레스는 행동에 대한 규율을 가리킨다. 도덕으로서 규율은 한 사람, 한 사회의 세계관, 곧 삶에 대한 태도나 성격을 전제하지 않고는 이해될 수 없으므로, 윤리적 태도나 성격은 한 사람, 한 사회의 도덕을 이해하는 바탕이 된다. 그러므로 윤리라는 개념은 도덕이라는 개념을 포괄하며, 도덕이라는 개념은 윤리라는 개념의 한 측면만을 가리킨다.

따라서 이제부터 혼동을 피하기 위해 나는 특별한 경우를 제외하고는 도덕이라는 뜻을 포괄한 의미로 '윤리'라는 낱말을 사용하기로 한다.

윤리의 문제는 '어떻게 사느냐', '어떠한 삶이 가장 보람 있는 삶이냐'의 문제로 귀결된다. 이 물음은 삶의 궁극적 가치가 무엇이며, 그런 가치가 결정됐을 때 그것을 실현시키기 위해서 어떻게 행동해야 하는가에 대한 물음에 지나지 않는다. 이러한 물음의 뜻을 분명하게 하고 그 물음에 체계적인 대답을 시도할 때 윤리학이 성립된다.

모든 동물은 태어나서 죽을 때까지 사물현상을 지각하고, 그 지각에 따라 생물학적 존속을 위하여 본능적으로 반응하면서 살아간다. 동물로서의 인간도 예외가 아니다. 그러나 동물은 '어떤 삶이 보람 있는 것인가' 혹은 '어떤 것이 옳은 행동인가'를 묻지도 않고 이런 문제를 두고 고민하지도 않는다. 좋든 나쁘든 오직 인간만이 위와 같은 물음을 던지고, 그러한 물음 때문에 고민할 수 있다. 그래서 이러한 물음과 고민은 인간에게서 떼어버릴 수 없는 가장 근본적이고 보편적인 속성이다. 이런 물음, 이런 고민을 떠난 인간은 사실상 인간의 범주에 들어가지 못한다. 그러므로 오로지 인간에게만 윤리적인 문제가 생긴다. 인간으로 태어나서 필연적으로 위와 같은 물음을 묻게 되고 그런 물음에 고민하는 사실이 어쩔 수 없는 객관적인 사태라면, 오직 인간만이 물리학적, 화학적, 생물학적, 심리학적 차원 이외에 윤리적 차원을 갖고 있다고 볼 수밖에 없다. 인간의 윤리적 속성은 눈으로 보이지 않지만, 가장 객관적인 인간의 형이상학적 속성이다.

'어떻게 살 것인가', '어떤 삶이 가장 보람 있는 삶인가', '어떤 행동이 옳은 행동인가' 등의 윤리적 물음은 그런 물음을 던지는 인간에게 어떠한 경우에도 선택의 여지가 있음을 전제한다. 또한 선택의 여지가 있다

함은 그런 물음을 던지는 주체자에게 자유가 있음을 전제한다. 자유가 없는 선택, 선택이 없는 윤리적 물음은 이해불가능한 것이다.

모든 선택은 규범을 전제로 하고, 그 규범에 따라 선택은 옳거나 그를 수 있게 마련이다. 내가 선택한 삶, 내가 선택한 행동은 반드시 옳거나 그르다는 두 가지 가운데 하나로 판단될 수밖에 없다. 나의 선택에 따라 나는 옳은 행동을 할 수도 있고 그릇된 행동을 할 수도 있으며, 옳은 삶을 살 수도 있고 잘못된 삶을 살 수도 있다. 윤리적 선택이 전제로 하는 자유, 즉 인간이 자유롭다는 말은 위와 같은 윤리적 선택의 책임이 그런 것을 선택한 본인 자신에게만 달려 있음을 뜻한다. 인간으로서, 즉 윤리적 동물로서 나의 각별한 고민이 여기에 있다. 이와 같이 볼 때 자유는 인간이라는 동물에게만 주어진 저주다. 그러나 저주로서의 자유도 보기에 따라서는 인간의 자주성, 따라서 고귀성이 될 수 있다.

윤리적 의식은 이와 같은 인간의 고귀성에 대한 의식이고, 윤리적 문제는 이와 같은 고귀성을 실현하고자 하는 고민의 표출이며, 윤리학은 그런 고민을 풀어보고자 하는 반성적 시도다. 나는 여기서 시도해보려는 윤리학을 통해서 첫째, 윤리적 감성주의, 윤리적 상대주의에 반대하여 윤리적 가치의 객관성을 주장하고, 둘째, 그런 객관성에도 불구하고 윤리적 가치는 객관적으로 알 수 없으며, 따라서 우리는 항상 궁극적으로 윤리적 가치를 선택해야만 하고, 그 결과로 셋째, 한 사람, 그리고 그 사람의 행동에 대한 윤리적 평가는 결코 독단적일 수 없고, 그러므로 넷째, 내가 윤리적 선택을 할 때나 내가 남을 윤리적으로 평가해야 할 때, 윤리적으로 가장 중요한 것은 자비의 덕을 가져야 하며, 마지막 다섯째, 인류중심의 윤리를 탈피해서 모든 존재가 윤리공동체에 포함되어야 한다고 주장하고자 한다.

01
윤리적 가치의 객관성

앞서 '나는 어떻게 살 것인가', '나는 어떻게 행동할 것인가'라는 물음이 윤리적 문제라고 말했다. 첫 번째의 물음은 나에게 두 가지 중 선택이 가능할 때 '나는 히틀러처럼 살 것인가, 아니면 성녀 테레사 수녀처럼 살 것인가'에 대한 물음으로 더 구체적으로 제기될 수 있다. 또 '나는 어떻게 행동할 것인가'라는 물음은 더 구체적인 예로서 '나는 사기를 쳐서라도 권력과 부를 누릴 것인가, 아니면 비록 무력하고 빈곤하게 되더라도 남을 속이지 말아야 하는가'라는 물음으로 풀이된다. 이같은 물음이 논리적으로 가능하냐 아니냐에 따라서, 그리고 이러한 물음에 대한 객관적 대답이 논리적으로 가능하냐 아니냐에 따라서 위와 같은 물음에 대한 우리들의 태도는 전혀 달라질 수 있다. 만약 위와 같은 물음이 사실상 논리적으로 불가능하고 그런 물음에 대한 대답은 논리적으로 객관적일 수 없다고 판단되었을 때 히틀러의 삶은 그릇된 삶이요, 테레사 수녀의 삶은 훌륭한 삶이라는 판단은 의미가 없으며, 사기 치는 행위는 나쁘고 정직한 행위는 좋다는 판단도 무의미하다. 그러나 거꾸로 위와 같은 물음이 논리적으로 객관적인 대답을 가질 수 있다고 전제할 때, 히틀러의 삶보다 테레사 수녀의 삶이 좋은 삶이라든가, 혹은 사기는 잘못된 행위요, 정직한 행위가 옳은 행위라는 판단이 논리적으로 가능하며, 그런 판단은 의미를 갖는다. 그리고 위와 같은 이른바 윤리적 물음에 대하여 전자의 입장을 취할 때 윤리에 대한 문제는 사라지고, 오로지 후자의 입장에서 볼 때에 한해서 윤리적 문제는 문제로서 남고 윤리학은 가능하다.

좋고 나쁜 것, 옳고 그릇된 것에 대한 문제가 가치의 문제며, 좋고 나쁜 것에 대한 문제, 옳고 그릇된 행동에 대한 문제가 윤리적 가치의 문제라면, 우리의 문제는 윤리적 가치가 주관적인 것이냐 아니면 객관적인 것이냐를 아는 데 있다. 그러나 이러한 문제를 검토하고 풀어나가기 위해서는 우선 윤리적인 것, 즉 윤리성이란 무엇인가를 좀더 상세하고 분명히 밝혀둘 필요가 있다.

윤리성

모든 사물, 현상, 사건, 행동에 대해서 사실 판단과 가치 판단이 동시에 가능하다. 책상이라는 사물을 놓고 네모지다는 판단을 내릴 수 있으며, 동시에 좋다 혹은 나쁘다는 판단을 내릴 수도 있다. 이러한 사실은 사물뿐 아니라 현상, 사건, 행동에도 똑같이 적용된다. 어떤 대상에 대한 가치판단은 필연적으로 '좋고 나쁨' 혹은 '옳고 그름'이라는 개념에 의해서 내려진다. 보람 있는 삶이냐 보람 없는 삶이냐, 즉 좋은 삶이냐 나쁜 삶이냐에 대한 문제, 옳은 행동이냐 그릇된 행동이냐에 대한 문제가 윤리적인 문제라고 할 때 윤리의 문제는 일종의 가치의 문제다.

가치에는 사물의 가치, 지적 가치, 예술적 가치 등이 있고, 그것은 더욱 세분화될 수도 있다. 예를 들어 지적 가치를 두고 말할 때 과학적 가치, 철학적 가치, 사회적 가치 등으로 나눌 수 있다. 위와 같은 가치의 구별은 어떤 대상의 성질, 더 나아가서는 그 대상을 보는 관점에 달려 있다. 어떤 대상을 학문적인 이론으로 볼 때 그것은 지적, 즉 학문적 가치평가를 받게 되고, 어떤 것을 예술작품으로 볼 때 그것은 예술적 가치평가를 받을 수 있으며, 어떤 것을 하나의 물건으로 볼 때 그것은 도구적 가치평가를 받을 수 있다. 그렇다면 어떤 것에 대해서 윤리적 가치평가를 내릴 수 있는가? 그것은 언제나 인간과 인간의 행동이다. 어떤 냉장고를 놓고 윤리적으로 훌륭하다 혹은 나쁘다는 말은 성립하지 않는다. 오로지 어떤 사람을 두고서만 그 사람은 윤리적으로 훌륭하다 혹은 못쓰겠다는 말이 가능하고, 어떤 사람의 행동에 대해서만 그것이 윤리적으로 옳다거나 그르다는 말을 할 수 있다. 그러나 이러한 설명으로는 윤리적인 가치와 그밖의 가치의 차이가 만족스럽게 설명되지 않는다. 동일한 사람에 대해서나 한 사람의 동일한 행위에 대해서도 비윤리적인 가치평가가 가능하기 때문이다. 어떤 사람이 윤리적으로 악독한 사람이라고 해도 그 사람은 무사로서 두드러지게 뛰어날 수도 있으며, 어떤 행위가 윤리적으로 전혀 옳지 못하더라도 미학적으로는 극히 멋있는 동작으로 평가될 수 있다. 그러므로 윤리적 평가는 반드시 인간이나 인간의 행위와 직접 혹은 간접적인 관계를 맺고 있기는 하나, 이러한 사실만으로는 충분히 이해할 수 없다. 윤리적 평가의 대상은 단순히 인간과 인간의 행동이 아니라 그러한 대상이 일정한 관점에서 보임을 전제로 한다.

인간은 예를 들어 물리학적으로, 생리학적으로, 심리학적으로, 사회학적으로 다양하게 관찰되고 서술되고 평가될 수 있으며, 인간의 행위도 같은 관점에서 기술되고 설명되고 평가될 수 있다. 그러나 적어도 인간만은 그밖의 모든 것들과 달리 인격적 존재라는 견지에서 관찰되고 서술되고 평가되어야 한다. '인격'이라는 개념은 물론 막연하다. 그러나 그것을 적극적으로 어떻게 규정할지는 모르더라도, 인간을 하나의 '인격'으로 볼 때 인간은 그밖의 어떠한 차원에서도 서술되고 설명할 수 없는 존재임이 분명하다. 다시 말해서 인간은 우리가 지각할 수 있고, 또 알고 있는 어떠한 것으로도 환원될 수 없는 특수하고 유일한 존재의 측면을 갖고 있다. 인격이라는 개념이 내포하는 특수하고 유일한 인간의 측면은 영혼, 이성 혹은 자유 등의 말로 흔히 표현된다.

윤리적 가치는 위와 같이 표현되는 인격으로서의 인간, 인격으로서의 그의 행위에 대한 평가를 의미한다. 인격으로서의 한 인간이, 그리고 그 인간의 어떤 행위가 우리의 이상적 인격에 비추어 그 이상에 가까운 것인가 아닌가에 따라서 평가될 때 비로소 윤리적 관점이 생기고, 그에 따른 윤리적 가치평가가 생긴다. 윤리성은 다름 아니라 인간에 대한 인격적 관점을 의미함에 지나지 않고, 윤리적 가치관은 인격으로서의 인간, 그 인간의 행위에 대한 가치를 뜻한다.

윤리상대주의

우리가 항상 부딪히게 되는 윤리적으로 어려운 문제는 다름 아니라 윤리적 가치를 어떻게 결정하느냐다. 인격으로서 나는 옳게 살고 싶고, 인격으로서 나는 옳은 행위를 취하고자 한다. 그러나 우리는 과연 어떤 식의 삶이 참다운지, 어떤 행위가 옳은지를 어떻게 결정하고, 남의 삶, 남의 행위를 어떻게 평가해야 될지 극히 난처한 처지에 항상 부딪힌다. 그러한 결정은 과연 객관적으로 가능한가? 그러한 평가는 오로지 주관적이거나, 아니면 잘해야 상대적인 것인가? 어떤 종류의 대답이 우리들의 구체적인 이른바 윤리적 경험을 더욱 잘 설명해줄 수 있으며, 어떠한 대답이 우리들이 항상 당면하지 않으면 안 될 윤리적 결단을 내리는 데 가장 도움이 될 수 있을 것인가?

앞서 말했듯이 윤리적 문제는 궁극적으로 가치의 문제다. 우리는 가치라는 말을 이미 많이 써왔다. 그러나 이 개념은 아직도 분명치 않다. 윤리적 결정, 윤리적 가치평가가 객관적일 수 있느냐 없느냐를 알기 위해서 우선 윤리적 가치를 고찰해야 하겠지만, 그보다 먼저 가치라는 개념을 잘 밝혀둘 필요가 있다.

'강아지'라는 낱말은 구체적으로 존재하는 강아지라는 동물을 가리키며, '노랗다'는 낱말은 구체적으로 존재하는 어떤 사물의 색깔을 서술한다. 그렇다면 '가치'라는 낱말, '좋다', '옳다' 등의 가치평가를 나타내는 낱말들은 도대체 어떤 구체적인 물건 혹은 모양들을 나타내는가? 따지고 보면 우리는 가치라는 어떤 존재를 찾아볼 수 없으며, '옳다'든가 '좋다'는 말로 서술될 수 있는 상황이나 사태는 아무리 둘러보아도 눈으로 볼 수도 없고, 손으로 만져볼 수도 없다. 결국 '강아지' 혹은 '노랗다'는 낱말과, '가치' 혹은 '좋다'는 낱말들을 언어적 형식과 문법적 구조를 통해서 비교해보면 논리적으로 서로 다른 기능과 의미를 갖고 있음을 알 수 있다. '강아지'라는 명사가 어떤 종류의 존재를 지칭하며, '노랗다'는 형용사가 어떤 존재의 객관적인 모습을 서술해주는 데 반하여, '가치'라는 명사는 지칭하는 대상이 없고, '좋다'는 형용사는 무엇인가의 객관적인 상황이나 상태를 서술해주지 않는다. 가치는 존재하지 않으며 가치평가는 사물현상을 객관적으로 서술하는 기능을 갖지 않는다. 가치는 어떤 주체자가 사물현상에 부여함으로써 비로소 의미를 갖게 되고, 가치평가는 그 주체자가 사물현상에 붙여주는 행위를 말한다. 다시 말해서 가치, 가치평가는 어떤 주체자와 관련해서만 뜻을 갖고, 주체자에 의해서 결정된다. 구체적으로 말해서 어떤 사물현상의 가치, 그것의 가치평가는 주체자에 의존하고 주체자와 상응하는 관계에 있다. 다시 말하자면 어떤 사물현상의 가치나 가치평가는 그냥 주체자가 아니라 주체자의 욕망, 필요 등에 상응한다. 만일 무엇인가를 욕망하고 무엇인가를 필요로 하는 주체자가 없다면 가치 혹은 가치평가라는 개념은 이해될 수 없다. 예를 들어 내가 '금은 가치가 있다' 혹은 '만년필은 좋다'라고 할 때 이 말들이 뜻하는 것은 '금이라는 물건이 가치라는 어떤 객관적 속성을 갖고 있다'를 지적하거나, 혹은 '만년필이라는 물건이 '좋음'이라는 어떤 가치를 갖고 있다'는 말이 아니라, '나는 금을 욕망한다' 혹은 '만년필은 우리가 만년필에게서 바라는 바를 만족시켜준다'는 뜻에 지나지 않는다는 말이다. 가치를 나타내는 모든 낱말들이 가치를 표현하는 것은 그것이 어떤 객관적 사실을 서술한다는 말이 아니라, 그 사실에 대한 어떤 주체자의 욕망, 느낌, 태도를 나타내는 기능을 할 뿐이라는 것이다. 따라서 가치는 인식의 대상이 될 수 없고, 가치평가에는 객관적으로 틀리다, 맞다는 결정이 논리적으로 불가능하다. 누가 어떤 사물현상을 앞에 놓고 그것을 평가하여 가치를 부여할 때 우리는 그 사물현상에 대해 아무런 새로운 정보를 얻을 수 없으며, 우리가 알 수 있는 것은 그러한 발화자에 대한 정보뿐이다. 우리는 그 발화자가 어떤 것을 좋아하고, 어떤 욕망을 갖고 있다는 사실을 알게 될 뿐이다. 가치는 어떤 사람의 사물에 대한 기호, 어떤 사실에 대한 태도를 나타냄에 지나지 않는다.

가치에 대한 위와 같은 해석을 가치의 정감주의 혹은 이모티비즘 emotivism이라 부르고, 윤리적 가치에 대한 위와 같은 해석을 윤리정감주의ethical emotivism라고 부른다. 만약 정감주의가 옳은 이론이라고 한다면 어떠한 가치 평가에 대해서 그것이 맞다, 혹은 틀렸다고 할 수 없다. 만약 한 사물현상에 대한 가치판단이 판단자의 기호를 나타냄에 불과하다면, 다시 말해서 '장미꽃은 아름답다', 혹은 '사람을 살해하는 것은 윤리적으로 옳지 않다'는 가치평가가 '나는 갈비탕을 좋아한다'든가 '나는 매운 것을 싫어한다'고 할 때처럼 나의 기호를 나타냄에 불과하다면 '네 말이 맞다', 혹은 '네 기호가 틀렸다'고는 말할 수 없다. 그렇다면 윤리적 가치평가든 아니든 가치평가에 대한 문제는 없어지고, 그 평가를 놓고 고민할 필요도 없고 따져볼 근거도 전혀 없다.

윤리정감주의가 주장하는 바와 같이 '나는 이렇게 살아야 하겠다', '나는 살인하는 것을 나쁘다고 판단한다' 등과 같은 말이 단순히 음식, 색깔, 유행가에 대한 나의 취향이나 기호를 나타내듯이 일종의 나의 기호를 나타낸다고 봐야 할 것인가? 음식, 색깔, 유행가에 대한 나의 기호나 취향의 선택은 나에게 문제나 갈등을 일으키지 않는다. 나는 나의 취미나 기호에 따라, 그때그때 변하는 기분에 따라 음식, 색깔, 유행가를 선택한다. 그러나 과연 나는 기분대로 나의 삶을 살아가고 있으며, 그때그때의 기분에 따라 무모하게 살인을 하거나, 아니면 나를 희생하면서까지 가난하고 약한 자를 도우려고 하는 것인가? 음식이나 색깔을 선택할 때 우리는 전혀 고민하지 않고 생각하지도 않으며, 그럴 필요를 느끼지 않는다. 기분에 따른 그 선택은 간단히 결정된다. 그러나 두 가지 혹은 세 가지 가능성을 놓고 어떤 종류의 삶이 보람 있는 삶인가를 결정하는 데에서 우리는 고민하며, 두 가지 혹은 세 가지 가능한 윤리적 행동을 선택하는 데에서 우리는 역시 때로는 가슴이 찢어질 듯한 고민 속에 던져진다. 이러한 경험은 정상적인 사람이라면 누구도 벗어날 수 없는 삶의 가장 자명한 경험 중의 하나다. 윤리적 가치판단, 즉 윤리적 선택은 위와 같은 윤리적 경험을 떠나서는 생각될 수 없다. 그러므로 윤리적 가치, 윤리적 선택에 대한 어떠한 이론도 위와 같은 경험을 설명하지 못한다면 윤리이론으로서 공허하다.

위와 같은 사실은 윤리적 가치는 정감주의가 주장하는 것처럼 주체자의 감정이나 태도를 의미하는 데 그치지 않고, 윤리적 선택은 어디까지나 행위자의 주관적이고 근거 없고 맹목적인 결정이 아님을 암시한다. 윤리적 가치와 윤리적 선택에는 어떤 종류의 객관성, 즉 주체자의 개인적 기호나 감정이나 태도를 초월한 어떤 객관적 근거가 있음을 의미한다.

이러한 상황에서 오늘날 윤리정감주의를 문자 그대로 고집하는 철학자는 거의 찾아볼 수 없다. 그렇다면 그 객관성이란 무엇이며, 윤리적 가치나 윤리적 평가는 정확히 무엇을 의미하는가?

여기에 대한 대답으로서 우선 규정주의 또는 프리스크립티비즘 prescriptivism을 들 수 있다. 이 주의에 따르면, 내가 '사람을 이유 없이 죽인다는 것은 윤리적으로 옳지 않다'고 할 때 나는 기분에 따라 살인행위에 대한 나의 혐오감을 주관적으로 표현함에 그치는 것이 아니고, 살인해서는 안 된다는 하나의 규정을 제시하며 남들이 그 규정에 따라 행동하기를 바란다는 것이다. 어떤 규정을 정할 때 우리는 반드시 감정이나 기분을 넘어 이성적 판단을 전제하며, 그 규정은 나 개인, 내가 규정하는 바로 그 순간, 그 경우에만 효용성이 있지 않고 보편적인 효용성이 있음을 전제한다. 이러한 사실은 의사가 어떤 환자에게 어떤 종류의 처방을 내리는 경우의 상황이나 조건과 전제를 상상해보면 충분히 이해가 된다.

규정은 분명히 감정의 표현이 아니라 의지와 이성을 전제한다. 하나의 규정은 어떤 객관적인 근거에 의해서 결정되는가? 의사의 경우 약이나 그밖의 의학적 처방은 병자의 의학적 진단, 또는 약품이나, 그밖에 그 처방이 과학적으로 입증된 의학적 효과에 근거를 둔다. 만약 윤리적 진술, 즉 발언이 일종의 규정의 기능을 갖고 있다면 윤리적 규정의 근거는 무엇인가? 의학적 처방과 같이 어떤 객관적인 근거를 찾아볼 수 있는가? 병자의 의학진단에 해당되는 '삶'의 윤리적 진단이 가능하며, 과학적으로 증명된 의학적 처방의 효과에 해당되는 과학적으로 증명가능한 윤리적 처방의 효과를 생각할 수 있는가? 여기에 대한 대답은 부정적일 수밖에 없다. 병자의 의학적 진단이 가능한 것은 생리학 지식이 객관적이기 때문인데, 삶을 진단하는 경우에는 어떤 종류의 삶이 참다운 삶, 즉 윤리적인 삶이다 하는 규준이 없기 때문이다. 윤리적 행위에 대한 판단의 경우도 이와 마찬가지다.

어떤 행위가 옳으냐 그르냐는 판단은 어떤 것이 옳고 그르냐에 대한 규범이 전제되어야 하는데, 윤리적 판단에서는 바로 그런 규범이 문제의 초점이 되고 있는 것이다. 어떤 삶을 어떻게 살자는 것이 윤리적 규정이라면, 그 규정은 어떤 삶의 규준에 근거한 것이 아니라 그 자체가 하나의 규준이 되고 있는 것이다. 다시 말하면, 어떤 행위에 대해서 옳다거나 그르다는 판단을 할 때, 그것은 어떤 규범을 전달하고 그것에 근거해서 내려진 것이 아니고 그 판단 자체가 하나의 규범으로 제시되는 것이다. 그러므로 윤리적 진술, 발언 혹은 판단을 단순히 주관적 감정의 표현이 아니라 의지와 이성의 통제를 받는 일종의 규정이라고 본다 해도, 그 규정은 근본적으로 객관성을 갖추고 있다고 말할 수 없다. 따라서 윤리규정주의도 결국 일종의 주관주의라는 비난을 피할 수 없다. 앞서도 말했지만 주관주의의 난점은 이론에 관한 이성적 검토가 불가능하며, 윤리적으로 좋고 나쁘다든가 옳고 그르다는 말이 전혀 의미를 갖지 못한다는 데 있다. 요컨대 윤리규정주의나 윤리처방주의는 다 같이 만족스럽게 윤리적 경험을 설명하지 못한다. 이제 우리는 또 하나의 이론으로서의 윤리상대주의ethical relativism를 검토해볼 입장에 서 있다.

상대주의는 윤리적 평가에 일종의 객관성이 있음을 인정한다. 윤리적으로 보람 있는 삶, 윤리적으로 옳고 그름은 한 개인의 그때그때의 기분이나 감정으로 결정되지 않고 객관적인 규준이 있으며, 그 규준에 비추어 객관적으로 결정할 수 있다는 것이다. 여기서 말하는 객관성은 주체의 지각이나 평가와 독립적으로 구별되어 보편적으로 수용되고 있는 한 사회의 공적인 믿음, 가치, 원칙 등을 두고 말할 뿐이다. 유교사회에서 가장 사람다운 삶은 공자의 가르침을 따라 삼강오륜을 지키고 사는데 있다고 일반적으로 믿어지고 있다 하자. 그리고 그 사회에서는 좀더 구체적으로 부모에게 무조건 복종하는 것이 도덕적 규범의 하나가 되어 있다고 하자. 이와 같은 사회에서는 개인의 삶의 가치는 이미 존재하고 있는 유교적 인생관의 이상에 비추어 객관적으로 평가될 수 있으며, 한 사람의 부모에 대한 개별적 행위는 그 사회에 이미 존재하고 있는 부모에 대한 유교적인 도덕규범에 의해서 객관적으로 옳고 그름이 판단될 수 있다. 사실 어느 사회에서든지 거기에는 문자화되거나 입법화되지는 않지만 반드시 어떤 인생관이 지배하고, 여러 가지 도덕적 규범이 존재하고 있다. 그리고 사실 어떤 사회에서 개인의 삶에 대한 전체적 평가, 그리고 개인의 윤리적 판단은 위와 같은 인생관, 위와 같은 규범에 의해서 대체로 이루어지고 있다. 이와 같이 하지 않고는 사실 윤리적 평가나 판단이 있을 수 없다. 왜냐하면 모든 평가나 판단은 논리적으로 반드시 어떤 객관적인 규범을 전제로 하기 때문이다. 만일 한 사회, 더 구체적으로 말해서 한 유교적 사회에서 공자가 제시한 이상적 인생관에 어긋나는 삶을 살아간다면, 그 사람은 윤리적으로 그릇된 인간이라고 평가되거나 아니면 짐승 같은 인간으로 취급될 것이며, 그 사회에서 부모에 대한 효도와 어긋나는 행동은 도덕적으로 나쁜 것으로 판단되고, 그 사람은 도의를 모르는 미친놈으로 취급될 것이다.

한 사회 안에서만 볼 때 윤리적 가치와 도덕적으로 옳고 그름은 객관성을 지니고 있다. 따라서 윤리적 가치나 도덕적 선악은 결코 상대적이 아니다. 그럼에도 불구하고 윤리적 상대주의자들이 절대적 객관주의를 거부하고, 역시 상대주의를 주장하는 데는 인간사회가 다양하다는 사실과, 한 사회 안에서, 그리고 다양한 사회들 사이에 기존하는 지배적 인생관이나 도덕적 규범에 대한 비판과 부정이 가능할 뿐 아니라 역사적으로 늘 있어왔고, 그 비판과 부정에 따라 종종 새로운 인생관, 새로운 도덕적 규범이 대치되었다는 사실에서 근거를 찾을 수 있다.

우리가 유교적 사회가 아니라 기독교적 사회에 살고 있다고 가정해보자. 기독교가 제시하는 이상적 인생관은 유교가 제시하는 이상적 인생관과 다르다. 기독교적 인생관을 가진 사회의 많은 도덕적 규범들은 유교적 인생관을 바탕으로 하는 사회의 도덕적 규범들과 다르다. 그렇다면 개인의 삶의 윤리적 가치, 한 사람의 행동의 도덕적 선악도 어떤 사회의 관점에서 보느냐에 따라 달라진다. 유교적 사회, 기독교적 사회라고 말해왔지만, 사회는 반드시 위와 같은 큰 테두리 안에서만 이야기될 수 없다. 동일한 유교적 사회 안에서, 혹은 동일한 기독교적 사회 안에서도, 사회는 귀족 사회, 서민 사회, 학자 사회, 군인 사회 등등 얼마든지 세분된 사회로 구별될 수 있으며, 각기 세분된 사회에 서로 상반되는 인생관, 서로 상반되는 도덕적 규범이 있을 수 있으며, 또한 사실상 그러한 인생관들, 도덕적 규범들이 존재한다. 그렇다면 크게 묶어 생각한 유교적 사회, 기독교적 사회 안에서도 동일한 인간, 동일한 인간의 삶, 인간의 동일한 행위도 어떤 세분된 사회의 입장, 즉 어느 사회의 인생관이나 도덕적 규범을 채택하느냐에 따라 서로 모순되고 갈등되는 윤리적 가치의 평가, 도덕적 가치의 판단이 내려질 수밖에 없게 된다.

이러한 모순, 갈등을 극복하여 더욱 보편적이고 객관적인 윤리적 가치평가나 도덕적 판단이 가능하기 위해서는 여러 사회마다 서로 다른 인생관, 도덕적 규범 자체를 비교하고 그것들을 평가할 수 있는 좀더 포괄적이고, 따라서 고차적인 인생관이나 도덕적 규범이 전제되어야 한다. 그러나 신이 아닌 이상 어떠한 사람도 그가 살고 있는 구체적인 사회를 떠나서는 윤리적 가치나 도덕적 규범을 생각할 수 없고 존재할 수 없다. 제아무리 자신의 사회를 초월할 수 있고 그렇게 함으로써 자신의 사회뿐 아니라 남의 사회를 비판할 수 있다 하더라도, 그 초월은 부득이 그가 살고 있는 사회 안에서, 그 사회에서 살면서 경험한 한도 안에서만 가능하다. 그러므로 그의 초월적 관점은 부득이 그가 살고 있는 사회를 어느 정도까지는 반영할 수밖에 없고, 그 사회에 의해서 채색될 수밖에 없다는 것이다. 가장 포괄적이고 고차적인 윤리적 가치나 도덕적 규범을 상상해보자. 그것은 구체적으로 어떤 것이 될 수 있는가? 그런 것의 예로 들 수 있는 것은 크게 묶은 문화권을 지배하는 종교나, 혹은 형이상학적 체계를 들 수 있고, 그것은 더 구체적으로 유교사상이나 기독교사상 등으로 나타난다. 그러나 형이상학적 체계로서 유교와 종교로서 기독교는 서로 상반되는 인생관과 도덕적 규범을 제시한다. 그뿐 아니다. 형이상학적 체계도 유교사상과 노장사상, 플라톤의 철학과 니체의 철학이 일치하지 않고, 종교에서도 기독교와 유교, 샤머니즘은 서로 다른 인생관과 도덕적 규범을 제시한다. 가장 포괄적이고 고차적인 인생관이나 도덕적 규범일지라도 철학적이거나, 아니면 종교적일 수밖에 없는 한, 그리고 다양한 철학과 다양한 종교가 서로 갈등하거나 일치하지 않는 한, 우리가 삶의 가치를 평가하고 도덕적 행위를 판단하기 위해서는 어떤 규범이 필요하다. 그리고 다양한 철학과 종교가 제시하는 가치관과 규범들이 서로 다른 이상, 삶에 대한 윤리적 평가나 도덕적 행위에 대한 우리들의 판단은 아무리 객관적이라고 해도, 부득이 한 가지 철학, 한 가지 종교에 따라 서로 상대적일 수밖에 없고, 더 나아가서는 한 가지 철학이나 종교 안에서 특별히 작은 한 사회의 인생관과 도덕적 규범에 따라 서로 상대적일 수밖에 없다.

이와 같이 풀이될 때 윤리적 상대주의는 윤리적 정감주의와 근본적으로 다를 바가 없다. 상대주의가 어느 정도의 객관성을 갖고 있다고 전제하는 한, 사회의 윤리적 가치관이나 도덕적 규범은 궁극적으로 전혀 객관성이 없다. 왜냐하면 그것은 결국 한 사회에 살고 있는 사람들의 태도, 입장, 감정 등을 나타낸 것으로 우연적인 것이며, 언제나 변할 수 있는 성질의 것이기 때문이다. 윤리적 가치나 도덕적 규범이 상대주의가 인정하는 정도의 객관성을 갖는다는 것은, 결국 윤리적 가치나 도덕적 규범이 객관성을 가질 수 없는 일종의 이데올로기, 곧 이념에 불과하다고 말할 수 있다. 그렇기 때문에 윤리적 정감주의의 경우와 마찬가지로 윤리적 상대주의도 윤리적 가치판단의 객관성, 윤리적 갈등해결의 합리성을 부정하는 결과를 낳게 된다. 두 사람이 상반되는 윤리적 가치를 주장하고 서로 갈등하는 도덕적 판단을 내릴 때, 그러한 문제의 해결은 오로지 억지나 우연이나 아니면 폭력에 의해서만 가능하다는 결론이 나온다. 설사 이러한 결론이 나오더라도 만약 아무도 윤리적 갈등상황에 직면하지 않는다면 문제는 없다. 그러나 명확한 사실은 누구를 막론하고 우리는 거의 항상 절실성이나 심각성의 차이는 있을지 몰라도 그러한 갈등과 직면하지 않으면 안 되고, 그것을 피할 수 없이 꼭 해결해야 할 필연적 상황에 놓인다는 것이다. 굶주린 자식들에게 양식을 마련해야 함이 나의 도덕적 의무이지만, 남의 것을 훔쳐서는 안 된다는 것도 역시 도덕적 의무다. 그러나 지극히 가난한 나로서는 남의 것을 훔치지 않고서는 굶주린 자식들에게 먹을 것을 마련할 수 없다. 거짓말이 도덕적으로 그릇된 것임을 믿지만, 또한 사람의 목숨을 살려야 함도 역시 도덕적 의무다. 그런데 나는 거짓말을 하지 않고는 남의 목숨을 살릴 수 없는 상황에 처했다고 가정해보자. 그렇다면 나는 도덕적으로 행동하기 위해서 어떻게 해야 하는가? 보람 있는 삶은 넓고 깊은 학문을 닦는 것이라고 믿지만, 남들을 위해서 봉사하는 삶 또한 보람 있는 삶이라고 나는 확신한다. 그러나 나는 그 둘 가운데 하나만의 삶을 선택해야 하는 입장에 있다. 그렇다면 가장 보람 있는 삶을 위해서 나는 어떻게 살 것인가?

윤리적 문제는 위와 같은 갈등에서 생겨나며, 윤리적 이론은 그러한 문제의 해결을 풀어주려는 데서 출발한다. 이러한 문제를 처음부터 해결할 수 없는 윤리적 이론은 아무 의미도 없다. 윤리상대주의는 이와 같은 문제가 처음부터 해결될 수 없다는 논리적 전제를 갖고 있다. 비록 현재 영향력이 있는 대부분의 철학자들이 윤리상대주의자이기는 하더라도 윤리상대주의는 윤리적 문제를 만족스럽게 해결해주지 못하고, 명석하게 설명조차 해주지도 못한다. 윤리적 상대주의의 근본적인 문제는 윤리적 가치를 궁극적으로 인위적인 것, 사회적인 것, 주관적인 것으로 보는 데 있다. 윤리적 가치, 도덕적 판단의 만족스럽고도 궁극적인 해결은 윤리적 가치가 객관적인 것이 아니고는 이루어질 수 없다. 그렇다면 과연 윤리적 가치는 객관적일 수 있는 것인가? 윤리적 가치가 객관적이라는 것은 어떤 의미로 해석해야 하는가? 그러면 이제 윤리적 경험을 현상학적으로 고찰해보자.

윤리적 경험의 현상학

우리는 앞서 삶의 가치에 대한 결정 혹은 어떤 인간의 인격, 즉 그 인간의 복지나 자율성과 직접 혹은 간접적으로 관련된 행동의 결정에 관한 윤리도덕적 문제를 요약해서 그냥 윤리적 문제라고 했다. 윤리적 결단이나 선택을 할 때 우리는 특수한 종류의 경험을 한다. 시각을 비롯한 모든 감각에 의해서도 파악될 수 없는 윤리성이나 윤리적 가치는 오로지 우리가 윤리적으로 다 같이 인정하는 경험을 분석함으로써만 파악될 것이다.

현상학은 존재에 대한 하나의 철학적 이론이기도 하지만, 그것은 무엇보다도 먼저 하나의 인식방법론이다. 방법론으로서의 현상학은 모든 인식, 인식을 통해 발견할 수 있는 진리를 구체적인 우리의 경험에 근거를 두려 한다. 더 구체적으로 말해서 현상학적인 주장에 의하면 모든 경험은 그 구체적 의식을 통해 이루어진다. 그 구체적 의식을 의식한 그대로 서술하고 분석함으로써 변화하는 의식 속에서 변화하지 않는 보편적이고, (따라서) 객관적인 내용을 발견할 수 있으며, 그렇게 해서 발견된 의식의 내용만이 인식의 참다운 대상이요, 따라서 인식이 추구하는 진리라는 것이다. 현상학의 철학적 이론을 세운 후설에 의하면 어떠한 종류의 진리이든지, 그것이 반드시 현상학적 방법에 의해서 발견되었을 때 참다운 근거가 있는 진리로 수용될 수 있다는 것이다. 여기서 나는 그러한 후설의 주장이 옳다는 것을 언급하고자 하는 것은 아니다. 그러나 적어도 어떠한 지각으로도 인식할 수 없는 윤리적 가치, 혹은 윤리성의 본질은 오로지 현상학적 방법에 의해서만 밝혀지고 이해될 수 있을 것이라고 생각한다. 왜냐하면 윤리적 가치는 지각되지 않더라도 인간이면 누구나가 항상 경험하고 있는 것이기 때문이다.

음식이나 옷을 선택하거나 약이나 학교를 선택하거나, 혹은 삶에 대한 태도나 도덕적 행위의 선택은 다 같이 가치의 선택을 의미한다. 그러나 위와 같은 세 가지 서로 다른 가치 선택의 경우 우리의 태도나 심리적 상황은 서로 다르다. 음식이나 옷을 선택할 때 나는 생각하고 고민할 필요도 없고, 선택이 끝난 뒤에도 내가 선택한 것에 대해서 잘했다고 생각하든가 후회하는 경우를 생각할 수 없다. 나는 그때의 나의 기분, 나의 기호에 따라 떡국 대신 비빔밥을 택한 것이고, 유행을 탄 울긋불긋한 색의 양복 대신 고전적 스타일의 감색 양복을 택한 것이다. 물론 위와 같은 것을 선택한 후에 후회하는 경우가 없지 않다. 비빔밥 대신 떡국을 먹어야 했을 경우, 감색 양복 대신 울긋불긋한 색의 양복을 고를 것을 하고 생각하는 경우가 적지 않다. 그러나 이러한 후회는 내가 선택한 것 자체가 나빴다는 것을 의미하는 것이 아니다. 그것은 나의 기호가 바뀌었다는 것을 의미할 뿐이다.

약이나 학교를 선택하는 경우는 앞서의 경우와 조금 다르다. 이때의 선택은 기분이나 기호에만 따르지는 않는다. 어떤 약이나 학교의 가치는 각기 그것들의 적절한 기능에 따라 결정된다. 그러한 기능은 과학적으로 객관적인 측정이 가능하다는 것이 논리적으로 도출된다. 나는 어떤 약이나 학교를 그것들이 할 수 있는 기능과, 또한 약을 필요로 하는 내 병과, 그리고 장래 갖고 싶은 직업이나 나의 능력에 대한 객관적인 정보와 지식에 따라 결정하게 마련이다. 그러하기 때문에 이러한 경우의 선택은 합리적이고 객관적인 행위다. 이러한 선택을 한 후에도 물론 나는 나의 선택에 대해 후회할 경우가 생긴다. 그러나 이 경우에도 앞서의 경우와 마찬가지로 이미 선택했을 약이나 학교 자체의 가치를 부정하고 그 가치를 후회하는 것이 아니다. 이 경우 후회의 원인은 내가 나자신의 병의 상황, 내가 원하는 장래 직업의 성격에 대한 지식, 아울러내가 선택한 약의 효과나, 학교가 할 수 있는 기능에 대한 정보를 충분히 갖추지 못한 데서 찾을 수 있다. 이 경우 약이나 학교는 그 자체가 어떤 가치가 아니며, 그것들은 다른 어떤 사람의 필요와 욕망에 대해서 도구적인 가치를 갖고 있을 뿐이다. 따라서 그 가치는 근본적으로 상대적일 수밖에 없다.

그러나 인생의 길을 선택한다든가, 어떤 도덕적 행위를 결정할 때의우리의 경험적 상황은 위의 두 가지 경우와 뚜렷이 다르다. 나는 나의삶을 사회에 봉사하며 살 수도 있었고, 그와는 달리 나의 권력과 부에대한 욕망을 추구하기 위해서 모든 수단 방법을 가리지 않고 살 수도 있었고, 아니면 오로지 나의 지적 성취를 위해서 철학적 사상과 저서에 바칠 수 있었다. 이러한 여러 가지 살아가는 가능성을 앞에 놓고 내가 권력과 부의 길을 택하여 살아왔으며, 그런 목적이 뜻대로 충족되었다고 가정해보자. 이와 같은 경우 노년, 아니면 나의 죽음에 부딪혀서 나는 내가 살아온 삶을 뉘우치지 않고 보람 있는 삶을 살았다고 스스로, 아니면 남들이 확인할 수 있다. 그러나 반대로 남들이야 어떻게 생각하든 나는 내가 살아온 삶이 잘못이 아니었는가, 내가 다른 종류의 삶을 살았어야 하지 않는가, 나의 삶이 궁극적으로 가치가 없고 의미가 없는 것이 아닌가 하는 뉘우침이나, 그런 뉘우침으로 내적인 고통을 받을 수 있는 경우가 생길 수 있다. 나는 여기서 위의 세 가지 종류의 삶 가운데에 권력과 부만을 추구한 삶이 이러한 경험을 가져올 수 있다고 주장하는 것은 아니다. 내가 나의 삶을 사회봉사에 바쳤다고 하는 경우에도 그럴 가능성은 충분히 있다. 지적으로 대성하고자 한 꿈이 희생되었던 것이 후회스러울 수도 있다는 말이다. 똑같은 문제가 어떤 종류의 삶을 살아가는가를 선택하는 데에서만 생기는 것은 아니다.

내가 판사로서 법적 판결을 내려야만 할 입장에 서 있다고 가정하고, 나는 내 자신 철저하게 정직하려고 한다 하자. 모든 객관적 상황을 검토한 후에 나는 피고에게 사형을 내리든가, 아니면 그보다 가벼운 벌을 내려야 한다. 나는 최선을 다하여 양심껏 내가 옳다고 판단한 근거에 의해서 그에게 사형을 판결했다고 하자. 이런 결정 후에 내가 미처 몰랐던 사실이나 근거를 생각하게 되고, 그런 근거에 비추어볼 때 판단이 과오였다는 것을 알게 될 경우를 생각할 수 있다. 이런 경우 내가 윤리적인 양심을 갖고 있다면 나는 판사로서의 나의 결정 때문에 도덕적인 고통을 경험하게 됨은 논리적으로 당연하다. 이와 같은 도덕적 뉘우침이나, 그것이 동반하는 도덕적 양심의 고통은 판사로서의 내가 사형을 판결했을 경우에만 적용되는 것은 아니다. 사형 대신 무죄를 선언했을 때도 나는 나의 판결이 잘못되었던 것을 객관적으로 발견하게 될 수 있다. 도덕적으로 볼 때 그때 정말로 옳은 결정은 피고인에게 무죄가 아니라 사형을 내려야 했음을 깨닫게 될 수 있고, 그렇다면 나의 판결에 대해서 도덕적인 과오를 인정해야 할 것이며, 그러한 인정이 도덕적인 마음의 고통을 가져올 것임은 필연적인 사실이 될 것이다.

위와 같은 상황이 윤리적 가치를 판단하고 도덕적 행위를 결정하는 경우의 예가 되고, 그런 판단과 결정에 수반되는 경험이라고 한다면, 이러한 경험은 음식이나 옷을 선택한다든가, 혹은 약이나 학교를 선택하는 경우의 경험과 전혀 그 성질이 다르다. 음식이나 옷을 선택한 후에 뉘우침의 경험은 생기지 않는다. 약이나 학교를 선택할 때 생기는 뉘우침과 삶의 가치를 선택한다든가 판사가 어떤 판결을 내린 후에 가질 수 있는 뉘우침은 다 같이 설명되어야 하지만, 그 설명은 성질이 전혀 다르다. 전자의 경우 그 뉘우침은 선택한 약이나 학교 그 자체가 가치 없다는 것을 의미하지는 않는다. 그것은 오로지 그 약이나 학교에 대한 나의 지식, 그리고 그것을 선택했을 때의 나의 건강 상태나 나 자신의 욕망이나 능력에 대한 나의 지식이 부족한 데에 원인을 찾을 수 있다. 나의 뉘우침은 내가 정보를 충분히 갖추지 않았다는 사실에 대한 뉘우침에 불과하며, 그것은 그렇게 선택한 결과에 대한 불만에 불과하다.

그러나 내가 나의 삶을 선택한 후에 느낄 수 있는 윤리적 뉘우침이나, 혹은 판사가 어떤 판결을 내리고 나서 느낄 수 있는 도덕적 뉘우침은 위와 같은 식으로는 설명되지 않는다. 평생을 사회에 봉사하며 살면서 그렇게 사는 동안 내 자신이 만족스러운 경험을 해왔고, 또 나의 삶이 사회에 유익한 것이었으며, 따라서 사회적으로 나의 삶이 보람 있는 삶이라고 존경받고 칭송되더라도 나는 나의 삶이, 한 번밖에 살 수 없는 나의 삶이 그런 것이 아니고, 나 자신의 지적 대성을 이루었어야 했을지도 모른다는 생각이 들 수 있다. 따라서 내가 실제로 살아온 삶은 잘못된 삶이었다는 판단이 내려질 수 있고, 그에 따라 내가 살아온 삶, 다시는 되풀이할 수 없고 수정할 수 없는 삶에 대하여 철저한 뉘우침을 할 수 있을 것이다. 이러한 사실은 한 삶의 결과가 어쨌든 간에, 그 삶에 대한 본인이나 타인의 생각이 어쨌든 간에 그 삶은 객관적으로 그 자체가 가치가 없는, 보람이 없는, 즉 윤리적으로 틀린 것일 수 있음을 의미한다. 어떤 삶의 윤리적 가치는 그 자체가 가치며, 옳거나 혹은 옳지 못한 것일 수 있다는 것이다. 즉, 여러 가지 삶 가운데에 어떤 삶은 객관적으로 옳거나 혹은 옳지 못할 수 있다는 것이다. 이와 마찬가지로 판사가 한 사람의 피고를 놓고 무죄를 선고했을 때 그 결과로 모든 사람들이 만족하고, 사회적으로나 정치적으로 유익한 결과를 가져오게 됐을 경우라도, 그후 판사는 자기의 판단이 도덕적으로 옳지 못했다는 결론을 내릴 수 있고, 그렇게 되면 그는 당연히 윤리적으로 자기의 행동을 뉘우치게 될 것이며, 따라서 고뇌하게 될 것이다. 이러한 고뇌를 상상할 수 있고, 이러한 경우를 생각할 수 있다면 한 행동에 대한 윤리적 경험, 도덕적 고뇌는 도덕적 행위의 옳고 그름이 그 행위의 결과나, 혹은 그 행위를 하는 사람의 의도에만 달려 있지 않고, 그런 조건을 떠난 어떤 객관적 사실에 달려 있음을 반증한다고 봐야 한다. 다시 말해서 어떤 도덕적 행위는 그 자체가 옳고 그를 수 있다는 것이다. 더 적극적으로 표현하자면 윤리적으로 옳은 삶, 혹은 도덕적으로 옳은 행위는 그 자체로서 옳은 것이며, 아니면 그 자체로서 틀린 것이고, 옳고 그름은 눈에 보이지 않지만 객관적으로 존재한다는 결론이 나온다. 이와 같이 볼 때 옳은 삶을 산다는 것은 객관적으로 옳은 삶에 맞추어 산다는 것이며, 옳은 행위는 객관적으로 옳은 행위에 맞게 행동한다는 것이다. 한마디로 윤리적 가치나 도덕적 행위의 옳고 그름은 궁극적으로 볼 때 어떤 의미에서도 상대적일 수 없고 객관적인 것, 아니 절대적인 것이다. 바꾸어 말해서 나에게서 어떤 삶은 절대적으로 보람 있는 삶이거나 아니면 절대적으로 보람 없는 삶이며, 나의 한 행위는 절대적으로 옳은 행위거나 아니면 절대적으로 그릇된 행위다.

여기서 나의 결론이 극단적이며, 언뜻 보아서 사실과 어긋나는 견해라고 반박될 수 있다. 그러나 앞서 예를 든 윤리적 결단이나 도덕적 판단을 내렸을 때의 경험이 현상학적으로 가장 자명한 사실이라면, 그리고 그러한 사실은 음식이나 옷 혹은 약이나 학교를 선택했을 때의 경험을 설명할 때와 같은 식으로 설명될 수 없다면, 다른 방법에 의한 설명이 요청되는데, 그 설명은 윤리적 가치, 도덕적으로 옳고 그름이 객관적으로 존재함을 전제함으로써만 가능하다. 윤리적 가치나 도덕적 경험의 특수성, 즉 본질은 현상학적으로만 접근되고 서술될 수 있으며, 현상학적인 서술대상은 아무것으로도 환원될 수 없는 윤리적 가치의 본질에 있으며, 그 본질은 윤리적 행위자나 논리적 행위의 결과와도 독립된 절대적인 객관성을 갖고 있다는 것이다. 그렇다면 이러한 객관성은 윤리적 가치, 윤리적 본질에 대해서 과연 무엇을 말해주는가?

윤리적 가치의 존재학

우선 두 가지 서로 다른 뜻으로서의 객관성을 생각할 수 있다. 객관성은 보편성을 의미하는 경우도 있고, 어떤 대상을 의미하는 경우도 있다. 한 사회에서 사회적 원칙, 규율은 그 사회에 살고 있는 개개인의 입장에서 볼 때 누구에게나 다 같이 적용되는 보편성을 갖고 있으며, 따라서 개개인의 입장에서 볼 때 객관적이다. 그리고 한 대상은 그것을 대하는 주체자의 태도나 느낌이나 지각이나 행동과는 관계없이 존재하는 한에서 주체자에게 대립시켜볼 때 객관적이다. 그러나 전자의 경우, 즉 보편성이라는 의미로서 객관성은 엄격히 말해서 보편적인 것이 되지 못할 수도 있고, 따라서 객관적이지 못할 수 있다. 여기서 보편성은 작거나 큰 어떤 사회 속에서 사는 사람들의 합의를 의미하는 데 그친다. 윤리적 상대주의는 윤리정감주의를 부정하는데, 그 근거는 후자가 주장하는 바와는 반대로 윤리적 가치, 도덕적 판단이 한 사회 안에서는 객관적인 근거가 있고, 그 근거에 의해서 그 보편적 가치의 올바른 평가나 그 도덕적 판단의 옳고 그름이 결정될 수 있다는 사실이다. 여기서 객관적 근거는 한 사회 안의 윤리도덕적 규범을 가리키는 것인데, 그 규범이 사회에 따라 달라질 수 있고 시대에 따라 변할 수 있다는 것이 윤리상대주의의 핵심적 주장이라면, 윤리도덕적 규범은 한 사회의 사회적 합의에 지나지 않는다고 볼 수밖에 없다. 그렇다면 그 규범, 즉 객관성은 결국 한 개인이 아니라 여러 사회 구성원의 것이긴 하지만, 역시 주관적 표현에 불과하다고 볼 수밖에 없고, 그러한 합의는 언제든지 바뀔 수 있으므로 근본적으로 의존할 만한 규준으로 수용될 수 없다. 따라서 사회적 합의로서 규범은 그것이 어떠한 것이든 간에, 그리고 그것이 어떤 경우이든 간에 절대적인 객관성, 즉 아무런 주관성과는 상관없이 확고부동한 절대적 근거가 될 수 없다.

만약 윤리적 가치, 도덕적 판단의 현상학이 그것들의 절대적 객관성을 드러내 보여주었다면 합의로서, 즉 의견의 보편성이라는 뜻으로 해석된 객관성은 윤리적 가치나 도덕적 판단의 객관성이 될 수 없다.

윤리적 가치, 도덕적 판단의 현상학적 객관성은 대상으로서, 즉 대상이라는 뜻으로서 객관성일 수밖에 없다. 여기서 대상이란 주체와 대립되는 개념으로 사용된다. 현상학적으로나 논리적으로나 주체, 즉 의식은 반드시 한 대상을 갖게 마련이고, 한편 주체를 동반하지 않는 대상은 서술될 수 없고, 설명될 수도 없고 생각될 수도 없다. 이와 같이 주체와 대상은 서로 뗄 수 없는 개념이다. 그러나 그것들은 서로 엄격히 구분된다. 대상이 지각되고 서술되는 것은 주체자의 의식에 의해서 가능하지만 대상의 존재는 의식의 존재로부터 독립되어 있다. 어떤 대상은 그것이 한 주체자에 의해서 의식되든 되지 않든 상관없이, 그리고 그것이 주체자에 의해서 서술되든 되지 않든 무관하게 존재할 수 있고, 존재하지 않을 수도 있다. 이와 같이 해석된 대상은 그것을 의식할 수 있는 주체자의 의식 활동, 즉 주관과 독립해 있다는 점에서 객관적이다. 그래서 여기서 객관성은 존재를 의미한다. 그러므로 엄격한 의미에서 객관성은 존재를 의미한다. 뒤집어 말해서 존재야말로 객관적인 것이며, 그것에 대한 인식, 판단, 서술의 객관성을 보장하는 근본적 근거가 되는 것이다. 객관성의 조건과 그 의미를 위와 같이 해석하여 객관성을 존재하는 것, 의식과 서술의 대상으로서 해석할 때, 윤리적 가치나 도덕적 판단이 객관적인 것에 근거한다고 보아야 한다면, 그러한 객관성은 우리의 의식, 태도, 욕망 등과 엄연히 구별되는 대상으로서 존재하는 것임을 의미할 수밖에 없다. 요약해서 윤리적 가치나 도덕적 판단의 선과 악, 옳음과 그릇됨은 하나의 가치로서, 하나의 선이나 악으로서, 하나의 옳은 것이거나 그릇된 것으로서 마치 산, 사람, 책상, 세균, 돌, 코끼리가 존재하듯이, 객관적으로 우리들이 그것을 인식하든가 말든가와는 전혀 관계없이 존재하는 것으로 볼 수밖에 없다. 여기서 나의 가치에 대한, 그리고 특히 윤리적 가치에 대한 해석이 정감주의를 주장하는 논리실증주의자들과 얼마만큼 다른가를 누구든 쉽사리 이해할 수 있을 것이다. 더 나아가서 최근 철학적으로 지배적인 영향을 미치고 있는 윤리상대주의를 포함한 인식상대주의와도 전혀 다름을 간과하지 않을 것이다. 독자들은 나의 입장이 흔히 낡아빠졌다고 생각되는 플라톤의 존재학과 퍽 가까운 데가 있음을 알아차릴 것이다.

윤리적 가치를 객관적인 것이라고 보아야 할 때, 그리고 그 객관성은 존재를 의미한다고 받아들일 때, 윤리적 가치는 어떤 종류의 존재인가? 여기서 그러한 가치는 어떤 식으로 존재하는 것인가 하는 물음이 생긴다. 이런 물음에 대한 대답을 찾기 위해서는 어떤 종류의 존재가 있는가, 어떤 종류의 존재를 생각할 수 있는가를 먼저 알아봐야 할 것이며, 그것들은 각기 어떠한 관계를 갖고 있는가를 먼저 따져봐야 한다. 이러한 것을 따지는 작업을 철학에서는 존재학이라고 부른다.

존재학은 존재의 종류의 수에 따라 일원론, 이원론, 다원론으로 구분된다. 일원론은 현상적으로 다양해 보이는 모든 것들이 근본적으로는 단 한 가지 종류의 존재로 환원된다는 것이며, 이원론은 그 수를 둘로 보고, 다원론은 그 수가 무수하다고 본다. 존재학은 존재하는 것의 성질에 따라 유물론일 수도 있고 관념론일 수도 있다. 존재하는 것은 오로지 시간과 공간 속에서만 이해될 수 있는 물질이라고 볼 수도 있고, 혹은 시간과 공간 밖에 있는 관념으로 볼 수도 있다. 여기서 관념이라는 것은 사람의 의식을 지칭하지 않음을 명심해야 한다. 여기서 '관념'은 대표적인 예를 들어 플라톤이 말하는 '이데아' 혹은 '포름'을 의미한다. 플라톤에 의하면 현상적인 것, 지각적인 것이 아니라 비현상적, 비지각적인 존재가 있으며, 그러한 존재만이 영원불변한 존재라고 믿고, 그러한 존재는 현상계와 엄연히 구별되는 가사계The Intelligible Realm에 속한다는 것이다.

존재학적 일원론은 모든 존재를 하나라고 주장한다. 그러한 주장은 적어도 우리가 현상적으로 알고 있는 많은 것들이 더욱 적은 수로 환원될 수 있다는 사실에 근거를 둔다. 현대과학은 그러한 사실을 전제로 하고, 또한 역으로 그러한 사실을 증명하고 있다고 볼 수 있다. 서로 상이해 보이는 많은 것들이 실로 똑같은 화학적 성분으로 구성되어 있고, 또 서로 다른 화학적 성분도 더 근본적으로는 더욱 작은, 그러나 더욱 근본적인 물리적 미립자, 즉 원자, 전자 등으로 불리는 똑같은 물질의 다양한 결합에 불과하다는 것을 최근의 물리학은 밝혀주고 있다. 따라서 존재하는 모든 것들은 '물질'이라는 단 하나의 개념으로 환원시켜 이해될 수 있다. 이러한 입장은 일원적 유물론이라고 부를 수 있는데, 이러한 주의의 대표적인 예로서 고대 그리스에서 데모크리토스의 원자론, 그리고 마르크스의 유물론을 들 수 있다. 자연과학도 일원적 유물론을 전제로 하고 있다고 봐야 한다. 모든 존재가 단 한 가지 종류로 환원된다고 믿기는 하되 그 존재의 본질은 물질적인 것이 아니라 관념적이라고 보는 존재론을 일원적 유심론이라고 부른다. 이러한 존재론의 예는 플라톤의 '가사계'에 대한 이론, 헤겔의 정신현상학, 대승불교의 형이상학, 버클리의 관념주의 등에서도 찾을 수 있으며, 주자학의 이기理氣論에서 '이'를 강조하는 입장도 일원적 관념주의의 예로 들 수 있다.

일원론의 유물론의 문제는 수나 논리의 개념들, 윤리도덕적 가치를 어떻게 일률적인 물질 현상으로 설명할 수 있느냐는 데에 있다. 2+5=7

이라는 사실, 전체는 그 부분보다 크다는 논리적 진리는 객관적인 사실이다. 즉 한 개인, 한 사회의 인위적인 결정에 의해서 꾸며진 것이 아닌 객관적 존재다. 그러나 이러한 사실들이 물질로서는 도저히 이해될 수 없다. 더 일반적인 일원적 유물론의 문제는 인식론적인 것이다. 일원적 유물론은 일종의 주장이며, 모든 주장은 이미 주장하는 사람의 의식을 전제한다. 사실 현상학적으로 확실한 가장 직접적 사실은 내가 무엇인가를 의식하고 있다는 사실이다. 우리는 우리가 무엇인가를 의식함을 의식한다. 이러한 경험은 무엇보다도 앞서고, 무엇보다도 확실하다. 그렇다면 그 경험, 따라서 그 경험을 가능케 하는 의식은 그 대상, 그 물질적 대상으로 환원될 수 없지 않은가? 이와 같은 사실에서 일원적 관념주의로 자동적으로 빠지지는 않지만 일원적 유물론에 문제가 있다.

일원적 유물론에 문제가 있는 것과 똑같이 일원적 관념론에도 문제는 있다. 의식이 자명한 것과 마찬가지로 의식과 독립된 대상, 즉 물질적 존재가 있음도 가장 자명한 사실 가운데 하나다. 플라톤, 헤겔에게서나 그 밖의 일원적 관념론이 주장하는 바와 같이 모든 것은 궁극적 존재로서 하나의 관념의 표현이라면 그것은 인식론적으로 아무런 근거도 없는 상념에 불과하다고 볼 수밖에 없다.

두 가지 종류의 일원론이 다 같이 부정되었을 때 이원론이 나온다. 모든 것들은 궁극적으로 물질이든 관념이든 상관없이 단 한 가지 존재로 환원될 수 없고, 물질과 관념의 두 가지 서로 성질이 다른 존재로 각기 환원될 수 있다는 것이다. 데카르트나 후설의 철학은 바로 이원적 존재론의 가장 대표적이고 뚜렷한 예가 된다.

여기서 나의 문제는 위와 같은 존재론들을 더 따져 들어가려는 데 있지 않다. 내가 뜻하고자 함은 모든 존재를 물질적인 것으로만 볼 수 없고, 비물질적인 것도 근본적으로 다른 것에 환원될 수 없는 독립된 존재로서 취급될 수 있고, 또 그렇게 해야만 한다는 것이다.

돌, 핵, 원자가 존재하듯이 3이나 5라는 수학적 개념, 3+5=8이라는 진리는 어떤 수적 존재를 지칭하며, 'A는 A'라는 논리적 원리도 역시 존재한다고 보아야 한다는 것이다. 존재의 가장 기본적인 특징은 그것의 성격, 형태가 그것을 인식하는 주체자의 의식에 의해서나 인간의 의식에 따라서 변형되고 좌우되며, 결정되지 않는다는 데 있다. 3이나 3+5=8이라는 진리, 그리고 'A는 A'라는 원리는 누군가 그것을 의식하든 의식하지 않든, 그것을 잘못 이해하든 옳게 이해하든 상관없이 언제나 변하지 않는 객관적 진리다. 물론 모든 개념, 모든 원칙이 다 같이 자동적으로 존재하는 것은 아니다. '법'이라는 개념이 뚜렷이 이해되고, 사회적 혹은 모든 종류의 유희적 법칙이 있기는 하지만, 그것들이 객관적으로 존재하지 않는다. 왜냐하면 3이나 5라는 수학적 개념이나 'A는 A다'라는 논리적 원리는 인간에 의해 임의적으로 만들어진 것이 아닌데 반해, 사회적 혹은 유희적 법칙은 인간에 의해서 임의적으로 만들어진 것에 불과하다. 전자의 경우 수적 개념이나 논리적 원리는 인간에 의해서 마음대로 바꿀 수 없는 것으로 그냥 객관적으로 존재하며, 그것이 인간에 의해서 오로지 발견될 수 있는 대상인 데 반해서 사회적 혹은 유희적 법칙은 인간에 의해 만들어진 약속에 불과하며, 따라서 그것은 언제든지 바뀔 수 있고, 완전히 없어질 수도 있다.

먼저 고찰했듯이 어떤 가치가 사람에 따라 사회에 따라 한 개개인의 그때그때의 기호에 따라 결정되고, 사람이 서로 다르고 사회가 서로 각각이고 한 사람의 기호가 항상 바뀔 수 있다면 그 가치도 상대적으로 바뀐다. 이런 경우의 가치는 발견될 대상이 아니며, 따라서 이런 가치는

'존재'하지 않는다.

윤리적 가치는 사정이 완전히 다르다. 윤리적 경험의 현상학은 윤리적 가치가 사람, 사회, 사람이나 사회의 기회나 태도에 달려 있지 않음을 드러내 보였다. 나에게서 어떤 종류의 삶은 사회가 어떻게 생각하든지 상관없이, 그 삶의 결과가 나에게나 사회에 대하여 결과적으로 좋거나 또는 나쁜 것으로 판단되든지에 상관없이 객관적으로 옳은 삶일 수도 있고, 아니면 옳지 못한 삶일 수도 있다는 것이다. 내가 선택한 윤리적 행동은 그것이 심리적으로나 물질적으로나 나 또는 다른 사람들에게 유용하거나 해로운 결과를 내는 것과는 상관없이 객관적으로 그냥 옳지 못할 수도 있고, 그냥 옳을 수도 있다는 것이다. 나의 삶이 논리적으로 옳은 삶이냐 아니냐는 객관적으로 옳은 삶에 비추어서만 결정되고 평가될 수 있으며, 윤리적으로 옳은 행위냐 아니냐는 객관적으로 옳은 나의 행위에 비추어서 결정되고 평가될 것이다. 이와 같이 옳은 삶, 옳은 행위는 객관적으로 존재하는 것으로 해석될 수밖에 없다. 단적으로 말해서 많은 사람들, 많은 철학자들이 생각하는 바와는 달리, 윤리적 가치는 마치 산이나 강아지, 돌이나 벌레, 핵이나 미생물이 존재하듯이 객관적으로 존재하며, 윤리적 가치의 존재는 마치 수학적 혹은 논리적 진리가 객관적으로 존재하듯이 관념적 존재로서 존재한다.

윤리학에서 윤리적 가치를 객관적으로 존재한다고 보는 입장을 윤리적 실재주의ethical realism, 즉 리얼리즘이라 부르고, 그것을 부정하는 입장을 윤리적 반실재주의, 즉 안티리얼리즘이라고 부른다. 후자의 입장을 취하는 것이 최근 많은 철학자들의 경향이지만, 나는 여기서 명백하고 강경하게 윤리적 실재주의를 주장하고 있는 것이다.

윤리적 실재주의는 윤리적 인지주의, 즉 윤리적 커그니티비즘ethical

cognitivism으로 통하고, 그와 반대로 윤리적 반실재주의는 윤리적 반인지주의로 연결된다. 윤리적 가치가 객관적인 존재라면 그것은 반드시 인식의 대상이며, 윤리적인 문제는 반드시 행동에서 정착되고 열매를 맺는다. 그러나 윤리적 가치가 객관적으로 존재하는 인식의 대상인 이상, 윤리적 행동에 앞서 윤리적 진리가 발견되어야 하므로 인식이 행동에 전제되어야 한다. 플라톤이 '알고서도 윤리적으로 잘못 행동하는 이는 아무도 없다'고 말했을 때 그는 윤리적 가치의 객관적 존재를 인정한 것이며, 윤리적 가치가 인식의 대상임을 전제한 것이고 윤리에서 행동과 인식의 관계를 말해준 것이다.

윤리적 진리는 과연 발견될 수 있으며, 그것이 가능하다면 어떻게 발견될 수 있는가?

『자비의 윤리학』(1990)

02

윤리적 선택

인식의 문제와 윤리의 문제를 진리발견의 문제와 행위선택의 문제로 병행시켜 구별하는 것이 일반적인 철학적 관례다. 그러나 나는 여기서 행위뿐 아니라 인식도 엄격한 의미에서 선택을 요청한다고 주장하려 한다. 특히 윤리적 가치도 인식을 필요로 하는 객관적 존재이기 때문에 윤리적 가치의 인식도 역시 선택임을 밝히고, 과학에서의 인식과 윤리에서의 인식이 어떻게 다른가를 살펴보려 한다. 나는 이 두 가지 인식을 다 같이 선택적 행위로 볼 수 있지만, 그것들 간의 다른 점을 윤리적 선택의 불가피성에서 찾아보려 한다.

인식의 선택성

인식은 존재를 전제한다. 인식은 반드시 그 대상으로서 무엇무엇에 대한 인식이라는 말이다. 여기서 인식은 존재를 지칭하는 것도 아니며 존재에 대한 의식을 지칭하지도 않는다. 주체자로서 우리의 인식은 어떤 존재에 대해서 무엇무엇이 진리라고 믿으며 그것을 주장하게 되는데, 그러한 과정을 인식이라 부른다. 이런 뜻에서 모든 인식은 진리를 지향한다. 어떤 존재에 대한 진리의 발견이 인식의 목적이다. 그러나 어떤 인식에 비친 존재가 그냥 그대로 진리일 수도 없고, 어떤 식으로 주장되었다고 해서 그 주장이 그냥 진리일 수도 없다. 인간과 인간이 관찰하는 대상 사이에는 과정으로서 인식활동이 진행되고 있고, 그 인식활동에 따라 어떤 진리가 주장된다. 그러나 주장된 진리가 정말 진리로서 수용되려면 그 주장은 반드시 뒷받침이 있어야 한다. 왜냐하면 우리가 사실이라 믿었던 것들이나 진리라고 주장해왔던 많은 것들이 나중에 사실이 아니고 진리가 아님이 드러나는 경우가 종종 있기 때문이다. 이러한 경우는 개인적인 차원에서나 사회적인 차원에서, 또는 역사적인 차원에서 자주 볼 수 있다. 나는 내 앞에 있는 어떤 대상이 뱀인 줄 믿었는데 알고 보니 썩은 밧줄임을 깨닫게 될 수도 있고, 5+7이 11인 줄로 확신했는데 따지고 보니 12임을 깨닫게 될 수 있다. 모든 사람들은 인간이 하나님에 의해서 특별히 창조되었다고 믿었는데, 진화론은 인간이 하등동물로부터 점차적으로 진화되었음을 뒤늦게 보여주었다. 갈릴레이 시대의 모든 사람들은 지구가 평면적이고 태양이 고정된 지구의 주위를 회전한다고 생각했는데, 갈릴레이 이후 사람들은 그런 믿음이 틀렸음을 알게 되었다. 이와 같은 사실들은 그냥 믿음, 그냥 주장 자체는 아무리 순수하더라도 그냥 그대로 참된 인식, 즉 진리가 될 수 없음을 밝혀준다.

존재에 대한 어떠한 종류의 믿음, 어떤 경우의 주장이 진리일 수 있는가? 어떤 경우에 우리는 무엇무엇을 참으로 인식했다고 인정할 수 있는가? 한 믿음이나 주장이 진리로서 수용되려면 어떤 근거를 제시할 수 있어야 한다. 그렇다면 어떤 경우에 그 근거가 있다고 말할 수 있는가? 이와 같은 물음에 대해 철학적 대답으로, 이른바 진리론이 있다. 그것은 대충 세 가지로 구별되어 상응론, 정합론, 실용론이라고 각각 불린다.

첫째, 상응론correspondence theory을 고찰해보자. 이 이론에 의하면 진리란 어떤 인식대상과 그것에 대한 믿음이 일치함을 의미한다. 뒤에서 알게 되겠지만 세 가지 진리론 중에서 오로지 이 이론만이 진리에 대한 의미를 가장 잘 드러내고 있다. 따라서 진리에 대한 유일한 정의라고 보아야 한다. 그럼에도 불구하고 상응론은 근본적으로 공허하다. 이 이론으로는 구체적으로 한 믿음이 진리냐 아니냐를 결정하는 데 아무런 도움이 되지 않기 때문이다. 한 대상에 대한 정의가 정의로서 의미를 갖게 되려면 그 정의가 그와 같이 정의된 대상을 그 정의 밖에 소속되는 대상과 구별하는 데 도움이 될 수 있는 하나의 규준의 역할을 해야 한다. '조류' 혹은 '한국인'의 정의가 정의로서 기능을 하려면, 그 정의는 우리가 조류를 다른 동물들과 구별하고 한국인을 다른 민족이나 국민들과 구별하는 데 하나의 뚜렷한 규준으로서 사용될 수 있어야 한다. 그럼에도 불구하고 진리에 대한 상응론적 정의는 위와 같은 의미의 정의의 기능을 발휘할 수 없다. 이러한 사실은 다음과 같은 고찰에서 밝혀진다.

상응론에 의하면 진리란 한 대상과 그 대상에 대한 나의 믿음이 일치함을 의미한다. 이와 같은 생각은 사실상 철학자뿐만 아니라 모든 일반사람들이 막연하나마 전제하고 있는 것인데, 철학사에서는 플라톤에서 시작하여 데카르트를 지나 후설, 러셀 그리고 어쩌면 하이데거 등의 인식론에 깔려 있는 생각이다. 그러나 문제는 한 대상과 그에 대한 나의 믿음이 일치한다는 것을 어떻게 확인하느냐 하는 데에 있다.

이 문제에 대한 해결책으로 직관이라는 개념이 동원된다. 인간에게는 변화무쌍한 현상 세계를 초월하여, 우리의 심리적 상황과는 상관없이 우리의 의식 속에 보편적이고 불변하는 지적 기능으로서 직관이 있다는 것이다. 이어 직관은 절대적 권위가 있기 때문에, 직관에 의한 판단은 절대적으로 자명하다는 것이다. 이와 같은 직관의 판단에 의해서 한 대상과 그것에 대한 나의 믿음이 일치하느냐 하지 않느냐 하는 물음은 결정적인 판결을 받을 수 있다는 것이다.

그러나 이와 같은 대답은 만족스럽지 않다. 문제는 직관 자체에 있다. 직관은 역시 믿음이다. 우선 어떤 믿음이 직관인가를 알려야 할 필요가 있고 그것을 결정할 때가 생긴다. 한 대상을 앞에 놓고 서로 상반되는 직관이 얼마든지 있을 수 있다. 기독교신자들은 신의 존재가 직관에 의해서 의심할 수 없이 확실하다고 주장한다. 그러나 무신론자도 궁극적으로 의심할 수 없는 직관에 의해서 신의 부재를 확신한다. 어떤 지각적 대상을 놓고 A는 그것을 뱀이라고 확신하고, B는 그것을 밧줄이라고 확신한다. A는 낙태가 도덕적으로 옳다고 확신하고, B는 그것이 완전히 악이라고 확신한다. 직관에 근거한 서로 갈등하는 확신이 있다면, 서로 모순되는 직관이 동시에 옳을 수 없는 이상, 그것들 가운데 하나가 옳은 직관이라는 것을 보여야 할 필요가 생긴다. 그렇다면 서로 모순되는 직관의 옳고 그름을 판가름하는 것은 무엇일 수 있는가? 그것은 역시 직관일 수밖에 없다. 그런데 좀더 권위 있는 직관을 어디서, 어떻게 찾을 수 있는가? 모순되는 직관이 논리적으로 있을 수 있고, 실제로 언제나 있어왔다. 그렇다면 직관조차도 진리의 궁극적 근거로서 전제될 것이 아니라 그것 자체의 참과 거짓을 밝혀야 할 것임을 알 수 있다. 이와 같은 사실은 어떠한 직관도 궁극적으로 절대적인 권위를 가질 수 없고, 따라서 진리의 근거가 되어 진리를 결정하는 규준으로 사용될 수 없음을 입증한다.

상응론에는 위와 같은 문제 말고 또 다른 문제가 있다. 이 이론을 따르자면 진리는 어떤 대상과 그 대상에 대한 나의 믿음의 일치를 의미한다고 했다. 그들 사이가 일치하느냐 아니냐의 문제는 궁극적으로 직관에 의해서 해결된다고도 했다. 그러나 직관에 의한 결정이 내려지려면 우선 그 대상이 무엇인가를 알고, 그것에 대한 나의 믿음이 어떤 내용인가를 알아야 한다. 나는 내가 '신이 존재한다'고 믿고, '저 대상은 뱀이다'라는 것을 믿고 있음을 직접적으로 스스로 알고 있다고 할 수 있다. 그러나 내가 그 대상 자체, 즉 '신의 존재' 혹은 뱀이라고 믿고 있는 그 대상을 알았다고 한다면, 그 말은 무슨 뜻을 갖는가? 만일 나의 믿음과 일치하는가 아닌가를 알기 위해서, 즉 어떤 대상의 진리를 알기 위해서 그 대상을 이미 알고 있다면, 그것은 이미 그 대상이 그 대상에 대한 나의 믿음과 일치하고 있음을 믿고 있다는 말 이외에는 아무런 다른 말이 되지 않는다. 그러나 진리의 문제는 그 대상 자체를 아는 데 있다. 그러므로 엄격히 따지면 얼핏 생각하는 바와 달리, 그리고 위대한 여러 철학자들이 주장했음에도 불구하고, 진리에 대한 상응론 자체는 논리적으로 내적인 갈등이 있어 그 의미가 이해되지 않는다. 바꿔 말해서 우리가 진리라고 부르는 것은 어떤 대상이 있는 그대로 우리들의 의식 속에 복사, 반영됨을 의미하지는 않으며, 무엇을 인식했다는 것은 그 무엇이 있는 그대로 발견됐다는 뜻이 아닐지도 모른다.

진리에 대한 상응론의 위와 같은 어려움을 풀어주려는 주장으로서 정합론coherence theory을 검토해보자. 이 주장에 의하면 진리란 한 사회공동체가 이미 진리라고 믿는 사실에 대한 일관성 있는 믿음을 뜻한다는 것이다. 가령 한 사회, 아니 인류 전체가 지구는 평면이라고 믿고 있던 갈릴레이 이후의 시대에 내가 그것을 그대로 믿으면 나의 믿음은 진리며, 만일 모든 사람들이 어떤 지각대상을 뱀이라고 믿고 있을 때 나만이 그것을 뱀이 아니라 썩은 밧줄이라고 믿는다면, 나의 믿음은 이미 모든 사람들이 믿고 있는 것과 일치하지 않으므로 진리가 아니라는 것이다. 만일 카니발리즘을 인정하는 사회에서 누군가가 그것을 윤리적으로 그릇되다고 믿는다면 그같은 윤리적 믿음은 진리가 아니라는 것이다. 이와 같이 하여 어떤 믿음이 진리냐 아니냐는 것은 그 믿음의 객관적 대상과는 상관없이 권위 있게 받아들여진 믿음과 한 개인의 믿음의 관계로써만 이해된다는 것이다.

진리를 위와 같이 해석하는 정합론은 상응론 이상의 심각한 문제들을 내포하고 있다. 만일 정합론이 옳다면 갈릴레이 이후 사람들에게는 지구가 평면임이 진리였지만, 갈릴레이 이후 시대의 사람들에게는 지구가 평면이 아니라 구형이라는 것이 진리라는 말이 될 것이다. 카니발리즘을 믿는 사회에서는 사람을 잡아먹는 행위가 옳다는 것이 객관적인 진리가 되겠지만, 카니발리즘을 믿지 않는 사회에서는 똑같은 행위가 윤리적으로 옳지 않다는 논리가 선다. 그러나 똑같은 사실이 시간이나 장소에 따라 동시에 진리며 진리가 아닐 수는 없다. 어찌하여 삼각형의 총 변수가 장소나 시대에 따라 달라질 수 있으며, 삼각형의 합이 180도가 되기도 하고 안 되기도 한다고 할 수 있겠는가? 정합론은 또 다른 어려운 문제를 자신 속에 담고 있다. 어떤 믿음의 진리는 기존하는 믿음에 비추어 그것과 일관성이 있는가 없는가, 그것과 일치하는가 아닌가에 따라서 결정된다. 따라서 정합론에서는 어떤 믿음이 참이라는 것을 보이기 위해서 기존하는 믿음이 진리라는 것이 전제되어야 하는데,

문제는 그러한 사실을 어떻게 결정할 수 있겠는가다. 이와 같은 문제는 상응론에서와 마찬가지로 정합론에서도 끝없는 역행적 논리의 오류에 빠지게 된다. 정합론은 또한 위에 말한 두 가지 문제보다 더 어려운 문제를 갖고 있다. 따지고 보면 이 이론은 진리에 관한 이론이 아니다. 왜냐하면 진리라는 개념은 믿음의 대상을 전제로 하며, 그러한 대상과 떼어서 생각할 수 없다. 곧, 진리라는 개념 속에는 분석적으로 대상이라는 개념을 내포하고 있다. 그럼에도 불구하고 정합론이 주장하는 진리는 그와 같은 대상과 상관없는 개념으로 나타난다. 그렇기 때문에 '진리'라는 동일한 낱말이 사용되지만 그 말의 의미는 원래 '진리'라는 낱말이 갖고 있는 의미와 전혀 다르다. 여기서 '진리'라는 낱말은 '합의'를 뜻하는데, 원래 '진리'의 개념과 '합의'의 개념은 논리적으로 전혀 다르다. 요컨대 정합론도 어떤 것이 진리며, 그 진리를 어떻게 결정하며, 그 진리가 언제 발견되었고, 언제 인식되었다고 할 수 있는가의 근거를 제시하지 못하고 있다.

그렇다면 또 한 가지 철학적으로 알려진 진리론으로서 실용론pragmatic theory을 살펴보자. 이 이론에 의하면 진리는 가장 효율적인, 즉 실용적인 믿음에 불과하다는 것이다. 물론 무엇이든지 믿고 싶은 대로 믿으면 그것이 진리라는 뜻은 아니다. 내가 원하는 것이 위대한 시인이 되는 것이고, 그런 경우 내가 실제로 위대한 시인이 되었다면 그것은 나에게 둘도 없는 만족감을 가져올 것이다. 내가 위대한 시인이라고 믿게 된다는 것은 그러한 믿음이 그만큼 나에게 실용적인 효과를 가져왔다는 것이다. 그렇다고 해서 실제로 내가 위대한 시인이라는 것은 물론 아니다. 실용론은 물론 위와 같은 의미에서의 실용적인 것이 진리라고 주장하지는 않는다.

실용론의 주장은 다음과 같이 풀이된다. 지구가 구형인지 아니면 평면인지를 적극적으로 지각적인 차원에서 실증할 수 없다 하자. 이와 같은 경우 우리가 생각할 수 있는 것은 지구가 구형이라고 가정했을 때의 결과와 그것이 평면이라고 가정했을 때의 결과를 상상할 수 있다. 이때 어떤 가정이 우리들의 실용성을 높여주는가를 구체적으로 시험할 수 있을 것이다. 만일 내가 지구의 한 지점을 떠나서 같은 방향으로만 자꾸 가도 같은 곳에 돌아올 수 없다고 가정하자. 만일 지구가 평면이라면 과연 한 방향으로 무한히 가도 나는 제자리에 절대로 돌아오지 못할 것이지만, 만약 지구가 구형이라면 나는 현재의 제자리에 돌아올 것이다. 같은 상황에서 내가 한 방향으로 무한히 가본 결과 나는 제자리에 돌아오고 말았다고 또 한 번 가정해보자. 그렇다면 지구가 평면이 아니라는 사실이 실용적으로 증명되었다고 할 수 있다. 즉 실용적인 결과로 볼 때 지구가 평면이 아니고 구형이라는 것이 진리로 드러났다는 말이다. 거꾸로 내가 지구는 평면이라고 믿고 행동한다면 나는 결코 만족스러운 성과를 얻지 못할 것이다. 나는 같은 장소로 돌아오지 않기 위해서 정면을 향해서 한 방향으로 떠났는데, 나는 나의 의도와는 반대로 제자리에 돌아오고 말게 되리라는 것이다. 한마디로 말해서 지구를 평면으로 믿고 행동으로 취한다면 그 행동은 결코 효과적, 즉 실용적일 수 없다는 것이다.

사실 많은 경우 어떤 것을 진리로 믿는 동기가 그 진리를 믿는 효과에 있기는 하지만, 효과성이 진리의 정의는 물론 진리를 결정하는 규준이 될 수는 없다. 실용성은 인간의 욕망과 상대적이다. 불안으로부터 해방되는 것 이상으로 더 중요한 인간의 욕망은 없다. 죽음은 가장 근본적인 불안의 요인이 된다. 그렇다면 죽음에 대한 불안으로부터 해방되는 것만큼 더 근본적으로 실용적인 것은 없다. 신이 존재한다면 영생이 보장된다고 가정하자. 그러나 신이 실제로 존재하는지 하지 않는지를 구체적으로 증명할 수 없다. 그럼에도 불구하고 어쩌다가 신의 존재를 믿게 된다면 그것은 영생을 믿게 되는 꼴이 되며, 영생을 믿게 된다면 우리는 가장 근본적인 불안으로부터 해방되고, 따라서 그만큼 유용한 효과를 가져올 것이다. 실용론을 문자 그대로 따라간다면 위와 같은 사실로서 신의 존재가 진리로서 수용되어야 할 것이다. 그러나 이와 같은 결론은 결코 수용될 수 없다. 신이 존재하지 않는다면, 그러한 것이 인간에게 어떠한 실용적 효과를 갖든 갖지 않든 상관없이 신은 역시 존재하지 않고, 만약 신이 존재한다 해도 그것이 인간에게 미치는 효과와는 상관없이 그것은 그냥 진리일 수밖에 없다. 신의 존재가 진리라면, 장미꽃이 빨갛다는 것이 진리라면, 그리고 5+7=12라는 것이 진리라면, 그것들은 그것들이 인간에 미치는 실용성과는 상관없이 여전히 진리다. 이러한 사실은 실용론이 진리의 정의를 주거나 진리를 결정하는 규준이고자 하지만, 사실인즉 그것은 진리와는 별로 직접적으로 상관이 없는 주장에 불과하다. 정합론을 검토할 때도 언급한 바 있지만, 인식 그리고 진리의 문제는 무엇보다 먼저 객관적인 인식 대상으로서의 존재를 밝히는 문제인데, 실용론은 정합론과 마찬가지로 그러한 존재 자체에 초점을 두기보다는 인식자의 의식이나 용도에 초점을 두고 있다.

위의 세 가지 전통적인 이른바 진리론이 원래 뜻하고자 한 것을 만족스럽게 밝히는 데 실패했다면, 우리는 아직도 어떤 것이 진리인지를 확실히 모르고 있다는 뜻이 된다. 진리를 확실히 결정할 수 없다는 것은 인식의 대상으로서의 존재가 정확히 어떤 것인지를 결정할 수 없다는 의미가 된다. 이 사실은 우리들이 어떤 존재에 관해서 무엇인가를 믿고 있어도 믿음의 근거가 확실하지 않음을 뜻한다.

인식에 대한 이런 입장은 절대적인 근거가 있는 믿음이 아니라면 참다운 인식, 즉 진리가 아니면 확고부동한 절대적인 믿음의 근거를 찾을 수 없다는 것으로, 이를 기초주의foundationalism라 부른다. 기초주의의 대표적인 철학자로는 플라톤, 데카르트, 후설 혹은 논리실증주의자들이 있다. 이와 반대로, 우리가 가질 수 있는 어떤 대상에 대한 인식, 곧 앎은 어떤 경우에든 절대적으로 확고부동하고 보편적일 수 없다는 것이 반정초주의anti-foundationalism인데, 대표적인 철학자로는 피타고라스, 니체, 쿤, 로티, 데리다 등이 있다.

위와 같은 주장은 대략 다음과 같은 두 가지 사실에 근거를 두고 있다. 첫째는, 앞서 언뜻 얘기를 비친 바 있거니와 서로 갈등하는 인식적 주장이 있고, 서로 맞지 않는 주장에 대한 근거가 제시될 때 그것들 간의 진과 위를 판단할 수 있는 제3의 중립적 입장을 찾아낼 길이 없다는 것이다. 그런데 A라는 사람과 B라는 사람 간의 주장이 서로 상극하고, X라는 사회에서 생각하는 진리와 Y라는 사회에서 생각하는 진리가 서로 다르며, 과학자들의 존재에 대한 믿음은 종교인들의 존재에 대한 믿음과 다르다. 그뿐 아니라 과학자들 사이에도 이론 P를 믿는 사람들의 존재에 대한 해석은 Q를 믿는 사람들의 존재에 대한 해석과 서로 다르다. 그렇지만 이 모든 분야에서 서로 다른 믿음과 주장을 총괄하고 초월하여 그것들을 완전히 중립적 입장에서 판결하고 갈등을 풀어줄 길이 없다. 왜냐하면 어떠한 관점을 갖든 그 관점은 언제나 한 사람이 살고 있는 사회적, 심리적, 역사적, 생리적 조건에 의한 영향을 벗어날 수 없기 때문이다. 단적으로 말해서 해석학의 대표적 철학자 가다머의 말을 빌리자면, 모든 관점은 어떤 편견을 벗어날 수 없다는 것이다. 위와 같은 견해는 오로지 이론적으로만 얘기될 수 있는 것이 아니라 인류학이나 역사가 보여준 구체적 사실이다.

반정초주의의 두 번째 근거는 지각에 대한 심리학적 발견과 과학 이론의 논리적 구조에 대한 새로운 해석에서 찾을 수 있다. 칸트 철학이 주장한 것과 같이 현상은 인간이 갖고 있는 선험적 의식구조에 의해서만 지각될 수 있다. 이러한 사실은 형태심리학에서, 그리고 지각의 현상학적 분석을 통해서도 입증되었다. 어떤 지각대상은 인간이 이미 갖고 있는 선험적 범주나, 아니면 세계관 또는 이론에 의해서 지배되고 있다는 것이다. 과학철학자 핸슨의 표현을 빌리자면, 지각은 '이론성'에 의해 지배됐다는 것이며, 쉘러의 표현에 의하면 '현상 자체 소여성의 신화'를 깨뜨려야 한다는 말이다. 역시 토마스 쿤이 과학이론의 '범례', 즉 패러다임적 성격을 주장했을 때 그는 어떤 대상이 있는 그대로 의식되거나 설명될 수 없다는 것을 지적한 것이다. 쿤에 의하면 어떤 과학적 해석이 나왔을 때 그 해석은 이미 정립된 이론에 의해서만 논의될 수 있지, 이론 이전의 어떤 절대적인 현상 자체에 비추어서 결정할 수 있는 것은 아니라는 것이다. 그런데 문제는 어떤 현상을 설명하려는 과학적 이론은 다양할 수 있고 변할 수 있다는 것이다. 그러나 서로 다른 이론 사이의 진위는 또 다른 고차적 이론 없이는 따질 수 없다는 것이다.

위와 같은 몇 가지 사실들은 사물현상에 대한 우리들의 믿음의 진위가 그 대상 자체에 비추어 절대적으로 결정될 수 없고, 언제나 우리들의 선험적 의식구조, 우리들의 세계관, 그리고 더 나아가서는 우리들이 선택한 어떤 이론 혹은 관점에 따라서 상대적일 수밖에 없다는 결론을 끌어낸다. 우리들의 사물현상에 대한 믿음의 진위를 절대적이고 보편적으로 결정할 수 있는 절대적 근거, 즉 기초가 없다는 말이 된다.

일반적으로 생각하고 있는 바와 같이 진리란 있는 그대로의, 즉 절대적인 어떤 대상을 의미하고, 인식은 그러한 진리를 믿는 것이라고 정의한다면, 아무도 진리를 발견할 수 없고, 따라서 아무도 무엇을 인식했다고는 할 수 없다. 왜냐하면 위에서 검토해본 바와 같이 아무도 진리로서 대상 자체, 어떤 입장 혹은 관점에서 해석되기 이전의 사물현상 자체에 접할 수 없기 때문이다. 그렇게 고찰해볼 때 무엇이 진리라는 말, 무엇을 인식한다는 말은 아무런 내용이 없는 공허한 낱말에 지나지 않는다는 결론이 나온다. 그럼에도 불구하고 우리는 항상 진리라는 말을 사용하고 인식이라는 말을 쓴다. 따지고 보면 사실상 이러한 개념들을 사용하지 않는 인간사회, 인간생활을 상상할 수 없다. 이와 같이 진리 혹은 인식이라는 말이 실제로 시용되고, 뿐만 아니라 사용되지 않을 수 없는 이상, 이 낱말들, 이 개념들은 반드시 어떤 의미를 갖고 있을 것이다. 그러나 앞서 본 바와 같이 이 낱말들은 우리가 일반적으로 부여해왔던 의미를 갖지 못한다. 그러므로 그 낱말들은 지금까지 부여되었던 의미와는 다른 의미로서만 해석되어야 할 것이다.

'진리'라는 말, '인식'이라는 낱말의 새로운 해석은 어떤 것일 수 있는가? '원자력의 존재는 진실이다', '지구가 구형임은 진리다' 또는 '나는 원자핵의 존재를 안다, 즉 인식한다', '나는 지구가 구형임을 안다, 즉 인식한다'고 할 때 '진리', '인식'이라는 말들의 의미는 어떻게 해석되어야 하는가? 여기서 진리는 일종의 해석이란 뜻으로 봐야 된다. 왜냐하면 궁극적으로는 어떠한 사물현상도 그것이 우리에게 인식되는 한, 하나의 해석에 그칠 수밖에 없기 때문이며, 또한 인식이 진리의 수용을 의미한다면 그것은 어차피 절대적인 것일 수 없기 때문이다. 결론적으로 말해서 진리는 발견이 아니라 일종의 해석이다. 인식이 진리의 수용을 의미하고, 해석으로서의 진리가 다양할 수 있고, 결코 절대적일 수 없는 한, 인식은 발견이 아니라 선택일 수밖에 없다. '지구가 구형임은 진리다'라는 말은 '지구의 모양이 구형으로 해석된다'는 뜻이 되며, '지구가 구형이라는 것을 인식한다, 즉 알았다'는 말은 '지구가 구형으로 해석된 것을 선택했다'는 뜻에 지나지 않는다. 진리라는 말은 일종의 해석으로 이해되고, 인식은 일종의 선택으로 이해되어야 한다는 것은 어떤 인식대상이든 간에 그 대상을 있는 그대로 그 대상 자체와 접할 수 있는 이는 아무도 없다는 뜻이며, 인식이 일종의 선택이라 함은 어떤 대상에 대한 우리들의 해석도 절대적인 근거가 없다는 뜻이다. 그러나 모든 선택이 똑같은 타당성을 갖고 있지도 않고 한결같이 맹목적인 것은 아니다. 아무런 선택도 절대적 권위, 절대적 근거를 가질 수는 없지만, 어떤 선택은 다른 선택보다는 더 신뢰할 만한 근거가 있을 수 있고 반드시 그렇게 이루어진다. 선택은 눈을 감고 주사위를 던지는 행위가 아니라 이성을 동원하여 주의 깊은 관찰과 계산 끝에 이루어지는 결정이다. 모든 인식의 선택성을 주장하는 것은 이성의 계산적 행위와 충동적으로 가정하는 행위의 구별을 무시함이 아니다. 그것은 인식의 절대적 객관성, 즉 궁극적 정초성의 부재를 의미할 뿐이다.

윤리적 인식의 불확정성

그 근거가 절대적일 수 없는 이상 모든 인식, 즉 앎은 불확실하다. 그렇기 때문에 어떤 것이 진리라든가 무엇을 안다고 주장할 때 그 주장은 필연적으로 선택적 성격을 갖고 있다. 그러나 어떤 믿음은 다른 믿음보다 근거가 더 있고, 어떤 주장은 다른 주장보다 더 신빙성이 있다. 인식의 근거가 불확실하다고 해서 서로 다른 믿음이나 주장의 근거가 똑같은 무게를 갖고 있지는 않으며, 인식이 일종의 선택이라고 해도 어떤 선택은 다른 선택보다 더 큰 타당성, 더 투명한 합리성을 갖게 될 수 있다.

어떤 인식이 다른 인식과 그 근거가 다른 이유는 여러 가지 원인이 있겠지만 가장 근본적인 원인의 하나는 인식대상의 성격에 달려 있다. 무생물, 생물, 심리 현상, 수학적 혹은 이론적 존재 혹은 윤리가치는 다 같이 객관적으로 존재하는 것으로 봐야 한다고 앞에서 주장한 바 있다. 이런 것들이 존재하는 것으로서는 다 같이 인식의 대상이 되지만, 그것들 사이는 존재의 양식 혹은 성질로 보아 서로 각기 다르다. 무생물은 언제나 공간적이며 양적으로 존재하고, 생물은 양으로만 이해할 수 없는 생명이라는 측면을 갖고 있으며, 심리현상은 움직이는 생명으로만 환원될 수 없는 차원을 갖고 있다. 수학이나 논리적 존재가 완전히 물질적 차원인 독립된 존재인 데 반해서, 논리적 가치는 다 같이 관념적 존재라고 하더라도 관념으로만 이해될 수 없는 또 다른 존재적 차원을 지니고 있다. 무생물, 생물, 심리적 현상, 즉 존재가 외적으로나 내적으로, 감각적으로 경험될 수 있는 데 반해서, 수학적 혹은 논리적 존재나 윤리적 가치는 지각적으로 경험될 수 있는 대상이 아니라 오로지 지적으로만 이해될 수 있는 가사적 존재일 따름이다.

감각적인 것만이 가장 확실한 근거가 될 수 있는 것은 아니다. 앞서 길게 검토해보았듯이 모든 근거는 절대적 확실성이 없다. 그러나 언뜻 보기에 감각적인 것이 비감각적인 것보다 더 큰 확실성을 제공해주는 것 같다. 왜냐하면 그것은 공공성을 갖고 있으며 구체적으로 그것의 확실성을 남들과 함께 검토하여 보편적인 결론을 내릴 수 있는 가능성을 많이 갖고 있기 때문이다. 이와 반대로 비지각적, 즉 가사적 존재는 구체적인 공공성을 찾을 수 없다. 내가 말하는 가사적 존재가 다른 사람이 말하는 가사적 존재와 똑같은 것을 지칭하는지 아닌지를 공적으로 구체적으로 결정하기는 쉽지 않다. 비지각적 존재, 즉 관념적 존재, 다시 말해서 가사적 존재가 도대체 무엇을 지칭하는지 쉽사리 결정할 수 없으며, 더구나 '좋음', '옳음' 혹은 '잘못됨' 등의 윤리적 가치가 도대체 무엇을 두고 말하는 것인지, 도대체 무엇을 지칭하는 것인지 구체적으로 결정하기가 어렵다. 그래서 그만큼 더 그러한 존재를 인식하는 데 각별한 어려움이 있게 된다. 그 존재의 성질상 윤리적 존재로서의 윤리적 가치는 다른 종류의 존재, 다른 종류의 인식대상보다 한결 인식의 불확정성이 크다.

윤리적 인식이 다른 분야에서보다 각별히 증가하는 불확정성을 갖게 되는 이유는 그 존재양식이 다른 것들의 존재양식과 다르다는 데만 있지 않다. 그 이유는 모든 윤리적 존재가 언제나 유니크한, 즉 유일한 것이어서 무한히 복잡하고 다양한 상황에 따라 일회적인 존재로서 유일하고 일회적인 인식이 요청되는 데 있다. 다시 말해서 어떤 삶은 어떤 특정한 사람에게 윤리적으로 보람 있는 것이고, 그것은 다른 사람에게는 보람 있는 삶이 되지 못한다. 왜냐하면 모든 사람은 각기 다르기 때문에 어떤 사람이 살아가는 참다운 삶이 다른 사람에게도 똑같이 참다운 삶이 될 수 없다는 것이다. 그러므로 각자는 자신의 유일한 참다운 삶을 발견해야 할 것이지, 남에게 참다운 삶이라 해서 자신에게도 그런 삶이 참다운 삶이 될 수는 없다는 것이다. 한국에서 어떤 특정한 시대에 특정한 가정에서, 생리학적으로는 남자 또는 여자로서 어떤 특정한 육체적 모습과 지적 능력을 소유하고 있는, 다시 말해서 어떤 특정한 사회적, 역사적, 지리적 지점에서 오로지 나에게만 절대적으로 유일하고 참다운 삶, 보람 있는 삶의 길이 있고, 보람 있는 사람이 되는 길이 있는 것이다. 내게 윤리적으로 올바른 삶은 학자의 삶이라야 되겠지만 내 동생의 삶은 그런 삶이 잘못된 삶일 수 있고, 그 대신 군인의 삶이어야 할지도 모른다. 한국인으로 태어난 사람이 프랑스인으로 살려고 한다면 그것은 잘못이요, 내가 실업가로서 성공하는 것이 옳지만 자신을 완전히 희생하며 자선가로서 불우한 사람들을 위해서만 평생을 산다면 그러한 삶은 잘못된 삶일지도 모른다.

윤리적 가치가 유일적이고 일회적이라고 했는데 이러한 사실은 도덕적 행동을 결정하는 데에서 더욱 확실히, 그리고 더욱 절실히 나타난다. 남을 도와주는 행위가 무조건 언제나 도덕적으로 옳은 행위가 아니며, 살인 행위가 무조건 보편적으로 언제나 누구에게나 다 같이 도덕적인 악이 될 수 없다는 말이다. 도움을 받는 사람에 따라, 도움을 주는 사람에 따라, 그리고 도움을 줄 때의 한없이 복잡한 상황에 따라 남을 돕는 행위는 오히려 도덕적으로 악이 될 수도 있고, 마찬가지로 살인 행위가 도덕적으로 선이 될 수도 있다. 나에게는 위대한 과학자가 되어 장래 수많은 사람들에게 과학적 혜택을 가져올 수 있는 능력이 있다고 하자. 내 이웃에는 당장 경제적 도움을 필요로 하는 사람이 있다고 하자. 만약 내가 지금 그를 경제적으로 도와준다면 나는 위대한 과학자가 될 수 있는 기회가 없어진다고 하자. 이와 같은 경우에 만약 내 이웃을 도와주기로 결정한다면 당장 보기와는 달리 객관적으로 봐서 윤리적으로 잘못된 것이라는 결론이 나올 수 있다. 거꾸로 살인의 예를 들어보자. 일반적으로 살인은 도덕적으로 악이라 하자. 그러나 내가 더 많은 사람들을 죽음으로부터 구하기 위해서, 아니면 내 자신의 귀중한 인간적인 명예나 긍지를 위해서 살인한다면 경우에 따라 그 행위는 도덕적으로 옳은 것이었고, 이런 상황에서 만일 내가 살인을 기피했다면 그 행위는 도덕적으로 잘못된 것이라는 판단이 내려질 수 있다. 물론 나는 여기서 '살인은 윤리적으로 악이다' 혹은 '살인은 윤리적으로 선이다'라는 일반적인 진술, 주장을 하고자 하는 것은 결코 아니다. 윤리적 행위는 어떤 것이든 간에 반드시 객관적으로 옳거나 그르다는 것이며, 그 행위의 옳고 그름은 일반적인 원칙으로 결정할 수 있는 것이 아니라 모두 각기 하나하나가 유일적이고 일회적인 것이어서, 그 옳고 그름의 인식이나 판단도 유일적이고 일회적인 것이라는 점을 말하고 있을 뿐이다.

적어도 이론에서 진리는 유일적이며 진리의 인식은 일회적이라는 위와 같은 주장에 대해서 큰 반발이 있을 수 있다. 유일적 진리, 일회적인 인식이란 자가당착이 아니냐고 묻게 될 것이다.

진리라는 개념 속에는 보편성이란 뜻이 내포되고, 인식이라는 개념 속에는 반복성의 뜻이 있다고 주장할 것이다. 즉, 어떤 사실이 진리라면 그 진리는 위와 똑같은 성질의 사실에도 역시 해당되는 말일 테니까, 한 사실만이 유일하게 진리가 아니라 그 사실과 똑같은 것이 있을 수 있다면 진리는 다양하지 않느냐고 묻게 될 것이다. 한편, 진리는 일회적으로만 인식될 수 있는 것이 아니라 언제라도 누구에게서라도 똑같이 얼마든지 인식될 수 있는 것이 아니냐고 묻게 될 것이다.

사실 윤리적인 진리나 인식의 경우가 아니고 과학이나 수학이나 논리학의 경우 진리는 유일적이 아니고, 인식은 일회적이 아니다. 강아지 한 마리의 다리가 넷이라는 것이 진리라면 그밖의 수많은 강아지의 다리가 넷이라는 것이 다 같이 진리다. 강아지의 다리가 넷임이 진리라는 것을 내가 지금 인식할 수 있다면 남들도 다른 때, 어디에서든지 똑같이 인식할 수 있을 것이다. 5+7=12가 진리요, 'A는 A다'라는 사실이 진리라면 그것은 어떠한 경우에도 진리일 것이며, 그런 진리를 내가 과거에 한 번 인식할 수 있었다면 그것은 다른 사람들이 현재나 미래에도 역시 반복하여 인식할 수 있을 것이다.

사실 보편성이 큰 진리라면 그만큼 더 권위가 서고, 반복성이 큰 인식은 그만큼 더 근거가 굳어진다. 자연과학이 사회과학보다 더 신뢰되는 진리를 보여준다고 믿는 이유는 전자의 경우 진리는 더욱 보편적이며, 더욱 확실하게 반복되어 인식될 수 있다는 데 근거한다. 자연과학 가운데도 물리학이 생물학보다 더 확실한 앎을 제공한다고 생각하는 이유는 전자의 경우 진리의 보편성이 더 크고, 그러한 진리가 더 확실하게 반복되어 인식될 수 있는 데서 찾을 수 있다. 이와 같이 볼 때 진리와 보편성은 거의 하나의 토톨로지, 즉 동의어에 가깝고 인식과 반복성도 또 하나의 동의어에 가깝다는 결론이 나올 것 같다. 그렇다면 진리의 유일성과 인식의 일회성은 다 같이 모순된 개념이라고 주장될 수 있다.

그리하여 윤리에서도 칸트 이래로 가장 중요한 철학적 문제는 옳고 그름을 결정할 수 있는 원리 혹은 원칙으로서의, 이른바 도덕적 이념을 세우는 데 있어왔다. 앞서 언뜻 비친 바 있지만, 전통적으로 가장 설득력 있고 가장 체계화된 두 가지 이론이 있는데, 그것은 칸트의 이른바 의무주의 이론deontological theory과 밀의 이른바 공리주의 이론utilitarian theory이 있다. 이 두 가지 이론은 서로 정면으로 대치되는 입장에 있지만, 다 같이 반복되어 이성적으로 인식될 수 있는 원칙을 찾아내고자 하는 데 뜻을 함께 하고 있다.

칸트의 의무주의에 의하면 도덕적으로 옳은 행위는 그 결과와는 아무런 상관없이 무조건 행해야 한다는 것이다. 왜냐하면 그 행위는 이성이 우리에게 명령하는 절대적 의무이기 때문이다. 도덕적 명제의 위와 같은 성격을 가리켜 '정언명법categorical imperative'이라고 부른다. 명령에는 두 가지가 있는데 하나는 조건적이고, 다른 하나는 정언적이다. 명령적인 것이란 우리가 행위를 취해야 할 것임을 의미한다. 내가 밥을 먹어야 하며 운동을 해야만 한다고 하자. 내가 이러한 행동을 취해야 하는 이유는 생물로서 생존하기 위해서며, 건강을 유지하기 위해서다. 만일 내가 위와 같은 필요성을 느끼지 않는다면 나에게는 밥을 먹거나 운동을 해야 할 필요가 없다. 따라서 위와 같은 경우 내가 해야 할 행위는 내가 느끼는 필요성에 따라 달라진다. 대부분의 행위는 조건적, 즉 가정적 명령의 성격을 띠고 있다.

이에 반해서 정언명법은 무조건, 즉 절대적인 성격을 띤다. 행위의 결과나 동기와는 상관없이 그냥 해야 할 행위라는 것이다. 칸트에 의하면 도덕적 명제의 특색은 정언명법의 성격을 갖고 있는 데 있으며, 오로지 도덕적 명제만이 정언명법의 성격을 갖고 있다는 것이다.

그렇다면 어떻게 정언명법을 조건 명령과 구별할 수 있는가? 그러한 구별을 보여주는 어떤 객관적인 원칙이나 규준은 없는가? 칸트에 의하면 그것은 보편성에 있다. 어떤 행위가 모순 없이 보편화될 수 있다면 그것은 정언명법의 성격을 띠며, 따라서 도덕적으로 마땅히 해야 할 행위며, 그렇지 못한 것은 도덕적으로 잘못된 행위라는 것이다. 예를 들어 '거짓말을 하지 말라'는 것은 정언명법이다. 왜냐하면 거짓말을 한다는 것은 보편화될 수 없기 때문이다. 만약 모든 사람이 거짓말을 보편적으로 한다면 거짓말이라는 행위는 불가능하기 때문이다. 대부분의 사람들은 누구나 거짓말을 하지 않고, 따라서 대부분 남의 말을 믿을 수 있기 때문에 거짓말이 가능하다. 이와 같이 하여 '거짓말을 하지 말라'는 명제는 정언명법이며, 따라서 도덕적 명제가 된다. '약속을 지켜라'는 명제도 마찬가지로 분석될 수 있다.

어찌하여 보편적으로 모순 없이 이루어지는 행위가 도덕적인 것이며, 우리가 꼭 행해야 할 것인가? 칸트에 의하면 보편성은 이성의 본질이며 이성의 표현이다. 그리고 이성은 인간, 오직 인간만이 갖고 있는 기능이며, 그 기능 때문에 인간은 다른 동물과 달리 고귀한 내재적 가치를 갖고 있고, 따라서 그만큼 존엄성이 있다. 그러므로 보편성을 존중한다는 것은 이성을 존중한다는 말이며, 이성을 존중한다는 것은 인간의 본질에 대한 존경심을 나타내는 뜻이 된다. 만일 칸트의 의무주의 이론이 옳다면 그것은 객관적으로 언제나, 그리고 어디서나 도덕적 행위의 옳고 그름을 판단해주는 기준이 될 수 있고, 따라서 도덕적 가치의 객관적 인식을 보장해줄 것이다.

그러나 칸트의 주장에는 풀릴 수 없는 문제가 있다. 첫째, 보편성이 있는 모든 행위가 자동적으로 도덕적인 행위가 되지는 않는다. '아침에 일어나서 우선 손을 펴고 운동을 해라'는 명제는 모순이 없이 보편적으로 적용될 수 있다. 그러나 위와 같은 행위가 도덕적으로 옳고 그름을 따지기 이전에 도덕적인 것과 아무 상관도 없다는 것을 알 수 있다. 위와 같은 일을 문제로 삼지 않는다 하더라도 두 번째 문제가 생긴다. 칸트가 예로 들고 일반적으로 누구나가 도덕적 규율이라고 믿고 있지만, '거짓말을 하지 말라'든가, '약속을 지켜라'든가는 칸트의 주장에도 불구하고 도덕적인 차원에서 볼 때 규율이 보편적으로 적용될 수 없다. 어떤 경우 거짓말을 해야만 무고한 사람의 목숨이나 국가가 위기를 모면할 수 있다면 오히려 거짓말을 하는 것이 도덕적이고, 거짓말을 하지 않는 것이 비도덕적인 행위임은 누구의 도덕적 직관으로도 알 수 있을 것이다. '약속을 지켜라'라는 도덕적 명제도 마찬가지로 분석될 수 있다. 이와 같은 사실은 의무주의의 도덕적 이론을 세워 도덕적 가치에 대한 보편적이고 객관적인 판단근거를 마련하려고 한 칸트의 의도에도 불구하고, 만족스러운 결과를 가져오지 못했음을 증명한다.

도덕적 가치를 객관적으로 발견할 수 있는 보편적 기준을 마련하려는 또 하나의 시도는 벤담에 의해 창안되고 밀에 의해서 완성을 본 공리주의 이론이다. 이 이론에 의하면 어떠한 행위도 그 자체가 도덕적으로 옳고 그른 것은 없다. 한 행위는 그것이 가져오는 결과에 따라 선악이 판단된다. 여기서 결과는 사람의 행복과 관련된 결과다. 취할 수 있는 여러 가지 행위가 가능할 때 도덕적으로 옳은 것은 그중에서 가장 큰 행복을 가져오는 행위다. 이와 같은 공리주의는 '가장 많은 사람들에게 줄 수 있는 가장 큰 행복'이라는 밀의 유명한 슬로건으로 표현된다. 언뜻 보아 선명하고 맞는 주장이며, 따라서 이와 같은 원칙에 따라 객관적으로 도덕적 가치를 결정할 수 있을 것 같다.

그러나 이 이론에도 역시 문제는 있다. 첫 번째, 한 행동의 결과가 크냐 작으냐가 행복과 상대적이라면 우선 행복의 내용이 무엇인지를 확실히 해야 한다. 문제는 불행히도 그 내용이 막연하고, 사람에 따라, 때에 따라 얼마든지 다를 수 있다. 어떤 사람은 물질적인 만족을 행복이라고 생각하는데, 또 다른 사람들은 지적 만족에 행복을 느낀다면, 어떤 사람들의 행복을 기준으로 해서 한 행위의 결과를 측정할 수 있느냐의 문제가 있다. 두 번째, 위와 같은 문제가 없다고 가정해도 다른 문제가 생긴다. 예를 들어 미국에는 여러 인종이 살고 있는데, 만일 소수민족인 흑인들을 차별하여 노예로 쓰면 절대다수인 백인들의 생활에 유리하다는 점에서 그들에게 만족을 가져올 것이다. 그러나 흑인에게 평등권을 주면 소수인 그들은 만족시키겠지만, 절대다수인 백인들이 덜 만족하게 될 것이다. 이와 같은 상황에서 공리주의의 원칙에 따르면 인종차별이 도덕적으로 올바른 결정이라는 결론이 나온다. 그러나 우리들의 가장 자명하고 흔들릴 수 없는 윤리적 직관은 그와 같은 행위가 도덕적으로 옳지 않다고 주장한다. 세 번째로, 서로 다른 사람들의 이해관계와는 관계없는 다음과 같은 경우를 생각해보자. 아버지나 선생들의 경험과 지식으로 비추어봤을 때 아들의 가장 큰 행복은 의사가 되어야 한다는 확고한 결론이 나왔다고 하자. 그러나 아들은 화가가 되고자 고집한다. 지금 아들의 대학입시 문제가 대두되어 전공을 선택해야 할 입장에 몰려 있다. 이때 공리주의의 관점에서 볼 때는 아버지나 선생이 강제로라도 아들에게 의학을 전공케 하는 것이 도덕적으로 올바른 행위가 될 것이다. 그러나 성인이 된 아들의 자율성을 전혀 무시하는 행동이 과연 도덕적으로 옳다고 말할 수 있는가? 한 인간의 자율성이 그 인간의 존엄성과 뗄 수 없는 관계가 있다면, 아무리 선의에서 나왔다 하더라도 그러한 자율성을 무시하는 행위는 결코 도덕적인 행위라고 말할 수 없다. 왜냐하면 한 인간의 존엄성을 무시한 행위가 그 인간을 위한 행위가 된다는 것은 모순이기 때문이다. 위와 같은 세 가지 문제가 아니더라도 공리주의는 네 번째의 어려운 문제를 담고 있다. 공리주의의 원칙에 의하면 여러 가지 가능한 행동들 가운데 가장 큰 행복이란 가장 많은 다수에게 가장 만족스러운 결과를 가져오는 것이다. 그러나 전 인류, 아니 현재 살고 있는 인류뿐 아니라 미래에 태어날 무한한 수의 인간들의 행복도 고려해야 할 것이다. 그렇다면 어떻게 구체적으로 한 행위의 결과를 측정할 수 있을 것인가? 그런 측정은 불가능할 것이다. 왜냐하면 설사 현재 한 사회에 살고 있는 사람들을 두고 그러한 측정이 가능하며, 그래서 그 결과에 따라 행동함으로써 한 사회 안에서는 가장 큰 행복을 가져오는 행동이, 인류 전체의 관점에서 보면 양적으로 다른 행동보다 상대적으로 더 큰 불행의 원인이 될 수 있기 때문이다. 이러한 상황을 상상해 볼 때, 신이 아닌 이상 어떠한 행동이 공리적인 입장에서 본 가장 좋은 결과를 가져오는 행동인지를 측정할 수 있는 사람은 아무도 없다.

『윤리와 철학의 한계』라는 책에서 윌리엄스가 지적했듯이 종래 윤리 철학자들은 도덕적인 행위의 보편적이고 객관적인 원칙과 규범을 제공하는 데 그들의 정력을 쏟아왔다. 그러나 칸트의 의무주의나 밀의 공리주의는 다 같이 실패한 이론이다. 왜냐하면 그들이 다 같이 전제하고 있었던 바와는 달리 도덕적으로 옳고 그름은 보편적인 원칙이나 규범에 의해서 언제나, 그리고 어디에서나 결정될 수 없음이 드러났기 때문이다. 이와 같은 사실은 적어도 윤리적 가치, 도덕적 진리는 보편적인 것이 아니라 유일한 것이며, 그러한 가치와 인식은 반드시 반복적인 것이 아니라 일회적인 것임을 되풀이해 보인다.

그러나 어떤 진리가 유일적이고 그것의 인식이 일회적이라 해서 인식대상으로서 그 진리가 객관적이지 않다는 말은 아니다. 나라는 존재는 유일하지만 나라는 존재는 객관적이다. 유일한 내가 지금 당장 죽으면 내가 죽은 직후부터는 아무도 나를 다시 인식할 수 없을 것이다. 그렇다고 해서 내가 객관적으로 존재했었다는 사실이 부정되지는 않는다. 어떠한 특수한 윤리적 상황에서 나에게는 최선의 행위가 있었을 것이다. 만약 내가 그때 최선의 행위를 하지 못하여 다시 새삼스럽게 최선의 행위를 하려고 해도 나에게 이미 그러한 행위는 불가능하다. 내가 택해야 했을 최선의 도덕적 행위는 객관적으로 있었지만, 그것은 또한 시간 속에서 존재했기 때문에 그 시간이 지나면 그 행위는 절대적으로 되풀이될 수 없다. 최선의 행위가 시간적으로만 존재하기 때문에 그 행위는 그 시간이 지나면 영원히 존재하지 않고 만다. 그렇기 때문에 최선의 행위도 바로 그것이 존재하는 시간이 지나면 인식대상으로부터 사라져 없어지고, 따라서 다시는 되풀이 인식될 수 없는, 오로지 일회적 인식대상일 뿐이다. 윤리적 존재, 즉 윤리적 진리의 유일성, 그리고 그러한 존재에 대한 인식성은 윤리영역 밖의 인식, 즉 과학이나 철학에서의 인식에도 그러했지만, 결코 절대적인 객관성을 보장할 수 없음이 더욱 확실해진다. 따라서 우리가 흔히 말하는 진리란 결국 잠정적인 믿음을 말함에 지나지 않고, 그러한 것을 수용하는 우리의 믿음은 그만큼 불확정적이며, 따라서 우리의 인식은 일종의 선택이라고 앞서 말했었다. 위와 같은 사실이 모든 인식에 해당되지만 그 사실, 즉 인식의 불확정성, 더 확실히 말해서 인식이라고 부르는 선택행위의 불확정성은 가치, 도덕적 진리를 결정하는 윤리적 인식의 경우에 한결 더 커진다.

윤리적 선택의 절박성

선택은 일종의 행위를 의미한다. 그러한 선택은 반드시 두 개 이상의 다른 행위의 가능성을 전제하고, 또한 행위자의 자유로운 결정에 따라 그 행위를 구체적으로 행사할 수 있고, 아니면 그런 행위를 보류할 수 있는 가능성을 아울러 전제한다. 만일 식당에 한 가지 메뉴밖에 없다면 나는 메뉴를 선택할 수 없으며, 거꾸로 생각하여 비록 몇 가지 메뉴가 있다 하더라도 만일 내가 로봇과 같은 존재여서 나에게 자유가 없다면, 내가 그 메뉴들 가운데 어떠한 메뉴를 택하든지 나의 행위는 선택일 수 없다.

내가 나의 자유로운 결정에 의하여 한 메뉴를 택했다고 전제되며, 내가 아무 메뉴도 택하지 않고 식당에서 도로 나와버릴 수 있는 나의 자유가 전제되지 않는다면, 내가 어떻게 하든 그 행위를 선택이라고 부를 수 없다.

선택의 위와 같은 조건들과 그 성질은 비단 메뉴의 경우에만 해당되지 않는다. 앞서 우리는 인식, 즉 어떠한 사실, 사건, 상황에 대한 믿음도 일종의 선택이라고 했다. 윤리의 문제를 행동의 문제와 떼어서 생각할 수 없으며, 그 행동이 객관적으로 존재한다고 생각할 수밖에 없는 윤리적 가치, 윤리적 진리를 전제로 하기 때문에, 윤리적 문제는 과학 혹은 철학에서와 마찬가지로 근본적으로 인식의 문제라고 주장했었다. 그러므로 윤리의 문제도 일종의 선택의 문제다.

그럼에도 불구하고 똑같이 선택의 문제이지만 윤리적 선택은 다른 선택과는 다르다. 몇 개의 메뉴를 놓고 나는 자유롭게 그것 가운데서 선택을 할 수 있지만 선택을 보류할 자유가 있는 것과 마찬가지로, 장미꽃의 색깔이 빨간색이냐 아니냐는 두 가지 가능성을 결정할 인식의 문제가 나올 때 나는 그중 하나의 견해를 선택할 수도 있지만, 또한 나는 그런 선택을 피하고 아직 모르겠다고 대응할 수도 있다. 물리학자들이 제시하는 전류에 대한 두 가지 서로 다른 이론, 즉 파동설과 입자설 가운데에서 그 하나를 선택할 수 있고, 그렇지 않고 선택을 보류하고 아직 모르겠다는 입장을 취할 수도 있다. 물론 모든 경우에 한결같이 선택을 보류할 수 있는 행동의 여유가 있지는 않다. 누군가가 지금 급한 병환에 있다고 하자. 그 병에 대해서 두 의사가 전혀 상반되는 진단을 내렸고, 따라서 서로 상반되는 치료방법이 제시되었다. 또 만일 잘못된 진단에 따라 잘못된 치료를 하면 그 환자는 금방 죽게 된다고 하자. 이런 상황에도 불구하고 둘 중 어떤 진단이 올바른지, 즉 올바른 인식인지를 결정할 수 있는 이는 아무도 없다고 하자. 그렇지만 우리는 어떤 진단이 진리인가를 확인할 때까지 기다려보겠다고 할 수 있는 처지에 있지 않다. 우리는 두 가지 진단 중에 어떤 진단이 옳다는 것을 꼭 가려서 선택해야 한다. 이런 경우 우리는 진리, 즉 어떤 것이 옳은 앎이냐는 선택의 필요성을 연기하거나 도피할 수 없다. 이러한 경우의 예는 우리들의 일상적 경험에서 얼마든지 찾을 수 있다.

그러나 사물현상에 대한 인식적 선택은 항상, 필연적으로 절박한 선택을 필요로 하지는 않는다는 사실을 강조할 필요가 있다. 어떤 것이 진리냐, 어떤 믿음이 올바른 인식인가 하는 문제는 많은 경우, 많은 사람들에게 절박하지 않을 뿐 아니라 중요하지도 않고, 때로는 무관심한 문제다. 왜냐하면 실존주의 작가 카뮈가 말했듯이, 삼각형의 세 내각의 합이 180도냐 아니냐 따위의 문제, 혹은 플라톤의 형이상학이 옳으냐 아니면 주자의 성리학이 옳으냐 따위의 문제, 혹은 물리학에서 입자설이 옳으냐 아니면 파동설이 옳으냐의 문제는 설령 중요하다고 치더라도 2차적인 문제며, 가장 근본적이고 우선적인 문제는 삶이 형이상학적 의미를 갖고 있는가 아닌가라는 실존적 문제일지도 모른다. 왜냐하면 위와 같은 문제는 그 문제 자체로서만 볼 때 오로지 지적인 문제이기 때문이다. 그것의 가치는 지적인 만족, 즉 호기심의 만족을 채워주는 데 있다. 지적인 가치가 아무리 중요하다고 해도 그것은 인간이 가질 수 있는 여러 가지 가치 가운데 하나에 지나지 않는다. 그것은 삶 자체, 한 인격 자체와는 직접적인 관계가 없다. 어떤 문제의 절실성, 그 절박성은 인간으로서의 삶, 인간의 인격과 상대적인 관계를 갖고 있다.

다른 경우의 선택, 즉 기호에 따른 사물의 선택 혹은 지적 선택에서와는 달리 윤리적 선택에서는 그 상황이 달라지고 성격도 다르다. 학자의 삶을 살 것인가 아니면 실업가의 삶을 살 것인가 할 때 나는 아직 결정할 수 없다고 삶의 선택을 보류할 수는 없다. 학자도 실업가도, 그리고 그 외의 어떤 직업도 택하지 않고 살 수 있지 않느냐고 반문할지 모른다. 그러나 어떠한 삶을 사는가의 문제를 놓고 볼 때, 역설적이지만 선택하지 않는 것도 일종의 선택이다. 왜냐하면 누구든지 그가 살고 있는 한 어떤 방도로든지 살고 있는 것이며, 다른 방도의 삶을 선택할 수 있는데도 그 방도를 택하지 않았다면, 그는 이미 다른 방도의 삶이 아닌 현재의 삶의 방도를 선택하고 있는 것으로 볼 수밖에 없기 때문이다.

선택적 행위를 결정하는 데에서 선택의 불가피성과 절박성은 더욱 명백하게 드러난다. 누가 총을 들이대고 당장 우리 집에 숨은 친구의 행방을 대라고 한다. 나는 친구의 목숨을 살리기 위해서 거짓말을 하든가, 아니면 거짓말을 하지 않고 친구가 살해되는 것을 바라보아야 한다. 이럴 때 나는 두 행동 중에서 한 가지 행동을 순간적으로 선택해야만 하는 불가피성과 절박성에 몰려 있다. 판사로서 나는 피고에 대해서 어떠한 판결을 내려야 한다. 판사로서의 기능이 그러한 선택을 절박한 불가피성으로 만든다. 나의 도덕적 선택이 불가피하고 절박한 이유는 나의 선택에 따라 나 아니면 다른 사람들의 생명 자체가 직접 걸려 있고, 그렇지 않은 경우에는 구체적인 누군가의 복지, 행복 또는 인격의 존중성에 위험이 걸려 있기 때문이다.

윤리적 선택의 절박한 불가피성은 나의 생명이나 인격이 구체적으로 크게 걸려 있지 않은 경우에도 마찬가지로 생긴다. 내가 큰 부호의 집에 어떤 일로 가게 되었다고 하자. 마침 내가 앉아 있는 자리 옆에 나로서는 거액의 돈이 쌓여 있었다. 주인은 물론 아무도 없을 때 나는 그 거액의 돈 속에서 만 원짜리 지폐를 몇 장이고 빼낼 수 있었다고 하자. 그 정도의 돈이 없어졌다고 해서 부호인 집주인에게는 물론, 아무에게도 해로운 영향이 없음은 물론이고, 그 돈 임자는 없어졌다는 것을 알게 되어도 아무 관심조차 갖지 않을 것임을 나는 잘 알고 있다. 내가 돈을 좀 훔쳐냈다고 해도 그런 사실을 아는 사람이라면 나 자신을 빼놓고는 아무도 영원히 모를 것임을 나는 알고 있다. 그런데 가난하기 짝이 없는 나에게는 그 몇 만 원이 크게 아쉽다. 그래서 나에게는 그 돈을 훔칠 욕심이 생긴다. 아니, 비록 그 돈이 있고 없고 간에 나의 생활, 나의 경제적 만족에는 전혀 상관이 없을 수도 있다. 그러나 나는 역시 위와 같은 상황에서 몇 만 원을 훔쳐낼 수도 있고, 훔쳐내지 않을 수도 있다. 나는 얼떨결에 훔칠까 말까 하는 생각을 하게 됐다. 나는 어떻게 해야 할 것인가? 이러한 경우 나는 나의 결정을 피할 수 없고, 설사 피할 수 있다 해도 선택을 피해서는 안 된다는 심리적 절박감을 느끼게 한다. 그것은 나의 행위가 윤리적으로 옳거나 그를 수 있게 마련이며, 만약 옳다면 나의 선택은 그만큼 나의 삶을 옳게 하는 기능의 일부이겠지만, 만약 그 선택이 잘못이라면 그것은 나의 삶의 가치를 영원히 깎아내는 원인의 하나가 될 것이기 때문이다. 어떠한 절박한 행위에는 반드시 옳거나 그르거나 둘 중의 하나의 가치가 있지 중립적인 것은 없다. 어떤 행위가 윤리적 가치라는 관점에서 중립적이라는 말은, 사실인즉 그 행위가 윤리적이 아니라는 말을 의미함에 지나지 않는다.

윤리적 선택이 각별히 불가피하고 절박한 이유는 윤리적 인식대상의 존재양식인 유일성에도 있다. 윤리 밖에서의 인식대상은 영원하고 불변하다. 플라톤의 형이상학, 칸트의 인식론, 아인슈타인의 상대성원리가 진리라면 그 진리는 위와 같은 위대한 철학자나 과학자에 의해서 발견되지 않았더라도, 그리고 장래에도 누구에 의해서 인식되지 않았더라도 인간의 인식능력과는 상관없이 여전히 영원히 존재한다. 달리 말해서 이와 같은 경우 인간의 인식행위는 시간적이지만, 그 대상은 초시간적이다. 이와는 달리 윤리적 인식 대상은 그 자체가 시간적 존재다. 오로지 어느 한 시간적 교차점, 어느 한 상황적 교차점에서만 존재한다. 어떤 특수하고 유일한 상황과 시간 속에서 내 눈앞에 있는 돈을 훔치는 것이 옳으냐 그르냐가 존재하며, 나는 그것을 그 시간 속에서 발견하고 결정해야 한다. 판사가 어느 특정한 상황 속에서 특정한 시간에 특정한 판결을 해야 하는데, 그때의 옳고 그른 판결은 다시 다른 곳에서 찾아볼 수 없다. 왜냐하면 그때가 지나면 엄격한 관점에서 볼 때 상황이 달라지고, 따라서 그와 같이 달라진 상황 속에서는 먼저와는 다른 판결이 올바른 판결이 될 것이다. 다시 말해서 윤리적 인식대상은 시간 속에서만 존재하기 때문에 시간이란 것이 원래 무상한 이상, 그 속에 존재하는 것도 무상한 것, 즉 유일적일뿐 아니라 일회적인 존재일 수밖에 없다. 윤리적 인식이 다른 인식과 마찬가지로 선택이라 해도, 다른 선택의 경우와는 달리 윤리적 선택의 경우 그 선택의 존재양식이 유일성을 갖고 있고, 더욱이 일회적인 이상 시간적으로 한없이 절박할 수밖에 없다. 나는 다시는 되풀이할 수 없는 유일한 윤리적 가치를 파악해야 하는데, 그것은 어떤 정확한 시간 속에서 한 번밖에 할 수 없는 것이라서 다시 수정될 수 없기 때문에, 그 선택은 반성적으로 생각하면 할수록 더욱 심각해진다.

이와 같은 윤리적 가치, 옳고 그름의 절박한 선택 상황은 우리의 입장을 이른바 '상황윤리'의 입장으로 이끌어가는 듯하다. 실존주의자들에 의하면 윤리에서의 선택을 합리적으로 할 수 있게 마련해주는 아무런 원칙이나 객관적 사실이란 없다. 따라서 궁극적으로 그 선택은 선택하는 그 당장에 맹목적으로 할 수밖에 없다는 것이다. 윤리적 가치나 도덕적 옳고 그름은 객관적으로 존재하는 것이 아니라, 아무런 객관적 이유를 댈 수 없는 선택이라는 행위 자체에 의해서 그 윤리적 가치와 도덕적 옳고 그름이 결정되기 때문이라는 것이다. 요컨대 상황윤리에 의하면 내가 선택하는 어느 행동에 의해서 나는 나의 윤리적 가치와 도덕적 옳고 그름을 만들어내며, 다른 사람은 그 사람의 선택 행위에 의해서 그 사람의 윤리적 가치와 도덕적 옳고 그름을 만들어낸다는 것이다. 이와 같이 볼 때 어느 경우든 간에 가치는 객관적인 존재가 아니며 한 사람의 선택에서 나타나는 욕망, 바람 등의 표현에 지나지 않는다. 그래서 가치는 언제나 주관적이고, 나의 가치는 다른 사람들의 가치와 똑같을 필요가 없으며, 내가 지금 선택한 가치는 내가 다음 순간 선택할 가치와 반드시 동일한 필연성도 없다는 것이다. 그러나 이러한 상황윤리와 달리 나는 윤리적인 가치의 존재학적 유일성이나 인식적 일회성이 그 가치의 객관성을 부정한다고 주장하는 것이 결코 아니다. 오히려 나의 윤리학적 주장은 그 가치의 객관성을 전제로 하고 있으며, 그 가치의 객관성을 밝히는 데 있다. 나의 주장의 초점은 그러한 객관적 가치의 존재양식 때문에 그 가치를 인식하는 데에서 인식의 절대적 확실성이 결코 보장될 수 없다는 데 있다.

윤리적 선택의 도박성

도박은 반드시 선택을 의미하지만 모든 선택이 자동적으로 도박이 되지는 않는다. 선택은 선택 대상을 확실히 알고 할 수도 있고, 그렇지 않고 하는 경우도 있다. 백화점에서 나는 그곳에 있는 모든 종류의 옷들이 어떤 것인지를 잘 알고 난 후에 그중 하나를 선택한다. 그러나 카드놀이를 할 경우 나는 수많은 카드 가운데서 한 장을 선택해야 하는데, 그 카드가 맞아 노름에서 이길 수 있는지 어떤지를 확실히 모르고 뽑아야 한다. 도박의 가장 뚜렷한 의미의 하나는 그것이 불확정 속에서의 선택이라는 데 있다.

그러나 불확정 속의 선택이 한결같이 도박은 아니다. 카드놀이 때의 카드의 선택은 도박이 아니다. 도박에서 하는 선택은 그 선택에 크고 작은, 또는 더 중요하거나 덜 중요한 무엇이 걸려 있다. 그 카드놀이는 그냥 소일을 위한 것이 아니라 거기에 돈이나 그밖의 것들, 우리들이 중요하게 여기는 것, 다시 말해서 어떤 가치가 걸려 있다. 내가 카드를 한 장 잘못 선택하면 나는 내 재산의 일부를 잃을 수 있고, 더 악독한 도박의 경우 내 아내를 잃을 수도 있다. 그러므로 어떤 선택이 도박이냐 아니냐를 결정해서 가려내려면, 첫째로 그 선택이 불확실한 조건 아래에서 하게 되었는가 아닌가를 먼저 알아내야 하고, 둘째로 그 선택에 따라 어떤 가치를 얻거나 잃거나 하는 양자택일의 문제가 걸려 있는가를 알아봐야 한다.

우리는 앞에서 과학적 인식, 즉 어떤 과학적 믿음을 갖는 것도 일종의 선택임을 강조했었다. 물리학에서 입자설을 믿느냐 아니면 파동설을 믿느냐 하는 문제는 궁극적으로 선택의 문제라고 했다. 신이 존재하느냐 아니냐 하는 것은 아무도 확실히 증명할 수 없으며, 그중 어떤 입장을 진리라고 믿느냐는 문제는 과학적 이론의 경우보다 더 분명히 선택적이다. 그리고 위와 같은 과학적 진리의 선택이나 종교적 진리의 선택의 경우 거기에는 진리의 문제가 걸려 있다. 선택이 잘 될 때 나는 진리를 알게 될 것이고, 그렇지 않은 경우 나는 진리를 잃을 것이다. 진리도 일종의 가치다. 그렇다면 과학적으로 어떤 것이 진리라고 선택하든가, 또는 종교적으로 신의 존재를 믿든가, 아니면 그것을 부정하든가 결정할 때 그 선택을 도박이라고 부를 수 있는가? 우리는 위와 같은 경우 그러한 선택을 도박이라고 부르기를 주저할 것이다. 물론 이 경우에도 진리라는 가치가 걸려 있지만 그 가치는 어디까지나 지적인 가치에 지나지 않고 인간의 인격, 삶 그리고 우리가 살아가는 데 필요한 어떤 물건이 아니기 때문이다. 물론 진리도 우리들의 삶과 어떤 관계를 반드시 갖고 있지만, 그 관계는 어디까지나 간접적이다. 진리를 발견할 때 우리는 자연을 지배하고 이용하여 우리 삶을 풍부하게 할 수 있다. 그러나 똑같은 진리가 인간의 삶을 풍부하게 하거나 인간의 인격을 높이는 데 사용되기는커녕, 그와는 정반대로 인간에게 불행을 가져오고 인간을 멸망시키는 데까지도 이용될 수 있다. 그러므로 진리는 그 자체가 지적인 가치를 갖고 지적 만족을 주지만, 그 자체로서는 삶 또는 인격의 가치와는 아무런 필연적 관계도 갖지 않는다. 다시 말해서 과학이나 종교적 인식의 경우 우리의 인식적 선택에는 진리라는 지적 가치가 걸려 있지만, 삶이나 인격과 같은 실존적 차원에서 볼 때 그 진리는 그 자체로서 아무런 가치도 되지 않는다.

파스칼은 적어도 종교적 믿음만은 일종의, 아니 가장 엄숙한 도박이라고 보았다. 신의 존재를 믿고 안 믿는 것은 이성의 문제가 아니라 도박적인 선택이라는 것이다. 그 이유는 신의 존재를 믿고 안 믿는 선택에는 영원한 극락의 삶, 아니면 영원한 지옥에서의 고통이 걸려 있기 때문이라는 것이다. 파스칼의 위와 같은 설명에 납득이 간다. 그러나 좀더 생각해보면 파스칼의 생각은 문자 그대로 받아들이기 어렵다. 파스칼의 생각에는 신의 존재나 부재의 선택에 영원한 천당이나 영원한 지옥이라는 가치가 걸려 있다. 그러나 신의 존재나 부재에 따른 결과가 그러한 것이지, 신의 존재나 부재에 대한 진리 자체, 그 진리를 믿는 사실 자체가 직접 천당이나 지옥에 걸려 있지는 않다.

그렇지만 윤리적 선택의 경우 사정은 확실히 다르다. 만일 내가 나에게 잘못된, 즉 그릇된 삶의 길을 택한다면 그것은 직접 나의 삶에 잘못된 것, 가치 없는 것의 요소가 되며, 그렇지 않고 내가 참된 나의 삶을 선택했다면 그것은 직접 나의 올바른, 즉 보람 있는 삶의 요소가 된다. 마찬가지로 만일 내가 도덕적으로 잘못된, 즉 틀린 행위를 취했다면 그것은 다시는 수정될 수 없는 나의 도덕적 행위로 영원히 남아 있을 것이며, 따라서 나의 삶은 그것과 상대적으로 그만큼 옳고 그른 삶, 그만큼 참되고 그릇된 삶으로부터 멀어질 것이다. 그리고 일단 그처럼 결정된 나의 삶은 영원히 바뀔 수 없어 옳고 보람 있는 삶으로 결정되거나, 아니면 그릇되고, 따라서 보람 없는 것으로 결정지어질 것이다. 윤리적으로 옳거나 그릇된 나의 선택에 따라 나는 형이상학적 차원에서 영원히 꽃과 같이 향기롭고, 새와 같이 즐겁고, 금과 같이 빛나거나, 아니면 영원히 쓰레기처럼 추하고, 죽어가는 짐승과 같이 고통스럽고, 밤과 같이 어두울 것이다. 그러므로 어느 사람에게든지 윤리적 선택 이상으로 더 크고 더 중요한 가치가 걸려 있는 선택을 생각할 수 없으며, 윤리적 선택처럼 더 절실하고 심각한 도박은 상상해낼 수 없다.

『자비의 윤리학』(1990)

03
윤리적 삶의 당위성

무엇인가를 안다는 것과 그 앎에 따라 행동한다는 것은 다른 문제다. 나는 철학자의 삶이 어떤 것임을 알고 결혼이란 행위가 어떤 것인지를 안다. 그러나 내가 꼭 철학자의 삶을 택하거나 꼭 결혼을 해야 한다거나 하는 당위성, 즉 필연적 이유는 없다. 내가 철학자의 삶보다는 소박한 농부로서 살기로 하든가, 결혼하지 않고 평생 독신의 삶을 택한다 해도 아무 모순이 없다.

위에서 본 대로 윤리적인 삶, 도덕적인 행위가 어떤 것임을 알았다고 하자. 윤리적 삶과 도덕적 행위는 한마디로 삶의 보람을 찾는 태도며, 인격으로서 인간을 존중하는 데 바탕을 둔 비이기주의적 행위라고 하자. 이와 같은 경우에도 앞의 경우들과 마찬가지로 앎과 행위가 분리될 수 있는가? 사람을 이유 없이 살해하거나 남의 인격에 모욕적인 행위를 한다는 것은 윤리적으로 나쁘다는 것을 알고 있으면서도 사람을 살해하고 남의 인격에 이유 없이 해를 준다면, 그것들 사이에는 모순이 없는가? 윤리적인 삶이 무엇인가를 알고 도덕적 행위가 어떤 행위임을 안다는 것은 그 앎에 따른 행동에 당위성을 부여하는가? 이 문제는 최근 윤리학에서 흔히 '왜 나는 도덕적이어야 하는가Why should I be moral'라는 문제로 제시되어 토론되어오고 있다.

이 물음에 대한 답을 찾기 전에 우리는 이 물음이 도대체 정확히 말해 무엇에 대한 물음인가를 좀더 구체적으로 밝혀둘 필요가 있다.

문제의 분석

아주 이상적인 성인을 빼놓고는 윤리적인 것은 모든 사람에게 다소 정도의 차이는 있으나 반드시 제약적인 것 혹은 억압적인 것으로 나타난다. 그것은 우리가 개인적으로 혹은 주관적으로 혹은 충동적으로 하고 싶은 행위를 억제하고, 그러한 행위들과 반대되는 행위를 강요한다. 나의 본능은 동물을 잔인하게 살해하고자 하며, 나의 충동은 남의 돈을 훔치고자 하며, 나의 욕망은 지나가는 여인을 납치해서 강간하라고 한다. 그러나 윤리는 이와 같은 모든 행위를 억압하고, '너의 본능을 눌러서 살해하지 말라', '너의 충동을 억압해서 돈을 훔치지 말라', '너의 욕망을 제압해서 강간하지 말라'고 명령한다. 이와 같이 볼 때 윤리는 인간을 불행케 하는 요소가 된다고 볼 수 있다.

그렇다면 본능적으로 위와 같은 억압적 윤리로부터 해방되고 싶어짐은 자연스럽고 당연하다. 우리는 개나 돼지와 다른 인간이라는 동물로 태어났음을 다행으로 생각하고 큰 긍지를 갖는다. 그러나 언뜻 생각하기에 모순된다고 지적될지 모르나, 우리는 순간적으로나마 때때로 인간으로 태어난 각별한 고역을 의식하고 차라리 개나 돼지가 되었더라면 하고 인간 아닌 다른 동물들에게 선망을 느낀다. 이러한 사실은 특히 사춘기의 고통스러운 시기를 극복해야 하는 경험을 솔직하게 반성해보면 확실해질 것이다. 억제하기 어려운 성적 충동에도 불구하고 그러한 욕망을 만족시키는 행위는 윤리적으로 엄격히 금지되어 있기 때문이다. 인간은 이와 같은 윤리적 억압 속에서만 존재할 수 있지만, 우리가 관찰할 수 있는 한에서 다른 동물들에게는 그러한 억압적 윤리의 규범이 없다. 동물은 그만큼 자유롭고, 따라서 그만큼 만족스러운 삶을 살고 있는 것 같이 보인다.

'왜 나는 도덕적이어야 되느냐'는 물음은 위와 같은 예에서 본 바와 같이 억압적이게 마련인 윤리성으로부터 해방에 대한 충동의 표현으로도 해석될 수 있다. 니체가 『선악의 피안』이라는 책을 썼을 때 그는 철학적이고 심리학적 차원에서 윤리로부터의 해방을 주장한 것이고, 훨씬 더 앞서 노자가 『도덕경』을 썼을 때 그는 윤리적 구속으로부터 해방되기를 형이상학적 차원에서 주장했던 것이다. 요컨대, '왜 도덕적일 필요가 있는가'라는 물음에 대해서 니체와 노자는 다 같이 부정적 대답을 했다. 그들에 의하면 도덕적일 필요가 없다는 것이다. 남의 물건을 훔치고 싶을 때, 혹은 남의 아내를 강간하려고 할 때 다른 이유가 없다면 '그런 행위는 하지 말라'는 윤리규범 때문에 구애될 필요가 없다는 것이다. 과연 그럴까? 그렇지 않다면 어떤 이유 때문에 윤리적 억압을 자진해서 수용해야 하는가? 이 물음에 대한 대답에 앞서서 다시 한 번 위와 같은 문제가 제기될 수 있는 경우를 상상해서, 그 물음이 도대체 무엇에 대한 물음, 정확히 무엇을 알고자 하는 물음인가를 분석해보자.

어떤 철학자들은 이 물음이 물음으로 성립될 수 없는 사이비 물음이라고 주장했다. 따라서 문제가 될 수 없는 질문이라는 것이다. 왜냐하면 첫째로 도덕적인 문제는 이성적인 문제며, 둘째로 '왜 나는 도덕적일 필요가 있는가'라는 물음은 이성적인 대답을 요청하는 행위이기 때문에, 결국 그 물음은 '왜 이성적인 것은 이성적일 필요가 있는가'라는 의미를 갖고, 따라서 동어반복적인 표현에 불과하다는 것이다. 즉, 말이 되지 않는 물음이라는 것이다. 그러나 과연 그런 것인가? 플라톤이 그의 대화론 『국가』에서 도덕적 문제로서의 '정의'에 대한 토론을 전개시키면서 인용한 신화 '가이게스의 가락지The Ring of Gyges'를 들어보자.

옛날, 아주 아득한 옛날 그리스의 한 왕국인 리디아라는 곳에 한 목동이 살고 있었다. 그가 들에서 양떼를 지키고 있던 어느 날 천둥이 치고 바람이 불더니 들의 땅바닥이 갈라져서 큰 통로가 생겼다. 호기심에 끌려 그 속에 들어가 보았더니 신기한 것들이 많이 있었다. 그 가운데 금가락지만을 손가락에 낀 송장이 있었다. 목동은 그 금가락지를 빼어 끼고 밖으로 나왔다. 그 반지를 끼고 그는 왕에게 양의 상황에 대해 보고하러 왕국에 갔다. 다른 사람들 틈에 끼어 앉아 무심히 가락지를 돌려보았더니 자기 자신이 옆의 사람들에게 보이지 않게 됨을 발견하게 됐다. 그리고 다시 다른 쪽으로 가락지를 돌리자 다시 자기 자신이 남들에게 보이게 됐다. 이와 같이 놀라운 마술을 갖게 된 것이 알려져서 그는 왕의 한 사환으로 채용되었고, 그러자 그는 왕후와 간통하고, 왕후의 도움으로 왕을 공격, 살해하여 마침내는 그 왕국을 차지하고 만다. 그가 이러한 행위에 사용한 금가락지를 '가이게스의 가락지'라고 부른다.

그가 한 짓은 도덕적으로 마땅히 규탄받을 행위였다. 만일 그가 남들의 눈에 보여서 들켰다면 당장 사형되고 말았을 것이다. 그러나 문제는 그에게 마술적인 힘을 가진 금가락지가 있고, 그것을 이용하여 도덕적으로 못된 짓을 해도 남들이 알 리가 없고, 따라서 그는 무사할 뿐 아니라 도덕적으로도 훌륭한 사람으로 존경받을 수 있다는 데에 있다. 만약 내가 그러한 힘을 가진 '가이게스의 가락지'를 갖고 있다면, 그리고 내가 왕후와 간통하고 싶고, 왕을 죽이고 왕국을 차지해서 영화와 권세를 누릴 수 있다면, 무슨 이유 때문에 윤리적 규범에 따라 위와 같은 영화와 권세를 버려야 할 것인가? 물론 그렇게 해야 한다고 대답하는 사람이 있을 것이다. 이러한 대답이 만족스러울 수 있는가? 그렇게 하는 것이 윤리적인 것이기 때문이라고 이유를 댈지 모른다. 그러나 이러한 대답은 물음의 초점을 잘못 안 데서 나온다. 금가락지를 낀 목동이 윤리적 입장, 윤리적 관점을 취했을 때는 물론 그는 그가 했던 짓을 해서는 안된다는 결론이 나온다. 이러한 결론의 근거는 그가 이미 윤리적 입장을 취하고 있기 때문이다. 그러나 여기서 문제는 무슨 이유로 윤리적 입장 자체를 취하는가에 있다. 대학에 입학을 하려면 공부를 열심히 해야 하고, 어떤 경쟁에서 선수가 되려면 경쟁이나 경기에 참여해야 하고, 어떤 게임에서 이기려면 그 게임에 참석하여 게임의 규칙에 따라 움직여야 한다. 따라서 각기 위와 같은 세 가지 경우에서 꼭 어떻게 해야 한다면 거기에는 각기 분명한 이유가 있다. 그러나 위와 같은 경우 나는 대학에 입학하기를 원치 않을 수 있고, 어떤 경쟁에 참여하기를 싫어할 수 있고, 어떤 게임에 참가하지 않을 수 있다. 그렇다면 나는 공부를 열심히 할 이유도, 경쟁이나 게임에 참여할 이유도 없다. '왜 나는 도덕적일 필요가 있는가'라는 물음은 도덕적인 입장을 취하며 살 필연적인 이유에 대한 물음에 지나지 않는다. 도덕적인 입장을 취한다는 것이 사람답게 사는 것을 의미한다면, 그리고 나는 짐승처럼 살 수도 있다면, 내가 꼭 사람답게 살아야만 하는 필연적인 이유가 있는가 하는 물음도 논리적으로 가능한 물음이다. 비록 내가 본능적으로, 또 성격상 윤리적 규범에 따라 사람답게 살기를 원하고, 그렇게 함으로써 내게 행복을 가져온다고 해도 위와 같은 물음은 역시 논리적으로 가능하다. 왜냐하면 내가 윤리적으로 살기를 원하고 그 결과로서 행복을 느낀다 해도, 그러한 사실은 우연적인 결과에 불과할 뿐이므로 아무런 필연성도 없기 때문이다. 문제는 윤리적 관점을 택하는 행위의 합리성에 있다.

그렇다면 내가 신비로운 힘을 가진 금가락지를 갖고 있을 때 내가 신화에 나오는 목동과 같은 짓을 하거나, 또는 목동과 같은 행동을 하지 않을 이유가 어디에 있는가의 문제는 아직도 살아남아 있고, '무엇 때문에 나는 도덕적으로 살아야 하는가'의 문제는, 따라서 적절한 대답을 요청한다. 그 물음에는 두 가지 대답이 가능하다. 내가 목동과 같이 살아서는 안 될 아무런 이유도 없다는 대답이 나올 수 있거니와, 만일 이유가 있다면 그 이유는 몇 가지로 갈라 생각할 수 있을 것이다. 먼저 두 번째 이유의 가정적 대답을 검토해보자.

외재적 이유

합리화는 반드시 어떤 대상을 전제하며, 또한 어떤 동작을 의미한다. 이 경우 그 대상은 사물현상일 수도 있고 생각일 수도 있는 듯하며, 이 경우의 동작은 사물현상적 동작일 수도 있고 생각 동작, 즉 사고의 어떤 활동을 의미할 수도 있을 것 같다. 뉴턴의 만유인력설은 땅에 떨어지는 사물현상을 구체적인 실험이라는 활동을 통해서 합리적으로 설명했다고 할 수도 있고, 피타고라스는 삼각형의 내각의 합이 180도라는 생각에 논리적, 즉 생각만으로 합리성을 보였다고 할 수 있다. 그러나 좀더 생각해보면 모든 합리화의 대상은 생각뿐이며, 모든 사물이 떨어진다는 생각이 실험을 통해서 옳다는 생각을 보여주는 데 지나지 않는다. 그가 행한 구체적인 실험은 오로지 합리성을 뒷받침하는 수단에 불과했다고 보아야 하기 때문이다.

어떤 생각에 대한 합리성을 발견하려면, 그 합리성은 그것의 대상과 다른 것이어야 함은 논리적으로 자명하다. A의 합리성에 대해서는 A 자체만으로서는 논리적으로 불가능할 것 같고 반드시 A 아닌 다른 것에 의해서만 가능하다. 구체적인 삼각형의 내각의 합이 180도가 된다는 믿음은 삼각형 자체가 아니라 기하학적 이론에 의해서 합리성이 밝혀지고, 한 구체적인 사물이 땅에 떨어진다는 사실을 믿는 생각은 그것과는 다른 만유인력설, 즉 한 생각의 체계에 의존해서만 합리성을 갖는다. 그렇다면 '도덕적으로 살고 행동해야' 하는 이유는 그와 같은 행동, 즉 도덕적인 행위 자체 속에서는 찾을 수 없을 것이다. 도덕적으로 행동하고 윤리적으로 살아야 한다는 주장이 니체 같은 사람을 빼놓고는 거의 모든 철학자들에 의해서 옳다고 주장되고 합리화되는데, 그들의 합리화는 비윤리적인 사실에 의해서 외재적으로 이루어진다. 왜냐하면 모든 합리성은 필연적으로 외재적인 것이기 때문인지도 모른다.

왜 윤리적인 문제를 생각해야 하며 도덕적으로 살아가야 하느냐의 물음에 대한, 즉 윤리도덕적으로 살아가야 할 이유에 대한 대답은 크게 사회학적 이유와 심리학적 이유로 나누어 고찰될 수 있다.

첫째, 사회학적 이유를 살펴보자. 만약 한 사회의 구성원들이 윤리도덕을 지키지 않는다면 그 사회는 당장 붕괴된다. 만일 모든 사회구성원이 한결같이 윤리도덕률을 위반한다면 그 사회가 붕괴될 것임은 쉽사리 알 수 있다. 왜냐하면 한 사회의 존재는 어떤 질서를 필요로 하며, 그 질서 가운데서도 인간 상호 간의 이해관계를 가장 기본적 차원에서 조절하는 질서가 윤리도덕률이기 때문이다. 인간이 살기 위해서는 사회적 질서가 반드시 필요한데, 윤리도덕률은 이와 같은 질서를 보장하는 가장 근본적인 질서다. 그 사회의 모든 사람이 윤리도덕률을 지키지 않으면 그 사회는 자연적으로 없어지고, 그곳에서 사람들은 온전한 생활을 할 수 없다. 한마디로 말해서 윤리도덕률을 모든 사람들이 지키지 않는 사회는 정글과 같아서 그곳에서는 인간들의 관계가 완전히 동물들 간의 관계로 바뀔 것이다. 그렇다면 단 한 순간이라도 약탈과 죽음의 공포로부터 해방되어 안심하고 살 수 없게 될 것이며, 그런 곳에서는 문화생활도, 문명생활도 있을 수 없을 것이다. 위와 같은 논리에 근거가 있다면, 사회질서를 지키기 위해서, 궁극적으로는 사회의 모든 구성원에게 가능한 만족스러운 삶을 살도록 마련하기 위해서 윤리도덕은 지켜져야 한다. 다시 말해서 사회 질서, 그리고 그 사회의 번영을 위해서는 윤리도덕이 누구에게나 필요하다는 것이다. 한마디로 사회질서, 더 궁극적으로는 모든 사람들의 만족스러운 삶은 모든 사람들이 윤리도덕을 지켜야 할 충분한 이유가 될 것이다.

언뜻 보아 위와 같은 대답은 옳은 것 같다. 위와 같은 인간 상황은 객관적 사실이기 때문이다. 그러나 좀더 세밀히 생각해볼 때 위와 같은 대답은 문제의 초점을 잘못 이해한 대답이다. '왜 윤리도덕적으로 살아야 하는가'라는 물음은 두 가지 서로 다른 의미로 해석할 수 있다. 첫째, 이 물음은 '왜 사람들은 모든 사람들의 입장, 즉 사회적 입장에서 볼 때 윤리도덕을 지켜야 하는가'라는 의미로 해석될 수 있다. 우리들이 지금 따지고 있는 물음의 의미가 위와 같이 해석될 때 윤리도덕의 합리성이 사회에 있다는 대답은 오랜 인류 역사를 통한 경험, 인간에 대한 냉철하지만 객관적인 이해를 통해 볼 때 틀림없다. 왜냐하면 사회적 관점에서 볼 때, 다시 말해서 사회 질서가 필요하다는 관점에서 볼 때 윤리도덕은 없어서는 안 될 일종의 규율, 또는 제도로 볼 수 있기 때문이다. 그러나 '왜 윤리도덕적이어야 하는가'의 문제가 위와 같이 해석될 수 있는 문제라면, 사실 이 문제는 철학적 문제로서 플라톤 이후 근래, 특히 이른바 분석철학에 이르기까지 제기되지 않았을 것이고, 계속 논의되지도 않았을 것이다. 왜냐하면 그 문제에 대한 대답은 너무나도 자명하기 때문이다. 만일 위의 물음이 철학적 문제로 계속되어왔다면 그 물음은 위와 같은 해석과는 다른 해석에 의해 이해되어야 할 것이다.

'왜 나는 윤리도덕적으로 살아야 하는가'의 물음은 사회적 관점에서 볼 때 왜 모든 사람들이 윤리도덕적으로 살아야 하는가를 알려 하는 물음이 아니라, 나의 개인적 입장에서 볼 때 남들이 아니라 오로지 내가 왜 윤리도덕적으로 살아야 하는가의 이유를 알고자 하는 물음이다. 사회적 관점에서 볼 때 왜 모든 사람들이 한 사회의 윤리도덕을 지켜야 하는가의 이유를 나는 잘 알고 있지만, 나는 아직도 왜 내가 사회적 관점에서 윤리도덕을 이해해야 하는가, 왜 개인으로서 나 자신이 윤리도덕적으로 살아야 하는지는 알 수 없다고 할 수 있다. 여기서 우리의 문제는 후자의 경우와 같은 물음에 대해서 어떠한 납득할 수 있는 이유를 댈 수 없는 데에 있다. 문제는 그냥 '왜 윤리도덕적으로 살아가야 하나'도 아니며, '왜 모든 사람들이 윤리도덕적으로 살아가야 하는가'도 아니며, '왜 사회는 윤리도덕의 규범이 필요한가'도 아니다. 위와 같은 세 가지 물음에 다 긍정적인 대답이 나오더라도 우리가 묻는 문제, 우리가 대답을 찾고자 하는 문제는 '왜 나 자신이 윤리도덕적으로 살아야 하는가'다. 이와 같은 물음이 앞선 형식으로 나타난 물음과 다른 물음임을 모르는 데서 우리는 흔히 동문서답을 하게 된다. '왜 나는 윤리도덕적으로 살아야 하는가'의 문제에 대한 사회학적 대답은 이 문제의 올바른 이해가 없는 데서 생긴 동문서답의 한 예가 된다. 그러므로 '왜 나 자신이 윤리도덕적으로 살아야 하는가'의 문제는 사이비의 문제가 아니라 논리적으로 엄연한 타당성을 갖는 문제며, 바로 이 문제야말로 우리가 그 답을 찾으려 하는 것이다. '왜 모든 사람들이 윤리도덕적으로 살아야 하는가'라는 물음이 어떤 점에서 논리적으로 전혀 다른 문제며, 후자의 물음에 대한 사회학적 설명이 어째서 초점을 잃은 대답인가를, 앞에서 예로 든 '가이게스의 가락지'라는 신화를 분석하면서 살펴보자.

목동 가이게스는 자기를 신뢰하는 왕을 배반하여 왕후와 간통하고, 왕을 죽이고 왕국을 약탈했다. 물론 가이게스는 다른 사람에게도 자기와 같은 행동을 하는 것이 허용된다면 그 사회는 붕괴되고, 그 사회에 사는 모든 사람들이 다 같이 불행하게 될 것임을 잘 알고 있다. 따라서 그는 사회의 질서 그리고 존속을 위해서, 더 나아가서는 모든 사람들이 다 잘살기 위해서 다른 사람들은 가이게스 그 자신이 한 것과 같은 행동을 해서는 안 됨을 잘 알고 있다. 즉 그는 사회학적 입장에서 볼 때, 모든 사람들의 상호 간의 이익을 위해서 모든 사람들이 윤리도덕을 지켜야 한다는 것을 잘 알고 있다. 거꾸로 말해서 그는 다른 모든 사람들과 마찬가지로 남의 신뢰를 배반해서는 안 된다는 것, 남의 아내와 간통하고 그 남편을 살해하고 그의 모든 소유물을 약탈해서는 안 된다는 이유를 잘 알고 있다. 그러나 가이게스는 금가락지 덕택으로 비상한 힘을 갖고 있다. 그리고 그 힘을 이용해서 아무런 제약을 받지 않고 자신의 이익을 위해서 윤리도덕을 깨뜨렸다. 만일 내가 가이게스와 같은 반지를 갖고 있다면 내가 은행에 가서 거금의 돈을 훔쳐 거부가 되고, 모든 권력자들을 살해한 후에 절대적 독재자로서 권세를 누리지 않으리라고 가정하는 이유는 어디에 있을 수 있을까? 나는 모든 사람들이 윤리도덕을 지켜야 함을 알고, 그렇게 할 것을 역설하며, 윤리도덕을 지키지 않는 모든 사람들을 철저하게 처벌하고, 그러한 사람들이 정신적으로나 물질적으로 내가 살고 있는 사회에서 살기 어렵게 만들어놓는다. 물론 나도 마찬가지여서 만일 내가 윤리도덕을 지키지 않고 살고 있음을 남들이 알 때 나도 남들로부터 정신적으로나 물질적으로 규탄을 받게 될 것이다. 그렇다면 나도 윤리도덕을 지키고 살아야 할 자명한 이유가 있다. 문제는 내가 갖고 있는 금가락지, 그 금가락지가 발휘하는 마술적 힘에 있다. 금가락지의 마술적 힘으로 내가 아무리 윤리도덕을 깨뜨리더라도 내가 극악한 비윤리도덕적인 짓을 했음을 아무도 모르며, 따라서 내가 천하의 비도덕적인 인간임을 아는 사람은 아무도 없다. 오히려 남들은 한결같이 나의 행동이 남달리 윤리도덕에 맞고, 내가 남달리 윤리도덕적인 사람이라 믿는다. 그래서 남들은 나를 각별히 존경하고 그만큼 더 사회적인 대접을 받는다. 이와 같은 상황에서는 남들이 아니라 바로 내가 나 자신까지 윤리도덕을 지킬 이유는 아무 데서도 찾아볼 수 없다. 이와 같은 사실은 왜 나는 윤리도덕적으로 살아야 하느냐에 대한 사회학적인 긍정적 대답이 초점을 잃은 대답임을 증명한다. 그렇다면 사회학적이 아닌 다른 대답이 있을 수 있는가? 여기서 우리는 이기주의적 이유를 생각하고 검토해보자.

모든 인간은 어떤 종류인가의 욕망을 갖고 있으며 따라서 필연적으로 그 욕망을 충족시키려 한다. 그리고 어떤 사람이 의식적으로 어떤 행동을 취한다면 그 행동의 이유는 그 자신의 직접적 혹은 간접적 욕망 충족에서 찾아볼 수 있다. 내가 땀을 흘려 일하는 이유는 돈을 벌기 위해서며, 돈은 벌고자 하는 욕망은 편하게 살기 위해서다. 우리는 직접적으로 돈이라는 욕망을 갖고 있고 그 욕망은 좀더 간접적인 편안한 삶에의 욕망으로 연결된다. 이와 같이 볼 때 한 게임의 어떤 행동의 이유는 그 사람의 이기적 만족에 지나지 않는 것 같다.

내가 윤리도덕을 지켜가야 할 이유는 결국 내 자신의 이익, 내 자신의 최대의 만족에 있다는 것이다. 남들의 관점, 사회의 관점에서뿐 아니라 나의 관점에서도, 남들뿐 아니라 나 자신까지도 윤리도덕적으로 사는 것이 나 자신에게 이익이 되기 때문이라는 것이다. '가이게스의 가락지' 신화를 다시 들어 생각해보자. 비록 가이게스가 비윤리도덕적으로 권력과 영화를 누리기는 했으나 그런 만족이 정말은 그의 이익에 배치되는 것이며, 정말 그에게 만족을 가져올 수 있는 것은 아니라는 것이다. 남들을 위해서, 남들의 이익을 위해서가 아니라, 오히려 남들의 이익에 배치되는 경우가 있다 하더라도 각자는 자기 자신의 이익을 위해서라도 윤리도덕적으로 살아야 할 충분한 이유가 있다는 것이다. 즉, 그 궁극적인 이유는 자기 자신의 이기적 만족감에 지나지 않는다.

가이게스의 신화의 예를 들어볼 때 각자가 윤리도덕적으로 살아야 할 이유에 대한 위와 같은 이기주의적 설명은 적어도 일단은 극히 역설적으로 보인다. 자기의 이익이, 자기의 만족이 결국 자기의 이익이 아니며, 자기의 만족이 아니라는 주장과 같기 때문이다. 이와 같은 주장은 어떻게 풀이될 수 있는가? 프로이트의 정신분석학에 의하거나 마르크스의 '허위 의식'에 관한 이론에 의하면 참된 만족과 거짓된 만족, 참된 의식과 거짓된 의식이 있다. 내가 생각하고 있는 만족과 진짜 나의 만족, 내가 알고 있는 나의 의식과 진짜 나의 의식에 어떤 구별이 있다는 것이다. 다시 말하면 내 자신이 무엇을 원하고 그것에 대한 만족을 찾았다고 아무리 믿고 있어도, 사실인즉 내가 진짜 원하는 것은 다른 것이며, 나의 진짜 만족은 다른 것에 의해서만 찾을 수 있다는 말이다. 내가 원하는 것은 진리를 찾는 것이며, 따라서 학자의 길을 택해야 한다고 믿고 또 그렇게 살아왔지만, 사실 내가 원하는 것은 진리나 학자가 아닌 다른 형태의 삶이었는지 모른다. 수녀가 되어 종교적 생활 속에서 행복과 평화를 경험한다고 스스로 생각하고 있지만, 내 자신이 인정하지 않으려는 또 하나의 나 자신은 종교생활의 고독과 금욕의 연속 속에서 무한한 불행과 마음의 불편을 느끼고 있는지도 모른다는 것이다. 만일 위와 같은 예에서 본 프로이트의 정신분석학이나 마르크스의 '허위 의식'에 관한 이론이 옳다면, 가이게스 신화에서 역설같이 보였던 사실은 역설이 아니고, 따라서 윤리도덕적으로 살아야 할 근본적인 이유는 각기 자신의 행복, 자기 만족에 있다는 주장이 옳을 수 있다. 가이게스가 비도덕적으로 왕이 되어 권력을 누리고 남들에게 행복해 보이고 자기 스스로 행복하다고 생각할지 모르나, 사실인즉 객관적으로 볼 때 그가 불행을 경험하고 있다고 본다면 가이게스의 신화가 반드시 역설적인 것은 아니다. 만일 내가 비도덕적으로 부자가 되어 행복하다고 스스로 느끼고 그후에 사실인즉 내가 불행을 느끼고 있다는 것이 객관적으로 증명된다면, 윤리도덕을 어기고 그 규범에 틀린 생활을 하면 반드시 누구를 막론하고 불행하게 된다는 주장이 납득이 가고, 이런 근거 위에서 각 개인의 이기주의가 윤리도덕을 지켜야 하는 근본적인 이유가 된다는 이론도 성립될 수 있다.

그러나 문제는 윤리도덕을 포함한 모든 경우 프로이트의 정신분석학이나 마르크스의 '허위 의식'에 대한 이론이 적용되느냐에 있다. 경우에 따라 프로이트나 마르크스의 이론은 옳을 수도 있다. 내가 원하는 것이 진리의 탐구라고 스스로 생각해왔지만, 여러 가지를 객관적으로 분석해보니 사실 내가 정말로 원했던 것은 진리를 탐구하는 학자생활이 아니었을 수도 있다. 나는 오랫동안 수도생활이 행복하다고 스스로 믿어왔지만, 따지고 보니 나의 수도생활은 연속적인 고역에 지나지 않았음을 후에 깨달을 수도 있다. 그러나 이러한 사실이 비윤리도덕적 생활의 경우에도 반드시 적용된다고는 말할 수 없다. 비윤리도덕적으로 왕후와 간통하고 왕을 살해한 다음 자기가 원한 대로 왕국을 자기 것으로 만들어버린 가이게스가 행복하다고 할 때 그의 행복은 가짜 행복이며, 사실상 가이게스가 불행을 체험하고 있다는 것은 어떤 방법으로도 증명할 길이 있을 것 같지 않다. 가이게스는 그의 말대로 정말 행복하지 않았다고 누가 말할 수 있겠는가? 누가 어떻게 그것을 증명할 수 있는가? 그가 진짜로 불행을 느껴야 할 아무런 이유도 없지 않는가?

여기서 어떤 이는 양심이란 심리적 현상을 들고 나올 것이다. 모든 사람들에게는 양심이라는 것이 있어서, 내가 비윤리도덕적인 짓을 할 때 그것을 알고 있는 사람이 아무도 없어도 내 내부에 있는 양심의 가책, 즉 일종의 심리적 벌을 받게 되어 나는 반드시 고통을 경험해야 한다고 주장할 수 있다. 가이게스는 아무리 스스로 죄악감을 느끼지 않는다고 하지만, 그의 양심에 비추어보게 되면 그는 그가 한 비윤리도덕적인 짓에 대한 양심의 가책을 받고, 반드시 고통을 받게 된다는 것이다. 이와 같이 만일 양심이라는 것이 객관적으로 존재하여 비윤리도덕적인 행위를 할 경우 어떤 사람도 양심의 가책을 피할 수 없고, 따라서 정신적으로 고통을 받지 않을 수 없다는 것이 객관적인 사실이라면, 누구든 윤리도덕적으로 살아야 할 이유는 객관적으로 있고, 그 이유는 궁극적으로 각기 개인의 이기적 이해관계에서 찾아진다. 각기 자신의 이해관계를 보존하기 위해서, 각기 자신의 만족, 행복을 위해서 윤리도덕적인 삶은 절대적인 필요조건의 하나가 된다.

양심이란 무엇인가? 정말 모두 양심의 가책을 느끼는가? 만일 그렇다면 차라리 양심의 가책으로부터 해방될 필요가 있고, 그렇게 될 수 있는 길이 있지 않은가? 한국인들은 거의 무조건 부모에게 효심을 나타내지 않거나 스승에게 공손한 태도를 취하지 않으면, 법적 제재를 받지 않아도 양심의 가책을 느낀다고 할 것이다. 대체로 모든 문명사회에서 친절한 주인의 아내와 간통하면 아무도 아는 이가 없어도 그런 짓에 대해 우선 양심의 가책을 누구든 받는다고 할 것이다. 그러나 서양인들은 부모에게 무조건 효심을 나타내지 않거나 스승에게 공손한 태도를 보이지 않아도 양심의 규탄은커녕 남들의 비난도 과히 사지 않는다. 그러나 그 서양인도 동양인인 한국인과 마찬가지로 친절한 주인의 아내와 간통한다면, 이른바 양심의 가책을 받을 것이라고 할 수 있다. 그러나 만일 내가 아프리카의 어느 부족의 하나라면, 주인의 아내와 갖는 성적 관계는 사회적 규탄은커녕 나의 양심의 가책도 받지 않을 것이고, 오히려 장려될 수도 있을 것이다. 그렇다면 양심이란 설사 그런 것이 모든 사람들에게 있다 해도 그것은 상대적인 존재다. 즉 그것은 객관적으로 형이상학적인 차원에 존재하는 것이 아니라 사람들의 심리상태나 태도에 의해서 만들어진 일종의 제도적인 것이며, 그것은 각 문화, 사회, 전통, 시대에 따라 바뀐다. 만일 양심이라는 것이 개개인에게 마치 객관적인 것처럼 제압적으로 의식되고 있다 해도, 그것은 양심이 반드시 객관적 존재이기 때문이 아니라 사회제도, 관습, 전통, 태도 등이 오랜 생활 속에서 내면화됐기 때문인지 모른다. 그것은 모든 사회에 존재해야만 하고 사실 존재하고 있는 객관적인 윤리도덕적 제도가 내면화된 것에 불과한지도 모른다. 이와 같이 볼 때 윤리도덕의 규범에 어긋나면 양심의 가책을 받고 심리적 고통을 받게 된다는 말은, 결국 윤리도덕의 규범에 어긋나니까 고통을 받게 된다는 동어반복적 표현에 불과하다. 그러나 문제는 도대체 왜 윤리도덕의 구애를 받느냐를 아는 데 있다. 따라서 만일 양심이라는 것을 내면화된 윤리도덕의 규범에 지나지 않는다고 해석할 때, 윤리도덕의 규범을 어기면 다른 사람은 아무도 몰라서 외부적인 처벌을 받지 않는 일이라고 해도 각 개인의 내면에서 양심적인 가책을 받는다는 말은 성립되지 않으며, 따라서 양심적인 가책을 받고 고통을 받게 될 테니까 윤리도덕의 규범을 지키고 살아야 한다는 주장은 좋은 대답이 될 수 없다.

윤리적으로 말할 수 없이 가혹하고 악독한 짓을 하고서도 양심의 가책이라는 것에 의해 고통을 조금도 받지 않는 경우의 예는, 범죄가 나날이 늘어나고 윤리도덕이 나날이 무너져가는 오늘의 인간사회에서 얼마든지 들 수 있다. 끔찍한 범죄를 수단으로 하여 차지한 많은 부귀를 향락하면서 양심 때문에 고통을 느끼지 않는 사람들의 예는 가까운 우리들 주위에서도 헤아릴 수 없이 많이 찾아볼 수 있다. 비윤리도덕적 행위 때문에 결과적으로 양심의 가책을 조금이라도 느낀다는 것은 고사하고, 비윤리적이고 악독한 행동 자체를 향락하는 사람들의 예도 얼마든지 들 수 있을 것이다. 만일 윤리도덕적으로 악독한 범죄자들이 법에 걸려 감옥에서 고통을 받고 있다면, 많은 범죄자들 가운데 적지 않은 수에게 그 고통은 양심에서 오는 것이기는커녕 오로지 물리적 제약, 더 범죄를 범할 수 없게 된 사실에서만 오는 것이다. 그들에게는 다른 고통은 있어도 양심의 고통은 없을 수 있다.

악독한 범죄자들 말고는 대체로 우리들 대부분이 '양심의 가책'이라는 것을 체험하고 '양심'을 느낀다는 것은 객관적 사실이나 윤리도덕의 근원이 되는 어떤 객관적 이유가 아니라, 오히려 사회적으로 만들어진 한 사회에 존재하는 윤리도덕의 내면화된 심리적 현상에 불과한 것이라면, 그리고 그러한 것이 '양심'이라는 탈을 쓰고 권위를 행사하여 우리들을 심리적으로 억압한다면, 우리들은 오히려 그러한 사실을 깨닫고 양심이라는 것으로부터 심리적으로 해방되든가, 아니면 양심이라는 심리적 현상을 하나의 환상으로 깨뜨려버려야 할 것이다. 요컨대 양심, 양심의 가책 때문에 생기는 고통은 각자 내가 왜 윤리도덕적으로 살아야 하는가에 대한 만족스러운 이유가 될 수 없다. 모든 행위의 근본적인 합리성이 그 행위자의 이해관계, 즉 이익에 있다고 하자. 그러나 윤리도덕적으로 살아간다는 것이 언제나 모든 사람들에게 그 행위자 자신에게 이로운 것, 다시 말해서 만족을 가져오는 것은 아니며 오히려 고통만을 가져온다면, 행위자 자신의 이익은 결코 왜 윤리도덕적으로 살아야 하는가에 대한 적절한 보편적 이유는 되지 못한다. 우리는 아직도 왜 윤리도덕적으로 살아야 하는가, 도대체 왜 윤리도덕적 문제로 골치를 아프게 해야 하는가의 대답을 찾지 못하고 있다.

여기에 대해 또 하나의 새로운 긍정적 대답을 검토해보자. 피터 싱어는 그의 책 『실천 윤리』에서 주장하기를, 이기적인 입장에서만 보더라도 윤리도덕적으로 사는 것이 가장 합리적이라고 주장한다. 앞서 든 예에서 본 바와는 달리, 이기적으로 자기 이익만을 추구하는 것이 장기적으로 본다면 만족스럽지 않다는 것이다. 따라서 모든 행동의 합리성이 그 행동 결과로서의 만족감에 있다고 한다면 이기적으로만 행동한다는 것은 비합리적이라는 것이다. 그에 의하면 한 사람의 자기 자신만의 만족은 지속성이 없고 조만간 권태를 느끼게 되며, 좀더 지속적인 자기 자신의 만족은 자기 자신의 이기적 이해를 초월하여 더욱 넓게 자기 아닌 다른 사람들의 관점, 더 궁극적으로는 우주 전체의 관점과 이해관계의 입장에서 행동했을 때 비로소 인간은 깊고 진실된 만족을 얻으며, 그럼으로써 비로소 우리는 '삶의 의미'를 체험한다는 것이다. 그런데 윤리도덕적으로 산다는 것은 자기 개인의 이기적 입장을 초월하여 사회 전체, 아니 인류 전체의 보편적이며 객관적인 입장에 서서 행동함을 뜻하므로 윤리도덕적으로 살아야 할 충분한 이유가 있다는 것이다. 역설적인 듯하지만 한마디로 말해서 이기적인 관점을 초월하여 행동하는 것이 가장 이기적인 결과를 가져온다는 것이다. 그래서 내가 나의 이기적인 이해관계를 위해서라도 반이기적으로 행동하고 살아가는 것이 궁극적으로 가장 이기적인 결과를 가져온다.

윤리도덕적으로 살아야 하는 이유에 대한 위와 같은 심리적 이론은 한 개인이 언제나 자기 자신만의 이해관계만 생각하여 이기적으로 살아갈 때, 장기적으로는 그런 이기적 만족에 만족될 수 없고 오히려 권태를 느낀다는 것과, 사람들은 한결같이 구체적인 일상생활의 만족을 너머 형이상학적 의미로서 삶의 의미를 찾는다는 것과, 마지막으로는 그러한 삶의 의미는 초이기적인 삶, 즉 윤리도덕적인 삶 속에서만 발견될 수 있음을 전제한다. 그러나 과연 위와 같은 전제가 참된 것인가, 즉 정말 사실인가가 문제된다.

카사노바나 사드가 그들의 쾌락을 추구하면서 후에 그러한 쾌락에 권태를 느꼈을까? 심리학적으로 보아 인간이 이기적으로 산다고 해서 그렇게 살면서 얻는 쾌락에 대해서는 반드시 권태를 느껴야 할 근거는 없다. 만일 그런 경우가 있다면 '양심' 때문이기 쉽지만, 양심이란 앞에서 보았듯이 한 사회에서의 윤리도덕의 내면화 현상에 불과한지도 모르기 때문이다. 설사 싱어의 이론대로 모든 사람은 이기적인 욕망만이 충족된 생활에는 권태를 느끼고 초이기적인 차원에서만 '삶의 의미'를 발견하며, 그렇게 함으로써만 참다운 자기 자신의 만족을 갖게 된다는 논리를 일단 수긍한다고 해도 도대체 '삶의 의미'란 무엇을 의미하는가 라는 질문이 없을 수 없으며, 삶의 의미를 발견함으로써 경험하는 만족 감은 도대체 구체적으로 무엇을 두고 말하는가 하는 의문이 생긴다. '삶의 의미'란 구체적인 하나하나의 만족감 혹은 충족감과 별도로 존재하는 것이 아니라, 그러한 충족감을 총괄적으로 가리키는 말에 불과하지 않는가라는 질문이 나올 수 있다.

싱어의 이론에는 또 다른 근본적 문제가 있다. 싱어는 모든 행동은 행동자가 각 개인의 어떤 욕망 충족을 목적하고 있기 때문에 그 목적 충족이야말로 그가 하는 행동의 이유가 된다고 전제하고 있으며, 윤리도덕적으로 살려는 동기, 그렇게 사는 행위의 동기도 궁극적으로 욕망 충족에 있다고 전제하고 있다. 요컨대 윤리도덕적으로 살려는 결단을 포함하여 모든 행동의 결단은 자기 자신의 이기적 만족을 직접·간접으로 채우기 위해서라는 것이다. 그러나 문제는 그러한 행위의 결과가 아무리 바람직해도 행위의 동기가 나빴을 때, 그 행위를 윤리적 관점에서 볼 때 좋다고 할 수 있는가에 있다. 만일 내가 상대방의 금전을 약탈하기 위해서, 상대방을 독살하기 위해서 준 약이 사실인즉 보약이어서 상대방의 건강, 따라서 행복에 결정적인 요인이 되었다고 해도, 그와 같은 행위의 동기가 악이라고 판단됐을 때 우리는 그 사람의 투약 행위를 결코 도덕적으로 보아 옳다고 그를 칭송하지는 않을 것이다. 이기적인 동기를 가진 행위는 그것이 직접·간접적으로 어떠한 결과를 낳더라도 결코 윤리도덕적으로 옳은 것이 될 수 없다. 한 행위가 적어도 윤리도덕적으로 될 수 있는 조건의 하나는 그 행위의 동기가 궁극적으로 이기적인 것이 아니어야 한다는 것이다. 싱어도 얼핏 보면 한편으로는 위와 같이 해석하고 있는 것 같으나 그의 이론의 테두리 안에서 보면, 초이기적인 것 같이 해석된 윤리도덕적 행위의 동기도 사실인즉 궁극적으로 이기적인 동기에 지나지 않는다. 요컨대 이기주의로서의 윤리도덕의 관점에 서서 살아야 하는 이유를 설명할 수 없다.

결단주의

몇 년 전 케이 닐센은 「왜 나는 도덕적이 되어야만 하는가?―재고」라는 긴 논문에서 '왜 도덕적이 되어야 하는가'라는 식으로 혼자 제기된 문제의 정확한 분석을 통해서 이 질문은 '왜 내가 윤리도덕적 규범을 지켜야 하는가'라는 의미로 해석된다고 주장한다. 많은 철학자들이 '왜 도덕적이어야 하는가'라는 문제는 사실인즉 문제가 될 수 없다고 주장했지만, 닐센은 자기식으로 해석할 때 위의 물음은 논리적으로 보아 충분히 문제로서 성립한다고 주장한다. 지금까지 위와 같은 문제를 정당한 문제로 받아들이고 그에 대한 대답들을 여러 철학자들이 제시해왔지만, 닐센은 여태까지 제시된 대답이 문제를 올바로 이해하지 못하고 한 대답이거나, 아니면 인간이나 사회에 대한 근거 없는 전제 아래에서 꾸며진 대답이라고 주장한다. 그에 의하면 '왜 나는 윤리도덕적으로 살아야 하느냐'라는 물음에 대해서는 어떠한 경우에도 합리적으로 그 이유를 댈 수 없다는 것이다. 윤리도덕적으로 사느냐 아니냐, 그런 문제에 도대체 신경을 써야 하느냐 아니냐는 문제는 이성의 문제를 초월하고 이성의 문제 밖에 있다는 것이다. 그것은 이성의 문제가 아니라 참여의 문제며, 따라서 결국은 개인의 결단의 문제에 머문다는 것이다.

내가 윤리도덕적으로 살려고 한다면 그것은 단순히 내가 그런 식의 삶을 살고 싶어 한 것에 지나지 않으며, 꼭 그렇게 살아야 할 필연성이 있기 때문은 아니라는 것이다. 만일 내가 윤리도덕적으로 살지 않기를 원한다 해도 나의 행동은 그것 때문에 비이성적, 반이성적인 것은 아니라는 말이다. 내가 윤리도덕적인 삶을 살기로 결심하든, 반대로 내가 비윤리적으로 초도덕적으로 살든 말든 간에 거기에는 합리성도 없고 비합리성도 없고 다만 나의 결심이 있을 뿐이라는 것이다. '왜 내가 윤리도덕적으로 살아야 하느냐'의 문제를 위와 같은 식으로 풀어보고자 하는 입장을 여기서 나는 편의상 결단주의라고 부르고자 한다.

결단주의에는 윤리도덕이 하나의 사회적 제도라는 생각이 전제되어 있다. 제도이기 때문에 임의로 바꿀 수 있고, 그것을 한 사회나 개인이 자유로운 선택에 의해서 수용하거나 아니면 버릴 수 있다는 생각이 전제되어 있다. 윤리도덕이란 제도는 가령 국가가 어떤 목적을 위해 제도를 만들 때와 같은 식으로 제정된 것이며, 따라서 그것은 여러 가지 게임, 즉 놀이에 비유될 수 있다는 것이다. 우리는 다른 게임 대신에 이 게임을 우리의 결정에 따라 고를 수도 있고, 때로는 아무 게임도 고르지 않고 아무 놀이에도 참석하지 않을 수도 있다. 꼭 이 경우와 마찬가지로 자유로운 우리 자신이 각자의 결정에 따라서 윤리도덕의 놀이에 참가할 수도 있고, 아닐 수도 있다는 것이다. 이와 같이 볼 때 윤리도덕은 각기 인간 자신 속에 내재하는 객관적 존재가 아니라 각기 인간의 밖에서 존재하는 것으로, 오로지 인간에 의한 선택의 대상에 불과하다는 것이다. 다시 말해서 결단주의의 입장에서 볼 때 윤리도덕적인 것은 인간의 본질적 요소가 아니다. 인간은 윤리도덕의 세계 밖에서도 존재할 수 있다는 것이다. 달리 표현하자면 윤리도덕적이 아니더라도 인간이란 동물은 역시 인간으로 존재할 수 있다는 것이다.

만약 위와 같은 것이 사실이라면 나는 나에게 하나의 사는 방식으로, 열린 윤리도덕적 삶이란 삶의 게임을 택할 수도 있고 버릴 수도 있다. 내가 어떠한 결정을 했든 간에 나를 비윤리적이라고 말할 수 없으며, 비윤리도덕적이라고 규탄할 수도 없다.

그러나 윤리도덕이라는 것이 과연 그럴까? 과연 윤리도덕이 하나의 제도, 하나의 놀이에 불과한가? 과연 윤리도덕이라는 것이 인간의 밖에 존재하며, 인간은 윤리도덕적 게임을 밖에서 관찰만 하고 관조적으로 살아갈 수 있는가? 과연 윤리도덕의 게임 밖에 존재하는 자로서 인간을 생각할 수 있을까? 이러한 물음에 경험적으로나 논리적으로 근거 있는 대답을 마련하지 않고서는 '왜 나는 윤리도덕적으로 살아야 하느냐'에 대한 대답으로서의 결단주의는 만족스럽지 않다.

결단주의는 위와 같은 문제 외에도 또 다른 문제를 안고 있다. 결단주의가 옳다고 가정해보자. 그럴 때 어떠한 결과가 생길 것인가를 생각해보자. 앞에서 본 신화의 주인공 가이게스가 결단주의적인 입장에서 왕의 신뢰를 배반하여 간통하고, 살인하여 왕국을 약탈했다고 주장할 때 그가 남들의 규탄을 받지 않는 한 아무런 자책감도 느낄 이유가 없으며, 남들도 그와 같은 가이게스를 윤리도덕적으로 규탄할 근거가 없다. 이러한 상황은 우리가 어떤 놀이를 하거나 하지 않을 때의 경우와 똑같다. 만약 내가 화투놀이에 참가하지 않는다면 내가 무슨 화투장을 어떻게 하든지 그것은 잘한 것도 아니고 못한 것도 아니다. 모든 사람들이 화투놀이를 한다 해도 내가 그 놀이에 참가하는가 아닌가는 나의 자유다. 나의 자유로운 결정에 의해서 내가 화투놀이를 하지 않고 다른 짓을 해도 나를 좋은 사람이라든가 나쁜 사람이라고 규탄하지 못할 것이다. 신화에 나오는 가이게스는 자신의 결정에 따라 윤리도덕적 입장에서 볼 때 악한 짓을 하고 악한 삶을 살았던 것이다. 그러나 윤리도덕을 지키는 것은 사회적으로 반드시 필요하다는 것을 그 자신이 인정하더라도, 그리고 사회적으로 필요한 윤리도덕을 어기고 있음을 알고 있다 하더라도 남들에 의해서 발각되지 않는 한 그가 비윤리도덕적으로 살지 않을 이유가 없다. 이와 같은 경우 만일 그가 윤리도덕적으로 산다면 그것은 오히려 비합리적이고 어리석은 짓이 될 것이다.

결단주의가 전제하고 있듯이 윤리도덕이란 각 개인이 자기의 기호나 필요에 따라 마음대로 결정해서 지킬 수도 있고, 지키지 않을 수도 있는 사회적 제도, 즉 하나의 화투놀이에 비교될 수 있다고 하자. 또 모든 사람들은 윤리도덕이 위와 같은 것임을 잘 알고 있다고 하자. 그리고 윤리도덕은 하나님이나 성인들을 제외하고는 모든 사람들에게 언제나 제약적이고 억압적이라는 사실을 인정하자. 한편으로 모든 사람들에게 한없이 많은 욕망이 있고 그들은 한결같이 그 욕망을 충족시키고자 애쓴다고 가정하자. 한편, 모든 사람들이 무슨 짓을 해도 남들에게 들키지 않도록 해주는 비상한 마력을 주는 가이게스의 금가락지를 끼고 있다. 이와 같은 상황에서 가장 합리적인 결정은 윤리도덕에 구애되지 않고 가이게스와 같이 마음대로 자기의 욕망을 충족시키는 방법을 택하는 것이다. 이와 같은 상황에서 구속과 억압을 가져오는 윤리도덕의 규범에 맞추어 살기로 선택한다면 그것처럼 어리석고 모순된 결정은 없을 것이다. 그럼에도 불구하고 우리가 윤리도덕적으로 살기로 결정한다면, 우리는 일종의 마조히즘에 빠져 있거나 아니면 일종의 정신병에 걸려 있음이 틀림없다.

　우리 모두가 위와 같은 상황을 잘 알고 하나같이 다 가이게스의 금가락지를 끼고 있다고 하자. 또한 우리가 윤리도덕이 하나의 사회적 제도에 불과하다는 것을 잘 알고 있다고 하자. 이와 같은 경우 우리 모두가 과연 가이게스 같은 짓을 하며 가이게스와 같은 삶을 택할 것인가? 가이게스와 같이 살기를 택할 사람들이 적지 않을 것이 틀림없다. 우리가 어디서고 보는 많은 범죄자들은 이러한 사실의 좋은 예가 될 것이다. 그러나 결코 모든 사람들이 다 같이 가이게스와 같은 짓을 하지는 않을 것임에 틀림없다. 금가락지를 끼었기에 아무한테도 들키지 않고 비윤리도덕적 행동을 할 수 있기 때문에 정신적으로나 물질적으로 아무런 해도 받지 않고 나의 욕망을 충족시킬 수 있음에도 불구하고, 소위 양심의 가책이라는 것이 일종의 내면화된 사회적 구속일 뿐이라는 것도 잘 알고, 따라서 그런 구속에 묶이기는커녕 그런 구속에서 해방되어야 한다는 것을 잘 알고 있으면서, 윤리도덕이 필연적으로 억압적이어서 어떤 의미에서 고통스러운 것임을 알고 있으면서도 적지 않은 사람들이 역시 윤리도덕적으로 살기를 택하거나 택하려고 애쓴다면, 그러한 사실은 윤리도덕이 인간의 자의적인 결정에 따라 취사선택할 수 있는 제도의 하나에 불과한 것이 아님을 보여준다.

　윤리도덕적으로 살아야 할 이유를 윤리도덕의 밖에서 찾을 수도 없고, 그렇다고 윤리도덕이 우리의 결단에 따라 마음대로 선택하거나 포기할 수 있는 제도도 아니다. 다시 말해서 결단주의가 주장하는 것처럼 우리 각자가 윤리도덕적으로 살아야 할 이유가 없다고 말할 수는 없다. 일찍이 니체는 윤리도덕이 약자들이 원한을 풀기 위해 만들어낸 꾀에 불과하기 때문에 근본적으로 병적인 것이라고 주장하고, 윤리도덕적 선과 악의 피안에 서서 건강한 삶을 살아야 한다고 역설했다. 그러나 우리들의 경험과 여러 가지 윤리도덕적 현상은 윤리도덕의 기원을 니체처럼 설명할 수 없음을 보여주고, 앞서 본 여러 가지 사실들은 인간으로서는 아무도 완전히 선악의 피안에 설 수 없음도 알려준다. 그 이유가 반드시 있을 것이다. 그렇다면 그 이유는 어디에 있을까? 어떤 이유로 우리는 윤리도덕적으로 살아야 하는가?

내재적 이유

무엇에 대한 믿음이나 어떤 행위의 이유는 필연적으로 그 믿음, 그 행위 밖에서만 찾을 수 있기 때문에 외재적인 것 같다고 말했다. 따라서 내가 윤리도덕적으로 살기로 했다면 그 이유는 나의 윤리도덕적 삶 때문이 아니라 사회적 안정이나 내 자신의 이기적 만족 때문일지 모른다는 사실도 검토해봤다. 그러나 사회적 또는 이기적 설명에서 보는 바와 같은 외재적 이유는 만족스럽지 못함을 보였다. '왜 나는 윤리도덕적으로 살아야 하는가'에 대한 모든 외재적 이유가 납득되지 않는다면, 오로지 내재적 이유만이 만족할 만한 대답이 될 것이다. 그러나 문제는 내재적 이유가 가능한가에 있다. 어쩌면 앞서 본 바와는 반대로 무엇에 대한 믿음, 어떤 행위의 이유는 바로 그 믿음의 성질, 바로 그 행동의 본질 자체 속에서 찾을 수 있을지 모른다. 오직 이러한 가능성이 있을 때만 왜 내가 윤리도덕적으로 살아야 하는가의 이유를 발견할 수 있을 것 같다.

'왜 동물은 저 혼자 움직이는가?' 혹은 '왜 총각은 결혼하지 않았는가?' 또는 '인간은 이성적 동물인가?' 등을 논리적으로 물을 수 있다면,

각기 그 물음들은 '혼자 움직이는' 이유, '결혼하지 않은' 이유, '이성적인 동물'의 이유를 알고자 하는 것이다. 그렇다면 위와 같은 물음에 대해 각기 어떤 이유를 댈 수 있는가? 동물이 혼자 움직이는 이유는 '동물'이며, 총각이 결혼하지 않은 이유는 '총각'이며, 인간이 이성적인 동물인 이유는 '인간'이라는 대답이 될 것이다. 위의 세 가지 경우 그 이유는 외재적인 것이 아니라 내재적이다. 각기 위의 세 가지 이유는 '동물'이라는 것의 본질 속에, '총각'이라는 본질 속에, 그리고 '인간'이라는 본질 속에 내재하고 있다. 달리 말해서 각기 '동물'의 정의 속에, '총각'의 정의 속에, 그리고 '인간'의 정의 속에 각기 '움직임', '결혼하지 않음' 그리고 '이성적임'의 의미가 이미 분석적으로 내포하고 있는 것이다. 이와 같이 볼 때 어떤 이유는 내재적일 수 있는 경우가 있음을 인정하지 않을 수 없다. 이유는 앞서 생각했던 바와는 달리 반드시 외재적일 뿐아니라 내재적일 수도 있다.

그렇다면 '왜 나는 윤리도덕적으로 살아야 하는가'의 물음은 어떤 종류의 물음이며, 그 물음에 대해서 내재적인 이유를 댈 수 있는가? '왜 나는 윤리도덕적으로 살아야 하는가'의 물음은 '내가 윤리도덕적으로 살아야 한다면 그 이유는 무엇인가'라는 물음으로 일단 바꿔놓을 수 있다. 만일 이 물음의 논리적 구조가 위에서 예를 든 바와 같이 '동물은 왜 움직이는가?', '총각은 왜 결혼하지 않았는가?', '인간은 왜 이성적인가?' 등의 물음과 같은 구조라는 것이 밝혀진다면, 위의 물음에서도 내재적인 이유를 분석적으로 찾아낼 수 있을 것이다.

만일 '나는 왜 윤리도덕적으로 살아야 하는가?' 할 때의 '나'라는 정의가 '윤리도덕적으로 살아야 한다'는 의미를 내포하고 있다면 이 물음은 앞에서 든 예들과 똑같은 논리적 구조를 가진 것이며, 따라서 분석적으로 내재적인 이유를 댈 수 있을 것이다. 언뜻 문법적으로 보아 '나'의 개념 속에는 '윤리도덕적으로 살아야 한다'는 의미가 포함되지 않는다. 따라서 위의 진술은 '동물은 움직인다'라는 진술과 같은 구조를 갖고 있는 것 같지 않다. 왜냐하면 후자의 진술에서 '동물'이라는 개념 속에는 분명히 움직인다는 뜻이 포함됐지만, 전자의 진술에서는 '나'라는 개념 속에 '윤리도덕적으로 살아야 한다'는 의미가 내포되지 않은 것 같기 때문이다. 그러나 과연 그럴까? 비록 문법적으로는 분명히 '나'라는 개념에 '윤리도덕적으로 살아야 한다'라는 의미가 포함되지 않았더라도 논리적으로도 그러한가? 다시 말해서 '동물은 움직인다'는 진술과 '윤리도덕적으로 살아야 한다'는 진술이 문법구조상 엄연히 다르다고 해서 논리적 구조로 볼 때도 다르다고 할 것인가?

위의 진술에서 '나'라는 개념이 무엇을 의미하며, '윤리도덕적으로 살아야 한다'는 개념이 무슨 뜻을 갖고 있는가를 분석해보자. 우선 '나'라는 개념부터 시작하기로 하자. 여기서 '나'라는 낱말은 특정한 사람을 가리키지 않고 화자를 지칭한다. 그러나 구체적인 화자는 반드시 동일하지 않지만 살아 있는 사람 일반을 가리킨다. 즉 여기서 '나'는 한 '인간'으로서의 하나의 예가 된다. 따라서 '나는 윤리도덕적으로 살아야 한다'는 진술은 '인간은 윤리도덕적으로 살아야 한다'는 말로 풀이된다. 그렇다면 '인간'이라는 개념은 '윤리도덕적으로 살아야 한다'는 의미를 내포하고 있는가? 언뜻 보아 그렇지 않다. 그러나 좀더 깊이 검토해보자. 물론 '인간'이라는 개념은 동물의 한 종류를 지칭한다. 동물학적으로 다른 동물들과 구별될 수 있는 특수한 성질에 의해서 '인간'이라는 개념은 정의될 수 있다. '인간'은 또한 사회학 또는 심리학적으로도 정의될 수 있을 것이다. 동물학적 혹은 생물학적인 차원을 간과해서 인간은 사회학적으로 또는 심리학적으로 동물들과 구별될 수 있을 것이다. 그래서 '인간'이라는 말은 생물학에서, 동물학에서, 심리학에서 그리고 사회학에서 각기 다른 의미를 갖고 있다. 즉, '인간'이라는 말은 인간을 보는 관점, 각도, 측면에 따라 각기 다른 것을 지칭한다. 그러나 '인간은 윤리도덕적으로 살아야 한다'고 할 때의 '인간'은 생물학적인 혹은 동물학적인 혹은 심리학적인 혹은 사회학적인 존재로서 인간을 지칭하지 않는다. '인간'이라는 말이 위와 같이 해석될 때, '인간은 윤리도덕적으로 살아야 한다'는 말에는 의미가 통하지 않는다. 위와 같은 진술이 의미가 있고 그 물음에 대해 가부를 생각하게 된다면, 그 진술 속에서 '나'는 생물학적·동물학적·심리학적·사회학적으로만 볼 수 없는 다른 의미를 반드시 갖고 있어야 할 것이다.

'인간'이라는 개념은 위의 어떤 관점으로도 환원될 수 없고 위의 모든 관점들의 총체적인 관점에서도 해석될 수 없는 차원을 가진 존재를 의미한다. 그 측면을 구태여 말하자면 그것은 인격적이란 개념으로 표현할 수밖에 없을 것 같다. 여기서 인격적이라는 말은 이성과 자유와 내재적 가치를 가진 존재, 물리학적·생물학적·심리학적·사회학적 차원을 반드시 갖고 있기는 하되, 그 아무것에도, 그것들의 총집합으로도 환원될 수 없는 존재, 그러나 형이상학적 차원에서 엄연히 객관적인 존재를 지칭한다. 물론 그것은 구체적으로 무엇이라고 지적할 순 없다. 왜냐하면 구체적으로 지적되려면 물리학적이거나 화학적이거나 생물학적이거나 심리학적이거나 사회학적인 관점에서 서술되어야 하는 '인격'으로서 인간은 정의상 그 어떤 것으로도 환원될 수 없는 존재이기 때문이다. 그럼에도 불구하고 이 책의 시작에서 말했듯이 '인격'으로서의 인간의 존재는 윤리도덕에 대한 논란에서 이미 전제되어 있다.

'인격'으로서 인간이 정확히 무엇이라고 지적될 수는 없지만 어떤 방식으로든지 이해되어야 한다. 인간을 인격적 존재로 볼 때 그것은 무엇보다도 어떠한 물질적 존재로도 환원될 수 없는 영혼, 정신을 갖춘 자율적 존재를 지칭함에는 틀림없다. 따라서 인격적 존재는 다른 모든 현상이 인과관계의 법칙에 의해 설명된다 해도 같은 식으로 설명될 수 없다. 그런 의미에서 인격적 존재는 자유롭다. 인격적 존재는 자신이 갖고 있는 이성을 따라 자유롭게 자신의 행위를 결정하는 주체다.

 인과관계의 법칙에 의해 움직이는 다른 모든 사물현상에는 결정 혹은 선택, 그에 따른 책임이라는 말이 적용될 수 없다. 그러나 자유로운 인격적 존재로서 인간은 그 본질상 싫든 좋든 자기 자신의 행위를 결정하고 선택해야 하며, 그만큼 책임을 지지 않을 수 없다. 자유가 없고 오로지 인과적 법칙에 의해 움직이는 다른 모든 현상에는 좋고 나쁨, 옳고 그름이라는 개념이 적용될 수 없다. 그러한 개념은 오로지 자유롭고, 선택할 수밖에 없는 인간에게만 적용된다. 그러므로 윤리도덕적 가치는 자유, 선택이라는 개념, 더 구체적으로 인격으로서 인간이라는 개념을 떠나서는 생각될 수 없다.

 윤리도덕의 문제가 인간으로서 옳고 그름을 결정하는 문제라면, 그러한 문제는 인과법칙에 따라 움직이는 인간 이외의 사물 현상에는 생기지 않는다. 그것은 자율적 주체로서 인격적 존재인 인간에게만 나타난다. 윤리도덕적 문제가 인간에게 부차적으로 덧붙여 나타나지는 않는다. 인격으로서의 인간은 윤리도덕을 자신의 마음대로 선택해서 윤리도덕적인 측면에서 어떤 형태의 삶을 살거나 행동을 할 수도 있고, 윤리도덕적 문제를 아주 떠나서 존재할 수 있는 것이 아니다. 윤리도덕적으로 존재해야 하는 이유는 인격으로서 인간 외부에서 찾을 수 있는 것이 아니고 오로지 인격으로서 인간의 본질 자체에서 스스로 우러나온다. 사르트르는 '인간은 자유롭도록 판결받았다'고 말했다. 인간의 본질이 자유인 이상 인간은 역설적으로 자유롭지 않을 수 있는 자유가 없다는 뜻이다. 우리는 사르트르의 표현을 모방해서 인격으로서 인간은 그 본질이 자유인 이상, 그는 윤리도덕적 관점에서 모든 행위의 선악을 자유로이 결정할 수밖에 없도록 판결받았다고 말할 수 있다.

인간이 절대적으로 자유로울 수밖에 없고, 따라서 무슨 행동이든지 선택하여야 한다는 점에서 우리의 관점은 사르트르의 관점과 같다. 그러나 사르트르가 생각하는 윤리적 가치와 우리가 생각하는 윤리적 가치는 그 성격이 근본적으로 다르다. 사르트르의 철학적 입장에서 볼 때 윤리적 가치를 포함해서 모든 가치는 인간에게 상대적이어서, 어떤 인간이 선택하는 것은 무엇이고 간에 그 자신에게는 가치가 된다. 내가 여러 가지 학과목 가운데서 과학 대신에 철학을 전공하기로 선택한다면 적어도 선택하는 나 자신에게 철학은 과학보다 더 많은 가치가 있다. 만일 내가 강도짓을 해서 부정한 방법으로 부자가 될 수 있고, 아니면 정직하게 살아서 가난할 수 있는 가능성 가운데서, 내가 강도가 된다면 나에게는 강도로서 부자가 됨이 그렇지 않은 것보다 더 가치가 있는 것, 즉 '옳은 것'이 된다. 즉 사르트르에 의하면 어떠한 사물현상도, 어떠한 행위도 그 자체로서 가치가 있는 것이 아니다. 그들의 좋고 나쁨, 그것들의 옳고 그름은 언제나 행위자의 욕망에 따라 서로 상대적이라는 것이다. 사르트르적 입장에서 볼 때 가치는 객관적으로 존재하는 것이 아니고, 어떤 사물현상이나 혹은 어떤 행위나 어떤 인간 간의 관계를 지칭할 뿐이다.

우리의 입장에서 볼 때도 사물현상이나 윤리도덕과 상관없는 행위가

치는 존재하는 것이 아니고 그런 것들과 그런 것들을 선택하는 행위자 간의 주관적 관계를 나타낼 뿐이다. 그러나 적어도 윤리적 가치에 관해서 우리의 생각은 사르트르의 생각과 전혀 다르다. 윤리도덕적으로 어떤 것, 어떤 행위가 옳으냐는 것은 우리의 선택의 대상이 되지만 그것이 우리가 선택한 것과 반드시 일치하는 것은 아니다. 우리가 자유롭게 어떤 윤리적 행위를 선택하게 마련이지만 우리의 선택은 과오일수도 있다는 말이다. 윤리도덕적 가치는 우리의 주관적 선택에 따라 상대적으로 좋거나 나쁘든가 옳거나 그른 것이 아니다. 선과 악, 옳고 그름의 기준은 우리들의 선택과 독립해서 객관적으로 존재한다. 내가 아무리 자유롭게 나의 삶과 나의 행위를 윤리적 선의를 갖고 선택해야 한다지만, 나의 선택이 과오일 수도 있으며, 그런 경우 나의 삶은 윤리적으로 보아 객관적으로 나쁜 삶이 될 수 있고, 나의 행위는 도덕적으로 보아 객관적으로 악이 될 수 있다. 그러기에 윤리도덕적인 차원에서 볼 때 나의 선택에는 나의 삶의 객관적 가치, 나의 행위의 객관적 가치, 따라서 나의 삶의 의미 혹은 보람이 걸려 있다. 이와 같은 상황에서 윤리도덕적 선택은 객관적 가치의 올바른 인식이 전제된다. 그럼에도 불구하고 앞에서 이미 따져본 대로 절대적으로 확실한 윤리도덕적 가치의 인식이 불가능하므로, 나의 윤리도덕적 선택은 언제나 각별한 위험과 긴장을 동반하게 마련이다. 키르케고르나 하이데거가 말하는 실존적 앙스트Angst, 즉 불안은 바로 인간의 위와 같은 윤리적 상황을 말하는 것으로 해석된다.

객관적으로 존재하는 선악을 선택하는 것으로서 윤리성은 인격적 존재로서 인간의 본질적 구조를 이룬다. 공자가 인간이 고귀한 이유는 오륜을 지키고 있기 때문이라고 말했을 때 그는 윤리성이 인간의 형이상학적 구조를 이룸을 뜻한 것이다. 인격으로서 인간이 윤리적인 선택을 피할 수 없는 것은 인간의 존재론적 구조로부터 연유된다. 그러므로 '왜 내가 윤리도덕적으로 살아야 하는가'라는 물음에 대한 대답은 간단하다. 즉 내가 인격적 존재로서 인간이기 때문이다. 다시 말해서 내가 윤리도덕적으로 살아야 하는 이유는 전혀 다른 곳에 있지 않고 내가 단순히 인격으로서 인간이기 때문이다. 즉 그 이유는 내가 인간이라는 사실 자체 속에 내재하고 있다.

'왜 내가 윤리도덕의 율법을 지켜야 하느냐'라는 물음에 대해서 공자는 그 이유가 '천명'에 있다고 하였고, 서양의 종교는 그 이유가 '신의 계명'에 있다고 하였다. 이같은 이유는 언뜻 보아 인간의 윤리도덕 밖에 있는 외재적 이유인 것처럼 보인다. 인간의 윤리도덕이라는 개념이 그것과는 다른 의미를 갖고 '천명'이라든가, 혹은 '신의 계명' 같은 개념에 의해서 정당화된 듯하기 때문이다. 그러나 좀더 따져보면 '천명' 혹은 '신의 계명'이라는 이유는 사실상 내재적인 이유에 불과하다. 천명이나 신의 계명은 형이상학적 질서를 의미하는 것으로 해석되기 때문이다. 즉 인간이 윤리도덕적으로 살아야 하는 이유, 즉 윤리도덕적으로 좋고 나쁜 삶, 혹은 올바르고 틀린 행위를 선택해야 하는 궁극적 이유는 인간이 형이상학적으로 그렇게 되어 있기 때문에, 다시 말해서 인간의 본질적 구조가 그렇기 때문이라는 뜻으로 해석될 수 있기 때문이다.

여기서 반대의 의견이 나올 수 있다. 만일 인간이 그의 형이상학적 구조상 윤리도덕적으로 살 수밖에 없다면, 윤리도덕적으로 완전히 무감각하다고 볼 수밖에 없는 수많은 악독한 도덕적 범죄자들은 어떻게 설명될 수 있을까? 적지 않은 사람들이 윤리도덕과는 전혀 관계없는 그런 차원 밖에서 살아가고 있지 않은가? 이 물음에 대해서 두 가지 대답이 가능하다. 첫째, 우리는 그들이 윤리도덕을 떠나서 살고 있는 것이 아니라 사실인즉 그들이 아직도 어떤 삶이 옳은지, 어떤 행위가 그릇된 것인지를 모르고 있기 때문이라고 대답할 수 있다. 그들은 윤리도덕적으로 살고 있지 않은 게 아니라 윤리도덕적 가치에 대해 무지한 것뿐이라고 말할 수 있다. 아니면 둘째로, 그들이 정말 완전히 윤리도덕을 벗어난 비도덕적 세계 속에서 살고 있다면, 그들은 인간이라고 불리기는 하되 오직 동물로서 인간으로 살고 있는 것이지, 인격으로서 인간으로 존재하는 것은 아니라고 주장할 수 있다.

전자의 경우에 윤리도덕적으로 무엇이 옳고 무엇이 그릇된 것인지를 앞으로 잘 알게 될 가능성이 있다. 후자의 경우에도 동물적 인간에서 인격적 인간으로 전화될 가능성은 항상 남아 있다. 그러나 윤리도덕적으로 완전히 무감각한 인간은 동물학적으로 인간이긴 하겠지만 인격적 존재, 그 자체로서 내재적 가치를 지닌 인간으로는 볼 수 없다. 그러나 다행히도 완전히 윤리도덕적으로 무감각한 돼지와 같이 보이는 동물적 인간도 언제인가 그의 잠재적 인격성을 나타낼 가능성은 남아 있다고 나는 확신한다. 왜냐하면 우리들의 윤리적 규준에서 볼 때 아무리 잘못된 삶을 살아가는 사람들도, 그들이 어떤 삶을 선택했을 때는 적어도 그들의 입장에서 볼 때 그들에게 '가장 바람직한 삶'이라는 생각이 무의식적이나마 있었을 테니까 말이다. 아무리 몹쓸 폭군이나 폭력배라도 살아가는 길을 선택하고 그들이 어떤 행위를 했을 때, 그들이 단순히 동물적인 본능에 따라서 움직였다고만은 볼 수 없으며, 최소한의 이성적 판단이 있었을 것이기 때문이다.

『자비의 윤리학』(1990)

04
윤리적 평가

나는 나 자신에게 윤리적으로 올바른 삶과 도덕적으로 옳은 행위를 결정해야 하는 동시에, 또한 남들에 대해서 남들 자신이 선택한 삶과 남들 자신의 행위에 대해 어떠한 판단을 내려야 하는 피할 수 없는 상황에 항상 부딪힌다. 내가 공부를 열심히 하고 사회에 적응만 잘하면, 장래에 편안한 생활을 즐길 수 있을 뿐 아니라 나의 경제적 도움이 필요한 부모에게도 안락한 노후를 마련해줄 수 있음을 안다. 그러나 나는 앞날을 희생하고 사회 정의를 위해서 혹은 국가의 독립을 위해서 목숨까지 희생해야 하는 삶을 택할 수 있다. 또는 나는 굳게 맺은 약속을 깨뜨리고 동지를 고발하여 더 큰 나의 안락을 찾기로 결정할 수도 있다. 위와 같은 경우에 내가 윤리적으로나 도덕적으로 가장 옳은 길을 선택했다고 확신하고 있다고 전제하자. 이러한 선택의 경우 나에게 필요한 것은 올바른 윤리적 인식뿐이다. 물론 나의 판단이 틀릴 수도 있다. 그러나 위와 같은 선택의 경우 내가 가장 합리적으로 의지할 수 있는 것은 내가 알 수 있는 한에서 윤리적으로 옳은 객관적 삶, 도덕적으로 옳은 객관적 행위다. 그러나 내가 다른 사람의 삶이나 다른 사람의 행위가 윤리적으로 옳고 그른지를 판단해야 할 때는 사정이 달라진다. 물론 이 경우에도 아까의 경우와 마찬가지로 우선은 윤리도덕적으로 옳고 그른 객관적 사실이 전제된다. 어떤 사람의 윤리적 삶이 객관적으로 옳다면 그것은 내가 보나 그 자신이 보나 언제나 옳을 것이다. 내가 객관적으로 본 그 사람의 옳은 삶이 실제로 어떤 것인가를 모르고서는 나는 그의 삶을 판단할 수 없으며, 그후 객관적으로 옳은 행위가 어떤 것인가를 모르고서는 나는 그의 삶이나 행위를 판단할 수 없다. 그러나 어떤 사람의 삶이 객관적으로 옳았다고 해서 그 삶이 반드시 윤리적으로 좋게 보일 수 없으며, 거꾸로 어떤 사람의 행위가 객관적으로 틀렸다고 해서 그 사람의 행위를 반드시 도덕적으로 나쁘다고는 할 수 없다. 이와 같은 상황에서 남의 삶의 좋고 나쁨, 남의 행위의 옳고 그름을 결정하는 작업은 그냥 인식이라기보다 평가라고 할 수 있다. 그렇다면 평가는 그냥 인식과 좀더 구체적으로 어떻게 다르며, 그것은 어떤 문제를 갖고 있는가?

심판으로서의 평가

평가는 어떤 사물 현상, 행위, 사람에 대한 가치 부여의 작업이다. 이런 것들에 대해서 좋다, 나쁘다는 판단을 내릴 때 그러한 행위를 평가라고 한다. 이런 의미에서 평가대상인 사물현상과 행위에 대해 사람들이 객관적으로 어떤 것인가를 알지 못하고서는 그것들이 좋다 나쁘다는 판단을 내릴 수 없다. 이와 반대로 인식은 평가를 전제로 하지도 않고, 반드시 평가를 동반하지도 않는다. 무엇이 어떠어떠하다는 것을 인식하기 위해서 그것이 좋다 나쁘다는 것을 몰라도 상관이 없고, 그것을 인식한 후에도 그것이 좋다 나쁘다는 평가를 내릴 필요도 없다. 인식이 발견을 의미하지만 평가는 인식을 전제로 한 다음, 발견된 무엇에 대해서 덧붙여 가치를 부여하는 작업을 의미한다. 따라서 인식은 서술적으로 끝나지만 평가는 규범적이다.

나는 이미 전제되고 있는 각기 다른 어떤 규범 혹은 척도에 따라 내가 어떤 것인지를 알고 있는 자동차, 예술작품, 철학, 과학 이론, 운동경기, 한 사람의 어떤 행위, 교수 또는 그냥 인간으로서 사람에 등급을 매길 수 있고, 경우에 따라 꼭 등급을 매기지 않아도 될 때가 있다.

등급을 매기는 규범적 작업으로서 평가는 윤리적 평가와 그밖의 평가로 크게 두 가지로 나눌 수 있다. 비윤리적 평가의 예로서는 사물적, 기술적 혹은 지적 평가를 들 수 있다. 이 자동차가 좋고 저 자동차는 나쁘다고 말할 수 있으며, 이런 기술은 우수하고 저런 기술은 뒤떨어졌다고 할 수 있고, 이 운동선수는 우수하고 저 운동선수는 아직 멀었다고 평가할 수 있으며, 저 교수는 잘 가르치지만 이 교수는 서툴다고 판단할 수 있으며, 이 철학은 뛰어났으나 저 철학은 수준에도 미치지 못한다고 할 수 있다.

이런 경우와는 달리 '그가 그런 경우 약속을 깨뜨린 것은 잘한 일이다'라든가, 혹은 '그는 나쁜 사람이다'라고 할 때 우리는 윤리적 평가의 예를 볼 수 있다. 위와 같은 예에서도 본대로 윤리적 평가와 비윤리적 평가의 두 가지 경우 평가의 의미는 사뭇 달라진다. 비윤리적 평가의 경우 평가는 또 하나의 인식을 의미하며 지적 작업에 그친다. 내가 어떤 사물과 기술과 이론을 평가할 것인가를 우선 알아야 하고, 또 각기 그것들의 평가규준을 알아야 한다. 그러한 앎을 바탕으로 나는 각각의 규준에 비추어 각기 그들을 측정해서 그것들에 평가를 내린다. 여기서 평가는 객관적으로 존재하는 것이 아니라 등급을 의미하지만, 그 등급은 나의 그때그때의 기호나 기분에 따라 부여되는 것이 아니라 이미 존재한다고 수긍된 객관적 규준과 내가 알고 있는 객관적 평가대상을 측정해보는 데 따라 결정된다. 나는 싫든 좋든 한 예술작품을 이미 존재하는 규준에 따라 그 작품이 좋으면 좋다고 판단해야 하는 것이다. 물론 여기서 과연 예술작품의 가치의 규준이 있는가 없는가의 문제가 제기될 수 있다. 그러나 어떤 것을 평가할 때는 이미 그런 규준이 전제되지 않을 수 없다. 우리의 문제는 우리가 무엇을 평가할 때 그것이 무엇을 의미하는가를 아는 데 있으므로, 도대체 그러한 평가의 규준이 실제로 있는가 없는가는 여기서 문제되지 않는다.

윤리적 평가의 경우 상황은 달라진다. '그 사람이 그것을 훔친 것은 나쁘다' 또는 '그 사람은 좋은 사람이다'라고 할 때 나쁜 행위의 규준이나 좋은 사람됨의 규준이 전제되어야 할 것이다. 비윤리적인 평가의 경우 같으면 나는 그 규준에 따라 기계적으로 한 사람의 행위를 나쁘다고 해야 하고, 좋은 사람은 좋다고 평가해야 할 것이다. 그러나 역설적이지만 비윤리적인 경우에는 올바른 평가가 오히려 윤리적으로 옳지 못한 수가 있지 않을까? 객관적 규준에 따른 평가가 지적인 작업이라면, 윤리적 평가는 단순한 지적 작업을 넘어서는 것이 아닐까? 어떤 사람이 살인을 했다 하자. 살인은 도덕적 규준으로 보아 옳지 못하다는 것을 나는 알고 있다. 그러나 모든 살인이 자동적으로 모두 옳지 못하다고는 판단할 수 없다. 경우에 따라 어떤 살인은 옳다는 윤리적 판결이 내려질 수 있다. 만약 그 살인이 더 많은 사람들의 목숨, 아니면 자기방어를 위해서 피할 수 없는 것일 때, 그가 살인하지 않았더라면 오히려 윤리적으로 그릇된 행위라고 볼 수 있기 때문이다. 만일 어떤 사람이 부모에게 효도하며 살 수도 있었는데 그렇지 않고 자기가 옳다고 믿고 있는 어떤 이념을 위해서 고생만 하고 싸우다가 마침내는 비참하게 희생되고, 따라서 부모에게도 물질적으로나 정신적으로 큰 고통만 가져왔다고 하자. 나는 부모에 대한 불효는 윤리적으로 옳지 않다는 것을 하나의 윤리적 규준으로 믿고 있다. 그러나 불효했던 그 사람의 삶이 옳은 삶이었을지도 모른다는 판단을 내릴 수도 있을 것이다.

위와 같은 예는 비윤리적 평가가 지적 인식작업인 데 반해서, 윤리적 평가는 그런 작업과 다르고 그런 작업 이상의 작업이란 것을 입증하지는 못한다고 곧 지적될 수 있다. 왜냐하면 경우에 따라 어떤 살인은 한 윤리적 규준과 어긋나지만 윤리적으로 옳다고 판단할 수 있다면, 그것은 어떤 규준을 무시한 게 아니라 판단하는 사람이 기존하는 규준 대신 특수한 상황에 맞는 규준에 비추어서 논리적이고 경험적으로 판단할 수 있기 때문이다. 그렇다면 일반적으로 수용되고 적용되는 규준과 어긋나는 판단을 내리더라도 그 판단도 역시 하나의 지적 인식활동에 지나지 않을 것이기 때문이다.

위에서 든 예에 대하여 이러한 반발이 나올 수 있다면, 또 다른 예를 들어 윤리적 평가가 비윤리적 평가와는 달리 과연 단순한 지적 작업이 아니라는 주장을 검토해보자. 한 사람의 행위를 평가해야 할 때 내가 그 행위의 특수한 상황에 맞는 윤리적 규준을 알고 있다고 하자. 비록 그 특수한 혹은 유일한 규준에 맞추어보더라도 내가 평가해야 할 행위는 역시 도덕적으로 옳지 못한 행위였고, 내가 평가해야 할 한 사람의 삶에 대한 윤리적 평가는 나쁘다는 것을 인식적인 측면에서 잘 알고 있다고 하자. 더 구체적으로, 예를 들어 한 판사는 법으로 볼 때뿐 아니라 그가 믿고 있는 윤리적 규준으로 보아도 한 피고가 범죄를 짓고 있음을 확신하고 있다. 이때 지적으로 보아 그는 피고에게 형벌을 내려야만 할 것이다. 법관으로서 그는 꼭 그렇게 해야 할 법적·윤리적 의무를 느낀다. 그러나 한편으로 바로 위와 같은 상황에서 판사는 피고가 처형될 때 본인이 겪어야 할 고통은 물론, 그의 죄 없는 가족들이 받아야 할 극심한 고통을 잘 알고 있었다고 하자. 그렇다면 판사는 역시 피고에게 형을 주는 것이 보편적으로 옳다고 할 것인가? 이런 경우 윤리적 관점에서 볼 때 비록 비윤리적 관점과는 모순되지만, 피고에게 무죄를 선포하는 것이 옳다고도 생각할 수 있는 것이 아닌가? 만약 위와 같은 의문이 충분히 생길 수 있다면 보편적 평가는 그냥 단순한 지적 작업에 머물지 않고 인식 이상의 기능을 갖고 있음을 증명한다고 볼 수 있다. 윤리적 평가를 해야 할 때는 극히 역설적이긴 하지만 '윤리적으로 옳지 않은 평가가 과연 윤리적으로 옳은 평가인가'라는 의문이 생길 수 있다는 것이다.

내가 해야 할 윤리적 평가를 정말 진지하게 대할 때 위와 같은 의문이 마땅히 생기지 않을 수 없는 이유는 윤리적 평가에는 한 사람의 행위, 더 일반적으로 말해서 다른 사람의 삶의 기쁨과 슬픔, 환희와 아픔, 때로는 천당과 지옥, 삶의 의미와 무의미가 직접적으로 밀접하게 관련되어 있기 때문이다. 나의 평가에 따라 한 사람의 행위가 올바르게 평가되고 그 사람의 삶이 좋게 평가되어 그가 좋은 사람도 되고, 그의 삶도 의미를 갖게 되며, 천당에도 갈 수 있게 되고, 아니면 그와는 정반대되는 나의 평가에 따라 그가 나쁜 사람이 되고, 그의 삶도 의미를 상실하고, 그가 지옥으로 영원히 떨어질 수도 있다. 그것은 마치 판사의 법적 평가에 한 피고의 운명이 걸려 있어 무죄로서 자유를 누릴 수도 있고, 유죄로서 사형에 처해질 수도 있는 것과 비유된다. 판사의 법적 판결과 나의 윤리적 판결의 차이가 있다면 그것은 나의 윤리적 판결이 판사의 법적 판결보다 평가의 대상, 즉 평가되는 사람과 한결 더 근본적으로 연관되어 있다는 점뿐이다. 왜냐하면, 법적으로는 유죄가 돼도 윤리적으로는 무죄가 될 수 있으며, 법적으로는 무죄가 되어도 윤리적으로는 유죄가 될 수도 있고, 법적으로는 아무리 고통을 받아도 윤리적으로는 기쁨에 차 있을 수 있는데, 법적인 것이 옳고 참된 삶의 도구적 의미를 갖고 있는 데 반하여, 윤리적인 것은 내재적으로 옳고 참된 삶 자체의 본질적 의미를 갖고 있기 때문이다.

윤리적 평가가 법적 판결과 같은 식으로, 그러나 법적 판결보다 더 근본적으로 한 사람의 기쁨, 고통, 그 사람의 삶의 의미와 직접 필연적으로 연관되어 있는 데 반해서, 비윤리적 평가는 한 사람의 고통이나 기쁨, 그 사람의 삶의 의미나 무의미와 혹시 관계가 있다 해도 그것은 언제나 간접적이고 우연적인 관계일 뿐 결코 직접적이고 필연적인 관계는 아니다. 내가 어떤 학생을 학생의 수준에 따라 얕게 평가한다면 그것 때문에 그는 그가 뜻하는 학위를 받을 수도 있고 받지 못할 수도 있는 괴로움과 관계되지만, 나의 평가 그 자체가 그에게 학위를 부여하고 부여하지 않는 것과는 직접 관계가 없으며, 그 사람의 가치나 그 사람의 인생의 의미를 결정하는 데는 직접적이고 필연적으로 아무런 관계가 없다. 만일 내가 그를 지적으로 수준이 낮다고 평가하면 그를 지적으로 수준이 낮다고 평가할 뿐, 나는 그의 지식 자체가 가치 있는 것이라든가 없는 것이라든가를 의미한 것은 전혀 아니기 때문이다. 그러나 내가 윤리적으로 어떤 행동을 나쁘다고 한다든가 어떤 사람을 좋은 사람이라고 할 때 나는 그 행동 자체에 가치가 있음을 의미하고 있다. 이와 같은 관점에서 볼 때 비윤리적 평가를 지적 판단이라 부르고 윤리적 평가는 판사의 판결을 심판이라고 부를 수 있듯이, 역시 심판의 행위로 봐야 한다. 카프카의 소설에 나오는 주인공 K의 운명이 알지도 못하는 판사의 심판에 달려 있듯이 나의 윤리적 심판이 많은 사람의 삶의 궁극적 의미에 걸려 있다.

심판의 대상

단순한 지적 작업으로서의 평가와 심판으로서의 평가의 차이, 비윤리적 평가와 윤리적 평가의 차이는 평가대상의 성질에 따라 더욱 분명히 드러난다. 앞에서 암시되었듯이 인간을 포함한 모든 것이 지적 작업으로서 평가대상이 될 수 있는 반면에, 오로지 인간만이 심판으로서 평가대상이 될 수 있다. 하나의 금덩어리, 한 송이의 장미꽃, 한 마리의 강아지가 평가된다는 말은 성립하지만 그것들을 심판한다고 말할 수는 없다. 오로지 복돌이라는 남자, 복순이라는 여자에 대한 평가만이 심판의 성격을 가질 수 있다. 그러나 복돌이나 복순이 같은 인간에 대한 평가가 한결같이 자동적으로 심판의 성격을 갖지는 않는다. 인간의 생리학적, 지적 또는 기술적 능력도 다른 동물의 그러한 능력과 똑같은 평가의 대상이 되지만, 그러한 경우 그 평가는 심판이라고 부를 수 없다. 오로지 복돌이라는 인간의 인간됨만이 심판의 대상이 될 수 있고, 복돌이의 인간성과 관계되는 행위만이 심판의 대상이 될 수 있다. 인간의 인간됨을 인격이라고 부른다면 오로지 인격으로서 인간만이 심판의 대상이 될 수 있다. 바꾸어 말해서 오로지 인격적으로 인간만이 윤리적 평가의 대상이 된다.

여기서 대뜸 질문이 나올 수 있다. '도대체 인격은 무엇인가? 그런 것이 과연 존재하는가?'라고 따질 수 있다. 인간의 생리학적 구조, 지적 또는 기술적 능력은 누구나 구체적으로 지적할 수 있는 객관적 존재다. 우리는 그런 개념들이 구체적으로 인간의 무엇을 지칭하는지를 쉽사리 지적할 수 있다. 그러나 그런 것으로 환원될 수 없는, 그리고 그러한 측면을 초월한 인간의 속성으로서 인격이 도대체 인간의 무엇을 지칭하는지는 쉽게 알 수 없다. 그렇다고 해서 인격이라는 인간의 속성이 생물적, 지적 또는 기술적 인간의 속성과 똑같이 객관적으로 존재하지 않는다는 결론을 내릴 수 없다. 왜냐하면 구체적이고 가시적인 것만이 존재한다는 결론은 결코 나올 수 없기 때문이다. 거꾸로 말해서 가시적으로, 경험적으로, 구체적으로 우리가 지각할 수 없는 어떤 무엇이 존재할 가능성은 논리적으로 결코 배제할 수 없다.

아무튼 윤리적 경험과 그 문제는 인격으로서 인간을 전제하지 않고서는 논리적으로 이해될 수 없다. 생물학적, 지적 또는 기술적 경험과 그에 대한 논란이 있음이 자명하고, 논리적 경험과 그에 대한 논란이 모든 인간사회에 존재하고 있음이 자명한 이상, 인격으로서 인간, 다시 말해서 인간의 인격적 속성이 객관적으로 존재한다는 결론은 불가피하다.

그렇다면 인격은 어떤 속성을 가진 존재로서 이해될 수 있는가? 도대체 '인격'이란 말은 무엇을 의미하는가? 이미 앞에서 한 얘기를 거듭 말하자면 인격은 자유로운 자주적 주체를 의미한다. 인간 외의 모든 사물 현상들이 엄격한 인과적 법칙을 초월하여 자신의 행동을 결정할 수 있는 자유를 갖고 있는 것이다. 다른 모든 것이 오로지 대상으로서만 존재하는 데 반하여, 인간은 무엇보다도 먼저 주체로서 존재한다는 것이다. 자유로운 주체인 인격으로서 인간 스스로가 자신의 삶과 행위를 결정해야 하며, 따라서 자신이 선택한 행위와 삶에 스스로가 책임을 져야 할 운명을 지니고 있다. 인간이 아닌 다른 존재에게서는 볼 수 없는 인간만의 고민과 불안이 생긴다. 그러나 인간이 아닌 모든 존재의 의미 혹은 가치는 인간의 관점에서 볼 때 오로지 인간의 자유로운 결정에 의해서 생긴다. 자유로운 주체로서 인간의 결정을 떠나서 인간 이외에 모든 것들의 가치는 이해될 수 없다. 이런 의미에서 인격으로서 인간은 그 자체가 가치의 원천이요, 그 자체가 가치다. 오직 인간만이 내재적 가치를 갖고 있다고 볼 수 있다. 따라서 인격으로서 인간은 신을 제외한 모든 것 가운데서 유일한 존재며, 따라서 유일한 존엄성을 갖고 있다. 자유롭고 존엄성을 가진 인격으로서 인간, 즉 주체로서 인간과 그의 행동은 그냥 평가되는 것이 아니고 심판을 받게 된다. 심판의 대상이 된다는 것은 주체성과 존엄성을 인정받는다는 뜻이 된다. 바꿔 말해서 오로지 인격으로서 인간만이 심판의 기능을 하는 윤리적 평가의 대상이 될 수 있다. 그렇다면 윤리적 평가는 어떻게 되어야 하는가? 인격으로서 인간은 객관적으로 어떻게 심판되어야 하는가?

심판의 규준

내가 나의 윤리적 삶, 나의 도덕적 행위를 결정할 때 내가 이성적이라면 나는 내가 윤리적으로 좋다고 믿는 삶, 내가 도덕적으로 옳다고 믿는 행위에 따라 결정해야 할 것이다. 이때 내가 결정함에 필요한 규준은 내가 객관적으로 좋다고 믿는 삶, 내가 객관적으로 옳다고 믿는 행위 외에는 아무것도 없다. 각 개인에 따라 그러한 규준은 전통이 될 수도 있고, 전통을 초월한 어떤 원칙, 예를 들어 칸트의 의무주의나 밀의 공리주의 원칙이 될 수도 있고, 아니면 전통이나 원칙 밖에서 오로지 그때그때 직관적으로만 발견할 수 있는 객관적인 윤리도덕적 가치일 수도 있다. 여기서 구체적으로 어떠한 것들이 정말 객관적인가 아닌가, 또는 한 개인의 선택이 착오를 일으키고 있는가 아닌가는 별문제다. 요점은 한 개인이 윤리적으로 살고 도덕적으로 행동하려고 마음먹었을 때, 그리고 그가 그런 것을 결정할 때 그는 반드시 적어도 자기가 아는 한도에서 어떤 것이 객관적으로 올바른 삶이며 어떤 행위가 객관적으로 옳은 행위라는 것을 믿고 있어야만 할 것이며, 오직 그것을 규준 삼아 결정을 내릴 수밖에 없을 것이다. 또 나는 나의 윤리적 삶과 나의 도덕적 행위를 결정해야 할 뿐 아니라 남의 윤리적 삶, 남의 도덕적 행위를 심판할, 즉 평가할 상황에 항상 처하게 된다. 하지만 여기서 주의해야 할 것은 내가 남대신 남의 윤리적 삶과 도덕적 행위를 결정해야 한다는 말은 결코 아니다. 만일 내가 남을 대신해서 그렇게 한다면, 남의 윤리적 삶의 선택, 도덕적 행위의 결정은 사실인즉 그 자신의 윤리적 삶의 선택, 도덕적 행위의 결정이 아니라 나의 것에 불과하며, 따라서 나는 남의 윤리적 삶, 도덕적 행위를 심판할 상황에서 벗어나고 만다. 이렇게 볼 때 남의 윤리적 삶, 도덕적 행위를 평가한다는 것은 더 정확히 말해서 남이 이미 결정한 윤리도덕적 선택 자체를 평가함을 의미한다.

그렇다면 나는 어떤 규준에 따라 그러한 평가를 할 수 있겠는가? 평가가 하나의 측정을 의미하고 결정을 의미한다면 나는 어떤 규준에 의해 남이 선택한 윤리적 삶, 남이 결정한 도덕적 행위를 역시 윤리도덕적 측면에서 평가할 수 있는가?

내 자신이 윤리도덕적 선택을 해야 할 때 그 선택의 유일한 규준은 윤리도덕적 진리일 수밖에 없다. 다시 말하면 이런 경우 나에게 필요한 것은 윤리도덕적 인식뿐이다. 어떤 식의 삶이 나에게 가장 보람 있는 삶인가는 윤리적 문제다. 나는 위대한 음악가로서 스스로를 완성하고 싶은 의욕에 차 있고, 그렇게 될 가능성을 스스로 알고 있다. 한편, 나는 불우한 사람들에게 직접 도움이 될 수 있는 삶도 나에게 극히 중요하다고 믿고 있다. 나는 그중 한 가지 삶의 길을 택해야만 한다. 내가 윤리적인 인간으로서 살고 싶은데 어떤 삶의 길이 좀더 윤리적으로 옳은지 알 수 없다. 이런 경우 내가 의지할 수 있는 유일한 선택의 기준은 내가 생각하고 알 수 있는 한도에서 어떤 삶이 좀더 올바른 삶이라는 나의 인식일 수밖에 없다. 즉 내가 알 수 있는 한의 윤리적 진리에 비추어 서로 갈등하는 삶이 비교되고 측정된 후 그에 따라 나는 나의 삶을 결정할 수밖에 없다.

그러나 내가 남의 윤리적 삶을 평가할 경우 상황이 달라진다. 어떤 사람이 위대한 음악가로서 올바른 삶을 살았는데도 불구하고 그가 그것을 잘못 알고 사회봉사를 통해서 남들에게 사실 큰 도움이 되는 삶을 살았다고 할 때, 그의 삶은 객관적 관점에서 좋지 못한 삶이었다고 평가되어야 할 것이다. 그러나 이같은 경우 과연 그렇게 평가해서 마땅할 것인가? 예를 바꿔서 생각해보자. 만일 그가 음악가로서 살아야 참다운 삶임을 알고 있었으나, 남들에 대한 따뜻한 마음을 버리지 못하여 음악가가 되지 않고 사회봉사에 일생을 바치며 살았다고 하자. 음악가로서 삶이 객관적으로 보아 올바른 삶이었다면 봉사자로서 그의 삶은 잘못된 삶이라는 심판을 받아야 할 것이다. 그러나 이와 같은 경우 과연 이러한 나의 평가가 옳은 것일 수 있는가?

위와 같은 윤리적 삶의 선택에 대한 예가 이해되기 어렵고 납득이 가지 않는다면, 도덕적 행위의 선택에 관한 예를 들어 생각해보자. 그때의 상황으로 봐서 그가 마땅히 취해야 할 행위는 거짓말을 해야만 했었는데도, 약속을 지켜 참말을 하는 것이 옳다고 잘못 알고 그렇게 행동했다. 비록 잘못 알고 했지만 그의 행위는 도덕적으로 그릇된 행위이므로 나쁜 평가를 받아야 할 것이다. 그러나 과연 그렇게 평가하는 것이 옳을까?

위의 몇 가지 예에서 생긴 물음들에 대해 '옳다'는 긍정적인 대답이 쉽사리 나오지 않는다면, 남들의 윤리도덕적 선택에 대한 옳고 틀림의 규준은 내 자신이 한 선택의 옳고 그름의 규준과는 달리 그 선택에 대해 객관적으로 옳고 틀림에 관한 인식만으로 만족될 수 없다는 것을 밝혀준다.

나 아닌 다른 사람들의 윤리적 삶, 도덕적 행위의 평가는 어떤 삶이 객관적으로 올바른 삶인가, 어떤 행위가 객관적으로 옳은 행위인가에 대한 진리, 즉 인식에 비추어져야 하는 이외에 그런 삶, 그런 행위를 선택한 사람의 '의도'와 그런 선택의 '결과'도 아울러 고려되어야 할 것 같기 때문이다. 즉 '의도'와 '결과'도 평가의 규준으로 아울러 참작되어야 할 것 같이 생각되기 때문이다.

예를 들어 어떤 이가 평생을 자기희생을 하며 사회봉사에 종사하여 큰 성과를 얻었다고 하자. 또 그가 그렇게 산 이유는 남에게 잘 보이고 남들이 자신을 도덕적으로 높이 평가해주기를 바라는 허영심을 만족하려는 의도에만 있었다고 하자. 그렇다면 우리는 그의 삶을 윤리적으로 어떻게 평가해야 할 것인가? 그를 윤리적으로 올바른 사람이라고 평가할 수 있는가? 긍정적인 대답이 쉽사리 나오지 않을 것이지만 그렇다고 부정적인 대답을 내기도 쉽지 않다고 생각된다. 이런 점을 보기 위해 다른 예를 들어 고찰해보자. 선의를 가진 폭군을 생각해볼 수 있다. 한 독재자가 진심으로 국민 전체의 복지를 생각하고, 그러기 위해서는 어떤 정책을 펴야 한다고 확신한다. 그는 국민의 반대 의견을 수용하지 않고 자신의 정책을 강요하는 폭군, 독재자로 변한다. 그 정책의 결과 얼마 동안 국민들은 억압 속에서 고통을 받았으나, 후에는 그 정책이 성공하여 만족하고 평화로운 생활을 하게 되었다고 하자. 아니면 더 나쁜 경우를 생각해서 폭군의 선의에도 불구하고 국민들이 끝끝내 독재 속에서 불안한 생활을 하는 결과가 되었다고 하자. 폭군의 정책의 결과가 어떻든 간에 우리는 과연 폭군을 윤리적으로 악한 사람으로 심판해야만 하는가? 그렇다면 그 이유는 어디 있으며, 그렇지 않다면 그것은 어떤 이유에서일까? 만약 그렇다는 대답이 나온다면, 한 사람의 행동에 대한 도덕적 평가는 그 행위의 좋고 나쁜 '결과'를 기준으로 해서 측정된다는 것을 전제하며, 만일 그렇지 않다는 대답이 나온다면 그 근거는 한 사람의 행위에 대한 도덕적 평가는 그 사람의 좋고 나쁜 '의도'에 비추어 측정된다는 것을 전제한다.

　의도를 도덕적 평가의 규준으로 삼을 때 우리는 칸트의 의무주의를 수용하는 것이며, 결과를 도덕적 규준으로 삼을 때 우리는 밀의 공리주의를 수용하게 된다. 그러나 윤리적 선택의 판단규준으로서 위의 두 가지 이론은 다 같이 풀 수 없는 문제들을 갖고 있다. 칸트에 의하면 최고의 선은 의무를 수행하려는 의지에서 나타난다. 우리가 할 의무는 감성이 아니라 이성의 명령에 따르는 행동에 있다. 이성은 보편적인 것을 명령한다. 이러한 명령은 무조건적인 것인데, 앞서 보았듯이 이것을 정언명법이라고 부른다. 도덕적인 행위란 바로 이러한 정언명법에 따르는 행위다. 그런데 정언명법은 그에 따른 행위의 결과는 전혀 고려하지 않는다. 정언명법의 구체적인 예로서 '남을 속이지 말라'는 명제를 들 수 있다. 그러므로 윤리적 선의란 무조건 남을 속이지 않으려는 데 있다. 그러나 경우에 따라 남을 속이지 않을 때 오히려 도덕적으로 나쁜 것이 아닌가 하는 의심이 나는 경우가 있다. 만약 내가 무조건 속이지 않는다면, 즉 칸트가 말하는 선의에만 따른다면 무고한 많은 사람들에게 큰 해를 끼치든가 더 심한 경우 무고한 사람들의 죽음을 초래하는 결과를 낳게 할 수도 있다. 칸트의 형식주의, 선의적 윤리원칙에 의하면 그러한 결과에도 불구하고 그와 같은 결과를 낳게 되는 행위는 도덕적으로 옳고, 아무리 좋은 결과를 낳아도 남을 속였다면 그 자체로서 그 행위는 역설적으로 규탄받아야 할 것이다. 그러나 칸트까지 포함해서라도 우리의 윤리적 직관은 그러한 행위를 도덕적으로 규탄하지 않고 오히려 높이 평가할 수도 있다.

결과를 윤리도덕적 평가의 규준으로 삼으려는 밀의 공리주의에도 칸트의 형식주의 못지않은 문제가 있다. 폭군의 예를 다시 생각해보자. 그의 정책이 성공하여 그의 온 국민들이 결과적으로 폭군의 정책에 만족하게 될지라도, 만약 그런 과정에서 국민들의 자유와 인간으로서 권위가 짓밟혔다면 그 폭군이 아무리 선의에서 한 것이라도 역설적으로 그의 행동은 옳다고 하기 어렵다. 또 다른 예를 들어보자. 결과만이 유일한 선의의 기준이라면 두 결과 가운데 양적으로 큰 결과가 도덕적으로 옳다고 평가되어야 할 것이다. 만약 어떤 무고한 사람을 괴롭히면 그밖의 모든 사람들에게 기쁨을 준다고 가정해보자. 이런 경우는 얼마든지 상상할 수 있다. 공리주의에 따르면, 무고한 사람을 괴롭히는 행위가 도덕적으로 옳은 행위가 되는 것이다. 그러나 여기서도 우리의 윤리적 직관은 그러한 결론에 반발한다. 결과만이 아니라 인간에 대한 존엄성, 인간의 권리가 똑같이, 아니 그 이상 윤리적 평가로 고려되지 않으면 안된다고 소리친다.

이와 같이 검토해볼 때 내가 남을 윤리적으로 평가할 때 전제되는 규준은 윤리적으로 올바른 인식, 즉 윤리적 진리만으로도 되지 않고, 그 사람의 행위의 의도만으로도 되지 않고, 그 사람의 행위 결과만으로도 부족하다. 그렇다고 그 세 가지를 동시에 평가의 규준으로 삼을 수도 없다. 의도와 결과 그리고 윤리적 진리는 자주 상호 간에 갈등을 일으키기 때문이다. 따라서 다른 사람의 윤리적 행위에 대한 평가의 보편적 규준이 없거나 아니면 복잡하여 어떻게 적용되어야 할지 알 수 없다는 결론이 나온다. 요컨대 다른 사람을 윤리도덕적으로 평가하는 데는 해결할 수 없는 문제가 있다는 것이다.

윤리적 평가의 어려움은 위와 같은 어려움 이외에도 또 한 가지 더 어려운 문제가 겹쳐 있다. 백 보를 양보해서 위와 같은 규준에 문제가 없다고 상상해보자. 그리하여 내가 한 사람의 윤리적 판단을 객관적인 규준에 따라 자신 있게 내릴 수 있다고 하자. 어떤 규준에 따라 한 사람을 윤리적으로 좋다고 하고, 그 사람의 행위를 도덕적으로 옳다거나 나쁘다거나 어쨌든 객관적인 판단을 내렸다고 하자. 그러나 나의 그 사람에 대한 윤리도덕적 평가는 또 한 가지 고려를 전제로 해야만 한다. 즉 나는 나의 평가의 결과조차도 윤리적인 관점에서 고려하지 않으면 안 된다. 내가 한 사람의 행위에 대한 윤리적 평가를 해야 할 입장에 서 있다고 하자. 내가 동원할 수 있는 모든 이론적 평가의 객관적 규준으로 볼 때 그 사람의 행위는 높이 평가될 수밖에 없다. 그러나 만약 내가 정직하게 그와 같이 평가를 내릴 때 평가대상인 당사자에게나, 아니면 다른 사람 혹은 사회 전체에 해가 돌아오게 되는 경우를 상상할 수 있다. 예를 들어 한 사람이 자신의 목숨을 무릅쓰고 사회 정의를 위해서 몇 사람이 희생되리라는 것을 알면서도 테러 행위를 했다고 가정하자. 내가 객관적으로 보아서 그의 행위가 도덕적으로 옳은 행위였다고 결론을 내렸다고 하자. 그후 그는 국가의 지도자로 정계에 나서게 되었다고 가정하자. 그러한 경우 그는 그의 정적에 의해 죽음의 희생물이 될 것이 여러 가지 여건으로 보아 확실하며, 그 결과로 사회는 더욱 혼란해질 것이 또한 확실하다고 상상해보자. 이와 같은 상황은 내가 평가할 대상인 어떤 삶의 행위가 옳다는 결론이 나올 때나 그와 정반대로 옳지 못하다는 결론이 나올 때도 꼭 마찬가지다. 어떠한 결론이 나오든 간에, 만약 나의 올바른 판단대로 어떤 사람의 행위를 평가하는 결과가 그 본인이나 다른 사람, 더 나아가서 사회 전체에 큰 해를 가져온다는 것을 알고 있을 경우, 객관적인 윤리적 판단을 그대로 내리는 것이 윤리적으로 보아 내가 내려야 할 옳은 평가인가가 문제되지 않을 수 없다. 다시 말해서 내가 나 자신의 윤리적 삶과 도덕적 행위를 결정할 때 나에게 필요한 유일한 결정의 규준은 내가 발견한 윤리도덕적 진리일 뿐이다. 따라서 내게 필요한 것은 그 진리의 인식이다. 이와 같이 볼 때 나 자신의 윤리도덕적 결정이란 일종의 지적 작업에 지나지 않는다. 그러나 내가 남의 윤리도덕적 결정을 평가할 때 나는 우선 그의 결정이 객관적으로 옳은가 그른가를 인식해야 할 뿐 아니라, 그러한 연후에도 내가 해야 할 윤리도덕적 평가의 결과를 고려해야 한다는 것이 나에게 윤리적으로 요청된다. 즉 남에 대한 윤리도덕적 평가는 단순히 지적인 행위일 뿐 아니라 동시에 그 자체가 윤리적인 고려, 즉 그 평가행위 자체의 선악성을 고려하지 않을 수 없다. 평가의 이런 구조를 다시 돌려 설명하자면 윤리도덕적 판단에 대한 윤리도덕적 판단, 즉 메타(고차적) 윤리도덕적 판단이라 할 수 있다.

나의 윤리적 삶과 도덕적 행위는 객관적으로 존재하는 윤리도덕적 진리와 그것의 발견, 즉 인식이 전제됨을 보았고, 그 인식은 어떤 경우에도 절대적인 확실성이 없음을 보았다. 따라서 나 자신의 윤리도덕적 결정이 얼마나 어렵고 불안스러운가도 보았다. 만일 위에서 본 대로 다른 사람의 윤리도덕적 결정에 대한 나의 평가가 윤리도덕적 결정에 대한 윤리도덕적 결정, 즉 메타 윤리도덕적 결정이라면, 나의 다른 사람에 대한 윤리도덕적 평가가 얼마나 더 복잡하고 불확실하며, 얼마나 더 불안을 동반하는 행위인가를 쉽게 알 수 있다.

심판의 불안성

어떤 사람에게 직장을 주거나 주지 않거나를 결정할 필요가 있다. 이 사람 대신 저 사람을 처벌할 필요가 있다. 염라대왕은 한 사람을 천당으로 보내든가 아니면 지옥으로 몰아넣을 필요가 있다. 한 사람의 운명, 때로는 한 사회의 운명을 좌우하는 선택이 윤리도덕적 관점에서 이루어져야 하는 경우가 있다. 물론 이런 선택은 윤리적 평가를 전제로 한다. 윤리적 평가가 한 사람의 삶의 행복과 불행을 좌우하고, 더 나아가서는 한 사람의 삶의 가치를 결정짓고, 천당이나 지옥으로 갈라지는 영원한 운명을 결정짓는 기능을 한다는 점에서 윤리적 평가는 그냥 지적인 측정에 그치지 않고 심판의 기능을 하게 마련이다.

그러나 그러한 심판의 근거가 되는 규준은 결코 만족스러운 것이 되지 않는다. 우리는 흔히 한 사회의 관례나 윤리적 전통에 의존하지만, 경우에 따라 그러한 것들이 아무 도움도 되지 않는 경우가 있다. 같은 사회의 윤리적 전통, 관례들은 흔히 모순되고, 설사 그렇지 않은 경우에도 따지고 보면 그러한 전통이나 관례의 윤리적 근거가 극히 의심스러울 때가 많다. 그렇다고 해서 가령 칸트의 의무주의나 밀의 공리주의와 같이 역사와 사회를 초월하겠다는 윤리원칙들도 서로 모순되며, 그어느 것도 보편적으로 언제나 의지할 수 있는 것은 아니다. 그러한 원칙에 따라 윤리적 평가를 할 때 때로는 윤리적으로 결코 수용될 수 없는 결과를 낳기 때문이다. 요컨대 인류가 지금까지 생각해낼 수 있는 윤리적 평가의 모든 규준들은 그 어느 것 하나도 만족스럽지 않다. 이러한 상황에서 우리들은 아직 어떻게 객관적으로 올바르게 윤리적 평가, 즉 심판을 내려야 할지 확실치 않다.

어떤 것이 올바른 심판인지 확실히 모른다면 논리적으로 봐서 우리들은 마땅히 윤리적 심판을 보류해야 할 것이다. 그러나 논리적 상황과는 달리 인간의 실존적 상황은 나에게 남에 대한 윤리적 심판의 보류를 용납하지 않는다. 나는 내가 아직 모르니까 더 알아본 후에 심판하겠다고 말할 수 없으며, 당장의 심판을 회피할 수 없는 경우에 항상 부딪힌다. 그러므로 나는 내가 잘 알지 못하는 상황에서, 확실한 근거도 없이 남을 심판해야 한다.

무엇이든 잘못 알고 잘못 판단한다면 그 자체가 바람직하지 않다. 그래서 확실히 모르고 판단해야 하는 나는 불안할 수밖에 없다. 그러나 윤리적 심판이 잘못됐다면 그것은 그냥 무엇을 잘못 판단하는 지적 과오의 경우보다 비교할 수 없을 만큼 큰 문제를 일으키게 되며, 따라서 윤리적 심판은 그만큼 더 큰 불안을 동반한다. 왜냐하면 나의 잘못된 심판에 따라 윤리적으로 무고한 어떤 사람이 범인이 되고, 직장을 잃고, 지옥에도 가야만 할 경우가 생기기 때문이다. 뿐만 아니라 나의 심판은 그냥 지적인 행위에 그치지 않고 그 자체가 윤리적인 이상, 나의 잘못된 심판에 따라 내 심판대상인 다른 사람들이 억울하게 지옥에 가야 할 뿐 아니라 나 자신도 도덕적인 범죄를 짓는 결과가 되며, 따라서 그만큼 나의 삶은 때가 묻거나 잘못된 삶이 될 것이기 때문이다. 이와 같은 상황을 의식할 때 우리는 다른 사람에 대한 윤리도덕적 심판을 내려야 하는 처지에서 가시기 어려운 불안을 경험하게 마련이다. 인간의 존엄성은 그가 윤리적이라는 데서만 찾을 수 있지만, 그러나 한편으로 우리가 윤리적일 수밖에 없기 때문에 우리는 윤리적 동물이 아닌 다른 동물이 경험하지 못하는 심리적 불안과 정신적 고통을 느끼게 마련이다. 우리는 윤리적인 동물이기 때문에 그만큼 존엄한 존재이지만 또 윤리적인 동물이기 때문에 꼭 그만큼 고통스러워야 한다.

『자비의 윤리학』(1990)

05
자비의 윤리학

인간은 싫든 좋든 윤리적 동물이다. 인간이 싫든 좋든 윤리적으로 살아야 한다는 것은 마치 벌레가 땅바닥을 기어다니며 살아야 한다는 것과 마찬가지로 우리가 임의로 바꿀 수 없는 자연의 원칙이며, 형이상학적 질서의 일부다. 인간이 윤리적으로 살 수밖에 없다는 것은 모든 사람이 모든 경우에 윤리적으로 옳다는 의미가 아니다. 그것은 인간이 선과 악의 규범을 떠나서 존재할 수 없고 행동할 수 없다는 말에 지나지 않는다. 많은 사람들이 윤리적으로 잘못됐다면 그들 역시 윤리적으로 존재하는 것이다. 뒤집어 말해서 모든 인간의 삶, 인간의 모든 행동은 선과 악이라는 척도에 따라 칭송되거나 아니면 규탄을 받도록 되어 있다는 말이다. 윤리적 가치평가를 떠난 인간의 삶이나 인간의 행동은 물건이나 동물의 존재 중의 하나에 불과하며, 하나의 사물현상에 불과한 것이 될 뿐이다.

선과 악은 도대체 어떤 것인가? 많은 철학자들이 생각해왔던 바와 같이 선과 악은 주관적이거나 아니면 상대적인 것인가? 만일 그렇다면 윤리적 문제는 사라진다. 그러나 윤리적 경험의 현상학에서 본 바와 같이 우리의 윤리적 경험은 윤리적 선과 악이 객관적임을 전제하지 않고서는 설명되지 않는다. 우리의 윤리적 경험이 가장 자명한 경험 중의 하나인 이상, 윤리적 선과 악이 객관적이어야 한다는 결론은 회피할 수 없다.

문제는 구체적으로 어떤 것이 선이며 어떤 것이 악이냐를 아는 데 있다. 구체적으로 지금 나에게는 어떤 종류의 삶을 사는 것이 선한 삶인가? 가족을 희생시키는 한이 있더라도 철학자의 길을 택할 것인가? 아니면 철학자의 꿈을 버리고 가난한 부모를 위해 다른 직업을 택할 것인가? 구체적으로 지금 나는 어떤 행동을 선택해야 하는가? 사회적 이익이라는 명목으로 한 개인의 권리나 자유를 희생시켜야 하는가? 아니면 한 개인의 권리와 자유를 존중하는 나머지 사회적 이익을 희생시켜야 하는가? 내가 올바르게 살고 올바른 행동을 선택하려 해도 나에게는 어떤 것이 옳은지 확실히 알 길이 없다. 그럼에도 불구하고 나는 확실히 옳은 것을 알 때까지 나의 삶을 보류하고 나의 선택을 지연할 겨를이 없이 결정을 해야 한다. 잘못 결정하면 나의 삶은 영원히 윤리적으로 잘못된 삶이 될 것이며 나의 행동은 영원히 도덕적으로 잘못된 행위가 될 것이다. 그렇다면 이렇게 난처한 상황 가운데 윤리적 관점에서 나는 어떻게 살아야 하며, 도덕적으로 어떻게 행동해야 하는가? 어떻게 하면 나는 윤리적으로 선한 사람일 수 있으며, 도덕적으로 나는 어떻게 행동해야 하는가? 여기서 선의 두 가지 뜻을 구별해보자.

존재로서의 선과 태도로서의 선

선은 일종의 '좋은 것'을 의미한다. 그러나 '좋은 것'은 다 같이 선이 아니다. 선은 특수한 '좋은 것'으로서 윤리적인 '좋은 것'만을 지칭한다.

'좋은 것'은 '가치 있는 것'이라는 표현으로 바꾸어놓을 수 있다. 아마도 좋은 것 혹은 가치란 반드시 상대적인 것 같다. 무엇이든지 그 자체가 스스로 좋은 것 혹은 가치 있는 것이 아니라, 반드시 어떤 욕망과 관계되어서 비로소 가치 있을 수 있다. 돈이 좋다든가 여자가 좋다든가 학문이 좋다고 말할 수 있다면, 그것은 누군가가 아니라 모든 사람들이 돈을 바라고, 여자를 찾고, 지식을 욕망해야 하기 때문이다. 만일 인간의 욕망이 없어진다든가 혹은 달라져서 그런 것들을 바라지 않는다면, 돈도 여자도 학문도 그 자체로서는 좋다든가 가치가 있다고 말할 수 없다. 그런 것들은 그냥 있을 뿐이지 그 자체로서 좋지도 않고 나쁘지도 않다. 이와 같이 볼 때 어떤 사물이나 현상 혹은 행동의 가치, 즉 좋고 나쁜 것은 인간의 욕망과 상대적일 뿐, 그 자체로서는 객관적으로 존재하지도 않는다.

그러나 윤리적 가치, 즉 윤리적으로 좋고 나쁜 것만은 예외다. 윤리적으로 좋은 나의 삶은 내가 싫어하든 좋아하든 객관적으로 좋은 삶이며, 도덕적으로 나쁜 나의 행위는 내가 원했든 원하지 않았든 객관적으로 나쁘다. 윤리도덕적으로 선은 언제나 선이며, 윤리도덕적 악은 언제나 악이다. 한마디로 말해서 윤리도덕적 관점에서 가치를 뜻하는 선과 악은 객관적이다. 칸트의 표현을 빌리자면 이런 선과 악은 무조건적, 즉 절대적인 선이요 절대적인 악이다.

내가 그대로 살든 살지 않든 간에 내가 꼭 살아야 했을 윤리적으로 옳은, 즉 선한 삶은 객관적으로 존재하는 것이며, 내가 그대로 행동하든 않든 간에 내가 꼭 해야만 했을 윤리적으로 옳은 행동, 즉 선은 객관적으로 존재한다. 내가 국가를 위해서 가족을 희생시키는 것보다는 가족을 위해 살아야 함이 나에게 윤리적으로 옳은 삶, 즉 선이었다면, 만약 내가 가족을 희생하여 국가를 위해 살아왔다 해도 나에게 국가보다는 가족을 위해 살아야 함이 선한 삶이었다는 사실은 영원한 진리로서 존재한다. 내가 친구와 약속을 깨뜨리는 것이 윤리적으로 옳지 않은 악이라면, 만일 내가 약속을 지켰다고 하더라도 약속을 깨뜨리는 행위는 역시 악이다.

언뜻 보아 선과 악이 객관적으로 존재한다는 나의 주장은 납득하기 어려울 것이다. 오직 현상적인 것만이 존재할 수 있는 것 같다. 오직 감각을 통해서 지각할 수 있는 것만이 존재하는 것 같다. 비록 미립자와 같이 직접 눈으로 지각될 수 없는 것도 존재한다고 할 수 있다면, 그것은 간접적으로 현미경을 사용해서 볼 수 있기 때문이라고 생각된다. 오직 물질적인 것만이 지각대상이 된다. 그렇다면 오직 물질적인 것만이 존재한다고 말할 수 있을 것 같다. 그러나 좀더 따지고 보면 물질만이 존재해야 한다는 이유는 아무 데도 없다. 지각의 대상이 될 수 없는, 예를 들어 논리적 법칙이 동물이 나물이나 나무나 사람이나 핵과 같이 객관적으로 존재하지 않는다는 근거는 쉽사리 나타나지 않는다. 만약 논리적 법칙이 우리가 그것을 알든 모르든, 혹은 우리가 그것을 알고 나서 그 법칙에 따라 사고를 전개하든 않든 간에 변함이 없다면, 그 논리적 법칙은 물질과는 다른 성격을 가졌음에도 불구하고 역시 존재한다고 해야 할 것이다. 플라톤은 정말 존재하는 실체는 물질적이기는커녕 관념적인 것, 다시 말해서 비물질적인 것이라고 주장했고, 헤겔은 존재가 궁극적으로 정신적인 것, 즉 비물질적인 것이라고 주장했다. 그들의 철학에 의하면 물질적인 것은 사실 비물질적인 궁극적 존재의 복사품과 구상화에 지나지 않는다고 설명했다. 플라톤이나 헤겔의 주장을 문자 그대로 추종하지 않더라도 비지각적이며 비물질적 존재는 충분히 생각되고 이해될 수 있는 개념이며, 따라서 비가시적 윤리적 가치로서 선이 객관적으로 존재한다는 생각에는 전혀 모순이 없다.

무엇이 존재한다는 말은 그 무엇인가가 형이상학적 우주, 혹은 절대적 전체의 한 부분을 이룬다는 뜻이다. 마치 한 방에 있는 여러 가구들이 그 방을 채우듯이 우주를 채우는 것들을 존재라고 부를 수 있다. 방을 채우는 것들은 물질로만 될 수 있지만, 우주를 채우는 것들이 반드시 물질로만 되어야 한다는 이유는 없다. 우주는 지각적 현상들을 포함하지만 그 속에는 생각하는 인간, 윤리도덕일 수밖에 없는 인간이 포함되어 있다. 그 가운데는 윤리도덕적 가치인 선과 악도 포함될 수 있다. 선과 악의 객관적 존재를 전제하지 않으면 인간의 윤리적 경험은 이해되지 않는다. 그러므로 선과 악의 객관적 존재를 인정해야 한다. 윤리적 선과 악은 마치 사물현상, 물리학적 입자, 윤리적 법칙과 같이 형이상학적 우주의 일부를 구성하고, 물리적 현상의 법칙이 우주의 한 부분의 질서를 나타내듯이 어떤 종류의 형이상학적 질서를 나타낸다고 봐야 한다. 물질이 형이상학적 우주의 한 측면을 구성한다면 윤리적 선과 악은 또 다른 측면을 구성한다.

선이나 악을 객관적으로 존재하는 가치로 볼 때, 맨 처음의 윤리적인 문제는 선이나 악의 존재를 발견하고 인식하는 문제다. 어떤 것이 선이며 어떤 것이 악인가를 먼저 알지 않고서는 아무리 선한 삶을 살고 선한 행동을 하려고 해도 잘할 수 없으며, 아무리 악한 삶을 피하고 악한 행위를 피하려고 해도 뜻대로 잘 안 될 것이다. 왜냐하면 객관적으로 존재하는 선과 악을 잘 알지 못하면 삶에 대한 우리의 선택결정은 결국 불합리한 도박이 될 수밖에 없고, 선한 삶 대신 악한 삶을 잘못 선택하고 선한 행위 대신 악한 행위를 결단하는 과오를 범하지 않을 수 없기 때문이다. 만약 내가 선과 악에 대한 인식적 과오로 악한 삶을 살고 악한 행동을 했다면 나의 삶은 악이 될 것이며, 나는 악한 사람이 되고 말 것이다. 그런데 악한 삶이 아닌 선한 삶을 산다는 것, 악한 사람이 아니라 선한 사람이 된다는 것 이상으로 더 중요한 것이 어디 있겠는가?

그럼에도 불구하고 우리는 정말 어떤 삶이 선한 것이며, 어떤 행동이 악한 것인지를 절대적으로 확실히 발견하고 인식할 수 없는 상황을 극복할 수 없다. 이런 상황에도 불구하고 우리는 윤리적 입장에서 우리의 삶을 선택하고 우리의 행동을 결정해야 한다. 그래서 그 결정이 잘못되어 우리가 선택한 삶이 선이 아니라 악이 될 수 있고, 우리가 결정한 행동도 악이 될 수 있다. 만일 내가, 아니 우리 모두가 뜻했던 바와는 정반대로 선과 악을 잘못 인식한 결과로 악한 삶을 살고 악한 행위만을 해왔다면, 어쩔 수 없이 나의 인생은 악한 것이며 나는 악한 인간으로 영원히 남게 될 것이다. 만약 선한 인간이냐 악한 인간이냐에 따라 영원의 차원에서 나의 삶이 심판을 받고 그에 따라 상이나 벌을 받게 된다면, 나는 아마도 영원한 지옥에서 고통을 받아야 할 것이다. 만일 내가 나의 진실한 선의에도 불구하고 선과 악에 대한 인식을 올바로 하지 못한 과오 때문에 위와 같이 가혹한 벌을 받게 된다면, 과연 나를 윤리적으로 나쁜 사람이라고 할 수 있겠는가?

위에서 본 나의 경우와 마찬가지 상황에 놓일 가능성은 누구나 갖고 있다. 왜냐하면 아무도 어떤 것이 선인지 악인지를 확신하고 삶을 선택하고 행동을 결정할 수는 없기 때문이다. 객관적으로 존재하는 선과 악에 비추어볼 때 우리의 삶은 한결같이 악이요, 우리의 행동도 한결같이 악이 될 수 있다. 객관적인 선과 악의 척도에 맞추어볼 때 우리는 다 같이 악인, 그것도 지독한 악인이 될 수 있고, 따라서 지독한 고통을 저승에서 받게 될 가능성도 적지 않다. 만일 우리가 객관적으로 악인이 됐다고 하자. 그렇다면 우리는 우리 자신을 악인으로서 대해야 하는가? 만약 나 아닌 남이 그의 선의에도 불구하고 선과 악에 대한 그릇된 인식 때문에 지독한 악인이라는 판결이 났다고 하자. 과연 나는 그 사람을 악인으로서 대해야 하는가? 여기서 우리는 객관적 존재로서 선이나 악이 아니라 주관적 태도로서 선과 악을 생각해볼 필요를 느낀다.

어떤 삶이나 행위뿐 아니라 어떤 태도는 선하고 어떤 태도는 악하다고 말할 수 있다. 어떤 태도를 선하다고 해도 어떤 태도를 악한 태도라고 부를 수 있는가는 쉽게 결정되지 않을지 모른다. 그러나 대체로 선한 태도는 나만이 아닌 남을 고려하는 마음씨, 특히 남의 고통을 자신의 고통으로 삼고 그것을 덜어주고 남의 즐거움에 도움이 되고자 하는 마음씨다.

그렇다면 악한 태도는 그와 반대로 남을 고려하지 않고, 때로는 남의 고통에서 오히려 즐거움을 얻는 마음씨, 즉 의도를 가리킨다.

의도와 결과는 동일하지 않다. 아무리 남을 도와주려는 의도를 갖고 한 일일지라도 결과적으로는 남에게 도움이 되기는커녕 오히려 큰 고통이나 해를 더 가져오는 경우가 얼마든지 있다. 거꾸로 남을 해롭게 하려는 의도로 한 일이 오히려 남에게 도움이 되는 결과를 낳을 수도 있다. 태도로서 선은 행동이나 결정의 결과를 고려하지 않고 그 행동의 의도, 즉 동기에서만 본 선을 의미한다. 내 행동의 결과가 예상 밖으로 남에게 고통을 가져오는 한이 있었다 해도, 내 행동의 동기가 남의 고통을 덜어주고, 남을 도와주는 데 있었다면 나를 선한 사람으로 볼 수 있지 않느냐는 말이다. 그러나 덮어놓고 위와 같은 의미의 선한 태도만 가지면 된다는 말은 결코 아니다. 윤리적 결정을 하는 데에서 먼저 전제되어야 하는 것은 윤리적 관점 밖에서 본 객관적 상황과 사실을 냉철히 인식하는 일이다. 그러나 이러한 비윤리적 상황의 정확한 인식만으로는 그 자체가 선하지도 않고, 악하지도 않다. 선한 의도와 동기 없이 이루어진 어떤 행위, 그 행위의 어떤 결과도 그것만으로 선하다 할 수 없다. 윤리적 문제가 결정과 선택의 문제라면 선한 의도 없이 이루어진 결정과 행동은 그 결과가 객관적으로 선한 것이 될지라도, 그 행위나 그 행위 주체자가 선하다고 할 수는 없다. 위와 같이 볼 때 윤리적 선과 악은 행위자의 윤리적 태도, 즉 행동의 동기나 의도를 떠나서는 이해될 수 없다.

존재로서 선과 악에 대한 절대적으로 확실한 인식이 불가능하고, 어떠한 윤리도덕적 결정을 하든 간에 누구든지 언제나 인식의 과오를 범할 수 있는 상황에 놓여 있는 이상, 우리가 유일하게 의지할 수 있는 윤리적 행동의 근거는 모든 객관적 상황을 고려한 후에 갖추어야 할 태도로서 선이다. 되풀이하거니와 윤리생활에서, 윤리적으로 옳게 살려는 경우에 가장 중요한 것은 결국 선한 의도, 동기, 태도일 수밖에 없다. 구체적으로 어떤 행동이 남을 돕게 되는 행동인지는 몰라도 우선, 그리고 궁극적으로 중요한 것은 남에게 도움이 되려는 태도, 내가 조금 희생되더라도 남의 고통을 덜어주려는 태도가 중요하다. 이러한 의도야말로 무조건 선한 것이다. 존재로서 선이 아무리 중요하다 해도 인간의 구체적인 윤리생활에서는 태도로서 선이 그에 못지않게 중요할 뿐 아니라, 사실 그러한 선을 제외한 다른 선을 따져볼 수 없다. 왜냐하면 거듭 강

조한 바와 같이 객관적으로 존재하는 선에 대한 우리의 지적 인식능력
은 극히 한계지어져 있기 때문이며, 그런 선에 대한 우리의 믿음은 언제
나 틀릴 수 있기 때문이다.

원칙의 윤리와 덕의 윤리

윤리에는 두 가지 측면이 있다. 그 하나는 행위에 관계되는 면이며, 또
하나는 사람의 심성에 관계되는 것이다. 한 행위는 행위자와는 직접 관
계없이 도덕적으로 옳고 그를 수가 있으며, 행위와는 직접 상관없이 윤
리적으로 좋고 나쁠 수 있다. 한 행위의 옳고 그름은 어떤 윤리적 규범
을 전제로 하고, 한 행위가 윤리적으로 규범에 맞느냐 아니냐에 따라 객
관적으로 결정된다. 그러나 한 사람의 행위가 어떤 규범에 비추어 그릇
됐다는 부정적인 판단이 나오더라도 그 사람 자체는 좋은 사람이라든
가 나쁜 사람이라고 평가될 수 있다. 물론 후자의 경우에도 그것이 평가
되는 데는 어떤 규범이 있지만, 그 규범은 어떤 원칙을 지칭하기보다는
인간의 어떤 품성, 즉 질을 가리킨다. 그것은 예를 들어 선의, 진실성,
정직성, 관용성 같은 인간의 인격, 성격 혹은 심성을 말한다. 그런 심성
을 덕이라 부를 수 있다.

그리하여 윤리는 원칙의 윤리와 덕의 윤리로 나누어 구별될 수 있다.
이 두 가지 윤리가 어떤 관계를 갖고 있으며, 그것들이 더 고차적 윤리
에 의해서 통일될 수 있는가 없는가의 문제가 나올 수 있지만, 그런 문
제는 뒤에 생각하기로 한다. 다만 확실한 것은 일차적으로 위의 두 가지
윤리는 서로 직접적인 관계가 없어 보인다. 원칙의 윤리라는 관점에서

볼 때 한 사람의 행위에 대하여 긍정적인 평가가 나오더라도, 덕의 윤리라는 관점에서 볼 때는 부정적인 평가가 나올 수 있다. 거꾸로 덕의 윤리라는 관점에서 볼 때는 어떤 사람이 긍정적인 평가를 받을 수 있어도, 원칙의 윤리라는 관점에서 볼 때는 부정적인 판단이 내려질 수 있다. 마음씨가 악의에 가득 차 있고 부정직한 사람도 무슨 의도에서든 간에 기존하는 어떤 도덕적 규범에 언제나 맞게 행동할 수 있을 것이다. 그렇다면 그의 행동은 옳다는 도덕적 판단을 마땅히 받아야 할 것이다. 그러나 그 사람은 윤리적으로 역시 나쁜 사람으로 남아 있을 뿐이다. 아무리 천사같이 착한 사람이라도 그의 잘못된 인식 때문에 그가 하는 행동이 언제든지 도덕적 규범에 위반될 수 있다. 남을 도와주는 것이 도덕적으로 옳은 것이라고 가정한다면 나는 그 규범에 맞추어 행동하려고 하지만, 내가 그렇게 행동하는 동기는 내가 남에게 잘 보이기 위해서뿐일 수 있거나, 그렇게 함으로써 나의 이익을 찾고자 할 수 있다. 거꾸로 내가 좋은 뜻을 갖고 남을 도와주려고 했던 행위가 결과적으로는 번번이 남에게 더 큰 해를 끼치게 되는 경우도 있다.

어느 사회에서든지 윤리적 원칙이 있다. 기독교문화권의 십계명, 불교문화권의 팔정도, 유교문화권의 삼강오륜 등의 윤리적 원칙의 구체적인 예가 된다. 같은 문화권 안에서도 윤리적 원칙은 위와 같은 포괄적 원칙 외에도 더 구체적인 원칙들이 다양하게 있고, 그것들은 시대에 따라 다소 변할 수 있다. 예컨대 삼강오륜을 원칙으로 하되 구체적으로 제사를 지내는 원칙이 있을 수 있고, 그 원칙도 시대에 따라 바뀔 수 있다. 삼강오륜을 지킨다고 해도 어떻게 제사를 지내야 옳은지 알 수 없기 때문에 좀더 구체적인 윤리적 원칙이 필요한 것이다. 그러나 시대적 상황에 따라 과거에 해오던 제사의 양식이나 지내는 시간은 달라진다. 아무튼 한 사람의 행위가 윤리적으로 옳으냐 그르냐는 것은 이미 기존하는 한 사회의 어떤 윤리적 원칙에 의해서만 판단된다.

한 사회에는 이미 어떤 종류의 윤리적 원칙이 반드시 있으며, 거기에는 사회적으로 수용된 어떤 특별한 종류의 윤리적 가치, 인간이 갖추어야 할 품성으로서 덕이 강조되어 하나의 규범적 기능을 하고 있다. 고대 그리스 사회에서는 지혜, 용기, 관용의 덕이 강조되었고, 기독교 사회에서는 신중성, 관용, 사랑의 덕이 강조되었으며, 유교적 사회에서는 인, 의, 예, 지, 신 등이 사람으로서 갖추어야 할 가장 중요한 덕이 되었다. 한 사람의 도덕적 평가는 각기 위와 같은 도덕적 기준에 비추어 평가된다. 한 사회에서 강조되는 덕은 사회적 상황에 따라 달리 강조될 수 있다. 항상 전쟁에 시달리고 전쟁에서 이겨야 할 상황에 놓여 있는 사회에서는 용기 혹은 충성심이 강조될 것이며, 부패된 부조리한 사회에서는 정직성이 무엇보다도 강조될 것이다.

위에서 본 윤리적 원칙이나 덕성의 예들이 어느 정도라도 수긍된다면 한 사회에 존재하는 윤리적 원칙이나 덕은 사회와 시대에 따라 다르다는 사실이 인정된다. 즉 그러한 것들이 장소나 시대를 넘어설 수 있는 보편성을 갖추지 못하고 있음을 알 수 있다. 만일 한 사회에 기존하는 윤리적 원칙을 따른다면, 그것에 따른 행위는 한 사회에서는 옳지만 다른 사회 혹은 다른 시대에서는 옳지 않은 행위가 될 것이며, 한 사회에서 덕 있는 좋은 사람이 다른 사회에서나 다른 시대에 가서는 덕이 없는 나쁜 사람이 된다는 결과를 낳지 않을 수 없게 된다.

똑같은 행위가 동시에 옳기도 하고 옳지 않기도 하다는 것, 똑같은 사람이 동시에 좋은 사람이기도 하고 나쁜 사람이기도 하다는 것은 엄연한 모순이며, 따라서 그것은 도저히 논리적으로 이해될 수도 없다. 다양한 윤리적 원칙이나 인품적 가치, 즉 덕들이 그대로 수용될 수 없는 이유는 논리적인 데만 있지 않다. 위와 같이 각 사회마다 각각 다르게 존재하는 다양한 원칙이나 도덕적 가치에 의존한다면 어떤 구체적인 상황에서 결코 풀릴 수 없는 실천적 갈등에서 헤어날 수 없는 데 절실한 문제가 생긴다. 유교 문화권에서 살아온 사람과 기독교 문화권에서 살아온 사람이 함께 어떤 윤리적 행위를 결정해야 할 상황에 놓여 있다고 하자. 아울러 두 문화권에 존재하는 윤리적 원칙이 서로 일치하지 않는다고 하자. 이런 경우 윤리적으로 옳은 결정은 서로 일치하지 않는 두 개의 서로 다른 원칙과 다른, 그리고 그것들을 포괄할 수 있는 원칙에 의해서 이루어져야 할 것이다. 그러한 원칙은 어떤 특수한 문화권에 제한되지 않고 보편적인 것이어야 할 것이다. 이러한 사실은 어떤 문화권에 존재하는 종래의 윤리적 원칙도 반드시 비판의 대상이 될 수 있음을 반증한다. 한 사회에 존재해온 기존의 윤리적 원칙은 다른 사회와 만나는 마당에서 갈등이 없는 경우에라도 비판의 대상이 될 수 있다. 사실 역사적으로 언제나 그와 같이 비판되어왔다. 만일 내가 유교문화권 외에는 아무것도 모르고 살아왔다 하더라도, 내 자신이 그 문화권 안에서 얻은 경험과 관찰과 사고를 통해서 기존하는 윤리적 원칙을 비판할 수 있다. 한 사회에 기존하는 도덕적 가치, 즉 덕도 마찬가지다. 한 사회에 존재하는 규범적 덕은 그 사회가 갖고 있는 가장 옳은 삶, 가장 옳은 인간의 이상을 반영한다. 만일 서로 다른 사회가 서로 상이한 규범적 덕, 즉 인간으로서 갖추어야 할 품성을 주장한다면 올바른 삶, 정말 사람다운 삶은 여러 가지가 있을 수 있다는 결론이 나온다. 그러나 똑같은 사람이 동시에 좋은 사람이 될 수도 있고 나쁜 사람이 될 수는 없다. 사실 한 사회에서는 이상적으로 생각되어오던 한 인간도 다른 사회에서는 그 사회에서 이상적으로 생각되어오던 인간에 비춰볼 때 비판되고 재평가될 수 있다. 뿐만 아니라 다른 사회의 이상적 인간상과 전혀 접촉이 없는 경우에라도 냉철한 반성을 통해서 자기 자신의 사회가 갖고 있는 이상적 인간상은 비판되고, 새로운 이상적 인간상으로 대치될 수 있다. 이런 상황에서 요청되는 것은 어떤 특수한 사회나 시대를 초월해서 보편적으로 바람직한 인간상, 가장 사람다운 사람의 덕, 즉 품성을 알아내는 일이다.

이러한 요청은 한편, 특히 칸트나 밀에 의해 보편적 윤리적 원칙으로 제시된 의무적 윤리라고 불리는 형식주의와 공리적 윤리라고 불리는 이른바 결과주의로 나타났고, 또 다른 한편으로는 보편적으로 갖추어야 할 덕으로서 유교에서의 '인', 불교에서의 '자비', 기독교의 '사랑', 유대교의 '정의' 등의 덕, 즉 마음가짐으로 나타났다. 이와 같이 보편적인 원칙의 윤리와, 역시 보편적인 덕의 윤리가 다 같이 요청되지만, 동양에서는 물론 서양에서도 칸트 이전까지는 보편적인 윤리적 원칙을 찾으려는 체계적인 철학적 노력은 뚜렷하게 보이지 않았다. 이러한 역사적 사실에는 여러 가지 이유가 있겠지만, 가장 중요한 이유는 근세에 이르기 전에는 서로 다른 문화권들 간에 밖에서는 같은 문제를 놓고 달리 생각할 수 있다는 것, 즉 자기 문화권 안에서 생각하고 있는 것과는 다른 생각이 있을 수 있다는 것을 의식하지 못한 데 있다고 추측된다. 한 사회가 전통적으로 물려받은 윤리적 원칙이나 인간의 도덕적 가치가 마치 영원한 객관성을 갖고 있는 듯이 생각되었고, 그러한 것들에 의존하면 된다는 것을 의심하지 않았기 때문이다. 그런 처지 속에서 서양에서 과학적 사고의 발달과 산업화가 본격적으로 시작되는 18세기에 이르러 종교적 또는 신화적 세계관이 흔들리면서부터 전통윤리의 가치관도 흔들리고 모든 것을 합리적으로 생각할 필요가 있게 되었다. 새로운 세계 속에서 합리적이고, 따라서 보편적인 윤리를 생각하고 어떤 행위가 옳으며 어떤 삶이 참다운 삶인가를 새로이 알아내지 않으면 안 되게 되었다. 이런 역사적 맥락에서 칸트의 의무주의 윤리학과 밀의 공리주의 윤리학이 이해되며, 칸트 이후 약 200년간에 걸친 윤리학의 핵심적 논쟁은 서로 상반되는 칸트의 윤리학과 밀의 윤리학 간의 지속적인 논쟁이었다 해도 과언이 아니다. 칸트와 밀이 의도한 것은 결과적으로는 서로 상이한 이론을 낳는 결과가 되었지만, 도덕적 행위의 가장 근본적이며 보편적인 원칙을 제안하는 데에서 그들은 똑같다. 따라서 그들의 윤리학은 원칙의 윤리에 관한 윤리학이지 덕의 윤리학은 아니다. 달리 말해서 근대 이후 최근까지만 해도 윤리학의 문제는 가장 보편적으로 바람직한 덕의 윤리학보다는 원칙의 윤리학을 세우는 일이었다.

이러한 사실은 앞서 본 대로 희미해 보였던 원칙의 윤리와 덕의 윤리의 관계, 즉 어떻게 옳고 그릇된 행위를 결정해야 하느냐 하는 문제와 어떠한 품성을 갖춘 사람이 되어야 하느냐 하는 것을 결정하는 문제의 상호관계를 간접적으로 시사한다.

만약 인자함이나 정직함이나 관용함이나 혹은 용감함 등이 대체로 모든 사회에서 중요한 덕으로 생각되었다면, 그것은 우연이 아닐 것이다. 물론 그런 덕 자체가 귀중하겠지만, 더 따지고 보면 그런 덕이 귀중하게 여겨지는 이유는 그러한 덕, 즉 성품을 가진 사람들이 자연히 도덕적으로 옳은 행위를 하게 될 것이기 때문이다. 사실 삶은 하나의 상태나 상황이 아니라 행위의 연속이다. 그렇기 때문에 인간에게 가장 중요한 문제는 어떻게 행위를 결정하느냐를 아는 데 있다. 더 정확히 말해서 어떻게 옳게, 다시 말해서 윤리적으로 옳게 행동을 결정하는 것이냐 하는 것이 문제다. 어떠한 종류의 삶을 사는 것이 옳은 삶인가를 선택해야 한다면, 그것도 역시 하나의 행위의 문제로 환원시켜 고찰될 수 있다. 어떤 사람을 인자한 사람이라든가 혹은 관용적인 사람이라고 부른다면, 그것은 그 사람이 언제나 윤리적으로 옳은 행위를 한다는 뜻을 간접적으로 표현한 것으로 해석된다. 이와 같이 볼 때 덕의 윤리가 원칙의 윤리와 종속적인 관계를 갖고 있다고 풀이된다. 즉 어떤 사람의 인격적 평가, 다시 말해서 그 사람에 대한 품성적 평가는 그 사람의 윤리적 행위에 비추어볼 때 비로소 그 의미가 이해된다는 말이다. 칸트 이후 원칙의 윤리가 철학적 윤리학의 핵심 문제로 되어왔던 것에는 논리적 근거가 있었던 것이다. 윤리에서 핵심적인 문제는 어떠한 객관적 근거에서 객관적으로 옳은 행위를 가려낼 수 있느냐를 알아내는 데 있다. 이 문제는 무엇이 옳고 그른지의 객관적 규준 혹은 원칙을 발견해내는 문제다. 칸트의 윤리적 의무주의와 밀의 윤리적 공리주의는 서로 대립되지만, 다 같이 가장 체계화되고 가장 설득력 있는 두 가지 상반되는 가장 보편적 윤리적인 원칙으로서 지금까지 토론되어왔다. 이 두 가지 윤리적 원칙만큼 보편성을 갖고 확실하게 체계화된 윤리이론은 역사상 있은 예가 없다.

만약 한 윤리적 원칙이 옳다면 그 이유는 오로지 그 원칙이 어떤 구체적인 상황에서 객관적으로 존재하는 윤리적으로 옳은 행위가 무엇인가를 발견해주기 때문이다. 예를 들어 칸트나 밀이 각기 그들의 윤리적 원칙을 제안할 때, 그들은 각기 그 원칙에 따라 어떤 행위가 옳고 그른가를 발견할 수 있다고 믿었던 것이다. 그리고 그들은 각기 자신의 원칙이 진리라고 확신하고 있었다.

그러나 불행히도 칸트의 원칙과 밀의 원칙은 서로 근본적으로 대립된다. 그렇다면 아무리 그들이 각기 확신하고 있더라도 그들의 두 개의 원칙이 적어도 동시에 다 같이 옳지는 못할 것이다. 칸트의 원칙이나 밀의 원칙 가운데 적어도 한 가지가 틀린 것이라는 것은 논리적으로 어쩔 수 없는 결론이다.

칸트의 윤리적 원칙은 다음과 같은 명제로 표현된다. '너의 행동원칙이 보편적 원칙이 될 수 있는 한에서 행동하라.' 칸트의 위와 같은 원칙을 정언명법이라고도 말한다. 정언명법은 가설적 혹은 조건적 명령과 대조된다. 조건적 혹은 가설적 명령은 어떤 목적을 가설하고 그런 조건에서 마땅히 해야 할 것을 요청한다. 만약 어떤 목적을 갖지 않는다면 그 명령은 의미를 잃는다. 이에 반해서 정언명법은 어떤 목적, 어떤 조건과도 상관없이 해야 함을 요청하는 명령, 즉 무조건으로 해야 할 행위를 요청하는 명령이다. 즉 절대적으로 해야 하는 행위를 요청하는 명령을 뜻한다. 칸트에 의하면 도덕적으로 옳은 행위는 그 행위의 결과가 어떻든 간에 무조건 해야 한다는 것이다. 즉 어떤 행위가 윤리적 원칙에 맞는다면 그것은 절대적으로 취해야 할 행위라는 것이다. 이런 관점에서 칸트의 윤리적 원칙이 형식주의라고 불리게 된다.

이와는 달리 밀이 주장하는 공리주의의 윤리적 원칙은 다음과 같은 명제로 표현된다. '가장 많은 사람들을 위해 가장 많이 유익한 행동을 취하라.' 이 윤리적 원칙을 공리주의라고 부르는 이유는 윤리적으로 옳고 그름의 행위가 오로지 행위의 결과에 의해서만 평가되기 때문이다.

칸트의 이론과 밀의 이론이 지난 2세기에 걸쳐 가장 중요한 윤리적 이론이라고는 하지만 이 이론들이 위와 같이 해석될 때 우리들은 대뜸 큰 문제에 직면한다. 칸트의 윤리적 원칙과 밀의 윤리적 원칙이 서로 대립되는 이상 그것들이 동시에 다 같이 참된 원칙이 될 수 없다는 점이다. 두 철학자들은 서로 다 같이 각기 자신의 이론이 가장 올바른 윤리적 직관을 나타낸다고 믿고, 그러한 직관이 자명한 진리라고 확신하고 있지만, 그 직관들이 서로 대립되는 이상 그 직관들이 동시에 다 같이 옳을 수는 없다. 그 두 원칙 가운데 어떤 것을 택하느냐 하는 문제가 생긴다. 어쩌면 두 원칙이 다 같이 만족스럽지 않을지도 모른다. 사실 각 원칙들을 따로 떼어 생각해볼 때 그것들은 둘 다 보편적으로 사용될 수 없다. 칸트의 형식주의에 의하면 거짓말을 하는 것이 무조건 비윤리적인 것으로 되어 있는데, 거짓말을 하지 않으면 무고한 사람을 해롭게 한다든가 죽이게 되는 결과를 낳아도 거짓말을 하지 않는 것이 윤리적으로 옳다는 주장을 할 사람은 없을 것이다. 한편, 밀의 공리주의에서도 대뜸 문제가 생긴다. 무고한 몇 사람들을 희생시키면 많은 사람들에게 만족을 주는 결과를 낳는 경우가 얼마든지 있다. 그러나 우리의 흔들릴 수 없는 윤리적 직관은 그러한 결과를 낳는 행동을 용납하지 않는다.

지금까지 고안되었던 모든 이론 가운데 칸트의 형식주의적 윤리원칙과 밀의 공리주의적 윤리원칙이 가장 체계화되고 가장 설득력 있는 것으로 여겨져왔다. 그럼에도 불구하고 그것들이 다 같이 보편적으로 적용될 수 없다는 사실은 어떤 구체적인 상황에서 어떤 행동이 정말 윤리적으로 옳은 것인가를 객관적으로 발견하는 것이 얼마나 어려운가를 새삼 보여준다. 어떤 구체적 상황에서 어떤 행동이 윤리적으로 옳은가는 반드시 객관적으로 존재하는 것이긴 하지만, 그러한 것을 손쉽게 발견할 수 있는 방법이나 원칙이 있지 않다. 먼저 길게 얘기한 것을 되풀이하거니와 아무도 어떤 것이 윤리적으로 옳은 행동인가를 절대적으로 확신할 수 있는 사람은 아무도 없다. 요컨대 윤리적 행동은 윤리적 인식을 전제로 하지만, 그러한 윤리적 인식은 언제나 틀린 인식일 수 있는

가능성을 크게 담고 있는 것이다. 내가 나의 윤리적 판단에 절대적 자신을 갖고 확신할 수 없다면 나는 역시 남의 윤리적 행위에 대해서도 절대적으로 확신에 찬 평가를 내릴 수 없을 것이다. 우리의 모든 윤리적 행위가 잘못될 수 있고, 만약 그렇다면 우리는 우리가 의도했던 바와는 달리 윤리적으로 잘못된 삶을 살고 있는 것이며, 그만큼 우리는 윤리적으로 나쁜 사람일 가능성이 언제나 넓게 열려 있다.

위와 같은 고찰에 일리가 있다는 것을 인정한다면 원칙의 윤리와 덕의 윤리의 관계를 다시 생각해볼 필요가 있다. 논리적으로 볼 때 원칙의 윤리는 덕의 윤리에 선행된다. 그러나 어떤 원칙도 확실성이 없고, 앞으로도 자명하고 보편적인 윤리적 원칙을 결코 발견할 가능성이 희박하다. 우리가 생각할 수 있는 원칙이라는 것이 그 원칙이 뜻하는 바와는 달리 윤리적으로 옳은 것을 발견해주지 못하고, 오로지 그와 같은 옳은 것을 발견하는 데 하나의 참고 역할 또는 안내역을 할 수 있을 뿐이다. 그렇다면 지금까지 여러 철학자들이 노력해왔던 바와 같이 보편적으로 적용될 수 있는 어떤 윤리적 원칙을 찾으려는 노력들은 어쩌면 지적 에너지의 낭비일 뿐인지 모른다. 더 구체적으로 중요한 것은 원칙의 윤리와 덕의 윤리의 논리적 관계를 뒤집어서 우리의 윤리적 에너지를 덕의 윤리 쪽으로 돌릴 필요가 있다. 우리에게 더 중요한 것, 아니 우리가 윤리적으로 노력해볼 수 있고 개발할 수 있으며 우리가 알 수 있는 한계 안에서 좀더 중요하다고 생각되는 것은 윤리적 가치, 즉 덕이 아닐까 생각된다. 어떤 윤리적 원칙이 옳은가를 따지기에 앞서 예를 들어 정직한 사람, 착한 사람, 관용성 있는 사람이 되는 것이 더욱 중요한 것이 아닐까? 오직 그러한 윤리적 개발만이 우리가 할 수 있는 것이 아닐까? 착한 사람으로서, 정직한 사람으로서, 관용성 있는 사람으로서 행동할 때 우리의 행위는 윤리적으로 가장 옳으며 객관적으로 참된 행위가 될 가능성이 커진다. 옳고 그른 것을 절대적으로 판단할 수 없는 이상, 그 판단의 잘못은 우리가 착하고 정직하고 성실한 태도로 행동을 결정한 후에 그냥 그 결과를 기다려 평가될 수밖에 없다.

형이상학적 불용납과 윤리적 관용

모든 사물의 본질과 질서는 객관적이다. 물질적 본질과 그것들의 현상적 원리는 인간에 의해 발견되거나 되지 않거나에 상관없이 언제나 변하지 않고 존재하며, 인간이 좋아하거나 좋아하지 않거나에 관계없이 바뀌지 않고 그대로 존재한다. 물론 언뜻 보기에는 자연의 본질과 질서가 인공적으로 바뀐다. 인공적으로 새로운 물질이 만들어지고, 자연 속에서 찾을 수 없었던 질서가 만들어진다. 모든 새로운 화학적 물질, 기계들은 그런 인공적 변화의 예다. 그러나 따지고 보면 그러한 변화는 피상적인 것이고, 근본적인 물질이나 근본적인 물질들 간의 인과관계는 변하지 않는다. 우리가 변화시킬 수 있는 것은 우리가 건드릴 수 없는 사물의 본질과 질서를 새롭게 배합하는 일뿐이다. 우리가 만들 수 있는 변화나 인공적 제품은 우리가 변화시킬 수 없는 것들에 복종함으로써만 가능하다. 인간에 의해서 마음대로 변할 수 없다는 의미에서, 그리고 사물의 본질과 현상의 질서는 가장 엄격한 의미에서 객관적이다. 가장 근본적인 의미에서 사물현상이 객관적이라는 말은 사물현상이 형이상학적 차원에서 객관적이라는 말이다.

　사물현상의 형이상학적 본질과 질서가 객관적인 것과 똑같이, 윤리적 가치도 형이상학적으로는 객관적이다. 한 사람의 윤리적으로 옳은 삶은 그 사람이 그러한 삶을 인식하든 하지 않든 객관적으로 존재하며, 한 사람의 행위의 옳고 그름은 그 사람이 올바르게 행위하든 하지 않든 객관적으로 옳거나, 또는 그르다는 뜻이다. 모든 사람들에게는 각기 그가 살 수 있는 가장 옳은 삶이 있고, 모든 사람의 모든 행위에는 각기 그때그때 그가 취해야 할 가장 옳은 행위가 객관적으로 존재한다. 사물현상의 형이상학적 질서가 있듯이 형이상학적 윤리적 질서도 객관적으로 영원히 존재한다.

모든 과학적 활동이 사물현상에 대한 형이상학적 질서의 발견을 전제하듯이 윤리적인 모든 문제도 형이상학적 윤리 질서의 발견을 전제한다. 그리하여 과학은 모든 차원에서 사물 현상의 궁극적 본질과 질서를 발견하고자 해야 하며, 윤리학은 근본적으로는 객관적으로 존재하는 윤리적 질서를 발견해야 할 것이다.

과학은 그의 대상의 성질상 객관적으로 존재하는 사물현상의 궁극적 질서를 발견하는 데 어느 정도 성공하고 있다. 적어도 지난 200년, 특히 최근에 와서 더욱 궁극적 사물현상의 질서에 가까워지고 있다고 해도 과언이 아니다. 그러나 윤리학의 경우는 사정이 다르다. 윤리학이 뜻하는 앎은 그 앎의 대상의 성질상, 과학에서와 똑같은 이른바 발전을 거두지 못하고 있다. 철학적 사고가 시작되면서부터 수많은 사람들이 윤리적 진리를 발견하려고 애써왔지만, 3,000년 이상이 지난 오늘날에 이르기까지 거의 비슷한 문제가 제기되고, 거의 비슷한 논쟁이 반복되어야만 하는 사정을 극복하지 못하고 있다.

힌두교, 유교, 불교, 기독교 등 위대한 종교들은 반드시 어떤 윤리적 큰 명제들을 각기 제시하고 있으며, 그것들을 윤리적 진리로 전제하고 있다. 그러나 그것들이 결코 동일한 것이 될 수 없는 이상 각 종교들이 제각기 아무리 확신하고 있다 해도 그것들이 동시에 진리일 수는 없다. 따라서 그것 가운데 어느 것 하나를 객관적으로 존재하는 윤리적 진리라고는 말할 수 없다. 설사 그 가운데 어느 것 하나를 끄집어내서 진리라고 한다 해서 진리로서 윤리적 명제가 결코 보편적으로 적용될 수는 없다. 그러므로 그것이 문자 그대로 윤리적 진리로서 수용될 수 없다. 칸트나 밀에 의해서 서로 다른 종교와 문화권을 초월한 윤리적 원칙이 새로이 제안됐을 때 칸트나 밀은 각기 그들의 원칙이 객관적으로 존재하는 윤리적 진리를 반영하는 것으로 확신하고 있었다. 그러나 그것들이 서로 상반되는 이상, 그리고 그것 어느 하나도 모든 윤리적 결정의 상황에서 일률적으로 적용될 수 없는 이상, 어느 원칙도 객관적으로 존재하는 윤리적 진리일 수 없다.

최근 버너드 윌리엄스는 칸트나 밀이 의도한 바와 같이 보편적으로 사용될 수 있는 윤리적 원칙은 있을 수 없음을 지적하면서, 어떤 보편적인 윤리원칙을 발견하려는 철학적 노력에 한계가 있음을 강조하였다. 그는 칸트나 밀의 윤리적 원칙이 한 개인의 자율성이나, 특히 '권리'에 대해 윤리적으로 어두움을 비난하고 있다. 그는 보편적 윤리원칙을 강조하기보다는 기존하는 여러 가지의 구체적인 도덕가치를 존중하고 그에 따른 행동을 중요시해야 할 것이라고 주장했다. 한편, 맥킨타이어도 각기 다른 사회에 이미 존재하는 도덕적 전통, 곧 각 사회마다 다를 수밖에 없는 역사, 문화, 가치관의 맥락 속에서 참된 윤리적 진리가 고찰되어야 한다고 주장하고 있다.

윌리엄스의 윤리학을 문화주의적이라고 이름 붙일 수 있다면 맥킨타이어의 윤리학은 역사주의적이라고 불릴 수 있다. 이들의 윤리학은 언뜻 보아 상대주의적이고 비객관주의적인 것 같다. 그러나 이와 같은 해석은 피상적이다. 윌리엄스나 맥킨타이어가 주장하는 것은 객관적인 윤리적 진리의 부정이 아니라 그러한 진리를 발견해줄 수 있는 방법이 객관적이지도 않고 보편적이지도 않음을 강조할 뿐이다. 그들은 각기 윤리적 진리가 객관적으로 존재한다고 전제하고 있으며, 그것은 절대로 완전히 똑같을 수 없는 사회적·역사적 상황의 구체적 맥락에 비추어서만 정확히 발견될 수 있음을 주장하고 있는 것이다. 윌리엄스나 맥킨타이어와 비슷한 맥락에서, 리처드 로티는 최근의 저서 『우연, 아이러니 그리고 연대성』을 통하여 한 인간이 자기완성에 대해 가져야 할 사적 의무와 공동체 속에서 남들과 협동해야 할 공적 의무가 다 같이 윤리적으로 존재하는데, 그것들 간에 일관적으로 통할 수 있는 관계를 찾을 수는 없으며, 따라서 오로지 할 수 있는 일은 서로 갈등하는 사적 윤리와 공적 윤리를 조화시키는 일뿐이라는 주장을 펴고 있다. 로티의 위와 같은 주장은 언뜻 보아 윤리적 객관성을 포기하는 것 같이 보인다. 그러나 그의 주관주의적 윤리학은 사실상 일종의 객관주의에 지나지 않는다. 왜냐하면 그는 사적 윤리와 공적 윤리를 조화한 윤리, 그리고 그런 조화의 원칙에서 살아가는 삶이 가장 옳은 삶이고, 그런 조화의 원칙에서 윤리적 결정을 내리는 것이 가장 옳은 것임을 주장하고 있음에 지나지 않기 때문이다. 구체적으로 어떤 윤리적 이론을 낳게 되든 간에 윤리적으로 옳은 것이 무엇이냐를 따지는 한, 누구나 윤리적 진리가 객관적으로 존재하고 있음을 전제로 하고 있다.

그럼에도 불구하고 윤리적으로 객관적인 진리, 즉 객관적으로 존재하는 윤리의 형이상학적 질서를 확신을 갖고 발견할 수 있는 사람은 신을 제외하고는 아무도 없다. 아무도 어떤 삶이 절대적으로 옳고 어떤 행위가 절대적으로 옳은 것인지를 확신할 수 없다는 것이다. 아무리 성실하고 신의를 갖고 올바르게 살고, 옳은 행위를 선택하려고 한다 해도 그 삶과 그 행동은 객관적으로 존재하는 형이상학적 윤리의 질서에 어긋나고 따라서 잘못일 수 있다. 우리의 어떤 의도나 노력에도 불구하고, 아니 그런 것과는 전혀 상관없이 형이상학적 진리는 여전히 객관적으로 변함없이 남아 있고, 그 진리는 우리의 기쁨이나 아픔과 상관없이 냉정하게 존재하며, 따라서 모든 진리가 그러하듯이 불용납적이다. 윤리적 진리, 즉 윤리적으로 옳고 옳지 않음은 우리가 옳은 대로 행동하든 하지 않든 상관없이 우리가 옳지 않게 행동함으로써 윤리적으로 옳지 않은 사람이 되고, 그리하여 어떠한 정신적 처벌이나 고통을 받게 되든 않든 간에 상관없이 영원불변하게 옳거나, 아니면 옳지 않다는 것이다. 모든 진리가 그러하듯이 윤리적 진리는 우리들 인간의 개인적·주관적 사정을 용납하지 않는다는 말이다. 되풀이해 말하면 윤리적으로 옳은 삶, 윤리적으로 옳은 행동은 언제나 그냥 윤리적으로 옳은 삶이며, 옳은 행동이다. 그래서 모든 진리가 그러하듯이 윤리적 진리도 가혹하게 객관적이다. 진리에는 용서가 없다.

가혹할 만큼 용서 없는 윤리의 형이상학적 질서, 즉 진리에 비추어 인간의 인식의 한계는 너무나 좁고 작으며, 인간의 구체적 존재 상황은 근본적으로 비극적이다. 거듭 반복해 말하지만 인간의 인식능력, 특히 윤리적 진리를 파악할 수 있는 인식능력에는 너무나 큰 한계가 있다. 그 아무도 그리고 어떠한 경우에도 어떤 것이 정말 객관적으로 옳은 윤리적 삶, 윤리적 행위인가를 절대적으로 확신 있게 알 도리가 없다. 어떤 구체적인 경우 개인의 완성과 가족의 복지를 희생하고 국가를 위해서 봉사해야 하는 것이 옳은 것인지 아닌지를 확신할 수 없으며, 한 개인의 권리를 무시하고 사회의 복지를 언제나 우선적으로 생각해야 할지를 확신해서 알 수는 없다. 오직 정직해야 한다는 윤리적 원칙을 지키기 위해서 그 원칙에 따른 행동의 결과를 고려하지 않아야 옳은 것인지 그 반대인지를 알 수 없는 경우가 있다. 어머니의 복지를 생각해서 뱃속에 든 아기를 낙태해야 옳은지 아닌지를 결정하기 어려운 경우가 있다. 애국이라는 이름으로 적국의 무고한 국민들과 어린애들을 희생시키게 마련인 폭격이 옳은 행동인지 아닌지를 정확히 알 길이 없다. 내가 판사로서 어떤 피고에게 사형을 내려야 함이 옳은지 아닌지를 절대적으로 자신 있게 알 도리가 없다.

그러나 우리는 누구나 딱한 사정에 던져져 있게 마련이다. 윤리적으로 옳거나 옳지 않다는 관점에서 반드시 어떤 행동을 결정해야 하는 처지에 놓여 있다는 말이다. 윤리적 결정은 피할 수 없을 뿐 아니라 연기될 수도 없다. 나는 확실히 알지도 못하면서, 그리고 나의 결정이 남에게 결정적으로 중요한 결과를 낳는다는 것을 알고 있으면서 거짓말을 할 것인가 아닌가를, 뱃속에 든 애를 낙태시킬 것인가 아닌가를, 적의 도시에 폭탄을 떨어뜨릴 것인가 아닌가를, 한 피고에게 사형을 선고할 것인가 아닌가를 당장 결정하지 않으면 안 될 상황에 몰리게 된다는 말이다.

윤리적 진리에 대한 우리들의 어쩔 수 없는 인식적 한계 때문에 아무리 선의를 갖고 아무리 윤리적으로 올바르게 살고 올바르게 행동을 결정하려고 해도, 나의 삶은 윤리적으로 잘못된 삶이 되고 나의 행동은 윤리적으로 그릇된 행동이 될 수 있는 가능성이 너무나 크다. 만일 나의 삶, 나의 행동이 윤리적으로 잘못된다면, 그것 때문에 나는 윤리적으로 억울하게 남에게 고통을 가져다줄 수 있으며, 그것 때문에 나의 삶은 영원히 윤리적으로 옳지 못한 삶으로 굳어질 것이고, 나의 행동은 윤리적으로 그릇된 행동으로 영원히 끝날 것이다. 어쩌면 다시 반복될 수도 없고 수정될 수 없는 나의 삶은 옳지 못한 삶으로 끝날 것이며, 나는 수정될 수 없이 윤리적으로 나쁜 사람으로 영원히 남아 있을 것이다. 그럼에도 당장 나의 삶을 윤리적으로 선택해야 되고, 나의 행동을 윤리적으로 결정해야 하는 나는 틀림없이 처절하고 어쩌면 비극적인 존재다. 그래서 윤리적으로 보아 우리의 삶은 실존주의자들이 주장하듯이 근본적으로 불안과 고통에서 해방될 수 없다. 형이상학적 차원에서 부정될 수 없는 윤리적 질서, 즉 진리는 정말 가혹할 만큼 엄격하다.

위와 같은 인간의 피할 수 없는 윤리적 상황을 인정한다면 윤리적으로 보아 우리가 취할 수 있는 가장 이성적인 길은 어떤 길일 수 있는가? 위와 같은 인간 조건을 인정한다면 윤리적으로 보아 우리는 무엇을 할 수 있으며 무엇이 강조되어야 하는가? 형이상학적 관점에서 볼 때 엄격하고 가혹하기만 한 우리들의 윤리적 삶의 상황 속에서 우리들에게 다소의 관용을 가져오고 우리들의 어쩔 수 없는 불안과 고통을 조금이나마 털 수 있는 방법은 과연 없을까?

윤리의 형이상학적 질서, 즉 진리는 우리들이 범하기 쉬운 윤리적 과오를 용납하지 않는다. 우리의 윤리적 과오가 용서될 수 있는 것은 오로지 우리들 자신에 의해서뿐이다. 인식적으로 극히 제한된 우리들의 인식적 과오를 관용심을 갖고 우리들 스스로 너그럽게 용서하는 태도를 가질 수 있다. 우리가 할 수 있는 것은 오로지 우리들이 생각할 수 있는 최대한도 안에서 우리들 스스로 무엇이 옳고, 무엇이 그른지를 결정하는 일이다. 윤리적인 옳고 그름이 우리들의 생각과는 따로 떨어져서 객관적으로 존재하고 있는 객관적 존재이기는 하지만, 그럼에도 불구하고 옳고 그름의 평가가 우리들의 인식능력, 우리들의 판단과 결정에 달려 있을 수밖에 없으므로 윤리적 문제, 곧 구체적으로 우리가 취할 수 있는 행동의 윤리적 문제는 결국 형이상학적 차원에서 존재하는 객관적 진리가 아니고 우리의 능력, 우리들의 태도의 문제에 귀착된다. 이런 윤리적 상황에서 가장 중요한 것은 관용하는 태도다. 우리의 윤리적 상황은 우리에게 무엇보다도 관용할 것을 필연적으로 요청하게 된다. 우리가 구체적으로 필요로 하는 것은 남들을 관용할 수 있는 태도를 배우고 길러야 하며, 그러기 위해서는 우리 각자가 그러한 태도를 실천할 수 있게 하는 여러 가지 덕을 갖춘 인격자가 스스로 닦아야 할 것이다.

자비의 덕

이 책의 처음에 윤리라는 개념과 도덕이라는 개념이 동일한 뜻으로 흔히 사용된다고 말했지만, 위의 두 개념은 서로 약간 다르다. 도덕적인 문제는 무엇보다도 먼저 행위에 연계되고 윤리적 문제는 사람됨, 즉 사람의 품성에 관계된다. 행위는 원리원칙에 비추어 '옳고', '그름'의 판단을 받게 되고, 품성은 '좋고', '나쁨'이라는 관점에서 평가된다. 인간으로서 원래 나쁜 사람이 옳은 행위를 할 수 없으며 옳은 행동을 하는 사람이 나쁜 사람이 되기는 어렵다. 따라서 도덕적인 문제와 윤리적인 문제를 서로 떼어 생각할 수는 없지만 그것들은 논리적으로 구별되어야 한다. 우리가 뜻하는 것은 윤리도덕적으로 만족스러운 조건을 찾는 데 있다.

윤리와 도덕의 관계가 뗄 수 없는 관계에 있다지만 그것은 구체적으로 어떤 관계에 있는가? 형이상학적으로 도덕적 문제는 윤리적 문제에 선행하며 아울러 중요하다. 윤리도덕적 문제가 올바른 삶의 문제라면, 삶의 문제는 행동의 문제다. 삶은 끊임없는 행동의 총체에 불과하기 때문이다. 그러므로 올바른 삶을 살아간다는 것은 올바른 행동을 선택하며 산다는 것을 뜻한다. 올바른 행동을 결정하는 것이 바로 도덕적인 문제라면 도덕적 행위는 윤리도덕 문제의 근본적 목적이다.

그러나 방법론적으로 볼 때 윤리적 문제는 도덕적 문제에 선행한다. 인격적으로 좋은 사람, 즉 선한 사람이 되는 문제가 윤리적 문제라면, 선한 사람이 아니고서는 도덕적으로 옳은 행동을 결정하지 못할 것이기 때문이다. 즉 옳은 삶을 살아갈 수 없기 때문이다. 악한 사람, 즉 윤리적으로 나쁜 사람이 비록 객관적으로 도덕적 규범에 맞는 행동을 한다고 해도, 만일 그의 행동이 선한 의도와는 전혀 관계없이 취해진 것이라면, 그러한 행동을 진정한 의미에서 도덕적이라고는 말할 수 없다. 그러므로 도덕적으로 옳은 행동, 옳은 삶이란 윤리적으로 선한 사람에 의한 행동에 지나지 않는다. 중요한 것은 우선 선한 인간이 되는 것이다. 선한 인간이란 선한 품성을 가진 사람, 즉 그의 인간적 성품 또는 바탕 때문에 언제나 옳게 행동할 수 있는 사람에 지나지 않는다. 도덕적으로 옳은 행동을 언제나 할 수 있는 품성, 즉 자연스러운 힘 또는 몸에 지닌 가능성을 덕성 또는 그냥 덕이라고 부른다면, 윤리도덕적 문제에서 덕을 키우고 닦는 일은 어떤 상황에서 어떤 행위가 도덕적 규범 혹은 원칙에 맞는가를 결정하는 작업보다 더 중요하다.

윤리도덕적 문제는 나 자신의 이해와 복지가 남들의 이해와 복지에 걸려 있다는 점이다. 남의 이해와 복지가 고려되지 않을 때 윤리도덕의 문제는 사라진다. 흄이 말했듯이 윤리의식은 이성이 아니라 감성, 즉 느낌에서 시작된다. 도덕적 문제는 남들의 이해와 복지가 나의 이해와 더불어 고려된 상황에서 나 이외의 어떤 사람들의 이해와 복지를 위해서 어떤 것이 가장 효과적인 행동일 수 있는가를 결정하는 문제다. 따라서 도덕적 행위는 객관적으로 옳을 수 있거나, 아니면 객관적으로 그릇될 수 있다. 한 행위가 나 이외의 모든 사람들과 관련된 상황에서 선택되어야 하므로 주관적이기는 하지만, 만일 그 상황의 여건을 완전히 파악한다면 어떤 행위가 나뿐 아니라 모든 다른 사람들의 이해와 복지를 위해서도 가장 효과적인가가 원칙적으로나 객관적으로 계산되고 결정될 수 있다. 이와 반면에 객관적으로 남들의 이해와 복지를 위해 취할 수 있는 행동 자체는 어디까지나 나의 결정에 달려 있다. 그러므로 내가 택하는 행동은 어디까지나 주관적일 수밖에 없다. 어떤 태도로 어떤 관점에서 내가 행동을 취하는가의 문제가 윤리적 문제라면 윤리적으로 나의 태도, 행동의 결정은 어디까지나 주관적일 수밖에 없다는 것이다. 이와 같이 볼 때, 윤리도덕의 문제에서 도덕은 동일한 문제의 객관적 측면을 나타내고, 윤리는 역시 동일한 문제의 주관적 측면을 나타낸다.

어떤 구체적인 상황에서 어떤 행위가 도덕적으로 옳은가는 객관적으로 존재하겠지만, 불행히도 그러한 객관적으로 옳은 행위를 절대적으로 알 수 있는 행위의 주체자는 신을 제외하고는 존재하지 않는다. 그러므로 도덕적 행위의 주체자로서 우리가 할 수 있는 일은 극히 제한되었음에도 불구하고 우리가 옳다고 판단하는 범위에서 최선을 다하는 것뿐이다. 그런데 우리가 할 수 있는 최선의 일이란, 우리의 판단이 잘못되고 그에 따른 행동이 도덕적으로 옳지 못할 가능성이 있을 것임을 인정하면서도 오로지 윤리도덕의 근본적인 원칙을 지키겠다는 태도 외엔 아무것도 아니다. 되풀이해 말하거니와 윤리도덕의 원칙의 원칙은 다름이 아니라 나 이외의 모든 다른 사람들의 이해와 복지, 나 이외의 모든 다른 사람들의 인격적 존엄성을 존중한다는 원칙에 지나지 않는다. 이러한 태도는 한 사람의 품성에 지나지 않는다. 덕성 혹은 덕이라는 것은 바로 위와 같은 사람의 품성, 즉 어떤 태도를 의미함에 지나지 않는다. 요컨대 윤리도덕적 관점에서 우리가 할 수 있는 유일한 일, 우리가 갖추어야 할 가장 중요한 것은 덕을 닦는 일이다. 우리가 할 수 있는 것은 나 이외의 모든 다른 사람들의 이해와 복지를 고려하는 데 중요하다고 생각되는 인격적 능력을 길러내는 일, 즉 나뿐 아니라 모든 다른 사람들의 인격을 존중하는 데 가장 올바르게 행동할 수 있다고 생각되는 인격적 품성을 키우고 굳게 하는 일이다. 위와 같은 근거에서 나는 여기서 행위와 관련되는 원칙의 도덕에 앞서 도덕적 행위자의 인격적 품성과 관련되는 덕의 윤리를 제안한다. 윤리도덕적으로 살기 위해서, 다시 말해서 인간으로 사람답게 살기 위해서는 일정한 도덕적 원칙이나 규범을 강조하기에 앞서 인간으로서 바람직한 품성을 개발하고 닦아야 한다는 것이다. 왜냐하면 앞서 말했듯이 인간의 피할 수 없는 인식적 한계 때문에 우리가 믿고 있는 도덕적 원칙이나 우리가 만든 도덕적 규범들은 결코 확실한 것이 될 수 없고, 우리들이 취해야 할 도덕적 행위의 구체적 상황은 결코 절대적으로 동일하지 않기 때문에 그러한 도덕적 원칙과 규범은 결코 보편적으로 적용될 수 없고, 따라서 우리가 할 수 있는 최선은 우리가 판단할 수 있는 한계에서 도덕적으로 살고자 하는 의지를 갖고 노력하는 것뿐이기 때문이다.

덕성 혹은 그냥 덕은 도덕적으로 행동하고 살아가기에 필요하다고 전제되는 인간이 갖추어야 할 품성을 말한다. 품성은 인격자로서의 가능성, 즉 능력을 의미한다.

그러나 인격자가 갖추어야 할 품성, 즉 덕은 자연의 선물로서 인간에게 주어진 능력 혹은 가능성이 아니라 인격적 주체자로서 인간 스스로의 자율적 의지와 이성적 판단에 의해서만 개발될 수 있는 이성적 산물이다. 그러므로 한 사람의 덕의 내용은 다른 사람의 덕의 내용과 다를 수 있고, 한 사회에서 강조하는 덕은 다른 사회에서 강조하는 덕과 다를 수 있다. 한 사람은 '정직'이란 품성을 가장 귀중한 미덕으로 믿지만 다른 사람은 '용기'라는 품성을 가장 중요한 미덕으로 생각할 수 있으며, 한 사회에서는 '의리'의 품성을 가장 높이 평가하지만 또 다른 사회에서는 '관용'의 품성을 더욱 높이 여길 수 있다. 덕이 사람과 사회에 따라 다를 수 있다는 것은 역사적으로 입증된다. 공자가 '인'을 최고의 미덕으로 삼았던 데 반해서, 예수는 '박애'를 최선의 미덕으로 가르쳤다. 고대 그리스 문화권에서 '지혜'의 덕이 강조된 데 견주어, 불교 문화권에서는 '자비'의 덕을 근본으로 삼았다.

인류 역사를 통해서 덕의 필요성이 보편적으로 있었음에도 불구하고, 사람과 사회에 따라 그 덕의 구체적인 내용은 보편적이지 않고 다양했다는 사실은 두 가지 서로 다른 설명으로 풀이될 수 있다.

첫째, 서로 다른 두 사람이나 서로 다른 두 사회가 서로 다른 덕을 강조하는 이유는 그들이 각기 서로 다른 도덕적 가치관과 직관을 갖고 있기 때문이라고 볼 수 있다. 가치가 다르다면 그것을 실현하는 방법도 달라야 할 것이며 각기 다른 능력이 요청될 것이다. 가령 지적 가치를 실현하기 위해서 우리에게 필요한 것은 지적 능력이고 이것이 가장 중요시될 것이며, 예술적 가치를 실현하기 위해서 우리에게 요청되는 것은 감수성의 배양이 될 것이다. 마찬가지로 한 도덕적 가치는 논리적으로 우리에게 그것을 실현하기에 가장 적절한 능력, 가능성, 품성, 즉 덕을 요청하게 될 것이다.

그러나 도덕적 가치, 즉 도덕적으로 옳고 그름은 거듭 말하거니와 주관적인 것이 아니라 객관적인 것이며, 상대적이지 않고 절대적이다. 그렇다면 그러한 가치를 실현하기에 가장 적절하고 효율적인 방법은 하나뿐일 것이며, 우리 모두가 그런 방법에 의해서 객관적으로 존재하는 도덕적 가치를 실현하는 데 갖추어야 할 능력, 즉 품성도 보편적일 것이다. 다시 말하면 오로지 한 가지 덕이 모든 사람에게 필요할 것이며, 모든 사회에서 존중되어야 할 것이다.

둘째, 그럼에도 불구하고 각 사회에 따라 각 시대에 그리고 더 극단적으로는 각 개인 개인마다 서로 다른 덕이 강조되어왔던 역사적 사실은, 이와 같은 덕이 사실은 우리가 생각했던 바와는 달리 가장 기본적인 덕이 아니라 부차적인 덕에 불과한 것임을 나타내는 것으로 설명될 수 있다. 즉 모든 사람, 모든 사회는 어떤 것이 객관적인 도덕적 가치인가를 똑같이 보편적으로 인정하고 인식하고 있지만, 모든 사회와 모든 개인의 구체적인 도덕적 행위의 상황이 역사적으로나 사회적으로나 지리적으로 다를 수밖에 없기 때문에 모든 사회, 모든 개인은 그러한 도덕적 가치의 실험을 위해서 특수하고 개별적인 실현조건을 갖추기 때문이라고 해석할 수 있다. 어떤 사람에게는 어떤 특수한 품성, 즉 덕이 필요하지만 다른 사람에게는 그의 사회적, 시간적, 지리적 여건이 다르므로 그러한 여건에 가장 적절한 다른 능력, 품성, 즉 덕이 필요할 것이다. 한 사회가 다른 사회와 여건이 다른 이상 그 사회에서는 다른 사회와는 다른 특수한 덕이 요청되고 강조되어야 할 것이다. 그렇다면 우리가 알고 있는, 이른바 덕이라는 것은 인간 모두가 도덕적으로 행동하고 도덕적으로 살기 위해서 언제나 어디서고 다 같이 필요한 인격적 품성이 아니라 사회적, 역사적 상황에 따른 상대적인 것으로 보아야 한다고 설명할 수 있다. 우리가 알고 있는 모든 덕이란 비단 상대적일 뿐 아니라 오로지 도구적인 의미밖에는 없다는 결론이 나온다.

모든 덕이 상대적이고 도구적이라는 주장은 아무도 부정할 수 없이 자명한 우리들의 윤리적 경험과 윤리적 역사를 설명하는 데에 어려움이 있다. 만일 우리가 갖추고 배양해야 하는 덕이 개인적으로나 사회적으로 상대적이라면, 내가 갖추고 있는 덕은 나 자신에 의해서 반성될 수 없고, 한 사회는 다른 사회의 윤리성을 비판할 수 없다. 그러나 우리의 윤리적 경험은 이와는 다르다. 나는 남들에게 불친절해왔으면서도 그것이 윤리적으로 나쁘다고 의식하지 않았지만, 나중에 스스로 반성해보고 그러한 나의 품성이 옳지 않았음을 깨닫고 더욱 친절한 사람이 되겠다는 생각을 하게 된다. 식인종들이 다른 종족의 사람들을 살해하고 먹는 행위를 용기 있는 것으로 높이 평가하고 있다고 해도, 다른 사회의 안목에서 볼 때는 그러한 종류의 용기가 서로 다른 사회적 차이를 넘어서 규탄되어왔다. 이러한 사실은 인간에게 가장 중요한 덕, 즉 품성은 주관적인 것도 아니며 사회적인 것도 아님을 반증해준다. 그것은 인간에게 보편적인 것이어야 함을 말해준다.

이와 같이 사회마다, 그리고 극단적으로는 개개인마다 중요시해온 덕, 즉 인간이 갖추어야 할 품성에 대한 반성과 평가와 비판은 심리적인 것도 아니며 사회적인 것도 아니다. 그것은 역시 윤리적인 평가에 지나지 않는다. 윤리적인 관점은 사회적 관점을 필연적으로 초월한다. 바꾸어 말해서 기존의 서로 다른 덕들이 평가되고 비판될 수 있다면, 또 그러한 평가와 비판이 윤리적인 것이라면 그 평가와 비판은 역시 또 다른 덕에 비추어서만 이해될 수 있다. 그 평가와 비판은 그런 행위의 기준이 될 수 있는 또 다른 덕을 전제로 한다는 말이다.

이와 같은 논리적 사실은 기본적 덕과 부차적 덕을 구별하게 한다. 기본적 덕은 개인과 사회를 초월해서 존재한다고 전제되는 덕이며, 부차적 덕은 개인과 사회에 따라 다를 수 있는 덕을 의미한다. 전자는 모든 인간이 다 똑같은 보편적 덕을 갖고 있다고 전제하며, 후자는 덕이 개인과 사회에 따라 개별적일 수 있다고 전제한다. 그래서 기본적 덕은 절대적이며 부차적 덕은 상대적이다.

두 가지 종류의 덕, 다시 말해서 기본적 혹은 절대적 덕과 부차적 혹은 상대적 덕의 구별은 사실상 개인의 차원에서나 사회의 차원에서 암암리에 전제되고 있다. 개인적으로 자신이 지향하는 인격의 모토를 세우고 그에 비추어 다른 인격적 가치를 부차적으로 정립한다. 가령 나는 나의 인격적 모토를 '성실'이라고 세우고, 그밖의 인격적 품성을 부차적 목적으로 삼을 수 있다. 사회적으로 볼 때, 더 큰 사회로서 한 문화권을 두고 볼 때도 기본적 덕과 부차적 덕이 구별되고 있음을 볼 수 있다. 유교의 문화권에서 '인', '의', '예', '지'가 중요한 덕을 나타내며, 그밖의 덕은 위와 같은 덕에 비추어서 이해된다. 삼강오륜의 도덕적 규범도 위와 같은 윤리적 가치에 비추어 의미를 갖는다. 따라서 위의 네 가지 덕을 기본 덕으로 볼 수 있다. 그러나 이 네 가지 가운데서도 '인'이라는 덕이 가장 근본적이다. 그러므로 '의', '예', '지'는 '인'에 비추어볼 때 부차적이며, 상대적 가치만을 갖는다고 보아야 한다. 불교적 문화권에서 가장 기본적인 덕은 '자비'다. 불교의 근본 교리는 다른 모든 교리가 그러하듯이 하나의 인간관과 도덕적 규범을 제시한다. 그것은 사성제와 팔정도로 요약된다.

사성제는 네 가지 객관적 진리를 가리키고, 팔정도는 여덟 가지 행

위의 규범을 뜻한다. 네 가지 진리는 고苦, 집集, 멸滅, 도道다. 인간의 조
건은, 첫째로 고통이요, 둘째로 그 고통의 원인이 인간의 욕망에 있다
는 것이며, 셋째로 그 고통의 원인을 제거할 수 있으며, 넷째로 그 제거
의 방법이 있다는 것이다. 팔정도는 이 방법의 구체적인 예에 지나지 않
는다. 기독교 문화권에서도 기본적 덕과 부차적 덕이 구별되어 있다. 기
독교는 '박애'를 인격적으로 갖추어야 할 가장 근본적인 덕으로 전제한
다. 그밖의 덕, 즉 '희망', '신의', '정의'의 덕들이 아무리 귀중하다고 해
도 기본적 덕인 '박애'에 연계되어서만 의미를 갖는다. 고대 그리스 문
화권에서도 '지혜'가 기본적 덕이었고, 그밖에 중요한 덕인 '용기', '정
의' 등은 아무래도 부차적인 것이었다. 각 개인마다 혹은 각 문화권마다
믿고 있는 기본적 덕과 부차적 덕의 내용이 구체적으로 무엇이었든 간
에, 확실한 사실은 언제나 기본적 덕과 부차적 덕이 구별되어왔다는 것
이다.

  각 개인마다, 그리고 각 사회마다 서로 다른 덕이 다양하게 존재하고
있다는 사실과 기존의 덕이 개인의 차원에서나 사회의 차원에서 평가
되고 비판되며 흔히 변해왔다는 사실은, 우리가 그냥 덕이라고 말하지
만 그것은 기본적인 것과 부차적인 것으로 구별된다는 사실로 설명되
거나, 아니면 적어도 그러한 전제로서 설명된다. 개인적으로나 사회적
차원에서 변하고 또 마땅히 변해야 하는 것은 기본적, 즉 절대적이며 보
편적인 덕이 아니라 부차적이며 상대적인 덕일 뿐이다. 기존하는 덕들
이 반성되고 평가되고 비판되며 다른 덕에 의해 대치된다면, 그것은 기
본적이며 절대적으로 믿어지는 덕이 전제되었기 때문이다. 만약 어떤
덕이 그 자체로 윤리적 가치를 갖지 못하고 오로지 도구적 가치만을 갖
는다면 그러한 덕은 기본적 덕이 아니라 부차적 덕에 지나지 않는다. 기

본적이고 보편적이며 절대적인 덕은 그 자체로서 윤리적 가치를 갖고 있을 뿐이지 도구적 가치는 결코 갖지 못한다.

만약 절대적인 덕과 상대적인 덕이 구별되어야 하며 후자는 전자에 비추어서만 이해되고 의미를 갖는다면, 절대적인 덕은 구체적으로 어떤 내용을 갖고 있는가? 만일 상대적 가치는 역사적으로 다양하게 존재해왔던 여러 가지 덕들이라면 그러한 것들을 놓고 검토하고 평가할 수 있기 위해서 전제해야 하는 절대적이고 유일무이한 보편적인 덕은 도대체 무엇이며, 그것은 어떻게 발견할 수 있는가? 만일 개인적 차원에서나 사회적 차원에서, 더 크게 말해서 문화권의 차원에서 각기 어떤 덕이 절대적인 덕으로 되었음에도 불구하고 그 절대적인 덕이 다양하며 서로 꼭 일치하지 않는다면, 모든 사람에게 그러한 덕들이 다 함께 절대적이며 다 같이 보편적일 수는 없다. 그렇다면 어떻게 한 사람의 절대적 덕이, 어떤 사회의 절대적 덕이 정말 절대적임을, 다시 말해서 가장 근본적이며 보편적인 덕임을 알아낼 수 있을까? 만약 그 가운데 아무 덕도 절대적이라고 할 수 없다면 절대적 덕은 어떻게 새롭게 발견될 수 있을까?

이러한 물음에 대답을 찾기 위해서 우리가 할 수 있는 유일한 작업은 이미 오랜 역사를 통해서 여러 가지 문화권에서 가장 기본적이며 절대적이라고 믿어왔던 덕들을 비교하고 고찰하면서 비판적으로 평가하는 일이 될 것이다. 한 개인이 절대적이라고 믿고 있는 여러 덕보다도 한 문화권에서 믿고 있는 절대적인 덕이 더 관심을 끌어야 하는 이유는, 후자의 덕이 오랜 역사를 통해서 수많은 사람들에 의해서 믿어져왔음을 의미하기 때문에 그만큼 그 믿음이 비평적 시련을 이겨왔음을 뜻하고, 따라서 그만큼 그 믿음은 인식론적으로 신뢰성을 더 갖고 있다는 데 있다. 한 문화권의 역사가 길면 길수록, 그리고 그 문화권의 폭이 넓으면 넓을수록, 또 그 문화권의 세력이 크면 클수록 그 문화권에서 믿고 있는 절대적 덕의 신빙성은 그렇지 못한 다른 문화권에서 믿고 있는 절대적 덕의 신빙성보다 크다는 것은 아주 기초적인 확률의 법칙에 근거한다. 그렇다면 인류 역사를 통해서 가장 오랫동안 가장 큰 영향력을 갖고 있으며 아직도 살아 있는 문화권을 생각해봐야 할 것이다. 그런데 한 문화권의 세계관, 그리고 윤리도덕관은 그 문화권의 종교 혹은 일종의 종교에서 가장 뚜렷이 나타난다. 여기서 우리는 크게 세 가지 종교, 아니면 일종의 종교를 생각하게 된다. 그것은 기독교, 유교 그리고 불교다.

기독교의 입장에서는 박애에 앞서 더 중요한 것은 신앙심이라고 볼 수 있다. 그러나 신앙심은 윤리적 개념이 아니라 인식론적 개념에 불과하다. 그것은 기독교의 세계관을 의미하며, 그 세계관의 내용을 지칭한다. 전지전능하고 완전한 인격자의 존재를 인정함을 의미한다. 이러한 형이상학적 세계관의 바탕에서 윤리도덕적 입장이 유출된다.

기독교에서 '신앙'에 다음가는 개념은 '박애'다. 이 개념은 도덕적인 개념인 동시에 윤리적 개념이다. 도덕적 개념으로서 '박애'는 모든 사람을 다 같이 사랑하라는 행위에 연계된 규범적 명제다. 윤리적 개념으로서 '박애'라는 개념은 언제나 모든 사람을 사랑할 수 있는 마음씨를 갖추고 있어야 한다는 입장이다. 한 사람이 언제나 남들을 다 같이 사랑하는 마음씨, 그런 품성을 갖고 있다면 그 사람은 어떤 상황에서도 남들을 다 같이 사랑할 것이다. 그러므로 행위에 초점을 둔 도덕적 명제보다 더 중요한 것은 인격적 품성에 초점을 둔 윤리적 덕성이다. 그것들 간의 관계는 아름다운 꽃과 그 꽃씨의 관계와 유사하다. 우리가 바라는 것은 아름다운 꽃이다. 그러나 그런 꽃은 그 꽃나무의 씨가 좋지 않고서는 기대할 수 없다. 그러므로 아름다운 꽃을 원하는 우리에게 먼저 필요한 것은 그 꽃씨가 아름다운 꽃을 피울 수 있게 만드는 일이다.

기독교에서 말하는 '박애'를 윤리적 개념으로 볼 때 박애는 기독교에서 주장하는 것과 같이 가장 기본적인 덕이 될 수 있을까? 다시 말해서 모든 사람을 다 같이 사랑하는 마음씨는 인간이 인격자로서, 도덕적 주체로서 다 같이 갖추어야 할 가장 기본적인 태도일까?

이 물음에 대한 대답에 앞서 먼저 모든 사람을 사랑하는 마음씨 혹은 품성이 구체적으로 어떤 것인가를 밝혀야 한다.

우리는 인간의 품성을 덕이라고 했다. 인간의 정신은 이성과 감성의 두 차원으로 나누어볼 수 있다. 이성은 지적 기능을 지칭하고 감성은 감동의 기능을 말한다. 전자가 머리의 활동이라면, 후자는 가슴의 반응이다. 덕으로서 인간의 품성은 한 인간의 감성 혹은 감동에 속한다. 인간은 여러 가지 사건, 사물, 현상에서 감동을 느낄 수 있다. 감동은 지적일 수도 있고 예술적일 수도 있으며, 윤리적일 수도 있다. 윤리적 감동은 나 자신만이 아닌 다른 사람들의 복지, 고통과 기쁨 등에 연계된 감동이다. 그러므로 인격적 품성으로서 덕은 나만이 아닌 다른 사람들의 복지, 즉 다른 사람들의 아픔이나 기쁨에 대한 태도 혹은 감수성을 의미한다. 사랑이라는 마음씨, 남을 사랑하는 품성이 기독교의 가장 기본적 덕이라면, 그것은 역시 남의 기쁨이나 고통에 대한 인간의 감수성을 말한다.

사랑하는 마음씨는 남의 입장에 서서 남의 복지만을 생각하는 마음씨다. 그러므로 사랑은 타산적이 아니다. 남녀가 서로 사랑한다고 말한다. 그러나 만약 그들이 서로를 자기 것으로 하기 위한 동기를 떠날 수 없다면 그 사랑은 아무래도 타산적이며, 따라서 남녀 간의 사랑이 순수한 사랑이 되기는 어렵다. 이런 관점에서 볼 때 순수한 사랑은 부모, 특히 어머니가 자식을 생각하는 마음씨에서만 더러 그 예를 볼 수 있을 것 같다.

이러한 사랑과 이러한 종류의 마음가짐이 모든 사람이 갖추어야 할 보편적 덕이 될 수 있을까? 기독교가 주장하듯 사랑의 덕을 보편화할 수 있을까? 물론 기독교는 보편적 사랑을 주장한다. 사람은 제각기 모든 사람들 각자의 입장에서 모든 사람들 각각의 복지를 위하는 품성인 덕을 갖추어야 하고, 또 그럴 수가 있다고 기독교는 주장한다. 이런 사랑을 아가페agape라고 부르고 그런 사랑은 전지전능한 신의 사랑에서 가장 좋은 예로 볼 수 있다는 것이다. 신은 모든 사람들을 모든 사람들 각각의 입장에서 모든 사람들 각각을 위해서 동시에 사랑할 수 있다는 것이다.

그러나 인간은 신이 아니다. 인간의 사랑은 언제나 특수한 사람들에 대한 사랑일 수밖에 없다. 남녀 간의 사랑의 아무리 순수할 수 있다 해도 그것은 언제나 어떤 특정한 남자, 혹은 어떤 특정한 여자에 대한 사랑이며, 어머니의 사랑이 정말 순수하긴 하지만 그것은 언제나 특수한 사람인 자기 자식에 대한 사랑이다. 한 남자나 한 여자가 모든 여자와 모든 남자를 각기 동시에 순수한 입장에서 사랑한다면, 그러한 사랑은 이미 남녀 간의 사랑일 수 없다. 만일 한 어머니가 모든 사람들의 모든 자녀들을 각기 동시에 순수하게 사랑한다면, 그것은 이미 어머니의 자식에 대한 사랑일 수는 없다. 한 사람이 모든 나라를 동시에 사랑한다면 그것은 이미 애국심일 수 없다. 남녀 간의 순수한 사랑은 그들이 다른 남녀들을 사랑의 대상에서 제외할 때 성립하고, 어머니의 그 자식에 대한 순수한 사랑은 자기 자식을 남의 자식들과 달리 특수하게 사랑할 때만 의미를 갖는다. 순수한 애국심은 내 자신의 나라를 다른 사람들의 나라와 구별하여 각별히 생각할 때만 이해될 수 있는 개념이다. 그러므로 인간의 사랑은 정도의 차이는 있지만, 필연적으로 선택적이고 배타적이며, 따라서 결코 보편적일 수 없다. 한 사람을 순수하게 사랑하면 그만큼 다른 사람을 더 소홀히 하지 않을 수 없다. 그러므로 인간의 사랑은 갈등을 일으키지 않을 수 없다. 결국 사랑할 수 있는, 더 정확히 말해서 사랑스럽게 되는 품성은 모든 인간이 한결같이 갖춰야 할 가장 기본적인 덕이 될 수 없다.

백 보를 양보하여 인간도 신과 같이 모든 사람을 동시에 똑같이 사랑할 수 있다 하자. 기독교의 도덕적 기본명제대로 내가 나의 이웃을 나와 똑같이 아낄 수 있다고 하자. 그리고 모든 사람이 그러한 마음씨를 언제나 갖고 있다고 하자. 그러나 이러한 마음가짐으로 구체적으로 부딪히지 않을 수 없는 도덕적 갈등을 과연 풀 수 있겠는가? 어떤 덕이 보편적으로 귀중하다면 그것은 도덕적 갈등을 해결해줄 수 있기 때문이다. 만약 그렇지 못하다면 그러한 덕은 윤리적 의미를 갖지 못한다. 도덕적 문제는 흔히 갈등에서 생긴다. 모든 사람을 다 같이 사랑해야 함을 알고 있지만 우리의 구체적인 도덕적 상황은 한 사람 대신에 다른 사람을, 일부의 사람들 대신에 다른 부류의 사람들을 선택할 것을 요구한다. 딸을 위해서 아들을 희생시켜야 하고, 우리 민족을 위해서 다른 민족과 싸워야 하게 마련이다. 이런 갈등의 경우에 '모든 사람을 사랑하라', '네 이웃을 너 자신처럼 아껴라' 혹은 '너의 적을 사랑하라'는 명제를 낳게 되는 사랑의 덕은 합리적인 해결의 방법을 전혀 마련하지 못한다.

여기서 우리는 공자의 가르침을 보자. 유교의 윤리학은 기독교의 윤리학을 극복할 수 있는가? 유교의 기본적인 윤리적 가치는 '인'이다. 유교의 입장에서 볼 때 '인'은 최고의 덕이다. '인'은 인간이 인격자로서 갖추어야 할 가장 귀중한 품성이며, 이런 품성에 의해서만 인간은 동물과 구별되고 인간이 인간답게 되며, 고귀한 존재로 만물의 영장이 된다는 것이다.

공자에 의하면 인은 사람됨을 가리킨다. 인간의 본질적 특성이라는 말이다. 따라서 인이 유교에서 기본적 덕이라면 인간이 인간으로서 그 본질에 따라 존재하고 살아감이 가장 귀중한 윤리적 가치라는 뜻이 된다. 그렇다면 '사람됨'의 구체적 내용은 무엇인가? 어떤 특수한 성격이 인간을 그밖의 모든 동물과 구별짓는가?

인간은 선 혹은 악이라는 윤리적 관점에서 고찰될 수 있다. 선은 한 개인이 자기 자신의 이해관계를 떠나서 남들의 이해관계를 고려하고 남들을 위해 자신을 희생할 수 있는 심성을 말하고, 그와 반대로 악은 이해관계도 없이 남을 고통스럽게 하거나 남의 고통을 보고 쾌락을 느끼는 심성을 지칭한다. 인간이 선천적으로 악한 심성을 갖고 태어났다고 보는 입장을 성악설이라 하고, 반대로 인간이 선천적으로 선한 심성을 갖고 태어났다고 보는 입장을 성선설이라 부른다. 전자는 동양사상에서 순자와 서양사상에서 홉스로 대표됐고, 후자는 동양사상에서 공자와 서양사상에서 루소에 의해서 대표되어 왔다.

오랜 인류 역사를 통해 본 헤아릴 수 없이 많은 인간들 가운데에는 선한 사람도 있었고, 악한 사람도 있었으며, 또 현재도 그러하다. 이러한 객관적 사실 때문에 성선설과 성악설은 각자 어떻게 설명하는가의 문제가 생기며, 그 두 가지 상반되는 설 가운데 어느 것이 옳은가의 질문이 나온다. 그러나 여기서 이와 같은 문제에 직접 관여할 필요는 없다. 다만 중요한 것은 공자의 윤리학이 성선설을 전제로 하고 있다는 사실이다.

유교의 입장에서 '인'이 인간의 본질을 지칭하고 그가 성선설을 믿었다면, 공자가 말하는 '사람됨', 즉 '인'은 선을 의미한다는 논리가 선다. 성선설을 뒷받침하는 예로 맹자는 구덩이에 빠진 어린애를 볼 때 누구나 그 애를 구해주고자 하는 인간의 본능을 든다. 이런 행위가 선의 구체적인 예라는 것이다. 그렇다면 인이라는 덕은 자신만이 아니고 남을 생각하고 도와주고자 하는 심성이다.

남을 돕겠다는 착한 심성, 즉 인의 덕은 윤리적으로 없어서는 안 될 조건이다. 그러나 이러한 인성이 가장 근본적으로 귀중한 덕이 될 수 있겠는가? 선한 마음에서 남을 도우려면 무엇이 남에게 도덕적으로 옳은 것인지를 먼저 알아야 한다. 그런데 나는 어떤 행위가 남에게 도움이 된다고 믿지만, 사실은 그 행위가 남에게 윤리적으로 해로울 수 있다. 남을 돕는 것이 윤리적으로 옳다고 일단 가정해보자. 따라서 이러한 태도로 도덕적 결정을 내리겠다는 원칙을 세웠다고 전제하자. 그 다음 그러한 원칙이 중요한 도덕적 문제를 해결하는 데 적용될 수 있는가를 검토해보자. 내가 인의 덕이 두터워서 언제나 착하게 행동하고 선하게 살기로 했음을 전제로 하자. 이런 상황에서 만약 내가 내 아내의 생명을 구해주느냐, 아니면 내 어린 자식을 살려야 하는가의 선택을 해야 하는 입장에 있었을 때 나는 과연 합리적으로 어떤 선택을 해야 할 것인가? 착한 일을 하겠다, 사람다운 행동을 하겠다 하지만, 나는 위와 같은 경우 그것만으로는 어떻게 할 수 없다. 왜냐하면 나는 먼저 그 두 가지 상반되는 행위 가운데 어떤 것이 도덕적으로 옳은가를 먼저 알고 있어야 하는데, 아직도 어떤 것이 옳은지 알 길이 없다. 만일 두 개의 웅덩이가 있고 그 두 곳에 따로 각기 다른 어린애가 빠졌을 때, 그리고 한 어린애를 구하면 다른 어린애를 구할 수 없을 때 나는 어떤 선택을 할 것인가의 문제가 절실히 남아 있다. 이러한 문제야말로 윤리도덕적 문제에서 가장 중요하고 어렵다. 엄격히 말해서 윤리도덕의 문제는 위와 같은 물음에 아마도 확실한 대답이 없다는 사실에서 생기는 것이 아닌가? 그런데 유교가 제시한 가장 기본적 덕으로서 인, 공자가 가르치는 인의 윤리학은 확실한 대답이 있을 수 없는 위와 같은 물음, 즉 서로 갈등하는 경우에는 물론, 그렇지 않은 경우에도 결코 자신 있게, 그리고 객관적으로 대답할 수 없는 물음에 확실한 대답이 있다고 전제하고 있다. 그러나 인의 윤리학의 전제는 믿을 수 없을 뿐 아니라 실질적으로 불가능하다. 공자의 덕의 윤리학은 객관적 근거도 없이 인간의 도덕적 가치에 대한 인식능력을 전제하고 있다. 공자가 아무리 위대한 성인이라 해도, 그리고 그의 윤리학이 아무리 중요하고 그의 '인'의 덕이 아무리 고귀한 빛을 내고 있으며 인간의 본질적이며 동시에 가장 중요한 덕이라고는 하지만, 그것은 역시 가장 기본적인 덕이 될 수 없다.

기독교의 '사랑'의 덕과 유교의 '인'의 덕이 다 같이 만족스럽지 못하다면, 이제 마지막으로 불교의 '자비'의 덕을 검토해볼 차례가 왔다.

불교에서는 기독교나 유교에서와는 달리 기본적 덕은 물론 부차적 덕도 무엇인지 확실하지 않다. 불교의 원래 가르침을 석가모니가 해설하고 우리들에게 가르쳤다는 사성제와 팔정도를 본다면 거기에서는 엄격한 의미에서 도덕적 원칙이나 윤리적 가치를 발견하기가 어렵다. 불교에서는 기독교의 '박애'나 유교의 '인'에 직접 해당되는 개념이 쉽사리 찾아지지 않는다. 원래 석가모니의 가르침 속에는 도덕적 의미로서 '옳음'과 '그름'의 개념도 없고, 윤리적 의미로서 '선'과 '악'의 개념도 있지 않다. 왜냐하면 석가모니에 따른 원래의 불교의 유일한 관심은 각 개인이 어떻게 고통으로부터 해방될 수 있는가에만 있기 때문이다. 따라서 원래의 불교는 엄격한 의미에서 종교적인 가르침도 아니고, 윤리도덕적 가르침도 아니다. 그것은 오로지 비유로 말해서 의학적·치료적 가르침에 불과하다. 불교 속에는 어떤 행동이 한 개인의 직접적 이해관계, 욕망 혹은 상황을 떠나서 옳은 것인가 아니면 그릇된 것인가의 문제가 존재하지 않고, 어떠한 사람됨이 그 사람됨 자체로서 좋은가 아니면 나쁜가의 문제도 있지 않다. 사성제는 인간 조건에 관한 네 가지 판단, 즉 네 가지 진리에 지나지 않으며, 그것은 의학적으로 말해서 인간 조건에 대한 진단에 해당된다. 불교적 진단에 따르면 인간의 삶, 아니 삶 일반은 고통이다. 삶은 고통이라는 병에 걸려 있다는 것이다. 따라서 고통은 치료되어야 하는데. 팔정도는 고통이라고 부를 수 있는 삶의 병, 산다는 것 자체의 병을 치료해줄 수 있는 일종의 여덟 가지 처방이다. 불교에서 가장 중요한 전제는 삶이 고통이라는 진리다. 따라서 가장 중요한 문제는 고통으로부터 해방, 즉 고통의 원인을 제거하여 고통에서 벗어나는 일이다. 불교에서 가장 핵심적 개념의 하나인 '해탈'은 바로 삶이라는 고통의 병이 치료되었음을 뜻함에 지나지 않는다.

해탈의 문제는 원래 개인의 문제다. 한 사람의 고통이라는 삶의 병은 다른 사람에 의해서 치료될 수 없고. 오직 각자 자신이 올바르게 처방을 지킴으로써만 가능하다. 불교에서 말하는 '업'이란 별게 아니라 간단히 말해서 각자가 지켜야 할 올바른 처방에 지나지 않는다. 불교는 극히 개인주의적이며, 좋게 말해서 자주 독립적이다. 그래서 이와 같이 본 불교에서는 나 아닌 다른 사람의 개념이 거의 존재하지 않는다. 나 아닌 다른 사람들의 병과 그 병의 치료는 전혀 관심거리가 되지 않는다. 오직 각자가 자신의 치료, 즉 자신의 해탈을 위해서만 고독하게 업을 닦아야만 한다. 윤리도덕적인 문제가 나 아닌 다른 사람들의 복지를 전제하지 않고서는 의미를 갖지 못한다면, 나의 관심 속에는 나 아닌 다른 사람들의 아픔과 건강, 슬픔과 행복이 전혀 존재하지 않는 불교는 윤리도덕적인 가르침이 아니다. 불교가 윤리도덕적이 아니라는 것은 윤리적으로 나쁘고 도덕적으로 옳지 않다는 말이 아니다. 그것은 다만 탈윤리도덕적, 즉 윤리도덕적인 것과 관계가 없다는 말에 지나지 않는다. 그러나 불교에 대한 위와 같은 해석, 즉 불교가 탈윤리도덕적이라는 말은 오로지 소승불교에만 해당된다.

불교가 소승불교와 대승불교로 크게 분류됨은 누구나 잘 알고 있는 사실이다. 이와 같은 구별은 여러 가지 각도에서 해석되고 설명될 수 있을 것이다. 그러나 그 구별의 근본적인 차이는 전자가 탈윤리도덕적인 데 반하여, 후자가 윤리도덕적인 관점에 있는 데 있다. 소승불교에서 한 개인이 추구할 일은 자기 자신의 해탈이다. 해탈을 통하여 그는 니르바나, 즉 열반에 이른다. 열반은 여러 가지로 해석될 수 있으나 원래의 의미는 고통으로부터 해방된 상황으로 안락의 극치를 의미한다. 그러나 대승불교의 관점은 다르다. 설사 내 자신이 해탈을 하고, 따라서 열반의 행복을 누릴 수 있지만, 나는 아직도 해탈을 하지 못한 수많은 사람들을 의식해야 한다. 다시 말해서 해탈을 하지 못했기 때문에 아직도 삶의 고통에서 허덕이고 있는 나 아닌 다른 사람들을 잊지 말아야 한다. 그러므로 비록 나 자신은 해탈했기 때문에 열반의 행복을 누릴 수 있지만, 나는 스스로 내 자신의 열반의 행복을 당분간 보류 혹은 사양하고, 나 아닌 다른 사람들이 나와 똑같이 해탈하여 나와 똑같이 열반의 행복을 누릴 수 있을 때까지 기다리며 그들을 도와주어야 한다는 것이다. 보살이란 바로 이런 사람들을 가리킨다.

나 아닌 남들의 존재, 나의 고통이나 행복만이 아닌 남들의 고통이나 행복을 고려할 때 비로소 윤리도덕적 관점이 서는 것이라면, 소승불교는 그런 관점 밖에 서 있기 때문에 윤리도덕적 관점을 떠나 있으며, 오로지 대승불교에서 윤리도덕적 의식이 처음으로 명확히 나타나고 윤리도덕적 입장을 확실히 갖게 된다.

윤리도덕적 의식은 나 아닌 남들의 소망과 고통, 특히 고통에 대한 의식에 바탕을 둔다. 고통에 대한 의식, 특히 남들의 고통에 대한 의식은 불교, 더 정확히 말해서 대승불교에서 더욱 뚜렷하다. 사실 불교의 세계관이 삶의 고통에 바탕을 두고 있다는 것을 상기한다면 당연하다. 모든 윤리도덕이 남들의 고통을 떠나서는 생각할 수 없지만, 불교적 윤리도덕은 오로지 남들의 고통에 더 그 바탕을 둔다.

남의 고통을 의식하고 함께 괴로워하는 마음의 자세는 불교에서 가장 중요하다. 남들의 아픔과 기쁨에 대한 마음의 자세인 심성을 윤리적인 자세라고 한다면, 남들의 고통에 대한 의식을 강조한 불교의 윤리적 자세를 '자비'라고 부를 수 있다. 이와 같이 해서 자비는 불교에서 가장 기본적인 윤리적 가치, 가장 귀중한 심성, 즉 덕이다.

자비는 우선 나 자신만도 아니고 내 중심적도 아니고 남들과 함께 느끼는 마음씨다. 이런 점에서 불교에서 자비의 덕은 기독교에서 박애의 덕이나 유교에서 인의 덕과 전혀 다를 바가 없다. 왜냐하면 모든 덕은 한결같이 남들과 함께 느끼는 마음씨에 바탕을 두고 있기 때문이다. 그러나 박애나 인의 덕이 남에게 좋다고 믿어지는 일은 적극적으로 하겠다는 마음씨라면, 자비의 덕은 남들에게 좋고 나쁜 것이 무엇인지 몰라도 우선 남들의 어려운 사정, 남들의 고통을 남들과 함께 느끼는 마음씨다. 전자의 덕이 호의의 심성이라면, 후자의 덕은 측은하게 여기는 마음씨다.

남들에 대한 호의는 남들의 고통을 전제로 하지 않는다. 나는 행복한 내 자식, 내 이웃을 더욱 행복하게 해주려는 호의를 가질 수 있다. 반면 자비는 남들의 고통을 전제로 한다. 이미 행복한 사람들, 불행하지도 않은 사람을 딱하고 불쌍하게 여길 수는 없다. 남들이 어떤 고통에 빠져 있다고 전제되었을 때 비로소 나는 그들에게 자비를 가질 수 있다. 부처, 석가모니는 해탈하기 이전의 모든 중생들이 고통에 빠져 있다고 전제했기 때문에, 그는 모든 사람들에게 자비심을 느끼고 그들이 해탈하도록 도와주려 했던 것이다.

박애의 덕과 인의 덕과 자비의 덕을 비교평가할 때 그것들의 내용이 서로 조금씩 다른 이상, 그들은 다 같이 함께 가장 기본적인 덕이 될 수 없다. 그것들이 다 같이 귀중한 것이기는 하지만 그중 어떤 것이 더 근본적으로 귀중할 수 있는가의 문제가 남는다. 도덕적으로 살아야 한다면 그러기 위해서는 남을 사랑하는 심성, 남에게 좋은 일을 하겠다는 착한 심성, 그리고 남의 고통을 보고 불쌍히 여기는 심성 가운데에서 어떤 심성을 가장 귀중하고 근본적인 것으로 삼을 수 있는가? 우리가 인간답게 살기 위해서 갖추어야 할 심성은 도대체 '박애', '인'과 '자비'의 심성 가운데 어떤 것이겠는가?

결론부터 말해서 자비의 심성이 가장 중요하다고 말하고 싶다. 나는 박애의 윤리나 인의 윤리에 앞서 자비의 윤리를 주장한다. 이 주장에는 대체로 세 가지 이유를 들 수 있다.

첫째, 자비의 윤리만이 도덕적 진리가 객관적이기는 하되 그 진리를 절대적으로 확신할 수 있는 사람은 아무도 없다는 나의 전제와 일관성을 갖기 때문이다. 이 책의 앞에서 나는 도덕적으로 옳고 그름은 주관에 달려 있지 않고 객관적으로 존재한다는 것과, 그럼에도 불구하고 인간의 인식적 한계성 때문에 아무도 도덕적 진리를 절대적으로 확신할 수 없다는 논지를 늘어놓았다. 박애의 윤리와 인의 윤리는 도덕적 진리를 객관적으로 알 수 있음을 전제하지만, 자비의 윤리는 그렇지 않다. 박애의 윤리에 따라 모든 사람을 사랑하고 인의 윤리에 따라 다른 사람에게 좋은 일을 하려면, 먼저 내가 사랑하고 내가 좋은 일을 하려는 사람에게 어떤 것이 도덕적으로 좋은가를 알아야 할 것이다. 만일 그렇지 않다면 그에 대한 나의 사랑과 나의 도움은 그를 도덕적으로 그릇되게 만들 수 있다. 만일 내가 그가 도덕적으로 옳게 사는 일이 어떤 것인지를 모른다면, 나는 그를 사랑하고 그를 도와준다는 생각조차 할 수 없을 것이다. 이와는 달리 객관적으로 존재하는 도덕적 진리를 모르더라도 나는 한 사람의 고통에 대해 딱하고 가엾게 느낄 수 있다. 남의 딱한 사정에 대한 느낌이 먼저 있지 않으면 남을 사랑하고 남의 도움이 되겠다는 마음은 생겨나지 않을 것 같다.

사실 냉정히 따지고 보면 우리는 인간으로서 다 같이 예외 없이 딱하고 고통스러운 상황에 언제나 놓여 있다. 인간이 겪어야 할 고통은 불교에서 보고 있는 바와 같이 우리들의 생리학적 조건이다. 욕심 때문에 생기는 심리학적인 것만이 아니다. 우리의 더 근본적인 고통은 올바르게 살기 위해서는 도덕적 진리를 알아야 함에도 불구하고 우리들의 지적 한계 때문에 그러한 진리를 모르면서도 어떤 종류인가의 도덕적 행위를 결정해야 하는 상황에서 생기는 일종의 형이상학적 불안이다. 인간이 이처럼 고통을 벗어날 수 없는 동물이라면 그 고통에 들어맞는 자비의 마음은 누구에게나, 그리고 언제 어디에서나 보편적으로 다 같이 필요하다. 서로 위로하는 마음씨가 가장 필요하다.

둘째, 자비의 윤리는 도덕적 판단이나 결정의 독단성을 피할 수 있다.

믿고 있는 진리에 대해서 절대적 확신성을 갖고 있을 때는 필연적으로 독단적인 주장이 따른다. 박애나 인의 윤리가 다 같이 절대적으로 옳은 도덕적 진리에 대한 인식을 전제하기 때문에, 그러한 윤리는 독단적이고 고집스럽기 쉽다. 만약 내가 도덕적 진리에 대한 그릇된 인식에서 누군가를 사랑했거나 누군가에 대해 착한 마음으로 도와주었다면, 나는 나의 선의에도 불구하고 내가 도와줄 사람을 도덕적으로 옳지 못한 사람으로 만드는 데 기여했다고 해야 할 것이다. 그렇기 때문에 나의 행위는 결과적으로 보아 도덕적으로 옳지 못한 것이며, 따라서 나 자신도 윤리적으로 좋지 못한 사람이 될 것이다. 결과적으로 박애의 윤리와 인의 윤리는 경우에 따라 비윤리적으로 되고, 따라서 내부적으로 모순일 수 있다. 이와는 달리 자비의 윤리는 도덕적 진리에 대한 절대적 확신을 갖지 않는다. 나는 내 자신이 남들의 고통을 내 것처럼 함께 느끼고 아파하며 남을 가엾게 생각한 결과가 남을 도덕적으로 옳지 못하게 만드는 결과를 낳을 수 있으리라는 것을 처음부터 인정하며, 따라서 자비로운 마음씨에 따라 행동하는 자신이 결과적으로 보아 도덕적으로 옳지 못할 수 있다는 것을 전제한다. 그렇기 때문에 나는 항상 남의 고통을 자비롭게 대할 뿐 아니라, 남의 도덕적 행위는 물론 남의 윤리적 태도인 심성에 대해서 언제나 관용한 태도로, 그런 것들이 잘못이라는 판단이 나왔을 때도 역시 또다시 자비로운 마음으로 용서할 수 있다. 자비에서 솟아나는 용서의 마음은 남의 고통과 남의 윤리도덕적 잘못뿐 아니라, 자비롭기 때문에 결과적 관점에서 볼 때 도덕적으로 옳지 못했던 내 자신의 윤리적 태도에도 다시 한 번 자비로운 마음으로 스스로 용서할 수 있다.

자비로운 마음에서 생기는 용서하는 마음의 여지가 없는 윤리도덕은 생각할 수 없다. 모든 사람은 윤리도덕적으로 한 가지 잘못도 없이 완전할 수 없기 때문이다. 그만큼 모든 인간은 그릇된 삶과 잘못된 삶, 그래서 불행하고 고통스러운 삶을 살아가야 할 운명에 처해 있다. 이런 상황에서 한 사람의 잘못, 한 행동의 잘못, 한 태도의 잘못을 용서받지 못하는 세계라면, 그 세계는 지극히 고통에 찬 세계, 고통이 더욱 커지는 어둡고 아픈 세계일 뿐이다. 삶 자체가 이미 고통이라면 우리가 할 수 있는 일은 어떠한 잘못이든지 용서하여 적어도 인간의 윤리도덕적 고통만은 다소나마 덜어주는 것이 윤리도덕적으로 옳은 것이 아니겠으며, 그러한 태도와 의도를 떠난 윤리도덕이 무슨 더 중요한 의미를 가질 수 있겠는가?

셋째, 자비의 윤리는 도덕적 갈등을 가장 잘 해결해준다. 도덕적 갈등을 푸는 데 자비의 원칙이 가장 적절히 적용될 수 있다는 말이다. 윤리의 문제가 인간에게 도덕적으로 올바르게 살기 위해서 가장 바람직한 심성인 덕을 밝혀내는 데 있다면, 어떤 덕이 가장 근본적이냐의 문제는 어떤 덕이 도덕적 갈등을 가장 잘 설명해주고 풀어주느냐에 따라 평가된다. 도덕적 갈등은 우리가 도덕적 진리를 결정하는 데, 즉 도덕적으로 살아가는 데 가장 빈번히 부딪히고, 가장 근본적이면서도 가장 해결하기 어려운 문제이기 때문이다.

박애의 덕이나 인의 덕이 도덕적 갈등을 합리적으로 해결하는 틀이 될 수 없음은 이미 말한 바 있다. 자비의 덕도 예외는 아니다. 오랜 역사를 통해서 수많은 철학자들이 도덕적 갈등을 합리적으로 해결할 수 있는 원칙들을 고민해왔지만 그 어느 하나도 만족스럽지 못함을 앞에서 길게 논한 바 있다. 자비로운 마음씨를 갖고 그 바탕에서 도덕적 갈등을 해결한다고 할 때도 구체적으로 어떠한 결정을 내려야 할지는 자동적으로 결정할 수 없다는 것이다. 종교적 신앙을 따라 병역의무를 기피할 것인가 아니면 국민의 의무를 다하기 위해서 참전할 것인가의 도덕적 갈등, 나만을 의지하고 살며 내가 부양해야 하는 어머니를 위해서 독립운동을 포기할 것인가 아니면 독립운동을 위해서 어머니를 버려야 할 것인가의 도덕적 갈등, 병든 자식 하나를 위해서 다른 자식들을 경제적으로 희생시켜야 하는가 아니면 건강한 다른 자식들의 장래를 위해서 재생할 가망이 없는 아들의 값비싼 치료를 중단할 것인가의 갈등에 직면할 때, 자비로운 마음은 어떤 합리적 해결을 찾을 수 있을까? 이런 경우 자비롭게 행동한다는 것은 구체적으로 어떤 행동으로 나타날까? 이런 물음의 대답은 없다. 자비롭게 행동한다 해도 결국은 둘 중 하나의 행동을 선택해야 하는데, 자비로운 마음씨 자체는 그러한 선택의 보편적 기준을 제시하지 못한다. 어떠한 경우에도 도덕적 문제는 결국 결단의 문제다. 박애의 덕이나 인의 덕이나 그리고 자비의 덕은 위와 같은 도덕적 갈등의 경우에 어떤 행동이 도덕적으로 진리임을 밝혀주지 못하기 때문이다.

그럼에도 불구하고 우리가 갖추어야 할 가장 중요한 덕, 다시 말해서 우리가 윤리적으로 가져야 할 마음씨, 심성은 박애도 아니고 인도 아니다. 그것은 자비다. 도덕적 갈등을 해결할 때 자비심을 갖고 결정한다는 것은 남들의 고통을 조금이라도 덜어준다는 원칙에 의해 도덕적 행동을 결정한다는 것이다. 그러기 위해서는 두 행동 중에 어느 쪽이 그러한 결과를 낳겠는가를 계산해야 할 것이다. 물론 이런 계산이 잘못될 수 있다. 그러한 결단이 결과적으로 더 많은 고통을 야기할 수도 있고, 따라서 원래의 의도에 위배될 수도 있다. 그러나 신이 아닌 이상 인간으로서 한계가 있는 이상 다른 도리를 찾을 수 없다. 그것만이 인간으로서 취할 수 있는 최선의 결정이다. 여기서 자비의 윤리학을 요약해보자.

자비의 윤리학은 첫째, 도덕적 삶은 인간으로서의 삶을 의미한다. 도덕적 테두리를 벗어난 삶은 인간의 삶이 아니라 동물의 삶임을 전제한다. 인간적인 삶이 도덕적인 것은 인간의 자의적인 결정에 매여 있지 않고 인간을 초월한 형이상학적 질서에 의존한다는 데서 기인한다.

둘째, 자비의 윤리학은 도덕적 행위의 옳고 그름의 객관성을 믿는다. 도덕적 행위의 옳고 그름은 인간이 만들어낸 어떤 규범이나 원칙에 매여 있지 않고 객관적인 형이상학적 질서를 의미한다. 어떠한 경우에도 하나의 구체적인 도덕적 행위에 대해서는 반드시 객관적으로 옳거나, 아니면 잘못된 판단이 가능하다. 구체적인 어떤 상황에서 도덕적으로 취할 수 있는 여러 가지 행위 가운데에 객관적으로 옳은 어떤 하나만의 행동이 반드시 존재한다는 말이다.

셋째, 그럼에도 불구하고 자비의 윤리학에 따르면 어떤 구체적인 도덕적 행위의 선택을 해야 하는 상황에서 어떤 행동이 정말 객관적으로 옳은 것인가를 절대적으로 확신할 사람은 아무도 없다. 인간은 예외 없이 도덕적 진리를 절대적으로 확신 있게 인식할 수 없다. 인간이 아무리 유일하고 고귀한 동물일지라도 유한한 존재이기 때문이다.

넷째, 자비의 윤리학에 의하면 모든 인간은 아무리 선의를 갖고 있을지라도 도덕적으로 그릇된 행동을 할 가능성이 많고, 그는 도덕적으로 옳지 못한 삶을 살고 형이상학적 질서 속에서 영원히 끝을 맺게 될 확률이 크다. 따라서 모든 사람이 영원히 나쁜 삶을 살아야 하는 불행과 고통을 받게 될 운명에 처해 있다는 것이다. 불교에 의하면 인간의 삶은 고통이다. 그러나 불교에서 말하는 삶의 고통은 이 세상의 고통을 말한다. 그러나 자비의 윤리학에서 볼 때는 모든 인간이 이 세상에서뿐 아니라 다른 세상, 다른 존재양식, 형이상학적 차원에 이르기까지 영원한 고통을 받을 가능성을 벗어날 수 없다.

다섯째, 자비의 윤리학은 위와 같이 도덕적 진리와 인간의 조건에 비추어볼 때 나 자신에 대해서뿐 아니라 다른 사람들에 대해서도 또 어떤 특수한 경우에서뿐 아니라 언제나 모든 사람들 상호 간에, 그리고 자기 자신에게 취할 가장 근본적인 태도는 자비로운 태도여야 한다고 믿는다. 인간은 영원히 도덕적으로 고통스러운 상황에 놓여 있거나 놓여 있을 가능성이 많기 때문이다.

궁극적으로 도덕적 행위가 결단의 문제이긴 하지만 그 결단이 어떤 것이든 간에 자비로운 마음씨에 바탕을 두어야 하며, 그 결단이 객관적으로 잘못되어 고통을 받아야 할 때 그 잘못된 행위와 그 고통은 또다시 자비로운 마음에 의해서 용서되고 수용되어야 한다는 것이다.

『자비의 윤리학』(1990)

06
윤리공동체

도덕적으로 올바르게 살아야 하고 그러기 위해서는 윤리적으로 자비의 덕을 갖추어야 한다면 그렇게 해야 할 주체는 어떤 존재며, 그러한 주체는 누구를 위해서 그렇게 해야 하는가? 불교적 윤리학을 제외하고, 기독교의 윤리학은 물론 유교의 윤리학도 윤리도덕의 주체와 그러한 주체에 의한 도덕적 행위의 대상은 오로지 인간이라는 명제를 자명한 전제로 삼아왔다. 이런 전제는 근대의 위대한 두 가지 윤리학, 즉 칸트의 윤리학과 밀의 윤리학도 예외는 아니다. 윤리도덕은 반드시 인간의 윤리도덕이며, 반드시 인간만을 위한 윤리도덕이라는 것이다. 윤리의 문제가 나 아닌 다른 존재자들의 복지, 즉 아픔과 기쁨에 관계된다면, 대체로 과거의 모든 윤리학은 인간의 아픔과 기쁨, 즉 복지에만 관심을 쏟았을 뿐 인간 이외의 다른 동물의 복지와 아픔과 슬픔은 고려의 대상에 들이지 않았다. 설사 동물에 대한 잔인한 행위가 좋지 않다고 믿어졌다 해도 그것은 감상적 차원에서였을 뿐, 엄격히 말해서 윤리적인 관점에서는 아니다. 요컨대 윤리도덕은 인간에게만 해당되고 인간만이 윤리공동체에 속하며, 모든 인간은 인간이기 때문에 필연적으로 윤리공동체에 속하지 않을 수 없다고 생각되어왔다.

과연 그럴까? 인간 이외의 어떤 동물, 어떤 존재도 윤리공동체에 소속될 수 있는 자격이 없단 말인가? 인간에게만 관계되는, 즉 인간의 복지에만 관여되는 행위가 도덕적 행위인가? 아니면 인간 이외의 존재도 도덕적 행위의 대상이 될 수 있는가? 윤리공동체원의 자격은 무엇일 수 있는가? 어째서 인간만이 윤리공동체의 회원이 될 수 있다고 여겨져왔는가?

윤리공동체 일원의 자격

인간만이 윤리공동체 일원의 자격이 있고, 따라서 인간만이 윤리적 고찰의 대상이 된다고 전제하는 종래의 모든 윤리학의 근거는 단순하다. 그것은 다름 아니라 인간이 유일한 존재, 우주 안의 어떤 것들과도 뚜렷이 구분된 존재라는 전제다. 이 전제는 인간만이 내재적 가치가 있고, 그밖의 모든 존재들은 오로지 내재적 가치를 가진 인간을 위해서 도구적, 즉 외재적 가치만을 갖고 있다는 견해로 이어진다. 이러한 인간중심적 사고는 칸트나 밀의 윤리학은 물론 서양식 윤리학에 전제되어 있지만, 그것이 가장 두드러지고 적나라하게 나타난 것은 유대교에서부터 기독교를 통해서 이슬람교로 이어지는 서양종교에서다. 하나님이 우주의 만물을 만든 것은 인간을 위해서라는 믿음이 서양종교의 가장 밑바닥에 깔려 있다.

이런 인류중심주의의 근거는 무엇인가? 서양종교에서는 그것이 하나님의 뜻이어서 하나님이 모든 것들을 창조한 후에 오로지 인간만을 하나님 자신의 이미지에 따라 제일 나중에 만들었기 때문이라고 말한다.

이러한 인간관은 서양종교의 형이상학을 전제로 하는데, 유대교와 기독교 그리고 이슬람교의 형이상학적 교리는 그 근거가 희박하다. 더욱 증가한 확실성을 갖게 된 과학적 발견은 위와 같은 종교가 전제하는 인간관과 상반된다. 서양종교의 창조설은 다윈의 진화론과 모순되고 최근의 생화학은 인간과 미생물 간의 근본적 차이, 생물과 화학적 성분의 궁극적 차이를 의심케 한다.

인간의 유일한 특수성은 서양적 신학, 서양종교의 창조설을 전제하지 않는 유교에도 전제되어 있다. 공자는 인간이 가장 귀하다 했다. 오로지 인간만이 윤리적 동물이기 때문이라는 것이다. 인간의 유일성과 특수성은 어떤 인격자에 의해서 창조된 것은 아니지만 더 이상 설명될 수 없는 영원한 우주적 질서로서 풀이되어 있다. 그러나 이러한 우주관도 아무런 근거가 없다.

종교적 설명이나 형이상학적 설명이 아니더라도 인간이 다른 물질과는 물론, 다른 종류의 동물과도 다르다는 것을 부정하는 사람은 아무도 없다. 굼벵이와 원숭이가 다르듯이 인간과 원숭이도 다르다. 남자와 여자가 다르듯이 한 남자와 또 다른 한 남자도 서로 다르다. 따지고 보면 이 세상에는 엄격한 의미에서 서로 다르지 않은 것이 없다. 인간이라는 종이 다른 종의 동물과 다른 사실은 인간이 가장 유일하며 고귀하고, 따라서 절대적인 내재적 가치를 가졌으며, 그밖의 모든 사물, 모든 동물들은 오로지 도구적 가치만을 가졌다는 근거가 될 수 있다.

여기서 새로운 구실이 고안될 수 있다. 인간이 유일하고 가장 고귀한 이유는 인간이 생물학적으로 다른 것과 다르다는 사실에 있는 것이 아니라, 다른 사물현상과 동물들을 정복하고 지배할 수 있는 힘을 갖고 있는 데서 찾을 수 있다 할 것이다. 그렇다면 호랑이는 토끼보다 더 귀하고, 깡패는 깡패한테 구타를 당하는 무고한 사람보다 더 존중되어야 하며, 스탈린은 그에 의해 희생된 수많은 소련인보다 더 존중되어야 하며, 진시황은 공자보다 더 내재적 가치가 있는 인간으로 봐야 하는가?

인간의 유일성과 존엄성은 그가 갖고 있는 물리적 힘이 아니라 그가 내재적으로 지니고 있는 유일한 능력인 이성에 근거한다는 주장이 나올 수 있다. 이러한 입장은 인간이 유일한 존재이며 그에 따라 유일하게 귀하다는 여러 가지 주장 속에 깔려 있다. 그러한 입장은 인간의 윤리성을 전제로 한 인간의 고귀성을 믿었던 공자도 전제하고 있다. 그러나 그러한 입장을 가장 체계적으로 이론화한 것은 칸트에 의해서다. 칸트에 의하면 인간이 유일하게 고귀하고 다른 동물과 구별될 수 있는 것은 이성을 갖고 있기 때문이라고 주장했으며, 이성을 갖고 있는 한 그는 내재적인 존엄성을 갖고 그만큼 존경의 대상이 된다는 것이다.

이성은 하나의 지적 기능을 가리킨다. 그것은 본능적 충동을 억제하고 논리에 따라 사고할 수 있는 능력이다. 이러한 능력으로 그는 인과적 관계에 의해 지배되는 자연의 질서와는 다른 정신적 질서, 도덕적 질서를 세우고 그에 따라 행동할 수 있다는 것이다.

인간이 일반적으로 이성을 갖고 있음에는 틀림없고 그 이성의 힘으로 자연을 자신의 뜻대로 이용하고 다른 동물들을 정복해왔음을 부인하는 사람은 아무도 없다. 그렇다고 해서 이성의 기능만이 내재적 가치의 기준이 되며 이성만이 존경의 대상이 되는 기준이 되지는 않는다. 정상적인 성인들 간에도 이성적 기능이라는 관점에서 정도의 차이가 많다. 어떤 이는 더 총명하고 어떤 이는 둔하다. 성인들과 미성인들 사이에 그런 차이는 일반적으로 더 확실하다. 유아가 인간의 종에 속하지만 그는 아직 이성적 기능을 발휘하지 못한다. 인간의 종에 속하지만 정박아들은 지능 면에서 개보다도 못한 경우가 적지 않다. 만일 이성이 인간을 인간답게 만드는 것이라면, 어떤 인간은 사실인즉 인간이 아니라고 말해야 할 것이다. 만일 인간의 가치가 그의 이성적 기능에 근거한다면 총명한 사람은 총명하지 않은 사람보다, 성인은 어린애보다, 교육받은 사람은 무식한 사람보다 더 인간적으로 가치가 있고, 따라서 더 귀중하여 그만큼 더 특별히 깊은 윤리적 고려의 대상이 되어야 할 것이다. 만일 선택을 필요로 한다면 애들은 어른을 위해서, 지능이 낮은 사람은 지능이 높은 사람들을 위해서, 정박아들은 건강한 사람들을 위해서, 무식한 사람들은 유식한 사람들을 위해서 희생되어야 한다는 논리가 선다. 그러나 이러한 논리적 결론을 받아들일 사람은 아무도 없을 것이다.

이성의 소유는 윤리적 고찰의 근거가 되지 않는다. 그렇다면 인간만이 유일하고 인간만이 내재적 가치를 갖고, 따라서 인간만이 윤리적으로 존중되어야 한다는 주장에도 근거가 없다. 그러므로 인간만이 윤리공동체의 회원이 될 수 있다는 인류중심적 사고는 뒷받침되어 있지 않다.

윤리공동체 일원의 자격은 무엇일 수 있을까? 어떤 종류의 존재들이 윤리적 고찰의 대상이 될 수 있으며 윤리적 가치가 있으며 윤리적으로 존중되어야 하는가? 여기서 우리는 윤리적 주체와 윤리적 객체를 구별해서 고찰할 필요를 느낀다.

윤리적 주체와 윤리적 객체

윤리적 주체는 어떤 행동에 대해서 옳고 그릇됨의 범주에 따라 생각하고 인격적으로 좋고 나쁘다는 범주에 따라 판단할 수 있는 능력을 갖춘 존재며, 윤리적 객체는 윤리적 주체가 행동할 때 옳고 그릇됨의 범주를 벗어날 수 없는 어떤 대상, 그리고 윤리적 주체를 대할 때 자신의 태도에 대해서 좋고 나쁜 관점을 떠나서는 안 될 대상을 말한다.

종래의 윤리학은 윤리적 주체와 윤리적 객체의 구별을 거의 염두에 두지 않았다. 왜냐하면 종래의 윤리학은 거의 예외 없이 윤리공동체 일원의 자격이 자명하다고 믿어왔고, 그러한 자격을 가진 존재는 인간만이라고 믿어 의심치 않았기 때문이다. 이러한 믿음은 윤리적 주체와 윤리적 객체가 동일함을 또다시 전제하고 있다. 모든 인간 그리고 오직 인간만이 윤리적으로 옳고 그릇됨을 생각하고 윤리적으로 좋고 나쁨의 판단을 받을 수 있다는 것을 전혀 의심치 않았다.

그러나 이러한 전제는 사실적 근거가 없다. 모든 인간이 윤리적 객체가 될 수 있지만 모든 인간이 윤리적 주체가 되지는 않는다. 그러므로 윤리적 주체와 윤리적 객체는 구별되어야 하고, 이런 구별은 여태까지의 윤리학이 전혀 의심치 않고 전제하고 있던 윤리공동체원의 자격에 대한 믿음, 다시 말해서 오직 인간만이 윤리공동체에 소속될 수 있다는 생각을 비판하고 대신한다.

윤리적 주체가 인간 이외에는 존재하지 않는다는 것은 객관적으로 검증될 수 있는 사실이다. 윤리적 주체는 감성적 반응을 할 수 있어야 할 뿐 아니라 이성적 판단의 기능을 갖추지 않고는 이해될 수 없다. 도덕적으로 옳고 그릇됨을 판단하고, 윤리적으로 좋고 나쁨을 가려낼 수 있는 자를 윤리적 주체라고 부른다면, 그러한 자는 나 아닌 다른 사람들의 아픔이나 즐거움에 대해서 감성적으로 반응할 수 있을 뿐 아니라 그런 반응을 넘어 어떤 규준에 따라 옳고 그릇됨, 좋고 나쁨에 대한 가치판단의 능력을 갖추어야 한다. 이러한 능력은 다름 아닌 이성에 지나지 않다. 이와 같은 능력은 그냥 물질에서는 물론, 아직까지 알고 있는 바로는 인간 이외의 어떤 고등동물에서도 발견될 수 없다. 오직 인간만이 이성을 갖고 있다. 따라서 오직 인간만이 윤리적 주체다.

그러나 모든 인간이 다 같이 윤리적 주체는 아니다. 유아는 물론 수많은 정박아들은 이성적 능력은 물론 감성적 반응의 가능성조차도 없다. 만일 윤리적 주체와 윤리적 존재가 일치해야 하고, 그러한 주체/객체의 근거가 이성의 소유에 있다면 헤아릴 수 없이 많은 유아들과 정박아 혹은 병들거나 연로하여 이성은 물론 의식이 희미한 많은 사람들은 분명히 윤리적 주체가 되지 못하며, 따라서 윤리적 객체도 되지 못한다는 결론을 내려야 한다. 다시 말해서 유아, 정박아, 의식을 잃은 노인들은 윤리적 고려의 대상에서 제외해야 하므로 윤리공동체에 속할 수 없다는 결론이 나온다. 그들의 고통이나 즐거움, 그들의 복지에 관해 관심을 갖고 배려한다는 것은 마치 돌이나 나무 혹은 모든 짐승들의 문제에 대해 마음을 쓰고 걱정하는 것과 똑같이 우스운 짓이라는 논리가 선다.

그러나 이러한 결론을 그대로 받아들이는 사람은 아무도 없을 것이다. 인간만이 윤리공동체에 속할 수 있다고 믿는 사람들, 인간이 이러한 자격을 갖고 있는 이유는 모든 피조물 중에 인간만이 내재적 가치를 갖고 있다고 전제하는 사람들, 그리고 인간만이 유일하게 내재적 가치를 갖고 있는 이유는 인간이라는 동물만이 이성을 갖고 있기 때문이라고 확신하는 사람들까지도 위와 같은 결론을 결코 받아들이지 않을 것이다. 비록 이성적 기능을 갖지 못하더라도 유아나 정박아나 맑은 정신력을 잃은 노인들도 마땅히 윤리적 고려의 대상이 되며, 마땅히 윤리공동체에 속한다는 것을 그들 역시 확신하고 있을 것이다. 그렇다면 오직 인간만이 윤리적 고려의 대상이 될 수 있고, 오직 이성의 소유자만이 윤리공동체에 속할 수 있다는 인간중심적 윤리학은 내부적 모순을 드러낸다. 이러한 모순은 윤리적 주체와 윤리적 객체를 구별함으로써 더욱 역력히 폭로되었다.

비록 이성을 갖지 않았더라도 유아와 정박아와 정신력을 상실한 노인들도 마땅히 윤리적 고려의 대상이 되고, 따라서 윤리공동체의 일원으로 존재해야 한다면, 이성의 기능은 윤리적 객체로서 윤리적 고려의 대상이 되거나 윤리공동체에 속할 수 있는 충분조건이 될 수 없고 필요조건도 되지 못한다. 그렇다면 유아와 정박아와 정신력을 상실해가는 노인들이 윤리공동체에 마땅히 속해야 한다는 우리들의 확신, 흔들릴 수 없는 우리들의 윤리적 직관은 어디서 생기는가? 위와 같은 부류의 존재들이 인간이라는 종에 속하기 때문이라는 대답이 나올 수 있다. 그러나 우리는 대뜸 반문할 수 있다. 인간만이 윤리적 고려의 대상이 되는 근거는 어디에 있는가? 어찌하여 인간만이 그 자체로서 가치가 있다고 할 수 있는가? 아까 말했듯이 전통적 대답은 인간이라는 종만이 이성을 갖고 있기 때문이라고 한다. 그러나 이미 자명해진 것과 같이 인간이라는 종에 속하는 모든 동물이 이성의 소유자는 아니다. 그럼에도 불구하고 우리는 이성이 결여된 유아나 정박아나 일부 정신이 흐린 노인들에게도 의심할 수 없는 윤리적 의무를 거의 본능적으로 느낀다.

내가 알 수 있는 한 어찌하여 유아나 정박아나 일부 노망난 노인들에게 어떤 근거에서 윤리적 의미를 느끼며, 어째서 인간만이 윤리공동체에 속할 수 있는가에 대한 만족스러운 대답은 아직도 없다. 어쩌면 전통적으로 의심되지 않은 인간중심적 윤리학이 잘못이며, 윤리도덕의 본질은 근본적으로 새롭게 해석되고 이해되어야 할지 모른다. 윤리공동체는 그것대로의 글라스노스트, 즉 개방을 해야 하고 윤리학은 그것대로의 페레스트로이카, 즉 개혁을 필요로 할지 모른다. 그렇다면 어떻게 할 것인가?

탈인류중심주의

이성적 기능이 없거나 아니면 아주 미약한 유아, 정박아 그리고 의식이 거의 없는 노인들이 윤리적 주체가 될 수 없음은 윤리적 주체의 정의에 따라 논리적으로 자명하다. 그들은 윤리적인 옳고 그릇됨에 대한 개념을 갖지 못하고, 따라서 주체적으로 자신의 행동을 그러한 개념에 비추어 결정할 능력이 없기 때문이다. 그럼에도 불구하고 그들도 역시 윤리공동체에 속해야 하며, 그들에게도 다른 사람들에 대한 것과 마찬가지로 윤리적 고려가 똑같이 주어져야 한다는 우리들의 윤리적 직관, 우리들의 윤리적 확신은 윤리공동체 일원으로서 자격이 이성에 있지 않다는 것을 입증한다. 그렇다면 무엇이 그러한 공동체원의 자격이 될 수 있겠는가? 이 물음은 유아, 정박아 그리고 의식이 거의 없는 병석의 노인들도 마땅히 윤리공동체에 속해야 하며 윤리적 객체로서, 윤리적 주체로서 우리들의 윤리적 고려를 나누어 받을 권리가 있다고 확신되는 근거는 무엇인가의 물음으로 바뀐다.

피터 싱어는 '이해관계'나 '고통'이라고 대답한다. 유아나 정박아나

의식이 거의 없는 노인도 이성적 기능을 갖지는 않았지만 살아서 배를 채우고 육체적 혹은 심리적 고통에서 해방되어야 할 필요성을 이성의 기능이 왕성한 사람들과 똑같이 갖고 있다는 것이다. 싱어의 생각에 따르면 삶에 필연적으로 따르는 어떤 필요성, 그런 필요성 때문에 반드시 생기게 마련인 고통이 윤리적 의식의 근원이 된다는 논리가 선다. 끊임 없이 어떤 필요성을 느끼고 그에 따라 끊임없이 육체적 혹은 심리적 고통을 받는 어떤 동물이 존재하지 않는다면, 윤리도덕의 문제는 생기지도 않고 이해될 수도 없다는 것이다.

삶은 고통이요, 삶의 고통에 대한 의식과 그 의식에 따른 태도와 행동은 윤리적 문제의 출발점이며 또한 종점이다. 윤리적 의식을 갖는다는 것은 나 자신은 물론 모든 다른 존재들이 경험하는 고통을 의식함에 지나지 않는다. 그러므로 생존해 있으면서 어떤 필요성을 갖고 고통을 느끼거나 느낄 수 있는 모든 것들은 필연적으로 윤리공동체에 속해야 한다. 고통을 느낄 수 있는 기능이야말로 윤리공동체의 일원이 될 수 있는 필요조건일 뿐 아니라 충분조건이기도 하다. 여기서 덧붙여 말하거니와 위와 같은 싱어의 윤리학은 불교적 자비의 윤리학과 근본적으로 같다.

그렇다며 누가, 아니 무엇이 윤리공동체에 속할 수 있느냐의 문제는 구체적으로 어떤 것들이 살아가는 데 허다한 필요성을 갖게 되고 함께 살아가는 데 고통을 느낄 수 있느냐의 문제로 바뀐다. 이러한 삶의 조건에 해당되는 사람은 이성을 가진 사람뿐 아니라 지능이 아주 낮은 인간도 포함된다. 그뿐이랴. 그런 조건에 해당하는 동물에는 인간이라는 동물뿐 아니라 인간 이외의 모든 동물도 포함된다. 모든 동물은 생존하고 자신의 욕망을 충족시키기 위해서 태어나서부터 죽을 때까지 애써야 한다. 따라서 모든 생물은 언제나 문제를 갖고 있으며, 그것을 부단히 해결해나가기 위해서 노력하고 싸우고 다치며, 그러면서도 고통의 연속 속에서 빠져나오지 못한다. 위와 같은 모든 동물의 생존조건이 사실이라면 모든 동물도 모든 인간과 꼭 마찬가지로 마땅히 윤리공동체에 소속되어야 한다.

이와 같은 논리에 따라 싱어는 윤리공동체를 인간사회로부터 인간 이외의 모든 동물 사회로 확장시켜야 한다고 주장한다. 그는 여태까지의 윤리는 인류중심적이었다고 말하면서 그러한 윤리학을 '종주의speciesism'라고 부르며, 인류중심적 관점을 초월한 동물중심적 윤리학을 '생물중심주의biocentrism'라고 부른다. 그래서 싱어는 인류중심주의를 벗어날 것을 강력히 역설한다. 윤리적이라는 것이 나 아닌 다른 존재가 갖는 문제, 다른 존재가 경험하는 고통을 의식하고 그러한 문제와 고통의 해결에 도움이 되고자 하는 심성이라면, 탈인류중심주의의 윤리학, 즉 생물중심주의적 윤리학의 입장에서 볼 때, 우리는 내 가족뿐 아니라 내 이웃, 내 이웃뿐 아니라 내 민족, 내 민족뿐 아니라 모든 윤리적 주체, 즉 이성을 갖고 있는 사람들, 이성을 가진 사람뿐 아니라 모든 인류, 모든 인류뿐 아니라 모든 생물의 삶의 문제와 고통을 다 같이 고려하고, 그런 문제와 고통을 다 같이 해결하고 극복해야 한다는 것이다. 윤리적 관점에서 볼 때 부자와 빈자, 강자와 약자, 건강한 성인과 유아 또는 정박아가 구별되어 그들의 윤리적 가치가 차별되어 취급될 수 없는 것과 똑같이, 인류와 그밖의 다른 동물들과 차별을 두고 취급해서도 안 된다는 것이다. 윤리적 관점에서 볼 때 원칙적으로 베토벤과 강아지, 아인슈타인과 지렁이는 근본적으로 동일하다는 결론이 나온다. 위와 같은 생명체들이 윤리적 관점에서 근본적으로 동일하다는 것은 그들이 똑같은 정도의 윤리적 배려를 나누어 가질 권리가 있다는 뜻은 아니다. 같은 가족이면서도 부모와 형제, 같은 동포면서도 나의 친구들과 친분이 없는 사람들, 같은 인류면서도 나의 동포와 타민족들은 각기 나와 특수한 관계 때문에 그 특수성에 따라 서로 다른 정도의 윤리적 고려가 배려된다. 그럼에도 불구하고 강아지와 지렁이는 그냥 돌덩어리나 나무, 풀잎과는 달리 한결같이 어느 정도의 윤리적 고려를 받아야 한다는 것이다. 지렁이와 강아지도 베토벤이나 아인슈타인과 마찬가지로, 살아남으려 하고 살아야 하고 아픔을 겪는다는 점에서 다 똑같이 윤리적으로 같은 가족에 속한다는 것이다.

위와 같이 설명되는 싱어의 탈인류중심주의 논증은 반박될 수 없는 설득력을 갖고 있다. 그러나 자신의 윤리학을 생물중심주의라고 말하고 있지만 사실 그것은 동물중심주의animocentrism라고 불러야 적절하다. 왜냐하면 싱어의 윤리학에서 볼 때 윤리적 고려의 대상, 즉 윤리적 객체는 모든 생물을 포함하지 않고 동물이라는 범주에 속하는 것뿐이다. 이런 점에서 싱어의 동물중심주의적 윤리학은 불교가 갖고 있는 윤리관과 일치한다. 불교의 채식주의는 최근의 의학적인 관점에서 좋다는 사실과는 전혀 상관없이 동물에 대한 윤리적 배려, 동물의 품에 대한 자비의 심성에 바탕을 두고 있다. 소나 돼지는 물론 하다못해 모기, 지렁이도 살려고 버둥거리며, 찌르면 피가 나오고 말은 못하지만 가엾게도 육체적 고통을 그들 나름대로 나타낸다. 모든 동물들의 이와 같은 형태는 인간이 살려고 애쓰며, 아픔을 나타내는 것과 근본적으로 다를 바가 없다. 물론 동물들은 지능적으로, 그리고 때로는 물리적으로 인간보다 약하다. 따라서 그것들은 인간에 의해서 인간의 이익만을 위하여 희생되어왔다. 인류 역사를 통해서 불교만을 제외하고는 인간을 위한 동물의 희생이 윤리적으로 정당화되어왔다. 그러나 단순히 약하다는 이유 때문에 동물들의 아픔이 무시되고 그들의 생명이 인간의 생명을 위해서 희생될 수 있다면, 건강한 사람들이 정박아나 노인들을 오로지 자신들의 도구로 이용하고 살해해도 좋고, 힘센 자가 약한 자를 마음대로 지배하고 희생시켜도 정당화된다는 결론이 나온다. 만일 이러한 결론이 우리들의 윤리적 직관, 윤리적 경험에 근본적으로 배치된다면, 인간이라는 동물의 종이 단순히 강하다는 구실로 다른 동물의 종들을 희생시켜도 윤리적으로 틀리지 않다는 결론은 모순이다. 이와 같이 고찰할 때 불교 속에 이미 있고, 최근 싱어와 같은 철학자들에 의해서 주장되는 탈인류중심주의 윤리학인 이른바 동물중심주의 윤리학은 옳다. 불교를 제외한 모든 종래의 사상 속에 나타난 인류중심주의적 윤리학보다는 동물중심주의적 윤리학이 더 우월하다.

그럼에도 불구하고 동물중심주의 윤리학은 아직도 만족스럽지 않다. 이 윤리학의 논리적 근거를 일관성 있게 더 밀고 나가면서 최신의 과학적 이론이 보여주는 동물과 식물 간의 궁극적 관계, 생물과 무기물 간의 궁극적 관계를 인정하고, 또한 과학적 기술과 그것의 무분별한 사용 때문에 생기는 지구적 차원, 아니 우주적 차원에서 생기는 무서운 생태의 변화와 공해에 눈을 감지 않는다면 동물중심주의는 아직도 폐쇄적이며, 따라서 극복되어야 함을 깨닫게 된다.

인류중심주의적 윤리학이 동물중심적 윤리학으로 지향되고 극복되어야 하는 이유는, 하나의 종으로서 인류가 역시 또 하나의 종으로서 다른 동물과 근본적으로 구별될 수 없으며, 그들은 다 같이 살아가야 하고 그래서 고통스러움이 따른다는 데 있다. 이런 근거에서 동물 아닌 다른 존재들은 윤리적 공동체에서 제외된다.

그러나 식물들도 하나의 삶의 형태를 갖고 있고, 따라서 생존할 필요성을 느끼며 가능한 한 자신의 생명을 연장시키고 확장하려는 자연의 원리를 벗어나지 못한다. 이러한 사실은 식물의 생태를 관찰하면 누구나 곧 알 수 있다. 물론 언뜻 보아 식물들은 동물들과는 달리 자신의 욕망이나 고통을 표현하지 않는 것 같이 보인다. 그들에게는 사실인즉 욕망도 없고, 따라서 고통도 없는 것 같다. 그러나 강아지를 때리면 깽깽 소리를 내며 아픔을 나타내고 지렁이도 밟으면 고통스러운 듯이 꿈틀거린다. 동물의 이와 같은 형태는 일반적으로 인간이 아프고 괴로울 때 나타내는 형태와 똑같은 형태를 갖고 있다. 따라서 인간은 자신의 경험을 비추어 동물들에게 직접 물어볼 수는 없지만 동물 역시 괴로워하고 아픔을 느낀다고 결론을 내린다. 하지만 욕망이나 아픔이 심리상태를 나타내는 개념이라면 그런 심리상태는 반드시 언제나 겉으로 나타나지는 않는다. 우리들은 흔히 다른 사람들의 마음속을 알 수 없어 곤란한 처지에 놓이곤 한다. 그렇다면 식물들은 욕망과 고통을 느끼고 있으면서도 그러한 것을 겉으로 나타내지 않거나, 나타낼 능력이 없을 따름인지도 모른다.

백 보를 양보하여 위와 같은 생각이 너무나 원시적이며 허황하기 짝이 없는 생각이라고 인정하자. 그래서 식물에는 욕망이나 고통의 개념이 전혀 적용될 수 없다고 하자. 그러나 욕망이나 고통을 느낄 수 없는 생물들은 그 존재의 가치가 전혀 무시되어야 하며, 욕망과 고통을 경험할 수 있는 생물들의 욕망을 충족시키는 도구로서만 취급되어야 할 것인가? 만일 그렇다고 한다면 의식을 잃고 의식을 회복할 가능성이 없는, 이른바 '식물인간'은 윤리공동체에서 제외되어 우리들의 윤리적 고려대상이 될 수 없다고 해야 한다. 만일 생물학적으로 살아 있는 한 식물인간에 대해 그의 존엄성이 인정되고, 따라서 그에게도 마땅히 우리들의 윤리적 배려가 주어져야 한다면, 살아 있는 모든 식물도 우리들의 배려를 받아야 할 권리가 있다고 인정해야 하지 않겠는가?

식물을 포함해서 살아 있는 모든 개개의 존재는 윤리적 공동체에 소속되어야 한다는 입장을 두고 이를 인류중심적 윤리학ethics of anthropocentrism뿐 아니라 동물중심적 윤리학ethics of animocentrism과도 구별하여 생물중심적 윤리학ethics of biocentrism이라고 부를 수 있다. 생물중심적 윤리학의 핵심은 모든 생물들이 그 자체로 가치가 있으며, 따라서 그만큼 존중되어야 하고 윤리적 배려를 받을 권리가 있다는 주장이다. 그것은 윤리공동체가 모든 생물에게까지 확장되어야 한다고 믿는다. 만일 한 인간을 다른 사람의 목적을 위한 수단으로만 보는 것이 윤리적으로 잘못이라면, 어떤 생물을 인간을 위한 도구로만 대하는 것도 역시 윤리적으로 잘못이라고 믿는다. 만일 어떤 사람을 순전히 재미로 죽이거나 괴롭히는 것이 윤리적으로 몹쓸 짓이라면, 단순히 재미로 한 포기의 잡초를 짓밟는 것도 윤리적으로 똑같이 악한 행동이라는 것이다.

윤리적, 특히 서양적 사고를 지배해온 인류중심적 윤리학의 입장에서 볼 때 불교에 바탕을 둔 동물중심적 윤리학은 무척 허황한 사고일 것이며, 동물중심적 윤리적 사고에서 볼 때도 생물중심적 윤리학은 이성으로 이해할 수 없는 하나의 환상에 불과하다고 일축할 것이다. 그러나 냉정한 논리는 생물중심 윤리학으로 우리를 몰고 오지 않을 수 없었다. 그럼에도 불구하고 우리가 따라온 윤리의 논리적 줄기를 잃지 않고 우리가 갖게 된 모든 사물현상에 대한 지식에 눈을 감지 않는다면, 생물중심 윤리학도 아직 폐쇄적 사고의 범주를 벗어나지 못한다는 결론을 내릴 수밖에 없고, 윤리공동체는 생물학을 넘어 모든 존재로 확대되어야 한다는 결론에 이를 수밖에 없다.

생물중심 윤리학도 인류중심 윤리학이나 동물중심 윤리학과 마찬가지로 어떤 양식의 존재들 간의 형이상학적 단절을 전제로 한다. 서로 다른 존재들 사이에는 서로 환원될 수 없는 절대적 구별이 있다는 것이다. 생물중심 윤리학은 인간과 동물, 동물과 식물 사이에 절대적 단절을 인정하지 않고 그것들 사이에 어떤 연속성이 있음을 인정하지만, 생물계와 무생물계 간의 불연속성, 절대적 단절을 전제로 한다. 존재들 사이의 형이상학적이며 질적인 절대적 구별은 서양종교의 세계관에서 근본적인 전제가 되어 있다. 절대적 인격자로서 신, 인간 그리고 그밖의 존재가 엄연히 구별되고, 그것들 사이에는 서로 융합될 수 없는 차이가 있다는 것이다. 존재를 이처럼 구별해보는 입장은 서양철학의 밑바닥에도 깔려 있다. 플라톤은 가사적 세계와 가시적 세계의 절대적 구별, 가사적 세계 안에서의 이데아idea 혹은 원형form들의 형이상학적 구별을 전제한다. 아리스토텔레스의 실체substance의 개념도 존재들 간의 모형적 구별을 전제로 한다. 데카르트의 이원론적 존재학, 즉 정신과 육체의 구별, 그리고 칸트에게서의 본체noumenon와 현상phenomenon의 근본적 구별은 한결같이 존재 일반의 형이상학적 단절성을 전제로 한다. 요약해서 말해서 로마 시대의 철학자 플로티누스와 같은 예외는 있었지만, 종교나 철학에서 나타난 서양의 세계관은 모든 존재를 단 하나로 보지 않고 적어도 두 개 이상의 근본적으로 서로 질이 다른 존재들로 구성됨을 전제한다.

그러나 일반적으로 말해서 동양적 세계관은 전혀 다르다. 힌두교, 불교 그리고 노장사상에 나타난 세계관의 근본적인 특성은 모든 존재의 단일성, 언뜻 보기에는 서로 개별적이고 서로 다르게 보이는 존재들 간의 연속성, 비단절성, 요컨대 동일성을 믿는 데 있다. 모든 것들은 '하나'라는 것이고, 사물현상들 간의 차이나 그 구별은 피상적인 것에 지나지 않는다는 것이다. 이와 같은 동양적 세계관에서 볼 때 인간과 동물, 동물과 생물, 생물과 물질, 물질과 정신 사이에는 존재학적으로 근본적인 차이가 없고, 서로 완전히 연결되어 '단 하나'를 이루고 있다. 그러므로 '단 하나'로서의 존재 일반 혹은 형이상학적 '전제'는 유물론자들이 주장하듯이 '물질'이라는 개념으로만 묶을 수도 없고, 유심론자들이 믿고 있듯이 '정신'이라는 개념만으로도 서술될 수 없다. 그러므로 인간이 생각해낼 수 있는 존재의 성질에 대한 가장 포괄적 개념이 '물질' 아니면 '정신'이라고 인정할 때 '단 하나'로서 존재, '전체'로서 존재는 물질도 아니며 정신도 아니다. 그것은 어떤 개념으로도 표현할 수 없는 성질의 존재다.

동양적 세계관, 동양의 형이상학적 비전은 직관에 바탕을 두고 있을 뿐, 이른바 과학적 근거는 없었다. 그러나 과학적 지식이 발달함에 따라 동양적 비전은 과학적으로 더욱 믿음직한 뒷받침을 받고 있다. 다윈의 진화론은 인간과 동물의 근본적인 연속성을 보여주며, 프로이트의 정신분석학은 이성이라는 기능이 인간의 본질이 아님을 증명했고, 최근의 생화학은 생물과 화학적 성분의 밀접한 관계를 밝혀가며, 최신의 물리학은 유기물과 무기물의 국경을 무너뜨리고 있다. 이처럼 현대과학은 그렇게도 서로 다르고 다양해 보이는 사물현상들이 궁극적으로는 '단 하나'의 존재, 서로 국경을 그을 수 없는 '단 하나의 전체'라는 세계관으로 우리를 더욱 가까이 끌고 간다.

과학적 세계관, 과학이 내포하는 일원론적 형이상학이 옳다는 확률은 불과 지난 몇 십 년 동안에 급속도로 발달하고 있는 과학기술의 성공에 의해 더욱 커지고 있다. 얼마 전까지만 해도 상상할 수 없었던 의학의 발달, 헤아릴 수 없이 많은 고도의 전자제품, 인공위성, 우주선 등은 과학적 세계관이 옳다는 것을 압도적으로 반증한다. 그뿐이 아니다. 과학적 기술의 무분별한 남용의 부산물로 생기는 공해가 자연의 생태, 지구의 생태, 아니 우주의 생태까지도 심각하게 위협하고 있다. 인간의 생존뿐 아니라 모든 생물, 아니 자연의 모든 생태질서를 파괴의 길로 몰아가고 있는 공해는 지구상의 모든 존재, 아니 우주 안의 모든 존재가 궁극적으로 '단 하나'로서 서로 뗄 수 없는 밀접한 관계를 갖고 있음을 입증하고도 남는다.

이와 같은 객관적 사실에 의도적으로 눈을 감지 않는 이상 인간과 동물, 동물과 식물 간의 형이상학적 구별은 물론, 생물일반과 그냥 물질의 형이상학적 구별, 정신과 육체의 존재론적 구별도 결국은 궁극적인 근거가 없는, 인위적이고 인간에 의한 독단적 구별에 지나지 않는다. 힌두교, 유교, 노장사상 그리고 과학에 깔려 있는 일원론적 세계관, 모든 사물이 근본적으로는 '단 하나'의 '전체'에 불과하다면, 그리고 인간 아니면 동물 아니면 식물까지도 그 자체로서 가치가 있고, 따라서 존중되어야 한다면 돌, 물, 모래 등까지도 역시 그 자체로서 가치가 있고, 따라서 존중되어야 한다. 만일 인간이 그 자체적으로 가치가 있기 때문에 윤리적 배려를 받을 권리가 있고, 그럼으로써 윤리적 공동체에 속한다면 똑같은 근거에서 동물, 식물, 그리고 돌과 물, 모래 등도 윤리적 배려를 받을 권리가 있으며, 따라서 윤리공동체에 포함되어야 한다. 윤리적 전체로서 윤리공동체는 인간에서 동물로, 동물에서 식물로, 식물에서 그 밖의 모든 사물들, 이른바 '자연' 전체로 확대되어야 한다. 이러한 관점에 서 있는 윤리학은 인류중심 윤리학은 물론, 동물중심 윤리학이나 생물중심 윤리학과도 구별해서 '생태중심 윤리학ecocentrism/ecoethica'이라는 말로 적절한 이름을 붙일 수 있을 것이다.

생태중심 윤리학은 모든 개개의 존재가 그것이 어떤 것이든 간에 '단 하나'로서 '존재 전체'의 뗄 수 없는 일부에 지나지 않음을 전제한다. 그리하여 이 윤리학의 입장에서는 윤리공동체는 특별한 공동체가 아니라 자연 전체, 아니 존재 전체와 일치하고 동일하다.

윤리학으로 '자비'의 심성이 가장 중요하다면 우리의 자비심은 사람에게뿐 아니라 동물에게도, 동물에게뿐 아니라 식물에게도, 식물에게뿐 아니라 돌, 물, 모래알에도 미쳐야 한다. 자비심이 나 아닌 다른 존재의 품을 함께 느끼는 마음씨라면 우리는 사람, 동물, 식물만의 아픔뿐 아니라 돌, 물, 그리고 모래알의 말없는 아픔도 함께 느껴야 한다.

윤리적 진보

어느 때, 어느 사람이고 간에 의식의 발달과 병행하여 윤리적 의식을 갖게 된다. 누구나 어떤 행위를 놓고 도덕적으로 옳고 그릇됨을 생각하고, 어떤 한 사람의 심성을 두고 좋고 나쁘다는 관점을 갖게 마련이다.

어느 시대, 어느 사회를 막론하고 도덕적 규범이 있고 윤리적 가치관이 있다. 어떤 종류의 행위가 옳고 그릇된 것인가의 기준을 갖고 있으며, 어떤 심성이 인간으로서 갖추어야 할 덕인가가 정해져 있다.

그러나 사람마다의 윤리의식은 성장과정에 따라 변하고, 한 시대의 도덕적 규범은 다른 시대의 그것과 흔히 다르며, 한 사회가 귀중하게 여기는 덕은 다른 사회의 그것과 동일하지 않고 때로는 갈등도 일으킨다.

그렇다면 한 사람의 변화하는 윤리의식을 두고 어떤 시대에서는 윤리의식이 다른 시대의 그것보다 발달했거나, 아니면 덜 발달됐다고 할 수 있는가? 한 시대의 도덕적 규범이 다른 시대의 그것보다 옳다고 할 수 있으며, 한 사회에서 믿고 있는 덕이 다른 사회에서 믿고 있는 덕보다 더 좋다고 주장할 수 있는가? 한마디로 말해서 윤리도덕적 진보를 얘기할 수 있는가?

윤리도덕 심리학자로 잘 알려진 콜버그는 아동들의 윤리도덕적 의식의 몇 단계에 걸친 발달을 주장한다. 생리적으로, 그리고 교육적으로 성장하면서 아동들의 윤리도덕 의식은 더 높은 단계로 올라가고 성숙한다는 것이다. 그렇다면 똑같은 주장이 시대나 사회적으로 다른 윤리도덕을 놓고도 가능하다. 한 시대 혹은 한 사회가 다른 시대 혹은 다른 사회보다 윤리적으로 높은 수준에 이를 수 있고, 그에 따라 서로 다른 윤리도덕이 비교되고 평가될 수 있다. 사실 서로 갈등하는 모든 윤리도덕이 똑같은 가치를 가질 수 없다. 내가 자비의 윤리학을 통해서 주장하고 있는 바와 같이 도덕적으로 옳고 그릇됨은 상대적이 아니라 절대적이며, 주관적으로 결정되지 않고 객관적으로 존재하기 때문이다. 우리 자신의 개인적 경험과 인류의 윤리도덕의 변천사를 반성해보면, 윤리도덕적 가치가 개인적 혹은 사회적 주관에 달려 있지 않음을 깨닫게 된다. 노예를 혹사하면서도 윤리적으로 아무런 죄책감을 느끼지 않았던 나도, 어느 계기를 통해 내가 윤리적으로 나빴다는 것을 의식할 수 있으며, 그 의식에 따라 나의 개인적인 이해관계에 배치되면서도 나는 노예들을 해방시키고, 차라리 불편한 인권운동에 앞장설 수 있다. 오랫동안 흑인을 인종적으로 차별하여 그들의 인격을 존중하지 않았을 뿐 아니라 마치 동물에 가깝게 취급하면서도 아무런 도덕적 가책을 느끼지 않왔던 미국의 백인들이 어느 날, 어떤 계기로 인해서 그들 자신들의 인종차별이 도덕적으로 그릇됨을 인식하게 되고, 따라서 백인 자신들의 이해관계에 배치됨에도 불구하고 앞장서서 인종차별을 규탄하고 흑인들의 인격을 위해서 목숨을 걸고 싸웠던 역사적 사실이 있다. 노예에 대한 나의 태도의 전환, 그리고 흑인들에 대한 백인들의 태도의 전환은 윤리도덕적 가치가 객관적임을 전제하지 않고는 이해될 수 없다.

그렇다면 윤리적 진보는 어떻게 측정될 수 있겠는가? 윤리도덕적 가치가 객관적이라면, 윤리도덕적 진보는 한 사람, 한 시대, 한 사회의 윤리도덕이 얼마큼 객관적인 윤리도덕적 가치에 가까운가에 따라 측정되어야 할 것이다. 그러기 위해서는 그 객관적 가치를 우선 알고 있어야 한다. 그러나 거듭 강조했듯이 인간의 유한성 때문에 아무도 윤리도덕의 객관적 가치를 절대적으로 확신할 수 없다. 그렇다고 어떤 윤리도덕적 가치가 더욱 진보적인가를 결정할 기준이 전혀 없다는 결론은 나오지 않는다. 절대적일 수 없고 그것 하나만일 수는 없지만, 적어도 한 가지 사실에 의해서 한 윤리도덕관이 그와 다른 윤리도덕관보다 우월하며 진보되었다는 틀림없는 징후를 볼 수도 있다. 그 징후는 한 윤리도덕관이 지니고 있는 윤리공동체의 폭의 크기다.

나 자신의 고통과 기쁨뿐 아니라 가족의 고통과 기쁨을 생각할 때 윤리적 의식이 시작된다. 나의 가족뿐 아니라 그밖의 가족들을 함께 생각할 때 나의 윤리적 의식이 어떤 진보를 이루었다고 보지 않을 사람은 없을 것이다. 나의 민족뿐 아니라 다른 민족을 생각할 수 있을 때 나의 윤리의식은 더욱 보편성을 갖고, 그만큼 더 높아졌다고 보지 않을 수 없다. 그렇다면 인류의 차원을 넘어서 동물까지 생각하고, 동물의 차원을 넘어서 식물까지 생각하며, 마지막으로 식물까지의 한계를 넘어서 존재하는 모든 것의 존중성을 의식할 때 나의 윤리의식은 더욱 진보의 징조를 나타내는 것으로 봐야 한다.

노예를 정당화했던 윤리학은 노예의 해방을 주장하는 윤리학에 비해 열등하다. 반인종주의를 뒷받침한 윤리의식은 인종주의를 정당화한 그것보다 진보되었다. 모든 동물을 윤리공동체에 수용하는 동물중심 윤리학은 인류중심 윤리학보다 우월하다. 모든 존재를 윤리적 객체로서 윤리공동체에 받아들이는 생태중심 윤리학은 식물학에 윤리공동체의 국경을 긋는 생물중심 윤리학보다도 진보된 윤리학이 된다. 자비의 윤리학은 윤리적 진보를 믿는다.

그러나 나만이 아니라 내 가족 전체, 내 가족만이 아니라 다른 모든 가족들, 내 민족만이 아니라 다른 모든 민족들, 인류만이 아니라 모든 동물, 동물만이 아니라 모든 생물, 생물만이 아니라 모든 존재의 내재적 가치와 존엄성을 존중하고 아껴야 하며, 그것들을 다 같이 윤리공동체 속에 포함시켜야 한다는 자비의 윤리학은 모든 종류의 것들의 가치가 윤리적으로 똑같이 평등하다고 주장하지는 않는다. 한 윤리적 주체로서 나의 입장에서 볼 때 내 자신의 가족에 대한 윤리적 배려는 다른 가족들에 대한 윤리적 배려와는 달라야 할 것이며, 내 민족에 대한 윤리적 배려는 다른 민족에 대한 윤리적 배려와는 동일할 수 없다. 똑같은 논리적 근거에서 나의 인류에 대한 배려는 동물이나 식물이나 바위나 강과 같은 사물에 대한 나의 배려와 똑같을 수 없다. 윤리적 입장은 위와 같은 것들에 대해 평등한 배려를 요청하기는커녕 그런 것을 거부한다. 여러 가지 윤리적 객체에 대해서 서로 불평등한 배려가 윤리적으로 볼 때 오히려 옳다고 본다.

위의 여러 가지 윤리적 객체, 즉 위의 모든 것들이 똑같은 윤리공동체에 속해야 한다고 주장하면서도, 서로 다른 윤리적 객체에 대한 배려가 차별되어야 윤리적으로 옳은 이유는 내 자신의 가족, 내 자신의 민족, 인류, 동물, 식물, 바위 또는 강과 나의 관계는 그 성질이 각기 다르고 특수한 데에 있다. 내게 생명을 주었다는 점에서 내 자신의 부모는 다른 사람들의 부모와 다르다. 같은 혈통을 갖고 같은 언어를 쓰며, 아픔과 기쁨을 함께 하며 살아왔다는 점에서 내 자신의 민족은 다른 민족들과 구별되고, 나는 내 자신의 민족과 특수한 관계를 갖고 있다. 마찬가지로 동물은 식물보다, 식물은 바위나 강보다 나와 더 짙은 동질성을 갖고 있기 때문에 나와 동물은 식물과는 다른 특수한 관계를 갖고 있고, 나와 식물은 바위나 강보다 더 가까운 관계를 갖고 있다. 이와 같이 나와의 특수한 관계 때문에 나는 이웃 사람의 행복보다는 내 부모의 행복을 구별해서 더 생각해야 하는 도덕적 의무를 갖고 있으며, 다른 민족이나 사회의 복지에 앞서 내 자신의 민족이나 사회의 복지를 위해야 할 도덕적 의무를 느끼며, 식물의 아픔보다는 동물의 아픔에 더 두터운 자비심을 가져야 할 도덕적 의무가 있고, 바위나 강의 존엄성보다는 식물의 존엄성을 우선적으로 고려해야 할 윤리적 의무를 느낀다.

모든 존재가 궁극적으로 '하나'며 개별적으로 보이는 존재들은 '하나만의 전체'로부터 궁극적으로 경계를 그을 수 없는 수많은 부분, 아니 수없이 다양한 측면이라고 보며, 따라서 모든 것들이 단 하나의 윤리공동체에 속해야 한다고 주장하는 생태중심 윤리학은 각기 그것들이 윤리적 전체로서 우리들로부터 자비심을 모름지기 받아야 한다고 주장한다. 그러나 내가 여기서 주장하는 윤리학은 그 자비심이 모든 것들에게 양적으로 똑같이 분배된다고는 말하지 않는다. 오히려 그 자비심은 각기 대상에 따라서 차별적으로 분배되어야 도덕적으로 옳다고 본다.

그렇다면 자비심은 어떻게 분배되어야 하는가? 자비심은 나 아닌 다른 사람들, 다른 것들과 느끼는 연대감을 의미한다. 내가 다른 사람 혹은 다른 것들과 같이 느끼는 연대감은 나와 각기 서로 다른 사람들, 다른 것들과 특수한 관계에 의해서 결정된다. 나와 특수한 관계 때문에 내가 나의 아버지의 복지를 다른 사람들 아버지의 복지보다 더 생각해야 한다면, 나는 내 아버지에게 얼마만큼 더 자비를 베풀어야 하는가? 내가 내 자신의 민족과 특수한 관계를 갖고 있어서 다른 민족의 복지보다 내 자신의 민족의 복지를 더 생각해야 한다면, 나는 내 민족의 복지를 얼마만큼이나 희생시켜서 에티오피아나 수단에서 굶주려 죽어가는 수없이 많은 다른 민족, 다른 사회에 사는 사람들의 복지를 위해서 원조를 해야 할 것인가? 우리 인류의 건강을 위해서 동물을 이용하고 살생해서 먹어야 한다면 우리들은 어느 정도까지 동물을 도구로 삼고, 얼마만큼 어떤 종류의 육식을 해야 하는가? 삶의 향락을 위해서가 아니라 생존을 위해서 육식은 아니더라도 최소한 채식을 해야 한다면, 채식가는 얼마만큼의 식물을 희생시켜야 하는가? 최소한의 생존을 위해서 바위를 깎아 집을 짓고 강을 메워 밭을 만들어야 한다면, 우리는 얼마만큼의 바위를 부수고 얼마만큼의 강을 메워야 하는가?

　이 물음에 대한 대답은 반드시 있어야 한다. 그 대답은 각기 구체적인 결정을 해야 할 구체적인 상황에 따라 서로 다를 것이다. 그러나 그 대답은 틀림없이 객관적으로 존재할 것이다. 바로 이러한 것을 전제하고 있으면서도 자비의 윤리학은 위와 같은 물음에 대해서 구체적인 대답을 주지 못한다. 인간의 형이상학적 유한성으로 해서 인간은 도덕적 진리를 절대적인 확신을 갖고 알아낼 수 없음을 인정하고 있기 때문이다. 인간의 이와 같은 한계에도 불구하고 인간은 항상 도덕적 결정을 하지 않을 수 없는 딱한 상황에 놓인다. 그렇기 때문에 인간은 자신의 결정이 도덕적으로 잘못될 수 있다는 것, 도덕적으로 범죄가 될 수 있는 행위라는 것을 안다. 이러한 인간의 윤리적인 비극적 조건을 전제할 때 자비의 윤리가 줄 수 있는 유일한 대답은 윤리적 선택은 처음부터 끝까지 자비심에 근거해야 한다는 것이다.

우리가 할 수 있는 일은 각기 구체적인 윤리적 상황에서 최대, 최고의 지력을 동원하여 그때그때에 가장 옳다고 판단되는 행위를 선택하고, 그 선택을 자비심에서 우러나는 실천적 행동으로 옮기는 것뿐이다. 그리고 남은 일은 나 자신이나 다른 사람들이 이와 같이 윤리적으로 행동했음에도 불구하고, 그 행위가 결과적으로는 객관적으로 존재하는 도덕적 진리에 비추어 도덕적으로 옳지 못하고, 따라서 윤리적으로도 나쁜 사람이 된다고 해도, 역시 자비심으로 그러한 나 자신이나 그러한 다른 사람들과도 더불어 아파할 수 있는 마음의 자세를 가다듬는 작업이다.

『자비의 윤리학』(1990)

07

녹색윤리

패러다임으로서의 녹색주의

우리의 주변에, 아니 세계 전체에 엄청난 변화가 가속적으로 일고 있다. 과학적, 기술적, 정치적, 사회적, 경제적 그리고 문화적 변화가 눈부시게 생기고 있다. 그런데 이런 변화와 아울러 우리의 사고방식, 우리의 세계관, 가치관 일반 그리고 윤리적 사고도 근본적인 사고의 전환이 있어야만 한다. 그냥 변화가 아니라 혁명이 있어야 한다는 말이다. 우리는 이러한 사고/세계관의 전환을 녹색혁명이라 부르고, 이러한 혁명 밑바닥에 깔려 있는 이념을 녹색주의greenism라 이름 지을 수 있다. 오늘날 모든 차원에서 우리 사고에 혁신이 필요하지만 그중에도 윤리적 사고에서 혁명이 더 중요하고 급하다. 윤리적 사고에서 녹색혁명 없이는 그밖의 모든 분야에서 바람직한 혁명의 이론적 근거를 찾기 어렵기 때문이다. 그러므로 여기서 나는 윤리적 혁명을 제창하고, 그러한 윤리를 녹색윤리라 부르기로 한다. '자비의 윤리'는 녹색윤리의 테두리 속에서 더 잘 이해된다.

녹색주의는 하나의 신념체계를 지칭한다. 그러나 그것의 진과 위, 즉 맞고 틀림이 '과학적'으로 증명될 수 없는 성질을 지닌 이상 녹색주의는 하나의 이념/이데올로기, 즉 세계관Weltanschauung으로 남아 있을 수밖에 없다. 여기서 나는 '세계관'이라는 말을 형이상학, 인간관 및 윤리관을 동시에 함의하는 포괄적 의미를 갖는 개념으로 사용하기로 한다. 또한 형이상학은 물리적 및 그밖의 모든 종류의 '존재의 근본적 본질에 대한 포괄적 이론'으로, 인간관은 다른 모든 존재들에 비추어본 '인간의 특수성에 대한 해석'으로, 그리고 윤리관은 넓은 뜻으로 해석해서 '삶에 대한 총체적 가치관'으로 각기 이해될 수 있다. 그러므로 혁명적 사고방식인 '녹색주의'는 지금까지 우리의 사고를 크게 지배해왔던 것과는 혁신적으로 다른 하나의 형이상학, 하나의 인간관 및 하나의 윤리관을 다 같이 뜻한다.

녹색주의 윤리란 어떤 것일 수 있는가? 윤리는 행위와 태도에 대한 사고다. 윤리적 사고는 자율적 주체자로서 나의 행위가 나 아닌 타자한테, 그 존재의 존엄성과 복지라는 관점에서 봤을 때 미치게 될 영향과 결과에 대한 배려에서 비롯된다. 윤리라는 개념은 내 존재의 귀중함과 존엄성과 복지만이 아니라 나 밖의 존재, 즉 타자의 귀중함과 존엄성과 복지라는 관점에 비추어서만 그 의미를 갖는다. 한 사람의 윤리적 입장은 그와 같은 관점에 비추어본 삶에의 자세와 덕목과 구체적 행동결정에 대한 평가적 입장이다. 그러므로 어떤 윤리적 입장은 어떤 존재들을 여러 가지 고려의 대상에 포함시키느냐에 따라 달라진다. 근대적 윤리관을 대표하는 칸트의 의무주의와 벤담/밀의 공리주의 이후 모든 인간이 윤리적 고려의 대상으로 평등하게 존재한다는 생각은 오늘날 자명한 것으로 전제되고 있지만, 과거의 윤리관들은 이러한 신념을 반드시 전제하지 않았다. 힌두교는 모든 인간을 근본적으로 다른 네 개의 신분으로 구별된다고 전제하며, 각 계급마다 다른 행동과 규범이 존재한다고 전제한다. 아리스토텔레스의 윤리학은 자유인과 노예 간의 형이상학적 구별을 전제함으로써 노예제도를 정당화했다. 반면에 유대교/기독교/회교는 인간들 사이의 평등을 전제하지만, 인간을 그밖의 존재에 군림하는 것으로 전제하며, 인간 아닌 온갖 다른 생물들은 윤리적 고려의 대상에서 완전히 제외되고 그것들의 도구화를 정당하게 해준다. 이에 반해서 노장사상과 불교, 특히 선불교는 인간의 형이상학적 특수성을 인정하지 않는다. 따라서 모든 생물들은 동등한 입장에서 윤리적 고려의 대상에 포괄된다. 이러한 윤리공동체의 포괄성은 특히 대승불교에서 강조된 자비의 덕목으로 표현된다.

윤리적 사고의 역사를 뒤돌아볼 때 윤리적 진보의 결정적 척도의 하나는 윤리적 고려의 대상의 확대와 비례한다고 말할 수 있다. 그렇다면 한편으로는 모든 인간을 평등한 개체로 보고 그것들을 다 같이 윤리공동체에 포함시키는 기독교적 종교사상에 포함된 윤리관이나, 다른 관점으로서 서로 대립되는 칸트의 의무주의 윤리학이나, 벤담/밀의 공리주의 윤리학은 다 같이 인간의 형이상학적 계급을 전제하는 힌두교의 윤리관이나 아리스토텔레스의 윤리관에 비해 한결같이 큰 진보를 의미하며, 다른 한편으로는 인간과 기타 존재들 간의 절대적 차등을 인정하는 기독교적 윤리관에 비교할 때, 모든 생명을 다 같이 자연현상으로 보는 노장사상이나 불교에 내포된 윤리관은 한결 더 진보적임을 인정하지 않을 수 없다.

녹색윤리가 아무리 기존의 여러 윤리관들을 다 함께 혁명적으로 전환하려 한다 하지만, 그것도 역시 하나의 윤리관이다. 그러므로 녹색윤리도 마땅히 윤리공동체의 대상에 대한 입장을 전제한다. 즉 그것은 윤리적 고려대상으로서 타자에 대한 규정과 그러한 타자에 대한 평가적 태도를 내포한다. 녹색윤리가 기존의 윤리에 비추어 근원적 전환을 의미한다면, 그것은 윤리공동체의 확장과 나아가서 근본적 개방을 의미한다. 녹색윤리는 윤리적 고려 대상, 즉 윤리적 구성원을 특정한 계층이나 계급에 속하는 인간만이 아니라 칸트와 벤담/밀로 대표되는 근대윤리학의 입장과 마찬가지로 모든 인간을 다 함께 포함한다. 따라서 위의 두 가지 다른 윤리학을 다 같이 인간중심적 윤리학이라 부를 수 있다. 녹색윤리는 부족중심적도 아니며, 민족중심적도 아니며, 계급중심적 사고도 초월한다. 따라서 녹색윤리도 인간중심적인 듯싶다. 그러나 녹색윤리는 인간중심적 사고를 초월하여 생명중심적이어야 한다고 주장한다. 생명체가 '녹색green'에 의해 상징된다는 점에서 생명중심적 윤리학은 '녹색적 윤리학' 혹은 '윤리적 녹색주의' 혹은 그냥 '녹색윤리'라 부를 수 있다.

윤리적 사고가 인간중심주의에서 생명중심주의로 확대될 뿐 아니라 지구상의 모든 존재를 윤리공동체로 삼아야 한다는 '지구중심주의 geocentrism'로까지 확대되고, 한 발자국 더 나아가서 우주 전체의 모든 존재를 윤리적 고려의 대상으로 삼아야 한다는 '우주중심주의cosmocentrism'로 발전할 가능성을 내포하고 있다. 그러나 '지구중심주의' 또는 '우주중심주의' 윤리학은 처음부터 논리적으로 쉽게 풀 수 없는 철학적 문제를 그 속에 담고 있다. 언어철학적 입장에서 볼 때 '윤리성'이라는 개념이 지구의 물질이나 우주의 여러 천체들에게까지 쉽게 적용될 수 있을 것 같지 않기 때문이다. 그렇지만 적어도 '생명중심적 윤리'라는 개념은 쉽게 그 의미를 가질 수 있고, 따라서 그러한 윤리는 논리적으로 따져볼 수 있다. 녹색윤리는 모든 생명체가 다 같이 윤리적 고려의 대상이어야 한다고 주장하는 점에서 '생명중심주의'임에는 틀림없지만, 그것은 '지구중심주의'는 물론 '우주중심주의'로 발전할 가능성을 열어놓고 있다. 그럼에도 불구하고 녹색윤리학은 그 주장의 편의를 위해서 생명중심적 시각에서 논의를 펼 수밖에 없다

여기서 제안하고자 하는 녹색윤리학은 완전히 새로운 발견이나 발명이 아니다. 바로 앞서 이미 언급한 바처럼 노장사상, 특히 대승불교의 형이상학은 생명중심적일 뿐 아니라 지구중심적, 더 나아가서는 우주중심적 윤리학을 함의하고 있다. 그러나 첫째로 그러한 윤리학적 신념은 그들의 큰 세계관/이념 체계에 함의되어 있을 뿐 분명하게 주장되지도 않았고, 따라서 둘째로 그들의 윤리적 신념은 철학적으로 바람직한 뒷받침이 명확치 않은 채 남아 있다. 이런 관점에서 볼 때 녹색윤리라는 이름으로 새로운 윤리학이 시도될 수 있고, 그러한 '녹색윤리'를 시도해보는 것은 그만큼 의미 있는 작업이다.

녹색윤리는 각별히 1960년대부터 날로 악화되어가는 지구상의 생태계 파괴와 그것이 동반하는 인류, 그리고 모든 생명체의 존속에 대한 위기 의식에서 시작한다. 녹색윤리는 지금 지구가 무서운 병에 걸려 있다고 진단한다. 이런 의식을 '녹색의식'이라 불러도 좋을 것 같다. 녹색의식에 비추어볼 때 인류를 포함한 모든 생물체를 위협하는 그림자인 공해와 생태계 파괴의 원인은 오랫동안 서양을 중심으로 인류사를 지배해온 인간중심적 세계관에 있다. 그러므로 녹색윤리학은 우리가 전승받은 세계관에 혁명적 전환이 일지 않고서는 병든 지구를 구해낼 수 없다고 확신한다.

병든 지구

인류는 줄곧 개발과 발전의 역사를 이어왔다. 개발과 발전의 역사는 현대적 과학지식의 발견과 기술발명으로 근대 유럽에서 급진적으로 추진되어왔다. 그것은 산업화로 나타나고 그러한 변화는 20세기 후반에 접어들면서부터 지구 전체에서 인구팽창과 더불어 가속적으로 퍼져나가고 있다.

개발은 인간의 물질적 충족을 위한 자연의 도구화, 변형 그리고 자연의 약탈을 의미하며, 발전은 그러한 작업의 성취도를 말한다. 오늘날 아직도 세계 곳곳에서만이 아니고 선진 문명 도시의 어두운 구석에서도 심한 빈곤에 허덕이는 이가 적지 않지만, 적어도 산업화된 사회는 반세기 전만 해도 상상할 수 없었던 만큼의 물질적 풍요를 누리고 있음은 속일 수 없는 자명한 사실이다. 과연 개발과 발전은 병행하여 성공한 인간만의 입장에서 볼 때 만족스러운 것이라고 말할 수밖에 없을 것 같다.

그러나 물질적 풍요만이 개발과 발전의 전부를 의미하지는 않는다. 그것의 더 심각한 의미는 공해와 생태계의 파괴임은 더 이상 감출 수 없는 사실이 되고 있다. 우리의 주변을 조금만 돌아보면 어딜 가나 쓰레기로 넘치고 있고, 마음 놓고 마실 수 있는 물을 찾기가 쉽지 않을 만큼 강물이나 땅속의 샘물까지도 썩어 있다. 논에는 메뚜기도 방개도 우렁이도 지렁이조차도 볼 수 없을 만큼 온통 농약으로 오염되어 있고, 때가 오면 돌아왔던 철새들은 물론 참새의 지저귐조차 쉽게 들을 수 없다. 산에는 짐승이 보이지 않고 나무들이 죽어간다. 과일이나 야채는 물론, 바다에서 잡히는 생선조차 안심하고 먹을 수 없을 만큼 온 생태계가 갖은 오물과 산업폐기물로 오염되어 있기 때문이다. 서울에서만 나는 하루의 쓰레기양을 상상해보면 너무나 끔찍하다. 그렇다면 전 세계에서 나오는 하루의, 한 달의, 1년의 그리고 10년의 오물의 양은 상상할 수 없을 만큼 막대하다.

개발이라는 이름 아래 매일같이 방대한 양의 산림이 깎이고 자연이 훼손된다. 발전이라는 이름 아래 땅은 온통 오물로 덮여가고, 공기는 숨을 쉬기 어려울 만큼 독물로 오염되어 있다. 한반도의 땅이 이런 사정이고 온 지구가 그러한 사정이다. 그런데도 산업화에 의한 진보라는 명분 아래 이러한 추세는 나날이 더 가속적으로 진행되고 있는 상황이다. 이런 점에서 볼 때 지구는 심한 병에 들어 있고, 땅은 아파 진통하고, 하늘은 숨이 차 허덕이고 있다. 지금 지구가 이대로라면 고칠 수 없는 병에 걸려 죽어가고 있는지도 모른다. 이런 상황이 바로 인류가, 그리고 현대적 과학을 발명하고 세계를 정복했던 서양인이 자랑하고 그 나머지 인류가 모방하려 애써왔던, 이른바 개발과 발전의 역설적 의미인 것이다.

지구의 위생적 조건, 즉 생태학적 상황에 대한 우리의 위와 같은 진단대로 현재 지구가 무섭게 병들어 있다면 이러한 병의 근원은 바로 인간 외에는 아무것도 없다. 오늘날 지구를 병들게 한 병균이 바로 인간이라는 것을 의식해야 한다. 생태학적 관점에서 지구라는 자연계를 하나의 유기체로 볼 때, 오늘날에 이른 인간이란 좋은 지구의 생명을 파괴하며 단축시키게 될지 모르는 지구의 암으로 볼 수 있다. 암은 한 생물을 구성하는 무수한 세포 가운데 어떤 한 세포가 비정상적으로 성장하여 다른 세포와의 조화로운 관계를 파괴함으로써 생기는 결과다. 자연은 무수한 종류의 무기물과 유기물과 생물들로 구성되어 있다. 인간은 자연의 일부다. 그럼에도 불구하고 지난 약 반만 년 동안 유독 인류라는 동물만이 다른 어느 생물체에 비할 때 너무나도 기현상적으로 팽창했다.

한 세포가 어떤 신체 안에서 다른 세포와의 조화를 깨뜨리고 파생적으로 성장함으로써 자신의 생명의 뿌리인 바로 그 신체를 죽음으로 몰고 가듯이, 인간이라는 종은 다른 생명체들과 동떨어져 파행적으로 증식함으로써 어느덧 지구를 생태계 파괴, 즉 지구를 죽음으로 몰고 가는 지구의 암으로 변해가고 있다는 것이다.

인간을 지구의 암으로 비유해서 서술할 수 있다면 이와 같이 인간을 병들게 만든 것은 자기만족을 모르는 욕망이다. 달리 말해서 다른 동물들과는 달리 인간이라는 동물의 한 특성인 무한에 가까운 과잉된, 그리고 균형을 모르는 욕망이다. 그러므로 그러한 인간의 욕망은 인간이라는 생물체의 입장에서 볼 때 일종의 암에 비유된다. 그러므로 지구의 암은 좀더 깊은 차원에서 볼 때 인간의 특이한 욕망이다. 그러나 그러한 욕망만으로는 오늘과 같은 인류는 나타나지 않았을 것이다. 오늘과 같은 인간이 나타날 수 있었던 것은 인간의 지적 능력, 특히 과학적 지식과 기술 발달 때문이다. 오늘과 같은 기술문명은 과학기술을 떠나서는 상상할 수 없다. 그러므로 오늘날 지구가 앓고 있는 병의 원인은 인간의 불균형한 과학적 기술의 발달에 있다고 볼 수 있다. 그렇다면 과학기술 발전이야말로 지구 병의 근본적 원인이다.

그럼에도 불구하고 지구를 파괴하게 된 진범은 과학기술 자체가 아니다. 오늘날 지구의 죽음을 위협하는 진짜 암은 과학기술이 아니다. 과학지식이나 과학기술은 그 자체로서 지구를 해치지 않는다. 그러한 지식과 기술이 잘못된 생각에 바탕을 둔 잘못된 목적을 위해서 적용되었을 때만 비로소 지식과 기술은 부정적으로 작용할 수 있다. 지난 반만년, 특히 지난 약 2000년의 인류의 역사는 인간에 의한 자연의 정복사와 지구의 수탈사였고, 오늘 지구가 앓고 있는 병은 그러한 역사의 산물로 볼 수 있다. 이러한 인류의 역사는 인간의 무한한 욕망, 인간의 지적 능력을 전제하지만 그것만으로는 설명되지 않는다. 그것에 대한 좀더 근본적인 설명은 인간이 가져왔던 자연관 및 자신에 대한 이해, 즉 인간관, 한마디로 세계관, 즉 일종의 형이상학적 신념으로만 가능하다. 만일 인간이 인간 외의 다른 동물, 다른 생물 그리고 자연일반에 대해 깊은 경외심을 가질 수 있었더라면, 그리고 만일 인간이 자신의 형이상학적 특권을 믿지 않았더라면 인간은 아무리 능력이 있었더라도 자신만을 위한 무제한적 욕망을 추구하지는 않았을 것이다. 만일 인간의 자기중심적인 무제한적 욕망추구를 자제할 수 있었더라면 지구와 자연은 오늘과 같이 인류의 완전한 소유물로 전락하지 않았을 것이며, 따라서 그만큼 덜 훼손됐을 것이다. 그렇다면 오늘날 지구가 앓고 있는 가장 근본적 병명은 지금까지 인류의 사고를 지배해온 세계관/형이상학적 신념체계다. 그것은 다름 아니라 바로 인간중심주의로 요약된다.

인간중심주의의 형이상학적 허상

인간중심주의는 하나의 넓은 의미로서 이념, 즉 세계관이다. 그것은 형이상학적 존재 일반, 우주 전체, 우주 안에서 인간의 위상, 그리고 인간으로서 가치 등에 대한 하나의 신념체계다. 인간중심적 세계관에 의하면 종으로서 인간은 첫째로 그밖의 모든 사물현상들과는 물론 모든 동물과도 본질적으로, 즉 형이상학적으로 구별되며, 둘째로 기타의 존재로부터 그렇게 구별되는 인간은 다른 모든 존재에 비추어 우월하고, 셋째로 가장 귀하고, 따라서 넷째로 그러한 인간은 다른 모든 존재를 자신의 만족스러운 실현을 위한 도구나 자료로서 지배하며, 소유하고 조작하거나 이용할 권리를 갖고 있다는 것이다. 인간의 자연 지배가 형이상학적으로 정당화된다는 것이다. 인간중심주의는 인간을 자연의 일부로서, 자연 혹은 존재 전체의 입장에서 보지 않고, 인간의 입장에서 자연을 인간의 목적 대상으로 보고 있음을 특징으로 한다.

이러한 인간중심주의적 이념은 동서고금을 막론한 지금까지 존재해왔던 대부분의 중요한 사상들 속에 때로는 명확히 때로는 은근히 깔려 있다. 윤회사상을 대표하는 힌두교나 불교적 형이상학은 근본적 차원에서 볼 때 인간과 그밖의 생물체들과 절대적, 즉 형이상학적 차별을 인정하지 않는다. 그럼에도 불구하고 인도의 종교는 인간과 동물의 분류적 차이만이 아니라 계층성을 확인하고, 더 나아가서는 인간들 사이의 허물 수 없는 사회계층적 차이만이 아니라 그것들 간의 동급성을 확신한다. 인간으로서 삶이 동물로서 삶보다 우월하고, 같은 인간이라도 노동자 계층보다는 승려 계층에 속한 이가 형이상학적 진보임을 믿는다. 고대 인도인과는 달리 고대 중국인들의 인간의 위상이나 형이상학적 세계에 대한 사색과 입장은 애매모호한 채 남아 있어 선명치 않다. 인간을 포함한 우주의 모든 존재를 똑같은 원리에 의해서 작동하는 자연의 현상으로 보는 중국의 역학, 노장사상 및 공맹사상이 인간중심주의적일 수 없다. 그럼에도 불구하고 중국사상도 인간의 특수한 우월성을 암암리에 전제하고 있다. 특히 인간을 '최귀'하다고 천명하는 유교는 자연 안에서 인간의 특권을 정당화한다.

그러나 인간중심주의는 유태교/기독교/회교로 대표되는 서양종교에서 가장 명쾌히 표현된다. 같은 뿌리를 가진 이 서양의 3대 종교는 인간의 절대적 특수성을 전제한다. 오직 인간만이 하나님의 특별한 의도에 의해서 창조된 하나님의 아들이며, 지구와 지구에 존재하는 그밖의 모든 것들, 그리고 지구 위에서 일어나는 모든 현상들은 오직 인간의 복지를 위한 도구로서만 존재하고 그런 한에서만 의미와 가치를 발견할 수 있다는 것이다. 이러한 서양종교적 세계관에서 볼 때 인간의 무제한적 욕구충족을 위한 노력과 개발과 발전이라는 구호 아래 진행되고 있는 자연의 정복과 소유, 그리고 그것의 활용은 쉽게 정당화된다. 우리가 인간중심주의의 본보기로 든 세계관들은 종교적이다. 만약 인간중심주의가 잘못되었다면 그 이유는 종교적 사고의 테두리를 벗어나지 못했기 때문이라고 말할 수 있다. 그러나 종교로부터 해방을 전제한 계몽주의 이후의 다양한 사상들도 한결같이 인간중심주의적 사고의 테두리를 벗어나지 못했다. 신 대신에 인간의 이성에만 의존한 계몽주의는 그 어느 때보다도 인간의 복지만을 위해서 자연의 무한한 개발과 인간사회의 끝없는 발전에 토대한 인류의 밝은 앞날을 낙관적으로 전망했다. 정치적으로는 자유민주주의를 내세운 자본주의자들과는 달리 노골적으로 반종교적 유물론을 전제한 마르크스주의자들도 인간중심적 사고의 테두리를 벗어나지 못한다. 자본주의자들이나 마르크스주의자들의 유일한 관심은 인간의 복지, 특히 물질적 충족에만 있었다. 그들에게 차이가 있다면 그것은 주로 방법에 대한 것이었다.

만일 오늘 인류의 존속만이 아니라 지구상의 생태계 전체를 위협하는 공해의 원인이 무제한적 산업화에 기인되며, 이러한 산업화가 자연의 가혹한 지배, 변형 그리고 파괴를 가져왔고, 이러한 현상들의 궁극적 원인을 인간 중심적 사고에서 찾을 수 있다면 오늘날 인류 및 지구의 생태계가 위기를 극복할 수 있으려면 무엇보다도 그리고 근본적으로 인간 중심적 사고를 탈피해야 한다. 여기서 문제는 과연 인간중심주의에 근거가 있는가를 알아보는 데 있다.

　인간중심주의의 가장 기본적 명제는 인간이라는 종이 그밖의 다른 모든 존재들로부터 본질적으로 구별된다는 신념이다. 생물이 무기물과 다르듯이 인간은 그와 가장 유사한 침팬지와도 물론 다르다. 지각적으로 그렇고 지적 능력이라는 입장에서 봤을 때도 그렇다. 그러나 문제는 지각적 차원에서가 아니라 형이상학적 차원에서도 그러하냐에 있다. 인간이 다른 동물과 근본적으로 다른 점은 인간만이 갖고 있는 어떤 신비스러운 형이상학적 존재로서 이성이라는 기능을 갖고 있기 때문이라는 것이다. 그러나 좀더 현대적 사고와 연구는 인간이 갖고 있다고 전제된, 그리고 인간의 본질을 결정해주는 '이성'이란 존재가 의심스러운 허구일지 모른다는 결론을 가져오게 했다. 다윈의 진화론은 오늘의 이른바 인간이 가장 하등동물로부터 변화·발전해왔음을 주장하게 되었고, 프로이트의 정신분석학은 이성이라 불리는 인간의 특수한 능력은 사실상 더 원초적, 즉 동물적 본능의 시녀에 지나지 않음을 역설했고, 니체의 철학은 이성이라는 초월적/초험적 존재는 권력에의 의지의 한 표현방식에 불과하다고 역설했다.

　인간과 기타 동물들 간의 본질적 차이가 의심됨으로 인간의 특수성이 부정되고, 그와 상대적으로 인간중심주의는 흔들릴 수밖에 없었다. 인간은 다른 존재와 근본적으로, 즉 본질적으로 다르지 않다는 것이며, 따라서 인간이 다른 존재들을 지배하고 소유할 특별한 권리를 갖지 않았다는 것이다. 인간중심주의가 근거 없는 허구라는 사실은 신경과학, 생화학 그리고 생물리학 등의 영역에서 추진되고 있는 첨단과학적 연구에 의해서 더욱 엄격한 방법으로 실증되었다고 말해도 지나치지 않다.

인간중심적 세계관은 배타적 윤리관을 함의한다. 인간 외의 모든 존재들은 그것이 아무리 고등동물인 경우라도 윤리적 공동체로부터 제외된다. 자연을 인간과 배타적으로 대립시키는 인간중심적 사고가 근거 없는 허구라면 오직 인간만이 윤리적 고려의 대상이 되고, 그밖의 모든 자연의 생물들이 윤리공동체로부터 제외되어야 할 근거는 사라진다. 인간이 윤리공동체에 속한다면 그밖의 생물체들도 다 같이 윤리공동체에 포함되어야 한다. 서양종교가 전제하고 있듯이 자연은 인간을 위해서 존재하지도 않으며, 인간 아닌 다른 동물들은 인간의 만족을 충족시켜주기 위한 도구나 수단이 아니다. 똑같이 인간이라는 이유만으로 모든 인간의 삶은 존엄하고 고귀하다. 그렇기 때문에 그들은 다 같이 윤리적으로 동등하다. 다 같이 즐거움과 아픔을 느끼는 생명이라는 점에서 인간이 존엄하고 그의 복지가 귀하다면, 다 똑같이 아픔과 즐거움을 느끼는 그밖의 모든 동물도 역시 존엄하고 그의 복지도 역시 그만큼 귀하다.

인간은 지구는 물론 우주의 주인도 아니며 그것을 소유할 형이상학적 권리도 부여받지 않았다. 그럼에도 불구하고 인간이 자연, 지구 그리고 우주를 자기중심적으로 보고 자신의 이기적 목적추구를 위해서 어떤 형이상학적 이론을 방패로 자연을 수탈하여 오늘과 같은 지경에 이르게 됐다면, 그러한 이론은 자신의 이기적 행위를 합리화하기 위한 하나의 커다란 관념적 허구에 지나지 않는다. 그동안 그러한 허구가 인간의 탐욕을 합리화하는 데 아무리 큰 효력을 가졌다 해도 허구는 여전히 허구로 남는다.

인간중심주의라는 허구가 오랫동안 우리들의 사고를 지배해왔다. 그렇기 때문에 우리에게는 허구가 사실처럼 착각될 수 있다. 따라서 그것으로부터 깨어나는 일이 쉽지 않다. 그러나 그러면 그럴수록 우리는 인간중심주의를 극복하고 우주와 세계, 자연과 인간의 관계를 있는 그대로 객관화해봄으로써 비로소 인간중심적인 사고로부터 해방되어 생명중심적 관점에 설 수 있다. 이때 비로소 인간은 잃어버린 자연과 조화를 되찾아 죽어가는 지구를 살려낼 수 있다. 그것은 곧 우리의 세계관에 근본적 전환이 있어야 함을 의미한다. 녹색윤리는 무엇보다도 먼저 우리를 지배해온 인간중심적 사고를 타파할 것을 주장한다. 한마디로 우리들의 윤리공동체에는 인간만이 아니라 모든 생물이 포함되어야 한다는 것이다. 달리 말해서 윤리적 행위의 선악은 그 행위가 인간한테만이 아니라 모든 생물체의 존엄성과 복지와 관련되어서만 고려되고 측정되며 판단되어야 한다.

인간중심주의의 밑바닥에는 잘못된 인식론적 논리와 그릇된 이원론적 형이상학이 숨어 있다. 인간중심주의는 인간이 세계인식의 주체자, 즉 중심이라는 바로 그런 사실로부터 자신이 형이상학적 중심이라는 잘못된 결론을 도출함으로써 논리적 착오를 범한다. 개의 눈에 보이는 세계는 오로지 개의 눈에 나타날 수 있는 것만 보이고, 개의 입장에서 볼 때 개는 분명히 그가 인식한 세계의 인식의 주체자다. 그러나 개가 본 세계는 곧 세계 자체가 결코 아니고, 개는 결코 세계의 중심도 아니며, 세계는 결코 개를 위해서 존재하지 않는다.

인간중심주의는 이원론적 형이상학을 전제한다. 이러한 형이상학은 종교적으로나 철학적으로 서양적 사상을 두드러지게 지배해왔다. 유태교/기독교/회교는 인간을 정신과 육체로 이원화하고, 모든 존재를 정신적인 것과 육체적인 것으로 구별하고, 모든 세계를 영원한 성스러운 세계와 유한한 속세로 구별한다. 플라톤, 데카르트로 내려오는 서양의 철학은 세계를 관념적인 것과 현상적인 것으로, 정신적인 것과 물리적인 것으로 이분화하고, 인간도 정신적인 측면과 생리적인 측면으로 이분화한다. 이러한 이원적 사고에 근거해서 인간중심주의의 인간관은 인간이 다른 동물들로부터 절대적으로 구별된다는 주장을 낳게 되고, 이런 인간의 형이상학적 특수성에 대한 확신은 자신의 형이상학적 특권을 소유하고 있다는 생각을 창출시키고 자신의 무분별하고 무자비한 자연의 정복을 정당화해왔다. 만일 인간중심주의가 하나의 이념적 허구며 그 허구는 또 하나의 더 근본적인 허구인 이원론적 세계관에 뿌리박고 있다면, 인간중심주의에 근거한 윤리를 무너뜨리고 녹색윤리를 세우려면 무엇보다도 먼저 이원론적 세계관을 극복하여 일원적 세계관을 택해야 한다.

일원적 세계관은 대체로 봐서 고대 인도의 힌두교/불교 및 고대 중국 사상의 모체인 역학, 그리고 그러한 전통에 뿌리박은 노장사상에서 그 예를 볼 수 있다. 이러한 일원주의적 동양의 종교적 및 철학적 사상은 이원주의적 서양의 전통적 종교 및 철학적 사상에 함의된 인간중심주의를 극복하는 토대가 될 것이다. 그리고 녹색윤리가 인간중심주의의 극복을 전제로 하는 이상 일원주의적 동양사상은 녹색윤리의 철학적 근거가 된다. 녹색윤리가 세계관의 혁명적 전환을 필요로 한다는 것은 서양의 지배적 종교 및 철학이 갖고 있는 세계관을 동양의 전통적 종교 및 철학이 함의하는 세계관으로 대치해야 한다는 말이다.

녹색윤리의 실천적 규범

지금까지 윤리는 힌두교나 선불교를 제외하면 거의 예외 없이 인간중심적이었다. 윤리적 문제가 어떤 존재의 존엄성과 복지에 관계되는 것이라면, 이러한 관점에서 고려의 대상이 된 것은 앞의 두 사상을 제외하고는 모두 인간이라는 존재에만 제한되었다. 녹색윤리는 이러한 제한이 아무 근거도 없는 서양의 이원론적 세계관에 근거하고 있음을 강조하고, 그러한 세계관은 동양의 일원론적 세계관으로 대치되어야 한다고 주장한다. 그리하여 윤리공동체는 그 구성원으로서 모든 존재까지는 아니더라도 적어도 모든 생물체를 포함시켜야 한다고 주장한다. 그렇다면 녹색윤리는 생태학적 윤리ecological ethics와 동일한 의미를 갖는다.

하나의 윤리학은 그것이 행동 및 태도의 선악을 결정하는 규준을 제시하지 않는 한 별 의미를 갖지 못한다. 윤리의 궁극적 문제는 우리가 일상생활에서 항상 선악을 결정해야 하는 문제에서 생기게 되기 때문이다. 이러한 도덕적 판단의 규준은 과거 여러 시대와 문화를 통해서 다양한 종교적 교리, 전통, 관습 그리고 그밖의 이념적 권위로서 나타났다. 가장 근대적이며 보편성을 갖추었다고 자처하는 칸트와 벤담/밀 각각의 윤리학인 의무주의와 공리주의라는 윤리적 개념은, 역시 선악을 결정하는 척도에 지나지 않는다. 요컨대 이러한 윤리적 판단과 행위의 척도가 없는 윤리학은 별로 그 뜻을 갖지 못한다는 말이 된다.

그러나 녹색윤리는 인간중심적 윤리의 폐쇄성을 탈피하여, 적어도 모든 생물들에게 윤리 공동체의 문호를 개방하여 그것들을 그 공동체에 포함시켜야 한다는 주장만으로는 부족하다. 하나의 윤리학적 이론으로 의미를 가지려면 녹색윤리는 좀더 구체적으로 윤리적 판단의 규범을 제시할 수 있어야 한다. 녹색윤리의 입장에서 볼 때 윤리적 판단과 행위의 결정은 다른 윤리적 입장을 택했을 때에 비추어 실질적으로 어떻게 다른가? 녹색윤리를 따라갈 때 구체적으로 어떤 기준에 의해 태도와 행위의 선악을 판단해야 하는가? 노예는 자유인과 다르고 윤리적으로 똑같은 자격을 갖지 않았다고 믿고 있었기 때문에, 아리스토텔레스는 자유인과 노예의 존엄성과 복지를 동등한 척도로 측정하지 않았다. 만인이 윤리공동체에 동등하게 소속되어 있다는 관점에서 칸트의 의무주의나 벤담/밀의 공리주의는 모든 인간의 존엄성과 복지를 동등하게 다루어야 한다는 규범을 세운다. 전자의 경우와 후자의 경우에서 우리가 노예를 취급하는 태도는 사뭇 달라진다. 노예라는 제도가 용납되지 않는다. 노예의 존엄성과 복지가 자유인의 그것과 전혀 다를 수 없다. 노예와는 달리 개나 돼지는 윤리공동체에서 제외되기 때문에 그러한 동물들을 우리는 식용으로 사용할 수 있지만, 지능으로 봐서 개보다 못할지라도 노예는 그처럼 사용하지 않는다.

모든 생명이 인간과 근본적으로 구별이 되지 않으며, 따라서 다 같이 윤리공동체로 포함되어야 한다는 녹색윤리의 인간 외 동물에 대한 태도는 구체적으로 어떤 것일 수 있는가? 위와 같은 논리가 옳다면 개나 돼지를 식용으로 사용하는 것은 물론 그것들을 학대하거나 소홀히 하는 것이 도덕적으로 잘못이라고 해야 한다. 만약 생명중심주의를 주장하는 녹색윤리가 옳다면, 녹색윤리가 일관성을 갖기 위해서는 녹색윤리주의자는 육식을 금하고 초식에 의존해야 할 것이다. 한 걸음 더 나아가 초목도 생물인 이상, 초식도 금해야 한다는 결론이 나온다.

그러나 이러한 녹색윤리는 실지로 불가능하다. 인간이라는 동물은 다른 모든 동물과 마찬가지로 식물이라는 생명체를 약탈·파괴·희생시키지 않고는 생리적으로 존재할 수 없다. 이런 점에서 하나의 생명체의 존재는 필연적으로 다른 생명체에 대한 폭력임을 면할 수 없음이 인간의 힘으로는 어쩔 수 없는 자연의 필연적 철칙이다. 그러므로 녹색윤리는 음식에서 초식주의로서 자족하고, 삶이 남에 대한 최소한의 폭력을 전제로 한다는 자연의 이치를 수용할 수밖에 없다.

그러나 대부분의 사람들에게 초식주의도 하나의 이상에 지나지 않는다. 하나의 동물로서 인간은 육식에 대한 강한 자연적 욕망을 극복하기 쉽지 않다. 모든 사람들에게 다 같이 육식을 완전히 금한다는 것은 자연의 법칙에 역행하는 요구다. 그뿐 아니라 모든 사람이 육식을 하지 않고 초식으로만 생물학적으로 만족하며 살려고 할 때, 과연 지구상의 초목이 완전히 파괴되지 않은 채 그러한 요구를 충분히 만족시켜줄 수 있는지 의심스럽다. 지구상의 식물의 생태학적 존속을 위해서라도 최소한의 육식은 허용되어야 할 것 같다.

녹색윤리는 모든 종류의 초식은 물론 육식을 다 같이 윤리적으로 규탄하지 않는다. 또한 녹색윤리는 다 같이 동물이라는 점에서 인간과 모든 동물이 동등한 윤리적 배려를 받아야 할 권리가 있다고 주장하지 않는다. 윤리행위의 주체자와 특수한 관계나 그밖의 이유로 다 같이 가족이면서도 동포면서, 그리고 인간이면서도, 부모가 형제보다, 동포가 외국인보다 상대적으로 더 큰 배려를 받아 마땅하듯이 인간이 어떠한 동물보다 우선적으로 배려를 받아야 하며, 동물 중에서도 인간과 친근한 가축들이 그밖의 것들에 비해 더 큰 배려를 받아야 한다.『논어』의 기록에 의하면 공자는 '인'의 본질을 제자에게 설명하면서 "낚시질을 하되 그물질을 해서는 안 되며, 활을 쏘되 잠든 새는 잡지 않아야 한다釣而不網 弋不射宿"라고 말했다. 유교는 그 어느 철학적 체계보다도 인간중심적이고 따라서 녹색주의적 윤리와 거리가 먼 사상이지만 유교가 '인'이라는 덕목의 가르침이요, 그러한 '인'의 본질이 위와 같은 공자의 대답으로 대표해서 설명될 수 있다면, 유교의 정신은 내가 여기서 주장하는 녹색윤리를 가장 적절히 표현해준다. 인간이 짐승을 양식으로 삼을 수밖에 없고, 따라서 그것을 살해해야 할 경우일지라도 우리는 적어도 그러한 짐승의 생명 그 자체의 존엄성을 무시해서는 안 되며, 그러한 짐승의 감정을 존중해야 한다는 것이다. 여기서 볼 수 있는 공자의 생각이야말로 녹색윤리의 구체적 현실성을 가장 선명히 해준다.

불행히도 녹색윤리는 그러한 배려를 언제, 얼마만큼, 그리고 어떻게 측정할 수 있는가에 대한 대답이 될 수 있는 구체적 척도/규범을 제시할 수 없다. 그러한 결정은 어떤 하나의 획일적 척도에 의해서 결정되기에는 너무나 복잡하기 때문이다. 다만 녹색윤리는 첫째로 인식론적으로는 모든 사물을 총체적 관점holistic perspective에서 인식하고, 둘째로 우리의 세계관 일반, 특히 윤리적 사고에 큰 혁신이 있어야 하며, 셋째로 그 혁신은 인간중심주의의 탈피에 있으며, 그리고 넷째로 가장 구체적이고 핵심적인 것은 자연에 대해 좀더 겸허하고 우리 자신의 욕망을 억제함으로써, 이제부터라도 획기적으로 검박한 태도로 살아가야 한다고 주장한다. 요컨대 녹색윤리는 어떤 형태인가의 금욕주의가 절실하다고 주장한다.

마르크스가 생각했던 사회주의는 재산소유자에 관한 입장에서 볼 때 자본주의와 대립되지만, 자연의 개발을 통한 무한한 물질적 만족을 추구한다는 점에서 자본주의와 근본적으로 다를 바 없다. 그러나 물질적 만족은 아무래도 사회주의적 체제에서보다는 자본주의적 체제에서 더욱 극렬하게 추구된다. 이런 경제체계에서 모든 가치는 상품적 가치로 환원되고, 사회는 상품주의의 원리에 의해서 지배되고, 따라서 금욕주의가 중요시되기는커녕 오히려 무제한한 소비와 향락주의가 격려된다. 불행히도 바로 이러한 사실은 사회주의가 세계적으로 붕괴한 오늘날 더욱 두드러지게 나타나고 있다. 이런 상황에서 앞으로 지구는 더욱 '개발되고', 그만큼 자연은 더 병들고 지구의 생태계는 더욱 위협을 받게 될 전망이다. 그러므로 녹색윤리는 지구를 살리고 인간의 존속을 위해서 우리들의 세계관만이 아니라 현 상태의 자본주의적 경제체제에 혁신이 있어야 한다고 믿는다. 오늘날 나날이 가속적인 소비주의가 근본적으로 비판되고 일종의 금욕주의로 대치되어야 하며, 나날이 팽창하는 물질주의가 일종의 정신주의로 대치되어야 한다고 주장한다.

『자비의 윤리학』(1990)

08
규범윤리와 덕의 윤리

노령화시대와 안락사

일본, 그리고 서구 선진국이 노령사회가 되기 시작한 지는 이미 반세기가 된다. 지난 20~30년 전부터 한국도 빠른 속도로 노령화되어가고 있다. 사람들이 차츰 더 장수하게 되고 인구의 평균연령이 무척 길어지고 있다. 60세, 65세는 기본이고 70세 연령에 해당되는 세대의 인구가 상대적으로 급증하고 있다. 전통적으로는 60세가 인생의 한 주기의 맞춤이라는 생각해서 환갑이라고 했을 만큼 고령이었고, 77세가 되면 문자 그대로 '기쁜 나이'라는 뜻으로 희수를 기렸으며, 20년 전만 해도 80세만 돼도 특별한 장수에 속했다. 그러나 오늘날 한국인의 평균수명은 80세에 육박하고 있다. 생활수준의 지속적인 향상으로 90세 이상 장수하는 인구가 급속도로 늘어났으며, 앞으로 일반 의학 및 생명과학과 공학의 눈부신 발달로 평균 120세 이상을 살 수 있다는 예측이 나오는가 하면, 최근에는 머지않아 영생이 가능한 시대가 올 것이라는 주장도 등장하고 있다.

진화론적 분자생물학자 리처드 도킨스Richard Dawkins의 '이기적 유전자' 이론을 새삼스럽게 들지 않더라도, 자신의 모든 경험과 남들의 행동관찰을 반성적으로 생각해볼 수 있는 인간이라면 인류를 포함한 모든 생물체의 궁극적 목적이 각자 자신의 생명연장이며, 생존의 궁극적 가치가 자기 유전자의 번식을 통한 장수라는 것은 누구나 이미 알고 있는 사실이다. 이런 사실에 비추어볼 때 한국사회의 노령화는 한국인의 유전자의 우수성을 보여주는 한편, 한국인, 나아가 인류가 삶의 궁극적 목적달성에 한 발자국 더 가까워졌다는 증거로 볼 수 있으며, 더 이상의 것을 생각할 수 없는 자축할 만한 긍지와 기쁨의 근거로 삼아야 할 것이다. 그러나 현실은 꼭 그렇지만은 않다. 사회의 고령화는 고령자 당사자, 그 가족, 그가 몸을 담고 있는 사회의 기쁨의 근거인 동시에 경제·사회적, 그리고 더 근본적으로 윤리적으로 반드시 대처해야 할 고뇌의 원천이기도 하다.

윤리는 한 인간이 자신의 복지를 위해서 의도적으로 한 행동에 대해 그것이 타인의 복지에 미치는 결과를 놓고 선악 혹은 옳고 그름이라는 가치평가의 관점에서 정해놓은 행동 규범이다. 나의 어떤 행동이 직접 혹은 간접적으로 다른 인간의 복지에 인과적 관계를 갖는다는 것을 인정한다면, 나의 어떠한 행동도 윤리적 평가로부터 자유로울 수 없다. 또한 인간의 모든 행동 중 인간의 생사와 직접 관련된 행위만큼 윤리적 문제와 가장 직결된 행위는 없다. 생사와 이렇게 직결된 분야에서의 활동을 의학과 생명공학이라고 규정하고, 그와 관련된 윤리를 생명윤리라고 한다면 생명윤리만큼 복잡하고 윤리적 판단의 선악, 옳고 그름을 판단하기 어려운 윤리적 문제는 없다. 과학의 발달과 병행해서 생명에 대한 인간의 인위적 개입이 날로 확장되고 있는 상황에서 인위적 낙태, 안락사, 인공 수정, 인간 복제 등의 윤리성에 대해서 과학자, 의사, 종교인, 철학자들이 보편적으로 공감할 수 있는 하나의 결론을 찾지 못한 채 뜨거운 논쟁이 끝없이 벌어지고 있는 것은 당연하다.

한국이 급격한 속도로 고령사회에 진입하고 있다는 것을 의식하면서, 그리고 근래 나의 주변에서 장기적인 병, 특히 치매증에 시달리고 있는 노부모나 조부모를 모시고 사는 친구들이나 이웃들로부터 그들이 겪는 경제적·정신적·육체적, 특히 윤리적 고통에 대한 이야기를 상기하면서, 나는 이 지면을 통해서 고령사회에서 '안락사의 윤리성'을 중심으로 생명윤리의 한 문제를 검토해보고자 한다. 안락사 문제가 고령자에게만 제한된 것은 아니라는 것이 명백한데도 불구하고 안락사라는 특정한 생명윤리학의 문제를 끌어낸 이유는 고령사회에서 고령환자들의 수가 젊은 환자들의 수보다 상대적으로 훨씬 많고, 그들이 안락사의 검토대상이 될 수밖에 없기 때문이다.

현재 많은 병원에서, 의식도 없고 앞으로도 의식을 회복할 희망이 없이 인공호흡기와 인공영양에 의지하면서 심장만 뛰고 있는 상태에서 몇 년 아니 몇십 년을 누워 있는 뇌사 상태의 환자들, 특히 노령층 환자들이 적지 않다. 이런 환자들에 대해서 어떻게 대처해야 할 것인가의 문제를 놓고 심정적으로나, 혹은 생명의 절대적 존엄성이라는 명목 아래 자녀들은 물론 누구라도 그가 숨을 거두어 땅속에 매장되든가 한 줌의 재가 되어 곁에서 영원히 사라지는 것보다는, 어떠한 방법을 통해서라도 그들이 식물인간으로나마 살아남도록 최선을 다해야 한다는 주장이 나올 수 있다. 소생할 가망이 전혀 없는 상태에서라도 당장 죽는 것보다는 몸이 타는 듯한 고통을 겪더라도 가능하면 단 몇 달, 며칠, 몇 시간이나마 더 살아남도록 하는 것이 옳은 도리라는 주장을 낼 수 있다. 이런 점에서 어떠한 경우라도 의도적으로 그 방법이 소극적이든 적극적이든 상관없이 의도적 생명 단축 방법으로서의 안락사는 윤리적으로 절대 허용될 수 없다는 논리는 심정적으로 설득력을 갖는다.

'반안락사'의 주장에 정면으로 대립해서 위와 같은 예들에서 볼 수 있는 경우는 물론 다른 여러 경우에도 윤리적인 선택은 안락사의 거부가 아니라 찬성이며, 그러한 선택이야말로 생명의 존엄성을 존중하는 방법이며, 생명의 성스러움을 존중하는 방법이라는 주장이 나올 수 있다. 안락사를 둘러싼 위와 같은 찬반의 뜨거운 그러나 끝나지 않는 논쟁과, 마찬가지로 낙태, 인공 수정, 생명복제 등 생명을 둘러싼 윤리적 논쟁은 인권, 인간 생명의 존엄성, 생명일반의 절대적 가치 등을 둘러싼 논쟁으로 이어질 수 있다.

개인적으로 나는 안락사, 낙태, 인공 수정, 생명 복제 등을 둘러싼 찬반의 윤리적 논쟁에서 특정한 전제들이 엄격히 충족되는 조건으로 찬성하는 쪽에 손을 들어주어야 한다고 생각한다. 그리고 이러한 찬성의 근거는 인구의 폭발적 증가, 지구 자원의 고갈, 인류의 노령화가 급속도로 진행되는 현대 첨단 문명의 맥락에서 더욱 충분히 굳건해지고 있다고 생각한다. 그러나 안락사의 집행에는 반드시 어떤 조건들이 충족되어야만 하는가를 엄격히 따져봐야 한다. 반드시 충족되어야 할 조건들로서는 노인 혹은 그밖의 당사자의 회복 불가능한 뇌사상태를 인정하는 의사들의 동의서, 당사자나 그 직계 후손들의 동의서, 안락사가 적용되는 당사자의 유산을 둘러싼 후손들의 탐욕 가능성 유무의 검증 등을 들 수 있다.

이런 논지를 펴기에 앞서 우리가 흔히 우선 언급하는 인권, 생명의 존엄성 등의 개념을 좀더 정리해보자. 이 개념들은 많은 경우 '신비적인 마력'으로 우리의 마음을 사로잡지만, 이성적으로 좀더 냉정히 따져보면 흔히들 생각하고 있는 것보다 그 뜻이 훨씬 복잡하고 희미하다. 이러한 사실은 세계적으로 알려진 동물권을 주장하는 프린스턴대의 생명윤리 철학교수인 피터 싱어Peter Singer의 구체적인 고백을 통해서 알 수 있다. 그는 이론적으로는 안락사를 이성적으로 주장하는 대표적 생명윤리학자이지만, 심정적으로는 그러한 원칙을 자신의 어머니에게는 적용할 수 없었다는 것이다. 뇌사상태에 빠진 채 코와 목에 호스를 꽂고 생물학적으로만 생존하고 있었던 그의 노모에게서 코와 목에 낀 호스를 아들로서 차마 떼어내지 못했다.

일반인들이 언뜻 생각하기와는 달리, 그리고 과거나 현재의 많은 철학자들이 아직도 굳건히 믿고 있는 것과도 달리, '인권'이나 '존엄성'이라는 말은 사람이나 나무, 색깔이나 소리와 같이 자연, 우주의 어떤 일부분으로서 존재하는 것이 아니라 사회적 동물로서의 인간들이 공동체 안에서 상호 간의 갈등을 풀고 서로의 이익을 위해서 고안해낸 구호들이며 선언문이다. 전통적 종교나 철학이 윤리적 규범의 근거를 서양의 기독교가 믿는 초월적 신의 계명이나, 동양의 불교나 유교·도교가 전제하는 자연적 천명·도와 같이 인간 밖에서 찾고 있었던 것과는 달리, 인권이나 생명의 존엄성은 인간이 사회적 필요에 근거하여 인위적으로 고안해낸 행동양식이라고 나는 생각한다. '인권'은 '서로 싸워서 남을 육체적으로나 정신적으로나 경제적으로 해치지 말자'는 구호며, '생명의 존엄성'은 '서로 남을 해치지 말고 존중하며 살자'는 뜻을 가진 선언문이다. 그리고 대부분의 윤리적 규범과 주장은 근원적으로 바로 위와 같은 가치들에 비추어 정당화된다. 이러한 사회적 합의로 형성된 구호의 원천은 모두가 남으로부터의 해침을 원치 않고, 모두가 자신의 생존이야말로 모든 가치의 원천이며 의미라는 사실을 몇 십억 년의 진화과정을 거치면서 경험적으로 터득했기 때문이다.

안락사가 의도적인 생명의 단축 행위라는 것을 인정할 때 그것은 윤리적 규범에 어긋나는 것이 아닌가? 그것은 위와 같은 전통적으로 내려온 '인권'이나 '인간의 존엄'이라는 규범에 비추어 정당화될 수 있는가? 즉각적인 대답은 부정적이다. '생명' 또는 '인간'의 존엄성이 모든 윤리적 가치의 근본이라면, 앞에서 규정한 뜻으로 해석할 때 안락사는 일종의 살인행위로서 반윤리적이다. 그러나 조금 달리 생각할 수도 있다. 한 생명을 의도적으로 단축시키는 안락사의 적용은 살아날 가망이 전혀 없는 뇌사 상태의 한 환자의 코나 목에 인공호흡기계나 인공영양기계를 꽂아서 살아 있는 송장으로 그의 생물학적 생명을 연장하는 것보다 더 인간적이고, 따라서 그만큼 더 윤리적인 것이라고 주장할 수도 있는 것이다. 인간의 생물학적 생존은 모든 가치의 근원이기는 하지만, 적어도 인간의 경우 무조건적인 생물학적 생존보다 더 근원적으로 중요한 것은 존엄성을 지닌 존재양식이다. 중요한 것은 생명의 존엄성만이 아니라 그에 앞서 생명양식 자체의 존엄성이며, 중요한 것은 사는 것 자체만이 아니라 삶의 양식이며, 무조건 사는 것보다 더 중요한 것은 어떻게 사느냐다. 바로 위와 같은 철학적이자 종교적인 차원에서 안락사는 경우에 따라 정당화될 수 있을 뿐 아니라 각자 윤리적 주체인 우리에게 주어진 윤리적 의무이기도 하며, 이는 언제나 우리들의 실존적 선택과 실천적 행위를 기다린다. 안락사가 도덕적으로 악용될 수 있는 소지가 많지만, 그렇다고 모든 안락사를 일률적으로 금지할 수는 없다.

안락사는 위와 같은 고고한 종교적 및 철학적 차원에서뿐 아니라 좀더 세속적이며 구체적인 차원에서, 좀더 공리적이며 사회적인 차원에서도 충분히 정당화될 수 있는 경우가 많다. 전혀 회복 가망이 없는 뇌사상태의 조부모 혹은 노부모를 몇 주나 몇 달만이라도 의학적으로나 인간적으로 남부끄럽지 않게 돌보는 데 드는 경제적 비용과 정신적 부담은 절대다수의 일반 봉급자에게는 벅차다. 그런 부모나 조부모를 몇 년간 모시는 일은 개인적으로는 거의 불가능하다. 한 가족은 부모나 조부모의 병 관리뿐 아니라 자신들의 개발, 자녀의 교육 등에 많은 돈과 시간을 써야 한다. 그렇다고 국가가 위와 같이 뇌사상태에 있는 모든 노령시민들의 의료비를 완전히 담당할 수도 없다. 국가는 그런 노령시민 외에도 예산을 써야 할 사업이 하나 둘이 아니다. 국민의 교육, 젊은 미래 일꾼의 양성, 산업투자, 문화의 진작, 국방 등은 막대한 예산을 요구한다. 이런데도 뇌사상태에 있는 노령환자들의 인권, 인간의 존엄성, 품위 등의 명목이나 의무의 이름으로 가족과 국가가 다른 의무를 희생하고 모든 물질적 및 정신적 자원을 사용한다면, 그것은 현재 활동하고 있는 가족이나 앞으로 태어날 후손의 존엄성이나 인권에 그만큼 상대적으로 소홀해지는 모순에 빠진다.

윤리적 문제는 언제나 어렵다. 윤리적 선택, 결단 그리고 판단을 올바르게 하기 위해서는 서로 복잡하게 얽혀 있는 수많은 사실들과 그에 관련된 관점들에 대한 섬세한 논리적 분석과 종합을 전제해야 한다. 어쨌거나 한 가지 확실한 것은 이른바 '생명의 존엄성'을 근거로 이른바 '프로-라이프Pro-life, 생명우선' 단체가 주장하는 바와는 반대로 안락사는 어떤 조건들을 갖추기만 한다면, 윤리적 관점에서 보았을 때 무조건 금지가 아니라 오히려 적극적인 장려의 대상이라는 사실이다. 안락사의 윤리성에 관한 위와 같은 논리는 낙태, 인공수정 및 생명복제와 그밖의 모든 생명공학의 윤리성에도 똑같이 적용될 수 있다고 나는 믿는다. 옛날 우리 조상들이 지금 생각하면 끔찍해 보이는 '고려장'을 받아들였던 것은 그들이 우리보다 덜 도덕적이었다거나 그들의 인간적 감수성이 무뎌서가 아니라, 그것이 당시의 상황에서는 유일한 합리적인 사회적 생존 전략이었기 때문이다.

인생사의 모든 선택과 결단은 고통스럽다. 생물학적 생명이 직접적으로 걸린 낙태나 안락사의 선택과 결단은 더욱 그렇다. 인생 자체의 만사가 원래부터 그러하지 않은가. 그러나 바로 그렇기 때문에 인생은 더욱 가치 있고 살 만하다.

한없이 어려운 문제, 도덕적 판단의 잣대 세우기

『거짓말을 하면 얼굴이 빨개진다』(비룡소, 2006)는 인간으로 올바르게 사는 것이 무엇인가를 얘기해준다. 그러나 이 동화의 어린 주인공 페르디난트의 말대로 "올바르게 행동한다는 것"은 가끔은 너무 어렵다. 그래서 이 책은 우리에게 올바른 삶, 즉 도덕적 삶의 어려움과 그 깊은 의미를 동화의 형식을 빌려 보여준다. 이런 점에서 단순히 아이들의 재미를 위한 책이 아니라 아들과 아버지, 손자와 할아버지, 교사와 어린 학생, 교수와 그의 제자들이 읽고 함께 토론하면서, 한시도 우리의 삶을 떠나지 않는 도덕적 문제가 무엇이며, 그것을 어떻게 풀어야 할 것인가를 가르쳐준다.

세 가지 도덕적 판단의 잣대

인간의 본질은 도덕적 의식이다. 도덕적 의식이야말로 인간을 다른 동물들과 구분 짓는 가장 본질적이고 유일한 속성이다. 도덕이란 무엇인가? 선·악 또는 옳고 그름의 잣대로 평가할 수 있는 마음의 가치며 행동의 가치다. 도덕적 가치에 무감각한 인간은 존재할 수 없고, 도덕적 가치 평가에서 자유로울 수 있는 인간의 행동은 존재하지 않는다. 도덕성은 곧 인간성이기 때문이다.

그럼 옳고 그름을 판단할 수 있는 도덕적 판단의 잣대는 무엇일까? 세 가지 대답이 있다.

첫째, 사회마다 오랜 관습에 의해서 형성된 전통적 잣대가 있다. 그것은 한 문화권을 지배하는 종교나 이념들의 형태로 나타나며, 힌두교·기독교·이슬람교·유교 등의 가르침 속에 담겨 있다. 근대 이전 도덕적 가치는 이러한 전통 규범에 비추어 평가되었다. 그러나 전통적 잣대만을 따르기에는 그것들이 보편적이지 않고 때로는 시대 상황과 모순되는 경우가 많다는 데 문제가 있다.

둘째, 벤담의 '공리주의'와 칸트의 '의무주의'가 있다. 이것들은 전통적 윤리학을 대체할 수 있는 합리주의적 윤리학이다. 이 윤리학들은 '이성'이라는 인간의 보편적 사유기능에 바탕을 두고 있다는 점에서 전통적이 아니라 근대적이다.

'공리주의'는 행동의 동기와는 상관없이 그 결과가 인간의 삶에 얼마나 유익한가에 따라 도덕적 가치를 판단한다. 반대로 '의무주의'는 행동의 결과와는 상관없이 동기와 형식의 합리성을 따진다. 전통적 잣대와는 달리, 지역과 시대를 초월해서 적용될 수 있는 보편적 윤리규범이라는 점에서 공리주의와 의무주의는 모두 놀라운 발전임이 틀림없다.

그러나 곧 이 두 가지 근대윤리학에서도 문제점이 밝혀졌다. 이 두 윤리규범 중 어느 하나도 실제로 우리가 일상생활에서 부딪히는 윤리적 문제를 풀어주지 못하기 때문이다.

셋째로는 '양심'이라는 잣대를 들 수 있다. '양심'이란 무엇인가? 양심은 한 개인이 자기의 행동에 대하여 옳고 그름을 판단할 수 있는 마음속의 윤리원칙이다. 그렇다면 그것은 사람마다 다를 수 있을 뿐 아니라 동일한 개인에게서도 때와 장소, 그리고 연령에 따라 변할 수 있다. 따라서 '양심'만으로 중요한 도덕적 판단을 하기에는 너무 상대적이고 우연적이다.

과연 명확한 도덕적 판단의 잣대는 존재할까?

그렇다면 과연 도덕적인 것과 비도덕적인 것, 더 도덕적인 것과 덜 도덕적인 것을 구별할 수 있는 합리적인 잣대가 있을까? 바로 이 점에서 『거짓말을 하면 얼굴이 빨개진다』라는 책은 중요한 의미를 가진다. 이 책이 가르쳐주려는 것은 도덕적으로 착한 사람이 되고 도덕적으로 옳은 행동을 하려고 해도, 구체적 상황에서 어떤 태도로 어떤 행동을 선택할 것인가를 결정하는 일은 쉽지 않다는 아주 엄격한 사실이다. '왜 거짓말을 해서는 안 되는지', '아무도 없는 새벽에도 교통신호는 꼭 지켜야 하는지', '받은 선물이 마음에 들지 않으면 솔직하게 말해도 되는지', '결혼 전 섹스는 왜 나쁜지', '부자로 사는 것은 정당한지', '기아로 죽는 북한 아이들이 많은데 재미로 해외여행을 하거나 골프를 하는 데 돈을 써도 되는지', '자신들의 전통적 방식에 따른 종교적 독립국가를 세우기 위해 테러를 일으키고, 다른 나라 사람들을 납치 혹은 살해하는 것이 어째서 나쁜지' 등의 단순한 도덕적 문제를 판단하기 위해 그것들의 가치를 평가하기는 언뜻 보기와는 달리 무척 어렵다.

　나의 지적, 기술적, 미학적, 사회적 행동도 간접적으로나마 남들의 기쁨과 고통에 영향을 주게 될 것이 분명한 만큼, 인간의 어떤 행위도 도덕적 판단의 고려대상에서 제외될 수 없다. 이처럼 세상의 과거와 현재, 미래의 모든 것들이 하나도 빠짐없이 도덕적 가치를 판단할 수 있는 대상이 된다는 것은 절대적으로 확실한 도덕적 평가가 실제로는 불가능한 것임을 말해준다. 이 책의 저자 말대로, "그렇게 해야 하나?", "그게 옳은가?", "그러지 말아야 할까?" 하며 항상 고민하고, 무엇이 옳은 것인지 정확히 알 수 없는 상황에 자주 처하게 된다는 것이다. 또한 저자는 다음과 같이 말한다. "이런 생각을 하다 보면 우리는 아주 중요한 물음, 어쩌면 가장 중요한 물음에 맞닥뜨리게 된다. 그것은 '왜'라는 물음이다. '왜 거짓말을 하면 안 되나?', '왜 다른 사람을 도와야 하나?', '왜 도덕적 규칙들이 존재하나?', '그런 규칙이 정말 의미 있는 것인가?'" 저자는 이런 물음들이 중요하다고 말한다. 이런 물음들에 대한 저자의 간접적 대답으로 이 책의 마지막 페이지에 담긴 소년 페르디난트와 그의 외삼촌 간의 대화를 들어보자.

"사람들이 너한테 정답이라고 내미는 것을 그냥 믿어버려서는 안 돼. 언제나 네 스스로 많은 것을 생각하고 네 생각을 다듬어야 해. 그리고 네 믿음, 네가 옳다고 여기는 것, 네가 취하는 태도에 반드시 책임을 져야 해."
"하지만 그것은 정말 힘든 일이에요."
"그래, 당연히 힘들지. 하지만 그런 게 바로 자유야."

　위의 대화는, 도덕적 문제가 곧 인간의 문제며 인간의 문제는 자유의 문제임을 깨닫게 해준다. 진정한 자유를 찾고자 했던 철학자 스피노자가 자신의 철학적 세계관을 담은 책의 제목을 『윤리학』이라고 붙였던 것은 우연이 아니다. 그에게 '윤리학'은 곧 "자유로운 삶에 대한 배움"이었기 때문이다.

공적 윤리와 사적 윤리

〈안티고네〉라는 이름의 희곡은 두 가지가 있다. 하나는 기원전 5세기 고대 그리스의 3대 희곡 작가 가운데서 으뜸가는 소포클레스의 〈안티고네〉이고, 그것이 아테네의 노천극장에서 연출된 지 약 25세기가 지난 1942년에 프랑스의 실존주의 극작가로 알려진 아누이가 나치 점령 아래 파리에서 소포클레스의 작품을 변용해서 자신의 버전으로 만든 〈안티고네〉가 또 다른 하나다. 소포클레스의 〈안티고네〉는 지금까지 2,500년 동안, 그리고 아누이의 또 다른 〈안티고네〉는 지금까지 60여 년 동안 세계 각지에서 계속 읽히고 연출되고 갈채를 받는다.

두 작품 제목이 다 같이 그리스 신화에 나오는 테베 도시국의 오이디푸스 왕의 막내딸 이름을 딴 것이고, 줄거리가 같은 이야기라는 점에서 두 작품은 동일하지만, 그것들이 다룬 주제는 서로 다르다. 소포클레스의 〈안티고네〉가 신 중심적 세계관을 대변하는 안티고네와, 인간중심적 세계관과 인간적 질서를 대표하는 그녀의 아저씨이자 테베의 왕이 된 크레온 간의 격렬한 갈등을 다룬 것이라면, 아누이의 〈안티고네〉의 주제는 타협과 절충을 통한 인간적 일상의 행복을 최고의 가치로 보는 세속적 왕 크레온과, 어떠한 경우에도 자신의 신념을 절대화하여 타협하지 않고 죽음을 무릅쓰고 끝까지 밀어붙이는 안티고네의 인생관 간의 갈등을 다루고 있다.

나는 위와 같은 두 개의 〈안티고네〉를 모두 좋아한다. 하지만 꼭 하나를 선택하라면, 시대적 거리의 원근 차이 때문인지도 모르지만, 나는 감성적으로 소포클레스의 〈안티고네〉보다는 아누이의 〈안티고네〉를 택하겠다. 나는 후자에 나타난 안티고네의 태도에서 한 개인이 지키고자 하는 일종의 종교적 진정성에 더 강렬한 공감을 하고 후자의 대사에서 미학적, 문학적 성향이 짙은 밀도와 친근감을 느끼기 때문이다. 여기서 나는 위와 같은 나의 느낌을 소포클레스가 쓴 〈안티고네〉가 아니라 각별히 아누이가 쓴 〈안티고네〉에 초점을 맞추어 고찰해보고자 한다.

〈안티고네〉라는 비극의 원천은 3대를 거슬러 올라가 고대 그리스의 한 도시국가 테베의 왕자로 태어난 오이디푸스의 아버지 세대까지 올라간다. 그리고 이 세대의 이야기는 가혹한 운명에 관한 신화며, 그 신화는 소포클레스의 다른 희곡 작품 〈오이디푸스 왕〉에 표현되어 있다.

테베의 왕은 자신의 어린 아들 오이디푸스가 언젠가는 아버지인 왕 자신을 살해하고 그 왕의 아내인 왕비, 즉 어머니와 결혼하게 되리라는 예언자의 이야기를 듣게 된다. 테베의 왕, 즉 어린 왕자 오이디푸스의 아버지는 이런 끔찍한 비운의 운명을 비켜가고자 한 목동을 시켜 어린 왕자 오이디푸스를 깊은 산에 끌고 가 거기서 죽게 내버려두라는 명령을 내린다. 하지만 그 목동은 왕자를 불쌍히 여긴 나머지 왕의 명령을 어기고 왕자를 다른 목동에게 알아서 처리하라고 맡기게 된다. 왕자를 맡은 목동은 오이디푸스를 자녀가 없는 코린토스 도시국의 왕과 왕비에게 데려가고, 그 왕 내외는 어린 오이디푸스를 친자식처럼 잘 키운다.

코린토스국에서 청년이 되었을 때 오이디푸스는 델피의 신탁을 통해서 자신이 아버지를 살해하고 어머니와 결혼하여 살 것이라는 예언을 전달받는다. 이 이야기를 들은 오이디푸스는 끔찍한 생각에, 자신이 태어난 고향으로만 알고 있는 코린토스 왕국에 다시는 돌아오지 않고, 자신의 친부모인줄만 알고 있는 그곳 왕과 여왕을 다시는 보지 않겠다는 결심을 하고 코린토스를 떠나 자신의 원래 고향인 도시국가 테베로 향한다. 테베로 가는 길에서 그는 그의 친아버지를 만나지만 그 사실을 모르는 상태에서 아버지와의 말다툼 끝에 그를 죽인다. 그가 테베국에 가까워지자 자신이 던지는 수수께끼를 풀지 못하는 자를 모조리 죽임으로써 그곳 사람들을 공포에 떨게 했던 큰 괴물 스핑크스를 만난다. 오이디푸스가 자신이 던진 수수께끼를 너무나 깨끗이 풀자 스핑크스는 자살한다. 그러자 스핑크스에 대한 공포로부터 해방된 테베국 사람들은 오이디푸스에게 감사하는 뜻으로 최근에 과부가 된 왕후, 즉 그의 친어머니와 결혼하여 왕으로서 함께 살게 마련해준다. 이 끔찍한 어머니와의 근친상간의 관계에서 오이디푸스는 두 아들 에테오클레스와 폴리네이케스, 두 딸 이스메네와 안티고네를 낳는다. 어느 날 부친 살인과 근친상간의 불륜이 드러나게 되었을 때, 오이디푸스의 어머니이자 아내인 왕후는 목을 매어 자살하고, 오이디푸스는 송곳으로 스스로 자신의 두 눈을 찔러 소경이 되어 자기의 땅 테베를 영원히 떠난다.

여기까지의 이야기가 소포클레스의 또 다른 대작 〈오이디푸스 왕〉의 줄거리다. 왕후가 자살하고 왕은 스스로 눈을 찔러 소경이 되어 나라를 떠난 후 테베 왕국은 뿌리로부터 흔들리고 큰 난리가 난 셈이다. 그러나 오이디푸스 왕가의 제2대에 걸친 비극은 여기서 끝나지 않고 여기서 내가 생각해보고자 하는 작품 〈안티고네〉에서 이어진다.

왕 오이디푸스가 조국을 버리고 어디론가 떠나기 이전부터 그의 무례하고 포악한 두 왕자 에테오클레스와 폴리네이케스는 왕위 계승을 놓고 부왕 오이디푸스를 괴롭히고 싸우다가 서로 칼로 찔러 죽인다. 왕국에 설상가상의 비극과 극심한 혼란이 생긴 셈이다. 이런 상황을 수습하는 데 누군가가 왕으로 나와 왕의 권력으로 왕실과 왕국의 질서를 잡아야만 했다. 오이디푸스의 동생이자 안티고네의 삼촌인 크레온은 혼돈에 빠진 왕국을 수습해야 한다는 정치적·사회적·현실적 문제에 대한 도덕적 의무와 책임감에 따라 마음에도 없는 왕위에 오른다.

크레온이 우선적으로 할 일은 법에 따라 국가의 질서를 잡는 것이었으며, 그것의 구체적인 첫 번째 조치는 법을 어기는 자를 엄격히 처벌함으로써 시민들이 위법을 하지 않고 법질서를 지키도록 하는 것이었다. 그는 첫 번째 조치로 왕위를 놓고 서로 싸움을 하다가 칼로 찔러 죽인 자신의 두 조카이자 오이디푸스 왕의 왕자였던 에테오클레스와 폴리네이케스 두 형제 가운데 하나에게 사후의 큰 벌을 주는 일이었다. 그리고 그가 처벌하려고 선택한 죄인은 포악하기로 유명했던 동생 폴리네이케스였다.

당시의 그리스인들의 종교적 세계관과 관례에 의하면 시체를 매장하지 않고 들판에서 그냥 썩게 내던져버리는 벌은 가장 엄한 벌이었다. 왕 크레온은 왕권으로 큰 조카의 매장은 허락했지만, 잘못한 것으로 판단된 동생 폴리네이케스의 시체는 매장하지 못하도록 명령한다. 크레온이 굳이 이런 조치를 취한 것은 시체를 매장하든 하지 않든, 죽은 당사자에게는 아무 상관이 없다는 것을 잘 알고, 시체의 매장을 통한 처벌의 관례가 미신에 근거한 허례인줄 알고 있으면서도 그렇게 함으로써 법의 무서움을 시민들에게 알리고 흔들리는 국가의 질서를 강화하기 위한 정치적 고려에서였다.

그러나 그의 조카 딸 안티고네는 작은아버지이자 왕인 크레온의 이 같은 명령에 저항한다. 그녀는 밤중에 왕궁 수비원들의 눈을 피해 몰래 혼자 나와 들판에 내버려진 오빠의 시체를 흙을 파서 묻어준다. 날이 밝아 그 시체가 감시원들에 의해서 다시 파내어지면, 안티고네는 다음 날 새벽에 왕궁에서 다시 빠져나와 들판에 버려진 오빠의 시체를 손과 호미로 흙을 긁어모아 다시 덮어준다. 법을 끝까지 어기면 죽는다는 것을 뻔히 알고 있으면서도 그녀는 그것이 혈육인 오빠의 영혼을 위해서 여동생인 자신이 해야 할 최소한의 신성하고도 엄숙한 절대적 의무라고 확신하기 때문이다.

비극은 서로 양립할 수 없는 두 가지 가치관, 서로 타협할 수 없는 두 가지 삶에 대한 태도, 서로 양보할 수 없는 성격, 서로 소통되지 않는 두 세대 간의 폭발할 듯한 갈등에서 비롯된다. 그것은 자신의 조카인 안티고네의 오빠를 어떤 일이 있더라도 처벌하겠다는 크레온의 정치적 및 윤리적 결단과, 죽음의 대가를 치르고서라도 죽은 오빠에 대한 혈육으로서의 숭고한 의무를 수행하겠다는 안티고네의 이념적 및 실존적 결단 간의 충돌이다. 또한 그것은 국가 전체의 질서와 번영의 관점에서 사물의 가치를 판단하는 크레온의 사회적, 공적 관점을 우선하는 입장과, 오로지 자기 자신의 개인적 및 실존적 자기 정직성을 상위에 놓는 안티고네의 사적 관점 간의 갈등이다. 그것은 크레온이 현실주의적 가치관, 사회적 책임감, 절충적 삶에 대한 태도, 타협적 성격, 관용적 기질, 상대주의적 입장, 노령층의 지혜롭지만 미지근한 인생관을 대변한다면, 안티고네는 이상주의적 가치관, 실존적 태도, 비타협적 철저한 성격, 비절충적 기질, 절대주의적 입장, 젊은층의 단호한 동시에 선명한 정신을 대변한다. 그것은 행복이라는 세속적 가치와 그러한 가치를 치사하게 생각하고, 그 위에 놓은 진정성이라는 관념적 가치와는 갈등한다.

상반되는 이념, 태도, 성격은 타협점을 찾을 수 없게 되고, 안티고네는 자신이 'No'라고 하면 사형되리라는 것을 알면서도, 아니 속으로는 사형되기를 원했기에 끝까지 'No'라고 했고, 크레온은 조카딸을 사형시키는 이유가 전혀 타당하다고 믿지 않으면서도 개인이 아니라 사회적 공익을 위해서 사형에 처한다. 크레온의 아들이자, 자신이 사랑해왔고 약혼자였던 사촌 누이동생인 안티고네의 사형 소식을 들은 하이몬은 자신의 약혼자 안티고네의 뒤를 따라 자살하고, 또한 자신의 아들의 자살 소식을 들은 하이몬의 어머니이자 크레온의 부인, 즉 왕후는 아들의 죽음 소식을 듣자마자 독을 마시고 자살한다.

그리스 비극의 전형적 플롯대로 소포클레스의 〈안티고네〉나 그것의 한 버전인 아누이의 〈안티고네〉는 거의 모든 주요 인물들이 죽음으로 끝난다. 그리스 비극은, 이러한 결과를 가져오고야 마는 인간이 크레온처럼 지혜롭고, 안티고네처럼 순수하더라도 실제로는 한없이 어리석은 존재임을 보여준다.

크레온과 안티고네 중 누가 옳고 누가 현명했던가? 그 둘 중 인간적으로 누가 더 위대한가? 우리는 누구의 편에 서서 누구를 따라가야 하는가? 이 물음들에 대해서 어떤 확실하고 보편적이며 일률적인 단호한 대답은 존재하지 않는다. 둘 다 옳고, 두 사람을 다 같이 따라가야만 한다는 대답이 논리적으로는 맞지 않지만 심정적으로는 맞다. 내가 생각하기에 한 가지 확실한 것이 있다면 언뜻 보아 안티고네에 비해서 상대적으로 아주 평범한 속물같이 생각되는 크레온은, 그 속을 깊이 들여다보면 안티고네에 비해서 차원이 한층 높은 지혜를 갖춘 고귀한 품격의 인간이며, 언뜻 보아 크레온에 비해서 똑똑하고 낭만적이지만 아무래도 미숙하고 약한 소녀같이 생각되는 안티고네는, 더 깊이 그 마음속을 들여다보면 크레온보다 깊이가 더 있고, 더 강하고, 더 순수하고, 더 숭고한 정신의 소유자인 것으로 나타난다.

문학작품 〈안티고네〉가 보편적 가치를 갖고 독자의 마음을 사로잡는 근본적인 이유의 하나는, 안티고네와 크레온 두 인간 가운데에 어느 한쪽을 선명하게 선택하기 어렵도록 함으로써 인간에게 만사가 근원적인 차원에서 한없이 복잡하고 애매모호하게 얽혀 있다는 '진리 중의 진리'를 우리에게 일깨워주는 데 있는 것이 아닌가 생각된다.

하지만 나는 지적으로나 사회적으로 크레온의 결단에 나타난 위대함에 압도당하지만, 그와 동시에 나는 정서적으로나 사적으로 안티고네의 철저한 부정적 태도에서 처절하지만 고귀한 자유의 황홀, 한마디로 생물학적 삶을 넘어서는 영적 인간의 승리를 공감한다. 이런 점에서 나는 크레온에 앞서 안티고네를 만나고 싶고, 안티고네를 따라서 목숨, 나라 그리고 우주를 버리는 한이 있더라도 내가 정말 귀중하게 생각하는 것이 있다면, 그것이 나 이외의 다른 이들에게는 아무 의미가 없는 경우라도, 바로 그 하나만을 위해서 모든 것을 버릴 수 있는 태도로 삶을 살고 싶다.

문학은 이론도 논문도 아니다. 문학은 역시 감성적 낱말이요 감동적 문장이다. 관념적으로 아무리 감동적 내용을 담고 있더라도 그것이 감성적 낱말, 감동적 문장으로 표현되지 않을 때 그 내용은 우리를 충분히 감동시키지 못한다. 그렇다면 나는 마지막으로 아누이의 〈안티고네〉 속에서 나를 감동시키고, 특히 그 작품의 스무 살 먹은 여주인공 '안티고네'에게 열광케 만든 이유를 크레온과 안티고네가 서로 주고받는 대화 내용들 중 몇 개의 예를 들어 나의 독자와 나누어보면서 이 글을 맺고자 한다.

크레온은 안티고네에게 어린애를 타이르듯 말한다.

"빨리 하이몬과 결혼해라, 안티고네야. 그리고 행복하게 살아라…. 인생이란 네가 생각하는 것과 같은 것은 아니다…. 너는 나를 아직도 멸시하겠지만, 어쩌면 인생이란 그래도 행복한 것이라는 것을 깨닫고 노년이 되면 위안을 받을 것이다!"

안티고네는 대답한다.

"내 행복이 어떻단 말이오? 어린 안티고네가 어떻게 행복한 여자가 되란 말입니까? 안티고네 보고도 하루하루를 자신에게 돌아온 행복의 작은 누더기를 이빨로 물어뜯으란 말인가요? 안티고네 보고 누구한테 거짓을 말하고, 미소를 지으며, 창녀 노릇을 하란 말인가요? 그녀가 눈을 돌려 죽게 내버려도 좋을 이가 누구란 말이요?"

또 안티고네는 다음과 같은 구절로 대꾸한다.

"당신들 모두가 말하는 행복이라는 낱말에 나는 구역을 느껴요. 그리고 모든 대가를 치르고서라도 사랑해야 한다는 당신이 말하는 인생도 그렇구요! 그런 말을 들으면 당신들은 눈에 보이는 것마다 핥는 개 같군요."

"당신은 지금 당신이 말하는 행복을 개들이 뼈를 그렇게 하듯이 뺏기지 않으려고 안달하고 있는 것이지요."

"우리는 당신들의 희망, 당신들의 그 귀중한 희망, 당신들의 더러운 희망을 만나면 그것에 덤벼들어 없애는 종속에 속합니다."

크레온은 자신이 어떤 경로로 왕좌에 앉아 자신의 조카딸 안티고네와 비극적 격돌을 해야 하는 상황에 서게 되었는가를 그녀에게 설명한다.

"어느 날 아침잠을 깨어보니 나는 테베의 왕이 되어 있었다. 맹세컨대, 원래 나는 권력자가 되기보다 다른 것을 하며 살고 싶어했었는데."

안티고네가 반박한다.

"정말 그렇다면 왕위를 거절해야 하셨지요."

나는 내 글의 독자들이 위의 몇 대사들로도 아누이의 '안티고네'가 뛰어난 사상가이자 시인이라는 것을 나와 공감할 것으로 믿는다.

『똑똑한 쥐 VS 멍청한 인간』

'윤리의 문제를 생각하는 철학 동화'라는 부제가 붙은 라이너 에를링어의 『거짓말을 하면 얼굴이 빨개진다』라는 책의 말미에 이 책의 주인공의 외삼촌 고트프리트와 도덕적 선/악의 판단으로 고민하는 그의 어린 생질 페르디난트 사이에 다음과 같은 대화가 오고 간다.

"사람들이 너한테 정답이라 내미는 것을 그냥 믿어버려서는 안 돼. 언제나 네 스스로 많은 생각을 하고 네 생각을 다듬어야 해. 그리고 네 믿음, 네가 옳다고 여기는 것, 네가 취하는 태도에 반드시 책임을 져야 해."

"하지만 그건 정말 힘든 일이에요."

"그래 당연히 힘들지. 하지만 그런 게 바로 자유야."

　맞는 말이다. 생물학적 생존도 힘이 드는데 인간으로서, 즉 도덕적으로 산다는 것은 여간 어려운 것이 아니다. 대체 도덕이 무엇이며, 도대체 도덕적 판단의 정확한 잣대는 무엇인가? 팔십의 나이에 가까워왔고, 반세기 이상 이 문제로 항상 시달려오면서 윤리학을 배우고 가르치고 책을 써냈지만, 나는 아직도 확실한 대답을 찾지 못하고 있다. 확신하건대 지금까지 모든 이들이 공감할 수 있는 확실한 대답을 낸 이는 아직까지 아무도 없다고 나는 생각한다.

　우리가 도덕적 잣대로 삼아온 전통과 관습은 시대와 장소, 문화와 상황에 따라 너무나 가변적이고 상대적이며, 다양하고 서로 상충하는 경우가 너무 많다. 고대로부터 다양한 종교와 철학자들이 보편적이고 절대적인 잣대를 주장해왔지만 사정은 마찬가지다. 근대에 와서 이런 혼란을 극복할 수 있는 가장 합리적인 윤리적 원칙으로서 벤담과 칸트가 각기 공리주의와 의무주의 윤리학을 정립했지만, 그 어느 것도 모든 구체적 상황에서 생기는 도덕적 혼란을 풀어주지는 못한다.

　이런 도덕적 문제의 '힘듦'과 '골치 아픔'은 생명공학의 급속한 발전의 여파로 더더욱 커지고 있다. 그러나 이처럼 닥쳐온 생명과학으로 제기되는 생소한 도덕적 문제를 피해갈 수 있는 개인이나 사회는 어디에서도 찾아볼 수 없다. 그런데도 옳음/그름의 윤리적 잣대로부터 자유로운 삶은 존재하지 않으며, 선/악의 도덕적 평가로부터 자유로운 인간의 행동은 존재하지 않다는 데 문제가 심각하고 고통스럽다.

여기서 카플란의 『똑똑한 쥐 VS 멍청한 인간』(늘봄, 2007)을 접하는 것은 반가운 일이다. 앞서 인용한 동화책 에를링어의 『거짓말 하면 얼굴이 빨개진다』를 철학적 거대 담론이 답하지 못하는 도덕 일반 문제의 이해와 해결을 위한 친절한 길잡이로 삼을 수 있다면, 카플란의 『똑똑한 쥐 VS 멍청한 인간』은 생명공학의 발달로 생긴 특정한 생명윤리학 문제들의 본질을 이해하고 그것들을 풀어가는 데 중요한 안내자가 될 것이기 때문이다.

생명공학의 발달로 안락사, 낙태, 시험과 수정, 인공 출산 기술, 장기 이식, 신장투석, 튜브 음식 공급, 인공호흡기 사용, 인공영양 공급, 수정란 입양, 동물 기관 인체 이식 수술 등이 가능해졌다. 또한 줄기세포를 이용하여 인간복제, 게놈의 해독 이후에는 맞춤법 인간의 생산까지 생각할 수 있게 되었다. 최근의 《뉴스위크》지는 게놈 해독 프로젝트의 총지휘자 크레그 벤터가 2010년 안에 생명제작을 예측한다고 보도하고 있다. 위와 같은 문제들을 비롯해서 생명과학과 관련된 과학자, 정치가, 의사, 환자, 환자 가족, 간호원, 병원 경영자, 기업가들과 관련된 허다한 문제가 도덕적 문제와 연관된다. 그러한 문제들은 인간의 존엄성, 생명의 신성성, 생명의 생존과 죽음, 인간의 인격화와 상품화와 관련되어 있기 때문이다. 생명윤리란 바로 위와 같은 사항들이 제기하는 옳고/그름, 선/악, 인간다움/비인간다움의 문제와 관련되기 때문이다. 그렇다면 도덕적 차원에서 볼 때 위와 같은 사항과 문제들에 대해서 우리는 어떤 입장을 어떻게 취해야 하는가?

카플란은 자신의 책에서 생명윤리에 대해 인간복제, 인체 조작, 유전자 조작, 유전자 지도, 죽음 조작, 임신, 일상생활, 실험 조작, 대중과 사회, 장기기증과 이식, 정치 국가 의료 시스템 등 총 12장으로 분류해서 각기 사항에 특수하게 제기되는 '윤리'들을 구체적 사례를 들어 설명하고 각기 윤리적 문제에 대한 해결을 제안한다. 이 번역본의 마지막 부록인 「생명윤리학이란 무엇인가」라는 대목에는 이 책의 대표 번역자 및 한국의 재미 생물학자 한 명을 비롯하여 국내의 법학자, 신부의 짤막한 글들일 실려 있고, 마지막에 다시 이 책의 저자 카플란의 글이 첨가되어 있다.

저자가 한국어 번역판 서문에서 자신이 이 책을 쓴 목적이, 생명과학과 관련된 "연구원, 정책결정자, 그리고 대중들에게 현재 우리 세대에 가장 대두되고 있는 문제 중, 특히 생명윤리에 관한 문제들에 대한 관심을 갖도록 하는 데 있다"고 밝혔듯이, 전문적인 생명과학에 관한 이론들의 소개도 아니고 생명윤리학에 관한 체계적인 철학적 이론의 전개에도 있지 않고, 아직도 탄생한 지 얼마 안 되는 생명윤리의 다양한 문제에 관해서 문외한들을 계몽하는 데 있다.

그러나 이 책은 생명윤리학에 관한 정보를 수집하여 그것을 단순히 전달하는 데 있지 않고, 생명과학의 정체성에 관한 자신의 일관된 입장에 서서 우리가 생명과 관련된 도덕적 입장을 선택해야 할 때, 무엇을 어떻게 고려해야 하는가를 일러줌으로써 우리가 좀더 합리적이고 윤리적인 판단을 하도록 도와준다.

지금 성공을 눈앞에 두고 있는 '생명의 인위적 제작', 인간복제, 게놈의 해독에 따라 가능해진 맞춤식 인간의 산출, 낙태 등은 물론 장기이식, 대리모 아이 갖기, 안락사 등은 물론 피임, 그리고 결혼 전 성경험을 특정한 종교, 전통, 신념 등과 생명의 존엄성, 자연의 신성성 등의 다양한 가치를 통해 비윤리적이라 규정하고 규탄하는 이들이 아직도 적지 않게 있음을 그는 한탄하고, 그러한 것들을 가능케 한 생명과학적 지식과 기술에 대한 무조건적 부정 그리고 규탄을 일삼고 있음을 답답하게 생각한다. 그는 많은 종교인들, 도덕군자, 일반 사람들이 위와 같은 태도를 고집할 때 첨단 생명공학에 의해서 이 책의 제목대로『똑똑한 쥐 VS 멍청한 인간』이 대립되게 될 것이다. 멍청한 쥐는 유전자 조작에 의해서 놀라운 지능을 갖게 되겠지만, 유전자 조작으로 자기 자신의 지능 개발을 거부하는 인간은 쥐보다 훨씬 멍청한 동물로 전락할 것이기 때문이다.

'도덕'의 이름으로 이루어지는 생명공학에 대한 맹목적 거부가 오히려 반윤리적일 수 있다는 저자의 주장은 생명공학의 맹목적 수용의 도덕적 타당성을 의미하지 않는다. 그의 주장이 의미하는 것은 생명윤리를 논하기 전에 생명과학과 생명공학에 대한 객관적 소양의 필요성만이 아니라 그와 간접적으로 연관되는 사회학적, 심리학적, 정치적, 경제적, 문화적 등에 관한 객관적 지식도 갖추어야 한다는 것이다.

사실에 대한 진/위 판단과는 달리 가치판단은 훨씬 복잡하고 그만큼 어렵다. 여러 종류의 가치판단 중에서도 윤리적 가치판단은 한결 더 복잡하고 그만큼 더 어렵고, 윤리적 가치 판단 가운데서도 생명공학과 직접 관련된 윤리적 가치판단은 더더욱 '골치 아프고 힘들다'. 이 책의 의미는 생명윤리의 모든 문제를 깔끔히 풀어준 데 있지 않고, 이 문제를 푸는 데에서 위와 같은 어려움을 인식시킴으로써 우리 모두가 일상생활에서 고민하지 않을 수 없는 생명윤리의 문제를 푸는 데 큰 도움을 주었다는 데 있다. 그러나 특정한 상황에서 특정한 방식으로 제기되는, 언제나 유니크한 윤리적 문제를 어떻게 풀 것인가의 결정은, 이 책의 저자를 포함한 어떠한 이도 대신할 수 없는, 궁극적으로는 오로지 각자 우리 자신만의 의지와 선택에 달려 있음을 명심할 필요가 있다.

『자비의 윤리학』(1990)

『자비의 윤리학』 초판 서문

이 작은 책은 윤리 이론을 소개하고자 쓴 책이 아니다. 곧, 역사적으로 있어온 여러 가지 윤리도덕에 관한 문제들을 서술하고, 그 문제들의 해결에 대한 서로 다른 입장과 이론을 독자에게 전달하고 설명하려고 쓴 책이 아니다. 말이 되든 안 되든, 뜻이 있든 없든, 지금까지 내가 생각해낼 수 있는 한에서 나 자신의 윤리학을 테두리나마 꾸며보고자 했다.

이미 써낸 바 있는 몇 권의 철학적 책들의 경우와 마찬가지로, 내가 이 책을 쓴 이유는 이미 알고 있는 지식을 남들에게 보여주기 위해서가 아니다. 나 자신에게 절실하고 중요한 문제들을 내 나름대로 풀어보려는 의도에서 썼다. 책을 씀으로써 비로소 생각이 더 잘 정리되고 문제가 풀릴 수 있기 때문이다. 나에게 책을 쓰는 일은 그 자체가 철학적 작업이며 사고다.

지적으로나 실존적으로 나를 떠나지 않는 몇 개의 핵심적인 철학적 문제에 대해서 나는 피상적으로나마 내 나름대로 답을 찾았다고 믿게 되었다. 물론 나의 답이 꼭 옳다는 확신도 없고, 그 답을 뒷받침하는 논증에 반드시 자신이 있다는 말도 아니다.

윤리에 관해서는 사정이 달랐다. 총 20여 학기에 걸쳐서 윤리학을 강의해왔지만 남들한테서 내가 만족할 만한 이론을 찾을 수 없었고, 그렇다고 내 자신이 이론을 세울 만한 실마리도 찾지 못하고 있었다. 그러나 윤리의 순수한 지적 측면에서만이 아니라 매일 부딪히는 실존적인 차원에서, 윤리는 나에게 무엇보다도 중요한 것으로 머릿속에서 쉽사리 떠나지 않고 있었다. 철학적으로 길을 잃고 있던 3년 전, 언뜻 한 가닥의 생각의 실마리를 찾고 한 줄기의 직관의 빛을 보는 듯했다.

여기서 펴낸 『자비의 윤리학』은 그러한 실마리를 따라 그러한 빛에 도달해보고자 한 그동안의 나의 사고를 정리해본 것에 지나지 않는다. 이러한 윤리학의 한 계기는 피터 싱어의 인류 중심 윤리학에 대한 비판이었지만, 오래전부터 내가 공감하고 있던 노장적 및 불교적 형이상학과 윤리학의 태도에 영감을 받아, 피터 싱어의 동물 중심 윤리학을 생태 중심 윤리학으로 발전시켜보았다. 나의 관점은, 1989년 11월에 이마미치(今道友信) 교수가 주재하여 일본 비파호(琵琶湖) 변에서 개최되었던 제9회 '다니구치(谷口) 국제철학심포지엄'에 참석하면서 더욱 굳어갔다. 이 심포지엄의 주제가 '에코 에티카(Eco Ethica)'였던 것이다. 내가 주장하려는 '자비의 윤리학'은 자연 중심 윤리학이라 불러도 좋다.

'자비의 윤리학'은 다음의 다섯 가지 신념의 주춧돌 위에 세워진다.

1. 우리 모두의 윤리도덕적 경험은 도덕적으로 옳고 그릇된 것, 즉 도덕적 진리가 도덕적 주체자의 생각과는 상관없이 객관적으로 존재함을 전제한다.
2. 그러나 인간의 유한성 때문에 아무도 그러한 도덕적 진리를 확신할 수 없으므로, 우리들의 선한 의도에도 불구하고 우리는 누구나 도덕적 과오를 범하고, 따라서 윤리적으로 나쁜 삶을 살아갈 가능성을 갖고 있다.
3. 윤리적 삶을 위해서는 도덕적 규범에 앞서 덕성을 개발해야 한다.
4. 모든 존재는 형이상학적 차원에서 구성 원자로 분리·분해될 수 없으며, 모든 존재의 다양성은 '유일한 것'으로서의 '전체'의 다양한 측면에 지나지 않는다.
5. 모든 인간은 싫든 좋든 윤리도덕적일 수밖에 없다.

내가 여기서 시도해본 '자비의 윤리학'의 이론적 전개는 아직 투명하지는 않다. 내 자신이 우선 더 투명해져서 더욱 체계적이고 세부적인 논증을 해야 했을 것이다. 설사 나 자신에게는 투명하더라도 그 생각의 표현은 훨씬 더 가다듬어져야 했을 것이다. 백 보를 양보해서 나의 생각이 투명하고, 그것이 투명한 표현에 의해 어떤 독자에게 투명하게 이해되었다 해도, 그 독자는 '자비의 윤리학'이 너무 엉뚱해서 납득할 수 없는 이론이라고 말할 수 있다.

전자의 독자에 대해서 다음과 같은 변명으로 용서를 구한다. 나는 하루바삐 내가 정말 내 것으로 할 수 있는 윤리도덕적 입장을 세워보려 했다. 금년 들어서 마침 감성적으로 회갑을 맞고 삶의 새로운 시작을 하게 된 나로서는, 나의 삶이 윤리적으로 옳아야 한다는 것을 다짐한다는 뜻에서 금년 안에 이 책을 내고 싶었다. 강의 틈틈이 1월 중순부터 4월 중순까지 약 3개월에 걸쳐 서둘러 써야만 했다. 머지않아 이곳을 떠나야 하기 때문이다.

후자의 독자들에게는 다음과 같이 말할 수밖에 없다. 나의 윤리학이 별로 검토의 대상도 되지 않을 만큼 엉뚱하고 허황된 상상력의 괴물에 지나지 않는지도 모른다. 만일 그렇다는 사실을 그 독자가 내게 보여준다면, 나는 그 즉시 나의 윤리학을 쓰레기통에 아쉬움 없이 버리겠다. 그러나 나는 그 독자가 조금만 더 참고 '자비의 윤리학'을 다시 한 번 검토해보기를 은근히 바란다. 혹시 그 속에서 다소나마 새로운 윤리적 진실을 발견한다면 나는 그 이상 더 바랄 것이 없기 때문이다.

『자비의 윤리학』이 소개를 위한 개론적 책이 아니라고 했지만, 철학을 전혀 모르는 독자라도 주의해서 따라가면 이해할 수 있도록 쉽게 쓰려고 최선을 다했다. 누구나 이 책을 이해했다면 윤리도덕의 문제가 도대체 무슨 문제며, 그런 문제에 어떻게 접근해왔으며 또 접근할 수 있는가를 큰 테두리 속에서나마 알게 될 것이다.

한 학기 동안 초청해서 깨끗하고 조용한 방을 마련해주신 포항공대의 김호길 학장에게 진심으로 고맙게 생각한다. 만일 이런 기회가 없었더라면 이 책은 쉽사리 생겨나지 못했을 것이다. '다니구치 심포지엄'에 초청해주어 내가 머릿속에 갖고 있는 윤리학을 집필하는 데 용기를 갖게 해준 이마미치 교수에게도 사의를 표한다. 덧붙여 출판사를 소개하고 빨리 쓰라고 재촉해준 동학 이명현 교수와, 골치 아픈 출판과정의 자질구레한 일을 기꺼이 맡아주신 출판사 여러분들도 아울러 고맙다.

1990년 4월 19일 새싹과 가지가지 꽃들로 아름다운 언덕 위,
그래서 더욱 그림 같은 포항공대의 캠퍼스가
창밖으로 내다보이는 4층 연구실에서

4부

실존적 선택과 사회적 규범

철학의 창문을 열며

누구나 잘 알고 있는 그리스의 우화 「벌거벗은 임금님」이 잘 보여주듯이 많은 경우 우리가 발견했다는 진리는 객관적 사실이 아니라 관심에 따른 믿음에 불과하며, 우리의 많은 생각은 우리 자신의 생각이 아니라 사회적으로 전승되어온 사유의 반복에 불과하다.

사물을 있는 그대로 보고 문제를 정확히 논리에 맞게 풀기란 생각보다 훨씬 어려운 일이다. 우리들은 어떤 지각대상이나 해결대상을 우리들 자신의 눈으로 정직하게 보거나 우리들 자신이 생각하는 대로 곧장 풀지 않고, 전통과 관습에 의해서 주어진 어떤 고정관념 때문에 보면서도 보지 못하고, 생각하면서도 생각하지 못하는 경우가 많다.

사물을 객관적으로 지각하는 것은 예상보다 훨씬 어렵고, 우리 앞의 문제는 보이는 것보다 훨씬 복잡하다. 사물은 보면 볼수록 흐려지고, 문제는 따지면 따질수록 더 꼬이는 경우가 많다. 우리들의 눈과 생각은 많은 경우 관습과 편견에 묶여 있기 때문이다.

도시 한복판을 벌거벗고 활보하는 임금님은 벌거벗은 자신을, 그를 바라보는 시민들은 벌거벗은 임금님을 제대로 보지 못하고 그가 좋은 옷을 입었다고만 확신했다. 어린아이만이 임금님이 벌거벗고 있음을 손가락질로 모두에게 가르쳐줄 수 있었다.

어른들이 사실을 사실대로 보지 않는 것은 그들이 관습이라는 편견에서 자유롭지 못했기 때문이다. 반면 아이가 사실을 사실대로 볼 수 있었던 것은 오직 그 아이의 눈만이 관습과 편견에 물들어 있지 않았기 때문이다. 아이의 눈을 통해서 볼 때 어른들의 세상이 아무래도 이상하고, 비로소 이제껏 어른들이 보았던 방식과는 다르고 새로운 방식으로 세상을 좀더 제대로 볼 수 있게 된다. 아이의 경험은 경이驚異, wonder이며 그것은 반성으로 이어지고, 반성은 비판적 사고로 연결되며, 비판은 새로운 사유와 인식으로 통한다.

그러므로 철학자는 필연적으로 어린이며 철학은 어린이의 사유이기도 하다. 어린이의 눈, 즉 철학자의 눈으로 볼 때 자명하고 자연스럽고 당연하다고 생각했던 것이 한결같이 이상하고 알 수 없고 불분명하고 막연하고 애매할 때가 많다. 철학이란 쉬운 것을 어렵게 말하는 담론이 아니라 가능하면 모든 선입견에서 해방되어 모든 문제나 현상들을 있는 그대로 보고, 모든 문제들을 논리적으로 정연하게 풀며, 모든 사유를 가능하면 가능한 만큼 열린 마음으로 투명하게 해보려는 마음의 태도이며 탐구 자세이다.

철학적 사유를 거칠 때 끝이 보이지 않던 밤에 먼동이 트고, 철학의 창문을 열 때 퀴퀴했던 방에 상쾌한 바람이 불어온다. 이런 점에서 모든 이들은 나름대로 철학자이며, 철학적 사유를 하고 있고, 철학을 통해 먼동과 상쾌한 바람을 갈망하고 있다.

이러한 철학적 사유는 상아탑이나 서재에 갇혀 있는 철학자에게만 필요한 것이 아니다.

왜냐하면 철학적 사유, 다시 말해 어린이적 사유는 투명한 진실을 강력하게 요청하기 때문이고, 투명한 진실이란 인간을 가장 인간답게 하는 가장 중요한 열쇠이기 때문이다. 그렇다면 우리는 스스로에게 이렇게 질문을 던져볼 수 있을 것이다.

"나에겐 철학이 있는가, 나는 철학적 사유를 하고 있는가?"

01

실존적 선택 — 나는 어떻게 살 것인가

실존적 방황

우리는 모두 방황하고 있다. 젊은이나 노인이나 마찬가지이다. 선방 스님의 명상이나 연구실 철학자의 마음이 그러하다. 시장 바닥에서, 백화점에서, 교실에서, 가정에서, 직장에서, 도시에서, 시골에서, 병원에서 노래방에서, 노인정에서 방황하는 모습이 보인다. 겉보기에는 잘 짜인 프로그램에 따라 아무런 정신적 동요 없이, 일사불란하게 성공의 길을 위해 매진하고 행복하게 살고 있는 것으로 보이는 이들의 마음 깊숙한 곳에서도 방황의 징조를 읽어낼 수 있다.

사랑했던 남자친구에게서 어느 날 갑자기 배신을 당한 고등학교 우등생 은혜는 속세를 떠나 수녀가 될까 말까하고 방황하며, 허무주의에 빠진 조숙한 문학소년 지훈이는 자살할까 말까를 놓고 방황한다. 대학 입학에 앞서 전공 선택을 놓고 방황했던 철이는 대학 졸업을 앞두고 직장 선택을 놓고 방황한다. 독신 생활과 결혼 생활의 결정을 놓고 방황했다가, 결혼하기로 작심한 은혜는 이번에는 배우자 선택을 놓고 방황한다. 경제적으로 윤택하고 똑똑한 자녀들을 기르면서 누가 보아도 부러운 가정을 이루었을 뿐만 아니라, 사회적으로 존경받는 가장이나 주부도 어느 순간 서로 간의 참다운 애정이 식어 있음을 의식하게 되고, 자녀들에게만 아니라 얽히고설킨 집안 전체에 큰 고통이 생긴다는 사실을 무릅쓰고라도 이혼하여 보다 새롭고 자신에게 솔직한 길을 택할 것인가 아닌가의 문제를 놓고 방황할 수 있다.

아부와 비굴을 무릅쓰고 줄서기를 잘해서 권력을 잡거나, 거짓과 사기로 치부할 수 있었던 사업가로서 정신없이 지내는 중년의 남자에게도 어느 계기에 순간적으로 '이것이 진짜 삶인가?'라는 엉뚱한 생각이 들게 되고, 그와 같은 삶을 계속할 것인가 아니면 전혀 다른 삶을 살 것인가의 문제를 놓고 순간적이나마 방황할 것이다. 아부와 비굴과는 정반대로 정당하고 명예롭게 사회적으로 성공한 삶을 사는 학자나 예술가에게도 '이것이 진짜 내가 원하는 삶인가? 이것이 진짜 나에게 가장 의미 있는가?'라는 의문이 날 수 있으며, 그 의문으로 선망의 대상인 대학교수의 자리를 내던지고 다른 직업을 택할 것인가 아닌가를 놓고 방황할 수 있다. 지금까지 하던 예술적 창조활동을 청산하고 산골에 가서 농사짓고 살 것인가의 문제를 놓고 방황할 수 있다. 출가함으로써 원래 자신의 세계와 단절하고 민족적으로나 문화적으로나 종교적으로 자신의 세계와 너무나 다른 이역만리 한국이나 티베트에 가서 머리를 깎고 각기 조계종과 라마교에 귀의하는 것을 결단하기 전 현각 스님이나 리까르 스님의 정신적, 영적 방황의 깊이는 짐작할 수 없이 큰 것이었을 것이다.

위와 같은 여러 가지 차원에서의 행동의 선택, 삶의 방향의 선택을 놓고 방황하고 괴로워하지 않을 수도 있다. 많은 경우 우리는 주어진 문화적 규범에 맞추어, 관습, 아니 관성에 따라 그냥 행동하고 살아가고 또 살아갈 수도 있다. 피상적으로 대부분 우리의 행동과 삶은 그렇게 결정되고 영위된다. 그렇지만 비록 그렇게 살아가면서도, 자신의 삶을 조금이라도 반성해보는 순간 자신의 깊은 내부에서 그러한 삶의 공허함을 잠시나마 느끼지 않을 이는 아무도 없을 것이다. 이런 점에서 그 정도는 다르지만 방황하지 않는 인간의 삶은 존재하지 않는다. 방황은 인간의 운명이다. 인간은 그냥 존재하는 물질과는 달리 싫건 좋건 자신의 행동, 자신의 삶을 선택해야만 하는 자유를 갖고 태어났다.

선택은 언제나 가치의 선택이고, 모든 가치 선택은 궁극적으로 '내가 어떻게 살아야 하는가? 내게 궁극적으로 가장 중요한 가치는 무엇인가? 나에게 있어서 어떠한 삶이 인간으로서 가장 의미 있는 삶인가?'라는 물음에 대한 다양한 대답들 가운데에서 최선의 대답을 선택한다. 장구한 역사를 거치면서 수많은 종교들, 철학들, 수많은 전통이 나름대로 대답을 제공해왔고, 문화에 따라, 시대에 따라 그리고 사람에 따라 각기 나름대로 선택하면서 살아왔고, 그렇게 살아감으로써 각기 자신의 행동과 삶에 의미를 부여해왔다. 하지만 문제는 어떤 가치를 어떤 근거에서 선택하느냐에 있다. 선택의 문제를 놓고 우리가 방황하는 이유는 어떤 가치를 어떤 근거에서 선택해야 할지를 알 수 없는 데 있다. 그렇다면 모든 행동 선택 앞에서 우리가 경험하는 방황은 '어떻게 살아야 하는가?'라는 절규의 직접 혹은 간접적 표현이며, 이러한 절규는 우리의 삶을 위협하는 삶의 궁극적 허무를 극복하고자 하는 우리의 가슴을 찢는 실존적 몸부림이다. 우리의 물음에 대답은 없을까? 있다면 그것은 어디서 찾을 수 있는가? 형이상학적 상처를 받은 우리의 영혼은 길을 잃고 아직도 헤매고 있다.

우리의 길 잃은 영혼의 길잡이는 없을까? 우리의 상처받은 영혼을 구원할 대답은 없을까? 이에 대한 대답을 기존의 종교, 기존의 철학에서 찾을 수 있을 것 같다. 사실 아득한 옛날부터 인간은 여러 가지의 종교적 혹은 철학적 대답을 창안해냈고, 수많은 사람들이 그러한 대답에 의지하고 매달려 살아왔다.

유대교·기독교·회교는 우주의 창조주인 동시에 관리자인 전지, 전선, 전능한 절대적 유일신의 계시에 따라서 살라고 설교하며, 힌두교·불교는 절대적 진리가 영원히 회전하는 단 하나의 존재로서의 부라만·무아·무존, 즉 '공空'이라는 사실을 깨닫고 그 진리에 맞추어 모든 집착으로부터 해방되라고 일러준다. 공자와 맹자가 대표하는 유교는 우주의 원리에 의해 모든 남녀, 노소, 사회적 계층에게 정해진 도덕적 규범에 맞추어 살아야 한다고 가르치며, 노자와 장자로 대표되는 도교는 '도道'라는 우주적 질서의 보편적 원리에 따라 유교가 말하는 모든 딱딱한 규범을 초월하여 억지 없이 '무위'하게, 즉 자연스럽게 살아야 한다고 설득한다. 플라톤, 칸트, 사르트르 그리고 니체는 각기 항상 변하는 감각적 현상세계를 넘어 영원불변한 가지적 실체로서의 '이데아'를 인식하고 그것에 따라, 이성의 빛이 보여주는 '정언적 명령'이라는 도덕적 규범에 따라, 철저하게 자신의 신념에 따라 살아야 한다고 주장하는 한편, 반면에 그러한 종교적 및 철학적 주장들은 상상해낸 '빨간 거짓말'이므로 그것에 속지 말고 선악의 인위적 경계를 넘어선 지평에서 춤추는 '초인'으로 살아야 한다고 역설했다.

'왜 이렇게 사는 것이 가장 바람직한 것인가?'라는 물음에 유대·기독·회교는 천당에서의 '영생'을 위해서라고 대답하며, 힌두교·불교는 모든 고통으로부터 '해방'될 수 있기 때문이라고 주장하며, 유교는 '가장 인간다운 삶'이기 때문이라는 이유를 대며, 도교는 우주와의 원초적 '조화'를 찾을 수 있기 때문이라고 설명한다. 그런가 하면 플라톤, 칸트, 사르트르 그리고 니체는 각기 '이데아'라는 진리의 발견이 최고의 선·가치이기 때문이라고, 도덕의 정언적 명령이 인간의 인간됨을 나타내는 '이성'의 목소리이기 때문이라고, 자기 신념에 철저함이 곧 진정한 자유이기 때문이라고, '초인'으로서의 삶이야말로 참다운 자기초월의 삶을 실증하기 때문이라고 설명한다.

'어떻게 살아야 하는가?', '어떤 가치를 추구하는 것이 가장 참답고 의미 있는 삶인가?'라는 물음에 대한 위와 같은 종교적 혹은 철학적 대답들을 옳다고 믿고, 그것을 추종함으로써 실존적 방황에서 해방되었다고 믿고 살아온 사람들이 과거나 현재나 헤아릴 수 없이 많다. 그렇기에 혹은 호화롭고 웅장한 혹은 소박한 성당, 교회당, 모스케, 사원과 사찰들이 헤아릴 수 없이 많이 세워지고, 헤아릴 수 없이 많은 사람들이 과거나 현재나 성당이나 모스크 또는 절에 가서 기도를 하고 불공을 드리고 있다. 그렇기에 『도덕경』과 『장자』, 『논어』와 『맹자』라는 텍스트를 동양의 불후의 경전으로서 귀중히 여겨서 읽고 배우며 따르려고 하며, 『대화편』, 『실천이성비판』, 『존재와 무』, 『도덕적 계보』라는 텍스트를 서양철학에서 빼놓을 수 없는 고전으로서 읽고 해석하고 배우고자 한다.

그런데도 따지고 보면 위와 같은 대답들은 우리를 실존적 방황에서 만족스럽게 해방시켜 주지는 못한다. 첫째, 이들 대답들이 각기 진리라고 전제한 주장들이 확실히 믿기지 않을 뿐만 아니라, 그에 앞서 그들이 진리로서 제시한 '전지, 전선, 전능한 하느님', '무아, 무존' 등의 말의 의미조차 불투명하고 따라서 그들이 주장하는 것들에 대한 옳고 그름의 판단은 논리적으로 불가능하기 때문이다. 둘째, 설사 위와 같은 문제를 감안하지 않더라도 위의 여러 가지 대답들이 서로 상충하는 이상, 나는 그것들 가운데 어떤 대답을 선택해야 하는가 하는 문제에 부딪히고, 선택하자면 어떤 근거가 있어야 하는데 그 근거를 찾을 수 없다. 셋째, 인간의 삶은 아주 구체적인 작은 선택들로 이루어진다는 사실을 인정할 때, 위의 대답들이 '어떻게 살아야 할 것인가? 인생에서 가장 중요한 것이 무엇인가?'라는 일반적 물음에 대한 대답으로서 삶의 총체적인 방향 설정의 틀은 될 수 있어도 구체적인 행동 선택의 기준과 근거는 제공하지 못한다.

신은 죽었는가? 죽지 않았다면 어째서 정확한 대답을 하지 않는가? 부처님은 헛것인가? 헛것이 아니라면 어째서 그는 이야기도 하지 않고 혼자 미소만 짓고 있는가? 공자나 노자의 가르침은 삶의 구체적인 등불이 될 수 있는가? 등불이 될 수 있다면 어째서 삶의 길을 밝혀주지 못하는가? 플라톤, 칸트, 사르트르, 니체의 철학은 진리가 아니라 하나의 소설들에 지나지 않는가? 그렇지 않다면 어째서 그들은 우리를 더욱 헷갈리게만 하는가?

신의 부재, 부처의 침묵, 공자나 노자 그리고 플라톤, 칸트, 사르트르, 니체의 소설 앞에서 은혜, 지훈이, 지원학과를 결정해야 하는 대학 입학 지원생, 정치가, 사업가, 출가 직전의 현각 스님이나 리까르 스님은 여전히 방황하면서 각자 자신들이 부딪친 구체적 행동의 선택 문제를 놓고 '어떻게 결정할 것인가?'라는 물음을 애타게 던진다. 어찌 그들뿐이랴. 우리 모두는 하나같이 애타게 묻는다. '무엇이 정말 중요한가?', '무엇을 위해 살 것인가?', '어떻게 살 것인가?', '어디로 갈 것인가?, '무엇 때문에 살아야 하는가?'라고 뼈아픈 소리로 물음을 던지고, 발을 구르며 그 물음에 대한 대답을 애절하게 기다린다.

이러한 애절한 물음은 일반적으로 누가 보아도 불행한 삶을 산다고 볼 수밖에 없는 삶을 사는 사람들이나, 불행한 일을 당했다고 볼 수 있는 사람들에게 더욱 절실하다. 죽음의 병석에서 삶의 마지막 순간을 기다리는 환자, 장애인으로 태어나 평생을 큰 고통 속에 살아야만 하는 이들이, 왕따를 당하고 있는 중·고등학생들, 일찍 부모를 잃어 외로운 고아들, 끼니를 때우고 새우잠이라도 잘 수 있는 거처조차 없는 가난한 이들, 사랑하는 아이 혹은 부모나 아내 혹은 애인을 잃은 이들, 구조 조정으로 직장을 잃은 이, 자신했던 입시 시험에 낙방한 학생들에게 더욱 절실할 것이다.

그러나 '어떻게 살아야 하는가?', 아니 '무엇 때문에 살아야 하는가?', '도대체 삶의 의미가 어디에 있는가?'라는 물음은 위와 같은 사람들의 전유물이 아니다.

겉으로는 행복하게 보이는 사람들에게도 남들이 보기와는 다르게 그들의 깊은 내심 속에 똑같은 물음이 조용히 던져지고 있으며, 겉보기에 행복한 사람들이라도 정말로 행복하지 않은 경우도 많다. 불행한 이들의 영혼이 그러하듯이 그들의 영혼도 끝없는 방황 속에서 끝없는 괴로움을 느끼고 경험한다. 명문대학에 입학한 우등생의 영혼이 그렇고, 사회에서 성공한 직장인들이 그러하다. 가정에서 부유하게 사는 이도 그러하며 권력을 휘두르는 대통령이나 모든 분야에서 명예를 즐기는 각계각층의 명사들이 그렇다. 로마의 황제들이 그랬을 것이고, 공자가 그랬을 것이며, 셰익스피어가 그랬을 것이다. 적어도 그들이 인생에 대해 조용히 생각할 수 있는 단 한순간이라도 있었다면, 그들이 죽음의 침대에서 영원히 눈을 감기 전 자신들의 삶을 반성할 수 있는 시간을 조금이라도 보낼 수 있었더라면 그들의 깊은 마음속에서 그러한 물음들이 던져지지 않을 수 없었을 것이다.

만일 이러한 실존적 물음을 던지지 않고 살았다고 주장하는 이가 있다면, 비록 그가 실제로 거짓말을 하지 않았어도 그는 거짓말쟁이이다. 그가 거짓말을 하지 않았다는 것은 그가 자신의 내심을 자기 스스로에게조차 감추고 있음을 말해주는 것에 지나지 않기 때문이다. 대답도 없는 '삶에 무슨 궁극적 의미가 있는가?' 혹은 '어떻게 살아야 하는가?'라는 물음을 던지면서 실존적 방황을 해본 적이 없거나 현재 방황하고 있지 않다는 사람이 정말 있거나 혹은 있다고 주장할 수 있다면, 그러한 인간은 진짜 그가 아니라 그의 '마스크'일 뿐이다. 어떤 인간도 위와 같은 물음에서 자유로울 수 없다.

그럼에도 불구하고 위와 같은 물음에 확실한 대답이 없는 이상, 그러한 물음은 달랠 수 없는 실존적 방황을 함축하고, 실존적 방황이 고통스러운 만큼 우리는 누구나 남에게만이 아니라 스스로에게도 그러한 물음을 스스로 감추기 위해 마스크를 쓰고, 문제를 잊기 위해, 파스칼이 말하는 '기분 전환'의 길을 택하고 하이데거가 말하는 '잡담'에 빠진다.

그렇지만 본연의, 즉 실존적 존재로서의 인간은 어느 누구도 '인생의 의미는 무엇이며, 그것은 실제로 존재하는가?', '어떻게 살아야 하는가, 아니 살 만한 가치가 있는가?', '어디로 가야 할 것인가?'라는 물음을 완전히 떠날 수 없다. 우리 자신의 마음속을 깊이 들여다보면 그런 물음은 우리를 잠시도 떠나지 않고, 우리가 그런 물음에 대한 대답을 애절하게 찾고 있음을 깨닫게 된다. 이런 점에서 우리는 다 같이 별들이 총총한 어두운 겨울밤 어느 다리 위에서 어딘가를 향하여 절망적으로 구원을 외치는 노르웨이의 화가 뭉크의 그림 「절규」 속의 주인공이다.

하지만 그 물음을 들어주는 존재는 없고 그 외침에는 아무 반응이 없다. 보이는 것은 어둠과, 차가운 겨울 밤 하늘의 아득한 먼 곳에서 무심히 반짝이는 수많은 별들뿐이며, 들리는 것은 우주의 한없이 깊은 침묵뿐이다. 지금 우리가 거쳐가야만 하는 삶의 교차로에는 신호등도 보이지 않고, 갈 곳을 명시해주는 이정표도 존재하지 않고, 교통을 정리하는 경찰도 없이 혼동과 혼란에 빠져 있다. 우리는 지금 삶이라는 어둠 속에서 길을 잃고 헤매고만 있다. 어쩌다가 이 낯선 길목에 들어서게 된 우리는 우리의 갈 길을 밝혀줄 단 한 가닥의 빛도 찾아낼 수 없어 서성거린다. 우리는 모두 무엇을 위해서 어디로 어떻게 가야 할지를 모른 채 방황하고 있다. 지금 역사와 문명도 어디로 가야 할지를 몰라 길을 헤매고 있다.

하지만 방황하는 영혼을 구원할 절대자는 존재하지 않는다. 역사의 갈림길에서 방황하는 문명의 구원을 찾는 애타는 절규에도 불구하고 그것을 귀담아 들어주는 존재는 어디에도 나타나지 않는다. 기다려도 '고도', 구원자는 나타나지 않는다. 나는 다시 묻는다. '그렇다면 나는 어떻게 살아야 하는가?' 각기 고독한 '나', 역사 그리고 문명은 혼자서 결단을 내려야 한다.

즉 고독한 모든 인간의 영혼들이 피할 수 없는 실존적 결단 문제를 놓고 끝없이 방황하고 진통한다.

생존의 수치

생존경쟁이 치열하다. 무섭다. 살아남고자 하는 것은 모든 생명의 가장 원초적 본능이며, 생존은 가장 기본적 가치이다. 박테리아에서 시작하여 인류에 이르기까지 모든 생명체는 개체로서, 종으로서, 개인으로서, 가족으로서, 민족으로서, 인류로서 살아남고자 부단히 최대한의 노력을 기울인다. 생존의 목적·의미가 바로 생존 자체에 있다고밖에는 볼 수 없을 만큼 모든 생명체는 생존에 집착한다.

현재 생존하고 있는 '나'라는 생명체의 우주적 기원과 계보에 비추어 볼 때 나는 정말 오래 생존해왔다. 리키의 인류학적 발견에 눈을 가리지 않는다면 인류의 조상이 침팬지라는 사실을 부정할 수 없고, 다윈의 진화론을 읽은 다음부터는 인류의 더 오랜 조상이 악어, 아니 바퀴벌레라는 것을 속일 수 없으며, 생명과학에 귀를 막지 않는다면 인류의 원천이 박테리아였다는 사실을 부정할 없고, 최근의 생명과학의 발견에 조금이라도 조예가 있다면, 인류의 가장 원초적 조상이 유전자라는 사실을 부인할 수 없다. 이미 칠순이 넘은 나는 '인생 칠십 고래희'라는 인류의 수명척도에 비추어보아도 무척 오래 살아남았지만, 인류의 진화사가 300만 년 전에 시작되고, 생명의 진화사가 35억 년 전으로 올라가고, 현재 내 생명의 뿌리가 그곳에 있다는 과학적 사실에 비추어볼 때 나의 수명은 거의 영원에 가깝다. 나는 정말 무척 오래 살아남은 것이며, 그만큼 나의 가치는 크다. 그러므로 내가 나의 생존에 대해 자존심과 기쁨을 느끼는 것은 당연하다.

그러나 그간 내가 살아온 시간적 길이의 크기를 의식하면 할수록, 그 시간적 과정 그리고 그 의미를 곰곰이 반성해보면 볼수록 나는 나의 개인적, 가족적, 민족적, 그리고 인류적 자부심이 수치심으로, 나의 기쁨은 쓸쓸함으로 나도 모르게 어느덧 변색됨을 느낀다. 나의 생명의 조상인 박테리아의 유전자가 얼마나 지독한 경쟁력을 가졌기에 다른 박테리아와의 생존경쟁에서 수억만 년에 걸쳐 살아남고 번식하여, 지렁이로, 바퀴벌레로, 악어로, 여우로, 사슴으로, 코끼리로, 돼지로, 개로, 소로, 침팬지로, 크로마뇽인 그리고 최초의 원시인으로 생존할 수 있었을까. 알타미라 혹은 라스코 혹은 오스트리아의 동굴에 거처하던 인류로서의 내 조상인 원시인이 얼마나 독종이고 꾀가 많았기에 자신들보다도 몇 배나 크고 힘센 들소를 잡아 뜯어먹고 멸종시키며, 다른 동굴의 원시인, 이웃, 형제와의 생존경쟁에서 이기고, 짝짓기를 하고, 자손을 낳고 살아남아 석기문명을 창안해낼 수 있었을까. 또 다른 원시인들이 생존경쟁에서 패배하여 자신들의 유전자를 남기지 못한 채로 도태되었을 때 나의 유전자는 살아 생명을 이어왔다. 나의 조상인 석기시대인이 얼마나 지독했기에 다른 부족과의 싸움에서 승리를 거두고 땅을 차지하고, 농사를 짓거나 짐승을 기르면서 청동기, 철기문명을 꾸며서 자손들을 번식해나갈 수 있었을까.

수많은 동시대인들이 자손을 남기지 못하고 영원히 사라졌을 때 나의 유전자는 후손을 이어왔던 것이다. 청동기, 철기의 나의 조상들이 얼마나 무정했기에 같은 부족에서도 강자가 되어 살아남아 자손을 퍼뜨리고, 얼마나 무자비했기에 다른 부족들과의 창과 칼싸움에서 그들을 약탈 또는 말살하고 승자로 군림하여 보다 편리한 생존을 위한 물질적 조건을 마련할 수 있었을 것인가. 이러한 나의 조상들이 얼마나 악한 자였기에 다른 가족, 부족, 민족을 창과 칼, 망치와 돌로 정복하면서 말살하거나 약탈하거나, 노예로 삼았기에 부족국가, 민족국가를 세우면서

보다 유리한 조건에서 자신들의 유전자를 늘려나갈 수 있었을까.

　이러한 부족, 민족국가의 추장의 하나였던 나의 조상 단군과 그의 후손들이 얼마나 억척스럽고 꾀가 많았기에 다른 부족, 민족국가를 제어하고 고구려, 백제, 신라의 문화를 창조할 수 있는 자녀들을 번식시킬수 있었던가. 이 삼국 가운데의 하나에 속했을 나의 선조가 얼마큼 잔인했거나 거짓말을 했기에 그 많은 피비린내 나는 전투와 파벌싸움에서 전사하거나 도태되지 않고 생존할 수 있었을까. 이렇게 살아남은 나의 조상이 얼마나 비겁했거나 아부를 잘했기에 조선조 오백년 동안의 무자비한 당쟁, 비참한 외침과 내란을 피해서 살아남아 자녀를 낳고 키울수 있었을까. 적지 않은 분들이 독립을 위해서 자손을 남기기는커녕 결혼도 못하고, 자신들의 후손들을 남기지 못하고 목숨을 마치는 동안 35년의 일제식민지 지배 하에서 살아남았다면 나의 할아버지나 아버지의 신경이 얼마나 두터웠기에 타민족에 의한 불의를 참고, 수많은 치욕을 견뎌낼 수 있었을까.

　우리는 지난 반세기 동안 격동의 시대를 살아왔다. 광복 직후 좌우익 대립의 치열한 이념적 싸움, 비참한 동족상잔의 6·25 전쟁을 치르며 지독한 빈곤과 혼란을 거쳤고, 그러한 과정에서 헤아릴 수 없이 많은 가족, 친구, 이웃이 죽어야 했거나 사회의 밑바닥에 깔리고 저변에 밀려나가 소외되어야 했다. 지금의 나는 이러한 역사를 잘 헤쳐 나온 생존자이다. 또한 나는 아비규환의 경쟁, 투쟁이 강요된 급격한 산업화, 군사독재하에서 살아남은 자이다. 나는 얼마나 지독한 동물적 생명력을 가진 자이며, 얼마나 약고, 비겁하고, 이기적인 존재였을까.

　정치적 및 경제적으로 치열한 경쟁과 가혹한 투쟁으로밖에 서술할수 없는 지난 몇십 년을 살아오면서 내가 한국에서 권력의 중심에 서 있었거나, 종교인으로서, 학자로서, 예술가로서, 기업인으로서, 첨단기술자로서, 박사로서 명성을 날리는 엘리트에 속했다면, 나는 얼마나 좋은 교육을 받아야 했었을까. 내가 그런 교육을 받기 위해서는 나의 할아버지, 아버지는 얼마큼의 돈이 있어야 했었을까. 할아버지, 아버지가 그런 돈을 마련하기 위해서는 남을 속이거나 남의 것을 빼앗은 일은 없었을까. 재력이 없었더라면 나의 부모는 나에게 과외공부를 시킬 수 없었을 것이며, 과외공부를 하지 않았다면 나는 엘리트 대학에 진학하지 못했을 것이다. 대부분의 국민들이 굶주림에 시달리거나, 그날그날의 생물학적 생존을 위해 허덕이고 있던 전쟁 중에 우리 할아버지나 아버지는 어떻게 나를 대학에 보낼 수 있었으며, 수백만 명이 달동네에서 가난과 병고에 시달리고 있을 때 나의 할아버지와 아버지는 무슨 재주로 나에게 과외공부를 시킬 수 있었을까. 어쩌면 나의 할아버지와 아버지는 강도나 사기꾼이나 좀도둑이나 깡패나 거짓말쟁이나, 아첨꾼이나 비겁한 자였거나 무자비한 자였을 것이다.

목사나 신부였던 나의 할아버지나 아버지가 번지레한 위선자가 아니었다면 일요일에 깨끗하고 호화롭기까지 한 교회나 성당에서 좋은 옷을 차려 입은 신도들을 앞에 놓고, 하느님의 이름을 수없이 부르고 사랑을 외치며 기도를 올리고 설교를 할 수 있었을까. 나의 아저씨나 형제였던 스님이나 보살도 낯이 두텁지 않고서는 부처님의 이름으로 자비라는 말을 함부로 입 밖에 내지 못했을 것이다. 장관, 교수, 작가, 예술인, 과학자, 첨단기술자인 나의 아버지나 아저씨가 지적으로 약간은 부정직하지 않고서는 엘리트로서의 사회적 지위를 즐길 수 없었을 것이다. 사업에 성공한 기업가, 부자가 된 투기꾼 혹은 장사꾼인 나의 아버지나 아저씨가 조금은 부정하거나 사기꾼이나 거짓말쟁이가 아니었다면,

그들이 그렇게 출세하거나 재산을 모을 수는 없었을 것이 아닐까.

그렇다. 생존은 모든 생명체에게 가장 원초적 본능이며, 따라서 생존은 모든 생명체에 있어서 각자 그 자체가 궁극적 목적이며 가치이다. 현재 지구상에서 볼 수 있는 인간을 비롯한 한없이 다양한 지구상의 생명체들의 시조가 단 하나의 박테리아의 유전자에 뿌리를 박고, 상상할 수도 없는 오랜 시간에 걸쳐 한없이 다양하게 가지를 펴나가고 진화된 결과이고, 인간이라는 종이 그 진화과정의 정상에 위치한다. 그동안 태어났다 죽은 헤아릴 수 없이 많은 수의 인간들의 진화 역사, 가깝게는 역사의 시간적 절정인 현재에 살아 있는 생물체로서의 인류의 가족인 나는 그렇게도 오랜 우주적 시간 속에서 용케, 씩씩하게, 약게, 살아남은 셈이다. 모든 생명의 궁극적 본능, 목적, 가치가 생존 자체에 있는 한, 이렇게 살아남은 나는 이 사실에 대해서 기쁨과 자부심, 가치를 느껴야 마땅하다. 적자생존이 모든 생명계의 가장 근본적인 존재 방식이라면 그것은 이렇게 살아남은 나, 더 정확히 말해서 나의 유전자가 처절한 생존경쟁에서 그렇게도 오랫동안 가장 잘 적응하여 승리자가 되었음을 입증한다. 모든 생명에 있어서 생존보다 더 근원적인, 절대적인 목적이나 가치를 상상할 수 없다면, 내가 이렇게 생존할 수 있는 것은 무조건 자랑스럽다. 내가 이렇게 생존할 수 있었던 이유가 '나'라는 유전자가 비겁했거나, 도둑놈이었거나, 지독했거나, 독종이었거나 무자비했었던 데 있다고 해도 사정은 전혀 다르지 않다. 생물학적 차원에서 볼 때 생존은 궁극적 가치이며, 생존 자체보다 더 이상 귀중한 것은 없기 때문이다. 그럼에도 불구하고 나는 다음과 같은 사실에 눈을 감을 수 없다.

지금 내가 이렇게 존재하고 있는 것은 나의 머나먼 조상할아버지인 수놈 호랑이가 아프리카의 세렝게티 초원에서 톰슨가젤을 잡아 찢어먹고, 다른 수호랑이를 몰아낸 다음 멀고먼 조상 할머니인 암호랑이와 무서운 모습으로 짝짓기를 했고 그것의 오랜 동안의 진화 결과로, 역시 나의 멀고먼 조상인 침팬지 수컷과 암컷이 지저분한 모습으로 짝짓기를 했던 오랜 동안의 진화 결과로 생긴 인류이기 때문이며, 단군보다도 오래된 나의 조상에서 시작되어 수천, 수만의 세대를 걸치면서 수많은 조상들이 동굴에서, 풀밭에서, 안방에서 때로는 개처럼, 때로는 소처럼, 때로는 토끼처럼 짝짓기를 했던 역사의 결과이기 때문이다. 이런 것을 생각할 때마다 나는 어쩐지 얼굴이 붉어지고 마음이 씁쓸한 채 상상의 거울 속에 비쳐진 잘나지 못한 나의 모습에 어쩐지 실망하고 고상했던 나의 모습이 추한 동물로 변신함을 본다. 그뿐만 아니다. 이럴 때마다 나에게는 나만이 아니라 잘났다는, 고상하다는, 귀하다는 사람들의 얼굴의 모습이 다시 보이고 그들의 말들이 달리 들린다.

  나는 이런 생각을 완전히 지울 수 없고 이럴 때면 갖게 되는 어떤 느낌을 숨길 수 없다. 양심에 따라 고려왕실에 충절을 지키다가 선죽교에서 살해당한 정몽주와 몰살당한 그의 가족들, 한편 그를 죽이고 한 왕권을 약탈하고 500년 동안 자손을 많이도 번식한 이방원을 생각해보지 않을 수 없으며, 지조를 지키다가 멸족을 당해 손이 끊긴 성삼문과 그에 비해 그를 살해한 한명회의 영광과 번영을 누린 그의 가족과 수많은 후손들을 생각하지 않을 수 없으며 그럴 때마다 세상의 불공평함을 느낀다. 나는 조부가 족보를 펴보이시면, 한때 세도했다는 조상들에게서 오히려 부끄러움을 느낀다. 순진한 나이에 6·25를 만나 자신의 신조에 따라 인민군 또는 국군에 자진해서 지원하여 일선에서 싸우다가 시체도 남기지 못한 채 전사한 가까운 친구의 기억과 대조해서 집안의 권력이나 약삭빠른 꾀를 써서 이기적으로만 살아남아 지금은 유명한 인물이 되고 훌륭한 자녀들을 길러 자랑하는 옛 친구들이나 이웃을 만날 때면 마음이 착잡해지고 인간사회의 부당함을 새삼 의식한다. 나는 지금까지 살아 있는 나 자신에 대해서도 느껴지는 어쩐지 거북하고 계면쩍은 감정을 숨길 수 없다. 고향에서 각기 나름대로 똑똑하고 꼿꼿했던 탓으로 공산주의자들에 의해서 혹은 국군에 의해서 학살당한 동네사람들의 얼굴이 머릿속을 스쳐갈 때마다 단지 머리가 둔하거나 부족했거나 아니면 실리에 약삭빠른 덕분에 가혹한 동족상잔에서 살아남아 면장, 군수, 국회의원이 되고, 자손을 번식하고 출세시킨 이들의 얼굴과 언행들이 같이 머릿속에 떠오른다. 또한 나는 내가 장구한 생명의 진화사를 통해서 가장 강한 인류의 가족으로 진화되고, 인류로 진화된 후에도 현재 백발이 되도록 생존해 있다는 사실을 의식하지 않을 수 없다.

생물학적 관점에서 볼 때 나는 생존경쟁의 승리자로서의 위와 같은 사람들을 영웅으로서 찬양하고 존경해야 하고, 나 자신의 생존에 대해서도 자부심을 가져 마땅하다. 나는 바로 그러한 생물학적 영웅들을 우러러 보아야 하고, 생존경쟁에 있어서의 한 승리자로서의 나 자신에 대해 크나큰 긍지를 느껴야 할 것이다. 그런데도 어딘가 마음의 깊은 곳에서 솟아나는 생물학적 영웅들에 대한 일종의 경멸감과 생존해 있는 나자신에 대한 일종의 수치심을 절감하면서 명백한 논리적 모순 속에서 내적 갈등을 깊이 느낀다.

이러한 우리의 느낌이 모든 인간이 적어도 어떤 지점이나 상황에서 피할 수 없는 경험의 하나라면 이러한 사실은 반드시 설명을 필요로 하며 그러한 설명은 인간과 우주의 궁극적 가치에 대해 무엇을 말해주는가.

그것은 인간이라는 존재는 비록 박테리아의 유전자로부터 진화되었더라도, 그 원인이나 이유를 만족스럽게 설명할 수 없지만, 생물학적, 물리학적으로만은 설명할 수 없는 윤리적 존재라는 사실과 우주의 궁극적 가치가 적어도 인간의 경우 생물학적 생존일 수 없다는 사실을 입증한다. 윤리적이란 자신의 생물학적 욕구를 희생하면서 남을 생각하는 마음씨이다. 수치심은 윤리적 결함, 즉 내가 생물학적 나의 욕망을 초월해서 남의 아픔과 기쁨을 생각하지 않는, 즉 인간으로서가 아니라 오로지 생물체로서만 존재하는 자기에 대한 반성적 의식이다. 나의 생존에 대해서 자부심은커녕 수치심을 느끼는 까닭은 나의 생존을 위해 남과의 생물학적, 유전자적 경쟁에서 나만을 위해 수많은 다른 유전자들을 희생시켜야만 했던 사실, 즉 '유전자로서의 나'는 비윤리적이었다는 사실에 대한 의식 때문이다.

엄격히 따져볼 때 이러한 사실은 단 한 번도 윤리적으로 탓할 점이 전혀 없는 장관, 학자, 사업가, 사회운동, 윤리 운동가들은 물론 공자, 간디, 마르크스, 테레사와 같은 영원한 윤리적 범전으로 살아온 이들에게도 다 같이 해당된다. 비록 그들이 일생동안 윤리적으로 탓할 바가 없었다 하더라도 그들의 조상 중에 적어도 누군가가 도적질이나 사기나 비겁하거나 잔인하지 않고서는 그들이 윤리적으로 위대한 인간으로 존재할 수 없었을 것이고, 따라서 유전자로서의 그들은 비윤리적 존재일 수밖에 없기 때문이다.

생존경쟁이 한없이 거칠고 험악하다. 삶이 삭막하고 살아 있음이 부끄럽다. 세상을 떠나고 싶다. 그래도 살아남아야 한다면 나는 어떻게 살아야 하는가. 이제부터라도 수치스럽지 않은 삶을 살도록 노력하는 수밖에 없다. 중요한 것은 마치 바퀴벌레처럼 번식하고 그냥 존재하는 것이 아니라, 영적 가치의 실현을 위해 실존하는 데 있다. 그것은 나의 유전자가 멸종하는 일이 있더라도 윤리적 주체로서의 나를 끝까지 확인하면서 긍지를 갖고 살아야 함을 뜻한다. 그렇지 못하다면 차라리 죽음이 차선의 선택인지 모른다.

죽음에 대한 명상

태어나자마자 곧바로 죽음은 언제나 우리 곁에 있다. 키르케고르의 말대로 삶은 '죽음의 병'이다. 점차로 나이가 들어 어느덧 노년에 들면 머리는 백발로 변하고, 눈과 귀가 어두워지며, 이가 빠지고, 피부는 쭈글쭈글해지고, 얼굴에 저승꽃이 피기 시작한다. 그것은 내가 곧 죽을 확률이 그만큼 많아졌음을 말해준다. 그것은 짙어가는 내 죽음의 그림자이다. 나의 '죽음의 병'이 그만큼 악화되어가고 있는 것이다. 내가 어떻게 잠시라도 나의 죽음, 더 나아가서 죽음의 일반에 대한 생각을 피할 수 있겠는가?

한 생명체에게 죽음은 그저 가능성이 아니며 그냥 확률로 얘기할 수 있는 가능성이 아니다. 한 생명에게 있어서 죽음보다 더 확실한 것은 없다. 파스칼이 은유적으로 말했듯이 '우리는 누구나 할 것 없이 쇠사슬에 묶여 자신의 사형 집행을 기다리는 사형수이다.' 죽음은 어떤 인간도 피할 수 없는 숙명이다. 죽음은 인간만이 아니라 모든 생물의 존재 조건이다. 삶은 곧 죽음의 시작이며 죽음을 향해서 죽음을 위해서 존재한다.

부처 석가모니의 말대로 그리고 우리가 마음속에 늘 느끼고 있는 것처럼 인생이, 아니 모든 종류의 삶은 끝없는 고해이고, 사르트르가 말했듯이 인간의 존재 양식은 실존이고, 실존이 '불안'이라면 삶의 종말을 의미하는 죽음은 고통과 불안으로부터의 해방이며, 도피가 아니라 환영의 대상으로 봐야 하며, 슬픔이 아니라 축복의 원천이어야 할 것이 아니겠는가? 프로이트는 탄토스, 즉 죽음을 향한 욕망은 에로스, 즉 생명을 향한 욕망과 나란히 가장 기본적인 인간의 본능이라고 주장하고, 사르트르는 즉자·물질이 되고자 하는 충동이 대자·의식으로 남아 있고자 하는 충동과 나란히 인간의 피할 수 없는 기본적 존재 구조라고 설명한다. 인간은 살려고 하면서 죽고자 하고, 죽고자 하면서 살려고 한다는 것이다. 프로이트의 정신분석학적 설명이나 사르트르의 철학적 설명을 빌리지 않더라도, 우리가 각자 자신의 구체적인 일상적 체험을 뒤돌아보고 그것을 솔직하게 분석해보면 죽음이 항상 우리를 유혹하고 있음을 깨닫게 된다.

살을 칼로 베고 뼈를 톱으로 자르는 듯한 육체적 고통을 겪을 때 차라리 죽고 싶다는 충동을 느끼지 않는 이는 없을 것이다. 육체적으로는 편안해도 가장 사랑하는 이를 잃고 깊은 슬픔에 빠진 애인이나, 사무치게 사모해도 상대방의 마음을 끌 수 없어 실연당한 젊은이나, 아무리 노력해도 병든 아내와 배고픈 자녀들의 생계를 꾸려갈 아무 방도를 찾을 수 없는 남편·아버지가 어찌 죽고 싶은 충동에서 벗어날 수 있겠는가? 무력으로 세계를 제패하고 어제까지도 권력의 정상에 있다가 전쟁에 패배하여 전 세계로부터 '악마 같은 죄인'으로 몰려 자존심이 진흙에 빠진 상황에 놓였던 히틀러나, 어제까지도 한 국가의 수뇌로서 권위와 존경을 만끽하다가 유례가 없는 대도로 몰려 전 국민의 조롱과 질타를 받으며 쇠고랑을 차고 감옥에 들어가야 하는 대통령들이 어찌 차라리 죽고 싶다는 생각을 하지 않을 수 있겠는가? 지옥 같은 대학 입학 경쟁을 눈앞에 두고 밤늦게까지 시험 준비를 하면서 불안을 떨칠 수 없는 학생이나, 학교에 가면 언제나 왕따를 당하는 어린 학생이나, 준비가 되지 않은 채로 수업 시간이 되어 교실에 들어가 학생들 앞에 서야 하는 교수가 어찌 순간적이나마 죽음으로서 그들이 직면한 심리적 고통을 해결하고자 하는 충동을 느끼지 않을 수 있겠는가? 한 피고인의 생명, 한 국가의 운명과 인류의 장래가 각기 자신의 결단에 달려 있음을 알고 있는 막강한 권한과 권력을 갖고 있는 재판소의 판사나 한 국가의 원수나 세계 패권국의 대통령이 막강한 책임에 따른 극심한 정신적 고민과 불안에서 해방되려는 충동을 벗어날 수 없는 것이 불보다도 환한 심리적 진리라면 어찌 그들이 그런 결정을 내리기보다는 차라리 죽었으면 하는 느낌을 갖지 않을 수 있겠는가? 자신의 생명 이상 귀중한 것이 없음에도 불구하고 적지 않은 사람들이 자살을 하며, 그중 적지 않은 경우가 위와 같은 도피적 심리로서 설명될 수 있다.

사실 때로는 죽은 자의 집인 무덤은 살아 있는 자의 집보다 더 깔끔하고, 죽은 자들의 마을인 공동묘지는 산 자들의 마을인 동네보다 더 아늑해 보인다. 풍수지리상 명소라는 곳에 쓴 어느 산소의 흰 비석 뒤에 푸른 잔디로 수북하게 덮인 한국의 무덤은 어느 주택보다도, 손질이 잘된 공원 같은 미국의 동네 한복판이나 옆의 공동묘지는 어느 마을의 공원보다도 더 아름답다. 정서적으로 더 조용하며 안정감을 주고, 사색적으로 깊으면서도 편안한 느낌을 안겨준다.

하지만 분명한 사실은, 아무리 죽음을 향한 충동이 삶을 향한 충동과 더불어 가장 근원적이며 원초적인 두 본능이라고 하더라도 삶을 향한 본능은 죽음을 향한 본능보다 더 근원적이고 원초적이며, 더 강하고 더 질기다는 사실이다. 생명에는 필연적으로 죽음이 따른다는 사실이 누구에게나, 아니, 어떤 생물에게나 가장 자명한 진리인데도 불구하고 모든 인간은 하루라도 더, 한순간이라도 더 살아남으려고 안간힘을 쓴다. 사람들은 몸에 좋다는 것이면 약이고 음식이고 가리지 않고 찾아 먹고, 할머니 할아버지들은 아침마다 팔과 다리를 서투르게 움직이며 체조를 하고, 힘든 산책을 한다. 병원에서는 희망도 없는 중환자들이 고통스럽고 큰 비용이 들어가는 몇 번의 큰 수술도 거절하지 않고, 장기를 이식하거나 최근에 발명된 여러 가지 플라스틱 기구로 망가진 몸을 땜질한다.

생명에 대한 강렬한 애착은 인간에게만 한정된 것이 아니다. 모든 생명들이 마찬가지이다. 약탈자 사자의 무서운 이빨에 목을 물린 톰슨가젤은 목숨이 끊어질 때까지 네 다리를 사방으로 버티며 사자의 입에서 빠져 나와 살려고 악을 쓰고, 몸의 반쯤이 뱀의 입에 들어가 있는 개구리는 사지를 꼬면서 뱀의 밥이 되지 않으려고 용을 쓴다. 모든 고통의 근원적 원인이 각기 자신에 대한 애착에 있다는 부처님의 말씀은 옳지만 그러한 애착을 모두 끊어버리라는 그의 가르침은 비현실적이다. 무엇인가에 대한 애착이 없는 생명은 존재할 수 없으며, 자신의 생명에 대한 애착보다 더 질기고 강하고 근원적인 애착은 존재하지 않기 때문이다. 죽음에 대한 충동, 욕망, 본능은 따지고 보면 삶에 대한 충동, 욕망, 본능의 빗나간 혹은 우회적 표현이며, 죽음의 유혹은 삶에 대한 애착의 그림자에 지나지 않는다.

생명에 대한 애착은 곧 죽음에 대한 거부이다. 왜 죽음을 끝까지 거부하는가? 죽음이 생명의 불가피한 조건이라면, 이러한 조건이 자연, 우주의 움직일 수 없는 질서이며 법칙이라면, 죽음의 거부는 우주 질서의 거부이며, 우주 질서와 법칙의 거부만큼 불합리한 것은 있을 수 없다. 덧없는 삶을 악착같이 좀더 살아서 무슨 의미가 있겠는가? 죽음에 대한 우리의 태도는 부조리하고 어리석으며 생명에 대한 우리의 집착은 치사하다.

하지만 우리의 어리석고 부조리한 태도와 치사한 집착에는 몇 가지 이유가 있다. 삶과 죽음이 논리가 아닌 것처럼, 삶과 죽음에 대한 우리의 태도는 논리가 아니라 본능의 영역에 속하며, 삶에 대한 우리의 집착, 즉 죽음에 대한 우리의 거부감은 이성이 아니라 감성의 안건이다.

죽음은 처참하고, 징그럽고, 끔찍하다. 전쟁터에 쓰러진 수많은 시체들을 보아라. 푸른 하늘을 향해 멍하게 뜬 그들의 움직이지 않는 두 눈동자를 바라보라. 피에 흠뻑 젖은 그들의 흙투성이 전투복을 보라. 총탄에 일그러진 코, 잘라진 귀가 좀 붙어 있는 반쪽 난 그들의 얼굴을 보아라. 포탄에 맞아 터진 배에서 밖으로 삐져나온 그들의 창자를 보아라. 나는 전쟁터의 처참하고, 징그럽고, 끔찍한 시체가 되고 싶지 않으며, 썩어서 냄새가 나는 송장이 되고 싶지 않다.

죽음은 자유의 박탈, 물질로의 변신을 의미한다. 죽는 순간부터 살이 썩고, 살이 썩으면 지독한 냄새가 나도 스스로는 어쩔 수 없다. 죽으면 장의사들이 내 몸을 물건처럼 다루며 마음대로 묶고, 관 속에 넣어 못을 박아 냉동실에 집어넣어도 나는 아무것도 할 수 없다. 나는 나의 주체성, 나의 자유를 잃고 싶지 않다.

죽음은 상상만 해도 무섭다. 죽으면 나는 축축한 흙에 무겁게 눌린 채로 어두운 무덤 속에 답답하게 갇혀 있게 된다. 나는 머지않아 눈알 빠진 해골, 살이 빠진 뼈다귀로 변한다. 화장터의 뜨거운 불에 바싹 탄 후 나는 한 주먹의 재로만 남는다. 나는 의식이 없는 돌이나 흙이 되어 칠흑 같은 어둠 속에서 혹은 혹독하게 추운 겨울밤의 눈보라 치는 허허벌판이나, 숨이 답답하게 막히는 여름 햇볕 아래 그늘 한 점 없는 산속에서 혼자 헤매야 한다. 나는 이런 상태에서 고독하게 헤매고 싶지 않다.

나의 죽음은 나로부터 내가 아끼는 것들의 박탈을 의미한다. 죽음은 내가 사랑하는 아내, 자식들, 나를 사랑하는 나의 부모, 가족, 나를 가르친 스승, 나를 아끼고 내가 아끼던 친구들과의 영원한 작별을 의미한다. 죽음은 나의 생물학적 생명을 지탱해준 공기, 물, 땅, 음식들과 영원한 작별을 뜻한다. 죽음은 나의 가슴을 그렇게 싱그럽게 채워주던 신록의 산 풍경, 끝없이 펼쳐진 바다 풍경, 한없이 높은 곳에서 반짝이는 수많은 별들로 덮인 밤하늘 풍경을 나로부터 영원히 박탈해간다. 죽음은 더이상 내가 책에 몰두할 수 없게 하고 또한 내가 즐겨 먹던 갈비탕이나 전주비빔밥을 더 이상 맛볼 수 없게 만든다. 나는 내가 사랑하는 이들을 언제까지라도 더 보고 싶고, 나는 자연들과 영원한 접촉을 하고 싶고, 나는 풍경들을 한없이 즐기고 싶고, 나는 그러한 음식들을 언제라도 더 먹을 수 있기를 바란다. 그런데 어찌 내가 죽음을 거부하지 않을 수 있겠는가?

죽어서 떠난 이의 텅 빈자리가 허전하다. 한 생명의 죽음은 그가 애써 살아오면서 닦아 놓은 모든 것을 허망하게 한다. 죽은 후에 내가 살아오고 닦아 놓은 모든 것이 혹시 살아남은 이들에게는 의미가 있을지 몰라도 내 자신에게는 전혀 무의미하다는 말이다. 의식을 전제하지 않는 의미를 생각할 수 없다면 나의 의식의 완전한 소멸을 뜻하는 나의 죽음은 나로부터 모든 의미를 박탈하기 때문이다. 방대한 중국의 천하를 지배하다가 지금은 땅속에서 버러지의 밥이 됐고 버러지와 함께 흙으로 변한 진시황의 육체적 흔적이나, 그렇게 영광을 누렸다가 지금은 미라가되어 박물관에서 박제로서 관람객들의 구경거리로 남아 있는 고대 이집트의 파라오 왕들의 모습을 머릿속에 상기해보라.

인간의 삶은 의미 있는, 의미를 찾는 활동이며, 그러한 사실을 의식하는 활동이다. 의미는 생명을, 의미의 경험은 의식의 주체를, 의식의 주체는 살아 있는 인간을 전제한다. 생명이 없는 상황에서, 더 정확히 말하면 인간이 없는 상황에서, 한 걸음 더 구체적으로 보자면 경험주체로서의 인간의 의식이 없는 상황에서는 어떠한 의미도 존재할 수 없다. 의미는 의식을, 의식은 살아있는 인간을, 살아 있는 인간은 살아 있는 '나'를, 살아 있는 나는 생명을 전제한다. 그러므로 나의 관점에서 볼 때 나의 생존은 우주 안의 모든 의미의 원천이며, 나의 생물학적 존재에 어떤 의미를 부여한다. 나의 생명은 의미 있는 생명으로서, 인간으로서 존재할 수 있다. 내가 생존함으로써, 내가 의식적 주체로 존재함으로써 비로소 생물학적 나를 비롯해서 나의 삶, 남들의 삶, 세계, 우주는 의미를 갖게 되고 더 이상 허전하지 않게 된다. 나, 나의 삶, 남들, 세계, 우주가 허전하지 않으려면 생명체, 의식 있는 생명체, 즉 인간으로서 살아남아야 한다. 그렇다면 어떻게 나의 의식의 종말, 나의 존재 의미를 위협하고 약탈해가는 죽음에 대해 저항하지 않고 그것을 그냥 보고만 있을 수 있겠는가?

그러나 죽음은 동물적, 심리적, 정서적 반응만을 일으키는 사건이 아니다. 죽음이 역사적으로 그리고 현실적으로 모든 생명체에게서 언제 어디에서고 거부적 반응을 일으켜왔다는 것이 사실이라고 해도 그러한 반응만이 전부는 아니다. 죽음은 생물학적 또는 정서적 반응의 차원을 넘어서 쉽게 대답이 나오지 않는 놀라운 지적, 철학적, 형이상학적 질문을 던지는 현상이다. 심리학적으로는 의식의 완전한 상실로, 의학적으로는 심장박동의 완전한 정지로, 생물학적으로는 뇌세포 활동의 완전한 정지로, 물리화학적으로는 유기체 상태에서 무기체 상태로의 완전한 환원으로 될 수 있는 죽음은 현상학적, 철학적, 형이상학적으로는 유에서 무로의 절대적 전환으로 정의될 수밖에 없으며, 이러한 전환은 '컴퓨터 모니터에서 갑자기 사라진 채 다시는 복구할 수 없게 된 글자, 기호' 혹은 '갑자기 꺼졌지만 다시는 고칠 수 없는 등불'이라는 은유로 서만 정의할 수 있지 않을까 생각된다. 나는 컴퓨터라는 나의, 인간의, 삶의, 세계의, 존재의 모니터 스크린 안에서 다른 글자, 기호와의 관계 속에서만 존재하고 의미를 갖는다. 거기에서 눈 깜짝하는 사이에 일단 사라지면 '나'라는 글자, 낱말, 문장, 기호는 어디로인가 아주 사라지고 만다. 나의 세계는 나의 의식을 통해서만 존재하는 만큼 나의 삶은 세계 를 밝히는 등불이고, '나'라는 등불의 꺼짐은 적어도 나에게는 모든 빛 의 꺼짐, 즉 어둠을 뜻한다. 컴퓨터의 스크린에 있던 상태의 '유'로서의 '나'라는 기호와 모니터 스크린에서 사라진 '무'로서의 '나'의 관계, 꺼 지지 않은 상태의 빛으로서의 '등불'과 불이 꺼진 상태의 '빛'으로서의 '등불'의 공간적, 시간적 거리는 미미하며 그들 간의 단절은 상대적이 다. 아직도 스크린에 남아 있는 글자들, 기호들이나 아직 꺼지지 않은 등불에 비할 수 있는 삶은 한낱 깨어나지 않는 나비의 꿈인가? 컴퓨터 의 모니터 스크린에 아직 꺼지지 않고 남아 있는 삶이라는 나비의 꿈도 다른 글자들, 기호들처럼 언젠가는 깜짝할 사이에 모니터에서 영원히 지워질 것이 아닌가?

죽음이 동반하는 이같은 절대적, 그리고 영원한 단절이 가장 자명한 사실이며, 그 사실이 우주적 질서를 반영하는 것이라면, 그러한 우주적 현상, 즉 삶과 죽음의 관계에서 나타나는 '절대적 단절'에 대한 철학적, 형이상학적 설명을 요구한다. 철학에서의 플라톤의 '이데아론', 종교 에서의 불교의 윤회설輪廻說이나 기독교의 '하느님 나라'는 죽음에 대한 공포로부터 심리적으로 해방되기 위해 고안된 일종의 '안정제'로만이 아니라 죽음이라는 절대적 '단절'에 대한 지적, 철학적, 형이상학적 설명으로 볼 수 있다. 과연 만족스러운 대답인가? 결코 그렇지 않다.

죽음은 화두를 던진다. 인생은 아무도 웃기지 못하는 코미디인가? 아무도 그 뜻을 모르는 나비의 꿈인가? 생각나는 대답은 끝날 수 없는 '선문답禪問答'뿐이다. 확실한 대답이 없다. 그러나 한 가지 확실한 것이 있다. 조만간 죽는다는 것이 불을 보듯 자명한데도, 사는 것이 고통이라는 것을 인정하면서도, 삶이 궁극적으로 허망하다는 것을 의식하면서도, 우리는 지푸라기라도 잡으려는 익사 직전의 사람처럼 삶에 집착한다. 어머니의 새 무덤에 삽으로 흙을 덮고, 아들의 유골을 화장터에서 들고 오고, 어제까지 술을 마시다 죽은 친구의 장례식에 다녀온 직후에도 백발이 된 나는 집에 와서 샤워를 하고, 맛있는 음식을 찾고, 책을 읽고, 원고를 쓰고 내일을 걱정한다.

혼자됨과 고독

혼자됨은 생명체의 객관적 존재양식을 지칭한다. 모든 생명체는 다른 어떤 생명체와도 대치할 수 없는 개체로 존재한다. 혼자됨은 생명체의 근본적인 존재양식이다. 인간도 예외가 아니다. 인간은 언제나 다른 어떤 사람, 어떤 동물로도 대치할 수 없는 유일한 개체로서 혼자 존재한다. 인간으로서의 나는 혼자 태어나서 혼자 살다가, 혼자 죽고 혼자 땅에 묻혀서 혼자 썩는다. 아무도 나를 대신해서 나로서 태어나고, 나로서 살다가, 나로서 죽고, 나로서 묻혀 나로서 썩을 수는 없다. 아무도 나를 대신해서 기뻐하거나 아파할 수 없다. 나를 대신해서 누군가를 사랑하거나 증오하고, 쾌감이나 고통을 느끼고, 기쁨이나 슬픔을 경험할 수는 없다. 혼자됨은 생물체로서의 인간의 삶의 가장 기본인 존재조건 중의 하나이다.

혼자됨은 아름답고 고귀하고 창조적일 수 있다. 눈 쌓인 넓은 들 저편 유난히 붉게 지는 저녁 해를 배경으로 높은 하늘 위를 홀로 유유히 날아 사라지는 한 마리 두루미의 모습은 아름다우며, 혼자 우뚝 서있는 히말라야는 무엇보다도 장엄하며, 험준한 산의 계곡 큰 바위 위에 홀로 앉아 자연을 음미하는 동양적 시인을 그린 동양의 산수화에서 우리는 한없이 숭고한 정취를 경험한다. 깊은 산속 암자에서 혼자 좌선에 몰두해 있는 불교적 수도승의 모습에는 그 깊이를 헤아릴 수 없는 깊은 정신적 충족감이 담겨져 있고, 밤늦게까지 책상 앞에 혼자 앉아 시상에 빠져 있는 시인이나 사색에 몰두하는 철학자의 모습에서 군중 속에서는 찾아볼 수 없는 한 개인의 심오한 세계를 엿볼 수 있다. 불의와 타협하기보다는 정의의 편에 서서 혹은 거짓과 타협하기보다는 진리의 편에 서서 싸우다가 철창 속에 혼자 갇혀 있는 혁명가, 종교적 순교자, 철학자의 모습은 상상만 해도 고귀하고 거룩하다.

혼자됨은 한 인간에게 자신의 실존적 정체성을 깨닫게 하는 계기가 되어 자신의 자유, 즉 인간으로의 존재를 확인해주는 조건이 될 수 있으며, 생명력의 원천이 될 수 있고, 위대한 창조의 걸음이 될 수 있으며 삶의 환희로 인식될 수 있다. 떠들썩한 무리로부터 떨어져서 자기 혼자만의 조용한 공간과 시간을 갖지 못하는 시인이나 철학자를 상상할 수 없고, 오랫동안 혼자만의 시간을 견딜 수 없는 위대한 학자나 발명가는 있을 수 없다. 철저하게 홀로 설 수 없는 예술가나 혁명가나 정치가에서 위대한 예술이나 올바른 개혁이나 믿을만한 정치를 기대할 수 없다. 홀로 있음은 위대한 모든 것을 창조할 수 있는 모태이고 조건이며, 고귀하고 숭고한 모든 것의 뿌리이며 토양이다. 혼자됨은 자유로운 실존적 자아발견의 조건이고, 창조적 주체로서의 자아에 대한 긍지와 그에 따른 삶에 대한 충만한 경험의 계기이다. 혼자됨은 그것을 의식하는 이에게 긍정적으로 다가올 수 있다.

혼자됨이 생명체의 객관적 존재조건을 지칭한다면 고독은 그러한 혼자된 존재조건의 주관적 체험을 가리킨다. 체험은 발달된 반성적 의식을 전제하며, 오직 인간만이 그러한 의식을 갖춘 동물이다. 인간만이 자신의 혼자됨이라는 존재조건을 '고독한' 것으로 체험할 수 있다. 어떠한 동물의 세계에도 고독이 존재하지 않는다. '고독'은 오로지 인간에게만 해당될 수 있는 말이다. 인간만이 고독할 수 있는 동물이다. 고독이 혼자됨에 대한 인간의 반성적 의식 상태를 말하지만 혼자됨에 대한 그러한 반성적 의식이 곧 고독이라는 의식으로 바뀌는 것은 아니다.

바위 위에 외톨이로 우뚝 서 있는 소나무, 발정기를 제외하고는 평생을 외톨이로 떠돌며 사는 호랑이, 로댕의 생각하는 사람, 사색하는 철학자, 깊은 산 속 외딴 암자에서 도를 닦는 수도승은 다 같이 혼자 존재한다. 그러나 그들이 반드시 고독한 것은 아니다. 고독은 혼자됨을 함의하지만 혼자됨이 곧 고독을 뜻하지는 않는다. 깊은 정신적 경지에 도달하기 위해서 암자에서 혼자 좌선을 하는 수도승, 철학적 사색을 위해서 밤늦게까지 혼자 책상 앞에 앉아 있는 노총각 철학자는 각자 자신들의 목적 달성을 위해서 혼자됨을 스스로 택하고 그러한 혼자됨을 창조적 작업으로 승화시키는 데 남다른 삶의 긍지와 행복감을 느낀다. 파스칼의 말대로 혼자됨이 없이는 참다운 정신적 만족, 즉 행복은커녕 의미 있는 일을 성취할 수 없다.

그렇지만 위와 같은 수도승, 혁명가, 철학자들도 때로는 '고독'을 느낀다. 그들도 가끔은 가족, 친구 그리고 그밖의 누군가가 보고 싶고, 누군가와 이야기하고 싶어지고 소외된 스스로를 의식하면서 '쓸쓸함'을 느끼지 않을 수 없을 것이다. 이러한 사실은 인간이 사회적 동물, 즉 혼자만으로는 살 수 없고 다른 사람들과 더불어 살아야 하는 존재라는 데에 기인한다. 혼자된 상황에서 인간이 느끼는 이같은 고독은 생물학적으로 사회적 동물이라는 인간조건의 필연적 표현이다. 암자에서 혼자 명상하는 수도승, 감옥에 혼자 갇혀 있는 혁명가, 책상 앞에서 혼자 사색에 잠기는 철학자들의 혼자됨의 조건은, 그것이 창조의 조건이며 긍지의 원천이라고 하더라도 한 인간의 이상적 그리고 영원한 조건이 될 수 없다. 인간은 본질적으로 사회적 동물, 즉 타자와 함께 살지 않을 수 없는 동물이기 때문이다. 고독은 소외되어 쓸쓸한 자신에 대한 자의식이다. 고독은 사회적 아픔이다.

고독은 단순히 사회적 소외나 그러한 소외에 기인하는 쓸쓸함만이 아니다. 그것은 한 인간이 '아무에게도, 하느님에게조차도 의지할 수 없는' 자신의 존재론적 조건에 대한 의식이다. 생물학적으로 아무리 크더라도 그의 힘과 능력에는 절대적 한계가 있다. 고독은 이러한 실존적 조건의 의식이다. 고독은 형이상학적 아픔이다.

한 반의 다른 또래들로부터 왕따를 당하는 지훈이는 혼자 힘으로 그들의 놀림을 막아낼 수 없다. 그는 누군가의 도움을 필요로 한다. 그러나 그를 도와주기는커녕 그의 딱한 사정에 관심을 보이는 애들은 아무도 없다. 지훈이는 고독하다. 등록금만이 아니라 당장 먹을 것도 없게 된 소녀 가장 은혜는 그녀의 처지에 대한 누군가의 관심과 경제적 도움이 필요하다, 그러나 친척, 이웃은 물론 나라에서도 그녀에게 무관심하다. 그는 고독하다, 직장을 잃어 생계가 막막해진 가난한 가장인 아버지는 새 직장을 얻어야 한다. 그러나 그 많은 사람들 가운데서 그에게 도움의 손길을 뻗치는 이는 아무도 없다. 벌써 오래전부터 직장을 찾으려고 매일같이 여러 곳을 돌아다니다가 헛걸음으로 집에 돌아오는 그를 도와주려고 나서는 친구라고는 하나도 없는 40대 아버지는 고독하다. 반세기 이상 땅을 강탈당하고, 국민이 잡혀가고, 마을이 폭격을 당해도 옆에서 구경하듯 바라보고만 있지 실제로 목숨을 걸고 도와주는 나라가 없는 팔레스타인 사람들은 고독하다. 한 개인이 처한 어려움의 경우 내가 함께하는 사회의 구성원들은 뜻만 있다면 나를 도울 수 있지만 실제로는 그렇지 않다.

고독은 자신의 곤경에 대한 남들의 사회적 무관심 속에 놓여 있는 개인적 혹은 집단적 인간의 상황이며, 고독감은 한 인간 혹은 한 인간 집단이 그러한 상황에서 혼자만으로 감당해야 하는 고립감, 쓸쓸함, 아픔의 의식이다. 고독은 내가 참여하고 싶은 사회, 즉 인간 공동체, 더 정확히 말해서 내가 남들과 인간으로서 공유하고자 하는 삶의 축제로부터 사회적으로 소외, 제거된 상황 그리고 그러한 상황이 빚어내는 인간적 아픔이다. 얼굴 모습이나 국적이나 모국어가 같은 사람이라고는 거의 찾아볼 수 없었던 뉴욕이나 파리나 런던이나 베를린의 몇몇 한국 유학생들이, 남들은 모두 부모 가족을 찾아 자기 집으로 돌아가는 크리스마스나 그밖의 축제 휴일이 되어 찾아가도 반가이 맞아줄 이나 찾아올 이가 없는 상태에서 기숙사나 좁은 아파트에 남아 있던 한국의 유학생들은 고독하다.

같은 이유에서 바람이 난 남편한테 버림을 받은 여인, 아내와 남편과 사별하고 자녀들의 돌봄도 없이 살아야 하는 할아버지나 할머니도 다 같이 고독하다. 마찬가지로 대부분의 한국인들이 고향을 찾아 부모, 가족들을 만나고 성묘를 하며 동네 사람들과 함께 즐기는 추석날에도 갈 곳이 없어 달동네의 한 좁은 방에 남아 말을 나눌 이들도 없이 라면이나 끓여먹고 지내야 하는 한국의 저임금 외국노동자들은 더욱 고독하며, 눈보라가 치는 설날 달동네 한구석에서 부모형제를 잃고 굶주린 채 발발 떠는 고아들이 느끼는 고독감은 더욱 처절하다. 겟세마네 동산에서 십자가에 못 박혀 목숨을 잃은 예수는 마음만 있으시다면 도와주실 수 있으실 텐데도 아무런 도움의 손길을 뻗지 않으시고 아주 높은 곳에서 침묵만 지키고 바라보고만 계신 전지전능하신 하느님을 의식하면서 무한히 고독을 느꼈을 것이다.

나는 괴롭고 아프다. 그러나 나의 괴로움과 아픔을 진심으로 딱하게 생각하는 이가 나의 주변에 정말 얼마나 될 것인가? 나는 조금이라도 더 살고 싶다. 그러나 나의 이러한 소원에 진정 관심을 쏟는 이가 우리 사회에 얼마나 될까? 나는 혼자 침대에 누워 죽어가고 있다. 나는 지금 전쟁터에서 총을 맞고 쓰러져 고통 속에서 숨을 거두려 하고 있다. 나에게 있어서 나의 생명은 절대적 의미를 갖는다. 그러나 나의 죽음에 중요한 의미를 붙이는 이가 이 세상에 얼마나 될까? 풀과 꽃, 나무와 동물, 산과 바다, 저 많은 아름다운 별들과 우주에게 내가 사는 일과 죽는 일이 무슨 상관이 있겠는가? 나는 괴로워하지만 남들은 즐겁게 살며, 나는 더 살고 싶지만 희망이 없고 남들은 여전히 건강하게 오래 살고 있다. 내가 죽어가지만 남들은 상관하지 않고 자신들 나름대로 살아가기에 바쁘다.

나에게는 나의 생존이 가장 중요한 의미를 갖지만, 풀과 꽃, 나무와 동물, 산과 바다, 별들과 우주는 아무런 상관없이 계절을 따라, 우주의 법칙에 따라 아름다움, 장엄함, 신비로움을 자랑하며 그냥 자연스럽게 돌아가고 있다. 고독은 나의 고통에 대한 사회적 타자, 즉 나 이외의 모든 사람들과 자연적 타자, 즉 식물들과 동물들, 별들과 달, 하늘과 땅, 산과 바다 등의 나의 아픔에 대한 무관심 앞에서 느끼는 냉정함이며 쓸쓸함이고, 슬픔이며 고통이다.

모든 사람들이 언제나 남들의 어려운 처지에 무관심한 것은 아니며, 실제로 아무 도움도 주지 않을 만큼 철저한 이기주의자는 아니다. 맹자의 성선설이 옳지 않은 것처럼 순자의 성악설도 맞지 않는다. 대부분의 사람들은 개인적으로나 집단적으로 남의 아픔을 다소나마 함께 느끼고 고통스러운 처지에 있는 이들을 도와주고자 하는 심성을 갖고, 적지 않은 경우 자신을 희생하면서까지 실제로 남을 돕는다. 그렇다면 인간의 존재조건은 철두철미 고독한 것은 아닌 것 같다.

하지만 인간은 역시 궁극적으로 고독하다. 어떠한 경우에도 극복할 수 없는 고독, 풀어낼 수 없는 고독, 즉 절대적 고독이 있다. 나는 두통, 직업, 배우자 선택, 애정 문제, 도덕적 문제를 놓고 고민한다. 그러나 나 대신 두통을 앓고, 나 대신 나의 문제를 선택하고 결정할 수 있는 이는 어디서도 찾아볼 수 없다. 나는 사선을 헤매고 있다. 그러나 아무도 나를 죽음으로부터 구해주지도 못하고 나 대신 죽지도 못한다. 나의 부모, 내 아내, 내 자식들, 의사, 돈, 권력, 그리고 전지전능하신 신도 나에게 닥쳐오는 죽음, 나에게는 모든 것의 마지막, 절대적 적막, 어둠, 허무를 의미하는 죽음으로부터 나를 도와 해방시킬 수 있는 것은 아무것도 없다. 아무도 내 삶과 죽음을 대신할 수 없다. 나의 삶은 나 혼자 살 수 있고, 나의 죽음은 나 혼자 당해야 한다. 인간은 근원적으로 고독하다.

원자, 모래, 바위, 산, 풀, 버러지, 새, 동물 그리고 인간 등 모든 존재는 언제나 어떤 것과도 대치할 수 없는 개체로서 홀로 존재한다. 톰슨가젤에 뜯어 먹히는 한 포기의 들국화, 치타에 잡아먹히는 한 마리의 톰슨가젤, 인간이 쏜 총알을 맞고 죽어가는 호랑이, 지하실에서 고문을 당하다가 숨이 끊어지는 독립지사는 한결같이 혼자 고통을 받다가 혼자 죽음을 맞는다. 그러나 들국화, 톰슨가젤, 치타 그리고 호랑이는 고독하지 않다. 오로지 인간만이 고독하다. 고독은 혼자됨 자체가 아니라 혼자됨의 상황에서 경험하게 되는 나에 대한 타자들의 무관심의 의식이며, 그것은 생물학적 고통과는 다른 외로움, 쓸쓸함, 슬픔의 정신적 고통 같은 아픔으로 나타난다. 인간만이 그러한 의식을 하고 이러한 정신적 고통을 경험할 수 있는 동물이기 때문이다.

혼자만의 공간과 시간을 견딜 수 없는 이들로부터 위대한 창조적 업적을 기대할 수 없다. 하지만 아무리 위대한 업적을 창조하는 인간도 언제까지고 혼자된 상태에서 혼자 산다는 것은 심리적으로 아프다. 혼자됨이 논리적으로 곧 고독을 함축하지 않지만, 실제로는 고독, 즉 일종의 쓸쓸함, 아픔으로 변한다. 인간은 형이상학적으로 각자 홀로서기를 해야 하는 유일한 존재이지만, 그와 동시에 동물적으로 나 아닌 남과의 만남, 타자와의 대화, 그리고 상호 간의 도움을 필요로 하는 사회적 동물이기 때문이다. 위대한 인간을 꿈꾸지 않더라도 스스로를 타자로부터, 무리들로부터 그리고 일상적 생활로부터 의식적으로 잠시나마 떨어져서 혼자만의 공간과 시간을 전혀 갖지 못하는 인간의 삶을 정말 인간다운 삶이라고는 말할 수 없다. 그러한 혼자만의 공간과 시간 속에서만 인간은 비로소 세계와 자신 그리고 그러한 것들의 의미를 조용히 주체적으로 인식하고 반성할 수 있으며, 그러한 주체적 인식과 반성이 전혀 부재한 인간의 삶을 인간다운 삶이라고 말할 수 없기 때문이다. 하지만 인간은 언제까지나 혼자만의 공간과 시간 속에 갇혀 있을 수 없다. 그는 밖으로 나와야 한다. 그러한 공간과 시간 속에서 반성하면 할수록, 깨달으면 깨달을수록 인간은 자신의 죽음 앞에서 자신의 궁극적 한계를 의식하며, 지적으로는 그 어떤 이로부터도, 그 어떠한 것으로부터도 도움을 받을 수 없다는 쓸쓸함과 허탈함을 알고 있으면서도 자신 아닌 누군가로부터, 무엇인가로부터 도움과 위로를 구하지 않을 수 없는 애처로운 상황에 처해 있기 때문이다. 혼자됨이 곧 고독은 아니지만, 적어도 인간의 경우 혼자됨은 궁극적으로 고독할 수밖에 없다.

혼자됨은 고귀할 수 있지만 쓸쓸할 수도 있는 계기가 되며 자부심의 준거일 수 있지만 고통의 원천이 될 수 있다. 고독은 실존을 일깨워주는 귀중한 경험이지만 그것을 오래 견디기에는 너무 괴롭고, 인간됨의 경험일 수 있지만 그것을 참기에는 너무 슬프다. 주체적 그리고 창조적 삶을 살기 위해서 나는 혼자됨 속에서 언제까지나 버티고 있어야 할 것인가? 고독하지 않기 위해서 자신의 주체성과 창조적 업적을 위해서 고독한 수도원, 암자, 연구실에서 나와 인간 공동체의 따뜻함을 느낄 수 있는 가정, 고향, 시장으로 돌아가 대중적이 되어야 할 것인가? 공동체 안에서 경험할 수 있는 인간미의 포기, 즉 고독의 감수라는 대가를 치른 '위대함'이라는 성취가 얼마나 가치가 있으며, 떠들썩한 시장 속에서 고독을 전혀 모르고 지낸 인생이 얼마나 의미가 있는가?

자살소감

2001년 9월 11일 뉴욕시 국제무역센터와 워싱턴시 펜타곤 일부의 폭발 파괴 사건은 21세기만이 아니라 인류 문명사에 크게 기록될 사건이다. 만 명 이상의 무고한 사상자를 내고 천문학적 액수의 재산 피해를 몰고온 치밀하게 계획된 대규모의 느닷없는 이 테러 사건에 뉴욕과 워싱턴의 시민들, 전 미국 국민들, 아니 전 세계가 경악, 당황, 분노에 휩싸였다.

이 끔찍한 폭발 사건의 의미는 경제, 정치, 첨단 과학기술, 심리학, 사회학 등의 각기 분야에서, 넓게는 국가들, 문화권들 사이의 정치, 경제, 군사, 이념, 인종들 간의 패권 문제를 둘러싼 갈등과 충돌의 차원에서 도출되는 패권 문제를 제기하고 그런 것들에 대한 제고와 해결책의 모색을 요구한다. 그런데 이 테러 사건은 자살행위이기도하다. 모든 개인에게 자살만큼 극한적 어려운 행위는 있을 수 없고 따라서 그 정당성에 물음이 제기된다. 이번 테러 사건이 천문학적 재산 피해와 만여 명의 무고한 희생자를 각오하고 낸, 몇 년 간에 걸쳐 준비된 자살 테러였다는 점에서 위와 같은 문제들과는 별도로 자살의 정당성에 대한 각별한 성찰을 새삼 요구한다.

모든 생명체에 있어서 생물학적으로 가장 중요한 가치는 자신의 생존이다. 한 개체에 있어서 자신이 존재하지 않는다면 어떠한 것도 자신에게는 의미를 가질 수 없다. 이런 것을 전제로 할 때 자신의 생명을 의도적으로 스스로 버리는 자살행위는 생물학적으로 불가능한 모순이다. 그런데도 자살하는 인간이 있다. 벌이나 개미 같은 동물들도 때로는 자살한다고도 하지만 그들의 자살은 자살이 아니다. 자살은 반성적, 즉 계획된 의식적 행위이며, 따라서 그 행위자의 반성적 의식이 전제되어야 하는데 벌이나 개미에게는 그런 속성을 부여할 수 없기 때문이다. 인간만이 자살할 수 있다.

생물학적 원리에 위배되는 인간의 자살행위는 인간이 동물적 본능을 초월할 수 있는 속성의 소유자이며 이러한 속성을 통해서 인간의 유일성을 입증하는 하나의 근거가 된다. 반성적 의식의 소유자는 인간만이며 따라서 논리적으로 인간만이 자살할 수 있다. 실제로 인간 가운데는 과거나 현재에 자살하는 자들이 있으며 앞으로도 있을 것이다. 세계 어디서든, 특히 이른바 고도 문명을 자랑하는 여러 사회에서 노인들, 성년들, 젊은이들을 막론하고, 지식인들, 비지식인들을 가리지 않고 자살행위가 이루어지고 있다. 자신의 자살을 순간적으로나마 한 번이라도 생각해보지 않은 성인들은 없을 것이다. 그것은 심리학자 프로이트와 철학자 사르트르의 주장대로 인간의 가장 원초적인 욕망은 생존과 죽음이라는, 서로 모순되는 두 가지로 공존하기 때문이다.

그러나 어느 사회에서든 자살은 일반적으로 금기되거나 부정적으로 취급되어왔다. 그 이유는 어디에 있는가? 생물학적으로 한 번밖에 살 수 없는 자신의 생명을 스스로 끊는 자살행위만큼 끔찍한 사건은 생각할 수 없기 때문이다. 그러나 이런 이유는 자살자를 밖에서 바라보는 살아남은 타인, 더 살고 싶은 이들이 댈 수 있는 것이지만 자살하는 본인 자신의 이유가 될 수는 없다. 자살하는 본인은 자신의 죽은 모습을 보고 그것을 끔찍하게 느낄 수 없는 조건에 놓여 있기 때문이다.

자살 찬양은커녕 자살을 부정해야 하는 다른 이유로 자살행위가 생명 일반 특히 인간 생명의 가치를 부정함을 함의한다는 사실을 들 수 있다. 자살행위가 자살자 본인의 생명의 가치만이 아니라 모든 가치의 부정을 의미한다고 하는 이유는 가치의 전제조건인 인간의 의식 부정 내지는 소멸을 함의하기 때문이라고 덧붙일 수 있다. 그러나 이러한 이유 역시 살아남기를 원하고, 어떤 경험의 가치를 중요시하는 제3자들, 즉 사회의 이유가 될 수 있어도 자살자 본인에게는 전혀 설득력이 없다. 가치의 부정 혹은 의미의 부재를 따지는 행위 자체는 살아 있는 자들의 문제일 뿐이지 자살한 본인 자신에게는 전혀 무의미하다.

자살을 부정하거나 그것을 악으로 간주하고 자살자를 죄인으로 취급하는 종교적 이유가 있다. 그 대표적 예로 유대교·기독교·이슬람교를 들 수 있다. 인간의 생명은 절대적인 인격적 유일신의 신성한 선물인 만큼 그 생명은 비록 자신의 생명일지라도 자기 마음대로 버리는 자살행위는 만물의 창조자인 유일신을 거역하고 모독하는 행위가 됨으로 자살은 용서될 수 없다는 것이다. 이러한 논지는 인격적 절대신의 존재에 대한 확신, 즉 유대교·기독교·이슬람교의 교리를 인정할 때만 성립되며, 그러한 인격적 절대신의 존재를 모든 이들이 인정할 수 있는 것은 아니다. 실제로 지구의 모든 사람들이 유대교·기독교·이슬람교 신자는 아니다. 위와 같은 서양종교적 세계관 이외에도 다른 종교적 세계관들이 있고, 또한 종교적 세계관과 상충되는 다양한 자연주의적 세계관도 많다.

절대신을 전제로 하는 종교적 세계관의 틀 밖에서도, 철학적 힌두교, 불교, 도교 그리고 유교 등을 비롯해서 수많은 비서양적 세계관에서 볼 수 있듯이 인간의 생명, 더 나아서는 생명 일반의 존엄성이라는 이념하에서 흔히 자살은 부정, 죄악시, 금기 그리고 사회적으로 규탄되어왔다. 그리고 자살 부정의 이유를 인격적 절대신의 존재가 아니라 형이상학적 혹은 자연적 원리로서 찾으려고 했다. 인간의 생명 그리고 더 나아가서는 모든 생명의 존엄성은 형이상학적 혹은 자연적 우주의 객관적 질서의 일부로서 하나의 객관적 사실이라는 것이다. 그러나 이런 이유에는 몇 가지 문제가 있다.

첫째, 생명의 존엄성이 객관적 사실이라는 말에는 생명을 존중해야 한다는 의미가 내포되어 있다. 생명을 존중하지 않을 개연성이 있음을 함의한다. 그렇다면 생명존중과 생명존중의 행위에 전제되어 있는 생명의 존엄성은 영원불변한 우주의 객관적 질서 원칙의 일부가 될 수 없다. 그러므로 생명존엄성에 위배되는 자살행위를 우주의 질서에 근거해서 규탄하는 논리는 타당성을 잃는다. 둘째, 인간 생명의 존엄성을 객관인인 형이상학적 사실로 인정한다고 하더라도 어째서 그러한 사실에 부합하게 살아야 하는가의 당위성의 물음이 생긴다. 하지만 사실적 명제로부터 당위적 명제의 유추가 논리적으로 불가능하기 때문이다.

자살행위를 도덕적으로 또는 종교적으로 죄악시하고 반대하는 어떤 근거도 만족스럽지 않다. 자살행위의 비도덕성 및 죄악성은 객관적 사실이 아니라 자살행위에 대한 인간의 부정적 심리적, 정서적, 즉 비이성적 반응의 표시에 지나지 않는 것으로 판단할 수 있다. 이러한 반응이 모든 인간에게 공통된 자연스럽고 정직한 반응이라는 것을 인정하더라도 사정은 다를 바 없다. 그럼에도 불구하고 특별한 극히 몇몇 사람들을 예외로 하고는 어느 사회나 어느 시대를 막론하고 거의 절대적 다수가 자살행위의 도덕적 악과 종교적 죄과를 마치 객관적 사실인 듯이 생각함으로써 자살을 금기시해왔다면 이러한 현상은 어떤 설명을 요구한다.

이 현상에 대한 생물심리학적 설명이 가능하다. 모든 동물의 생물학적인 궁극적 가치 및 목적은 생명의 연장이다. 동물로서의 인간도 '인간'이기 이전에 생물학적 동물이며, 한 종류의 동물로서도 다른 모든 동물과 마찬가지로 그의 궁극적 가치와 목적은 자신의 생물학적 생명의 연장이다. 그러나 형이상학적, 종교적 근거가 없는 한 그의 생명에 대한 본능은 불안하다. 그는 자신의 생존을 정당화하고 의미를 부여할 필요를 의식한다. 그런데 자살에 비친 죽음의 가치 선택은 그의 생물학적 본능에 배치되고, 생물학적 위협의 상징으로 다가오며, 비록 그것이 남의 경우일지라도 자살 긍정은 죽음의 긍정, 자기의 죽음의 가능성과 타당성이라는 자기모순에 빠지게 된다. 생존에 대한 본능으로부터 해방되지 못하는 한 그는 자신의 자살은 물론 남의 자살도 인정할 수 없다. 자살찬미적 세계관이 어떤 사회나 시대에서도 지배할 수 없었던 것은 극히 예외적인 몇몇 경우를 빼놓고는 모든 사회 구성원들이 생존을 최고의 가치로 삼는 생물학적 본능대로 가능하면 오랫동안 생존하고 싶어 하기 때문이다. 자살의 거부는 어떤 객관적 사실의 부정이 아니라 생존을 선택한 자신을 격려하고 정당화하기 위해 자신에게 던지는 집단적 구호이다.

하지만 놀라운 것은 어느 때, 어느 사회에서고 자살자의 수가 적지 않다. 본드를 마시거나 강물에 투신하여 자살한 사례에 대한 보도가 더러 있다. 현해탄에서 애인과 투신한 윤심덕이나 소설 『사양斜陽』으로 전후 일본의 한 대표작가였던 다자이 오사무의 예에서 볼 수 있듯이 애인들의 정사는 소설에만 나오는 이야기가 아니라 실제로 있는 사실이다. 생활고 혹은 병고에 못 이겨서 목숨을 끊는 예도 적지 않다. 근래 자메이카의 존스타운, 스위스 그리고 한국을 비롯한 여러 곳에서 종교적 사교 집단의 끔찍한 집단 자살 사건이 있었다. 카르멘 자신의 사랑은 식었지만 아직도 그녀를 열렬히 사랑하고 있는 호세가 다시 함께 살자고 애원할 때, 거절하면 그가 그녀를 죽일 것임을 알고 있으면서도 "사랑하지 않는데 어떻게 사랑한다고 말할 수 있는가?"라고 발을 구르며 "노!"라고 외친 즉시 호세의 칼에 찔려 쓰러진 정열적 집시 여인의 죽음은 실제로는 타살 아닌 자살이다.

자살행위는 아직도 정서적으로 미숙한 젊은이들이나 나이는 많지만 지적으로 낮거나 특정한 종교의 광신자들만의 사안이 아니다. 세계에서 내로라하는 시인, 소설가, 학자, 철학자도 자살한다. 세계적 명성을 누리던 노벨문학상 수상 작가 헤밍웨이가 자신의 엽총으로 자살했고, 20세기 유럽 최고의 시인이라는 평을 받았고, 위대한 시 「죽음의 둔주곡」을 쓴 유대계 독일 시인 파울 첼란은 파리의 센 강에 투신자살했다. 1970년대에 『금각사』를 비롯한 여러 작품으로 여러 차례 노벨문학상의 후보에 올랐던 일본 작가 미시마 유키오가 수많은 사람들이 바라보는 가운데서 할복자살을 했을 때, 그 끔찍한 모습에 세계는 경악감과 혐오감을 감출 수 없었다. 몇 년 전에는 세계적 명성을 누리면서도 7층 아파트에서 투신해 죽은 프랑스의 철학자 들뢰즈의 자살 소식에 철학자들만이 아니라 모든 지식인들은 놀람 속에서 할 말을 잃어야 했다.

사람들이 자살한다는 사실이 놀랍다면 그보다 더 놀라운 것은 일반적으로 사회는 자살을 금기와 혐오, 규탄과 죄악으로 대하고 있지만, 경우에 따라서는 그것이 미덕과 찬미의 대상으로도 취급된다는 사실이다. 감옥에서 도망치기보다는 청산가리를 마시기로 한 소크라테스의 선택, 이토 히로부미에게 폭탄을 던진 안중근이나 일본 장성에게 역시 폭탄을 던진 윤봉길의 행동이 자살행위라는 것은 자명하다. 전통적 일본 사회에서 사무라이들은 끔찍한 할복자살을 떡먹듯이 했다. 제2차 세계대전 때 진주만 혹은 남태평양의 미군 기지나 전함을 향해서 비행기를 타고 돌진한 가미가제 항공소년대 소속 일본의 소년 비행사들의 행위도 자살행위였다. 자살행위는 이런 종류의 행위에만 한정되지 않는다. 격렬한 전투 상황에서 적진을 향하여 칼이나 창을 들고 적과 맞서 부딪치는 과거의 기사들이나 소총을 쏘며 적진을 향하여 돌진하는 현대적 보병들의 선택도 일종의 자살 선택이며, 그들의 싸움도 일종의 자살행위이다. 그들은 그들이 죽게 될 확률이 높다는 것을 알고 있기 때문이다. 납치한 여객기를 몰고 국제무역센터와 펜타곤에 자폭한 테러리스트들의 행동이 자살행위라는 것은 더더욱 분명하다.

모든 죽음이 끔찍하다면 자살행위는 그 동기나 의도 여하를 막론하고 더욱 끔찍하고 따라서 어느 사회에나 거부되고 규탄되어야 한다. 하지만 우리는 소크라테스의 선택을 존경하고, 안중근, 윤봉길의 자살을 숭고하게 생각한다. 전통적 일본 사회에서 사무라이들의 할복자살을 인간다운 미덕으로 존중하고, 제2차 세계대전 동안 일본인들은 벚꽃과 같이 공중에서 산산이 사라진 가미가제 항공소년대들을 '군신軍神'으로 모셨다. 적진에 쓰러진 옛날의 기사들과 오늘날의 병사들은 애국자로 추앙된다. 미국 국민들에게 악마로서 극단적 분노와 증오의 대상이 된 국제무역센터와 펜타곤의 테러리스트들도 이슬람 근본주의자들에게는 위대한 영웅, 종교적 순교자로서 추앙되고 있다. 민족이나 종교를 떠나서 많은 사람들은 이 테러리스트들의 계획된 자의적 죽음 앞에서 로마군에 투항하는 대신 마사다 성채의 절벽에서 뛰어 내려 집단 자살의 길을 택한 유대인들이나 어떠한 고문에도 굴하지 않았고 죽음의 길을 택한 종교적 순교자 혹은 정치적 혁명가들 앞에서처럼 어딘지 모르게 숙연함을 느끼기도 한다.

모든 자살이 정당화되는 것은 아니다. 숭고한 의미를 갖는 자살이 있는가 하면 경멸, 아니면 연민의 대상만이 되는 자살이 있다. 자살이 때로는 사회적으로는 긍정되고, 가치 있는 존경의 대상이 되고, 인간적 차원에서는 강한 느낌을 불러일으키는 이유가 있다면 거기에 정당한 근거가 있는가? 이에 대한 대답은 자살의 동기, 자살에 함축된 사회적 및 도덕적 결과에 달려 있다.

청소년의 자살, 말기 암 환자, 카르멘, 소설가 헤밍웨이, 시인 첼란, 철학자 들뢰즈의 자살은 그 자체로서만 볼 때 각기 그 행위의 동기를 설명하고 이해할 수 있고 연민과 애도의 대상이 될 수는 있어도 사회적인 정당화의 근거는 없다. 그들 각자의 자살은 그들 각자의 개인적 사안이기 때문이다. 그런데도 그들의 자살이 때나 사람에 따라 정당하다든가 부당하다는 판단을 받게 되는데 그러한 판단은 그들의 자살이 미치는 사회적 및 도덕적 결과에 대한 가치판단에 근거한다. 개인적인 자살 행동이 사회 구성원의 도덕성을 고양하느냐 해치느냐의 판단 여하에 따라서 한 사회, 즉 집단적으로 본 인류의 삶의 번영을 위한 요소로 보는가에 비추어서만 자살의 정당성과 부당성의 판단이 내려질 수 있다. 이러한 사실은 안중근이나 윤봉길, 사무라이, 카르멘 등의 자살에서 많은 이들이 숙연한 감동을 받고, 지원병들의 전선에서의 자살적 죽음이 영웅적 행위로서 사회적 경외심을 자아내고 정당화되는 사실에서 분명하다. 왜 그럴까?

안중근 의사나 윤봉길 의사의 자살이 가치가 있고 정당화되는 것은 그것이 죽음의 찬미가 아니라 한민족 전체의 더 큰 생명을 직접적으로 긍정하는 사회적 의미를 갖기 때문이다. 사회적 복지를 위한 고려와는 상관없이, 직접적으로는 오로지 '지조와 의리' 혹은 '자신에 대한 철저한 정직성'이라는 도덕적 가치에 대한 신조에 따라 이루어진 사무라이나 카르멘의 자살이 숙연한 감동을 주는 것은 그러한 도덕성이 간접적으로 사회집단의 생존과 번영을 위해서 갖고 있는 중요성에 근거한다. 자살을 무조건 죄로, 죽음을 무조건 악으로만 볼 수는 없다. 어떤 종류의 자살은 죽음이 아니라 역설적으로 삶의 긍정, 인간의 초월성의 증거이다. 경우에 따라 인간은 죽음을 통해서만 살고 생존함으로써 죽는다.

인간다운 삶의 가치를 생각할 때 자살은 무조건 규탄해야 할 악이 아니며 자살행위는 무조건 처벌할 죄가 아니지 않는가. 작금 드러난 정계, 관공계, 기업계를 총망라한 권력층에서 드러난 많은 이들의 도덕적 부패상을 관찰하면서 이런 의문은 더 커진다. 지조나 양심은 물론 최소한의 체면도 없는 사회의 큰 암인 그들 가운데는 자살했거나 해야 할 이들이 적지 않다는 생각이 든다. 이런 생각을 하는 나야말로 자살감인지 모르지만……

어떻게 살아야 하는가

북악산 산정에서 서울을 내려다볼 때, 고속버스 터미널이나, 국제공항이나 동대문 시장에서 이름도 낯도 모를 그 수많은 사람들을 볼 때, 나는 아프리카의 세렝게티 강을 한데 몰려 건너가는 수만 마리 누의 무리들, 여왕벌을 가운데에 두고 서로 엉긴 채 무엇인가를 열심히 나르며 우글대는 꿀벌들의 모습이 머리에 떠오른다. 우리는, 아니 나는 무얼 하고 있으며, 무엇을 하자는 것인가?

우리는 어떻게 태어났는가? 어떤 이는 우연의 아주 우연한 우주현상의 결과라고 대답하는가 하면, 다른 이는 우주의 원리에 따른 필연적 산물이라고 대응한다. 한편에서는 하느님의 창조물이라고 설명하는가 하면, 다른 편에서는 자연 진화의 한 현상이라고 반박한다. 그러나 어떤 대답도 확실하지 않다.

우리는 왜 태어났는가? 일부 사람들은 우리의 유전자를 번식하기 위해서라고 대답하는가 하면, 다른 사람들은 천당에 가기 위한 대가를 치르기 위해 태어났다고 응수한다. 어떤 이는 알 수는 없지만 우주의 궁극적 목적을 실현하는 과정으로서 태어났다고 주장하는가 하면, 다른 이는 인생을 즐기기 위해서라고 반박한다. 그러나 어떤 주장도 석연하지 않다.

어떻게 태어났든지 그리고 왜 태어났든지 어떤 이는 우리의 탄생을 축복으로 믿고 장구를 치며 춤을 추고 콧노래를 흥얼거릴 수 있다. 또 다른 이는 그것을 재앙으로 받아들여 고통을 느끼고, 얼굴을 찡그리고, 짜증을 내고, 자신의 운명을 저주할 수 있다. 그러나 이런 태도들의 옳고 그름을 확실하게 판단한다는 것은 불가능하다.

우리는 어떻게 태어났는가? 우리는 왜 태어났는가? 우리는 무엇을 하고 있는가? 우리는 무엇을 하자는 것인가? 우리의 탄생에 대해서는 어떤 태도가 옳은가? 이 엄청나게 무거운 물음들을 더 이상 묻지 말고 당분간은 덮어두자. 확실한 대답은 아무데서도 찾을 수 없다. 이러한 물음들에 대한 대답 없이도 우리는 지금까지 살아왔고 앞으로서 살아갈 수 있다. 그러나 확실한 것은 우리가 현재 살고 있다는 사실이며, 살아 있는 한 우리를 떠날 수 없는 절박한 물음, 그것에 대한 대답이 없이는 당장 살아갈 수 없는 물음, 대답이 가능한 물음이 있다는 사실이다. 그것은 '어떻게 태어났는가?', '왜 태어났는가?', '우리의 탄생을 축복으로 아니면 저주로 볼 것인가?'가 아니라 '어떻게 살아가야 하는가?'라는 물음이다.

이 물음은 인간에게 선택의 가능성이 있음을 함의하며, 선택의 가능성은 인간의 자유의지를 전제한다. 선택은 필연적으로 가치의 선택이며, 각자 인간의 삶의 의미는 그가 선택한 가치에 의해서 결정된다. 그가 인생의 궁극적 가치를 어떻게 선택하느냐에 따라 그의 일생이 전혀 바뀐다. 문제는 내가 여러 가치를 다 같이 귀중하게 여기고 따라서 여러 가지를 함께 다 하고 싶지만 그것이 불가능하다는 데 있다. 선택이 언제나 '하나만의 선택'이며, 하나만의 선택은 모든 다른 것의 가치를 포기함을 함의하기 때문이다. 갈림길에서 한쪽을 택하면 다른 쪽과는 자꾸 멀어진다. 나는 한 가지만 전공해야 하고, 한 사람하고만 결혼할 수 있고, 한 직장만 가질 수 있다. 나는 기업가로서 거부가 되기를 꿈꾸는 동시에 위대한 철학자, 시인이 되겠다는 꿈을 꿀 수는 없고, 정치가가 되어 권력을 즐기는 동시에 학자로서 고독한 서재에 파묻힌 채, 혹은 무명의 의사로서 오지에 가서 가난한 병자를 돌보아주면서 일생을 보낼 수는 없다. 나는 일요일에 골프장에서 골프를 즐기며 보내는 동시에 양로원에 가서 봉사를 할 수는 없다.

나는 어떤 삶을 선택해야 하는가? 선택이 언제나 가치의 선택이라면, 그러한 선택의 객관적 근거는 있는가? 만일 있다면 그것은 무엇인가? 많은 종교와 철학은 이러한 물음에 긍정적 대답을 제공한다. 유대·기독교는 절대신에게로의 귀의, 불교는 깨달음을, 노장은 도道, 공자는 인仁, 플라톤은 최선의 이데아 인식, 니체는 '초인적' 권력에 대한 의지를 각기 인간이 추구해야 할 최고의 가치라고 주장하며, 그러한 가치를 선택할 것을 요구한다.

그러나 이같은 종교적 및 철학적 요구에는 문제가 있다. 또한 위와 같은 가치들이 삶의 궁극적 선택의 기준이라는 주장에도 의문이 생긴다. 첫째, 설사 개별적으로는 각기 옳다고 인정하더라도 그것들이 서로 상충하는 만큼, 그것들 중 어느 것을 골라야 하는가 하는 새로운 선택의 기준으로서 보다 궁극적 가치를 알아야 하는 문제가 제기되기 때문이다. 둘째, 만일 우리가 무엇을 정말로 믿는다면 그 믿음에 따라 행동하고 또한 행동해야만 한다. 그런데 위와 같은 종교와 철학에 지배된 사회에서 그러한 것들을 믿는다고 스스로 주장하는 종교인들이나 철학자나 일반인들 가운데에 많은 이들의 실제 삶은 그러한 믿음과 전혀 일치하지 않는다. 이러한 사실들은 위와 같은 종교적 혹은 철학적 주장이 그런 것들을 주장하는 그들도 절대적 진리로서 믿지 않고 있다는 사실을 입증하는 것으로 볼 수 있기 때문이다.

어떤 이는 진리의 탐구를, 다른 이는 마음의 평화를, 어떤 사람은 쾌락을, 다른 사람은 정신적 수양을, 한편에서는 남을 위한 자기희생을, 다른 한편에서는 자기실현, 어떤 측에서는 개인의 자유를, 다른 측에서는 감각적 탐닉을, 누군가는 자신에의 정직성을, 또 다른 누군가는 사회적 명예를, 그리고 어떤 친구는 짧더라도 화끈한 삶의 개인적 체험을, 다른 친구는 생물학적 장수와 자손의 번식을 인간의 궁극적 삶의 목적, 즉 가치라고 각기 제시한다. 다 같이 중요하게 생각하면서도 어떤 이는 정의를 용기에 앞세우는가 하면, 다른 이는 용기를 정의에 앞세우고, 어떤 사람은 정의보다는 사랑을 우선시하는가 하면 다른 사람은 사랑보다 정의를 우선하고, 어떤 친구는 가족에 앞서 자신을, 국가에 앞서 가족을 더 중요시하는가 하면, 다른 친구는 정반대의 입장을 취하기도 하고, 어떤 놈은 사랑하는 사람의 마음을 한 번이라도 살 수 있다면 죽어도 그만이라고 확신하는가 하면, 다른 놈은 정말 자기 자신이 만족할 수 있는 아름다운 한 편의 시를 쓸 수 있다면 모든 것을 버려도 좋다는 집념에서 벗어나지 못한다. 그렇다면 삶에 있어서, 한 번밖에 못 사는 생에 과연 무엇이 가장 주요한 것인지, 어떤 것이 가장 보람 있는 삶인지를 선택해야 하고, 모든 선택이 하나만의 선택이라면, 정말 무엇이 가장 귀중한 가치인지 혼동된다. 어떻게 살 것인가를 선택하는 데 우리는 한없이 헷갈린다.

'우리는 어떻게 사는가?'라는 물음은 '우리는 어떻게 살아야 하는가?'라는 물음과 논리적으로 다르다. 전자가 사실적 물음인데 반해서 후자는 규범적 문제이며, 사실적 물음에 대한 대답은 구체적 사실의 서술로서 만족될 수 있는 데 반해서 규범적 물음은 사실을 초월한 당위성의 차원에서 논리적 타당성에 의해서만 비로소 만족될 수 있다. 위에서 본 인간이 추구해야 할, 즉 선택해야 할 최고의 가치, 인간의 삶에 궁극적 의미를 부여할 수 있는 궁극적 목적들은 다 같이 헷갈린다.

이러한 인생의 가치·의미의 선택에서 생기는 헷갈림은 실제로 우리들 자신의 경험을 반성해보아도 쉽게 인정할 수 있다. 깨달음을 찾아 출가를 결심하고 삭발한 채 법의를 입고 깊은 산속의 절에 살면서, 불도의 길을 닦는 것에 열중하다가도 절에 관광을 온 젊은 애인들의 모습을 볼 때면 순간적이나마 그들의 삶이 무척 부럽게 느껴지는 때가 있고, 불고기 굽는 냄새나는 식당을 지나갈 때면 그 고기를 먹고 싶은 마음이 굴뚝 같은 때가 있다.

나는 내가 스스로 큰 결심을 하고 택한 것이기는 하지만 혹시 내가 인생의 길을 잘못 선택한 것은 아닌가 하는 의심을 감출 수 없다. 나는 진리를 알고 싶었다. 그리고 나는 학자로서, 그것도 철학자로서 실용 생활과는 직접 관계가 없는 진리탐구의 길을 나섰다. 그리고 나는 이 청명한 일요일에도 비좁고 어두운 서재에서 난삽한 책과 씨름을 하고, 논문 혹은 책을 쓰려고 머리를 짜면서 앉아 인생을 보내고 있는 동안 나의 동창들은 실업계에 투신하여 큰돈을 벌어 호화로운 생활을 하거나, 정치가나 고급 관료가 되어 권력을 누리며 살고 있다. 나는 남들이 다 가는 해외여행은 물론 고급 식당에 가서 좋아하는 음식을 맛보거나, 저녁이면 노래방에 가서 노래로 스트레스를 풀거나, 나이트클럽에서 젊은 여인과 기분을 내어볼 여유는 물론 대학 입시가 가까운 자식들에게 과외공부를 시킬 만한 여유도 없다. 남들은 일요일이면 서로 어울려, 기사가 운전하는 자동차를 타고 골프장에서 기분을 낼 때 나는 전화 한 통 해주는 이도 없이 책 틈에서 고독하다. 이럴 때 나는 내가 선택한, 내가 인생에서 가장 귀중하다고 생각했던 가치가 정말 내가 생각했던 대로 그런 것인지 아닌지가 의심스러워질 때가 있다.

주말이 되면 모든 것을 잊어버리고, 축구나 권투 경기장에 가서 하루를 가벼운 마음으로 즐기는 이들이 적지 않다. 여가가 생기면 처자를 데리고 식당에 가거나, 여행에 나서거나 나름대로 인생을 즐기는 이들이 많다. 그들은 행복해 보인다. 진리고 나발이고, 선이고 악이고 상관없이, 철학이고 문학이고 아랑곳없이 돈 벌고, 먹고, 사랑하고, 하루하루를 즐겁게 사는 이들이 적지 않다. 그들은 나보다 훨씬 행복해 보인다. 나는 나의 인생을 잘못 선택했던 것이 아닌가? 언제나 그리고 어디서나 종교, 철학, 사회는 귀에 못이 박히도록, 신앙생활, 진리, 도덕적 덕목의 중요성을 역설해왔으며, 현재도 그렇다. 그러나 남을 위해 바친 테레사 수녀의 삶이, 소크라테스나 마담 큐리의 철학적 혹은 과학적 진리탐구가 어째서 종교가 말하는 성스러움이, 어째서 진리가 돈보다 더 중요하다고 할 수 있는가?

역사 교과서는 학문적·예술적·정치적·도덕적 업적으로 사회적으로 공헌했다고 평가되는 이들을 찬양하고 추앙한다. 그들이 죽은 뒤에는 기념비를 세우고, 그들을 기억하기 위해서 행사를 한다. 이러한 우리들의 태도는 그들의 삶이 가치 있는 삶임을 함의한다. 그러나 소크라테스나 니체, 반 고흐나 이중섭, 김구나 안중근, 부처나 테레사의 삶은 고통스러운 것이었다. 그렇다면 어째서 그들의 고통스러운 삶이 바람직한 것이라고 말할 수 있겠는가? 그들의 삶이 정말 가치 있는 삶이라면 어째서 대부분의 사람들은 그들과는 정반대이거나 거리가 먼 삶을 선택하는가? 역사 교과서가 가르치려고 하는 가치 있는 삶이란 사회를 지배하면서 물질적으로나 심리적으로 권력을 누리는 지배층이 자신들의 그러한 신분을 계속 유지하려고 다른 절대다수의 계층에 속하는 사람들을 잠재우기 위해서 꾸며낸 속임수 장치가 아니라고 말할 수 있는가?

생각할수록 '어떻게 살아야 하는가'라는 당위성에 대한 물음의 확실한 대답은 아무리 뒤져보고 따져보아도 나오지 않는다. 모든 삶, 모든 삶의 가치는 상대적이며, 모든 이들에게 보편적으로 해당되고 객관적으로 존재하는 '인간으로서의 삶의 가치', 삶의 보편적이고 객관적 규범'은 존재하지 않는다는 말인가? 인생의 가치, 인간다운 삶은 자신 아닌 누구에게나, 어떤 것에게나 어떤 결과를 가져오든 전혀 상관없이, 개나 돼지처럼 자신의 본능적 충동에 따라 되는대로 살아도 좋다는 말인가?

이러한 물음에 대한 긍정적이고 확실한 대답도 쉽게 나올 수 없다. 내가 하고 싶은 대로 하고 살기로 해도, 좀더 따지고 보면 과연 내가 하고 싶은 것이 무엇인지 확실하지 않다. 나는 어떠한 경우에도 단 한 가지가 아니라 여러 가지 서로 상반되는 가치를 볼 수 있고, 그것들 가운데서 한 가지만을 선택해야 하지만 나는 그중 어떤 가치를 선택해야 할지를 모르기 때문이다. 모든 선택이 가치규범을 전제한다면, 내가 나의 삶을, 나의 가치를 선택할 때도 역시 가치 규범을 전제로 한다. 어떻게 사는가의 문제는 어떻게 살아야 하는가의 문제에서 완전히 자유로울 수 없다. 규범을 생각하지 않고 되는 대로 마음대로 살고자 하여도 나는 규범을 생각하지 않을 수 없고, 규범을 요청한다. 무엇이 더 중요한가? 무엇이 가장 중요한가?

유전자학에 따르면 모든 생명체의 행동은 유전자에 의해서 이미 프로그램이 되었고, 유전자의 궁극적 목적은 자신의 존속과 번식이며, 모든 생명체는 유전자의 목적을 수행하기 위해서 만든 유전자의 운반차에 불과하다고 말한다. 다른 하등동물과는 다르게 상상할 수 없이 뛰어난 기능을 발휘하고, 문명, 문화, 지적, 기술적, 도덕적 성취를 이룩하고 있지만 인간의 경우도 근본적으로는 다를 바 없다는 것이 객관적 그리고 보편적 사실이라고 알려준다. 그렇다면 종족의 보존과 번식을 삶의 궁극적 목적이라는 것을 인식하고 그러한 목적 수행을 인생의 궁극적 그리고 보편적 규범임을 인식하고 그러한 인식에 따라 살아가야 할 것이다.

만일 위와 같은 유전자학의 학설이 옳다면, 인간이 지구를 완전히 지배하고, 인구가 기하급수적으로 늘어나는 사실을 감안할 때, 인간이라는 종은 가장 성공한 종에 틀림없지만, 인간보다도 더 성공한 종은 바퀴벌레이다. 바퀴벌레는 인류보다 훨씬 더 오래전부터 존재했고, 모든 악조건을 극복하면서 아직도 존속하고 있을 뿐만 아니라 그 번식력이 놀랍기 때문이다. 그렇다면 자녀를 많이 둔 인간의 삶이 그렇지 못한 인간의 삶보다 성공한 인생이라 할 수 있는가? 결혼도 하지 않은 테레사 수녀의 삶, 결혼도 않고 그림에 미친 채 일생을 불행하게 보낸 고흐의 인생, 조국을 위해 항일투쟁의 선봉에 섰다가 20세도 못 되어 일제의 손에 목숨을 잃은 유관순의 인생은 가장 실패한, 따라서 가장 무의미한, 삶의 가장 근본적인 규범에 어긋난 삶을 살았다고 할 수 있는가? 갖은 거짓말, 갖은 아부, 갖은 사기를 치면서, 남들의 눈물을 짜내거나, 사회와 국가에 간접적으로 해를 끼치면서 축재를 하거나 권력을 잡아 물질적으로 사치스러운 생활을 하면서 남들보다 더 많은 자녀를 번식하고 있는 재벌, 권력가, 사회의 지배자들의 삶을 '어떻게 살아야 하는가?'라는 물음에 대한 대답의 가장 좋은 범례로 볼 수 있는가?

그렇지 않은 것 같다. 그들도 때때로 자신의 삶을 뒤돌아보면서 자신들의 삶이 인간다운 삶이 아니었다는 것을, 자신들이 '개'보다도 못한 인간이 아닐까를 의식하는 때가 있을 것이며, 자신들에 대해서 죽고 싶을 만큼의 부끄러움에 고통을 느끼지 않는다고 누가 장담할 수 있겠는가. 그들도 자신들이 추구하고 있는 가치가 정말 인간으로서 최고의 가치라고는 장담할 수 없을 것이며, 그들의 삶의 가치가 그들과 정반대의 삶을 살았거나 살고 있는 사람이 추구한 가치에 비해서 얼마나 천박한 것인가를 의식할 수 있을 것이다. 그들은 자신들의 삶을 후회하고 그들과는 정반대의 가치를 위해 산 이들의 삶을 선망하는 때가 있을 것이다. 인간이면 싫어도 꼭 추구해야 하는 가치가 반드시 있을 것이며, 어려워도 객관적이며 참된 삶의 보편적 규범이 반드시 있을 것이다.

그러한 가치와 규범은 무엇인가? 어디에도 확실한 대답이 없다. 이렇게 생각해도 헷갈리고 저렇게 생각해도 헷갈린다. 그렇다면 인생은 셰익스피어의 말대로 '백지가 늘어놓는 잡음과 격분의 무의미한 이야기'에 지나지 않는가?

윤리적 사회와 도덕적 개인

인간과 관련된 문제 가운데 윤리, 도덕의 문제와 완전히 무관한 것은 아무것도 없다. 인간과 관련되는 한 모든 문제는 반드시 윤리·도덕적 차원에서의 판단과 평가로부터 완전히 자유로울 수 없다. 모든 길이 로마로 통하듯이 인간의 모든 문제는 직접 혹은 간접적으로 윤리·도덕과 얽혀 있고, 그만큼 윤리·도덕적 문제는 절대적으로 인간에게 중요하다. 윤리·도덕은 인간이 인간답게 살기 위해서 해야 하는 당위적 행동을 지칭하는 동시에 그러한 행동의 규범을 뜻한다. 그러므로 윤리·도덕의 문제는 어떤 구체적인 상황에서 어떤 행동이 당위적, 즉 옳은 행동이며, 그러한 행동이 맞추어야 할 규범이 무엇인가를 알아내는 문제로 바뀐다.

그러나 윤리·도덕적으로 어떤 행동이 옳은가에 대한 상반된 의견이 언제나 어디에서나 끊임없이 제기된다는 사실은 위와 같은 문제에 대한 대답이 한없이 복잡하고 헷갈린다는 것을 말해준다. 그 이유로 우선 '윤리'와 '도덕'이라는 말이 때로는 같은 뜻으로 쓰이기도 하지만 구별해서 사용되는 때가 있다. 낱말의 개념이 정확하지 못한 상황에서 윤리적 혹은 도덕적으로 판단하는 것은 윤리 혹은 도덕이라는 낱말의 의미와 동일한가? 만약 그것이 다르다면 그 차이는 어떻게 분석될 수 있는가? 과연 어떤 행동의 규범에 따른 삶이 가장 인간다운 삶이 될 수 있는가?

'윤리'라는 낱말은 그리스어를 어원으로 하는 영어 'ethic', 불어 'ethique', 독일어 'Sittlichkeit'라는 낱말, '도덕'이라는 낱말은 라틴어를 어원으로 하는 영어 'morality', 불어 'moralit', 독일어 'moralit'라고 쓰는 낱말의 동의어로서 한자로 표시한 것이다.

위의 두 개념들과 가장 유사한 동아시아 한자 문화권의 개념으로서 인륜 및 '도道'라는 한자들을 골라낼 수 있지만, 이 두 개념과 정확하게 일치하는 개념들은 동아시아 문화권에서는 없었던 새로운 개념들이며, 따라서 신조어였으며 오늘날에는 동양에서도 빼놓을 수 없는 개념으로서 인륜이라든가 도라는 낱말보다도 더 보편적으로 '우리들'의 말로 유통되고 있다.

도대체 윤리와 도덕은 동의어인가, 아니면 그것은 각기 무엇을 뜻하는가? 윤리라는 낱말의 어원인 그리스어 에토스ethos라는 말과 도덕이라는 낱말의 어원인 라틴어 모랄리타스moralitas라는 낱말이 원래 다같이 '풍습' 혹은 '관습'을 뜻했었다는 것으로서 알 수 있듯이 윤리와 도덕이라는 낱말은 원래는 동일한 뜻을 갖고 있었다. 위와 같은 관점에서 볼 때 윤리·도덕적으로 산다는 것, 즉 정말 인륜에 맞게 산다는 것은 무엇을 말하는가? 윤리·도덕적 판단의 잣대는 무엇인가?

그러나 '윤리'와 '도덕'이라는 두 개의 낱말들은 세밀한 주의를 하면 이해할 수 있는 차이를 나타내는 두 개의 다른 개념으로서 다르게 사용되는 경우가 있다. 이러한 차이를 명확하게 파악하지 않고서는 윤리·도덕적, 즉 인륜의 문제의 본질을 파악할 수 없다. 윤리·도덕 문제를 둘러싼 문제들이 한없이 혼란스러운 이유의 하나는 바로 두 개념 사이에 존재하는 섬세한 개념적 차이를 미처 파악하지 못하거나 그것들을 혼동하기 때문이다. 윤리·도덕적으로 옳은 판단을 내리고 행동하고 올바르게 살고자 할 뿐만 아니라 윤리·도덕에 대한 의미 있는 담론을 하려면 위 두 낱말들이 각기 전달하고 있는 개념적 차이에 대한 분명한 이해가 선행되어야 한다.

인간사회에는 때로는 안정적이고 때로는 유동적이고, 때로는 보편적이고 때로는 상대적이기는 하지만 반드시 한 특정한 사회에서 통하는 어떤 행동의 규범이 일종의 전통, 풍습, 관습으로서 막연하게나마 존재하며, 개인의 경우에도 나름대로의 관습이 있다. 그것에 비추어 옳고 그른 행동을 판단하고 그러한 판단에 따라 행동을 실천에 옮긴다. 일반적으로 윤리·도덕적 행동, 더 나아가서 올바른 삶이란 다름 아닌 기존의 사회적 행동의 전통적 양식으로서의 풍습, 관습에 맞는 행동을 하고 살아감을 의미한다.

하지만 한 독립된 개인의 관점에서 볼 때 기존의 전통에 맞게, 사회적 관습이나 풍습을 따라가는 행동과 삶이 윤리·도덕적이기는커녕 그와 정반대로 오히려 비윤리·비도덕적으로 의식되는 경우가 적지 않게 생긴다. 실제로 인간사회의 도덕적 발전은 한 개인 아니면 소수의 개인들이 기존의 사회적 행동의 관습과 전통적 규범을 전복하고 개인이 새롭게 만든 원칙 그리고 새롭게 꾸민 관례를 세움으로써 가능했다.

윤리와 도덕이 구별되는 것은 바로 위와 같은 두 가지 종류, 즉 사회적 및 개인적 행동의 관습과 원칙의 구별에 비추어 설명될 수 있다. 윤리가 사회적으로 통용되는 기존의 행동 관습과 범례를 지칭하고, 그러한 것에 맞는 행동을 '윤리적'이라 할 수 있다면, 도덕은 개인이 실존적 주체자로서 자신이 선택한 행동의 원칙과 자신이 만들어낸 관례를 지칭하고 그것이 사회적으로 존재하는 행동의 원칙과 관례, 즉 '윤리'에 대립하게 되더라도 자신이 실존적으로 선택한 원칙과 관례에 맞는 행동의 성격을 지칭한다. 윤리가 한 추상적 인간 집단이 무의식적으로 규정한 무기명적 행동의 원칙과 규범이라면, 도덕은 한 구체적 개인이 실존적으로 선택한 아주 개인적인 행동의 원칙과 규범이다. 이런 점에서

'윤리적' 인간은 기존사회의 질서에 적응적이고 따라서 보수적인, 즉 집단의 일부로서의 사람이라면, '도덕적' 인간은 기존 사회에 비적응적이고, 기존 질서에 개혁적인, 즉 집단에 감성적으로 맞서는 대립적 개인이다. 소포클레스의 비극 〈안티고네〉에서 왕이 된 크레옹 자신의 행동에 대한 태도가 사회적 규범으로서의 윤리에 뿌리박고 있다면, 그에 반항하는 그의 조카딸인 여주인공 안티고네의 태도는 실존적 원칙으로서의 도덕에 근거한다.

윤리와 도덕을 위와 같이 구별할 때, 윤리와 관련된 문제에 대한 학문으로서의 윤리학ethics은 도덕과 관련된 문제에 대한 학문인 도덕철학moral philosophy과 구별된다. 후자와 구별되는 윤리학의 구체적 내용은 한 사회에 존재했든가 혹은 현재 존재하고 있는 구체적인 사회적 행동 규범으로서의 전통, 관습, 관례들에 대한 체계적 조사와 그 원인 혹은 그 의미 등을 검토하는 일종의 경험과학으로서의 사회학, 문화과학, 인류학의 영역에 속하고, 아리스토텔레스, 칸트, 벤담 등이 말하는 뜻으로서의 윤리와는 아무런 상관이 없다. 왜냐하면 후자들이 말하는 '윤리'는 이성으로 따져서 도출할 수 있는 인간으로서의 행동 원칙과 그 원칙의 논리적으로 타당한 준거를 뜻하고, '윤리학'은 그러한 문제들에 대한 체계적인 철학적 탐구를 뜻하기 때문이다. 기존의 철학자들이 해왔던 윤리·도덕에 관한 담론은 그동안 '윤리학'이라고 불려왔음에도 불구하고, 그러한 호칭은 윤리학이 아니라 '도덕철학'이라고 불려야 했을 것이며, 앞으로도 '도덕철학'이라고 불러야 할 것이다.

사회적 질서를 위한 하나의 장치인 제도로서의 구체적 실정법實定法은 흔히 한 사회 구성원의 개인적 행동을 암묵적으로 규제하는 규범으로서의 윤리적 규범과 구별되고 비교된다. 그 규범들 간의 차이는 세 가지로 요약할 수 있다. 첫째, 전자가 문자로서 입법화된 데 반해서 후자는 그렇지 않은 상태로 남아 있는 사실에 있고, 둘째, 전자가 실정법으로서 법적 구속력을 갖고 법적 권력을 발동하는 데 반해서 후자는 그렇지 못하다는 데 있으며, 셋째로는 전자가 물리적으로 존재하는 데 반해서 후자는 심리적으로만 존재한다는 점이다. 이러한 차이에도 불구하고 법과 윤리는 다 같이 사회적 규범으로서 그 사회 구성원들의 행동을 규제하는 사회적 장치라는 점에서 동일한 기능을 한다.

그러나 법과 도덕의 관계는 바로 위와 같은 법과 윤리 간의 관계와는 사뭇 다르다. 법과 윤리가 모든 사회 구성원들에게 일률적으로 적용되어 물리적, 즉 외적으로 구속력을 갖는 객관적 규범임을 주장하는 데 반해서 도덕은 개인이 자율적으로 선택한 자신의 주관적 규범으로서 오로지 그 자신에게 심리적으로 내면적으로만 적용되는 주관적 구속력을 행사한다. 윤리와 도덕이 다 같이 일종의 규범이라는 데는 서로 다를 바가 없지만, 윤리라는 규범이 실정법과 마찬가지로 일종의 법의 범주에 속하는 사회적 규범인데 반해서 도덕이라는 규범은 모든 사회 구성원에게 보편적으로 적용되는 실증법과는 달리 한 개인이 주체적으로 자신에게만 적용하기 위해서 자율적으로 선택한 실존적 개인의 규범이다. 이와 같이 볼 때 법적으로 옳은 것은 원칙적으로나 윤리적으로 옳은 것과 일치하지만, 도덕적으로 옳은 것과는 때로는 완전히 일치할 수도 있고 때로는 완전히 배치될 수도 있다. 법과 윤리가 다 같이 사회의 공통적 행동 규범인 데 반해서 도덕이라는 규범은 사회적 규범, 즉 사회를 지배하는 행동규범과는 상관없이 윤리적으로 옳은 것이 자동적으로 도덕적으로 옳은 것이 아닐 뿐만 아니라, 때로는 법적으로, 그리고 윤리적으로 옳지 않아야 한다는 결론이 나오는 경우가 적지 않다. 우리가 자주 경험하게 되는 도덕적 고민의 중요한 이유의 하나는 법 및 윤리로 대변되는 사회적 규범이 어떤 특정한 시점에서 우리가 한 실존적 개인으로서 선택한 행동 규범과 일치하지 않는다는 데 있다.

사회적, 그리고 보편적 행동규범으로서의 법 혹은 윤리와 개인적 그리고 상대적 행동규범으로서의 도덕의 위와 같은 차이를 공자가 아득한 옛날에 이미 명석하게 인식했다는 것은 놀라운 일이며, 그러한 사실을 인정한 공자가 위대한 철학자로 2천 몇백 년 동안 세계적으로 존경받고 있는 것이 우연은 아니라는 것을 알 수 있다.

『논어論語』「자로子路」(13/18)에 윤리와 도덕의 관계의 차이에 대한 공자의 깊은 견해는 염소를 훔친 아버지를 고발한 아들의 도덕·윤리성에 대한 이야기를 통해서 들어난다. 염소를 도둑질한 아버지를 고발한 아들을 정직한 사람의 예로 드는 사람들이 있는데, 그러한 아들의 행동을 정말 옳은 것으로 생각하느냐는 제자 공엽의 질문에 대해 스승 공자는 "우리 고장에서는 아비는 아들을 위하여 숨기고, 아들은 아비를 위하여 숨기는 것을 곧은 것으로 믿는다"라고 대답했다는 것이다.

공자의 위와 같은 말은 뜻밖의 것이다. 곧음, 즉 정직함은 정신적 가치이며, 모든 가치판단은 반드시 어떤 규범을 전제하고, 모든 규범에는 보편적 적용이 요청되므로 사회적 및 객관적 성격을 갖추어야 하는데, 공자가 제시하는 행동의 원칙은 사적 원칙으로서 원천적으로 보편적 적용이 불가능하다. 모든 이들이 사적 관점에서 공평성을 위반하여 경우에 따라 사회적으로 약속된 규범을 위반한다면, 그 규범은 규범으로서의 기능을 할 수 없기 때문이다. 그러나 위와 같은 공자의 뜻밖의 대답에는 법, 윤리, 도덕의 각각의 본질과 그것들 간의 관계에 관한 다음과 같은 세 가지 중요한 명제가 담겨 있다.

첫째, 도덕의 본질이 사회적으로 입법화된 규범으로서의 실정법 혹은 비입법화된 규범으로서의 윤리와 개인이 자신의 실존적 결단에 따라 선택한 규범으로서의 도덕 사이에는 근본적이 차이가 있다는 명제와, 둘째, 두 가지 규범이 갈등할 경우가 있다는 명제와, 끝으로 셋째, 사회적 규범으로서의 법과 윤리는 도덕적 규범, 즉 각 개인이 주체적으로 선택한 행동 규범에 비추어서만 정당화된다는 명제이다. 첫째 번 명제는 맞는다. 사회적 규범으로서의 법 혹은 윤리적 규범이 그 사회의 한 구성원인 개인적 관점에서 볼 때 행동규범으로서의 도덕적 신념과 다른 것은 문명권을 달리하는 사람들 간의 윤리·도덕적 신념의 상대성은 말할 것도 없고, 같은 사회의 구성원들 간에도 윤리·도덕적 가치판단의 차이와 그것을 뒷받침하는 가치판단의 기준이 서로 다르다는 사실로 알 수 있다. 둘째 번 명제도 맞는다. 윤리·도덕적 신념과 판단의 관점에서 볼 때, 세계를 구성하는 여러 문명권들 사이에서나 한 사회를 구성하는 개인들 사이에는 언제나 상대적인 차이가 있을 뿐만 아니라 적지 않은 경우 서로 상충해서 양립할 수 없기 때문이다.

그러나 가장 중요한 점은 셋째 번, 즉 도덕적 판단, 즉 개인이 선택한 행동의 규범과 그것에 전제된 인간으로의 가치관이 사회적 관습으로서의 윤리와 그러한 윤리의 공식화를 뜻하는 공적 법에 시간적으로 선행하고 논리적으로 전제되어 있다는 주장이다. 이 주장도 맞는다. 한 사회에 존재하는 사회적 행동규범으로서의 법은 그것이 제정되기 이전에 이미 그 사회를 지배하고 있던 행동의 관습이나 관례를 공식적으로 반영한 것에 불과하며, 그러한 풍습이나 관례, 즉 윤리는 그 사회 구성원들이 공통적으로 갖고 있는 각기 은밀한 사적 심성 및 주관적 가치관의 반영에 불과한 것이기 때문이다. 한편으로는 법 및 윤리와 다른 한편으로는 도덕, 한편으로는 사회적 규범과 다른 한편으로는 사적 규범 간의 위와 같은 긴장된 관계에 비추어서만 한 사회에 이미 존재하는 법의 끊임없는 개정 및 사회적 풍습과 관례의 부단한 변화를 설명하고 그 의미를 이해할 수 있다.

법은 윤리에 비추어서 그리고 윤리는 도덕에 비추어서 정당화되어야 하지만 도덕이 윤리나 법에 의해서 정당화되지는 않는다. 핵심적으로 말해서 인간의 은밀한 인간적 느낌, 즉 도덕적 감수성을 무시하거나 떠난 어떠한 법적, 윤리적 그리고 도덕적 담론도 공허하지만 윤리나 법에 의존하지 않고서도 도덕은 자율적으로 존재한다. 그러므로 도덕은 물론 윤리 그리고 법의 문제는 그 근원에 논리나 지식의 객관적 문제가 아니라 인간의 은밀한 심성과 감성의 주관적 문제에 귀속된다.

위와 같은 사실은 내가 도덕적으로 옳다고 확신한다고 해서, 그것과 상충하는 윤리적 규범이나 법적 제약으로부터 자유롭게 무시하고 나올 수는 없다는 것을 뜻한다. 나는 사회가 제정한 법과 사회가 수용하고 있는 윤리적 규범에 따라 법적 처벌을 받고 윤리적 규탄을 받아 마땅하다. 내 자신의 도덕적 신념에 근거해서 법과 윤리를 위반하고도 법적 처벌, 윤리적 규탄을 받지 않겠다고 주장한다면 그것은 법과 윤리 및 도덕 세 가지 다른 영역을 혼동한 결과에 불과하다. 중요한 것은 법, 윤리 그리고 도덕의 영역이 서로 다르다는 사실을 분명히 인식하는 것이다. 사실에도 불구하고 법적, 윤리적 및 도덕적 문제 궁극적으로 도덕적 문제에 귀착한다. 왜냐하면 법적 문제는 결국 윤리적 문제에 근거하고, 윤리적 문제는 도덕적 문제의 연장선상에서만 의미를 갖고 이해할 수 있기 때문이다.

법적 및 윤리적 문제가 비교적 단순한 데 반해서 도덕적 문제는 이성적 해결을 찾으려고 할 때 지적으로 악몽과 같이 헷갈리고, 정서적 수 렁에 빠져 말할 수 없는 고통이 동반된다. 도덕은 법이나 윤리와는 전혀 달리 엄격히 말해서 이미 존재함으로써 발견과 적응의 대상이 된 규범 이 아니라 자율적 결단에 의한 규범적 가치 선택, 더 간단히 말해서 가 장 원초적 규범의 발명과 채택, 즉 규범 없는 규범의 제시행위 그 자체 에 지나지 않는다. 사르트르에 의하면 실존적 인간은 가치의 원초적 준 거이지만 그 자신, 즉 가치의 창조자로서의 인간 자체는 아무런 준거, 즉 가치도 없는 그냥 우연적 존재이다. 도덕과 그 가치는 사르트르의 실 존적 인간 자신에 비유되고, 윤리와 법은 바로 그러한 실존적 인간이 고 민 끝에 원초적으로 선택한 원초적 가치에 따라 창조한 가치들에 비유 될 수 있다.

실존적 인간의 선택은 언제나 한없는 불안을 동반한다. 왜냐하면 그 것이 원초적이라는 점에서 그러한 선택은 모델이 부재한 상황에서의 선택이며, 모든 선택에 있어서 그 선택 결과에 대한 책임의 소재는 오로 지 그 선택의 주체인 자신에게만 있기 때문이다. 도덕적 선택이 실존적, 즉 자율적 인간에 의한 원초적 가치 선택이라는 점에서 도덕적 행위자 의 책임과 고민은 실존적 인간의 선택에 동반되는 책임과 고민을 동반 한다. 인간은 자율적 존재라는 점에서 도덕적 존재일 수밖에 없고, 도덕 적 존재이기 때문에 살아 있는 한 가치의 원초적 초석을 마련하는 자율 적 존재이며, 그러한 초석을 마련하는 존재이기 때문에 항상 책임져야 하고, 책임져야 하기 때문에 항상 고통과 고민에 빠져 있게 마련이다. 그것은 인간이 사회적 동물이기 이전에 개별적 고독한 존재이기 때문 이다.

인간의 경우 실존이 본질을 선행하는 것과 똑같이, 개인이 사회에 선행되고, 따라서 도덕이 윤리에, 윤리가 법에 선행된다면, 어떤 법, 어떤 윤리규범을 채택할 것인가의 문제는 결국 어떤 기준에 의해서도 도덕적 선택의 규범은 원천적으로 가질 수 없다. 왜냐하면 도덕적 선택 자체가 원초적 기준의 설정 행위이기 때문이다. 도덕적 선악, 가치의 절대적이고 보편적 기준은 존재하지 않는다. 바로 여기에 도덕적 결단과 판단의 철학적 악몽이 있다. 이러한 악몽과의 끝없는 대결이 인간의 삶이다.

어디서 어떤 이들과

그동안 살아왔던 곳을 뒤로하고 어디론가 멀리 때때로 떠나고 싶어 하지 않은 이가 있겠는가. 어딘가로 잠시 동안만이라도 떠나고 싶다. 반드시 살고 있는 곳이 싫어져서가 아니다. 무엇이든 오래되면 권태를 느끼게 된다. 우리가 살고 있는 장소, 동네, 도시, 지방도 마찬가지이다. 고향은 반드시 돌아가고 싶은 그리운 장소만은 아니다. 그것은 멀리 떨어져 있으면 돌아가고 싶기도 한 장소이기도 하지만 또한 떠나고 싶은, 버리고 싶은 곳이기도 하다. 과거와 현재의 거주지를 떠나고 싶은 까닭은 모든 것에 관해서도 그러하듯이, 거주지나 사람에 관해서도 새롭고 신선하고 낯선 것을 찾는 인간의 호기심 때문이다.

수호랑이의 경우에서처럼 적지 않은 동물들은 짝짓기를 할 때를 빼놓고는 다른 무리에 끼지 못한 채 혼자 돌아다니며 살다가 죽고, 많은 새들이나 어류들의 경우에서 볼 수 있듯이 새끼를 키울 때를 제외하고서는 늘 혼자서 살다가 죽는다. 생물학적으로 인간은 다른 동물들과 마찬가지로 개개인이 완전히 독립한 개체로서 혼자 태어나서 혼자 살다가 혼자 죽을 수밖에 없는 고독한 존재이다. 그동안 함께 살던 사람들을 뒤에 남겨두고 그들과 떨어져서 혼자 살고 싶은 때가 생기는 것은 나 혼자만이 아니라고 확신할 수 있다.

타인들, 타인들의 집합체로서의 사회는 각 개인에게 필연적으로 억압적 성격을 갖기 때문이다. 다른 사람들과 어울려 살자면 그들의 눈과 마음을 배려해야 하고, 그러자면 심리적 긴장이 불가피하고 그 뒤를 피로가 따른다. 인간 공동체는 나의 개인적 자유를 규제하고 나의 개인적 행동을 통제한다. 생물학적으로 그리고 본능적으로 인간은 반사회적 동물이다.

그러나 인간은 그의 오랜 진화의 한 역사적 지점에서 어떤 집단 속에서만 생존해야 하는 사회적 동물로 존재하게 되었다. 어느 연령에 이르러 과거의 삶을 모두 청산하고 출가하여 산속에서 완전히 혼자 동물처럼 살다가 죽어가는 힌두교의 수도사를 제외하고는 혼자서 사는 인간은 존재하지 않는다. 높고 험한 바위 꼭대기에 수도원을 짓고 평생 그곳에서 밖으로 나오지 않고 살다 죽는 그리스 정교의 수도사들도 그 안에서는 다른 동료들과 최소한의 사회공동체를 이루고 함께 산다. 다른 사람들과 공동체 속에서의 삶이 갈등을 동반하고 갈등과 알력이 긴장을 가져오고, 그러한 문제를 해결하기 위해 불가피한 장치로서 마련된 수많은 정치적, 사회적 및 윤리적 규범들의 존재가 억압적이라는 것을 의식하면서 인류가 사회를 구성하고 살게 되었던 것은 사회적 집단생활이 그 구성원들에게 가져오는 혜택이 그것 때문에 생기는 피해보다 훨씬 크다는 것을 오랜 경험을 통하여 깨달았기 때문이다.

아무튼 인간은 어떤 인간 집단을 떠나 짝짓기를 끝낸 수호랑이처럼 혼자 서성거리며 살 수 없게 되었다. 아무리 싫더라도 어떤 구체적 장소에서 구체적인 어떤 인간 집단 속에 끼어 살아야 한다면 그것은 선택의 사항이 아니라 필수적 요건이다. 아무리 다른 이들이 싫더라도 인간이 인간 집단 밖으로 빠져나가 개나 새나 버러지와 함께 사는 것은 불가능하다. 힌두교도들의 영혼이 해탈 이전까지는 카르마의 수레바퀴 속에 갇힌 채 그곳 속에서 윤회할 뿐 밖으로 빠져 나갈 수 없는 것과 같이 인간은 죽을 때까지 어딘가의 인간 집단 그 한 사회조직 밖에서 존재할 수 없다. 인간은 자신의 선택과는 상관없이 이미 사회적 존재로 태어나고 자신의 선택과는 상관없이 이미 특정한 지역의 특정한 사회에 태어나서 살아야 한다.

끼어들어가 살고 싶지 않은 마을, 지방, 국가가 있다. 이런 데는 여러 가지 이유가 있을 수 있다. 그 이유로 각기 그러한 것들이 위치한 지리적 조건 때문에 혹독한 기후, 자연적 조건 때문에 좋지 않은 경치 및 불편한 교통을 들 수 있다. 또한 그 이유는 그러한 곳의 기술적 후진성, 경제적 빈곤, 정치적 폭력, 문화적 속물성 등에서 찾을 수 있다. 어떤 인간 집단을 기피하게 되는 또 다른 이유로 치안의 부재, 정치적 혼란, 사회적 억압, 사회질서의 일반적 부재 등을 들 수 있으며 사회 구성원들의 타인에 대한 불친절한 태도, 공격적인 기질 그리고 도덕적 의식의 부재와 부패 등을 들 수 있다. 또 다른 이유로 어떤 이는 사회 구성원들 사이에 존재하는 지나친 불평등을 들 수 있고, 다른 이는 개인의 자유를 물리적 혹은 정신적으로 억압하는 파쇼적 억압을 지적할 수 있다.

아무도 사회적 집단을 떠나서는 존재할 수 없는, 누구나 같은 값이면 자신에게 가장 마음에 드는 곳에서 가장 마음에 드는 사람들과 가장 마음에 드는 체제를 갖춘 사회를 선택하고 싶어 한다. 그러나 그곳이 마음에 들지 않았을 때 그곳을 떠나 다른 사회를 선택하는 것이 논리적으로 가능하지만, 실제로는 불가능한 경우가 대부분이다. 수많은 유대인들이나 그밖의 사람들은 나치 독일이나 구소련을 떠나 다른 곳으로 마음대로 갈 수 없었고, 현재 수많은 북한의 인민들이 북한을 탈출하여 한국이나 중국 혹은 그밖의 나라로 이민을 간다는 것은 목숨을 걸어야 하는 큰 모험이다. 설사 운이 좋아 자신이 좋아하는 사회를 선택할 수 있다 하더라도 완전히 만족할 수 있는 이상적 사회는 존재하지 않는다. 이상적 사회, 즉 '유토피아'는 문자 그대로 '존재하지 않은 곳'이다.

인간의 역사는 작고 큰 인간 집단들 간의 피비린내 나는 경쟁, 싸움, 승리와 패배, 정복과 복종의 반복의 자취였으며, 과거나 현재나 인간사회는 그 정도에 있어서 다소 차이는 나지만 각종 각색의 강자와 약자의 차별, 지배와 복종이라는 불평등한 관계에 의해서 그 질서가 유지되어 왔다. 이러한 사회질서는 계몽기 이전까지는 '신학' 혹은 '자연의 원리', '혈통' 혹은 '전통' 등 가지각색의 명목하에 공공연히 정당화되어왔다, 계몽기 이후부터는 과거와는 다른 새로운 형태의 강자와 약자, 지배와 복종의 '발전된' 질서가 정착되었고, 그러한 질서는 '이성' 혹은 '자유' 혹은 '평등' 혹은 '민주주의'의 이름으로 정당화되어 왔다.

그럼에도 불구하고 아직도 누구나 그리고 누가 보아도 다 같이 납득할 수 있는 만족스러운 사회는 생기지 못하고 있다. 어느 집단, 어느 국가를 보아도 정말 만족스럽게 살고 싶은 고장, 정말 함께 있고 싶은 인간 집단, 정말 평안할 수 있는 사회 제도는 아직도 존재하지 않는다. 동양이나 서양, 선진국이나 후진국, 부유한 나라나 빈곤한 나라, 강대국이나 약소국, 큰 국가나 작은 국가, 자본주의 국가나 사회주의 국가, 자유민주국가나 전체주의국가는 다 같이 나름대로 불평등하고 부자유스러우며, 억압적이고 폭력적이기 때문이다. 오늘날에도 이념적 갈등과 싸움, 물리적 격돌과 투쟁이 동양과 서양 간에, 자유진영과 사회주의 진영 사이에, 수많은 국가들 간에, 기독교권과 이슬람교권 간에, 힌두교와 이슬람교 간에, 인종 간에, 그리고 국가 내에서의 계층이나 집단 간에, 노사 간에, 부유층과 빈곤층 간에 아직도 치열하고 격렬하게 벌어지고 있다. 정말 살고 싶은 나라는 어디에도 보이지 않으며, 정말 함께 살고 싶은 인간 집단은 어느 곳에도 없고, 정말 공정하고 투명하며 합리적인 제도를 갖춘 사회는 아무 데도 없다. 그러기에 누구나 어떤 사회에도 속하지 않고 인간 집단 밖에서 혼자 살고 싶어지지만, 인간이 사회적 동물인 이상 그러한 소망은 망상에 지나지 않는다. 아무리 싫어도 인간은 한 사회 안에서 다른 사람들과 더불어 살아야만 하기 때문이다. 우리가 할 수 있는 선택은 탈사회가 아니라 보다 바람직한 사회, 즉 조금이나마 더 유토피아 가까운 사회를 고안하고 건설하는 것이다.

모든 사람들이 각기 자신의 개발과 실현을 통해서 최대한의 행복을 누릴 수 있는 사회로밖에는 달리 정의할 수 없는 '유토피아'라는 개념은 막연하다. 유토피아의 실현 가능한 구체적인 형태와 방법을 제시해야 할 필요가 있다. 이와 같은 요청에 부응하기 위한 '근대적' 대답으로 두 가지 상반된 이념들이 고안되어 서로 마찰하고 충돌하면서 지난 200년 동안 정치경제 사상계를 지배해왔다. 정치적으로는 각 개인의 권리를 강조하는 민주주의와 사회전체의 질서를 강조하는 중앙집권주의가, 경제적으로는 개인의 물질적 소유권을 인정하는 시장자본주의와 개인의 물질적 소유권을 부정하는 계획경제가, 사회적으로는 개인의 독자성을 강조하는 자유주의와 평등을 강조하는 사회주의가 충돌하고 대립되어왔다. 아담 스미스의 『국부론』과 칼 마르크스의 『자본론』은 전자와 후자의 이념들을 각기 대변하는 이론이다.

스미스는 개인의 물질적 소유권을 인정함으로써 근본적으로 이기적인 개인의 욕망을 자극하게 되고 그것을 자유롭게 발휘함으로 최대한의 경제적 생산을 성취함으로써 사회전체의 경제적 부가 증가하고, 결과적으로 그러한 부의 축적은 간접적으로 모든 사회 구성원에 혜택을 줄 수 있다고 주장한다. 그러나 이러한 제도는 도덕적 및 사회적 문제 제기로 이어졌다. 이러한 사실은 지난 200년의 경험을 통해서 알 수 있듯이, 자본가들에 의한 노동자들의 착취, 자본가들의 불로소득 그리고 극소수의 자본가들과 절대다수의 근로자들 간의 분배의 격차 그리고 그로 인한 사회적 갈등으로 나타나게 되었다.

이러한 문제를 풀고자 했던 대표적 대답은 마르크스에게서 찾아볼 수 있다. 마르크스가 생각한 유토피아는 '인간에 의한 인간의 억압과 착취가 없는 상황에서 만인이 평등하게 자신이 필요에 따라 마음대로 일하고, 먹고, 자고, 소유하고, 놀고, 창조적 활동을 마음대로 즐길 수 있는 사회'였고, 마르크스의 추종자들의 기획은 독재적 방법으로 희생을 무릅쓰고서라도 사람들의 의식을 바꾸어 기존의 사회질서를 전복하여 마르크스가 머릿속에 상상한 사회적 비전을 현실화하는 작업이었다.

그러나 마르크스와 그의 추종자들의 이념은 다음가 같은 세 가지 점에서 근본적인 문제가 있다. 첫째, 마르크스의 비전은 원초적으로 비현실적이다. 인간의 욕망에 끝이 없는 한 어떤 상황에서 마르크스가 생각했듯이 모든 이들이 언제고 마음껏 자신의 물질적 및 정신적 욕망을 채울 수 있는 세계는 현실적으로만 아니라 논리적으로 불가능하다. 인간의 욕망에 한계가 없는 이상 인간의 관점에서 볼 때 세계는 언제나 '결핍된', '부족한', '만족스럽지 못한' 즉 '불행한' 곳이다. 둘째의 문제는 마르크스의 이념이 인간은 근원적으로 이기적이며, 무한한 소유욕을 가진 동물이라는 객관적 사실을 무시하고 있다는 사실이다. 개인의 노력과 생산에 비례해서 보상을 받지 못할 때 어떠한 사람도 최대의 노력을 하지 않을 것이며, 따라서 개인이 갖고 있는 능력이 최대한으로 발휘되지 않는다. 이러한 사실은 동구 사회주의 경제권과 서구자본주의 경제권 간의 생산성 및 부의 극심한 차이에서 극명하게 드러났으며, 개인의 소유권이 어느 정도 인정되면서부터 사회주의 중국의 생산성과 부가 얼마나 급격하게 증가했는가를 보면 실증적으로 확인할 수 있다. 셋째, 마르크스의 추종자들이 시도한 사회주의 국가 아니 국가가 없는 사회주의 사회의 건설을 위한 강제적, 획일적, 중앙집권적 즉 폭력적 방법은 그들이 내세운 이념, 즉 유토피아에 관한 비전과 정면으로 배치된다. 마르크스주의적 이념의 위와 같은 문제들은 한때 세계 전체를 지배하게 될 듯도 했던 동구 사회주의국가들의 붕괴와 몰락 그리고 사회주의 중국의 개방 및 자본주의 경제체제의 도입에서 여실히 드러났다.

만약 위와 같은 사실을 인정한다면 사회주의적 전체주의들이 전제하고 있듯이 사회주의에 비해서 자본주의가 비도덕적이고 미개한 데 반해서 사회주의적 전체주의가 유일하게 도덕적이며 '진보적'인 것은 아니며, 자본주의적 자유주의자들이 확신하고 있듯이 자본주의에 비해서 사회주의가 비인간적인 데 반해 자본주의적 자유주의가 유일하게 도덕적이며 인간적인 것은 아니다. 스미스적 자본주의와 마르크스적 사회주의 중에서 어느 이념도 완전할 수 없지만 그것들은 나름대로의 충분한 근거가 있다. 그것들은 다 같이 부정적인 요소와 긍정적인 요소들을 각기 나름대로 갖고 있다. 이런 점에서 자본주의와 사회주의, '보수적' 이념과 '진보적' 이념의 극렬한 대립은 더 이상 의미가 없다.

이러한 사실을 근거로 그것들을 절충 통합하여 그 둘 가운데에 어느 범주에도 넣을 수 없는 '복지 사회'를 차선의 유토피아의 모델로 제3의 이념으로 삼을 수 있다. 그것은 가능한 한 개인의 자유와 이기적 욕망을 충족시키는 동시에 가능한 한 모든 사회 구성원들 간의 분배의 평등이라는 서로 완전히 양립할 수 없는 두 가치를 가능한 조화롭게 조정하여 절충할 수 있는 사회적 장치를 갖춘 인간 집단의 건설을 의미한다. 자본주의와 사회주의 이념을 발명하고 직접 혹은 간접적으로 경험한 이른바 오늘날의 '선진사회'가 '복지사회'라는 이념을 깔고 있거나 그러한 방향으로 가고 있는 것은 우연이 아니다.

하지만 복지사회는 자본주의 사회나 사회주의 사회와 마찬가지로 모든 사람에게 실제적으로나 이론적으로 다 같이 만족스러운 것도 아니다. 인생관, 이상적 삶에 대한 인식, 인생의 의미를 찾는 방법은 관심사와 기호가 사람마다 다르기 때문이다. 소크라테스에게는 철학보다 더 소중한 문제가 없지만 아인슈타인에게는 물리학적 문제보다 더 중요한 것이 없고, 테레사 수녀에게는 불우한 인간을 위해 예수의 이름으로 봉사하는 가치보다 더 귀중한 것은 생각할 수 없지만, 카사노바에게는 사랑의 편력보다 더 신나는 것은 없었다. 기업가에게 재산의 축적 이외에는 도덕이고 예술이고 관심사 밖에 있으며, 스탈린이나 김일성에게는 절대에 가까운 권력의 장악 이외에는 진리이고, 선이고, 미가 문제가 되지 않는다. 똑같은 사회도 어떤 사람들에게는 유토피아일 수 있지만 다른 사람들에게는 지옥일 수 있다. 어떤 이에게는 자본주의 국가가 이상적 삶의 조건일 수 있지만 다른 이들에게는 사회주의 국가가 가장 바람직한 삶의 여건이 될 수 있으며, 어떤 이한테는 복지국가가 천당으로 느껴질 수 있지만 다른 이들에게는 가장 따분한 곳으로 인식될 수 있다.

개인적으로 나는 어느 곳에서 어떤 사람들과 어떤 관계를 맺고 살기를 바라는가? 나는 이런 생각을 해본다. 이왕이면 경치가 좋고 깨끗한 곳에 살고 싶다. 나는 삭막하고 쓰레기 같은 곳을 싫어한다. 같은 값이면 모든 사람들에게 물질적으로나 지적으로나 정신적으로 어느 수준까지 인간다운 삶이 보장된 고장에 살고 싶다. 나에게 인간끼리의 갈등과 투쟁, 인간에 의한 인간의 억압과 그로 인간 고통이 자행되는 광경은 생각만 해도 질색이고 끔찍하다. 이왕이면 선하면서도 따분하지 않고, 교양 있으면서도 소박하고, 정직하면서도 미련하지 않고, 다정하면서도 냉철하고, 투명하면서도 구수하고, 조용하면서도 경쾌한 사람들과 어울려 살고 싶다. 내게는 지나치게 극성스럽고 전투적이며, 공격적이고 독선적인 사람은 질색이다. 같은 값이면 나는 가능한 한 남들의 간섭 없이 자유롭고, 강자와 약자, 부자와 가난한 이들의 격차와 차별이 없으면서 다양한 생각과 삶의 방식이 최대한으로 보장되고, 활기차면서도 조용한 사회에서 살고 싶다. 나에게는 그것이 물리적인 것이든 이념적인 것이든, 아니면 제도적인 것이든 우연 발생적인 것이든 모든 형태의 억압, 획일주의, 집단주의는 참아내기 어렵다.

그러나 나와는 전혀 다른 견해를 갖고 있는 사람들이 많이 있을 것이다. 가장 중요한 기본적인 사회적 문제는 자유로운 대화를 통한 합의를 찾아낼 수 있는 자유민주주의적 절차를 위한 제도적 장치의 마련과 그것을 집행하는 사회적 의지일 것이다.

무엇이 정말 진짜인가

가짜는 진짜의 원형을 모델로 한 복제품이지만, 모든 복제품이 자동적으로 '가짜'에 속하지는 않는다. 일반적으로 가짜는 아무리 정교하게 성공한 복제품의 경우에도 진짜에 비해서 질적으로 떨어진다는 점에서 열등한 존재로서 부정적으로 취급된다. 그러나 복제품을 '가짜'로 분류하는 것은 그것이 원본에 비해서 품질이 열등하기 때문만이 아니다. 진짜와 가짜를 구별하는 근본적 척도는 그 제품 혹은 존재 자체의 물리적 혹은 기술적 수준이 아니라 복제자의 의도에서 찾을 수 있다. 진짜와 가짜라는 범주는 사물의 존재론적 분류 범주가 복제자나 복제품 유통자의 도덕적 평가 범주에 속한다. 복제자나 복제품 유통자가 자신의 어떤 개인적 이윤을 부당하게 얻을 목적으로 복제품을 원본으로 둔갑하려고 할 때에만 복제품은 '가짜'로 변신한다.

'가짜'에는 '사기'라는 의도가 은폐된다. 그것은 자신의 부당한 개인적 이익을 위해서 포장된 복제품이다. 나나 다른 모든 이들이 그것이 진짜가 아니라는 것을 서로 다 같이 알고 있는 상태에서 내 목에 걸린 아름다운 진주 목걸이, 성형수술로 아름다워진 코, 눈, 입 등은 가짜가 아니라 일종의 화장이며 장식이다. 나의 상품이 복제품이라는 것을 나와 남들이 모두 알고 있는 상태에서 그것을 내가 팔고 남이 샀다면 그것은 가짜가 아니라 그냥 복제품에 지나지 않는다. 이런 점에서 이태원에서 매매되는 복제품 가운데 많은 것들은 '가짜'가 아닌 그냥 복제품이다. 복제품이 원본이 아니라 복제품이라는 자신의 정체성이 공개적으로 밝혀진 것이라면 그것은 가짜가 아니라 진짜와 같은 뛰어난 복제품일 따름이다. 복제품이 어떤 이유에서이든 자신의 정체를 숨기고 복제품이 아니라 원본인양 행세를 할 때 비로소 가짜라는 범주에 속한다. '가짜'는 어떤 개인적 이익을 위해서 남을 속이고자 하는 비도덕적 동기를 함축한 특정한 종류의 복제품을 지칭한다. 복제품이 원본보다 질적으로 더 뛰어날 수도 있지만, 가짜와 진짜의 차이는 그런 물리적 및 기술적 속성과는 상관없이 복제품을 제조하고 소유하고 유통시키는 의도에 있다.

다빈치가 그린 〈모나리자〉와 그것의 복제품인 〈모나리자〉를 비교할 때 후자가 기술적 측면에서 전자보다 뛰어났다고 가정하더라도, 후자는 어디까지나 전자의 복제품이라는 사실은 틀림이 없고, 그러한 복제품이라는 정체를 숨겨서 원본으로서 행세하려고 하지 않는다면 그것들은 그냥 복제품에 속하지 가짜에 속하지 않는다. 몇 년 전부터 알록달록한 머리 염색이 젊은이들 가운데에 유행되고 있다. 그 머리는 가짜인가? 그들의 머리카락 색깔이 염색한 것이라는 것이 자명한 이상, 또한 그러한 염색에 남을 속이고자 하는 의도가 없었던 것인 만큼 그런 염색 머리는 가짜라기보다는 일종의 장식, 일종의 화장술에 속한다.

모든 가짜가 자동적으로 부정될 수는 없다는 것이다. 진짜가 없을 때, 어떤 경우에는 가짜라도 있는 것이 아주 아무것도 없는 것보다 나은 때가 있다. 가령 의치, 의족은 진짜 이, 진짜 다리보다는 못하지만, 그것에 남의 눈을 속여 개인적 이익을 챙기려는 의도가 담겨 있지도 않고 아주 없는 것보다는 좋다. 그러한 가짜들은 그러한 것이 주인에게 편이를 주는 이외에 다른 의도가 없기 때문이다. 또한 그러한 가짜들은 본인들에게만 아니라 남에게도 그러한 것들이 없을 경우보다는 보기에도 좋을 것이기 때문이다. 가짜가 어떤 사기성, 음모를 전제하지 않고, 원본을 모방한 복제품이라는 뜻으로만 정의할 때 모든 가짜가 필연적으로 나쁜 것은 아니다. 무고한 인간의 생명을 살리기 위해서 거짓말, 즉 가짜 말을 해야 할 경우가 있다. 그러한 경우의 복제는 엄밀하게 정의할 때 가짜라기보다는 그냥 복제품으로 부르는 것이 논리적으로 맞고 더 적절하다. 왜냐하면 '가짜'라는 개념에는 복제품이라는 사실적 의미와 함께 도덕적으로 나쁘다는 의미가 함의되어 있기 때문이다.

그렇지만 도덕적으로 어긋나는 의도에서 이루어진 복제품이나 복제 행위, 즉 자신의 욕망 충족을 위해서 남에게 사실과는 다른 자신을 보이기 위해서 무엇인가를 가장한 것, 한마디로 가짜가 우리 주위에 범람하고, 우리들을 헷갈리게 한다. 많은 사람들이 자신들의 부당한 이익을 챙기고자 복제품을 원본인양 속여 제시하고 유통시키고 있다. 종류로 보아 그 수를 헤아릴 수 없고, 물량으로 보아 그 양을 측량할 수 없이 많은 가짜 물품이 우리 시장에 유통되고 있는가 하면, 쉽게 정체를 알 수 없는 가짜 종교인, 가짜 애국자들이 서성거리고 있고, 가짜 생각과 주장들이 우리의 사고를 헷갈리게 하고, 가짜 감동들이 우리의 영혼을 혼란에 빠뜨린다.

우선 가짜 농산품을 예로 들 수 있다. 전라도 쌀이 가짜 경기도 이천 쌀로, 중국 마늘이 국산 마늘로 둔갑해 시장에서 매매되고, 러시아 명란젓이 국산 명란젓으로, 녹각이 진짜 녹용으로 기묘하게 포장되어 식품 가게에서나 한약국에서 구매자들의 주머니를 털고 있다. 그러나 이런 가짜가 곧 진짜보다 질적으로 열등함을 뜻하는 한, 그것은 마땅히 가려져야 하고, 그러한 가짜 농산물들의 유통과 거래가 한 개인이 자신의 탐욕을 만족시키기 위해 고안된 속임수라면, 그것은 도덕적으로 용납할 수 없다.

농산품만이 아니라 공산품에도 그 종류와 수가 엄청나다, 중국에서 밀조했다는 가짜 비아그라가 약국에서 진짜로 팔리는가 하면, 이태원 다락방에서 제조된 핸드백이나 고급시계에 세계 최고로 이름난 브랜드가 가짜로 붙여진 채 잘 팔린다. 가짜 고급 양주, 가짜 휘발유가 어느 골목에서 밀조되어 매매된다. 청계천 뒷골목에서 위조한 가짜 화폐가 유통된다. 갖가지 생산 기술이 발달되면서 다양한 공산품이 생산되지만, 그러한 생산품의 수가 많아지는 만큼, 가짜 생산도 그 만큼 수월해지고, 그 수도 상대적으로 많아진다. 이태원 다락방에서 몰래 복제한 구치 핸드백, 루이뷔통 가방, 롤렉스 시계가 각기 이태리, 프랑스, 스위스 산으로 둔갑되어 허영심 많은 고객들을 골탕 먹인다. 판매자들과 구매자들이 이러한 물건들이 모방품이라는 것을 다 같이 인정하고 거래하는 한 그들에게는 이것이 뛰어난 복제품일 뿐 가짜가 아니지만, 그러한 사실을 모르고 구입하는 이가 아직도 많거나, 아니면 그러한 가짜를 구입하여 다른 이들에게 진짜로 속여 다시 팔거나 아니면 선물하는 경우가 아직도 많다는 점에서 이런 곳에서 매매되는 복제품들을 가짜로 불러 마땅하다.

식당이나 회사에서 빼낸 빈 영수증이 자신이 몸담고 있는 공공기관의 공금으로 공적 업무와는 직접 관계없는 일로 친구나 친척들과 함께한 식사비를 처리하는 데 사용되고 있다는 소문도 있다. 가짜 공산품이나 가짜 영수증 처리는 가짜 농산품의 유통보다 더 뛰어난 기술과 지능을 전제한다. 가짜 공산품들이 부당한 이익을 취하기 위해서 의도적으로 고안된 속임수라는 점에서 가짜 농산품의 경우와 똑같이 도덕적으로 지탄을 받아야 하지만 그것의 속임수가 보다 정교하다는 점에서 그러한 가짜의 제작자들은 한결 더 호된 도덕적 지탄을 받아야 마땅하다.

근래에는 적지 않은 여성들의 얼굴이 원래의 모습과는 다른 가짜로 변하는 경우가 많아졌다. 그런 얼굴이 가짜라는 것은 얼굴에 바른 짙은 화장품을 씻어내면 금세 알 수 있다. 성형외과의 수술 기술이 발달되면서 원래 타고난 얼굴의 모습을 숫제 원래와는 전혀 다른 모습으로 바꾸어 가짜 얼굴로 만드는 이들이 급속도로 늘어났다. 그래서 우리는 가짜 금발머리, 가짜 둥근 눈, 가짜 높은 코, 가짜 미인, 가짜 미남을 많이 만나게 됐다. 진짜로 믿었던 아름다운 금발이 진짜가 아니라 염색 약품을 써서 물들인 가짜이며, 시원하게 생긴 둥근 눈과 섹시한 높은 코는 원래 생긴 대로의 모습이 아니라 성형외과에서 교묘한 첨단 의학기술로 만든 가짜 코이다. 우리는 얼마 전부터 이런 식으로 만들어진 가짜 눈, 가짜 코, 가짜 미인 혹은 미남들을 단란주점만이 아니라 지하철에서, 버스 안에서, 사무실에서, 대학 교실에서 그리고 서울 한복판 거리 어디에서고 만날 수 있게 되었다. 이제 우리는 어머니의 배 속에서 태어난 사람을 만나기보다는 인위적으로 제조된 가짜 인간들을 만나게 되었다. 언뜻 보고 다 같이 미녀, 미인이라 넋을 잃고 부러워하지만 잘 알고 보면 그들은 진짜 미인도, 진짜 미남도 아닌 가짜 미인, 가짜 미남임을 알 수 있다.

가짜 신분도 있다. 대통령의 가짜 친척, 가짜 청와대 직원으로 위장한 자들에게 사기를 당하고 낭패를 본 이들이 적지 않다. 가짜 박사학위를 들고 다니며 고위직에 앉거나 사회에서 거들먹대며 쏘다니는 이들이 적지 않다. 가짜 여권을 가진 사람들이 국제공항을 제집처럼 드나드는가 하면, 오랫동안 북한의 스파이였던 어느 대학교수가 '깐수'라는 이름의 가짜 아랍인으로 통했다가 발각된 사건이 있었다. 마음에도 없이 가짜 충성을 맹세하여 권력에 매달리고, 진짜가 아닌 가짜 친절, 가짜 우정이 있는가 하면, 가짜 사랑도 허다하다.

가짜 목사나 스님, 가짜 이념가나 애국자들이 있을 수 있고 실제로 우리 주위에는 그러한 이들이 적지 않다. 하느님의 목자가 되거나 부처님의 가르침을 따른다고 자칭하는 목사나 스님이 다른 사람 못지않게, 때로는 그 이상으로 속세의 가치 추구에 여념이 없다면, 그들은 가짜이다. 온 인민이 평등하고 자유로운 사회를 건설하겠다는 명목으로 한 국가의 권력을 장악한 공산 정권의 수령을 비롯해서 그러한 권력 기관의 일부가 된 공산당원들이 절대적 1인 독재하에서 인민의 자유를 완전히 빼앗고, 완전히 통제하고, 그들 자신들을 제외한 대부분의 인민이 기아에 허덕이거나 끝없는 궁핍에 빠지게 한다면, 그들은 분명히 가짜 공산주의자들, 도덕적으로는 듣고 보기에 좋지만 가짜 이념가들이다. 말로는 국가, 민족 그리고 민중을 위한다면서 그러한 명목으로 권력을 잡고, 민중의 위에 서서 명예와 부귀를 누리는 이들이 있다면, 그들은 인간적으로 전형적 가짜이며, 가짜 애국자이며, 가짜 민족주의자이며, 가짜 민중의 편이며, 인격적으로 가장 혐오할 대상으로서의 위선자, 아니 대표적인 지능적 사기꾼이다.

가짜는 이런 것들로 끝나지 않는다. 가짜 현실이 생기게 되었다. 컴퓨터에 의한 전산망의 발달과 더불어 우리는 디지털로 조작된 사이버 시대, 이른바 가상공간, 가상시간, 가상현실 즉 가짜 공간, 가짜 시간, 가짜 현실에 살게 되면서 우리가 보고 듣고 만지고 느끼고 사는 세계 자체가 객관적으로 존재하는 그대로의 자연적, 즉 물리적 실체의 세계인지 아니면 우리가 실체의 세계에서 실체적 경험을 한다고 믿게 된 가상세계, 즉 가짜 세계인지를 분간할 수 없게 되어가고 있다. 특정한 물건이나 사람들이 가짜일 뿐 아니라 세계전체가 가짜일 수 있으며, 세계 안에서의 가짜 사물과 진짜 사물들 간의 차별성만이 아니라 세계자체가 가상세계인지 실제세계인지를 구별조차 하기 어려운 상황에 부딪치는 상황에 이르렀다. 우리는 오늘날 2천여 년 전 장자가 처했던 것처럼 우리 모두가 '나비의 꿈'을 꾸고 있는지 아니면 우리 모두가 '나비의 꿈',

즉 실제가 아닌 가짜인지 알 수 없는 헷갈린 상황에 서 있다. 이러한 상황에도 불구하고 아니 이러한 상황이 심각해지면 질수록, 진짜와 가짜의 구별과 인식은 논리적, 지적, 실천적 세 가지 차원에서 다 같이 중요하다.

첫째, 모든 점에서 진짜, 즉 원본과 가짜, 즉 그것의 복제품의 조건과 가치가 동일한 평가를 받는다고 할 때, 원본이 복제품보다 더 의미가 있고, 진짜는 가짜보다, 정직함이 거짓보다 바람직함은 원본과 복제품, 진짜와 가짜의 개념적 구별 자체에 이미 논리적으로 내포되어 있다.

둘째, 그것의 실천적 결과를 떠나서 진실을 알고 사는 삶은 그렇지 못한 삶보다 가치가 있다. 행복한 돼지보다 불행한 인간이 바람직한 존재 방식이기 때문이다.

셋째, 진짜와 가짜, 객관적 사실과 허상의 구별은 구체적인 현실에서 절대적으로 필요하다. 언뜻 보아 썩은 밧줄과 웅크리고 가만히 있는 독사뱀을 구별하기가 쉽지 않지만, 그러한 것들을 구별 못하고 진짜 독사뱀을 가짜로 알고 밧줄로 속아서 내가 건드린다면 나는 독사뱀에 물려 목숨을 잃게 될 것이며, 가짜 사랑을 진짜 사랑으로 인식할 때 나의 인생은 무너질 수 있다. 이오니아의 땅, 고대 트로이 왕국의 군인들이 배를 타고 온 그리스 군들에 의해 전멸한 것은 그리스 군이 만든 가짜 목마를 진짜 목마로 착각했기 때문이었다. 진짜와 가짜를 구별하고 그러한 구별에 따라 가짜보다는 진짜를 선택해야 함은 이성의 가장 기본적 요청이다.

넷째, 진짜와 가짜의 구별은 인간적으로, 자유로운 실존인 도덕적 주체로 존재하기 위해 가장 근본적 조건이다. 실존적인 주체로 존재할 때에만 나는 선택할 수 있고, 내 자신이 자율적으로 선택한 삶을 살 때에만 내가 실존적으로 진짜로 존재하는데, 실존적 선택은 자기 자신의 가장 근본적 신념에 따른, 즉 그러한 신념에 자신에 진정한, 즉 오텐틱 authentic한 선택일 수밖에 없다면, 그러한 선택은 내가 근본적으로, 즉 진짜로 믿고 있는 세계와 가치에 대한 객관적 인식을 전제하기 때문이다.

개인적으로 사회적으로, 실존적으로나 도구적으로 절대적으로 필요한 진짜와 가짜의 구별, 즉 가짜를 골라내는 일은 어떻게 가능한가? 가능하다면 그러한 구별의 잣대와 방법은 무엇인가?

농산물이나 공산품이 진짜인가 가짜인가는 전문가들이 조사해보면 확실히 밝혀낼 수 있다. 어떤 이의 머리의 짙은 숱이나 검은 색깔, 눈이나 코 모양, 여인의 볼록한 젖가슴, 반듯하고 흰 이가 진짜인지 아닌지는 자세히 들여다보면 누구나 알 수 있다. 한 사람의 말이 진짜이며 그의 겉으로 나타난 마음이 가짜가 아닌지는 그의 행동을 관찰하고 그것들 간의 논리적 관계를 시간을 두고 고찰함으로써 가려낼 수 있다. 어느 목사가 기독교를, 어느 스님이 부처의 가르침을 진짜로 믿는지 아닌지는 각기 그들이 하느님의 말이라고 설교하거나 그들이 깨달았다는 부처님의 진리대로 그들이 실제로 행동하고 살아가고 있는지를 비교해서 검토해보면 할 수 있다.

그러나 많은 경우 우리는 어떤 것, 어떤 마음, 어떤 행동이 진짜인지 가짜인지를 얼른 알아낼 수 없어 당황하는 경우가 많다. 그러나 시간을 두고 조심스럽게 관찰하고 논리적으로 면밀히 생각한다면, 원칙적으로 물건의 진짜와 가짜를 합리적으로 가려내서 평가하고 소유할 수 있으며, 어떤 인간의 가짜 마음이나 가짜 행동을 객관적으로 가려내서 평가하고 규탄할 수 있고 그런 인식에 따라 주어진 물건, 태도, 행동, 인간에 대해서 이성적으로 대처할 수 있다. 그러나 내게 궁극적으로 중요한 것은 물건들, 남들의 말과 마음, 태도와 행동의 진짜와 가짜를 가려내는 데 있는 것이 아니라 바로 내 자신이 어떻게 하면 내 자신에게 충실하게, 즉 내가 진짜로 믿는 대로 생각하고, 말하고, 행동할 수 있는가, 즉 내 자신의 모든 언행이 자신에게 철저하게 정직한, 즉 진짜인 것일 수 있는가를 알아내는 데 있다. 왜냐하면 내가 내 자신의 신념에 충실하지 않은 삶은 나의 삶일 수 없고, 따라서 그것이 다른 사람들에게 어떤 의미를 갖든 상관없이 나 자신에게는 무의미한 것이기 때문이다.

하지만 나에게 가장 근본적인 이 실존적 지점에서 나를 막막하게 만드는 문제는 내가 진짜라는 것, 즉 오텐틱하다는 것을 확인해줄 근거, 즉 원본의 역할을 하는 나의 궁극적 신념, 다시 말해서 내 마음의 가장 깊은 곳에 있다고 전제되는 어떤 신념의 정체를 알 수 없다는 것을 깨닫게 된다는 사실이다. 내가 진짜 확신하고 있는 것은 무엇인가? 내 마음의 가장 깊은 곳에 내가 간직하고 있는 가치가 있으며, 그러한 것이 있다면 그것의 정체는 무엇인가? 이러한 물음에 대한 확실한 대답이 없다면, 나의 삶이 어떻게 진짜 인간의 삶이 될 수 있는가? 죽음의 대가를 치르게 한 안티고네나 카르멘의 신념은 근거가 있는가? 그녀들의 삶은 진짜로 진짜인가?

이른바 해체주의자들이 주장하듯이 어떤 존재의 안과 밖, 중심과 변두리를, 어떤 행위의 선과 악을, 어떤 형태의 미와 추를 그리고 또 어떤 명제의 진리와 허위, 옳음과 그름을, 어떤 인간의 진짜인 측면과 가짜의 측면, 즉 그의 자기 정직성과 자기 기만성의 확고한 한계를 그을 수 없고 각기 그것들 간의 판단은 절대적으로 상대적일 수밖에 없는가? 만약 그렇다면 자신에 정직한, 즉 오텐틱한 인간 그리고 삶에 대한 갈망은 무의미하고 잘못된 것인가? 정말 그럴까?

나는 자기 기만적인 삶이 아니라 자신에 철저하게 정직한 삶을 희구하고, 금방 죽더라도 정말 자신에게 정직한 인간인 자신을 단 한 번이라도 스스로 확인해보고 싶다. 아무리 말이 되지 않더라도 말이다. 이런 소망은 나만의 것이 아닐 것이다.

《철학과 현실》2000년 봄호 ~ 2004년 겨울호

02

사회적 규범
―공동체는 어떤 틀을 갖추어야 하는가

언제나 자연스러워야 하는가

'자연스러움'은 흔히 어떤 존재의 형태나 행동의 양식을 긍정적으로 평가절상하는 말로 사용되어 그러한 것들이 바람직하다는 뜻을 나타내는 말이다. 이 말의 의미를 한마디로 분명하고도 정확하게 규정하기는 쉽지 않다. 하지만 한 가지 확실한 것은 그것이 무엇인가에 대한 긍정적 평가를 나타낸다는 사실과 '자연'이 근본적으로 바람직한 어떤 속성을 갖고 있으며, 모든 것의 모델이 될 수 있다는 생각이 자연이라는 낱말에 깔려 있다는 사실이다. 이러한 사실은 전통적으로 자연친화적인 세계관을 갖고 있는 동양인만이 아니라 전통적으로 자연대립적인 세계관에 젖어 있는 서양인들에게서도 자주 나타난다.

정말 '자연스러움'은 언제나 바람직한가? 이 물음에 앞서 도대체 '자연스러움'이라는 말의 정확한 의미 내용은 알아볼 필요가 있다. 자연스러움의 문자적 의미가 '자연의 닮음'이라면 '자연'이란 도대체 무엇을 지칭하는가? 그것은 일차적으로 존재론적 분류 개념으로 두 가지 서로 다른 것을 지칭한다. 첫째, 모든 것이 궁극적으로는 단 한 종류의 존재로 환원될 수 있음을 주장하는 일원론적 형이상학의 관점에서 볼 때 자연은 인간을 포함한 모든 것, 즉 우주 전체를 뜻하는가 하면, 둘째, 모든 존재가 궁극적으로 서로 환원할 수 없는 두 가지 속성으로 환원함을 주장하는 이원론적 형이상학의 관점에서는 인간 및 인간에 의해 변형된 모든 것을 제외한 다른 모든 것을 지칭한다. 전자의 경우 인간은 자연의 일부이며, 후자의 경우 자연은 인간과 대립되는 존재이다.

'자연'이라는 존재론적 범주에 속하는 존재의 속성과 뗄 수 없는 '자연스러운'이라는 말이 무엇인가의 긍정적 의미를 지닌 어떤 속성으로서 사용될 수 있는 것은 이원론적 형이상학의 틀에서 '인류'와 대립되는 존재로서의 자연의 개념을 전제할 때만 가능하다. '자연'이라는 말의 위와 같은 긍정적 의미의 사용은 일원론적 형이상학의 틀에서는 불가능하다. 어떤 존재의 가치평가와 서술은 그것과는 다른 속성을 가진 존재의 가능성을 논리적으로 전제해야 되는데, '존재하는 전체'로서의 자연의 개념의 틀에서는 원칙적으로 그러한 가능성이 논리적으로 배제되어 있기 때문이다. 실제로 대부분의 경우 '자연'이라는 말은 이원론적 틀에서 사용되며, 인류 전체 및 인류에 의한 모든 기술적 및 문화적 생산품과 구조물, 즉 문명과 대치되는 산과 바다, 공기와 바람, 하늘과 땅, 식물과 동물 등 모든 것들을 총칭하는 말로 사용된다.

동양과 서양, 고대와 현대, 개인과 개인에 따라 정도의 차이는 있지만, 바로 위와 같은 뜻으로서의 '자연'이라는 범주에 속하는 존재는 때로는 긍정적으로 경외, 찬미 및 동경의 대상이 되기도 하고, 때로는 부정적으로 공포, 증오 및 거부감의 대상이기도 한다. 한편으로는 지각이 미칠 수 없고 이성만이 도달할 수 있는 이데아의 추상적 세계만을 실체로 보고 지각을 접할 수 있는 현상들로 구성된 경험적 세계를 껍데기로 본 플라톤의 철학과 다른 한편으로는 이성조차도 도달할 수 없는 천당, 즉 초월적 세계에서의 영적 삶만을 참된 삶이라고 믿고 이 세상에서의 육체적 삶을 초월적 세계에 가기 위한 준비과정으로 본 기독교적 세계관을 중심에 놓고 있는 서양인들은 일반적으로 자연에 가까워지기보다는 자연으로부터 멀어지려고 할 수밖에 없었다. 이러한 서양인들의 부정적 자연관에 반해서, 정신과 육체 및 현세와 내세의 구별을 부정하는 힌두·불교적 세계관의 전통 속에서 동양인들은 자연에 대한 향수가 항상 깊은 곳에 잠재적으로 있었다.

물론 이러한 동서 자연관에 대한 구별은 지나치게 단순하다. 예외가 적지 않기 때문이다. 서양에서는 이미 18세기에 문명을 찬양하는 볼테르와 대립해서 루소가 자연을 찬양했고, 19세기에는 유럽에서 위대한 여러 낭만주의적 시인들을 배출했으며, 고대 중국에서도 문화를 강조하는 공자와 맹자의 유교와 정면으로 대립해서 무위자연을 극찬하는 노자와 장자는 문명을 뒤로 하고 자연으로의 회귀를 역설했다. 동양인의 자연 찬미의 두드러진 경향은 노자의 도덕경이나 장자의 장자와 같은 철학적 텍스트에서도 분명하지만, 이태백, 소동파, 백낙천 같은 시와 동양의 미술을 대표하는 산수화에서 더욱 드러난다.

특별한 정신적 문제가 있지 않는 한, 동서를 막론하고, 대부분의 사람들이 자연에 끌린다는 것은 지역의 동서, 시대의 고금, 신분의 귀천, 교육수준의 높고 낮음, 연령의 노소를, 막론하고 나타나는 인간적 정서의 보편적 현상이라고 단정해도 틀림없다. 흰 구름이 떠 있는 맑은 하늘, 숲이 울창한 높은 산, 바다의 수평선 뒤로 넘어가는 석양, 야생동물들이 우글대는 아프리카의 초원에 잠시나마 마음이 빼앗기지 않는 이가 있을까. 이처럼 자연에 마음이 매료되는 것은 인류의 공통된 심성이기도 아지만, 이러한 경향은 서양인들보다는 동양인들에서, 같은 동양인들 가운데서도 한국인에게서 더욱 두드러지게 나타나는 것 같다.

자연이라는 존재, 즉 산, 바다, 바위, 하늘, 특히 사람의 흔적이 없고 사람에 의해 변질되지 않은 그대로의 것들이 우리의 마음을 사로잡는 까닭은 어디에 있는가? 건강이 중요한 이유가 될 수 있다. 위생적으로, 의학적으로, 건강상 대자연 속에 어울려 사는 것은 유익하다. 환경이 오염되어가는 오늘날 도시생활을 하는 이들에게는 더욱 확실한 이유가 된다. 맑은 공기와 물을 마실 수 있고, 도시의 소음과 매연으로 지저분하고 답답한 공간에서 해방될 수 있기 때문이다. 그러나 더 중요한 이유로 자연의 몇몇 속성이 인간의 보편적인 심리적 욕구를 상징적으로 채워주는 만족감을 들 수 있다. 높은 산정에서 눈 아래로 세상을 내려다보면서 시각적으로 모든 것 위에 우뚝 서 있는 자신의 위치에서 지배에 대한 본능적 욕구를 상징적으로 충족시킬 수 있다. 바다에서는 눈앞에 끝없이 펼쳐지는 수평선을 바라보고 헤엄도 치며 무한한 자유를 상징적으로 경험한다. 인간의 손이 닿지 않거나 변형하지 않은 자연 속에서 순수한 상태의 존재와의 만남을 경험하는 원초적인 신선한 생명감을 느낄 수 있을 것이다. 하지만 자연의 위와 같은 속성으로 인간에게서 보편적으로 관찰될 수 있는 자연풍경에 끌리는 경향이 만족스럽게 설명되지 않는다.

첫째로 만약 위와 같은 이유가 맞는다면, 인간은 꾸준한 기술개발을 통해 문명을 구축하고 문화를 발전시킴으로서 원초적으로, 즉 동물적으로 주어진 자연적 질서와는 전혀 다른 인위적 질서로 이루어진, 즉 문명세계를 구축하지 않았을 것이다. 그런데 인간의 역사는 자연으로부터의 탈피, 문명화의 역사였다. 원초적 자연 상태에서 인간의 삶은 고통스럽다. 갖가지 야수들의 위협과 싸우고, 모기나 그밖의 허다한 종류의 버러지들로부터 받아야 하는 고통을 단 하루라도 벗어날 수 없었다. 자연 상태에서 인간은 항상 배고프고, 춥고, 덥고, 병에 쉽게 걸렸으며 모두가 단명했다. 자연적인, 즉 원초적인 것은 축하와 찬양의 대상이 아니라 공포, 극복, 정복, 개발 그리고 변형의 대상이었다. 오늘날 버러지와는 물론 침팬지와도 사뭇 다른 생활을 하는 동물로 진화한 우리들 인류 가운데서 그렇게 진화된 자신을 후회하고 침팬지로 돌아가고자 진짜 원하는 이는 아무도 없을 것이다. 오늘날 기적에 가까운 문명의 이기를 이용하면서 문화생활을 누리는 문명인들, 즉 자연으로부터 멀어진 삶을 사는 이들 가운데서 그러한 삶을 완전히 청산하고 현재 아프리카, 남아메리카, 동남아 섬 지방의 오지에서 아직도 관찰할 수 있는 원시생활을 선택할 이는 거의 없을 것이다. 매일 TV 영상으로 볼 수 있는 동물의 세계에서 볼 수 있듯이 약육강식의 잔인한 생존원칙이 지배하는 동물의 세계는 너무나 잔인하고 너무나 가혹하다.

둘째의 이유는 이렇다. 만약 위와 같은 사실에도 불구하고 자연스러움이 바람직하다면 인류는 프로이트가 말하는 '쾌락원칙'에 따라 모든 본능적, 즉 동물적 욕망을 극복하지 못하고 그 속에 파묻혀 이성의 통제를 전제로 하는 문명을 성취하지 못했을 것이다. 가장 바람직한 삶의 양식은 도덕적 규범과 사회적 제도에 속박을 받아야 하는 인간적 삶, 즉 문명사회의 삶보다는 야생동물적 삶의 양식이었을 것이다. 그러나 프로이트가 설명하듯이 인간은 동물과는 달리 현실원칙에 입각해서 쾌락

원칙을 억압하고 극복하기를 선택한다. 인간의 가장 원초적 욕망과 가치는 생존 자체와 그 연장이며 본능 만족의 가치는 그것이 어떠한 것이든 간에 그 다음으로 중요하며, 인간은 본능을 극복할 수 있는 이성과 이성이 안내하는 지혜를 갖고 있다. 비록 문명의 억압적 측면을 인정하더라도 사정은 마찬가지다. 그것은 인간이 그냥 자연의 일부로 남아 있는 것으로 만족하지 못하고, 자연을 초월하여 문화적, 즉 인위적 세계에 존재하는 유일한 동물이기 때문이다.

이러한 사실에도 불구하고 '자연스러움'이 여러 경우에 긍정적 의미로 사용되고, 우리가 지향할 태도, 양식이라면 그것은 도대체 어떤 태도 어떤 양식을 지칭하며, 그러한 태도와 양식이 시간과 공간을 초월하여 모든 인간에게 하나의 긍정적 미덕으로 뿌리 깊게 자리 잡게 된 이유는 어디에 있는가? 무엇인가를 긍정적으로 평가하는 말로 사용될 때 '자연스러움'이라는 말은 '숙련된 솜씨'라는 뜻에서 '억지 없음'의 뜻으로 쓰인다면, 어떻게 해서 '자연'이라는 말이 '억지 없는' 혹은 '숙련된' 의미로도 사용되게 된 것인가?

'자연스러움'이 미학적으로 '좋다'라는 말의 가장 일차적 의미는 '형식적' 관점에서 '감각적으로 좋다'라는 말이 되고, '자연스러움'이 긍정적 의미를 갖는다면 그것은 정확히 무엇을 두고 말하는가? 인간의 언행에 적용될 때, '자연스러움'이 '자연이 배어 있음' 혹은 '자연과 닮음'을 뜻하는 만큼, 자연스러움이 모든 존재나 모든 행동의 바람직한 양식이라면 자연의 본질적 속성이 바람직하다는 것을 함의한다. 이처럼 자연스러움이 긍정적 의미를 갖는다면 도대체 '자연'이란 속성은 무엇인가? '자연'은 여러 가지 의미를 갖고, 여러 가지 서로 다른 뜻으로 사용된다. 가장 일반적으로 그것은 '인간'과 구별되는 대상을 지칭한다. 이런 관점에서, 인간의 손이 가지 않은, 즉 인간이 만들거나 변형한, 즉 문명화된 이전의 상태를 간직하고 있는 모든 것들이 자연의 범주에 귀속된다.

어떤 뜻에서 '자연스러움'이 바람직한 존재, 상태, 행동의 속성일 수 있는가? '자연스럽다' 함은 구체적으로 무엇을 지칭하는가? '생각이나 말, 행동이나 솜씨가 자연스럽다'고 긍정적으로 말할 때 어째서 그런 관계가 성립할 수 있는가?

앞서 보았듯이 '자연'이라는 말이 인간이 개입되기 이전부터 본질적인, 원래적인, 따라서 영원히 변하지 않는 어떤 법칙에 따라서 그냥 그대로 있는 존재를 지칭한다면, 자연적인 것은 곧 영원불변한 법칙에 맞는 것을 뜻하며, 이렇게 법칙에 맞는다는 것은 순리에 따른다는 뜻이 되며, 순리에 따른 것은 곧 옳고 잘됨을 뜻한다. '자연스러움'의 의미를 이와 같이 해석할 때, 긍정적 뜻, 즉 '바람직한' 것으로서의 '자연스럽다'라는 표현은 어떤 대상의 종류나 그것의 속성이 아니라 형식적 및 기술적 개념으로서 이상적 양식과 이상적 솜씨를 지칭하는 데 사용되고 있는 이유가 밝혀진다. 노자나 장자만이 아니라 공자나 맹자까지도 함께 강조하는 '도道'라는 말이 곧 영원불변한 자연의 법칙을 지칭한다는 것을 인정할 때 어째서 노자와 장자의 철학적 핵심이 '자연스럽게 행동하고 살라'라는 삶의 원칙인 '무위無爲'라는 행동의 원칙으로 표현되고, 공자와 맹자의 가르침의 핵심이 인간의 존재 양식으로서의 '도리' 즉 '자연적 이치'로 나타나는가를 알 수 있다.

그러나 '자연스러움의 원칙'의 문제는 그 원칙의 구체적 내용이 무엇인지를 밝히지 못하는데 있다. '자연스러움'의 이상을 주장하는 어떠한 이도 자연적인 것과 비자연적인 것, 자연스러움과 인위적인 것의 정확한 경계선, 그것들을 구별할 수 있는 분명한 기준을 제시하지 못하고 있는 데 문제가 있다. 인간의 경우 어쩌면 비자연적인 것, 즉 인위적인 것만이 가장 자연적인 것이 될 것 같은 역설적 경우가 생기기 때문이다. 객관적인 사실은 노자나 장자가 주장하는 것과는 전혀 달리, 자연 속에서 발견될 수 있는 도, 즉 무위라는 행동법칙에 따를 때 이루어지는 것은 아무것도 없고, 인위적으로 자연에 개입했을 때만이 생존하고, 건강하게 오래 살고, 더 많은 욕망을 충족할 수 있는 것은 너무나 자명하다. 자연을 대치할 수는 없더라도 자연을 보충하는 기능으로서의 문명을 일굼으로써 인류는 비로소 동물에 가까운 원시적, 즉 고통스러운 삶을 극복하고 오늘날과 같이 절대 다수의 사람들이 상대적 장수와 물질적 및 정신적 풍요를 누릴 수 있게 되었다.

"친애하는 루소 씨. 당신의 책을 읽으니 네 발로 걷고 싶은 생각이 드오. 하지만 짐승처럼 네 발로 걷는 버릇을 잃은 지 60년 이상이 된 나는 불행히도 옛 습관을 다시 찾을 수가 없소."

이 구절은 18세기 계몽사상을 대표하는 사람의 하나인, 냉철한 이성의 덕목을 강조했던 계몽사상가 볼테르가 역시 당대 유럽의 또 하나의 대표적 낭만적 계몽사상가인 친구 루소가 보내준 최신의 저서 『불평등론』의 독후감으로 써서 보낸 편지 모두의 글이다. 이 편지가 18세기를 지배한 위대한 두 사상가들의 오래된 우정을 영원히 박살낸 것은 불가피한 것이었다.

이 독후감 편지에서 볼테르는 문명이 선천적으로 선한 인간의 도덕적 심성을 타락시킨다고 믿으면서 문명과 대비된 '자연으로 돌아갈 것'을 주장하는 루소의 주장을 '두 발 대신 네 발로 걸어다니자' 즉 '동물로 돌아가자'라는 주장으로 비꼬아 해석했다. 볼테르는 자신의 친구를 한

마디로 웃음거리로 만들어버리면서 자연 대신 문명을 옹호했다. 인간 본연의 선한 도덕성을 타락시킨다는 이유로 문명을 규탄하고 자연 상태의 삶의 양식을 찬양한 루소의 입장에 정면으로 맞서서 볼테르는 문명의 긍정적 기능을 적극 지적하면서 자연 상태의 삶의 양식으로부터 멀어질 것을 주장했던 것이다.

나는 분명한 태도로 루소나 볼테르의 어느 한쪽에 설 수 없다. 요즘에도 나는 볼테르의 문제의 편지 서평을 읽을 때마다 한편으로는 그의 차디찬 성격에 반발을 금할 수 없지만 동시에 그의 놀랍도록 날카롭고 깊은 통찰력과 기막히게 재치 있고 정확한 표현력에 혼자 박수를 치며 감탄하곤 한다. 그러면서도 나는 정서적으로는 루소에 기울어진다. 이러한 느낌은 내가 환경 문제, 생태계 문제에 관심을 갖게 되고 문명이라는 이름으로 이루어지고 있는 오늘의 삶의 양상과 미래에 대한 전망을 하게 되면서 더욱 굳어지고 있다. 나는 이론적으로나 현실적으로 자연과 문명 간의 택일적 선택이 어떠한 인간에게도 불가능하다고 생각한다. 그러한 흑백을 정확히 가르는 택일적 선택이 불가능한 것은 나만이 아니라 볼테르나 루소에게도 마찬가지였다고 확신한다. 사람들의 차이는 어느 쪽을 좀더 강조하느냐에 있다고 생각된다. 문제는 자연과 문명 간의 택일이 아니라 그것들의 조화이다. 이 점은 장기적으로 볼 때 문명에 의한 자연환경 오염과 생태계 파괴가 초래할 수 있는 세계종말이라는 위기의 도래 가능성이 분명해진 오늘날 너무나 절실하다.

인간이 당면하게 된 자연과 문명의 조화 문제는 '자연스러운 문명'을 일구어내는 문제가 되고 그것은 문명화된 자연의 문제로 뒤집어볼 수 있다. 그런데 이 문제에 앞서 전제된 더 근본적인 문제는 인간의 경우 자연과 문명의 경계가 분명하지 않다는 데 있다. 같은 값이면 '자연스러움'이, '우아함'이 바람직하다면, 어떤 종류의 인간의 행동, 어떤 형태의 문명이 '자연적'인가? '자연스러움'의 행동에 관한 덕목을 추구하다 보면 자연적인 것과 문명적인 것의 형이상학적 경계선에 대한 골치 아픈 물음이 다가온다. 그 경계선은 절대적이 아니라 상대적이며, 자연적이 아니라 인위적이다.

전쟁윤리

전쟁은 무조건 하지 말아야 하는가? 그것은 무조건 악인가? 그 정치적 및 국가적 결과가 개인이나 집단에게 어떠하든 간에 무조건 전쟁을 반대해야 하는가? 아니 전쟁은 정확히 무엇을 지칭하는가? 전쟁은 폭력이며, 폭력은 이해관계가 대립되는 양자 간의 갈등을 해결하는 방법으로 동원되는 하나의 방법으로, 그 방법은 설득이 아니라 물리적 힘의 사용이다. 동물들의 세계에서는 설득이 존재할 수 없다. 그들의 세계에는 설득에 전제된 담론이 존재하지 않기 때문이다. 그들 간의 갈등 해결 방법은 폭력뿐이다. 인간만이 담론의 세계 속에 살고 있으며, 따라서 인간만이 자신들 간의 갈등을 폭력이 아닌 설득에 호소할 수 있다. 인간들 간의 갈등이 설득이라는 비폭력적 방법에 의해 해결될 수 있음에도 불구하고, 인간의 역사는 과거나 현재나 다 같이 개인이나 집단의 차원에서 크고 작은 폭력으로 점철되어왔다는 것을 보여준다. 수많은 전설과 옛날 기록들이나 인간의 집단들이 살고 있었던 지구 어디에서고 발견될 수 있는 폐허가 된 아득한 옛날의 주거지들, 궁전들, 지금은 관광지로 각광을 받고 있는 지구 사방의 성채들, 박물관 속에 보존된 무기들이 그러한 사실을 입증해준다. 이야기들이나 대부분의 역사적 기록은 지금까지의 인간의 역사가 궁극적으로 주먹이 강한 자가 그렇지 못한 자를 제압하고 억압하며, 약탈하고 파멸시켰던 폭력의 역사였다는 것을 드러내보인다.

전쟁이 폭력이라는 사실은 분명하지만 모든 폭력이 전쟁은 아니다. 폭력은 개인 간, 가족들 간, 부족들 간, 민족들 간, 종족들 간 등등 양적으로 여러 스케일이 있고, 그 심도의 측면에서도 여러 밀도로 구별할 수 있다. 폭력의 공간은 사적, 가정적, 촌락적, 작은 지역적, 수많은 내전의 경우처럼 한 국토 내의 한 지방, 팔레스타인과 이스라엘 간의 갈등, 이라크와 이란의 갈등처럼 큰 지역, 제1차 세계대전의 경우처럼 유럽 및 북미, 제2차 세계대전의 경우처럼 전 세계일 수 있다. 그리고 그 폭력은 김 서방과 이 서방 사이에, 박 씨 집안과 서 씨 집안 간에, 또한 각기 중국과 일본, 영국과 프랑스, 기독교권과 이슬람권, 황인종과 백인종 간의 것일 수 있다. 그렇지만 위와 같은 모든 폭력이 전쟁의 범주에 속하지 않는다. 전쟁에 속하는 폭력과 그렇지 않은 폭력이 구별된다. 이 두 가지 종류의 폭력을 정확히 경계 짓는 것은 불가능하다. 하지만 그것들은 그 행위가 이루어지는 공간적 크기, 그 행위에 동원된 방법 및 그 행동에 관련된 인구의 수적인 차원에서 본 스케일의 크기에 비추어 결정될 수 있다. 이런 관점에서 전쟁은 '군사적 무기와 그밖의 조직을 대대적으로 동원한 적어도 국가라는 단위 이상의 크기를 가진 두 진영 간에 상대방의 정복을 위해 사용되는 비교적 장기적이고 필사적이며 결과적으로 잔인하고 비참한 대대적 폭력 행위'로 정의될 수 있다. 이런 정의에 비추어볼 때 눈앞에 닥친 이라크에서의 군사적 폭력 행위와 어쩌면 머지않아 있을지 모를 한반도에서의 군사적 충돌은 전쟁의 범주에 속하는 폭행이라는 것은 의심할 수 없다.

　그렇다. 전쟁은 적어도 그 자체만을 볼 때 악이라면 무조건 거부해야 한다. 몇 천 년 동안의 과거 인류가 전쟁을 끊임없이 관습처럼 해온 것이 전쟁을 정당화하지는 못한다. 어떤 행동이 악한 것이라면 설사 모든 사람이 다 같이 그리고 언제나 같은 행동을 한다고 하더라도 그 행동은 역시 악하다는 사실에는 변함이 없다. 과거의 모든 전쟁을 반대해야 했었지만, 지금 이라크에서 일어나고 있는 전쟁과 어쩌면 한반도에서 있을지도 모르는 전쟁은 각별히 그렇다.

　왜 그런가? 엄청난 파괴력을 가진 최첨단 무기를 장비한 문제의 이라크나 한반도에서의 전쟁이 상상을 초월한 물리적 및 인적 파괴와 가혹하고 비참한 고통을 수많은 무고한 사람들에게 가져오리라는 것을 쉽게 상상할 수 있기 때문이다. 폭행과 그 속에 내재된 잔인성은 일종의 축제성, 즉 무상의 심리적 기쁨을 가져올 수 있는 잠재력이 있다는 니체의 주장에 약간의 진리가 포함되었다 하더라도, 타자의 심리적 및 육체적 고통, 상처, 죽음이 의도적으로 겨냥된 파괴적 행위라는 사실만으로도 모든 폭행은 그 자체로서 이미 악이며, 전쟁은 한 집단이 다른 집단에게 가하는 계획적이며 장기적이고 총체적이며 극단적인 대대적 폭행으로써, 다른 집단에 대한 약탈, 강간, 살인 등 잔인한 행위를 동반한다는 점에서 무조건 거부해야 할 비윤리적 행위라고 밖에는 다른 결론을 내릴 수 없을 것 같다. 그렇다면 전쟁은 예외 없이 무조건 반대해야 한다는 주장이 설 수 있을 것 같다.

　정말 그런가? 모든 전쟁이 무조건 비윤리적이며 악인가? 모든 윤리성이 그러하듯이 전쟁의 윤리성 문제도 실제로는 보기보다 훨씬 복잡하고, 생각보다 상당히 복잡하다. 인류의 역사는 전쟁의 역사로 말할 수 있을 만큼 줄곧 전쟁으로 점철되어 왔으며, 전쟁에 대한 찬반을 둘러싼 맹렬한 논쟁이 과거에도 군인이나 정치가들 사이에서만이 아니라, 지식인들이나 전문적 철학자들 사이에서도 항상 치열하게 오고 갔던 것은 우연이 아니다.

무조건 폭력보다는 설득을, 무조건 갈등보다는 대화를, 무조건 전쟁보다는 평화를 명백히 주장한 대표적 철학자로는 러셀과 이탈리아의 철학자이자 기호학자이고 소설가인 움베르토 에코를 예로 들 수 있다. 평화주의자였던 러셀은 제1차 세계대전 때 모국 영국의 젊은이들에게 참전 거부를 종용하다가 투옥되었고, 제2차 세계대전 이후의 냉전기에 미국과 소련, 자유 서방 진영과 사회주의 동유럽 진영 사이에 핵무기 경쟁과 전쟁 가능성이 커졌던 상황에서 비록 그것이 자유 진영이 소련 진영에 무조건 굴복하더라도 전쟁을 피해야 한다는 주장을 폈다. 또한 에코는 최근의 저서 『누구를 위하여 종을 울리는가를 묻지 말라』에서 21세기에는 전쟁이 더 이상 가능하지 않을 뿐만 아니라 가능해서도 안 된다고 주장했다.

그러나 언뜻 보기와는 달리 그들은 이 무조건적 반전주의자는 아니다. 러셀이 무조건적으로 반대하는 것은 원자무기가 사용될 세계대전이며, 움베르토의 전쟁 불가라는 주장의 근거는 핵무기가 사용되고 인터넷으로 세계가 지구촌화된 현재의 기술문명에서 그 결과를 생각할 때, 기술적으로 과거와 같은 일대일의 전쟁이 불가능하게 됐다는 데 있다. 그렇다면 그들의 반전론은 모든 전쟁이 아니라 오늘날의 가공할 파괴력을 가진 무기가 동원되는 비참한 결과를 초래하는 전쟁의 어리석음에 근거한다. 이러한 관점에서 그들은 어떤 종류의 전쟁도 허용할 수 없는 것이다. 윤리적으로 정당화될 수 있느냐 없느냐의 논쟁과는 상관없이, 언제나 약육강식의 원리로 지배되는 동물들 간의 관계가 폭력을 제외하고는 서술될 수 없듯이, 인류사는 곧 전쟁사라고 말할 수 있을 만큼 지구 어느 곳에서나 끊임없이 일어났던 작고 큰, 짧고 긴, 덜 잔인하고 더 잔인한 전쟁의 이야기들을 빼놓고는 써질 수 없다는 것은 아무도 부정할 수 없는 객관적 사실이다. 이러한 사실은 고대 바빌로니아, 페르시아 등 소아시아 제국들을 중심으로 벌어졌던 전쟁들, 고대 그리스를 중심으로 한 지중해의 여러 도시 국가들 사이의 수많은 전쟁들, 고대 중국의 전국시대의 각 지역 토족들 간의 전쟁들, 로마제국에서 벌어졌던 수많은 전쟁들, 중세 유럽의 두 번에 걸친 십자군 전쟁들, 근세의 종교전쟁, 그리고 20세기에 들어와 두 번에 걸친 세계대전들,

명치천황의 왕정복권이 있기 이전에 일본 열도에서 벌어졌던 토호들 간의 끊임없는 전쟁들의 끔찍한 전투 장면, 전투 후의 파괴 상황을 상상만 해도 전쟁을 원하는 이, 그것이 어떤 종류이고 어떤 규모이며 어떤 목적을 가졌든 상관없이 전쟁을 반대하지 않을 사람은 존재하기 어렵다.

거대 집단적 폭력으로서의 전쟁은 저주로 보든 아니면 축복으로 보든 상관없이, 적어도 지금까지 형성되어온 인간 집단 간 관계의 형이상학적 속성으로 생각할 수 있을 만큼 역사적으로 오랜 원천에 뿌리를 박고, 보편성이라고 할 만큼 시간과 공간을 초월해서 존재하고 있는 객관적 사실이다. 그럼에도 불구하고 주먹보다는 말이, 폭력보다는 논지가 지배하는 세상이 바람직하며, 폭력보다는 대화가, 전쟁보다는 평화가 지배하는 사회와 세계가 열 배, 백 배, 천 배, 아니 만 배 더 바람직하다.

니체의 주장과는 달리 정상적인 조건에서 이러한 심성은 이성을 가진 모든 인간에게 공통적으로 발견될 수 있다고 확신한다. 러셀은 감옥

에 갇히기를 감수하고 영국의 제1차 세계대전 참전을 반대했고, 간디는 대영제국으로부터 조국의 독립을 쟁취하는 데 있어서, 마틴 루터 킹은 미국 내 흑인의 인권을 위한 투쟁에 있어서 다른 많은 운동가들과는 달리, 폭력을 거부하고 끝까지 비폭력적 방법을 고집하고 싸우다가 죽음을 당했다. 힌두교·불교는 생명에 대한 폭행, 더 정확히 말해서 생명에 고통을 가하는 인위적인 모든 행동을 형이상학적, 종교적 차원에서 거부한다. 예수는 남이 우리의 한쪽 뺨을 칠 때 다른 쪽 뺨을 내밀라고 가르쳤다. 그리고 위와 같은 사람들 및 위와 같은 종교에 깔려 있는 비폭력 사상은 종교적으로, 윤리적으로 옳고 아름답다. 그러한 태도에 감동을 느끼지 않거나, 폭력에 대한 위와 같은 태도는 모든 인간, 모든 사회의 바람일 것이다.

그러나 안타깝게도 이상과 현실은 다르다. 그것이 아주 역설적인 것은 오늘날에도 과거와 똑같이 비폭력을 주장하는 힌두교도 혹은 불교도들이 자신들의 비폭력주의적 종교를 지킨다는 명목으로 끊임없이 다른 종교집단에 폭력으로 대처하기를 주저하지 않았다는 사실로서 알 수 있다. 과거나 오늘날에나 기독교도들은 한쪽 뺨을 맞았을 때 다른 한쪽의 뺨을 적에게 내밀기는커녕, 중세기에는 한쪽 뺨을 맞지도 않았는데도 두 차례나 십자군을 파병하여 자신과 다른 종교를 믿는 이들을 잔인한 폭력으로 정복하려 했었고, 기독교국들은 17~20세기에 걸쳐서 세계를 정복하고 약탈하는 행위를 해왔다.

불행하게도 우리의 바람과는 반대로 각 개인 그리고 각 인간 집단은 인류 역사를 통해서 그리고 아직까지도 폭력, 전쟁의 형태를 갖춘 집단적, 그리고 대대적 폭력에 대한 유혹에서 완전히 자유롭지 못하다. 모든 과거나 현재의 모든 폭력, 모든 전쟁이 다 같이 변명되거나 정당화되는 것은 결코 아니지만, 구체적인 현실상황에서 인간 집단 간의 갈등을 전쟁이라는 폭력 이외에는 어떤 다른 방법으로도 풀 수 없다고 판단되는 경우가 있기 때문이다.

아무리 말로 설득하고 양보해도 나의 목숨까지를 폭력으로 빼앗고자 하는 상대방과 1대 1로의 대치를 피할 수 없을 경우, 아무리 협상으로 양보하고 갈등을 풀고자 해도 내 국가를 굴복시키고, 내 민족의 자유와 존엄성을 군사적 방법으로 뿌리로부터 약탈하려는 국가와 민족 집단과 대결했을 때, 한편으로는 죽음이나 국가·민족적 종속과 다른 한편으로는 죽음을 각오한 대결로서의 폭력이나 국민의 생명과 재산의 막대한 희생을 무릅쓴 대결로서의 전쟁의 선택이 그 반대의 경우보다 옳은 선택이건 아니건, 싫건 좋건, 어떤 개인이나 집단은 결단해야 할 궁지에 처하는 경우를 피할 수 없을 때를 자주 당면하게 된다. 이러한 것이 구체적 인간의 삶의 현실이라면, 바람직한, 아니 윤리적으로 옳고 인간적으로 당당한 후자의 선택이 평화적이라는 사실을 부정할 수 있는 이는 아무도 없을 것이다.

끝까지 협상과 사찰을 거부하고 자신들의 영토, 도시, 가옥, 개인적 생명을 파괴하고 자신들의 국가와 국민을 점거하고 종속시키려고 미·영 양국의 군대가 공격해 온다면, 이라크의 군인은 물론 온 국민은 그러한 외국군대의 공격에 대응하여 자신은 물론 국가와 국민 그리고 인간으로서나 민족으로서나 국민으로서의 자존심을 방어하기 위하여 끝까지 전투를 하는 방법뿐 다른 선택이 없다. 만일 내가 한국인으로서 국가의 건국이념인 자유민주주의를 진심으로 믿고 있는 상황에서, 남한 국가 이념과 정면으로 상충되는 이념을 토대로 세워진 북조선정권이 핵무기를 갖고 남한을 위협하면서 자진 혹은 강제적 흡수 사회주의적 통일과 죽음을 걸고서라도 지켜야 할 국가이념인 자유민주주의 중 둘 가운데 하나의 선택이 강요됐다면, 내가 마땅히 택해야 할 유일한 선택은 후자이며, 그것을 위해서는 목숨을 건 투쟁, 즉 전쟁을 마다하지 않겠다는 결단을 해야 한다. 인간의 구체적인 현실을 냉정하게 관찰하고 인식한다면, 전쟁을 무조건 부정할 수 있는 이성적 인간은 있을 수 없다. 안타깝게도 그리고 역설적으로 정당화할 수 있는 전쟁, 우리에게 윤리적, 이성적 의무로 전쟁과 같은 조직적 그리고 끔찍한 폭력을 무조건 배제할 수 없는 것이 아직까지의 인간의 사회적 현실이라면, 어떤 상황에서 전쟁이라는 폭력은 정당화될 수 있을 뿐만 아니라 종교적 혹은 윤리적 의무로 나타날 수도 있는 것이 아닌가?

전쟁은 서로 적대적 관계로 대립되는 두 집단 간의 적극적이며 계획된 폭력적 행위이며, 적어도 처음에는 둘 가운데 한쪽이 상대방에게 먼저 공격을 가하고, 공격을 당한 쪽이 방어적으로 대응하게 됨으로써 일어나는 폭력행위이다. 그러므로 전쟁은 그 동기의 관점에서 볼 때 공격적인 것과 방어적인 것으로 분류된다. UN 헌장에 의하면 세 가지 종류의 전쟁만이 합법적이다. 첫째는 방어적인 전쟁이며, 둘째는 선제공격을 받지 않은 상황에서라도 적이 곧 공격해 와서 우리 집단을 파괴할 조짐이 확실한 경우이거나, 셋째는 UN이 인정한 전쟁만 법적 및 도덕적으로 정당화될 수 있다.

그러나 이 세 가지 조건들은 좀더 자세한 단서를 부치지 않는 한 납득되지 않는다. 첫째 조건을 생각해보자. 모든 인간이 동등하고 모든 인간이 자신의 생존은 물론 번영, 자유, 존엄성 및 행복을 누릴 수 있는 권리를 갖고 있다고 전제할 때, 한 집단이 자신만의 권리를 주장하고 나머지 다른 집단의 권리를 구체적 폭력으로 공격하여 위협하고 약탈하려 한다면, 그러한 도전을 받는 다른 집단이 자신의 권리를 위해서 그러한 도전에 똑같은 폭력으로 대응하는 것은 당연하다. 그러나 만약 선제 공격을 당한 쪽이 스스로 혹은 제3자가 이성적으로 객관화해서 반성해 볼 때, 선의 축이 아니라 악의 축에 속한다는 것을 인식하고 인정한다면, 선의 축의 공격에 대응하는 것보다는 그것에 의한 악의 체제를 감수하는 것이 합리적이다. 둘째 조건의 가장 어려운 문제는 어떻게 상대방의 선제공격이 있을 것을 확신하고 자신의 선제공격을 정당화할 수 있는가에 대한 대답을 찾는 어려움에 있다. 상대방이 선제공격을 한다는 판단과 주장은 자신이 선제공격을 하기 위한 구실이 될 수 있기 때문이다. 셋째 조건도 문제이다. 그것은 UN이라는 국제기관의 판단이 민주적 합의에 근거한 것이라고는 하지만 그것이 '객관적 사실', '이성적 판단', '진리'에 근거한 것이 아니라 강대국들의 정치적 협상이나 아니면 몇몇 특정한 국가들이 외교적 전략의 산물에 지나지 않을 수 있다는 사실에 있다.

전쟁은 그 자체만으로 볼 때 가장 큰 악이었다. 그러나 불행하고 안타깝지만 어떤 전쟁은 현재까지의 인간사회에서 필요악이라는 사실도 엄연한 사실이다. 그러나 어떤 전쟁이 그냥 악이며, 어떤 전쟁이 필요악인가를 결정하는 것은 결코 쉬운 일이 아니다. 악으로서의 전쟁은 가능한 모든 노력을 다해서 피해야 하고, 불가피한 악으로서 선택을 결정할 때 열 번, 백 번 아니 천 번의 숙고를 필요로 하는 이유가 여기에 있다. 모든 윤리적 결정은 심정적으로 어렵지만 전쟁윤리의 경우 그런 결정은 지적으로 가혹하다.

인권이냐 주권이냐

권리는 한 인격체가 적극적으로는 자신의 자유를 행사하는 힘과 소극적으로는 자신에 대한 타자의 억압이나 위협을 거부하는 힘을 지칭한다. 힘의 주체가 개인이냐 아니면 인간의 정치·사회조직으로서의 국가이냐에 따라 그 힘을 각기 '인권' 및 '주권'이라 말한다. 인권은 개인의 주권이며 주권은 국가의 인권이다. 주먹이나 원자폭탄의 힘이 가시적인 자연현상에서 도출되는 것과는 달리 권리라는 힘은 비가시적인 법에 근거한다. 법 이전, 즉 법이 부재한 상황에서 권리는 존재하지 않는다. 여기서 법은 자연과학이 말하는 자연의 법칙이나 논리학이 말하는 논리의 법칙과는 달리 인간의 의도와 독립해서 객관적으로 존재하는 발견의 대상이 아니라 인간이 자의적으로 제정한 규범을 뜻한다.

권리라는 낱말은 규범으로서의 법의 테두리 안에서만 비로소 그 의미를 갖는다. 법은 행동의 규범이며, 규범은 누군가에 의해서 만들어지고 정해진 사회적 약속이다. 그러므로 법이라는 약속은 누군가에 의해서 지켜질 수도 있고 그렇지 않을 수도 있으며, 유지될 수도 있고 폐기될 수도 있다. 만약 예외 없이 모든 법이 한 개인 혹은 한 집단에 의해서 그때그때 마음대로 지켜지거나 폐기될 수 있다면, 모든 법은 구속력이 없어지고, 구속력이 없는 법은 법이 아니다. 법이 마음대로 지켜지기도 하고 폐기되기도 할 수 있다면, 그 법은 구속력을 잃고, 구속력을 잃은 법은 법으로서의 기능을 상실한다. 이런 이유로 법은 권위를 갖추어야 하며, 권위를 가지려면 정당성을 갖추어야 한다.

모든 규범으로서의 법은 작고 큰 사회적 공리성에 의해서 정당화된다. 사회 전체적 이익을 위해서 어떤 규범이 필요하다는 것을 모두가 인정하는 한에서 어떤 하나의 법의 정당성과 비정당성이 결정된다. 이 때 사회적 공익성은 한 특정한 법을 정하고 그 결정과 존재에 정당성을 부여하는 근거가 되는 일종의 메타 법의 기능을 한다. 절대 대부분의 법들은 언제나 그 자신들보다 상위적 법, 즉 메타 법을 전제한다. 하지만 메타 법, 즉 상위적 법은 마지막 자신을 정당화할 수 있는 또 하나의 한층 상위적 메타 법 없이, 즉 자신을 정당화하지 못한 채 홀로 서야 하는 운명을 피할 수 없다. 그러므로 궁극적으로 모든 법의 지반은 흔들리고, 이런 상태에서 법은 구속력을 상실하며, 사회적 혼란은 불가피하다.

바로 이런 맥락에서 대부분의 법은 유한한 인간에 의해서 정해진 것이므로 각기 자신보다 상위적 법을 요청해야 하고 자신의 정당성을 위해서는 더 이상의 상위적 법, 즉 절대적 법을 생각해낼 필요가 있다. 인권이 바로 그러한 필요에 의해서 만들어낸 법이며, 인권을 전제한 주권이 또한 그렇다. 인권과 주권이 절대적, 즉 가장 상위에 위치하는 법으로서 그밖의 모든 법의 근거가 되는 절대적 구속력을 갖고 있는 이유는 그것이 절대자로서의 하느님 혹은 절대적으로 변할 수 없는 모든 것의 형이상학적 원칙이 우주의 법이기 때문이라고 생각되어왔다. 이런 의미에서 인권과 주권은 신권 혹은 자연권으로 불릴 수 있다.

그러나 인권과 주권의 근거에 대한 위와 같은 전통적 주장은 충분한 설득력을 갖지 못한다. 위와 같은 전통적 주장은 인간이 제정한 법에 절대적 권위를 심어주기 위해 짜낸 계략이며 장치에 불과하다. 모든 법은 인간이 인위적으로 만든 제도, 즉 행동규범이지, 자연적으로 주어진 영원불변한 우주의 규범이 아니다. 인권과 주권이 다른 법들과 다른 점은 전자가 어떤 초월적 인격체나 형이상학적 실체에 의해서 제정된 작품인데 반해서 후자는 인간에 의해서 제정한 약속이라는 것에 있는 것이 아니라, 전자가 모든 약속, 법들을 정당화할 수 있는 궁극적 가치여야 한다는 인류의 집단적 그리고 무의식적 인식의 산물인데 반해서 후자는 그러한 가치를 수행하기 위한 방법으로서의 규범, 즉 약속이라는 데 있다. 신권이나 자연권은 존재하지 않는다. 그것들은 논리적 필요에 의해서 꾸며낸 소설에 속한다.

인권과 주권은 어떤 객관적 실체를 지칭하는 것이 아니다. 그것들은 다 같이 인간이 개인 혹은 집단적 차원에서 인간이 자기 스스로에게 자의적으로 부여한 가치이며 자기 이외의 타자에게 부르짖는 슬로건, 즉 구호이다. 인권과 주권의 구호적 내용은 각기 '인간들끼리 각자 서로의 주체성을 존중하자!', '국가들끼리 서로의 자주적 독립성을 존중하자!' 라는 슬로건으로 요약할 수 있다. 이처럼 객관적 서술이 아니라 슬로건 이라는 점에서 권리는 세계의 일부로 존재하는 자연적 존재가 아니라 인간의 자율적 선택에 의한 가치결단commitment의 표시에 불과하다. 인권과 주권은 어떤 객관적 존재나 사실의 지칭과는 전혀 상관없는 인생에 대한 태도, 인생에 있어서 어떤 가치관의 표현에 지나지 않는다. 모든 인간이 예외 없이 똑같은 가치를 선택했을 경우에도 사정은 전혀 달라지지 않는다.

규범이 없는 상태에서 인간의 삶은 개인적으로나 집단적으로 단 하루라도 마음 놓고 살 수 없으며, 어떤 일을 장기적으로 추진한다는 것은 불가능하다. 언제 누구에게 개인적 목숨 혹은 국가적 자주성을 빼앗길지도 모르는 상태에서 나나 내가 속한 국가는 언제 어디서 불쑥 나타날지도 모르는 다른 개인들 혹은 다른 집단들로부터 나 그리고 우리를 보호하기 위해서 항상 공포, 불안 속에서 전투태세를 갖추고 있어야 하기 때문이다. TV 스크린에 자주 나오는 「동물의 세계」를 보면 알 수 있듯이 불행하게도 오늘날에도 동물들은 실제로 그러한 상황에 존재하고 있지만, 인간도 문명화되지 않기 이전에는 물론, 수많은 성채들의 폐허나 역사를 통해서도 알 수 있듯이 개인과 개인 간에, 크고 작은 집단과 집단 간에 끊임없고 비참한 물리적 싸움을 치루며 생존해왔다. 최첨단 과학기술을 자랑하는 현대 첨단 문명의 세계 안에서도 지구의 여러 지역에서 개인적 및 집단적 폭력이 단 하루도 쉬지 않고 일어나고 있다.

그럼에도 불구하고 인류의 역사는 위와 같은 폭력적, 무정부적 상태에서 조금씩 자유로워지는 과정의 역사로도 볼 수 있으며, 이런 점에서 역사는 진보해왔다고 말할 수 있다. 이러한 진보의 역사는 법, 더 정확히 말해서 규범의 발달 형태로도 나타났다.

규범은 많은 사람들 사이에 서로 지켜야 할 약속으로 구속력을 갖게 될 때 위와 같은 주관적인 가치 선택은 권리로서 보이지 않는 구속력을 발휘하여 일종의 객관성을 얻게 된다. 인권과 주권은 사회적 동물로서의 인간에게 다 같이 불가피하다. 개인적 및 국가적 차원에서 인간 간에 존재하는 이해관계의 갈등과 그러한 갈등이 자연 상태에서는 폭력으로 바뀔 수 밖에 없는 상황들을 전제할 때, 인권과 주권이 주장하는 가치, 즉 개인적으로나 국가적으로 각기 나 자신만이 아닌 타인의 존중은 사회 안에서 개인들 간의 갈등이나 세계 안에서 국가 간의 갈등을 피하고 질서를 지킴에 있어서 불가결한 약속, 즉 절대조건이기 때문이다. 질서와 평화가 없는 사회와 세계, 즉 인권과 주권이 무시되어 언제나 그리고 어디서나 폭력만이 지배하는 상황에서 어떤 인간, 어떤 국가도 물리적으로나 정신적으로 행복하고 번영할 수 없기 때문이다. 인권과 주권은 각기 개인적 차원과 집단적 차원에서 궁극적으로는 모든 사람들이 상호 간의 이익을 위해서 공동적으로 고안해내어 서로 지키기로 약속한 가장 기본적인 규범이다. 개인 간에 서로의 인간적 자율성을 존중하자는 약속으로서의 인권과 국가 간에 서로의 집단적 자율성을 존중하자는 약속으로서의 주권은 모두 존중되어야 하며, 모든 도덕적 행동의 가장 기본적 바탕이 되어야 한다.

그렇지만 현실적으로 모든 이들이 인권과 주권을 위와 같이 존중한다고 하더라도 두 가지 가치가 갈등하는 상황에 놓이게 되는 경우가 있고, 그 둘 중 한쪽을 우선적으로 선택해야 할 경우가 있다는데 인권과 주권을 둘러싼 이론적으로 난처하고 현실적으로 심각한 문제가 있다. 인권을 존중하자면 주권을 유린해야 하고, 주권을 존중하자면 인권을 유린해야 하는 상황이 있다. 이러한 어려운 상황에도 불구하고 인권과 주권을 둘러 싼 도덕적 문제는 회피할 수 없다. 반드시 어떤 판단을 내리고 행동을 결정해야 하는 것이 인간사회의 구체적 현실이다.

인권과 주권의 의미를 각기 위와 같이 규정하고, 위와 같은 점에서 중요하다는 것을 인정할 때, 그것들이 국가라는 한 정치적 집단 내에서 제기되는 문제들은 첫째, 그 두 가지 권리가 동시에 유린될 때, 둘째, 주권은 존중되지만 인권이 유린될 때, 그리고 셋째, 인권이 존중되지만 주권이 유린될 때, 그것에 대해서 각각 어떤 태도를 취하는 것이 도덕적으로 가장 올바른 행동인가를 결정하는 문제이다.

첫째의 경우, 즉 인권과 주권이 동시에 무시되고 유린되는 경우를 생각해보자.

과거 지구의 어디에서나 인권과 주권이 함께 무시되는 경우가 많았고, 오늘날에도 상존한다. 수많은 인간 집단의 권력자들은 자신의 권력을 위해서 내부적으로는 국민의 인권을 말살하고, 외부적으로는 다른 국가들의 주권을 유린하는 경우가 적지 않았다. 근대 이전의 대부분의 군주국가, 전제적 봉건사회의 인간 집단, 구소련의 공산주의적 전체주의 국가의 상황이 그러했다.

이런 국가와 인간 집단에 대해서 저항해야 함은 두 말할 것도 없다. 그러한 집단들은 사회적 동물로서 집단생활을 할 수 밖에 없는 인간으로서 기본적인 두 개의 조건인 개인적 생명 보존의 원칙으로서 인권 보장과 사회적 질서 확보로서의 주권을 무시하고 유린하기 때문이다. 한국을 강점했던 일본, 폴란드, 체코슬로바키아, 프랑스를 점령했던 나치 독일. 리비아, 에티오피아를 침공했던 무솔리니의 이탈리아가 인권과 주권을 동시에 유린한 국가의 가까운 예로 들 수 있다.

인권과 주권을 동시에 유린한 나치 독일, 파쇼 정권 지배하의 이탈리아, 군국주의 하의 일본의 경우 우리가 취할 수 있는 도덕적 태도는 어떤 것이었어야 하는가? 당시의 위의 세 국가에서는 국민의 인권이 철저하게 유린되고 그와 동시에 주변 국가들의 주권이 무자비하게 유린되었던 만큼 히틀러, 무솔리니, 일본천황은 인권의 관점에서나 도덕적으로 철저한 규탄을 받아야 마땅하고, 국가들 간에 맺어진 '주권존중'이라는 일종의 국제법적 차원에서 그들에 대한 규탄은 물론 전쟁까지도 정당화될 수 있다.

인권과 주권의 문제는 그 해결에 있어서 위와 같은 경우에서 알 수 있듯이 도덕적 관점에서 이론적으로는 정당하더라도 이론을 일관되게 실천에 옮기기 어렵다는 현실적 문제를 내포하는 경우가 있다. 이 경우 인권과 주권에 대해 우리가 취해야 할 문제는 둘 중 하나의 선택이라는 이론적 결정이 아니라 그러한 권리를 구체적으로 보존하는 실천적 방법의 문제로 귀착된다.

정말 문제는 둘째와 셋째 번 문제에서 시작된다. 그것은 인권과 주권의 갈등, 즉 두 가지 가치가 양립할 수 없는 상황에서 그중 하나를 택해야 하고 그 근거를 들어야 하는 문제이다.

"주권이라는 명목으로 인권이 무시될 수 있는가? 아니면 인권의 존중이라는 명분으로 주권유린에 대해서 눈을 감아야 하는가? 그중 하나를 택해야 한다면 그것을 정당화할 수 있으며, 있다면 어떻게 할 수 있는가?"

이 물음에 대한 대답을 해야 한다는 것이다. 우선 첫 번째의 물음, 즉 주권의 이름으로 행해지는 인권유린에 대한 올바른 도덕적 태도를 생각해보자. 그것은 한 국가의 주권이라는 방패 속에서 집권자들이 내부적으로는 국민의 모든 자유를 약탈할 뿐만 아니라 자신들의 권력에 저항하는 국민을 무조건 체포, 구타, 투옥, 처형하는 등의 방법으로 국민의 기본적 인권을 근본적으로 유린하면서도 밖으로는 자신의 주권의 존중이라는 구호 하에 다른 국가들에 대한 간섭을 하지 않는 동시에 다른 국가들로부터의 어떠한 간섭도 거부했던 경우가 태반이다. 이라크, 북조선을 대표로 수많은 제3국가에서 그 대표적 예를 오늘날에도 수많이 찾을 수 있다.

이런 국가들에 대해 우리가 도덕적으로 택할 길은 어떤 것인가? 주권의 존중이라는 이름으로 그러한 국가에서 기본적 인권을 빼앗기고 육체적 및 정신적인 고통에 신음하는 그곳의 국민들을 남의 집 구경하듯이 멀리서 관찰만 하고 있어야 하는가? 아니면, 인권이라는 명목으로 그 국가의 주권을 무시하고 그곳 국민들의 인권을 위해 정신적으로만이 아니라 물리적으로 개입해야 하는가? 최근 미국이 이라크의 핵무기 확산의 예방과 인권 존중이라는 명목으로, 적어도 이론적으로는 초국가적 국제 행정집단으로서의 UN의 반대를 무시하고 이라크의 국가적 주권을 무력으로 유린한 행동의 도덕적 명목은 이라크국민의 인권존중이었다. 그러나 과연 미국의 이라크 주권유린이 도덕적으로 정당화될 수 있는가? 대답은 간단치 않다.

만약 내가 소속하지 않은 국가의 국민들의 인권을 보호한다는 명목으로 그 국가의 주권을 무시하고 인정하지 않는 행동이 정당화될 수 있다면, 구체적인 개별적 인간으로서의 권리가 그러한 개별적 인간의 집단으로서의 국가라는 추상적 존재의 권리에 앞선다는 것을 의미한다. 그것은 모든 인간은 모든 것의 가치에 앞서 구체적 한 인격체로서의 개인의 가치가 국가라는 추상적 조직체의 가치에 선행함을 함축한다. 그러나 이러한 사실은 한편으로는 주권이라는 주체성을 발휘할 수 없는 국가, 즉 다른 집단에 예속된 인간 집단의 구성원들이 어떻게 자주적 인격체로서 존중될 수 있는가라는 의문과 국가들의 공존을 위해서 상호간 자주독립의 존중이라는 약속의 파기로 인한 국제적 무질서와 그에 따른 폭력적 갈등을 어떻게 피할 수 있느냐의 문제를 제기한다. 주권이 존중되지 않고 임의적으로 파기되는 경우 모든 국가들은 자국민들의 인권을 존중하면서도 다른 국가에 대해서는 자신의 국가적 이익을 위하여 극단적인 경우에는 다른 국가의 주권을 무시하고 무력전쟁을 통해 다른 나라들의 영토를 침략, 점령, 약탈하고, 국민들을 억압하며, 그들을 노예화하고 학살함이 정당화될 수 있다. 사실 과거 대부분의 인류의 역사는 물리적 힘에 의한 다른 국가의 주권을 짓밟은 야만적 역사로 점철되어 있다. 바로 얼마 전 미국에 의한 이라크 무력공격, 침공, 점령이 그러한 최근의 예의 하나이며, 과거에는 서방 식민주의자들이 활개를 치던 제국주의적 국가에서 그러했다. 한 국가의 주권을 무시하고 그 나라의 인권문제에 대해서 타 국가 및 그 국민들에 개입하는 것은 바로 이웃집 남편의 부인학대에 울분하고, 남의 부부관계에 공개적으로 개입, 참견하여 왈가왈부하는 꼴에 비유할 수 있다.

우리가 이웃가정의 은밀한 부부관계나 가정문제에 쉽사리 개입, 간섭할 수는 없다고 해도 적어도 도덕적 울분을 느낄 수 있고, 사적으로 그러한 느낌을 은근히 표시할 수는 있다. 하지만 간단히 간섭할 수는 없다. 마찬가지로 각기 자신의 국가 내에서 유린되는 인권에 대해서는 비판할 여지가 있고, 그렇게 인권을 유린하는 국가들에 향해서 사적 차원에서 도덕적 규탄의 화살이 마땅히 쏘아져야 한다 해도, 그러한 국가의 정책에 개입할 수 있는 법적 권리는 아무 국가에게도 없다. 인권이라는 명목 하에 다른 국가의 주권을 무시하고 짓밟아서는 안 된다는 말이다.

역으로 생각해서, 주권이라는 명목하에 한 주권국가 내에서 자행되는 인권 위반을 묵인하거나 인권탄압에 전혀 개입해서는 안 되는가? 위의 논지를 따르면 '안 된다! 그렇지 않다!'라는 대답을 해야 할 것 같지만, 좀더 달리 생각해보면 반드시 그렇지도 않다. 이웃집 남편, 아버지가 아내와 자녀들을 인권의 차원에서 볼 때 차마 눈을 뜨고 볼 수 없을 만큼 부당한 이유로 학대하는 것을 목격했을 때, 나는 비록 그것이 단순히 이웃에 사는 남의 부부관계 및 부모 자식들 간의 극히 사적인 문제이기는 하지만, 그들의 가정문제에 개입하여 남편으로부터 아내의 인권과 아버지로부터 자녀의 인권을 보호하기 위해서 개입해야 할 도덕적 의무를 느낀다. 남의 가정이라는 이유로 아내와 자녀들의 인권이 어떻게 유린되든 상관없이 팔짱만 끼고 구경만 해서는 안 된다는 도덕적 의무를 느끼지 않을 수 없다.

국가 간의 경우도 마찬가지다. 스탈린 1인 독재하의 소련 시베리아의 집단수용소에서 수십 만이 죽어가는 것을 보고도, 나치 독일의 집단수용소에서 가스를 강제로 마시면서 수백만의 유대인, 집시 등이 죽어가는 것을 뻔히 알면서도, 김일성 및 김정일 독재 하의 북조선의 수용소에서 혹은 사담 후세인의 이라크 정치범 수용소에서 수십만이 갇혀 중노동에 시달리거나 견디다 못해 죽어간다는 것을 잘 알고 있으면서도, 그것이 다른 나라의 주권에 있다는 이유로 어떠한 다른 국가도 그러한 인권침해에 전혀 개입할 수 없다고 주장한다면, 그것은 아무리 변명해도 도덕적 책임회피의 구실에 지나지 않는다. 그렇다고 위의 각 국가들의 주권을 무시하고 필요에 따라 군사적으로 마구 개입해야 할 것인가? 개입하고 안 하는 기준은 어디에 둘 것인가?

정확한 그리고 일률적 대답은 없다. 상황에 따른 각자, 각 국가의 실존적 선택과 결단에 의존할 수밖에 없는데 인권과 주권 가운데 어느 것이 선행하는가를 결정하는 것은 도덕적 판단의 가시밭과 그 속에서의 살을 찢는 듯한 도덕적 아픔을 동반한다.

동물권과 동물해방

영혼과 사랑과 자비를 떠들어대고 있는 인간들은 영혼이 없는 짐승보다도 더 잔혹하다. 인간은 개인적으로나 집단적으로 잔인한 짓을 많이 범해왔다. 인류의 역사는 인간의 잔인한 행동의 역사로도 볼 수 있다. 자기가 아닌 다른 인간보다도 자기와 종이 다른 동물에 대한 잔인성은 한결 더 가혹하다.

인류는 생존하고 번영하기 위해서 애쓰는 동물들, 생선들을 잡아서 죽인 후 찢어 먹고, 뜯어먹고 쏠어 먹고, 끓여 먹으며 지내왔다. 오늘날

첨단기술 문명의 이기를 누리고 가장 세련된 문화를 자랑하는 점잖은 이들도 식탁에 앉아 피가 배어나는 스테이크를 나이프로 잘라 포크로 찍어 입에 넣거나, 닭다리를 두 손으로 뜯거나, 큰 도미를 속뼈만 앙상하게 남기며 발라 먹거나 한다. 약육강식의 원칙에 의한 먹이사슬의 한 고리를 차지하고 존재하는 이상 인간의 이러한 잔인성은 불가피하다. 그렇지만 인간은 다른 어떤 동물보다도 더 잔인하다. 다른 동물들은 당장 배가 고플 때만 먹고, 배가 채워지면 더 이상 다른 동물을 잡지 않는다. 그러나 인간만은 욕심이 많아 포식하고, 과식할 때까지 먹이를 잡고, 또한 먹이를 잡아 창고에 가득 축적한다. 동물에 대한 인간의 잔인성은 바로 인간의 탐욕성에 있다. 인간은 너무나 탐욕적이다.

밀렵꾼들은 생각만 해도 끔찍하고 보기만 해도 싫다. 국가에서 보호 대상으로 지정한 동물들을 몰래 잡으려고 산을 헤매는 밀렵꾼들은 음침하며 징그럽다. 밀렵꾼들이 쳐놓은 올가미나 덫에 걸려 말할 수 없는 큰 고통을 받고 있거나 고통을 받다가 죽어가는 가여운 동물들의 모습은 더할 나위 없이 애처롭다. 동물을 그렇게 잡는 밀렵꾼들은 잔인하다. 총을 쏘아 동물들을 죽이는 밀렵꾼들을 보면 그들을 먼저 총으로 쏘고 그들에게 잔인하게 죽임을 당하는 동물들을 살려주고 싶다. 밀렵꾼들은 돈을 벌기 위해서, 아니 살아가기 위해서 불가피하다고 주장할 수 있다. 돈이 중요하고, 생활을 해야 하겠지만 돈을 버는 모든 방법이 정당화될 수 없고, 밀렵이 생활수단일 수 있어도 모든 생활수단이 다 같이 정당화되지는 않는다.

우리 주변에는 아직도 밀렵꾼들이 적지 않다. 우리나라에서 밀렵꾼들이 많은 것은 밀렵꾼들이 잡는 동물들을 돈을 많이 지불하고라도 사서 먹겠다는 이들이 많기 때문이며, 그런 동물의 고기를 찾는 이유는 그것이 건강, 더 정확히 말해서 정력에 좋다는 속설에 그 이유가 있다. 이런 생각이 우리나라에 널리 퍼져 있는 것은 한국인으로서 참으로 부끄러운 일이 아닐 수 없다. 아직 아무 과학적 근거도 없는 소문에 휩쓸려 성적 욕망에만 집착하는 인간은 동물보다도 더 동물적이며, 그 만큼 덜 인간적이다. 인간의 모든 욕망이 무조건 충족될 수 없고, 인간의 욕망충족을 위해서라면 모든 방법이 정당화될 수 없다. 인간에게는 성적 만족이나 육체적 건강 이상으로 지적 만족과 정신적 건강이 더 중요하다. 건강 특히 정력을 위해서 희귀한 동물들을 잡아먹는 자들은 짐승보다 더 추하고 버러지보다 더 징그럽다.

과학적 진리 탐구, 의학적 발전, 인간의 복지라는 명목으로 쥐, 원숭이 등 수많은 종류의 동물들이 세계 각지의 수많은 병원, 수많은 연구소의 실험대에 올라 별별 잔인한 약물 실험대상으로 사용되고, 가혹한 고통을 받고, 해부된 후에 쓰레기통에 폐기된다. 이러한 동물 실험과 고통, 희생과 죽음은 어디까지 정당화될 수 있을까. 나의, 내 가족의, 내 민족의, 인류의 고통해소, 건강유지, 생명연장, 복지, 번영이 중요한 것은 두말할 필요가 없다. 그러나 우주의 관점에서 볼 때 중요한 것은 인간만이 아니다. 모든 생명체는 각자 자신의 입장에서 볼 때 똑같이 가장 중요하다. 그렇다면 인간의 복지와 번영을 위해서 인간 이외의 모든 것들을 도구적으로만 사용하는 것은 정당화할 수 없다. 어떻게 정당화하든 간에 위와 같은 동물실험은 끔찍하고, 그러한 행동을 하는 인간이 잔인하다는 사실에는 변함이 없다. 지금까지 동물들을 위와 같이 끔찍하고 잔인하게 학대했다는 것을 의식할 때 우리는 인간됨의 자부심보다는 수치심과 자기 스스로에 대한 혐오감이 든다. 인간은 원천적으로 악한 동물인지 모른다.

언제부터인가 이른바 문명국가에서는 애완이라는 쾌락의 목적으로 새장을 만들어놓고 그 좁은 속에 새들을 가두어 놓거나, 동물원을 꾸며서 수많은 동물들을 원래 그들이 살았고 살 수 있었던 환경과는 전혀 다른 환경 속에 가두어놓고 구경과 관찰의 대상, 교육과 오락을 위한 도구로 삼고 있다. 물론 그 동물들은 잘 먹인다. 이같은 동물원은 인간의 동물에 대한 냉담성과 잔혹성보다는 오히려 정반대로 따뜻하고도 측은한 심성이나 동물들의 고통과 복지에 대한 깊은 배려를 입증하는 것으로도 볼 수 있다.

새장과 동물원의 존재가 교육과 연구에 중요한 역할을 한다. 그러나 새장이나 동물원이 원래 새와 동물 자신들의 복지를 위해 기획된 것이 아니라 인간의 지적 호기심이나, 교육적 효과나 오락적 욕망의 충족을 위한 도구로 고안된 것이라는 점을 생각할 때, 들이나 산에서 다른 무리들과 함께 자유롭고 즐겁게 살아왔던 멀쩡한 동물들을 잡아와서 좁은 철창에 가두어두고 구경거리로 아니면 연구의 대상으로만 다루는 행위는 역시 그 동물들에게는 가혹한 행위이며 그러한 짓을 하는 인간은 역시 잔인하다.

동물에 대한 지금까지의 태도에서 볼 수 있듯이 인간은 악하기만 한 동물이 아니다. 인간은 동물을 포함한 모든 타자에 대해 냉혹하고 잔인한 사람이 있거나 그렇게 되는 경우가 있기는 하지만 그와 동시에 그들에 대한 정, 정확히 말해서 그들의 아픔에 대한 선천적인 측은지심을 갖고 있는 이들이 많다. 그런 심정을 갖게 되는 경우가 적지 않다는 것은 맹자의 주장을 빌리지 않더라도 자신의 심성을 조금만 섬세히 통찰하고 반성해보면 쉽게 알 수 있다. 이러한 인간과 인간성은 '나무에 앉아 잠자는 새를 잡지 않고 물고기를 그물로 잡지 않는다'라는 2천여 년 전

공자의 말이나, 채식을 원칙으로 하는 불교 사상에서 이미 역력히 볼 수 있었지만, 오늘날 '동물권'을 주장하는 환경운동가, 동물보호운동가들에서 새삼스럽고 분명하게 입증된다.

대부분의 인간이 고기를 즐겨 찾고, 인간의 식욕을 채우기 위해서 하루에도 천문학적인 수의 가축을 비롯한 동물들이 도살되어 식탁에 오르고, 건강이나 정욕에 특별히 좋다는 이유로 아직도 수많은 희귀동물까지 끔찍하게 잔인한 방법으로 밀렵한다. 또한 인간의 지적 호기심과 의학적 발전을 목적으로 수많은 동물들이 실험대에서 칼로 배를 째이고, 독을 마셔야 하고, 주사로 찔리고 하면서 죽어가고는 있지만 그와는 정반대의 경우도 적지 않다. 모든 동물이 같은 뿌리를 갖고 있음을 믿고 있는 힌두교와 불교의 전통에 따라 동양에서는 아주 옛날부터 채식주의들이 적지 않았다.

오늘날 채식주의자들은 서양에도 많이 늘어나고 있다. 수많은 동물애호가들이 자신이 기르는 개나 고양이를 자신의 자식이나 부모 못지않게 아끼고 애정을 퍼붓는다. 옛날에 한국의 흥부는 제비의 부러진 다리에 약을 바르고 천으로 감아 살려서 날려 보냈다. 오늘날 수많은 이들이 원유가 묻어 날지 못하는 갈매기들이나 헤엄치지 못하는 물개들이나, 해변에 쓸려 누워 있는 고래들을 깨끗이 씻어주어 다시 살도록 바다로 보내주며, 밀렵꾼의 총에 맞은 매, 또는 밀렵꾼의 덫에 걸려 다리를 다친 족제비나 날개가 꺾인 부엉이를 큰 비용을 들여 정성을 다해 치료해주고 보살피다가 다시 원래의 바다나 산으로 돌려 보내준다. 얼마 전부터는 일부 사람들이 법을 위반하여 감옥에 갈 각오를 하면서까지 연구소나 병원을 고발 내지는 폭발시키거나, 과학자나 의사들에게 테러를 하면서까지 동물에 대한 인간의 잔인한 처사에 항의하고 동물의 권리, 동물해방의 구호를 외치게 되었다.

동물에 대한 인간의 잔혹한 태도와 끔찍한 행동은 인간의 존엄성이라는 명목으로 정당화되었고, 인간의 존엄성은 인간에게만 유일한 영성에서 근거를 찾았다. 인간의 영성은 인간이라는 종에서만 유일하게 발견될 수 있는 지적 능력이며, 지적 능력이 귀중한 것은 그것이 가장 큰 힘이 되기 때문이다. 요컨대 인간의 짐승·자연의 정복, 예속, 무자비한 활용을 정당화할 수 있는 근본적인 근거는 인간이 갖고 있는 다른 동물보다 월등하게 뛰어난 힘에 있다.

이러한 사실은 과거 인간사회 내에서 황제, 왕, 법왕, 본건영주, 양반, 브라만 계급 등이 각기 주변 제국, 신하, 신자들, 무사, 상인, 하층계급을 지배할 수 있었던 것이 실제로는 힘에 의존했음에도 불구하고 각기 천명, 혈통, 신의 섭리, 신분의 명목으로 정당화했던 것과 마찬가지다. 한 인간에 의한 다른 인간의 지배나 한 계층에 의한 다른 계층의 지배를 정당화했던 모든 근거가 허구였다. 따라서 그러한 사회체제가 붕괴되어 자유민주사회로 전환되는 것이 옳은 것이라면, 똑같은 이유에서 인류에 의한 짐승의 지배도 정당화될 수 없으며 인류와 짐승 사이의 관계도 어느 정도 평등적이고 민주적이어야 한다. 비록 인간이 짐승·자연을 완전히 지배할 수 있을 만큼 지적으로, 따라서 힘의 관점에서 월등히 우월하다고 하더라도 인류적 관점에서 그러한 지배는 정당화할 수 없다. 오로지 자신의 육체적 및 정치적 힘으로 선량한 국민을 잔인하게 굴종시키는 폭군이 규탄되어야 한다면, 오로지 자신이 지적으로 월등하여 힘을 발휘할 수 있다는 이유로 무고한 짐승·자연을 마음대로 잔혹하게 다루는 인류도 똑같이 규탄되어야한다. 평민과 천민의 인간적 존엄성이 왕이나 양반의 인간적 존엄성과 똑같이 존중되어야한다면, 똑같은 논리에서 개나 돼지와 같은 짐승의 생존권, 존엄성도 지훈이와 은혜의 생존권과 존엄성과 똑같이 존중되어야 한다.

황제와 신하, 영주와 기사, 양반과 상인 사이에는 다 같이 생물학적 인간이라는 점에서 근본적인 차이가 없는 것과 마찬가지로, 인류와 짐승들 사이에도 진화론, 최근 생명공학이 입증해주고 있듯이 존재론적인 차이가 존재하지 않기 때문이다. 모든 사람이 성적, 지적, 육체적, 혈통적도 차이에도 불구하고 인간이라는 사실 자체만으로 다 똑같이 존중되어야 한다는 인권 사상과 모든 국민이 경제적, 정치적, 직업적, 사회적 차이에도 불구하고 동등한 시민으로서의 정치적 권리를 가졌다는 민주사상은 인간간의 형이상학적 차이가 없다는 신념에 근거한다. 바로 이같은 신념에 의해 인종적, 성적, 지적, 사회적, 정치적 차별과 억압으로부터의 근대적 해방운동과 모든 사회의 민주화운동은 정당화된다면, 전통적으로 그리고 보편적으로 믿어왔던 바와는 달리 인간과 동물간에 형이상학적 차이가 없음에도 인간이 동물을 무조건 정복, 제압, 억압하여 무자비하게 약탈한다는 것은 근본적으로 부당하다. 인간 이외의 모든 동물들은 동물이라는 점에서 인간 동물과 똑같이 그들의 권리가 부여되어야 하며, 동물들은 인간에 의한 억압, 속박, 정복, 지배, 도구화로부터 해방되어야한다. 이런 점에서 근래에 늦게나마 동물권이 주장되고 동물해방운동이 일고 있는 것은 다행스럽다.

이러한 사실은 구체적으로 어떤 실천적 의미를 갖는가. 인권사상과 인간해방운동의 구체적인 실천적 의미는 모든 인간을 평등하게 대하며 지금까지 사회적 억압을 받던 사람들을 해방시켜주는 데 있으며, 이러한 사실의 보다 구체적인 의미는 한 인간이나 한 인간 집단이 다른 한 인간이나 다른 한 인간 집단에게 불필요하게 고통을 주거나, 억압하거나, 착취해서는 안 되며, 권력이나 경제적 부가 어떤 한 사람이나 한 집단에 의해서 독점되지 않고 모든 이들에게 공평하게 분배되어야 함을 의미한다. 인권과 인간해방의 이같은 논리가 타당하다면, 똑같은 논리에서 동물권과 동물해방의 당위성의 구체적인 실천적 의미는 육식의 중지, 사냥, 동물의 도구화, 생물학적 동물의 잔인한 실험, 관람이나 교육을 위해 만든 동물원의 폐지 등이며, 더 나아가서는 인간이 누리고 있는 모든 음식, 거주시설의 동물과의 공유 혹은 평등한 분배 등이다.

이런 관점에서 볼 때 경제적 부담을 무릅쓰고, 다리가 부러진 토끼나 까치를 치료해주든가, 희귀종인 팬다의 멸종을 방지하기 위해서는 막대한 자금을 들여야 할지 모른다. 수많은 밍크의 죽음을 의미하는 밍크코트의 판매와 착용 반대, 과학적 연구를 위해서 다량으로 동물을 살해하는 과학적, 의학적, 약학적 실험을 방지할 목적으로라면 법에 저촉되더라도 연구소나 병원을 폭발해야 할 당위성이 있을지 모른다. 모두가 채식주의자가 되어야 할지 모른다.

그러나 이러한 결론을 실천에 옮길 수 있는가. 얼핏 보기에 이성이 유추하는 결론같이 보이지만 정말 이성적인 것인가. 인류가 잘 살게 되었다고는 하지만 지구상에는, 아니 가까운 우리 이웃에는 학교등록금이 없어 대학을 중단해야 하는 학생들이 적지 않고, 병이 걸려도 병원에 가서 치료를 받을 돈이 없어 그냥 죽어야 하는 이들이 많고, 양식을 살 돈이 없어서 끼니를 건너야 하는 이들이 허다하고, 아프리카, 남미, 북한에는 끼니를 먹지 못하는 수십만, 수백만 명의 아이들, 노약자를 비롯해서 청년들까지 아사하고 있는 현실에서 한 마리의 독수리, 한 마리의 고래, 한 마리의 호랑이를 살리기 위해 그 많은 돈을 써야 하며, 동물원을 지어 그들을 보호하기 위해 막대한 재원을 써야 하는 것이 옳은 것인지를 판단하는 것은 쉽지 않다.

동물권, 동물해방이라는 명목하에 모든 동물을 인간과 완전히 평등한 입장에서 그들을 인간의 억압, 제재, 착취, 약탈로부터 해방시키고, 그들에게 동물로서의 권리 부여가 동물에 대해 어떤 구체적인 태도와 행동으로 나타날 수 있는 것인지 상상하기 어렵다. 그것이 이상주의적 불교에서 주장하듯이 인간의 철저한 채식주의와 생명살생의 거부를 의미한다면, 몇몇 소수의 사람들을 빼놓고는 과연 그러한 태도와 실천행동이 우리에게 가능한지 의심스럽다. 약육강식이 자연의 생존법칙일진데 다른 동물들을 정복할 수 있는 한 인간이 자신들의 생물학적 욕구를 위해서 다른 동물을 잡아먹는 것은 어느 정도까지는 타당해 보인다. 똑같은 자연의 원리에 따라 강한 종으로서의 인간이 자신의 보다 더 큰 번영을 위해서 다른 동물을 교육적 혹은 오락적 목적으로 동물원에 가두어두고, 인간의 보다 나은 복지를 위해서 수많은 동물들을 죽이면서 해부하고, 고통을 주면서까지 실험하는 것도 어느 정도까지는 정당화될 수 있을 것 같다.

하지만 인간이 지금까지 그러했던 것처럼 동물을 마구 잡아먹고, 학대하고, 동물에 대해 잔인한 행동을 한다는 것은 도덕적으로, 아니 더 원초적 인간의 정서에도 위배된다. 아무래도 마음이 편치 않다. 동물권, 동물해방이 원칙적으로 옳다고 하더라도 그러한 원칙이 구체적 상황에서 어떻게 실천에 옮겨져야 하느냐 하는 문제는 아직도 헤쳐나기 어려운 윤리적, 지적, 철학적 가시밭으로 남았다.

불공평성의 공평성

아! 세상이 불공평하구나. 너무 그렇다. 아무리 보아도 그렇다. 공평성이 사람들 간의 일종의 동등성, 즉 일종의 무차별성을 뜻한다면 불공평성은 일종의 차등성을 뜻한다. 똑같은 조건에서 똑같은 뇌물을 받은 여러 공무원들을 차별하여 어떤 권력자는 천문학적 액수의 부정을 축재를 했는데도 감옥에 가지 않고, 수십만 원의 뇌물을 받은 밑바닥 공무원이 수감된다면, 군복무를 면제받은 몇명 권력자의 아들들과 차별되어 그 이외의 다른 모든 이들의 아들들이 군복무를 받아야 한다면 그것은 분명히 불공평하다.

그러나 모든 차등화가 그 자체로서 불공평한 것은 아니다. 어떤 공평성은 오히려 차등화를 요구한다. 시험성적에 따라 등수가 차등적으로 정해지지 않는 입학시험은 잘못이며 불공평하고, 능력에 따라 등수가 차등화 되지 않는 게임의 판정은 불공평하다. 룰에 따라 박세리가 골프 경기에서, 박찬호가 야구시합에서, 또순이가 복권추첨에서 다른 경쟁자들과 차별되어 그들을 제쳤다면 각기 십만 불, 백만 불, 천만 불을 받아야만 공평하다. 그렇지 않고 정해진 룰과는 달리 그들이 상금으로 받은 거액의 돈을 각기 그들의 경쟁자들과 동등하게 나누어 가져야만 된다면 그러한 분배는 불공평하다. 후자와 같은 분배가 불공평한 이유는 차별적 분배에 있는 것이 아니라 원래 규정된 룰에 논리적으로 배치되는 데 있다. 불공평성은 그냥 차별이 아니라 이미 정해진 어떤 원칙·룰에 논리적으로 위배된, 즉 차질이 생긴 판단, 결정, 결과의 부당성이다. 이런 점에서만 볼 때 불공평성의 부당성은 지적 개념이다.

불공평성은 논리적인 동시에 도덕적 개념이기도 하다. 불공평성의 부당성은 논리적인 동시에 도덕적이다. 거시적으로 볼 때 불공평성은 우리가 알게 모르게 전제하고 있는 모든 인간의 동등한 존엄성이라는 종교적 및 형이상학적 보편적 가치에 배치되기 때문이다. 스포츠 시합의 룰에 비추어볼 때 골프경기, 야구시합, 복권추첨에 걸린 거액의 돈을 각기 박세리, 박찬호, 그리고 또순이에게 상금이라는 이름으로 차별적으로 분배하지 않는다면 불공평하지만, 그러한 스포츠의 룰에 의해 거액의 돈을 차별적으로 불평등한 분배를 함으로써 그러한 게임에 참가한 다른 사람들, 더 나아가서는 사회 구성원 전체의 인간의 존엄성과 관련해서 생각해볼 때, 그것이 사회의 전체적 이익과는 상관없이 개인들 간의 빈부의 차를 크게 하는 일이라면 그것은 도덕적으로 부당하다. 스포츠시합에서 볼 수 있는 불평등한 차별적 부의 분배가 게임의 룰의 관점에서 볼 때 공정하더라도, 그러한 게임의 룰 자체가 불공정하다는 판단을 할 수 있다. 그러한 분배를 공평한 것으로 정당화하는 게임의 원칙과 룰에서 문제를 발견하게 되는 이유는 그러한 분배가 모든 인간의 보편적이고 동등한 존엄성, 즉 행복과 자유에 대한 권리의 존중의 중요성에 대한 우리의 형이상학적, 종교적 신념에 위배되는 것으로 판단되기 때문이다. 비생산적인 골프, 야구, 복권에 의해서 보통사람이면 평생을 모아도 안 될 큰 재물을 한 번에 얻을 수 있다는 자체가 불공정하지만, 설사 그렇지 않더라도 다른 사람보다 약간 공을 잘 치거나 재수가 좋았다는 이유로 특정한 한 사람만이 다른 경쟁자들보다 수백 배 혹은 수천 배 되는 보상을 받는다는 것은 이치에 맞지 않고 공정하지 않다.

　보면 볼수록, 사정을 알면 알수록 세상은 가혹하고 허다한 불공평성으로 가득 차있다. 길바닥에서는 노숙자가 잔돈을 구걸하고 있는데 유흥가의 룸살롱에서는 부유한 젊은이들이 외제 고급 술을 마시고 춤에

도취하고 있는 사회, 달동네와 최고급주택지가 나란히 있을 수 있는 사회, 증권시장에서 한 사람이 하루아침에 갑부가 됐는데 다른 사람은 평생 모은 돈을 몽땅 잃어야 하는 오늘의 세상이 물질적 혹은 권력적 분배가 불공정한 사회이며 세상이라는 것은 자명하다. 한 벤처기업의 기술자가 어떤 특정한 작은 제품을 발명해서 하루아침에 백만장자가 됐는가하면 다른 기술자들은 몇십 년을 열심히 일해도 가난에서 벗어날 수 없다는 것도 역시 마찬가지다. 많은 이들이 평생 동안 허리가 휘게 일을 해도 아파트 한 채를 살 수 없는데, 몇몇 경영자들이나 중개상들은 땀한 방울도 흘리지 않고 쉽게 큰 돈을 벌 수 있는 세상, 부유한 선진국에서는 살을 빼기 위해 음식을 적게 먹으려고 애쓰는 이들이 허다한데 가난한 후진국에서는 수많은 아이들이 기아에 허덕이다가 오징어처럼 말라 죽어가야 하는 현실도 마찬가지로 불공평하다.

이러한 불공평성의 원인 혹은 이유를 오로지 제도에서만 찾을 수 있다. 자연적 상태에서는 한 개인의 능력이 다른 개인보다 육체적, 경제적, 기술적, 경영학적 차원에서 월등 우월하더라도 다른 경쟁자보다 백배 혹은 천배 혹은 몇 십만 배 혹은 몇 억 배로 클 수는 없다. 한 사람과 다른 한 사람 간의 물질적 부 또는 권력분배의 천문학적 차이는 법적, 경제적, 정치적 등등의 어떤 사회적 조직과 제도에 의해서만 가능하다. 자본주의 경제체제가 존재하지 않았더라면 개인으로서의 록펠러나 빌 게이츠, 정주영이나 손정의가 한 회사의 고용원보다 몇 만, 몇 백만, 몇 천만, 몇 억만 배의 재산을 모을 수 없었으며, 클린턴 미국 대통령이나 김대중 한국 대통령은 인위적으로 조직된 제도가 없었더라면 전자는 세계적 차원에서 후자는 한국적 테두리 안에서 막강한 권력을 행사할 수 없다.

불공평성이 지적으로나 도덕적으로 부당하다면 그것은 마땅히 개선되어야 하며, 불공평성의 원천이 제도에 있다면, 불공평성은 그것을 뒷받침하는 제도를 바꾸거나 다른 제도로 대치함으로써 개선이 가능하다. 이러한 제도의 핵심이 자본주의에 있다고 본 마르크스주의는 다름아니라 자본주의적 경제 체제를 사회주의·공산주의적 새로운 경제 체제로 대치함으로서 불공평한 사회를 보다 공평한 사회로 개혁하고자 했던 가장 대표적인 체계적 이론이며 실천적 전략이기도 했다. 구소련을 비롯한 동유럽 및 중국, 북한, 쿠바, 월남에서의 공산정권들이 자본주의 체제하에서의 물질적 분배의 불공평성을 제도적으로 수정하는 데 기여한 것은 사실이다. 그러나 자본주의적 물질 소유의 불공평성에 대한 공산주의적 수정방법은 권력적 불공평성을 낳았고, 물질 소유의 평준화는 국민전체의 물질적 빈곤과 개인적 자유의 억압이라는 대가를 지불해야 했고, 이러한 제도를 갖추었던 공산주의 체제하의 정부는 마침내 붕괴하거나 극심한 빈곤과 억압적 사회의 처지에 놓이게 되었다.

자신의 생존의 보존과 더 나아가서 자신의 무한정한 욕망의 무한정한 충족이 모든 인간 아니 모든 생명체의 가장 기본적 본성인 이상 인간사회는 경쟁을 피할 수 없고, 경쟁이 있는 한 승자와 패자, 지배와 복종의 형태에 의한 권력 분배의 긴장된 인간관계는 어떠한 사회에서도 피할 수 없으며, 그러한 인간관계는 필연적으로 불공평한 제도에 의해 정당화되게 마련이다. 공산주의 사회에서 공산당원은 비당원에 비해 특권을 가지며, 당의 간부들은 평당원에 비해 상대적으로 엄청난 권력을 행사하고, 스탈린, 김일성, 카스트로 등의 예로서 알 수 있듯이 당수는 과거 어떤 군주나 황제 못지않은 독재적 권력을 행사한다. 공산주의 사회가 자본주의 사회에 비해서 덜 불공평한 사회라고 할 수 없다. 이처럼 어떠한 제도로서도 제도적 불공평성을 만족스럽게 해결할 수 없는 이유는 제도적 불공평성의 근원에는 자연적 불공평성이 있기 때문인지 모른다.

세상에는 제도적 불공평성 이외에도 자연적 불공평성이 있다. 어떤 이들은 부유하고 강한 나라의 부유하고 권력 있는 집안에서 태어나서 자유롭게 부귀를 누리는 반면 어떤 이들은 빈곤하고 혼란한 나라의 밑바닥 계급의 집안에서 태어나 평생을 극심한 빈곤의 고통과 굴종의 모욕을 감수해야 하는 사실은 분명히 불공평하다. 어떤 나라에서 어떤 집안에 태어나는 것은 제도가 아니라 자연이 결정하는 문제이다. 플라톤, 모차르트, 아인슈타인 등은 천재로서의 유전자를 받고 태어나 인류역사에 기여하는 영광을 누리고 역사에 남는 인물로 살다 가는 데 반해서 어떤 이들은 잘못된 유전자 덕분에 정박아로 태어나 남들의 짐이 되는 불행한 일생을 보내야 하는 사실은 불공정하다. 어떤 이는 양귀비나 클레오파트라의 미모를 타고 태어나서 즐겁고 화려한 청춘을 보낼 수 있지만 다른 어떤 여인들은 추녀로 태어나서 청춘을 외로움과 고통으로 보내야 하는 것도 불공평하기로는 마찬가지다. 한 사람이 어떤 유전자를 갖고 태어나느냐 하는 것은 인간이 의도적으로 결정한 사안이 아니라 자연의 원리에 의해서만 결정된다. 인간사회가 불공평하고 그것이 도덕적으로 수용하기 어렵다면 그 책임은 인간이 아니라 자연에 있고, 그것이 자연의 소행인 한 인간이 그러한 불공평성을 교정하거나 아주 없애버리려는 시도는 무모하고 어리석다. 불공평한 세상을 공평한 세상으로 만들 수가 없다는 말이다.

이 세상의 불공평성의 공평성은 더 이상 설명할 수도 변명될 수도 없는 사실로 받아 들여야 하는가. 만일 그렇다면 세상은 근원적으로 부조리하고, 말이 되지 않으며 우리는 그러한 부조리한 세상에서 부조리하게 살다 부조리하게 죽어가야 한다는 말인가. 꼭 그렇지 않을지도 모른다. 힌두교와 기독교는 세상이 우리의 눈에는 아무리 보아도 불공평해 보이지만 사실은 불공평한 세상이 아니라는 것을 보여주려는 가장 대표적인 두 세계관의 예이다.

힌두교는 이 세상의 불공평성을 이성으로는 설명할 수 없는 것이 아니라 심오한 우주적, 형이상학적 원리에 비추어 합리적으로 설명하고 이해하며 정당화할 수 있다고 주장한다. 힌두교 그리고 불교에 의하면 모든 동물들은 죽음과 재생의 거의 영원한 순환의 고리에 얽혀 있어서, 현세에서 어떻게 사느냐에 따라 다음 번 세상에서의 나의 존재 양식이 결정된다. 어떤 생명체가 각기 인간, 개, 버러지 등으로 불평등하게 태어나는 것은 우연한 사건이 아니라 각기 그 생명체가 전생에서 지은 업에 의해 인과적으로 결정된 결과이다. 인간의 경우만을 들어도 사정은 마찬가지다. 누구인가는 어떤 특정한 귀족 계급의 귀공자로서 우수한 유전자를 받고 태어나 한 평생을 사회적 지배자로서 영화와 부귀를 누릴 수 있는 반면 나는 사회적으로 가장 하층계급의 자식으로 태어나서 귀족들의 명령에 복종하며 그들의 시종으로서 일생을 고생스럽게 살아야 하는 것이 우연한 결과가 아니라 거의 무한히 반복되는 윤회적 삶의 인과적 원칙의 필연적 결과라는 것이다.

동물계의 불평등성, 인간사회의 불공평성에 대한 힌두교의 설명은 기묘하고, 재미있고 매력적이다. 만약 힌두교의 설명이 옳다면 인간과 동물 또는 인간과 인간 간의 불공평한 지배와 종속 관계는 사실은 불공평한 것이 아니며, 현재의 나타나고 있는 동물과 인간 또는 인간과 인간 관계를 인위적으로 개정하는 것은 불가능하고, 그러한 의도 자체도 무의미하다. 왜냐하면 현재 상황은 물론 과거나 미래의 상황도 우주를 지배하는 보편적 자연의 인과적 법칙에 의해 자연적으로 결정된 결과이기 때문이다.

그러나 힌두교를 뒷받침하는 우주의 보편적 인과법칙이 존재한다는 것은 증명될 수 없는 형이상학적 가설에 지나지 않으며 따라서 옳다고 말할 수 없다. 힌두교는 한편으로는 지배계층이 불공평한 특권을 누리고 있는 자신들의 사회적 지위와 삶의 양식을 이론적으로 정당화함으로써 절대적 다수를 차지하는 피지배적 계층 민중들의 정치적 비판과 물리적 반항을 차단하기 위해 고안해낸 이론적 전략으로 볼 수 있고, 다른 한편으로는 피지배 계층이 자신들의 삶의 고통의 원인을 설명하고 정당화함으로써 심리적, 위안을 얻기 위해 만들어낸 일종의 이론적 마약으로도 볼 수 있다. 요컨대 힌두교는 자연과 인간사회의 불공평성을 만족스럽게 설명하지 못한다.

유대교·기독교·이슬람교로 대표되는 서양의 종교는 영적 세계인 천당과 현상적 세계인 현세를 구별하고, 모든 인간이 우주의 조물주인 신의 섭리를 따를 때 천당에서 무한히 행복한 영생을 누릴 수 있다고 주장한다. 모든 존재와 현상은 전지, 전능, 전선한 신의 창조물로서 그것은 바로 그러한 신의 의도와 계획에 의해서 지배된다는 것이다. 사회적 및 자연적 불공평성도 근본적으로는 인간의 이성이 미칠 수 없는 절대자로서의 유일신의 심오한, 그리고 신비로운 섭리에 근거한다.

하지만 불공평성의 존재에 대한 이같은 설명은 설득력이 없다. 두 가지 이유를 들 수 있다. 첫째, 전지전능한 초월적 창조주로서의 신의 존재를 인정할 근거가 희박하기 때문이다. 더 결정적 이유는 둘째 번 이유이다. 유대·기독·이슬람교의 가장 근원적 전제인 전지, 전능, 전선한 신의 존재와 이 세상에서의 수많은 고통과 불합리성, 불공평성의 공존은 논리적으로 불가능하다. 이 세상의 고통과 부조리와 제도적 및 자연적 불공평성이 자명한 이상, 서양종교가 전제하는 창조주가 실제로 존재한다 해도 그러한 신의 전지성, 전능성, 전선성은 인정할 수 없다. 무슨 깊은 이유가 있든 간에 잘못과 고통은 악이다. 세상의 악은 없어야 하고, 만약 전지, 전능, 전선한 신이 존재한다면 이러한 악의 존재는 어떠한 논리로도 정당화할 수 없다. 그것이 제도적이든지 아니면 자연적이든지 이 세상의 불공평성은 부정할 수 없는 엄연한 사실이지만 그러한 존재는 힌두교 이론의 경우처럼 유대교·기독교·이슬람교의 이론으로써도 타당성은 물론 만족스러운 설명조차 찾아낼 수 없다. 죽음과 천당에 대한, 그리고 이 세상의 수많은 제도적 및 자연적 불공평성에 대한 서양종교적 설명은 니체가 생각했듯이 이 세상에 한 많은 삶을 살아가야 하는 약자들이 자신들의 운명을 달래기 위해 고안해낸 하나의 달콤한 소설이거나 아니면 마르크스가 주장했던 것처럼 강한 지배자들이 약한 대중의 반항심을 잠재우기 위해 고안해낸 지적 아편인지 모른다.

그렇다고 불공평성을 힌두교의 경우처럼 숙명적인 사실로서 합리화하거나 혹은 유대·기독·이슬람교처럼 절대신의 이해할 수 없는 섭리로서 무조건 수용할 수만은 없다. 불공평성은 우리의 도덕적 양심에 너무나 크고 깊은 상처를 남기고 우리의 영혼을 괴롭히기 때문이다. 이성적 주체로서, 도덕적 주체로서 우리는 세상의 수많은 불공평성에 대처해야 하고, 불공평성은 자연과 인간의 본래적 존재구조상 완전히 없앴을 수는 없더라도 이 세상을 조금이나마 덜 불공평한, 좀더 공평한 세상으로 개선해야 한다.

우리는 힌두교나 기독교적 세계관이 제시하는 것과는 달리 우리의 의지와 지혜에 따라 어느 정도 그렇게 할 수 있다고 믿어야 한다. 인간 사회와 자연의 불공평성을 완전히 없앨 수 없다면 그러한 불공평성은 좀더 공평성 있게 분배하는 방법을 모색해야 한다. 자본주의 체제나 공산주의 체제나 나름대로 다같이 불공평한 체제라면 그 둘 중 어느 것도 아닌 다른 방법에 의해서 보다 덜 불공평한 복지사회가 가능하며, 자연의 원리가 불공평하다면 의학, 생명공학에 의한 인위적 수정이 어느 정도는 가능하다.

어쨌거나 한 가지 확실한 것은 자연계와 인간사회가 너무나 불공평하고 그러한 사실이 우리의 지적 및 도덕적 양심을 근본적으로 괴롭힌다. 이러한 불공평성을 최소화해야 하는 것이 인간으로서 우리들의 최소 과제들 가운데 하나이다.

악법도 법인가

2001년 9월 18일의 조선일보 보도에 의하면 낙선운동 등 '초법적' 시민운동 방식을 둘러싼 실정법에 관해서 상반된 주장이 다 같이 사회개혁을 위한 대표적 두 시민운동단체를 대표하는 '경실련'의 이석연 사무총장과 '참여연대'의 박원순 사무처장 사이에 오갔다고 한다. 전자가 개혁적 시민운동의 초법성에 이의를 던지는 데 반해서 후자는 '법질서만 지키자는 것은 공안검사의 논리와 같다'고 반박했다.

이들의 논쟁은 한편으로는 법 테두리 안에서의 사회개혁의 한계와 초법적 행위의 독선성 간의 갈등을 나타내고, 이러한 갈등은 법철학을 둘러싼 실증법주의와 자연법주의자들 간의 오래된 논쟁을 반영한다.

사회는 언제나 이해관계가 자주 서로 충돌하는 사람들의 집단이며 법은 인간 간의 갈등을 해결하고 사회적 질서를 잡아주는 데 불가피한 규범이다.

'법'이라는 말에는 법에 복종해야할 '의무'가 이미 내재적으로 함의되어 있고, '의무'라는 말에는 그것을 지키지 않을 경우 받아야 하는 사회적인 처벌이 논리적으로 함축되어 있다. 법은 원칙적으로 모두가 지켜야 할 사회적 규범이다. 동의만 했다면 죽음을 면할 수 있었던 소크라테스가 '이웃에 빚진 수탉 한 마리를 갚아달라!'라는 부탁을 제자에게 마지막으로 남기고 독약을 먹고 스스로 죽음을 택한 이유도 악법이라도 법은 지켜야 한다는 자신의 주장에 논리적으로 충실하고자 했기 때문이다.

그러나 모든 사람들이 소크라테스는 아니며 그처럼 법을 존중하는 것도 아니다. 적지 않은 경우 한 사회의 기존 질서를 지탱하는 법들은 추종과 복종이 아니라 저항과 폐기의 대상이 되어왔다.

1789년 바스티유 감옥에서 시작된 혁명은 봉건사회의 전근대적 법적 규범과 사회질서를 파괴하고 새로운 근대적 사회질서를 창출하는 계기가 되었고, 1937년 레닌이 이끈 공산주의 혁명은 제정 러시아의 국법을 뿌리로부터 조각냈다. 1970년대 월남전쟁에 항의하여 전국적으로 확산된 시민불복종운동은 당시 미국의 법적 질서를 총체적으로 흔들어놓았고, 1968년 파리의 '5월 학생혁명'은 근대적 사회질서를 근본적으로 전복시킬 촉매제가 될 뻔도 했다. 3·1 독립운동, 6·25 전쟁, 4·19 학생혁명, 5·16 군사쿠데타, 5·18 광주시민항쟁이라는 한반도에서의 격렬한 사건들은 각기 일제의 식민주의적 사회질서에 대한 한민족의 투쟁, 조선인민공화국이 대한민국을 붕괴시키기 위한 시도, 이승만 부패정권의 타도, 장면정권의 퇴치, 박정희·전두환 군사정권의 법적 질서의 부정, 도전 그리고 타도를 의미한다. 인류의 역사는 이러한 기존 질서, 기존 권력세력의 법에 대한 도전과 투쟁, 그리고 승리의 에피소드로 짜여 있고 현재도 지구 곳곳에서는 똑같은 사건들이 끊임없이 벌어지고 있다.

한 사회의 기존 질서에 따라서 그 질서의 골격인 그 사회의 법에 대한 부정, 도전, 전폭을 뜻하는 혁명적 운동은 우발적인 것이 아니라 개혁이라는 분명한 목적을 갖고 있으며, 그 방법이 불가피하게 비합법적일 수밖에 없음에도 불구하고 그러한 운동에 동참하는 이들은 그 운동의 타당성을 의심치 않으며, 운동권 밖의 대중들도 그러한 운동의 합리성에 막연하나마 공감하는 경우가 적지 않다. 그렇다면 비합법적인 사회적 행위를 정당화하기 위해서 어떤 명분이 제시되고 있으며, 다른 근거가 있을 수 있는가?

대표적으로, 그리고 일반적으로 제시되는 근거는, 앞에서 예로 들은 박원순 사무처장의 말대로 '악법은 법이 아니다'라는 명제로 표현된다. 하지만 이 명제는 납득할만한 근거가 될 수 없다. 문자 그대로 해석할 때 이 명제는 난센스이다. 우선 문자 그대로 해석할 때 논리적으로 모순이며 따라서 명제로서 성립될 수 없다. 악한 사람도 사람임에 틀림없는 것과 똑같이 악법도 법이다. 그것이 '악한' 것이든 '선한' 것이든 법은 역시 법이다. 악법이든 선법이든 그것들이 법이라는 존재론적 범주 밖에 있는 것이 아니라 법이라는 종genus의 범주에 속하는 두 개 다른 법의 한 류species일 뿐이기 때문이다.

그런데도 만약 '악법은 법이 아니다'라는 말이 유통되어 어떤 의미를 가질 수 있다면 이 말은 단순한 하나의 명제가 아니라 복잡한 논리적 해석을 필요로 하는 몇 가지 명제들을 압축해서 은유적으로 표현한 것으로 보아야 한다. 이런 관점에서 볼 때 '악법은 법이 아니다'라는 명제의 재해석이 필요하다.

첫째, 한 가지 분명한 것은 언뜻 보기와는 전혀 달리 이 명제는 '법'의 중요한 가치를 부정하는 것이 아니라 오히려 전제하고, 무법사회가 아니라 법치사회의 사회적인 절대적 가치, 즉 법의 절대적인 사회적 필요성을 전제로 하고 있다는 사실이다. '악법은 법이 아니다'라는 주장은 결코 무정부주의자의 발언이 아니라 준법주의자만이 할 수 있는 말로 해석할 수 있다. 이 점에서 이 명제는 옳다.

둘째, 이 명제는 법에는 선법과 악법으로 분류할 수 있다는 신념이 전제되어 있다. 이 말도 맞는다. 인류의 사회의 역사를 통해서 폭군들, 독재자들, 소수의 계층에 의해서 그들의 마음대로 정하고 독단적으로 선포된 법들이 사회적 불의나 불평등을 심화시키고, 대다수의 사회 구성원들에게 불안, 공포 그리고 불필요한 아픔을 가중시키고 사회전체의 질서를 흔들어 놓은 예들은 얼마든지 있다. 민주적 절차에 의해서 제정된 법들 가운데에는 시대에 따라 변하는 사회의 물질적 및 이념적 상황에 어긋나는 것들이 허다하다. 정반대로 어떤 법들은 위와 같은 것들과는 정반대로 긍정적 기능을 하는 것들이 수없이 존재한다.

그러므로 셋째, 이 명제에는 '악법은 선법으로 대치해야 한다'는 슬로건이 덧붙여 있다. 법이 가능한 한 인간적 및 사회적 악을 제거하고 선을 실천하는 데에서만 그 근본적 존재가치를 찾을 수 있다면 그러한 기능과 대치되는 기능을 하는 악법의 퇴치는 논리적으로 자명하다. 이런 관점에서 볼 때, '악법은 법이 아니다'라는 주장은 또한 옳다.

하지만 어떤 근거로 악법과 선법을 규정하고 구별할 수 있는가? 법이 그 정의상 논리적으로 어떤 행동이나 사태의 적법성 혹은 위법성을 판단하는 근거, 즉 규범을 뜻한다면 그 법적 테두리 안에서는 그 자체가 선·악의 판단 대상이 될 수 없다. 그러므로 어떤 법이 선·악의 판단을 할 수 있다면 그리고 그런 판단의 근거가 있다면 그것은 그 법의 밖에서, 즉 법적 근거와는 다른 근거에서 찾아야 한다.

'악법은 법이 아니다'라는 언명에는 사회적 규범으로서의 제도적 법에 앞서 각 개인이나 각 집단이 주관적으로 갖고 있는 윤리적 가치관으로서의 도덕적 규범과 후자가 전자에 선행해야 한다는 신념이 깔려 있다. 그러나 이러한 명제가 참이기는 하지만 그것은 언뜻 보기와는 달리 그리고 '악법은 법이 아니다'라고 주장하는 이들이 전제하고 있는 것과는 전혀 달리 법적 명제가 아니라 도덕적 명제이며, 그러한 명제 판단의 근거는 법적인 것이 아니라 어디까지나 도덕적인 것일 뿐이고, 또한 '악법은 법이 아니다'라는 판단에 함의된 것과는 전혀 달리 도덕적 법은 엄밀히 말해서 법이 아니며, '도덕적 법'이라는 말이 유통되고 또한 사용될 수 있다고 하더라도 이 경우의 '법'이라는 말의 의미와 법학에서 말하는 '법'의 의미는 논리적으로 전혀 다르다. '악법은 법이 아니다'라는 말을 쓸 경우에도 '법'이라는 말이 갖고 있는 두 가지 의미의 차이를 분명히 명심해둘 필요가 있으며, 그러한 차이를 혼동해서는 안 된다. 법을 둘러싼 많은 담론에 많은 혼돈이 상존하는 것은 '법'이라는 하나의 낱말이 갖는 두 가지 서로 다른 의미를 혼동하기 때문이다.

이러한 '법'의 개념적 혼동은 법철학에서 자연법주의와 실정법주의와의 오래된 갈등, 자연주의 법철학자들과 실증주의 법철학자들 간에 지속되는 논쟁에서 반영된다. 법에 대한 두 가지 해석에 대한 혼동을 막기 위해서는 '법'의 존재론적 및 발생론적 본질에 대한 위의 두 가지 서로 상반되는 철학적 해석을 검토하고 비교 평가할 필요가 있다.

실정법에서 말하는 '법'은 한 사회를 바람직하게 관리하기 위한 장치로서 마련된 헌법을 비롯한 다양한 규범을 지칭한다. 그러므로 법은 자연의 일부가 아니라 인위적 제도에 불과하며 따라서 그것은 그것을 제정한 자들의 특정한 목적, 사회의 지리적, 역사적, 문화적 상황에 따라서 다양할 수 있고, 그것을 제정하는 구성원들의 의도에 따라 바뀔 수 있다. 이러한 사실은 법이 영원불변하게 인간의 판단과 독립해서 객관적으로 존재하는 실체가 아니라 인간의 주관적 판단에 의해서 자의적으로 조작되고 따라서 가변적인 제도적 가상에 지나지 않음을 의미한다.

그러나 자연법철학자들에 의하면 사회를 규제하는 규범으로서의 법은 제도적, 즉 인위적 조작의 대상이 아니라 과학적 발견의 대상으로 존재하는 자연현상이 그러하듯이, 인간의 이성에 의해서 발견될 수 있는 인간의 의도나 제조능력과는 독립되어 존재하는 객관적인 형이상학적 자연적 실체로서의 도덕적 규범이거나 그러한 규범을 간접적으로 반영해야 하며 그렇지 못한 것은 '법'의 탈을 쓴 법 아닌 법이라는 것이다. 한마디로 사회에 존재하는 실정법은 자연, 아니 우주의 질서로서의 도덕적 규범에 근거함으로써만 비로소 완전한 법일 수 있다는 것이다.

여기서 자연주의적 법철학의 두 가지 문제를 지적할 수 있다.

첫째는 도덕적 규범의 형이상학적 실체를 어떻게 그리고 어떤 근거로서 인정하는가의 문제이다. 토마스 아퀴나스와 더불어 도덕적 규범의 실체는 이성에 의해서 직관적으로 발견할 수 있다고 주장하거나, 아니면 종교가 주장하듯이 하느님의 계시나 혹은 종교적 깨달음에서 발견할 수가 있다고 대답할 수 있다. 그러나 이성적 직관은 사람마다 언제나 일치하는 것이 아니며, 종교적 계시나 깨달음은 사람에 따라 상충될 수 있으며, 비종교인에게는 처음부터 존재할 수 없다. 이러한 상황에서 시간과 장소, 역사와 사회를 초월해서 모든 이성적 인간들이 공감할 수 있는 도덕적 규범을 찾아내는 것은 불가능하다. 어쩌면 도덕적 규범은 객관적으로 존재하는 실체가 아니라 특정한 조건에서 한 개인 혹은 한 인간 집단이 주관적으로 갖게 된 삶의 행동방식에 관한 이상적 가치의 투영으로 볼 수 있다. 이른바 도덕적 규범에 전제된 도덕적 가치는 우주·자연의 객관적 속성이 아니라 인간의 결단에 의해 선택된 가치에 불과한지도 모른다. 그렇다면 도덕적 규범은 어떤 틀 안에서 반드시 보편성이 전제되어야만 하는 법이 될 수 없다. 도덕적 규범은 은유적으로만 법의 범주에 속한다.

자연법철학의 둘째의 문제는 은유적으로만 '법'이라고 부를 수 있는 도덕적 규범을 문자적 뜻으로의 법으로 착각해서 전자를 후자에 귀속시킨 데 있다. 그러나 이것은 도덕적 법과 법학에서 말하는 실정법을 혼동한 결과이다. 엄밀한 뜻으로서의 법, 즉 법학에서 말하는 법은 실정법 철학이 주장하듯이 구체적인 사회에서 구체적으로 존재하는 법만을 지칭한다. 실증법철학의 관점에서 볼 때 법은 자연, 우주의 객관적 일부가 결코 아닌 인간 집단이 인위적으로 제작한 사회적 행동에 관한 약속으로서의 제도로서 원칙·규칙·규범일 따름이다. 이런 점에서 볼 때 도덕적 법과 실정법은 그 성질이 전혀 다르며, 도덕적 법은 사실인즉 법이아니다. 법학에서 말하는 법에는 오로지 실정법만이 존재한다. 실정법과 도덕법, 즉 자연법철학이 말하는 법과의 차이는 위법이 범죄로 이어지고 위법자가 범죄자로 불리는 반면에 반도덕성을 악 혹은 죄악자로 부르고 비도덕적 인간을 악인 혹은 죄악자로 부를 수는 있지만, 위법을 악으로 부를 수 없는 동시에 반도덕적 인간을 범죄자로 부르지 않는 언어적 관례로도 알 수 있다.

법이 실정법철학이 주장하듯 단순히 한 사회적 제도에 대한 서술적 개념인데 반해서 종교에서 말하는 법은 자연주의 법철학에서 말하듯 정신적 가치에 대한 평가적 개념이다. 법적 문제와 도덕적 문제는 논리적으로 차원이 전혀 다르다. '법'의 개념과 '도덕'의 개념의 위와 같은 논리적 차이는 위법이 범죄crime로, 위법자가 범죄자criminal로 불리는 반면에 반도덕적 행동이 죄악sin으로, 반도덕적 행위자가 종교적 죄인sinner으로 불린다는 언어사용의 관례로서도 알 수 있다.

법적 규범과 도덕적 규범의 위와 같은 차이는 법학에서 말하는 법이 악법이든 아니든 상관없이 법을 집행할 수 있는 구속력을 갖고 범죄자를 물리적으로 처벌할 수 있는 권력기관을 갖고 있는데 반해서 도덕에서 말하는 법은 도덕적으로 선하든 아니든 상관없이 그러한 법에 따라 악덕한 자에게 집행력을 행사하여 처벌할 수 있는 물리적 권력체제라는 제도적 정치를 갖지 못하다는 사실로도 알 수 있다.

서구 제국주의자들은 여러 식민지에서 그곳을 지배하고 수탈하는데 편리한 법을 만들어 통치했고 일본군국주의자들은 35년간 우리나라를 식민통치하면서 한민족의 언어와 성까지 빼앗고 한민족의 문화를 말살하면서 한민족을 경제적으로나 정신적으로 수탈하고 지배하기 위한 법적 장치를 만들어 적용했다. 전후 중국은 몽골의 일부와 티베트를 물리적으로 점령하여 법적으로 중국의 한 자치구로 흡수하고 이 민족들의 문화적 및 민족적 정체성을 말살하기 위한 수단으로서 법을 제정하여 적용했다. 오늘날에도 지구 곳곳에서는 전제군주, 독재자, 소수 권력기관이 국가라는 명목 하에 자신들의 개인적 혹은 집단적 이익에 맞게 법을 제정하여 국민들에게 강요하고 사회 구성원들을 구속하고 노예처럼 다루고 있다. 이러한 법들이 도덕적 규범에 비추어볼 때 용납할 수 없는 악법이라는 것은 자명하다. 하지만 도덕적 양심은 악법을 선법으로 바꾸고 부도덕한 권력자를 물리적으로 처벌할 수 있는 물리적 권력체제를 갖추지 못하고 있다.

이런 점에서 볼 때 아무리 악법이라도 법은 법이며, 악법이 제도화된 사회 내에서는 악법에 어긋나는 행위는 위법이며, 그 악법에 따라 범죄로서 처벌 받아야 하는 것은 법적으로 당연하며, 반대로 이러한 악법에 어긋나는 한 아무리 도덕적으로 선한 행위도 그것이 한 사회에서 법적으로 제도화되지 않는 한 법학에서 말하는 법이 될 수 없고 따라서 기존의 악법을 법적으로 규탄할 수 없으며, 악법을 제정하고 행사하는 폭군 독재자, 식민지통치자들을 처벌할 실력도 근거도 없으며, 처벌해서도 안 된다. 법학에서 말하는 법과 도덕에서 말하는 법, 법적 관점과 도덕적 관점, 법적 판단과 도덕적 판단은 전혀 다른 종류에 속한다. 도덕적 규범을 법적 규범에 의해서 법적으로 판단할 수 없는 것과 똑같이 법적 규범은 도덕적 규범에 의해서 도덕적으로 판단할 수는 없지만 법적으로 판단할 수는 있다. 법적 판단은 어디까지나 법적 판단이고 도덕적 판단은 어디까지나 도덕적 판단이다.

하지만 실정법과 도덕적 규범과는 뗄 수 없는 관계로 얽혀 있다. 실정법을 평가할 수 있는 유일한 잣대는 도덕적 잣대이며, 악법을 바꿀 수 있는 유일한 힘은 실정법의 집행이 아니라 도덕양심이기 때문이다. 바람직한 것은 모든 실정법이 두 가지 규범의 일치이지만 현실이 그렇지 않다는 데 문제가 있다. 이런 상황이 극단에 이를 경우 양심과 이성에 남겨진 유일한 선택은 기존의 실정법을 깨트리고 새로운 실정법을 만드는 혁명가의 행동이다. 그러나 혁명가는 자신의 선택 대가로 자신의 목숨까지를 지불할 각오를 해야 한다. 도덕적으로 아무리 정당하다라도 실정법의 관점에서 볼 때 그 선택이 탈법행위라는 데는 변함이 없다. 여기에 혁명가의 인간적 고민이 있다.

공적 언어의 사적 왜곡

언어는 언제나 공적으로만 존재한다. 사적 언어는 존재하지 않으며 사적으로 사용될 수 없다. 그런데도 어떤 공공의 재물이 특정 소수에 의해서 남모르게 도난당하거나 강탈되어 그들의 정치적 목적으로 이용되듯이 언어도 특정한 개인이나 집단에 의해 납치당해서 왜곡되게 사적으로 사용되는 경우가 적지 않다. 그러한 일을 눈에 띠게 당하고 있는 언어의 사례로 특히 근래 우리나라에서 사용되고 있는 '기독교'라는 낱말과 오래전부터 전 세계에서 쓰고 있는 '진보주의'라는 낱말을 들 수 있다. 이러한 언어들의 공적 의미가 특정한 개인이나 집단의 정치적인 목적을 위해 고의적 의도에 의해서 왜곡되어 사적 의미로 사용으로 되고 있다. 계획적이 아니라 무심코 행했더라도 그 결과엔 역시 정치적 의미가 있다.

먼저 '기독교'라는 말이 납치되고 왜곡되어 그 뜻이 오용되는 경우를 살펴보자. 언제부터인지는 모르지만 다른 나라에서는 그렇지 않은데, 우리나라에서는 이상스럽게도 '기독교'와 '가톨릭교'가 서로 대립되는 말로 아무렇지도 않게 일부 계층에서 자주 사용되고 있다. 이러한 일이 고등교육을 받지 못한 일부 사람들만이 아니라 일류 일간신문이나 국영방송 기자들 사이에서도 공석에서 자주 볼 수 있는 현상이라는 점에서 문제는 심각하다.

일부 개신교도들이 즐겨 사용하는 기독교와 가톨릭교라는 두 개념의 위와 같은 대립적 사용에는 개신교만이 기독교이고 가톨릭교는 기독교가 아니라는 명제가 함축되어 있다. 하지만 이러한 행위는 언어의 납치이며 언어적 의미의 사적 사용이고, 언어에 대한 폭력행위이다. 지금 아무리 널리 사용되고 있다하더라도 '기독교'라는 낱말이나 '가톨릭'이라는 낱말은 원래 이같이 사용되지 않았었고, 사용될 수도 없다. 위의 두 낱말들은 개념적으로 서로 대립될 수 없다. 이 낱말들의 개념적 대치는 논리에 배치된다. 그런데도 그것들을 서로 대치되는 개념들로 취급하고, 그러한 관점에서 그 낱말들을 사용한다면 그것은 언어의 악의적 왜곡이며, 그러한 왜곡에는 어떤 이념적 독선과 언어에 대한 폭력행위가 은밀히 숨겨져 있다.

원래 기독교는 오래전부터 존재해왔던 가톨릭교, 그리스정교, 러시아정교 및 16세기 가톨릭신부였던 루터가 로마 가톨릭교회에 반기를 들음으로서 생기게 된 수백 종류의 개신교, 즉 프로테스탄티즘 등의 하위 범주에 속하는 기독교적 종파 개념들을 포괄하는 상위적인 종교적 종파 개념이다. 가톨릭과 기독교의 개념적 관계는 논리적으로 동일한 차원에서 대립적이 아니라 논리적으로 서로 차원을 달리하는 부분과 전체 간의 관계를 갖는다. 가톨릭교와 대립되는 개념은 기독교가 아니라 다 같이 기독교에 소속되는 그리스정교회, 러시아정교회 특히 프로테스탄티즘, 즉 개신교이다. 문제는 일부 개신교도들이 '기독교'라는 낱말을 자의적으로 왜곡하여 그것을 자신들만의 독점물로 삼으려하는데 있다,

일부 개신교도들이 믿고 주장하는 바와는 전혀 달리 가톨릭교는 기독교가 아닌 것이 아니라 개신교보다 더 오래된 형태의 기독교, 즉 구교이며, 개신교가 기독교라면 가톨릭교는 더 뿌리가 깊은 더 긴 전통을 가진 기독교이다. 이러한 사실에도 불구하고, 자신만 진짜 기독교이고 가톨릭교를 비롯한 다른 종파의 기독교는 기독교가 아니라고 한국의 일부 개신교들이 계속 주장한다면 그것이 언어적 납치이고, 종교적 강간이며 이념적 오만한 독선이다. 그러한 주장의 이념적 독선성은 이론으로 무장하고 세계적인 조직과 힘을 갖게 된 불교, 이슬람교, 기독교 등이 무교나 기타의 수많은 원시적 믿음의 체계를 미신, 즉 '잘못된 믿음'이라고 비하하고 무시하는 독선적 오만한 태도와 전혀 다를 바 없다. 그러한 독선으로 부당하게 입게 될 가톨릭교와 그 교도들의 정신적 및 물리적 재난이나 언어공동체에 생기게 될 혼란을 생각할 때 마땅히 한시라도 바삐 교정되어야 할 언어적 관행이다.

개신교도들이 자신들의 믿음만이 참된 기독교이며, 가톨릭교, 그리스정교, 러시아정교는 참된 기독교가 아니라고 주장하는 것과 마찬가지로 가톨릭신자들이나 그리스정교신자들이나 러시아정교신자들도 각기 자신들의 신앙만이 진짜 기독교이며, 개신교는 진짜 기독교가 아니라고 주장할 수 있으며, 실제로 그렇다. 그것은 마치 자신들의 믿음을 무시하여 '미신'이라고 부르는 세계적으로 조직된 종교들, 가령 힌두교, 불교, 도교, 유대교, 모든 종파의 기독교, 모든 종파의 이슬람교에 대해서 그러한 주장을 하는 종교들이야말로 '미신'이라고 대응할 수 있는 '세력이 없는' 이른바 무속과 같은 수많은 지역의 토속적 종교들의 주장과 전혀 다름이 없는 독선이다. 가톨릭교와 기독교를 대치시켜 부르는 일부 개신교들의 관행은 당연히 수정되어야 한다.

언어적 납치와 언어적 의미에 대한 강간 행위의 형태가 더 눈에 띠게 들어나는 예는 '진보'라는 말의 사용에서 찾아볼 수 있다. 이 말은 한국에서 또 최근 새로 생긴 말이 아니라 세계 어느 곳에서나 그리고 약 2세기 전부터 어떤 특정한 정치적 이념이나 태도를 지칭하는데 사용되고 있다. '진보'라는 말은 '보수'라는 말과 개념적으로 대립하게 되었고, 오늘날 이러한 언어적 사용은 널리 관용화되어 자연스럽게 유통되고 있다. '진보'는 마르크스주의적 정치적 이념을 지칭하고 '보수'는 반 마르크스주의적 정치적 이념을 지칭하는 말로 사용되고 있다.

하지만 이러한 언어적 사용, 즉 보수와 진보의 개념적 대립은 논리적으로 그 의미가 심각하고, 정치적으로 그 결과가 막중한 언어적 오용이며 언어에 대한 폭력이다. '진보'라는 개념이 반 마르크스주의의 속성을 서술한다고 전제된 '보수'라는 개념과 대치되어 마르크스주의의 속성을 서술하는데서 생긴다. '진보'와 '보수'라는 두 낱말의 위와 같은 대립에 문제가 있다는 것은 필자가 우연히 한 의사로부터 들은 어이없는 실화에서 드러난다.

이야기의 주인공은 순천에서 지적으로나 경제적으로 비교적 윤택한 집안에서 태어났으나. 남한이 독립국가로서 대한민국이 수립되고 나서 몇 달 후인 여수순천 반란사건 때 경제적으로 유복했다는 이유로 이른바 좌익반란군과 반란인민, 즉 공산주의자들에 의해서 가족이 몽땅 학살당했기 때문에 고아가 되어 교육도 받지 못하고 평생을 막노동자로서 하층에서 목숨을 이어 살아왔다. 그는 자신의 가족을 모두 참혹하게 살해하고 자신의 인생을 망친 공산주의자들, 그리고 공산주의적 정치이념에 대해서 씻을 수 없는 깊은 원한을 갖고 있었다. 이야기는 요점은 그가 '진보'라는 말에 끌려 ○○○신문을 창간 때부터 줄곧 구독했다가, 역시 '진보'라는 말 때문에 그 신문을 구독하지 않게 되었다는 것인데 문제는 한 낱말이 맥락에 따라 전혀 다른 의미를 가질 수 있고, 잘못 사용될 때 그 낱말은 객관적 사실을 완전히 혼돈에 빠뜨리거나 왜곡할 수 있고, 그 결과는 다른 이념이나 이념가들에게 엄청난 폭력으로 변할 수 있다는 데 있다.

'진보'라는 개념은 일반적 맥락에서는 '정체'나 '퇴보'와 같은 개념들과 대체되어 평가적으로 사용되어, 과거나 현재보다 발전된 상태를 긍정적으로 뜻하기도 하고, '보수'라는 개념이나 소극적 태도와 대치되어 '진취'라는 적극적 태도를 뜻한다. 사물현상의 상태에 적용되든 아니면 인간의 삶에 대한 태도에 적용되든 '진보'는 다 같이 바람직한 덕목이다. 이야기의 주인공이 주저 없이 여러 해 동안 《한겨레신문》의 충실한 구독자가 되었던 것은 그 신문이 자타가 공인하는 '진보적' 신문이었기 때문이었다.

위와 같이 일반적으로 이해하고 있는 '진보'라는 낱말의 의미를 전제할 때 진보적인 《한겨레신문》을 구독하지 않고 '보수적'임을 자타가 공인하는 다른 신문들을 읽는다는 것은 정상적인, 건전한 정신을 갖은 사람의 관점에서 볼 때 분명히 논리적으로 모순이다. 누가 더 좋은 것을 그렇지 못한 것보다 선호하지 않겠는가. 《한겨레신문》의 열렬한 애독자였던 그는 정상적인, 건전한 정신의 소유자였으며, 그가 그 신문을 열심히 읽고 그 정치이념적 논지를 추종하려 했던 것은 당연하다.

그러나 우리 이야기의 주인공은 그가 문제의 신문이 정치적으로 약간은 친북한적이다라는 소문을 어디서 귀동냥으로 얻어들은 즉시 20년 가까이 그렇게 귀하게 여기면서 애독하던 한 일간지 구독을 중단한다. 정치적 이념에 대해 그는 아무 지식이나 주장도 없었지만 그는 자신의 부모형제자매의 죽음은 물론 자신의 고통스러운 삶의 직접적 원인이 공산주의라는 이념과 공산주의자라는 이념가에게 있었다는 사실만은 단 한번도 의심하지 않았다. 따라서 공산주의의 이념을 건 공산주의자들의 집단인 북한은 물론 그러한 국가와 정권에 조금이라도 동정적인 신문에 동조할 수 없는 것은 물론 그러한 신문을 용서할 수 없었던 것이다. 남들이 아무리 무어라 해도, 그의 관점에서 볼 때 공산주의는 그들이 자처하는 바와는 달리 결코 '진보적'이 아니며, 만일 공산주의를 진보라고 한다면 '진보'는 진보적이 아니라 '퇴보적'이며, 선이 아니라 '악'인 것이다.

적어도 그의 관점에서 볼 때 공산주의에 '진보'라는 말을 적용하는 것은 '진보'라는 말의 오용이며 일종의 언어적 납치이며, 진보라는 말에 대한 언어적 강탈이다. 그런데도 만일 공산주의를 자동적으로 '진보적'이라 규정한다면, 그것은 언어적 도용이다. 우리들의 이야기의 주인공은 언어적 도용으로 생긴 혼란에 빠졌던 것이다. '진보'라는 개념을 둘러싼 한 노동자에 관한 이야기가 제기하는 문제는 언어의 서술적 사용과 평가적 사용의 혼동, 언어의 객관적 의미와 주관적 의미 간의 혼란의 문제이다. '진보'라는 개념은 서술적으로 사용될 때 '보수적'이라는 개념과 대치되지만, 평가적으로 쓸 때는 그렇지 못하다. 《한겨레신문》의 구독을 둘러싸고 생긴 문제의 주인공의 이야기는 어떤 정치적 이념을 '보수'와 대립시켜 '진보'라고 부를 때 생기는 개념적 독선주의와 혼란 및 그러한 사용에 숨겨져 있는 언어적 왜곡과 폭력이 얼마나 큰가를 입증해준다.

정치적 이념에 적용될 때 오늘날 '진보'는 비마르크스주의적 이념인 정치적 자유민주주의나 경제적 자본주의를 지칭하는 시장경쟁적 자본주의를 지칭, 서술하는 '보수'라는 개념과 대치해서 마르크스주의적 철학적 세계관을 바탕으로 하는 공산·사회주의를 지칭, 서술하는 개념으로 널리 사용되고 있다. 그러나 '진보'라는 말을 이렇게 사용하는 데는 문제가 있다. 왜냐하면 '진보'라는 말은 어원적으로 서술적이 아니라 평가적인 개념이기 때문이다. 그러나 사실 이렇게 사용하는 것은 우연이 아니라 그만한 이유가 있기 때문이다. '진보'라는 말을 이렇게 사용하기 시작한 마르크스주의자들이 개념적으로 혼동해서가 아니라 자신들의 이념이 기존의 어떠한 이념들에 비추어 보아도 상대적으로 우월하다고 확신하고 있었기 때문이다. 이미 기정사실이 됐을 만큼 오래된 관례임에도 불구하고, '보수적'이라고 서술되는 자유민주주의나 시장자본주의와 대립되는 마르크스주의·공산주의를 '진보적'으로 호칭하는 것은 논리적으로 타당치 않다.

그리고 마르크스주의적 정치사회이념으로서의 공산·사회주의에 적용되어 그것을 '진보적'이라 말 할 때, '진보'라는 개념은 서술적인 동시에 평가적으로 사용되는 데 문제가 있다. 이 경우 '진보'라는 말은 '보수'라는 말과 대치되어 마르크스주의와 비마르크스주의, 공산주의와 자본주의, 사회주의와 개인주의, 전체주의와 자유민주주의 간의 이념적 구별을 지칭하는 가치중립적인 서술적 개념으로 사용되어 '보수적' 이념이나 이념가들에게 열등감을 함의하지 않는 말로 사용되기도 한다. 원래 어원적으로 긍정적 가치평가, 즉 우월성에 대한 신념을 암묵적으로 내포하고 있어서 그 이념과 대립되는 '보수적' 이념들의 가치의 상대적 열등성, 나아가서는 오류에 대한 신념을 함의한다. 다시 말해서 마르크스주의를 '보수적'으로 생각되는 비마르크스주의와 대립시켜 '진보적'이라고 부르는 순간, 거기에는 마르크스주의가 옳고 선하며,

비마르크스주의가 잘못되고 악한 것이라는 신념이 논리적으로 암암리에 내포되어 있다. 만일 그렇다면 이성이 있는 한 아무도 보수적인 이념, 즉 비마르크스주의, 반공산주의, 반전체주의에 가담할 수는 없다.

그러나 이러한 사실에도 불구하고 과거나 오늘날이나 마르크스주의, 사회주의, 전체주의에 반대하는 '보수적' 이념이 존재하고 그러한 보수파들이 있다는 사실은 마르크스주의자들이 자처하고 있는 바와는 달리 마르크스주의가 옳거나 좋고, 비마르크스주의가 틀렸거나 나쁘다는 판단이 서지 않음을 입증해준다. 이러한 사실에도 불구하고 마르크스주의자들이 자기들의 이념만이 옳다고 우긴다면 그것은 최악의 독선적 태도의 표시에 불과하다. 마르크스주의가 '진보적'이라는 것은 그들의 주관적 생각의 표시일 뿐이지 객관적 사실이 아니다. 마르크스주의자들이 자신들의 이념이 '진보적' 즉 지적으로 옳고 도덕적으로 선하다고 생각하고 주장한다면, 비마르크스주의자들도 자신들의 이념이 '진보적' 즉 지적으로 옳고 도덕적으로 선하다고 주장할 수 있다.

그런데도 마르크스주의와 그와 대립되는 이념을 '진보적'과 '보수적'으로 대립시킨다면, 그러한 대립은 '진보'라는 말의 서술적, 즉 지칭적 의미와 평가적, 즉 주관적 의미의 혼동, 언어적 의미의 왜곡과 약탈, 그리고 언어에 대한 폭력행위를 통해서만 가능하다. 정치적 '보수'와 대립되는 개념은 정치적 '진보'가 아니라 '개혁'이다. 개념적 혼동과 그에 따른 정치적 혼란을 피하기 위해서 '진보'와 '보수'의 대립 개념은 '개혁'과 '보수' 혹은 '좌파'와 '우파'라는 가치중립적인 말들의 대립으로 바꿔 사용되어야한다. 한 사람이 믿고 있는 세계관의 관점에 따라서는 마르크스주의·공산주의가 '보수적'으로 판단될 수 있고, 비마르크스주의·자본주의가 '진보적'인 것으로 판단될 수 있기 때문이다.

그 말들이 사용될 때의 내용을 자세히 들여다보면, '진보'와 '보수'라는 낱말들은 전통적으로 사용되고 있었던 바와는 달리, 더 정확히 말해서 오늘날 한국이나 그 이외의 이른바 정치적으로는 자유민주주의, 경제적으로는 자본주의적 제도를 채택하고 있는 사회에서 사용되고 있는 바와는 정반대로 사용되기도 한다. '진보'라는 낱말은 비마르크스주의·자본주의를 지칭하는 개념으로, '보수'라는 낱말은 '마르크스주의·공산주의'를 지칭하는 개념으로 사용되고 있다는 것이다. 오늘날의 러시아나 중국에서 엄격한 과거의 폐쇄적인 전체주의적 공산독재 정치와 통제적인 획일적 계획경제, 즉 기존의 마르크스·공산주의적 체제를 고수하려는 입장을 '보수'라고 부르고 정치적으로는 자유민주주의를, 그리고 경제적으로는 개방적 시장경제를 도입하고자 하는 입장을 '진보'라고 부르고 있다.

그러나 개념적 혼동을 피하기 위해서만이라도 마르크스주의가 생긴 이래 두 세기 가까이 기정사실 같이 사용되어 온 '진보'와 '보수'를 대립시키는 언어적 관습에 개혁, 아니 혁명이 있어야한다. 한마디로 '보수'의 대립적 개념으로는 '진보'가 아니라 '개혁'이라는 말이 사용되어야 한다. 마르크스주의·공산주의를 '진보'라고 부르는 것은 논리적으로 적절하지 않다. 비록 모든 사람들이 마르크스주의·공산주의가 비마르크스주의·자본주의보다 더 바람직한 정치·경제체제라고 확신할 경우에도 사정은 마찬가지다. 가령 위의 두 가지 종류의 정치나 경제적 이념이 더 바람직하거나 그렇지 않거나 하는 것은 객관적, 즉 공적으로 규정될 수 있는 것이 아니라 한 개인이나 집단의 주관적 관점에 따라 사뭇 다를 수 있기 때문이다. 언어의 이념적 왜곡을 경계해야 한다. 언어의 의미는 사회적 약속에 의해서 이미 공적으로 결정된 것이며, 언어는 개인이 단순히 사유를 담는 그릇에 그치지 않고 한 언어 공동체의 객관적 세계상을 표상하기 때문이다.

역사란 무엇인가

'역사'라는 낱말에 '적'이라는 어미를 부쳐서 '역사적 사명', '역사적 의미!', '역사적 사건!', 역사적 결단!' 등과 같이 형용사로서 정치적 맥락에서 사용될 때, '철학적', '과학적', '한국적', '물리적', '생물학적' 등의 형용사와는 달리, 그런 말을 읽는 이나 듣는 이에게 마술적 힘을 갖는 구호나 선동의 기능을 한다. 반세기 이상의 정치적 및 이념적 격동기를 겪어 왔던 우리나라에서 특히 그러했다.

'역사'라는 말이 이러한 효과, 이러한 힘을 발휘할 수 있는 까닭은 어디에 있는가? '역사적 사명', '역사적 사건', 역사적 결단', 역사적 선택'이라는 낱말들이 이상한 힘을 발휘한다면, 그 낱말들이 구체적으로 어떤 의미로 사용되고 이해된다면, 그러한 데는 어떤 사실 혹은 사실들이 어떤 역사관에 깔려 있는가?

이와 같은 경우 '역사적'이라는 낱말은 가치중립적으로 '역사학의 대상', 즉 역사학의 영역에 관련된 것'이라는 가치중립적인 뜻과는 달리 '아주 중대한', '아주 심각한' 평가적 뜻으로 사용된 것으로밖에는 달리 해석할 수 없으며, '역사'라는 낱말이 그러한 뜻으로 유통될 수 있다는 사실에는 목적론적 역사관과 동시에 결정론적 역사관이 전제되어 있어야 한다. 목적론적 역사관의 대표적 예로서 기독교로 대표되는 서양적 종교와 헤겔의 변증법적 관념론과 마르크스의 변증법적 유물론에서 찾을 수 있으며, 기계론적 역사관의 대표적 사례는 헤겔 및 마르크스적 역사관에서 찾을 수 있다. 목적론적 역사관에 의하면 인류의 역사는 언뜻 보아 혼동의 연속 같기도 하지만 어떤 우주적 그러나 신비스러운 궁극적 목적, 인간이 생각할 수 있는 가장 이상적 가치를 실현하기 위해 진행되고 있으며, 결정론적 역사관에 의하면 그러한 진행은 수많은 착오와 혼동에도 불구하고 우주적 원리에 의해서 결정된 기계적 법칙에 의해서 진행되고 있다.

이러한 두 가지 역사관에 비추어서만 '역사적 사건', '역사적 의미', '역사적 결단' 등의 말이 의미를 갖고 우리의 가슴을 뛰게 하고 우리의 마음과 몸을 움직일 수 있는 힘을 발휘하는 사실이 설명된다. 그러한 말들이 전달하는 것은 그러한 역사에 참여함으로서 개인은 물론 개별적 사회, 민족, 시대를 초월한 우주적 목적 달성에 우리가 참여할 수 있음을 말해주고, 그러한 목적달성의 과정이 우연적인 것이 아니라 합리적 법칙에 의해 결정되어 있음으로써 '역사적'이라 함은 옳은 법칙에 준함을 뜻하기 때문이다.

목적론적 전제 하에서만 특정한 역사적 사실의 중요성이 평가될 수 있으며, 또한 역사적 과정에 대한 결정론적 전제가 있을 때에만 목적론적 역사관이 성립할 수 있기 때문이다. 만약 이러한 역사관들이 전제되지 않는다면 특정한 역사적 사실이 어떤 식으로도 평가될 수 없으며, 역사적 사실이 평가될 수 없는 한 어떤 역사적 사실, 사건, 행동도 감동과 행동의 대상이 될 수 없기 때문이다. 역사관의 근거도 없이 '역사적 사명', '역사적 결단', '역사적 선택' 등의 말을 선동적 효과를 위해서만 사용한다면 그것은 역사에 대한 부도덕한 폭행이며, 그러한 선동적 어휘에 뒤흔들리는 군중이 있다면, 그러한 군중은 어리석게 속임을 당하고 있는 것이다. 여기서 문제는 과연 이러한 역사관이 목적론적 및 결정론의 진위를 결정할 수 있는가 하는 문제로 바뀌고, 이러한 문제는 '역사'에 대한 정확한 개념 규정을 전제한다.

'역사'라는 개념이 언뜻 보기와는 달리 애매하고 복잡하기 때문이다 '역사'란 무엇인가? 역사는 학문의 한 영역이다. 학문은 진리를 추구하며, 객관성이 전제되지 않는 진리라는 말은 자가당착적이며. 진리를 전제하지 않는 학문이 있을 수 없는 것과 마찬가지로 대상이 없는 진리는 논리적으로 성립되지 않는다. 모든 학문은 각기 자신의 영역에 속하는 대상에 대한 객관적 진리를 추구한다.

진리는 가령 물리학이나 심리학적 이론들의 경우와 마찬가지로 인식 대상의 개별적·물리적 현상들을 어떤 보편적 물리 법칙에 비춘 설명을 뜻할 수도 있고, 가령 문법이나 사회학적 이론들의 경우와 같이 인식 대상의 개별적 기호현상들을 어떤 보편적·문화적 규범에 비춘 해석을 지칭할 수도 있다.

모든 학문은 각기 자신의 고유한 분야에 속하는 탐구 대상을 갖고 있으며, 그 대상에 관련된 진리를 추구한다. 자연과학은 자연현상을, 물리학은 물리현상을 사회과학은 사회현상을, 언어학은 개별적 언어현상을, 문학은 문학작품들을, 미술사는 미술작품을 각기 탐구대상으로 갖고 있으며, 위와 같은 학문들은 각기 자신의 영역에 속하는 대상들에 관련된 진리를 추구한다. 학문들이 다 같이 찾고 있는 진리는 자연과학의 경우, 각기 그 대상을 지배한다고 전제되는 자연의 인과법칙에 비추어 인과적 설명의 형식으로 나타나고, 인문사회과학의 경우 보편적으로 지배한다고 전제되는 어떤 규칙, 규범에 비추어 기호적 해석의 형식으로 제시된다. 역사도 전통적으로 인문사회학 계열에서는 가장 중요한 학문의 일부로 인식되어왔다. 학문으로서의 역사는 마땅히 자신의 고유한 탐구 대상을 전제하고, 나름대로의 진리를 주장한다. 학문으로서의 역사, 즉 역사학의 대상은 무엇이며, 그 대상들에 대한 진리는 어떻게 진술되며, 어떤 타당성을 보장 할 수 있는가?

14세기 아랍의 역사철학자 이븐 할둔의 '역사는 인간사회나 세계문명에 대한, 사회가 본질적으로 겪은 모든 변화에 대한 기록이다'라는 명제대로라면, 그리고 현재 대표적인 마르크스주의적 역사학자로 잘 알려진 홉스봄의 '역사학은 가장 넓은 의미에서 인간이 구석기 시대에서 원자력 시대까지 나아간 방법과 이유를 밝히는 데 있다'라는 말대로라면 역사적 대상은 인류가 한낱 동물로부터 가장 원시적 상태의 문명과 문화적 동물로 진화한 이래 누가 보아도 경이로운 오늘날의 문명과 문화를 일구기까지의 통시적 과정이며, 그러한 대상에 대한 탐구의 목적은 그 과정을 일관성 있게 기록하고, 설명하고 그 의미를 해석하는 데 있다. 위의 역사철학들에 의하면 역사학의 대상과 기능에 대한 위와 같은 사실은 세계사, 인류사 즉 최대 거시적 역사서술의 경우이든지 그 밖에 수많은 분야에서의 단계적으로 작은 차원에서 서술하는 경우이든지 상관없이 다 같이 적용된다.

그러나 여기서 문제는 다른 학문의 대상과 그것에 대한 진리탐구의 경우와는 달리 과연 인류 혹은 작은 단위의 사회집단 그리고 특정한 분야에서의 역사서술의 대상을 구체적으로 어떻게 규정하고 그러한 것들을 다른 학문의 대상과 어떻게 구별할 수 있느냐다. 오늘에 이르기까지의 몇 만 년 동안의 과정에 역사에 직접 혹은 간접적으로 영향을 미친 사건, 사실, 사태들은 지구 전체의 모든 것들이라고 할 만큼 무한에 가깝다. 그럼에도 불구하고 그 모든 것들은 인류·세계사의 일부로서 기록되지도 않고, 기록될 수도 없으며, 기록 되어서는 안 된다. 인류·세계사의 내용에는 무한에 가까운 것들 가운데에 극히 소수의 사건, 사실, 사태만이 선택적으로 기록될 뿐, 그밖의 모든 것들은 인류·세계사의 대상으로부터 제외되어 있다. 이러한 사실은 역사의 연구대상으로 선택된 이상 그리고 모든 선택이 평가적인 이상, 콜링우드의 말대로 '역사가의 핵심적 작업은 기록이 아니라 평가' 즉 이미 주어진 객관적 사실의 기록이 아니다.

역사는 역사적 사실들에 기초해서 기록, 서술, 구성, 설명되고, 그러한 역사의 구성요소들이 평가적으로 선택되고, 그러한 평가와 선택이 우연적인 것이 아니라면 그러한 선택은 무엇을 전제하는가? 역사적 사건, 사실, 사태들의 선택이 전제하는 것은 서술하고자 하는 일정한 기간 동안의 한 사회집단이 거쳐 온 과정에 대한 의미, 즉 인지 가능한 총체적 그림, 다시 말해서 그러한 과정의 설명과 인식양식으로서의 역사적 서술, 즉 역사적 설명이다. 인식론적으로 볼 때, 역사적 서술이 역사적 사실을 전제하고 그러한 역사적 사실들을 기초로 기록되고 서술되는 것이 자명한 사실같이 보였던 것과는 정반대로, 역사적 서술을 이미 전제하지 않고는 무엇이 역사적 사건, 사실, 사태인지를 결정할 수 없다는 역설적 결론이 나온다. 그것은 마치 소설의 전체적 의미를 파악 했을 때에만 소설을 구성하는 부분들의 개별적 의미를 이해 할 수 있는 것과 같다. 오크 쇼트의 말대로 역사를 쓰는 유일한 방법은 역사를 만드는 데 있다.

가령 '위안부 문제', '남경학살사건'은 물리적으로는 동일한 존재이고 사건이기는 하지만 한국인과 일본, 일본인과 중국인 사이에 전혀 다른 역사적 의미를 갖고, 역사적 사실로 취급되며, 물리적으로는 완전히 동일한 제주 3·4 사건이 최근 재서술되고 그 의미가 재평가되는 사실로 알 수 있듯이, 한국의 총체적 역사의 방향과 그 의미도 총체적으로 어떻게 보느냐에 따라 똑같은 한국인들 사이에도 새롭게 서술되고 새로운 의미가 부여가 된다. 만일 제2차 세계대전의 승자가 연합군이 아니었고 히틀러의 독일, 무소리니의 이탈리아, 군국주의자들의 일본이었더라면, 위의 모든 자들이 역사에서 차지하는 의미와 비중은 전혀 달라졌을 것이고, 따라서 20세기 세계사는 크게 다른 모습을 갖게 되었을 것이다. 이른바 객관적으로 존재한다고 전제된 '역사적 사실'들은 한 사회 또는 인류의 과거에 대한 총체적 이야기로서의 역사관에 의해서 결정된다고 볼 수 있기 때문이다.

그러나 역으로 따져 보면 그와는 반대되는 주장이 나올 수 있다. 기존에 사실로 믿고 있었던 한 사회 또는 인류의 총체적 이야기로서의 역사가 새롭게 발견된 어떤 단 하나의 '역사적' 사실이나 사실들에 의해서 크게 다른 역사로 바뀔 수밖에 없고, 실제로 이러한 경우가 한없이 많이 그리고 계속해서 생긴다. 이러한 구체적 사실은 앞에 들은 경우들과는 정반대로 한 사회 혹은 인류의 총체적 이야기로서의 역사가 그러한 역사와는 독립되어 이미 객관적으로 존재한다고 전제된 어떤 '역사적' 사실들에 의해서 결정됨을 말해준다. 역사적 사건, 사실, 사태들과 한 사회의 총체적 역사서술 중에 어떤 쪽이 먼저인가를 결정할 수 없다면 여기서 개별적으로 존재한다고 전제되는 역사적 사실들과 총체적 이야기로서의 하나의 역사 가운데서 어느 쪽이 먼저냐를 결정하는 인식론적 문제가 생긴다. 이 문제는 닭과 달걀 간의 존재론적 선행성, 또는 부분과 전체라는 두 개념들 간의 논리적 선행성의 문제와 마찬가지로 일방적이고도 결정적인 대답을 찾기는 불가능하다. 그것들의 관계는 '변증법적', '역동적'인 성격을 갖고 있기 때문이다. 만일 역사인식과 서술에 있어서 위와 같은 사실이 문제가 된다면, 지금까지 '역사'로서 기록된 모든 것들에 대해 '중요한' 혹은 '의미 있는' 혹은 '운명적인' 혹은 인간으로서 혹은 국민으로서 혹은 한 그냥 하나의 사회 구성원으로서 '어떤 행동을 취할 형이상학, 국민적, 사회적 의무를 져야 하는'이라는 뜻으로서의 '역사적'이라는 말을 적용할 수 있는 사건, 사실, 사태를 언급할 수 없을 뿐만 아니라, 그것들이 함께 어떤 목적을 향하여 기계적으로 그리고 운명적으로 변화의 총체적 과정으로서의 역사를 구성하는 그냥 사실, 사건, 사태 등으로도 말할 수 없다.

그러나 목적론적 역사관이나 기계론적 역사관에는 쉽게 풀 수 없는 문제가 있다. 인류 전체 혹은 특정한 사회집단이 일정한 기간을 통해서 거쳐온 변화에 대한 수없는 이야기로서의 역사들이 실제로 존재하고, 그러한 이야기들이 마치 객관적 사실들, 즉 인류 혹은 한 사회집단의 과거에 있었던 '역사'를 역사가들이 만들어낸 상상물이 아니라 그들이 찍은 일종의 사진, 즉 객관적으로 존재하는 사실들의 기록으로 생각하고 있음에도 불구하고, 알고 보면 역사란 역사가가 만들어낸 일종의 허구적 이야기라면, 목적론적 역사관이나 기계론적 역사관은 논리적으로 성립할 수 없다. 역사의 전체적 그림과 역사라는 이야기의 부분들을 구성하는 역사적 사건, 사실, 사태의 관계가 정리될 수 없는 혼돈 상태에서, '역사적' 현상과 그렇지 않은 현상이 구별될 수 없고, 이러한 구별이 불가능한 상태에서 '역사'가 어떤 목적을 향해서 기계적으로 진행된다고는 말할 수 없기 때문이다.

역사가 사건과 사실로 쌓여진 인간 집단의 삶의 양식의 변화현상에 대한 문양으로서의 서술이라면, 그러한 변화는 어떤 특정한 목적을 향해 움직이는가 아니면, 플라톤과 아리스토텔레스가 생각했듯이, 그리고 '클레오파트라의 코가 조금만이라도 낮았더라면 인류의 역사는 달라졌을 것이다'라는 파스칼의 말대로 어떤 주체의 목적이나 의도 그리고 그것들에 따른 방향도 없고 그저 우연의 산물에 지나지 않는 것으로써, 셰익스피어가 한 인간의 삶에 대해 말한 대로 '그 의미를 알 수 없는 잡음과 노도' 즉 이해할 수 없는 무의미한 물리적 소리들에 지나지 않는가? 아니면 반대로 서양의 3대종교의 밑바닥에 깔려 있고, 헤겔과 마르크스가 의심하지 않았드시, 한편으로는 인격적 절대신의 의도에 따라, 그리고 다른 한편으로는 우주의 신비로운 목적에 이를 때까지 전개, 진화, 진보하는 것인가? 두 가지 중 어느 쪽의 대답을 택하든지, 다 같이 만족스럽지 않다. 한쪽의 대답을 택해도 말이 안 되고, 그 반대 쪽의 대답을 택해도 말이 되지 않는다.

'역사'라는 말이 과거의 특정한 종류의 사건, 사실의 발견과 서술의 뜻으로 사용되든지, 그러한 것들을 어떤 특정한 종교적 혹은 철학적 세계관과 인생관에 비추어 하나의 어떤 특정한 인간적 의미를 가질 수 있도록 재구성한 이야기의 뜻으로 사용되든지, 그러한 역사는 이미 객관적으로 존재함으로써 인간에 의한 발견과 인식의 대상이 될 수 있는 것이 아니라, 한 인간, 한 인간 집단이 특정한 공간적 및 시간적 지점에서 개인적으로나 집단적으로 자신이나 자신들의 존재에 의미를 부여하기 위해서 그들 자신이 스스로 구성한 이야기, 즉 허구에 지나지 않는다. 과거에, 즉 역사는 있었던 사건이나 사실들의 단순한 복사가 아니라 그러한 것들의 의미를 찾기 위한 해석양식이다.

역사는 인식 주체로서의 인간이 진화해서 자신의 주위에 일어나는 모든 현상과 자신 스스로를 인식하고 그러한 현상과 자기 자신에게 어떤 의미를 부여하기 시작하기 전까지는 존재하지 않았다. 역사는 자연의 일부가 아니라 문화적 현상이며, 발견의 대상이 아니라 인간에 의해 자의적으로 창작된 일종의 소설이며, 소설로서의 역사는 소설 자체가 어떤 목적을 가질 수 없고 오로지 소설 속의 인물들만이 목적을 갖고 살아 갈 수 있는 것처럼, 인류역사 자체의 목적, 즉 의미는 존재할 수 없으며, 만약 역사의 목적 혹은 의미를 말할 수 있다면, 그것은 구체적인 시간과 공간 속에 구체적으로 사는 구체적 개인이나 집단에 대해서만 가능하다. 역사적 어떤 인물, 사건, 사실, 사태 등의 중요성은 그러한 것들 속에서 발견된 것이 아니라 특정한 인간 혹은 특정한 인간 집단이 그러한 것들을 중요한 것으로 선택했음을 말하는 것에 지나지 않는다. 어떠한 것도 그 자체로서는 '역사적 중요성'은 물론 '역사성'조차 가질 수 없다. 역사성이나 역사적 중요성은 한 인간 혹은 한 인간 집단의 실존적 선택의 산물이다.

'역사적'이라는 낱말과 '역사적 중요성을 위와 같이 해석할 때, 이 글의 제일 앞에서 언급했듯이, 많은 이념가들이 마치 어떤 객관적인 '사실'을 발견이나 했다는 듯이 자주 사용하는 '역사적 순간', '역사적 사건', '역사적 필연성', '역사적 사명', '역사적 가치' 등과 같은 낱말들은 언뜻 듣기에 감동적일 수 있지만, 알고 보면 언어 오용의 한 예로 사용될 수 있을지는 몰라도, 실질적으로는 아무 의미도 없는 공허한 '소리'에 불과하다. 그러한 낱말이 어떤 의미를 띨 수 있다면 그것은 '선동적' 의미뿐이다. 우리는 이념가나 정치가들이 그러한 말들을 즐겨 쓴다는 것을 잊어서는 안 되며, 그들이 그러한 낱말들을 자주 입에 담는 것은 우리들에게 어떤 객관적 진리를 보여줌으로써 우리를 보다 밝은 세상으로 향하도록 계몽하기 위해서가 아니라 자신의 권력 찾기나 세력 유지를 위한 이념적 선전과 정치적 선동 목적에 근거한 것이다. 그들은 역사를 위해 '역사적'이라는 말을 쓰는 것이 아니라 역사 이외의 목적을 위해 역사를 도용, 그리고 오용하는 것이다

일반 대중들은 물론, '역사', '역사적' 등의 낱말을 즐겨 사용하는 정치가, 이념가, 그리고 때로는 학자들 특히 사회과학자들까지도 이러한 사실을 인식하지 못하는 경우가 많다. 말의 의미를 오해할 때 혼란이 생기고, 속임을 당할 때 큰 우환이 생긴다. '역사'라는 낱말을 오해할 때도 그렇고, '역사', '역사적'이라는 낱말을 남발하는 정치가, 이데올로그, 그리고 사회학자들의 슬로간과 선동에 속을 때 더욱 그렇다.

'역사' 또는 '역사적'이라는 낱말 속에 담긴 슬로건에 속지 말고 선동에 넘어가지 말아야 한다. '역사'란 클레오파트라의 코가 만들어낸 이야기에 지나지 않기 때문이다.

성과 속

'성聖'이라는 낱말과 '속俗'이라는 두 낱말은 동양의 유儒·불佛·도道교 문화권에서나 서양의 기독교 문화권에서 대립되는 한 쌍의 개념으로 사용된다. 그러나 언뜻 보기와는 달리 두 가지 대립되는 낱말들은 두 가지 경우 논리적으로 서로 상충하는 두 개의 다른 종류의 개념이다. 그것들은 유·불·도교의 맥락에서 사용될 때 인간의 인격적 품위를 측정하는 윤리적 범주에 속하며, 기독교문화의 틀에서 언급될 때 두 개의 다른 세계를 지칭하는 형이상학적 범주에 속한다.

한문문화권에서 '성인聖人, great virtuous sage'은 '군자君子, sage' 또는 '속

인俗人, commoner’과 대조되어 인품으로 보아 가장 높은 경지의 덕망과 지혜를 갖춘 이상적 인간으로서, 이때 ‘성’과 ‘속’은 인격적으로 ‘최고 highest’라는 의미와 ‘속한vulgar’이라는 말로서 ‘격이 낮은’이라는 뜻을 나타낸다. 반면 기독교문화권에서 ‘성聖, the sacred’과 속俗, the Profane’은 한편으로는 ‘초월적supernatural’ 혹은 ‘신성한divine’ 혹은 ‘이 세상과는 질적으로 전혀 다르고holy’고, 다른 한편으로는 ‘자연적natural’ 혹은 ‘현상적 phenomenal’ 혹은 이 세상에 속하는 ‘성’이라는 낱말이 ‘신에게 바쳐진’, ‘전혀 다른 세계에 속하는’이라는 뜻을 갖고 있으며, ‘속’이라는 낱말이 ‘신성 모독적인’ 혹은 ‘성전聖殿, temple’에 들어가기 이전의’ 등을 뜻하는 낱말이었다. 위와 같은 사실은 ‘성’이라는 한문자는 동양과 서양이 궁극적으로 지향했던 이상적 최고의 가치를 표시하는 기호이기는 하지만, 동양인의 최고의 가치와 이상이 자기의 내면적, 도덕적 수련의 완성에 있는데 반해서 서양인의 최고의 가치와 이상은 현재의 세상에서 전혀 다른 세상에의 이동과 도달에 있었음을 함축한다.

동양인과 서양인 사이에 존재하는 위와 같은 지향과 가치관의 차이는 어떻게 설명할 수 있는가? 그것은 동양의 일원론적 세계관과 서양의 이원론적 세계관의 차이에서 찾을 수 있는 동시에, 역으로 위와 같은 두 가지 세계관의 차이는 동양인과 서양인의 각기 상반되는 가치의 지향의 경향에 비추어 이해될 수 있다.

궁극적으로 그것이 무엇을 포함하든, 모든 것이 서로 분절할 수 없는 단 하나에 지나지 않고, 모든 것이 영원한 순화의 과정에 놓여 있는 세계 속에서 인간이 자신이 현재 속하고 있는 세계 아닌 다른 세계를 추구하고 지향한다는 것은 논리적으로 불가능하다. 왜냐하면 단 하나의 세계·우주에서 인간이 궁극적으로 지향하고 추구할 수 있는 것은 오로지 자기 자신의 인간적, 인격적, 지적, 도덕적 즉 내면적 완성, 즉 지와 덕의 양면에서 가장 지혜로운 인간으로서 수련밖에는 다른 것을 생각할 수 없기 때문이다.

동양의 정신문화의 뿌리를 중국의 유교와 도교 및 인도의 힌두교와 불교에서 찾는다고 전제할 때, 동양의 세계관을 일원론으로 일괄할 수 없다는 주장이 나올 수 있다. 왜냐하면 힌두교와 불교에서 말하는 속세 samsara와 열반nirvana은 각기 윤회 속에 가치세계와 그곳에서 해탈한 세계는 서로 다르며, 인간의 궁극적 욕망은 서양의 이원론적 세계관과 마찬가지로 한 세계에서 보다 만족스러운 세계에 도달하는 것이라고 주장할 수도 있기 때문이다. 이러한 해석의 근거는 속세와 열반은 대중들 사이에서 각기 이승當世·今生과 저승黃泉·幽冥이라는 각기 두 개의 다른 세계와 각기 동의어로 흔히 인식되고 있다는 사실에서 찾을 수 있다. 속세와 열반, 이승과 저승의 관계를 위와 같이 해석할 때, 불교적 세계관은 유교나 도교의 세계관과는 달리 일원적이 아니라 플라톤이나 기독교나 세계관과 마찬가지로 이원론적이다.

그러나 열반의 세계는 또 하나의 세계를 지칭하는 개념이 아니고 단 하나의 세계를 바로 보는 새로운 시각, 즉 우리의 내면의 상태를 지칭한다. 이런 점에서 힌두교 및 불교도 유교나 도교의 세계관과 마찬가지로 이원론적이 아니라 일원론적이며, 이런 점에서 동양의 세계관은 총체적으로 볼 때 서양적 세계관과 대립된다. 동양과 서양의 궁극적 목적이 한결같이 모든 욕구불만과 고통으로부터의 해방이었다면, 전자의 경우 그것은 각자 자신, 더 정확히 말해서 자신의 탐욕으로부터의 내적 해방이었으며, 후자의 경우 그것은 한 세계로부터의 물리적, 즉 가시적 해방이었으며, 한 세계와 다른 세계를 갈라놓은 넘을 수 없는 높은 벽을 넘어가는 것이었다.

우리가 알고 또 살고 있는 세계 아닌 다른 세계를 갈구하고 그곳에 이르고자 꿈이라도 꿀 수 있는 것은 세계가 하나가 아니라 둘 이상, 이 세상과 다른 세계의 가능성이 전제되었기 때문이다. 서양에서 이 속된 세계가 아닌 신성한 속성으로서의 '성聖스러운' 세계를 믿고 이야기할 수 있게 된 것은 서양의 정신문화의 두 종류의 토양인 플라톤으로 대표되는 고대 그리스의 철학적 세계관과 기독교로 대표되는 서양종교가 다같이 이원론적 세계관, 즉 현상적 세계와 그것을 초월한 영적 비물질적 세계를 전제하는 세계관에 기초하기 때문이다.

자신이 속한 세계를 높이 둘러싼 벽을 넘어 다른 세계를 동경한다는 것은 자신의 세계의 한계성, 그 한계성이 동반하는 속박의식, 그 속박의식이 유발하는 무한한 자유를 향한 해방에의 충동이다. 현재 내가 존재하고 있는 세계가 아무리 넓더라도 한계가 있을 수밖에 없는 한 나는 그러한 하계로부터 해방되어 현재의 세계보다 무한히 넓고도 완전한 다른 세계로 통하고 싶은 충동을 비록 동양의 순환적 세계관 속에 살아 있어도 완전히 억제할 수는 없다. 이러한 사실은 순환적 세계관에서 살고 있는 동양인에도 똑같이 해당된다. 동양인이 서양인과는 달리 자신의 궁극적 가치를 자신의 세계와 다른 세계로의 초월이 아니고 자신의 내부에서 찾았다는 점에서 서양인과 다르지만, 동양인도 서양인과 마찬가지로 자신의 세계의 한계를 의식하고 그것을 초월한 아주 다른 세계에 대한 향수를 완전히 버릴 수는 없다. 다람쥐가 갇혀 있는 쳇바퀴는 무한히 회전하기 때문에 끝이 없지만, 그 다람쥐가 쳇바퀴 속에 갇혀 있는 것은 부정할 수 없는 사실인 이상 유한하기 때문이다.

그렇다. 인간이 바라보는 지평선 혹은 수평선은 끝이 보이지 않고, 인간은 그 지평선 혹은 수평선을 넘어가고 싶은 충동을 억제할 수 없다. 우리의 시야를 가로 막는 산과 바다의 지평선과 수평선은 인간의 형이상학적, 초월적 욕망을 불러일으키고 그것을 따라가서 마침내는 그 한계를 넘어서 다른 세계로 넘어가고자 하게 한다. 오늘날의 네팔인들은 옛날 네팔인들과 마찬가지로 카트만두에서 하늘을 찌를 듯이 높이 솟은 눈에 덮인 히말라야 산정들을 바라볼 때마다 청아하고도 장엄한 아름다움에 압도감과 아울러 숭고함을 경험할 것이다. 같은 광경을 바라보면서 옛날, 아주 옛날 네팔인들은 위와 같은 미학적 경험과 아울러 자신들이, 아니, 인간이 넘어가서 눈으로 보고 발로 밟아보고 싶지만 어떠한 방법으로도 넘어갈 수 없다는 자신의 한계를 의식하면서 답답함을 느끼는 동시에 그 산정 넘어 존재하는 알 수 없는, 즉 신비로운 무한히 방대하게 퍼진 다른 세계에 대해서 억제할 수 없는 갈망과 좌절감을 동시에 느꼈을 것이다.

아무리 말을 몰고 달려도 끝없이 퍼진 광야의 지평선을 피곤한 말 등에 올라 앉아 그곳에서 황혼이 지는 것을 바라보면서 옛날 몽고인들은 자신이 살고 작은 세계의 한계를 의식하면서 그 공간적 한계로부터 해방되어 그 너머에 존재할지도 모르는 다른 세계를 여러 모로 상상하고 동경했을 것이다. 우주항공기술을 개발한 인간은 20세기에는 지구 밖 다른 우주의 거점의 하나인 달에 갈 수 있었고, 21세기에는 달보다 훨씬 더 멀고 큰 지구 밖에 있는 세계로의 여행을 계획하고 있다.

인간은 공간적으로만 아니라 시각적으로 죽음이라는 시간적 한계를 초월하여 영원한 시간 속에 존재하고 싶어 한다. 그는 피할 수 없는 죽음과 직면할 때 아무리 장수를 한 사람도 인간이 시간의 한계 속에 갇힌 존재임을 의식하고, 죽은 후의 보다 넓고 영원한 세계에서의 삶을 상상하고 그러한 시간 속에 존재하고 싶어 한다. 그 이유가 어디에 있건 상관없이 인간은 아주 아득한 옛날부터 시간과 공간적으로 유한한 자신이 살고 있는 세계와는 전혀 다른, 즉 과학적으로는 처음부터 전혀 설명할 수 없는 세계를 갈구해왔었고, 어떤 형태로든 그러한 세계가 실제로 존재함을 진짜로 믿어 왔던가 아니면 믿는 척해왔다.

이러한 사실은 종교계에서 가장 뚜렷하게 나타나듯이 물리적으로는 구별할 수 없는 공간과 시간이 신들의 세계에서는 완연히 구별되어 그러한 공간과 시간이 특별한 의미를 갖고 외경심을 갖고 존중되는 사실을 알 수 있다. 또한 이러한 사실은 이른바 원시적 사회에서만 있었던 현상이 아니라 첨단과학의 온갖 혜택을 누리고 있는 오늘날의 이른바 선진사회에도 남아 있으며, 가장 철저한 유물론자들의 행동에서도 볼 수 있다. 첨단도시의 한복판에 성당, 교회, 모스크가 다른 건물들이 되고, 그러한 것들이 존재하는 공간은 다른 공간과 그 성격이 전혀 다른 성역, 엄숙한 곳으로서 구별된다.

초월적 세계를 인정하지 않거나 아예 큰 관심도 나타내지 않는 유교나 도교의 세계관을 바탕으로 한 조선조 한국의 양반집 가옥에서도 조상들의 신주神主가 모셔있는 사당祠堂이 그밖의 공간과 구별되어 있고, 성황당城隍堂을 다른 공간과 똑같이 취급해서는 안 된다. 그곳은 보통 공간과 전혀 다른 공간이기 때문이다. 기독교인에게는 일요일, 유대교도들에게는 토요일이 다른 요일들과 전혀 다른 요일이며, 부모가 태어난 날과 시간은 그 자녀들에게 다른 날짜나 시간들과 전혀 다른 의미를 갖는 다른 세계에 속하는 시간이다. 이러한 사실은 종교를 믿는 개인 혹은 사회에만 해당되는 것이 아니고 이론적으로는 종교를 철저하게 부정하는 유물론자, 공산주의 사회에서도 전혀 다르지 않다. 유물론적 관점에서는 유기적 기능을 잃고 무기물로 변한 물질에 불과한 레닌의 시체가 안치된 곳이 성역화되어 하루에도 수천 명의 공산주의자들이 개인적으로 그 앞에서 공손히 절을 하고 경의를 표시하기 위해서 몇 시간이고 줄을 지어 기다리며, 사회적으로는 그가 죽은 날에는 그 앞에서 일종의 종교에 가까운 행사를 국가적으로 한다.

위와 같이 동서고금을 통해서 보편적으로 볼 수 있는 문화적, 사회적 현상들은, 인간은 그가 어디서 어디에 어떻게 살고 있는가는 상관없이 그리고 그 동기나 이유가 어디에 있는가의 문제를 떠나서 자신이 몸을 담고 있는 공간과 시간을 초월한 완전히 다른, 즉 '성스러운', '신비로운', 그리고 '거룩한' 세계에 대한 관심과 향수를 버릴 수 없다는 충분한 증거로 볼 수 있다.

하지만 우리가 원한다는 사실과 그렇게 원하는 것이 실제로 존재한다는 것은 전혀 다른 문제다. 그러므로 "우리가 알고 있을 뿐만 아니라 상상할 수 있는 세계전체, 즉 우주 밖에 다른 세계, 다른 우주가 실제로 존재하는가? 전체 밖에 있는 전혀 다른 세계가 존재하는가, 아니 존재할 수 있는가? 있다면 그것을 알 수 있고, 그곳에 갈 수 있는가? 다른 세계, 즉 신성한 세계, 완전히 다른 세계는 인간의 욕망의 투사한 환상에 불과한 것이 아닌가?" 등의 물음이 제기된다.

위와 같은 물음에 대한 대답은 논리적으로 처음부터 불가능하다. 만일 존재 전체로서의 우주 이외에 다른 세계가 존재한다면, 그것은 이미 존재 전체로서의 우주의 일부에 지나지 않을 수 없다. 그러므로 '우주 밖의 우주 전체 이외의 다른 존재'는 그러한 존재 개념에 적용될 수 있는 세계가 존재할 수 없을 뿐만 아니라 그러한 그냥 개념으로도 성립될 수 없다. 그러한 개념은 논리적으로 모순이기 때문이다. 이런 점에서 인간의 사유, 이성은 좁은 의미에서 본질적으로 비종교적, 반종교적일 수밖에 없다.

그런데도 위와 같은 물음은 여전히 우리의 의식을 떠나지 않고 우리의 마음을 괴롭힌다. 이러한 물음에 대한 긍정적인 대답이 나올 수 없더라도, 이 세계 아닌 다른 세계의 존재 가능성은 여전히 열려 있는 문제이다. 이런 점에서 볼 때 우리가 보고 생각할 수 있는 존재가 궁극적으로는 물리적인 것이더라도 유물론자나 우주물리학의 대답도 만족스럽지 않다. 언제나 우주전체 그 너머에 있는 다른 세계 혹은 세계들을 상상하지 않고서는 이 우주전체를 말할 수 없기 때문이다. 이런 점에서 모든 인간은 넓은 의미에서 종교적 동물이며, 반종교적 주장에서조차, 모든 인간의 지성, 더 정확히는 이성은 종교적이고 따라서 신비적, 즉 비이성적이라는 역설이 성립된다.

우리가 생각할 수 있는 우주와는 전혀 다른 세계는 한편으로는 논리적으로 개념조차 상상할 수 없는 것이지만 그와 동시에 다른 한편으로는 역시 논리적으로 그러한 존재를 가정하지 않고는 이 세계, 이 우주의 존재 자체를 설명할 수 없다. 다시 말해서 이 세계와 전혀 다른 세계, 즉 성역聖域은 논리적으로 그 존재가 불가능한 동시에 반드시 필요한 개념이다. 그러나 위의 두 가지 논리적 요청은 서로 모순이 된다. 그러므로 만일 그러한 존재의 실재여부에 대한 문제가 제기된다면, 그에 대한 대답은 어느 쪽을 택하든 만족스러울 수 없다. 이래도 말이 안 되고 저래도 말이 되지 않는다. 왜냐하면 어떻게 대답해도 그 대답은 모순이 되지 않을 수 없기 때문이다.

만일 지적으로 상상조차 할 수 없는 세계, 논리적으로 성립조차 상상할 수 없는 성역, 즉 이 세상과는 완전히 다른 세계가 실제로 있다면, 그것은 도대체 어떤 세계일 수 있는가? 아니 그보다 앞서 물어야 할 질문은 '성역'이라는 말로 표시되는 세계는 도대체 어떠한 모습을 갖고 있을 수 있는가? 그러한 세계, 이 세계와는 완전히 다른 세계를 상상해볼 수 있는 것이며, 만일 그럴 수 있다면 우리는 그것은 도대체 어떻게 상상해볼 수 있는가? 그것은 욕망과 상관없는 객관적 존재인가? 아니면 욕망의 상상물인가? 하늘 너머에는 무엇이 있는가? 저 별들의 너머는 다른 세상이 있는가?

그것을 서양 종교가 말하는 '천당'이라 부르던지, 민간 불교에서 말하는 '저승', 선불교에서 말하는 '공空'이라 부르든지, 도교에서 말하는 '무無'이든지 아니면 유교에서 뜻하는 '천天'이라고 쓰든지, 어떻게 대답해도 말이 되지 않지만, 한 가지 확실한 것은 절대적으로 다른 세계로서의 '성역'은 알고도 모를, 말하고도 말할 수 없는 세계, 우리의 깊음 마음속에서 이성이 찾고 감성이 희구하는 대상이라는 사실이다.

우리는 마치 새장에 갇혀 있는 새가 새장 밖으로 날아가고 싶어 하듯이, 우리가 살고 있는 우주에서 해방되어 더 넓고 완전히 다른 세계에 가고 싶어 한다. 설사 그 다른 세계에서 불행하게 되더라도 말이다. 높은 산이 있기에 우리는 그 산을 넘어 가고 싶어 한다.

마치 새장에 갇힌 새가 비록 날개가 다쳐서 땅에 떨어지더라도 끊임없이 날개를 파닥거리면서 밖으로 빠져 나오려고 하듯이, 우리는 우리가 얽혀 있는 이 세상 밖으로 나와 다른 세상에 가고 싶어 한다. 비록 그러한 결과로 고통을 받고 죽게 되더라도 말이다.

아무리 행복하게 잘살아도 우리는 우리가 사는 삶, 이 세상에 대해서 완전히 만족할 수 없다. 이 세상에서의 삶은 공간적으로나 시간적으로 반드시 극복할 수 없는 어떤 한계 속에서만 존재함을 의미하다. 우리의 세계가 한계를 갖고 있다는 것은 우리의 욕망이 무한함을 의미한다.

아무리 만족스럽게 살아도 우리는 우리가 사는 삶, 이 세상에 대해 충족할 수 없다. 이 세상에서 삶은 그 자체가 완전히 만족할 수 없음을 의미하며, 우리의 삶이 이 세상에서 완전히 만족하지 못한 것은 삶이 그 자체로서 곧 욕구불만을 의미하기 때문이다. 우리의 세계가 한계를 갖고 있다는 것은 우리가 사는 삶, 이 세상에서 완전한 행복감을 경험할 수 없는 존재로 태어났기 때문이다.

인간의 이성에 비추어볼 때, 전체는 전체가 아니라 부분이며, 부분은 부분이 아니라 전체일 수 있다. 인간의 사유에 비추어볼 때, 무한은 곧 유한이며, 유한은 곧 무한일 수 있고, 공간은 곧 시간이며, 시간은 곧 공간일 수 있다. 궁극적으로 모든 무의미한 것은 의미가 있기 때문이다.

또한 모든 의미 있는 것은 무의미하며, 있는 것은 없고 없는 것은 있기 때문이다. 또한 인간은 미치지 않았을 때는 미쳤고, 미쳤을 때는 미치지 않았기 때문이다. 성, 성역, 완전히 다른 세계는 인간의 광기의 표현이며, 이 세계의 무의미에 대한 인간의 항거로 일으키는 소음이다. 그리고 그러한 광기와 소음은 모든 것의 궁극적 의미를 추구하는 인간의 애절한 몸부림이다. 이런 점에서 인간은 자신의 몸이 불꽃에 타서 땅바닥에 떨어지는 것을 알면서도 환한 불꽃을 향해서 날다 목숨을 잃는 불나비와 다르지 않다. 바로 이때서야 우리는 비로소 속이 곧 성이며, 성역이 곧 속세에 지나지 않다는 깨달음을 얻게 될지도 모른다.

《철학과 현실》2000년 봄호 ~ 2004년 겨울호

『당신에겐 철학이 있습니까』 에필로그: 사유의 가시밭

지금까지의 글들은 철학자로서의 사유, 아니 그 이전에 인간으로서 필자의 마음속에서 떠나지 않던 여러 가지 문제들에 대해 오랫동안 해왔던 철학적 단상들을 비교적 심도 있게 기록해서 발표한 글들을 모은 것들이다.

계간 《철학과 현실》에 '사유의 가시밭'이라는 표제를 걸고 2000년 봄호부터 2004년 겨울호까지 5년간 연재했던 20편의 철학적 에세이다.

이 책에는 모두 20개의 글들 가운데 철학적이라기보다 시사적 성격이 큰 2개를 빼고, 모두 18개의 글들만을 담기로 했다. '사유의 가시밭'이라는 큰 제목으로 묶었던 것은 모든 중요한 문제는 따지면 따질수록 그 내용이 복잡해서 그에 대한 해답이 쉽지 않다는 평소의 필자의 생각에 기인한다. 아주 단순하고 평범해 보이는 문제도 우리는 늘 신중하게, 그리고 여러모로 생각해야 한다는 것이다.

각기 에세이의 주제들은 전적으로 필자가 골라 선택했던 것이다. 그것들이 내게 그렇게 중요했던 것은 철학적으로만 아니라 실천적 삶에 있어서도 절실한 것들이다. 이처럼 이 글들이 나의 개인적 문제에 기초했지만, 사회적 차원에서도 모두가 공감하고 함께 풀어야 할 문제들이라고 확신한다.

책 전체에 논리적 흐름을 부여하기 위해서 발표의 시간적 순서와는 상관없이 각기 에세이가 취급한 주제의 성격에 비추어 크게 개인의 실존, 공동체의 윤리라는 범주로 재구성하여 엮었다.

일반 독자들의 편의를 고려해서 철학적 색채가 농후한 그밖의 에세이에서도 가능하면 아주 쉬운 말로 알기 쉽게 쓰려고 애썼다. 이런 과정에서 논지가 지나치게 단순화되고, 논증이 엉성한 위험이 크다는 사실을 필자는 누구보다 잘 알고 있다. 그러나 불가의 '인생은 고통의 바다'라는 말이 절에 있는 스님에게 국한된 문제가 아니듯이, 철학적 사유는 철학자에게만 해당하는 일이 아니라는 신념에서 이러한 위험을 감수하고자 한다.

만일 이 책에서 제기한 문제들에 관심을 갖고 필자와 함께 그 문제들을 생각해보고자 하는 독자가 있다면 그것만으로도 필자는 이 책에서 보람을 느끼겠다.

다행스럽게도 그러한 독자들 가운데 필자의 글들에 나타난 생각에 공감하고 주장에 동의하는 이들이 있다면 보다 큰 행복을 바랄 수 있다.

이 자리를 빌려 나는 5년이란 긴 기간 동안 이 글들 위해 귀중한 지면을 할애해준 계간《철학과 현실》과 그 글들을 한 권의 책으로 모아 선뜻 한 권의 책으로 만들어준 미다스북스에 깊은 사의를 표한다.

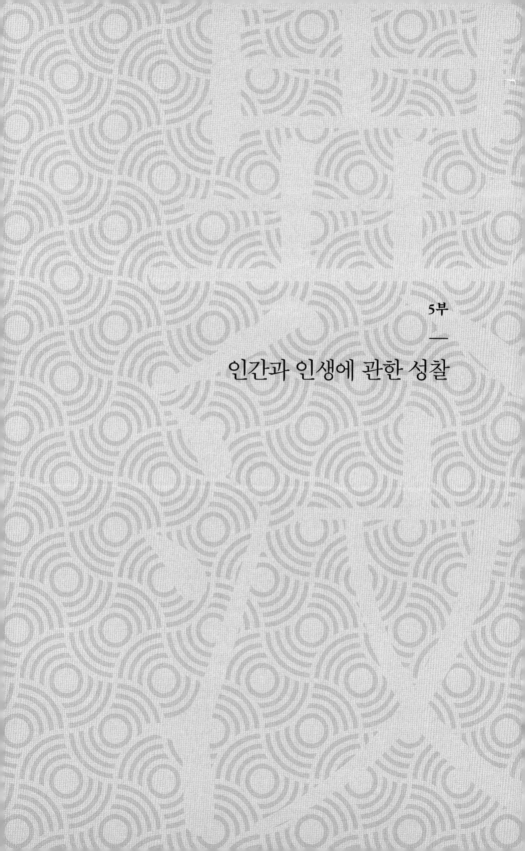

5부
—
인간과 인생에 관한 성찰

인간다운 삶이란 무엇인가

1

죽음은 모든 생명체의 궁극적 종착점이다. 죽음 앞에서 모든 생명체는 동등하다. 권력으로 천하를 지배한 진시황 혹은 그의 지혜로 인류를 감동시킨 석가모니, 이름도 성도 없이 태어나서 억압과 고통 속에 살다 사라진 농부나 노예도 죽음 앞에서는 완전히 평등하다.

죽음은 죽는 당사자에게 모든 것의 마지막이다. 풀이나 나무의 거름으로 변하거나 버려지나 동물들의 밥이 되고, 그냥 흙으로 돌아가 아무 자취도 없이 사라진다. 그물에 걸린 물고기들이 살아남으려고 파닥거리지만, 그림자도 남기지 못하고 인간의 배 속에서 녹아 사라진다. 아프리카 초원에서 뛰어놀던 우아한 톰슨가젤들이 눈 깜짝하는 사이에 하이에나의 이빨에 찢기고 뜯겨 약간의 뼈와 핏자국을 남긴 채 없어진다. 3천 년 전 절대권력을 누리던 고대 이집트의 파라오는 운이 좋아야 말라붙은 미라가 되어 박물관 진열장에서 구경거리로 남는다.

죽음으로 모든 것은 허무해진다. 살아 있는 동안의 모든 고통과 기뽐, 모든 노력과 성과, 삶이라는 싸움에서의 승리와 패배가 죽는 순간부터 죽는 당사자에겐 아무 의미도 없다. 아버지가 임종하자마자 그를 물건처럼 밧줄로 묶어 염을 하고 관에 넣어 못을 박고 땅에 묻거나, 화장하여 재로 만들었을 때 어찌 인생의 허무함을 실감하지 않을 수 있겠는가?

자라와 같이 백 년 아니 천 년 이상을 장수하든, 하루살이와 같이 단 하루만을 살든 죽음 앞에서 느끼는 삶의 궁극적 허무감은 전혀 다를 바 없다. 아무리 오래 살아도 결국 유한한 이상, 한 생명체가 살아 있는 시간은 불교적 영겁, 기독교적 영원, 우주적 역사의 잣대에 비추어볼 때 다 같이 찰나 속에 스쳐 지나가는 하나의 꿈에 지나지 않는다. 모든 생명은 자신의 의도와 상관없이 태어나 무엇으로서 어떻게 살든 상관없이, 특별한 이유도 없이 살다가 흔적도 없이 사라진다.

그러나 아무리 허무한 운명이라도 모든 생명은 태어나는 순간부터 살아남기 위해 애를 쓰며, 죽는 순간까지 악을 쓰고 견딘다. 모든 생명의 목적은 생존 자체 외에 다른 것에 있어 보이지 않는다. 한 마리의 까치는 눈만 뜨면 먹이를 찾고, 족제비나 매한테 잡아 먹히지 않으려고 고달프고 불안한 하루를 보낸다. 모이를 주워 먹는 사이사이에도 누군가에 잡혀 죽을까봐 끊임없이 사방을 둘러보는 참새나 다람쥐의 초조한 모습을 보라. 한시도 쉬지 않고 먹을 것을 주워 오고, 알을 까고 죽어가는 개미나 벌떼의 삶을 생각해보라. 그들에게 생명의 궁극적 목적과 의미란 개체의 차원에서는 생명의 연장 자체에만 있고, 종족의 차원에서는 종족의 번식 자체뿐이다. 하이에나 떼의 밥이 되는 새끼를 안타깝고 허탈한 모습으로 바라보면서도 톰슨가젤은 풀을 뜯거나 짝짓기를 하며, 한편으로는 달려오는 하이에나 떼를 피해 도망치기에 정신이 없다.

화장한 아버지의 유골을 들고 집으로 돌아오면서 나는 내일 직장에 갈 일에 대해 생각하고, 어머니의 관을 땅에 묻고 난 후 나는 손과 옷에 묻은 흙을 털며 산을 내려오면서 돈 벌 궁리를 한다. 친구의 장례식에 다녀온 직후에도 나는 나의 건강, 나의 직장에서의 승진, 내가 읽다 만 책, 애인과의 밀회를 궁리하고, 남과의 경쟁과 싸움에서 이기기 위해 묘한 전략을 짜내는 데 몰두해야 한다. 입버릇처럼 오래 살고 싶지 않다고 말하는 할아버지는 자식과 손자들이 자신을 소홀히 한다는 생각에 속으로는 언제나 섭섭하다. 한 마리의 하루살이, 한 마리의 바퀴벌레, 한 마리의 까치, 한 마리의 쥐새끼, 한 마리의 호랑이는 죽는 순간까지 조금이라도 더 살아남으려고 애쓴다.

2

인간은 다른 동물과 다르다. 문명을 누리는 인간은 참새나 다람쥐같이 불안한 한 순간 한 순간을 보내지 않는다. 과학자는 깨끗한 실험실 속에서 자신의 연구에 열중할 수 있고, 철학자는 편안한 안락의자에 앉아 사색을 즐기며 살아가고, 예술가는 쓸모도 없어 보이는 작품을 창작하면서 즐거운 땀을 흘리기도 한다. 인류는 천 년, 만 년 아니 수만 년 동안 지속적으로 주변 환경에 관한 지식과 기술을 축적하면서 자연의 여러 위협으로부터 벗어나게 되었고, 찬란한 문명과 문화의 세계를 구축함으로써 많은 질병들도 정복하고, 보다 편안하고 풍요로운 삶을 누리며 보다 편안하게 오래 살 수 있게 되었다. 하지만 언젠가는 누구라도 예외 없이 죽어야 하고, 허무하게 사라져버린다는 점에서는 한 마리의 지렁이나 한 마리의 새나, 한 마리의 호랑이나 한 인간이나 다를 바가 없다.

하지만 모든 삶이 죽음으로 허무하게 끝난다는 점에서 동물과 사람의 운명이 똑같다고 하더라도 살아가는 방식에 있어서는 동물과 사람은 전혀 다르다. 동물에는 동물다운 삶이 있고 사람에게는 사람다운 삶이 있다. 동물은 사람처럼 살 수 없고 사람은 동물처럼 살 수 없다.

동물은 자연에 따라 사는 것이다. 사고하는 능력이 없는 동물에게는 '어떻게' 살아가야 하는 문제가 제기되지 않는다. 그가 어떻게 살든 동물의 삶은 언제나 그리고 필연적으로 자연의 원리에 따른다. 그는 자연의 일부이며, 자연으로서만 존재한다. 그가 어떻게 그리고 얼마큼 살다 어떻게 죽어가든 그것은 전적으로 자연의 법칙에 따른 것이다. 톰슨가젤이 하이에나의 밥이 되는 새끼를 뒤에 두고 도망을 치든, 코끼리가 죽은 새끼를 콧등에 얹고 애태워하면서 얼마 동안 돌아다니든, 호랑이가 목을 물어 죽인 누를 다른 호랑이와 나누어 발기발기 찢어 먹든 수컷 늑대가 짝짓기를 위해서 목숨을 걸고 다른 수놈과 싸우든, 그것은 다같이 자연의 질서에 따른 것이다. 동물이라는 존재에게 그들의 현재의 삶은 곧 그들이 살아야 하는 삶과 일치한다. 그들에게는 다른 삶의 가능성이 존재하지 않는다. 싫건 좋건 동물은 살아지는 대로 그냥 살며 그럴 수밖에 다른 도리가 없다. 동물은 선택의 여지가 없이 오직 동물로서만 살 수밖에 없다. 동물다운 삶과 그렇지 않은 삶이 있을 수 없다. 모든 동물의 삶은 동일하며, 그들의 삶의 의미는 곧 그들의 삶 자체일 뿐 그 이상도 그 이하도 아니다.

그러나 인간의 경우는 사정이 다르다. 밖에서 보기에, 지하철 입구를 꽉 채운 사람들의 틈에 끼어 출근길을 서두르는 나는 세렝게티의 험악한 강을 떼를 지어 건너가는 누의 무리 가운데의 한 마리와 다를 바 없고, 사람들로 발 디딜 틈 없이 가득 찬 백화점에서 그들의 틈에 끼어 밀고 밀리는 나는 끔찍하게 많은 개미 떼들 속의 한 마리 개미와 다를 바 없다. 그러나 누구나 개미와는 달리 나는 그렇게 출근하거나 그렇게 백화점에 와 있는 나의 이유를 생각하고 나의 결정에 따라 출근을 하지 않거나 쇼핑을 포기할 수 있다.

동물의 경우와는 달리 인간은 싫든 좋든, 불행하건 다행하건 다양한 삶의 양식 가운데에서 어떤 하나를 선택할 수 있고, 그것을 인정하든 않든 한 인간의 삶은 자연적으로 결정된 것이 아니라 그 자신이 자유롭게 선택한 것에 지나지 않는다. 인간은 무엇을 하든 선택을 피할 수 없고, 따라서 그가 어떤 삶을 사느냐는 것은 전적으로 그 자신의 선택에 달려 있다. 모든 인간의 삶이 죽음 앞에서 다 같이 허무하지만 그렇다고 아무렇게나 살아도 되는 것은 아니다. 어떻게 사느냐에 따라 한 사람의 삶의 의미는 다른 사람의 삶의 의미와 전혀 달라진다. 아무렇게나 살 수는 없으며 그래서도 안 된다.

3

그렇다면 어떤 삶을 선택할 것인가? 우리는 수많은 종교와 수많은 철학자들의 수많은 언뜻 보아 엇갈린 대답들을 들어왔다. 그러나 그것들은 '보람 있는 삶'이라는 말로 간단히 요약된다.

어떤 삶이 정말 보람 있는 삶일 수 있는가? 허무하지 않은 삶이다. 어떤 삶이 허무하지 않은가? 인간다운 삶이다. 누구한테서 그 예를 찾을 수 있는가? 부처, 예수? 공자, 소크라테스? 코페르니쿠스, 아인슈타인? 이태백, 셰익스피어? 베토벤, 피카소? 진시황, 나폴레옹? 모어, 마르크스? 안중근, 만델라? 정주영, 빌게이츠? 카사노바?

그러나 반드시 그렇지는 않다. 그렇다면 인간다운 삶을 무엇으로 규정할 수 있는가? 지식? 권력? 부귀? 사회적 명성? 인류에 대한 공헌? 쾌락? 꼭 그런 것도 아니다. 자신의 지조를 지키기 위해 죽은 이름 없는 많은 사람들, 무명으로 살다 사라진 일자무식의 농부, 가난한 노동자, 돈벌이에 바쁜 동대문시장의 상인들, 평범한 직장인 등에서도 인간다운 인간을 얼마든지 찾을 수 있다. 무식, 나약, 가난, 무명, 무능, 고통도 '인간다움'과 배치되지 않는다. 인간다움은 어떠한 상황에서도 자신의 존엄성을 포기하지 않고 인간으로서의 품위를 지키려는 심성, '개'같이 되기를 거부하는 의지이며, '인간다운 삶'이란 '동물'이 아님을 스스로에게 확인해줄 수 있는 삶을 살기 위해 부단히 노력하는 삶이다.

인간다운 삶을 살기란 쉽지 않다. 우리는 인간으로서보다는 개처럼 살고자 하는 본능의 유혹에 항상 노출되어 있기 때문이다. 하지만 이러한 유혹을 극복하고 인간답게 살 때 우리의 죽음은 꽃으로 피어나고, 그 꽃의 향기로 허무한 인생은 충만한 존재로 승화될 수 있는 것이다.

《라 쁠륨》, 1999, 가을호

02

인생 텍스트론―인생이란 무엇인가

인생에 대한 물음의 철학적 성격

인생은 무엇인가? 동서고금을 막론하고 종교인과 철학가들이 던졌고 지금도 여전히 계속되고 있는 물음이다. 수많은 종류의 종교나 철학적 주장들은 이러한 물음에 대한 직접 혹은 간접적인 다양한 대답에 지나지 않는다. 철학자도 아니었던 화가 고갱은 문화적으로 가장 세련된 도시 파리에서의 화려한 예술가의 생활은 물론 자신의 가족들마저 헌신짝처럼 버리고 당시 프랑스의 식민지였던 타이티라는 미개지를 찾아가 그곳에서 그림을 그리며 여생을 마쳤다. 그것은 그의 유명한 그림의 제목이 웅변으로 말해주듯 '우리는 어디서 왔는가, 우리는 어디로 가는가'라는 철학적 물음을 가졌기 때문이며 그런 물음에 대한 대답을 찾기위해서였다. 그러나 이 물음이나 대답은 직업적 종교인이나 철학가나 예술가의 전유물이 아니다. 인간이면 누구나 갖게 되는 물음이요, 찾고자 하는 대답이다. 교육을 받았건 안 받았건 이런 물음은 의식이 있는,

즉 생각하는 인간의 근본적 속성이기 때문이다.

인생이란 무엇인가? 이 물음에 어떤 대답이 있을 수 있는가? 아니, 도대체 이 물음은 정확히 무엇에 대한 어떤 종류의 대답을 요구하고 있는 것인가? '인생은 무엇인가'라는 물음은 '인간은 무엇인가'라는 물음으로 풀이할 수 있고, 이 물음이 요구하는 대답은 다른 동물과 구별되는 한 종으로서 인간에 대한 정의로 볼 수 있을 듯하다. 이 물음은 동물학적 물음이요, 동물학적 물음이 생물학적, 더 나아가서는 화학적 또는 물리학적으로 분석될 수 있다면, '두 다리로 서서 걷는 동물'이라든가, '두뇌가 가장 발달한 생물'이라든가, $\langle x, y, z \rangle$들의 화학적 원소 혹은 물리학적 입자로 설명된다는 대답이 나올 수 있을 것이다. 인간의 본질에 대한 이와 같은 문제의 접근과 대답은 다 같이 과학적이다. 인간의 본질을 물리적 원소로 환원시킴으로써 인간 고유의 본질을 부정하는 결론으로 밀고 가는 경향이 있다. 윤리철학자 윌리엄스가 인간의 삶을 '유전자의 운송차'로 정의했을 때 그는 인간과 다른 생물이 근본적으로 구별이 되지 않고 인간 삶의 목적과 근원적으로 동일함을 뜻하고 있다.

'인생이란 무엇인가' 혹은 '인간이란 무엇인가' 하는 물음에 대한 과학적 접근과 과학적 대답은 그 결론이 어떻든 간에 결코 만족스럽지 않다. 어떠한 과학적 답을 얻었을 경우에도 종교인, 철학가, 고갱 그리고 우리 모두에게는 여전히 같은 물음이 떠나지 않기 때문이다. 이러한 사실은 우리의 문제와 물음이 과학적인 것이 아니라 철학적 성질을 띠고 있음을 말해준다. 과학적 문제는 구체적 현상에 대한 경험과 논리의 두 가지 테두리 안의 문제요, 그에 대한 대답도 그러한 논리를 규제하는 규범을 전제로 한다. 그러므로 이러한 개념과 규범이 먼저 밝혀지지 않고는 경험과 논리의 틀 안에서만 의미를 갖는 문제와 해답은 불충분하다.

인간이란 것이 어떤 속성을 갖고 있는가를 검토하기에 앞서 '인간'이란 말은 도대체 무엇을 뜻하는가의 개념 문제가 있고, 인간의 본질이 생물학적, 화학적 또는 물리학적 현상의 속성으로 설명된다면, 그러한 속성에 대한 설명이 다시금 요청된다. 그러나 그러한 현상의 설명은 현상 아닌 형이상학적 무엇, 즉 과학의 영역을 벗어난 무엇에 의해서만 설명될 수 있다. 이와 같은 두 가지 '인생은 무엇인가' 혹은 '인간은 무엇인가'라는 문제는 필연적으로 과학적 영역을 넘어 철학적 문제로 바뀐다.

기존의 철학적 대답

'인생은 무엇인가' 혹은 '인간은 무엇인가' 혹은 '나는 무엇인가'라는 물음은 항상 바로 위와 같은 철학적 관점에서 제기되어왔고 그에 대한 대답이 제시되어왔다. 장자는 인생을 나비의 꿈으로 생각해봤고, 고대 그리스 철인들은 '인간의 본질이 이성에 있다'고 믿었으며, 공자와 칸트는 윤리 의식을 인간의 본질로 여겼다. 마르크스는 한 인간의 본질이 사회적 관계의 총체라 주장했고, 서양종교는 인간을 신의 아들로 확신했고, 파스칼은 무한히 방대한 우주에 비해 무한히 작지만 무한히 작은 존재에 비해서는 무한히 큰 '중간적 존재'에 비유했다.

쇼펜하우어는 인생의 의미가 궁극적으로 허무함을 확신했고, 사르트르는 인생이 무용한 고통/수난이라는 결론을 내렸다. 힌두교에 의하면 인생의 궁극적 의미란 삶의 영원한 윤회의 고리에서 해탈/해방moksha 되어 다시 태어나지 않는 데 있고, 불교에 의하면 극락에 가는 것이며, 기독교나 회교에 의하면 천당으로 감에 있다.

이처럼 다양한 인간관/인생관들이 공통으로 갖고 있는 또 하나의 철학적 이념은 인간중심주의anthropocentrism이다. 그것은 인간이 만물의 영장이요, 따라서 지구의 주인이라는 신념이다. 인간중심주의는 동서고금을 막론하고 대부분의 인간의 사고를 암암리에 지배해왔다. 특히 서양의 종교사상에서 그렇다. 그것은 인간에게 긍지를 부여하고 만족을 모르는 인간의 자연지배와 약탈행위를 정당화해왔다.

인간과 인생에 대한 이같은 지배적 사상의 그늘에는 그것과 정반대되는 인간관이 전혀 없었던 것은 아니었다. 인간의 본질을 규정하는 '이성'은 물론 '나/자아'만이 아니라 모든 존재의 창조주인 신이라는 존재, 더 나아가 어떠한 영원한 실체도 존재하지 않는다는 주장이 있었고 근래에 들어와서는 인간이 우주의 주인이 아니라 생태계의 한 고리에 지나지 않는다는 것을 우리는 다 같이 의식하게 되었다. 프로이트는 '이성'이 욕망의 시녀에 불과함을 정신분석학적으로 밝혔고, 흄은 '이성'의 허구성을 주장했으며, 현대 과학은 이러한 입장을 더욱 뒷받침한다. 니체는 신의 죽음을 선포했고, 세계 전체를 마야maya로 본 힌두교의 입장을 이어받아 나/자아만이 아니라, 모든 이른바 실체들의 허구성을 '공空' 혹은 '무無'라는 말로 표현하고 있다. 인간이 지구의 주인으로서 자연을 무자비하게 도구화할 수 없음은 생태계 파괴를 직면하면서 누구나 깨닫게 됐다.

인간은 자연의 물리적 자연 법칙에 지배되는 동시에 규약적 규범에 묶여 있다. 규약은 언어를 전제로 한다. 따라서 인간 존재는 필연적으로 언어적이다. 언어적으로 존재한다는 것은 의미적으로 존재한다는 말에 지나지 않고, 거꾸로 인간이 의미적으로 존재한다는 말은 인간의 삶의 양식은 텍스트 쓰기이며 그러한 인간의 삶은 텍스트로 볼 수밖에 없다.

위와 같이 크게 다른 두 종류의 입장 가운데 어떤 것을 선택하든 과연 우리는 그러한 철학적 인생관/인간관에 만족할 수 있는가? 과연 이러한 철학적 인생관/인간관들 가운데 어느 하나만이라도 '인생은 무엇인가' 혹은 '인간은 무엇인가'를 묻는 우리들의 애타는 목마름을 축여줄 수 있겠는가? 이러한 물음 다음에도 '어째서', 그리고 '어떻게'라는 물음은 논리적으로 꼬리를 물고 계속될 것이다. 인간의 본질이 '이성'에 의해 규정되고 인생이 백치의 이야기에 지나지 않는다면, 이성의 본질은 무엇이며 천당에서 영생의 의미는 무엇인가라는 물음이 뒤따라 튀어나온다. 인간과 인생에 대한 우리들의 물음에 대한 지금까지 들어보았던 어떤 대답도 만족스럽지 못하다는 말이다.

이런 결과에 대해 두 가지 이유를 들 수 있다. 첫째 이유는 모든 사유가 부딪치는 '이성'의 한계에 있다. 어떠한 설명, 어떠한 정의도 항상 불완전하다. 인간이 가령 '이성'이라는 속성에 의해 정의됐고, 인생의 의미가 천당 가는 데 있다고 가정해도, '이성'이 인간의 본질이라면 바로 그 '이성'의 본질은 무엇이며, 천당 가기가 인생의 의미라면 그러한 의미의 의미는 무엇인가라는 물음이 논리적으로 가능하기 때문이다. 어떤 현상이나 사건의 원인/이유를 묻는 모든 물음은 무한역행적, 즉 논리적으로 대답이 불가능한 물음이라는 것이다. '인간은 무엇인가' 혹은 '인생은 무엇인가'라는 물음이 인간이라는 현상이나 인생이라는 사건으로서 접근될 때 그에 대한 대답은 논리적으로 불가능하며, 따라서 문제조차 제기될 수 없다는 것이다. 둘째, 그런데도 불구하고 이러한 물음이 우리를 떠날 수 없다면, 우리는 더 중요한 이유를 생각해야 한다. 우리의 논지를 위해서 실제로나 논리적으로 다 같이 불가능하지만, 인간과 인생에 대한 위와 같은 물음에 대한 대답이 완전했다고 인정한 상황을 가정하고, 그것이 무엇을 의미하며 어떤 결과를 낳게 되는지 상상해 보자. 인간이라는 존재나 인생이라는 과정에 대한 's는 p이다'라는 일 반적 형식으로 기술될 수 있는 명제proposition의 옳음, 즉 진리임을 인정 한다는 사실은 어떤 존재existence 혹은 사태state of affairs를 확인했다는 말 이다. 그러나 한편으로 존재와 사태, 다른 한편으로 그 의미meaning는 논 리적으로 다른 범주에 속한다. 전자가 서술적descriptive 대상이며, 따라서 서술적 대답을 가질 수 있는 데 반해, 후자는 오직 평가적evaluative 관점 에서 평가적 대답만을 얻을 수 있다. 그러므로 인간 혹은 인생이라는 사 실/대상에 대한 's는 p 혹은 q이다'라는 서술적 명제가 참이라고 인정했 을 경우에는 그것의 의미가 어떻게 해석될 수 있는가라는 물음이 제기 될 수 있다. 전자가 사실적factual 문제인 데 대해 후자는 가치론적axiological 영역에 속한다. 그런데도 인간과 인생에 대한 논의가 철학적 문제가 아 니라 가치에 대한 문제임에도 불구하고 사실과 가치의 차이와 그 관 계를 혼동한 나머지 사실적 문제로 제기하고 사실적 대답을 제시하고 있다.

이러한 두 가지 이유에서 볼 수 있듯이 인간과 인생에 대한 물음이 사 실적으로 제기되고 그에 대한 대답을 사실적으로 찾으려 하는 한 우리 는 문제를 결코 풀 수 없다. 어떠한 존재나 사실 자체에서 그것의 의미 는 절대로 도출되지 않는다. 허무주의는 모든 존재, 특히 인간 존재와 인생의 궁극적 의미를 부정한다. 그러나 우리는 그들의 반허무주의적 주장의 밑바닥에 허무주의가 숨겨져 있는 것을 지적해낼 수 있다. 인간 과 인생에 대한 사물적 관점의 테두리 안에서 허무주의를 부정하는 태 도는 이성적 사유가 도달한 결론이 아니라 본능적 저항에 지나지 않는 다. 허무주의를 부정하게 되는 이유는 허무주의와 삶에 대한 본능이 양립할 수 없기 때문이다. 동물로서의 인간에게 삶에 대한 동물적 욕망보다 더 강하고 중요한 것이 있을 수 없기 때문이다. 그런데도 불구하고 모든 현상을 사실적 관점에서 대하는 한 철학적으로 허무주의는 역시 옳다. 그것은 전통적 기독교적 교리와 상충됨에도 불구하고 갈릴레이에게 지동설은 역시 옳았던 것과 마찬가지다.

목적으로서 '의미'와 허무주의

인생의 의미에 대한 우리들의 구체적 경험과 사유 및 그것에서 허무주의적 결론이 나오게 되는 것을 사례를 들어 생각해보자. 모든 인간의 행동과 행동의 결과로 나타난 제품이 '의미'가 있다면, 이때 '의미'라는 말은 각기 그것의 '목적'이라는 말과 같은 기능을 한다. 어떤 목적을 전제로 하지 않는 행동이나 제작은 상상할 수 없다. 수험 공부는 대학 입학이라는 목적을 위해 하는 것이고, 나사는 어떤 부속품을 만들 목적으로 제작된다. 한편 대학 입학은 학위를 따는 목적을 갖고 있으며, 학위는 취업이라는 목적을 갖는다. 다른 한편 부속품은 좀더 큰 제품을 만들 목적으로 생산된다. 이처럼 '목적'은 인간의 모든 행동에 '의미'를 부여하고 이런 의미 부여를 통해서만 그런 것들이 이해된다. 인간의 행동만이 아니라 인간의 존재 자체를 하나의 사건/과정으로 볼 수 있는 한 인간의 인생만이 아니라, 모든 동물, 모든 자연현상, 모든 동물의 형태와 모든 자연현상의 생성과정을 이해하는 데도 같은 논리가 적용되어야 할 것 같다. 그리하여 인간이라는 존재, 인생이라는 과정, 개, 새, 꽃, 나무, 산, 바다도 각기 그것들의 생성과 성장, 그리고 변화과정의 '목적'

을 묻게 된다. 이런 시각에서 인생이 목적, 즉 의미가 있다고 대답할 수 있는가?

이 물음에 대답을 구하기 위해서 '인생의 의미/목적the meaning of life' 인간 행동에 대한 물음부터 대답해야겠다. 삶은 부단한 행동의 총화이다. 모든 행동은 분명히 목적을 갖는다. 따라서 인생에 있어서 목적/의미는 많다. 그러나 '인생의 의미/목적'을 물을 때 우리가 알고자 하는 것은 많은 목적으로 이어졌던 한 인간의 일생 자체가 가질 수 있는 총괄적 목적이다. 인생의 의미/목적에 대한 물음을 이렇게 해석할 때 우리의 대답은 필연적으로 부정적이다. '나'의 행동의 목적은 '나'라는 주체를 전제한다. 그러나 내 인생의 목적을 물을 때 나는 이미 나의 주체성의 부재를 전제하고 있다. 주체적으로 여러 목적을 갖고 살아온 주체자인 내가 목적을 갖고 있느냐를 묻고 있는 것이다. 그러나 이러한 물음은 논리적으로 불가능하다. 왜냐하면 그러한 물음을 던지는 자와 그 물음의 대상이 논리적으로 동일할 수 없기 때문이다. 따라서 이러한 물음은 끝없이 반복될 수밖에 없다. 그렇다면 인생의 의미/목적에 대한 만족스러운 대답은 있을 수 없다.

초인적 능력을 가진 원숭이 손오공이 아무리 재주를 부려도 그는 역시 부처님의 손바닥에서 놀고 있었다. 인간과 자연의 관계도 마찬가지다. 인간이 다른 동물들보다 아무리 뛰어난 능력을 갖고 있더라도 인간은 다른 동물들과 똑같이 자연의 일부이다. 단 하루밖에 살지 못하면서 조금이라도 더 살려고 애쓰는 하루살이의 모습, 며칠이면 메말라버릴 웅덩이에서 목을 내밀고 살려고 버티는 물고기들, 언젠가는 죽게 될 텐데 굶주린 사자에게 먹히지 않으려고 도망치는 어린 사슴의 삶을 애처로이 바라보면서 우리 인간은 그런 삶의 목적의 부재, 즉 허무함을 의식한다. 그러나 인간의 삶도 근본적으로 그들의 삶과 다름없다. 영웅들이나 명사들이 평범한 사람들과 함께 묻혀 있는 공동묘지를 거닐 때, 또는 옛 이집트의 파라오나 중국의 진시황의 썩다 남은 유골을 볼 때, 혹은 좀더 잘 살려고 서로 싸우고 죽이는 우리 스스로의 삶이 한없이 무의미함을 생각하게 된다. 우주에게 '나'의 존재는 물론, '인류'의 생존이 무슨 특별한 의미를 갖겠는가? 어떠한 삶을 살든 상관없이 인간의 삶은 다른 동물의 삶과 똑같이 근본적으로 허무하다. 즉 목적의 뜻으로는 의미가 없다는 결론을 피할 수 없다.

언어적 의미와 텍스트로서의 인생

그러나 '의미meaning'라는 개념은 목적이라는 뜻 외에도 다른 수많은 뜻으로 사용된다.[17] 그러나 편의상 여기서는 언어/텍스트적semantical 의미와 '목적'이라는 의미를 포함하는 그밖의 다른 종류의 의미로 크게 양분하려고 한다. 언어적 의미는 언어에만 해당되는 의미이며 그러한 의미는 언어 자체에 내재한다. 무엇이고 상관없이 그것을 언어로 분류할 수 있다면 그것이 그 자체로서 갖는 '의미'이다. 이와는 달리 비언어적 의미는 경우에 따라 목적·의도·기능·원인·결과 등을 각기 지칭하지만, 그러한 뜻의 '의미'는 어떤 경우이든 그러한 것들과 내재적 관계를 갖지 않은 욕망·계획·조직·자연법칙 등에 비추어서만 그 뜻을 갖는

---

17   I. A. Richards와 I. K. Ogden의 *The Meaning of Meaning*(London, 1923)은 'meaning'이라는 낱말이 수백 개의 상이한 뜻으로 사용되고 있음을 보여준다.

다. 그러나 앞서 보았듯이 설사 인간이나 인생의 궁극적 의미가 '목적'이라는 비언어적 의미로는 절대 존재할 수 없다 하더라도, 만약 인간을 언어로, 인간의 삶을 언어적 기록, 즉 텍스트로 볼 수 있다면, 인간과 인생에 대한 '의미'를 논할 수 있고 인생의 '궁극적, 즉 절대적 의미'가 가능하다. 언어/텍스트는 그 자체 속에 이미 의미를 내포하고 있기 때문이다.

  문제는 인간을 언어로, 인생을 텍스트로 볼 수 있느냐에 있다. 생물학적·화학적·물리학적으로 인간은 다른 동물과 다를 바 없다. 따라서 과학적 입장에서 인간과 그의 삶은 다른 동물과 마찬가지로 생물학적으로, 물리학적으로 물질적 속성과 구조에 의해서, 또는 사회학적으로 사회적 기능에 비추어 정의되고 설명될 수 있으며, 인간의 행동은 그렇게 정의되고 설명된 생물학적 존속 과정의 서술로서 파악할 수 있다. 그렇다면 어떻게 인간을 언어로, 인생을 텍스트로 볼 수 있는가? 보석 상인한테는 약간의 상품 가치밖에 없는 금반지가 그것을 주고받은 부부한테는 둘도 없는 귀중한 의미를 갖고, 불교를 믿지 않는 사람한테는 한낱 돌조각에 지나지 않는 불상이 불교신자에게는 무한히 중요한 정신적 실체로 보일 수 있듯이, 물리적으로 동일한 것도 그것을 어떻게 보느냐에 따라 전혀 다른 존재로 나타날 수 있다. 1) 산시산, 수시수山是山, 水是水, 2) 산불시산, 수불시수山不是山, 水不是水, 3) 산시수, 수시산山是水, 水是山, 4) 산시산, 수시수山是山, 水是水라는 하나의 유명한 선시禪詩가 말하고자 하는 것도 바로 그런 것이었다. 1)의 명제와 4)의 명제는 문자적으로 동일하지만, 후자는 전자에서 나타난 실체와는 전혀 다른 실체를 나타내고 있다. 똑같은 '산'과 '수'를 함께 보면서도 후자와 전자는 서로 전혀 달리 보고 있다는 것이다. 똑같은 인식대상이 전자의 경우 지각적 존재로 파악된 데 반해서, 후자의 경우 형이상학적 존재로 파악되고 있다. 소승불교에서, 초월적 열반의 세계nirvana는 형상적 속세samsara와 구별되어 생각해왔지만, 현상적 속세가 곧 초월적 열반 세계라는 대승불교의 형이상학적 주장도 위와 같은 논리적 입장에서 이해된다. 똑같은 논리가 인간의 경우도 해당될 수 있다. 인간/인생이 지각적/과학적 인식 대상, 그리고 과학적 설명대상이 되지만 그것은 언어/텍스트로 파악될 수 있다는 것이다. 그것은 그저 논리적 개연성이 아니라 당위성이다. 그렇지 않고는 우리가 관찰하고 체험할 수 있는 인간/인생은 설명되지 않는다.

인간은 자연의 물리적 자연법칙에 지배되는 동시에 규약적 규범에 묶여 있다. 규약은 언어를 전제로 한다. 따라서 인간 존재는 필연적으로 언어적이다. 언어적으로 존재한다는 것은 의미적으로 존재한다는 말에 지나지 않으며, 거꾸로 인간이 의미적으로 존재한다는 말은 인간의 삶의 양식이 텍스트 쓰기이며, 그러한 인간의 삶은 텍스트로 볼 수밖에 없다. 이러한 사실은 인간이 물리적으로만 존재하지 않음을 말해준다. 파블로프의 개가 주어진 여건에 조건반사적으로 존재하는 것과는 달리 인간은 의미해석적으로 존재한다. '인간은 물리적으로 무한히 방대한 우주에 포함된 무한히 작은 존재이지만 그러한 우주를 자신의 머릿속에 넣고 생각할 수 있다는 점에서 우주보다도 더 방대하다'고 했을 때 파스칼은 바로 위와 같은 인간의 특수한 존재양식을 지적해준 것이다.

인간은 언어적인 존재로 그냥 있지 않다. 그가 접하는 모든 것을 언어화한다. 왜냐하면 인간과 의식대상의 관계는 언제나 의미적이며, 의미적인 것은 필연적으로 언어적이기 때문이다. 따라서 인간과 자연의 관계는 칸트의 코페르니쿠스적 인식론의 혁명이 보여주었듯이 인과적이 아니라 해석적이며, 자연중심적이 아니라 인간중심적이라는 것이다. 인간의 의식은 미다스 왕의 손에 비유된다. 미다스 왕의 손에 닿는 모든 것이 황금으로 바뀌듯이 인간의 의식이 닿는 모든 대상, 인간이 하는 모든 행위는 의미로 변하게 마련이다. 문화를 인간에 의한 자연의 인간화, 즉 의미화로 정의할 수 있고, 또한 인간의 의식이 닿는 모든 것을 의미화한다면 자연은 이미 존재하지 않는다. 모든 것은 문화적, 즉 의미적 존재로 이미 전환되었기 때문이다. 언어적 존재로서 인간이 모든 것을 문화화, 즉 의미화할 수밖에 없고, 언어를 떠난 '의미'가 있을 수 없고, 언어적 작업이 글쓰기이고 그렇게 써놓은 글을 텍스트라 한다면, 인간의 삶은 텍스트 쓰기에 지나지 않고 바로 그러한 점에서 인간의 삶의 과정과 그의 일생은 필연적으로 '의미'를 갖게 마련이다. '태초에 말이 있었다'라는 성서의 말도 이런 점에서 그 뜻이 비로소 이해되고 올바른 말이 된다. 그러나 성서에서 주장하고 있는 것과는 달리 말/언어는 우주의 태초에만 있었던 것이 아니라 그 생성과정에도 있었고, 또 그 끝에도 있을 것이다.

모든 인간의 삶의 과정을 텍스트 쓰기, 모든 인간의 일생이 각기 자기가 써서 남긴 텍스트라는 말은 모든 인간이 똑같은 글쓰기를 하며, 똑같은 내용의 텍스트를 쓴다는 말이 결코 아니다. 인간의 존재양식은 플라톤의 경우처럼 '이데아'라는 보편적 관념으로서가 아니라 'p, q, s, t' 등의 이름이 붙은 개별적 실존자로만 존재한다. 구체적으로 존재하는 인간은 어떠한 경우에도 다른 인간과 완전히 동일할 수 없다. 모든 '나'는 각자 다르다. 따라서 모든 인간이 다 같이 텍스트를 쓰고 모든 텍스트가 다 같이 의미를 갖지만, 그들의 텍스트와 글쓰기의 스타일은 각자 필연적으로 다르고, 따라서 그 텍스트의 의미도 필연적으로 다르다. 그것은 마치 같은 언어를 사용하면서도 작가마다 다르고, 한 작가의 개별적 작품들이 저마다 다른 것과 같다.

한 개인에 적용되는 위와 같은 논리는 집단에도 똑같이 적용된다. 각 개별적 인간의 삶이 개별적 텍스트라면 인간집단으로서의 사회와 그러한 사회의 변화를 지칭하는 역사는 무수히 작은 텍스트로 구성된 총괄적 거대 텍스트로 볼 수 있다. 따라서 한 개별적 인간 텍스트의 의미가 개별적으로 해석될 수 있다면, 총괄적 사회/역사 텍스트의 총괄적 의미도 같은 논리에 의해 해석될 수 있다. '인생이란 무엇인가'라는 물음을 제기하는 것은 우연한 일이 아니다.

그러나 생물학적으로 똑같이 인간의 얼굴을 하고 있으면서도 모든 인간이 서로 똑같은 인간일 수는 없다. 또한 모두가 다 같이 하나의 민족, 하나의 문화, 하나의 지역, 그리고 하나의 단체라는 점에서는 동일할지라도 그 내용에서는 서로 차이가 있을 수밖에 없다. 한 인간이 훌륭하다고 해서 모든 인간이 그럴 수는 없으며, 한 민족 혹은 한 문화가 위대하다고 해서 모든 민족 혹은 문화가 다 같이 위대할 수 없다는 말이다.

이러한 사실로 미루어 '인생은 무엇인가'라는 물음에 대한 대답이 한 인간이 쓴 것으로 다른 어떠한 것들과도 구별되는 자신만의 고유한 텍스트적 의미로 대치될 수 있듯이, '역사란 무엇인가'라는 물음은 각기 서로 다른 공동체가 공동으로 쓴 텍스트의 고유한 의미로 대치될 수 있다. 한 개인이나 한 공동체의 정체성/자아란 어떤 신비스러운 형이상학적 속성을 가리키는 것이 아니라 한 개인, 한 공동체가 남겨놓은 특유한 텍스트에 지나지 않고, 그러한 정체성은 각기 그들의 텍스트에 내재하는 의미의 해석으로 밝혀지기 때문이다. 따라서 한 개인, 그리고 각기 공동체로서 하나의 민족, 하나의 문화, 하나의 지역, 하나의 단체의 본질, 즉 정체성은 각기 그들이 남긴 텍스트의 의미 해석에 의해 결정된다.

인생 텍스트의 해석

생존하기 위해서는 객관적 세계에 대한 정보가 필수적이다. 그러한 정보는 객관적 서술을 필요로 한다. 그렇다면 대부분의 텍스트가 표상적representational인 것은 당연하다. 언어, 즉 텍스트는 정보의 전달 외에도 명령적imperative 혹은 수행적/의식적performative/ritualistic 기능을 담당하기 위해서 쓰여진다. 이러한 언어, 이러한 텍스트는 과학적, 철학적, 그리고 일상생활적 맥락에서 일종의 도구로서 기능적으로 쓰이고 해석된다. 이와는 달리 언어/텍스트는 비도구/비기능적으로도 사용된다. 소설은 이러한 언어/텍스트의 가장 좋은 예이다. 소설의 목적은 어떤 정보를 전달한다든가 무엇을 누구에게 시키기 위해서라든가 어떤 의식을 수행하기 위해서가 아니라 아직 존재하지 않았다고 전제하는 이야기를 꾸미는 데 있으며, 쓰여진 언어/텍스트 자체가 곧 그러한 이야기이다. 편의상 후자인 텍스트를 설화/이야기narrative적 텍스트의 범주에, 그리고 전자의 여러 경우의 텍스트를 함께 묶어 비설화/비이야기nonnarrative적 텍스트의 범주에 귀속시킬 수 있다면, 텍스트로서 인생 즉 인생/텍스트는 후자의 범주에 속한다. 인생이란 곧 소설임을 말하며, 각 인간의 삶이란 각자 다른 소설로 봐야 한다는 말이다. '인생이란 무엇인가'라는 물음을 내 자신에게 던질 때 그것은 '나는 누구인가'라는 물음으로 변하고, 이 물음은 정확히 '나의 정체는 무엇인가'로 되며, 이에 대한 물음은 결국 '나의 삶이 어떤 이야기가 될 수 있는가'라는 물음으로 바뀐다.

텍스트로서 다 같이 의미를 갖고 따라서 해석의 대상이 되지만, 두 가지 경우 그 의미의 성격은 사뭇 달라서 그 해석의 시각도 달라진다. 비설화적 텍스트의 의미는 그 텍스트 밖의 것, 즉 텍스트가 지칭하는 대상, 텍스트가 요청하는 어떤 행위 등을 지칭하고 텍스트의 해석은 바로 그런 의미를 밝혀내는 작업이며, 그 텍스트는 그것의 진위성이나 적절성에 의해 결정된다. 설화적 텍스트의 경우는 다르다. 이 경우 텍스트의 의미는 텍스트 외부에 있지 않고 그 자체에 있다. 텍스트가 지칭하는 대상이 있고 없는 것과는 상관없이, 그리고 텍스트가 지칭하는 어떤 존재나 현상에 대한 텍스트 내의 명제proposition의 진위 또는 텍스트를 서술하는 어떤 행위의 적절성과는 상관없이 텍스트의 이야기 흐름 자체에 있을 뿐이며, 그런 의미를 지닌 이야기/텍스트는 그것의 투명성, 폭과 깊이, 다양성, 총괄성 등의 척도에 의해 평가된다. 『임꺽정』이 『자유부인』보다 높이 평가된다든가, 셰익스피어의 『맥베스』가 코르네유의 『시나』보다 뛰어난 텍스트라 한다면 판단은 대개 위와 같은 이야기/텍스트 평가의 기준에 근거하는 것으로 볼 수 있다. 인생이 설화적 텍스트라면 인생의 의미도 위와 같은 소설 작품으로 해석되고, 그것의 가치도 소설의 관점에서만 평가될 수 있다는 것이다.

부처, 예수, 공자나 네로, 진시황이나 히틀러가 살았던 인생을 각기 그들이 창작한 소설/이야기로 본다면 그것은 구체적으로 무엇을 지칭하는가? 그것은 더 구체적으로 말해서 그들의 태도·생각·행동, 그리고 그것들을 둘러싼 모든 사실과 사건들을 뜻한다. 그러나 모든 것들을 하나의 통일된 전체로서, 즉 '나' 혹은 '예수' 혹은 '공자'의 시각에서 볼 때 각기 그들의 태도·생각·행동, 그리고 그들을 둘러싼 모든 사실과 사건들이 논리적으로 더 연관성을 갖추어 하나의 통일된 의미를 더 보일 수도 있고 그렇지 못할 수 있다. 셰익스피어의 '인생은 한 백치가 들려준 이야기이다'라는 말은 바로 인생에 대한 이러한 사실을 지적해준다. 한 인간의 본질이 그의 주체성을 의미하고 한 인간의 주체성이 그 삶의 어떤 통일성을 지칭한다면 '백치가 한 이야기' 같은 인생에서 '주체성'이란 찾을 수 없다는 말이다. 이러한 사실은 오직 인생 전체를 통해서 어떤 통일된 이야기가 성립될 수 있는 인생일 경우에만 그의 삶은 비로소 정체성, '자아'가 있었다고 말할 수 있다. 그렇지만 한 인간의 삶이 텍스트인 이상 어떤 텍스트이건 모두 최소한의 의미를 지니며, 따라서 논리적 일관성을 띤다. 또한 어떤 텍스트일지라도 그것의 구성 요소들의 논리적 관계가 완전히 맞추어지기에는 인생이란 텍스트를 구성하는 요소들은 너무나 많고 복잡하다. 이런 점에서 모든 인생의 텍스트가 내포하는 이야기는 셰익스피어가 생각했던 것과는 달리 완전 백치의 이야기도 아니며, 그와 동시에 전지전능한 신의 이야기도 아니다. 따라서 언제나 정도의 차이를 막론하고 다소 애매모호하고 그만큼 난해하다. 그러므로 한 인간의 정체성, 즉 한 인간의 삶의 의미에 대해 누구나 결정적인 결론을 내릴 수 있다는 주장은 지나친 독선/독단이다.

일관성이 있다고 해서 모든 인생/텍스트가 똑같이 평가되지 않는다. 오로지 황금을 위해서 일생을 살아간 샤일록이나 오로지 남을 위한 자비를 위해 일생을 바친 부처는 일관성이라는 점에서 똑같이 그들의 인생/소설은 의미/가치를 갖는다고 볼 수 있다. 그러나 샤일록의 가치관·행동·태도·생각과 행동의 깊이나 폭은 부처의 경우와 전혀 다르다. 후자의 경우 고귀하고, 옳고, 우아하고, 깊고 넓다고 서술할 수 있다면 전자의 경우는 그와 정반대가 된다. 이러한 차이는 다 같이 줄거리가 명확할지라도 천박하고 쓰레기 같은 소설이 베스트셀러가 되는 반면, 장미꽃같이 아름답고, 학같이 우아하고, 바다같이 깊은 감동을 줄 수 있는 소설이 잘 팔리지 않는 것과 마찬가지다. 인생이 다 같은 꽃이라도 어떤 꽃이냐에 따라, 어떻게 피었느냐에 따라 한 인간의 삶과 다른 인간의 삶의 차이는 진주와 쓰레기의 차이 이상으로 클 수 있다.

어떤 텍스트를 쓸 것인가

인생이 텍스트 쓰기이며, 인생의 의미가 텍스트적으로만 해석되고, 인생의 가치가 텍스트적으로 평가될 수 있다면 각자 인생의 의미는 그가 죽는 날에야 끝을 맺게 될 소설/텍스트에 의해서 결정된다. 그러나 어떤 텍스트를 써서 어떻게 끝을 맺을까의 문제는 각자 자신의 자유로운 결단에 따라 어떤 주제를 어떻게 선택하여 실천에 옮기느냐에 달려 있다.

이 점에서 인간적 삶의 의미를 소설/텍스트로서 발견할 수 있고 이런 텍스트의 의미를 아름다운 꽃에 비교할 수 있어도, 텍스트 쓰기로서 인생은 꽃피는 과정과는 다르다. 한 꽃나무가 어떤 꽃을 피울 수 있는가가 자연의 원리에 의해 이미 결정된 데 반해, 자신이 어떤 인생 텍스트를 쓰는가는 오로지 나의 자유로운 실존적 결단에 의존한다. 오직 나만이 내가 죽는 날 끝을 내야 하는 소설/텍스트의 책임자이며, 내 인생의 의미 내용, 즉 가치의 책임자이다. 그러므로 인생이란 텍스트 쓰기는 죽을 때까지 창작자로서 각자 '나'를 부단히 긴장하게 한다. 그러나 바로 그러한 긴장에서만 나는 창작자로서 자부심을 아울러 체험한다. '인생은 무엇인가'라는 물음이 곧 '인생의 의미는 무엇인가'라는 물음이며, 이는 곧 '더 가치 있는 소설/텍스트는 무엇인가'라는 물음으로 풀이될 수 있다면, 어떤 소설을 어떻게 써서 어떻게 끝을 내야 하는가의 문제는 오로지 각자 자신의 텍스트 쓰기가 자신의 자유로운 가치선택, 즉 어휘와 구성에 대한 자신의 선택 및 그것을 이행하려는 의지와 노력에 달려 있다.

똑같이 인간의 마스크를 썼더라도 어떤 인간은 개에 비교할 수 있는 반면에 다른 인간은 천사로 볼 수 있다. 한 인간의 삶은 아름답고 성스러운 것으로 충만될 수 있고, 아니면 추하고 속되고 거칠고 혼돈스럽고 허망하고 허전한 것이 될 수도 있다. 그러나 어떤 인간으로 어떻게 살아야 하는가는 결국 각자 자신만의 자유로운 선택에 달려 있으므로 자신만의 책임이다. 안중근과 이완용, 테레사 수녀와 지존파들은 각기 다른 삶의 텍스트를 썼으며, 따라서 그들의 삶의 의미와 가치는 전혀 다르다.

이러한 사실은 인간의 특수한 형이상학적 존재양식에 근거한다. 인간은 다른 동물과 똑같이 자연의 일부라는 점에서 자연에 내재immanence, 즉 자연 속에 폐쇄되어 갇혀 있지만 자신이 쓰는 텍스트와 그것의 의미는 결국 각자 자신이 책임을 지고 창조해야 한다는 점에서 인간은 또한 자연을 초월transcendence하여 다른 사람, 다른 존재에 무한히 개방적으로 열려 있다. 즉 인간의 본질은 자율성에 있다는 말이다.

인간 존재양식에 대한 이런 사실은 존재 일반에 대한 형이상학적 결론을 도출한다. 적어도 인간만은 물질적 존재로 환원될 수 없으며, 그러한 존재를 내포한 우주에 대한 총괄적 설명은 유물론적으로 불가능하다는 것이다. 이런 점에서 지구가 우주의 물리적 중심이 아니라는 코페르니쿠스의 지동설을 인정하면서도 '역시 지구는 우주의 형이상학적 중심이다'라는 언뜻 보아 모순된 헤겔의 명제는 옳다. 인간은 그냥 존재하지 않고 의미로서 존재하며, 그러한 인간에 의해 우주 전체도 그냥 존재하지 않고 무엇인가의 의미로서 존재한다. 이 점에서 '물리적으로 인간은 우주 속에 포함되지만 자신의 머릿속에 우주를 넣고 생각할 수 있는 인간은 우주보다도 더 크다'는 파스칼의 역설적 주장은 말이 되고 또한 옳다.

《철학과 현실》, 1995, 봄호

03
아직 쓰이지 않은 텍스트

내가 글을 쓰는 사상가가 되고 싶었던 것은 일제 때 소학교를 다닐 때였다. 문학은 물론 '문화'와는 너무나도 거리가 먼 벽촌에서 자랐지만 교과서나 《소학교신문》의 글을 읽고 때로는 《소년의 벗》이라는 일어 소년 잡지를 접하고 일본 작가와 사상가들을 다룬 소년을 위한 한두 권의 '위인전'을 읽고 큰 충격을 받은 기억이 있다. 우리집 건넌방에는 일본말로 된 여러 어려운 책이 벽에 기대어 많이 쌓여 있었는데 그 가운데는 소설이나 시집 등이 끼어 있었다. 소학교 졸업반 무렵부터 나는 이런 책들에 무척 큰 호기심과 물리칠 수 없는 매력을 느꼈다. 참뜻을 알 수 없었지만 그것들은 내가 살고 있던 세계와는 너무나 다르고 황홀할 만큼 멋진 다른 세계와 다른 인간과 삶이 있음을 느꼈기 때문이다. 이때부터 극히 막연하지만 나는 책 쓰는 사람 내지는 작가를 선망하게 됐다.

시인이 되겠다는 생각은 중학교에 들어와서 흔들리지 않게 굳어가고 있었다. 중학교 시절 나는 처음으로 교내 신문에 「낙엽」이라는 시를 발표하고 몇 명이 '처녀회'라는 문학 그룹을 짜서 모이기도 했다. 나의 필력을 칭찬해주는 이가 있었던 것도 아니지만, 나는 그후 고등학교를 마칠 때까지 줄곧 발표되지 않는 시를 수없이 썼다. 내가 대학에서 불문학과를 선택한 것은 자연스럽다. 대학 때 혼자서 수많은 시를 썼고, 그중 몇몇은《대학신문》이나 몇몇 잡지에 실렸지만, 두서너 번을 빼놓고는 내 시를 칭찬하는 이를 만나보지 못했으며 내 자신도 내 작품이 좋다고 믿어본 적은 별로 많지 않았다.

대학을 나온 뒤 40년의 대부분을 외국에서 지내는 동안 나는 시에 별로 손 대지 못한 채 살아왔다. 전공을 불문학에서 철학으로 바꾸었기 때문이다. 그러나 시와 문학, 그리고 예술일반이 나의 관심에서 아주 떠난 적은 없었고 나는 오랫동안 버려두었던 시작에 틈틈이 즉흥적으로 손을 댔다. 영어로도 써봤다. 나는 몇몇 친구의 권유와 출판사의 호의로 이것들을 모아 그동안 벌써 네 권의 시집을 엮어내게 되었다. 그중의 몇몇 시를 쓰는 바로 그 순간 나는 내가 시로 표현할 수 있는 모든 것이 그 작품 속에 다 들어있다고 느꼈고, 따라서 나로서는 더 이상 쓸 시가 없다는 생각이 머릿속을 스쳐가는 느낌을 가진 때도 있었다. 그러나 그 시집들은 비평계나 독자의 주의를 아직도 거의 받지 못하고 있다. 지금 뒤돌아볼 때 내가 생각해도 이 작품들은 결코 만족스럽지 못하다. 그후에도 나는 산발적으로 썼던 시들을 발표하지 않은 채 두고 있다.

지난 40여 년 동안 나는 한글이나 영어 또는 불어로 적지 않은 양의 글을 썼다. 대학 강단에서 전공을 불문학에서 철학으로 바꾼 나의 글쓰기는 거의 대부분 창작물이 아니라 철학과 관련된 논술적 종류에 속한다. 아직까지도 나는 대학 강단에서 이런 작업을 계속하고 있다. 시작詩作, 그리고 더 일반적으로 문학적 창작이라는 작업과 철학적 담론을 펴는 노력은 사뭇 다르다. 그러나 평생을 대학 강단에 섰으나 나는 대학교수보다는 문인/예술인으로 존재하고 싶었고, 철학적 논술을 써왔으면서도 언젠가는 써야 할 시를 염두에 두고 있었다. 나의 모든 경험과 지식의 축적, 그리고 나의 모든 작업이, 아직 쓰여지지 않았지만 내가 죽기 전 언젠가는 꼭 쓰고 싶은, 아니 써 남겨야 할 한 권의 시집, 아니 한 편의 시를 위한 준비이며 습작에 지나지 않는다는 생각을 나는 늘 속으로 해왔던 것 같다.

글쓰기는 어떤 기능을 갖고 있는가? 아니 글쓰기란 무엇인가? 글쓰기는 인간에 의한 의도적 언어작업이다. 언어의 특징을 도구로 보는 것은 가장 일반적 상식이다. 자신의 경험 표현이나 의사전달은 사회생활에서 피할 수 없는 필요조건이다. 또한 그것은 모든 인간이 내재적으로 갖고 있는 정신적 요청이기도 하다. 그러나 이러한 요청은 언어 없이 불가능하다. 언어가 절대적으로 필요한 도구적 기능을 한다는 것은 자명하다. 글쓰기로 나는 내가 알고 있는 것을 기록해두고 나의 의도를 남에게 전달한다. 나는 한때 낱말들을 기관총의 총알로 생각해보기도 했고, 언술/명제를 포탄으로 쓰려고 했다. 글쓰기의 기관총으로 낱말의 총알을 뿜어 적에게서 나를 방어하려고도 생각해봤으며 언술/명제의 글쓰기 대포알을 쏘아 저항하는 적을 정복하는 무기로 사용할 수 있다고도 믿었다. 남이나 세계를 지배하는 자는 결국 주먹보다는 말을 사용하는 자라고 생각되는 때가 많다. 말/언어는 분명히 누구에게나 중요한 도구임에 틀림없다. 그래서 고대 그리스의 수사학자들은 남들을 설득하는 기술로서 언어를 제공했고, 니체나 푸코는 언어를 권력과 지배의 수단으로 보았다. 그러므로 이들에게 언어는 어디까지나 정치적인 의미를 갖는다. 그러나 언어는 단순한 도구적 기능만을 갖지 않는다. 언어는 존재, 존재 인식과 뗄 수 없는 관계를 갖는다. 도구적 언어관은 물리학적 의식관을 전제로 한다. 물리학적 의식관에 의하면 의식은 사물현상을 수동적/기계적으로 반영하는 거울에 비유될 수 있다. 그러나 우리의 의식은 의도적intentional이며 따라서 역동적이다. 지각, 인식, 경험 그리고 의도는 '의미'적 존재로 그것은 기존의 대상 의식 속에 비친 기계적 반영이 아니라 어떤 범주나 개념 등의 틀 속에서만 구성된다. 그런데 이러한 범주나 개념은 반드시 언어적이다. 따라서 일반적 상식과는 달리 언어 이전의 세계, 대상, 지각 그리고 경험은 있을 수 없다. 이러한 사실을 칸트가 가르쳐주었고 니체가 강조했고 쿤이 더욱 분명히 밝혀주었다. '언어는 존재의 집이다'라는 하이데거의 말은 위와 같은 사실을 새삼 시적 언어로 압축한 표현에 지나지 않는다. 한편으로 의식, 즉 인지되지 않은 존재는 의미가 있을 수 없고, 다른 한편으로 언어 이전의 다양한 의식, 즉 지각·경험·세계·존재, 그리고 의지는 도저히 '이해될 수 없기unintelligible' 때문이다. 언어는 세계와 독립해 존재하며 세계를 표상하는 단순한 도구가 아니라 세계 자체가 이미 언어적이라는 것이다. 그렇다고 언어에 의해 구성되기 전의 존재, 세계 그리고 경험을 부정하는 말이 아니라 이른바 언어 이전의 '객관적' 존재들은 인간의 입장에서 볼 때 말할 수 없는 혼돈상태로 '무의미한' 채로 어둠 속에 남아 있다는 말이다. 이러한 어둠은 언어의 빛으로 밝아지고 비로소 '의미의 질서'를 갖고 인간 앞에 '나타나게aletheia' 된다. 언어의 근원적 가치는 도구적이 아니다. 그것은 그 자체 내재적으로 귀중한 가치인 광명이기도 하다. 인간이 그냥 물질이나 동물과 다른 점이 있다면 그것은 후자가 혼돈의 어둠 속에 그대로 갇혀 있는 데 반해서, 전자는 질서의 빛 속에 존재하고 있다는 것이다. 빛, 즉 투명성은 의미의 꽃과 향기를 창조해낸다. 인간의 본질은 의미를 찾는 데 있다. 따라서 모든 것에 대한 투명성은 인간의 가장 인간다운 이상이다. 이러한 이상의 실현은 인간이 언어를 발명함으로써 그 희망이 보이기 시작했다.

그러나 시작은 끝이 아니다. 언어의 발명은 한밤중에 켜진 작은 촛불에 비유된다. 세계, 아니 존재 일반은 거의 전부 아직도 칠흑 같은 어둠에 싸여 있다. 그만큼 세계와 인간의 삶은 혼돈에 빠져 있다는 말이며, 이런 것을 의식하면 의식할수록 인간은 질서를 찾으려 하게 된다. 혼돈이 불안을 조성하고 불안이 자유를 약탈한다면, 질서는 안정을 가져오고 안정은 자유의 뿌리가 된다. 그러므로 언어에 의한 세계 질서의 건설은 곧 안정과 자유의 획득을 의미한다. 내가 어려서부터 말에 매료되고 언어·글·시·문학·책이 나를 매혹시키고 있었던 것은 그만큼 내가 안정을 얻어 불안에서 해방되어 자유를 획득하고자 했기 때문이었던 것 같다.

언어는 여러 시각에서 분류될 수 있다. 우선 구두oral 언어와 기록written 언어의 구별이 선다. 구두 언어는 시간과 공간적으로 제한되어 있다. 시간적으로는 일회적이며 공간적으로는 일장一場적이다. 이와 대조해서 기록 언어는 시간과 공간적 제약을 극복하며 더욱 영구적이고 더욱 보편적인 기능을 갖는다. 오늘 이곳에서 기록된 언어는 이후에도 남아 있고, 다른 곳에 옮겨가도 같은 의미를 발휘할 수 있다. 따라서 언어가 어둠에 빛을 밝혀주고 혼돈에 질서를 가져오는 기능을 한다고 할 때, 구두어로 밝혀진 빛과 질서는 지속성과 보편성이 결여된다는 말이며 다시금 혼돈과 어둠 속에서 불안정에 흔들리고 자율성을 잃게 된다. 구두어와는 상대적으로 기록 언어가 마련하는 빛과 질서는 영구성과 보편성을 더 잘 간직한다는 말이며, 혼돈의 해방과 그 결과로 체험되는 자율성도 그만큼 더 크다. 따라서 인류가 문자를 발명하여 기록 언어가 마련됐을 때 존재는 그만큼 더 밝아졌고 자율성을 찾게 됐다는 뜻이 된다. 기록 언어를 가능케 한 문자의 발명이 인류 역사의 놀라운 비약이었음은 두말할 나위가 없다. 문자의 발명으로 과거와 나 아닌 다른 이들, 이곳 아닌 다른 곳에서의 다양한 경험과 지식이 좀더 영구적으로 축적·계승될 수 있었다. 문명과 문화가 경험의 축적에 바탕을 두고 있는 이상, 오늘날과 같은 고도의 문명과 문화는 문자언어가 없었더라면 전혀 상상도 할 수 없었다. 문자의 발명과 병행한 기록 언어의 출현은 곧 글쓰기의 발명을 의미한 것이고 글쓰기의 근본적 의미는 인간의 자율성에 의한, 더 크고 지속적인 세계 질서 구축의 확장과 획득이다.

우리는 왜 글을 쓰는가? 우리의 경험이나 생각을 기록해두거나 타인에게 더욱 확실히 전달하기 위해서다. 경험이나 생각이 비가시적 의식의 활동인 데 반해서 그것을 기록하거나 전달하는 언어는 가시적인 객관적 현상이다. 경험/사고는 시간적으로나 논리적으로 언어에 선행하며 그것들은 서로 분리할 수 있는 독립된 존재처럼 보인다. 그러나 경험/사고와 언어는 완전히 독립할 수 없고 경험/사고는 그것이 곧 언어적 활동이며, 글을 쓰는 이유는 기존의 경험/사고의 표현이나 전달에만 있지 않다. 글로 써지기 전까지는 경험/사고가 의식활동이니만큼 그것은 그 자체로서는 유동적이며 불확실하며 막연한 채 남아 있으며 오래 지속될 수 없다. 그러한 경험/사고의 내용이 더 복잡해지고 세밀해지면 그만큼 더 어려워진다. 경험/사고라는 주관적 의식 활동이 문자로 종이에 기록되어 객관화됨으로써 경험/사고의 내용이 그만큼 확실해지고 섬세하며 복잡한 차원으로 발전될 수 있다. 우리가 우리의 경험/사고를 언어로 기록하는 이유는 고도의 경험과 사고를 하자는 데 있다. 글쓰기의 가장 중요한 근본적 이유는 좀더 잘 생각하고 세계와 인생을 좀더 잘 인식해보자는 데 있다. 글을 쓰면서 우리는 더 정확히 생각하고 세계를 더 잘 인식할 수 있다는 말이다. 글쓰기에 대한 욕망의 근원에는 진리에 대한 깊은 숨은 욕망이 깔려 있다. 문학이나 철학은 다른 어느 지적 활동보다 각별한 언어활동이니만큼 작가나 철학자는 일반 사람들은 말할 필요도 없이 지적 활동을 직업으로 삼는 다른 지식인/학자보다도 진리를 추구하고 세계를 투명하게 보려는 욕망이 큰 종족에 속한다. 나는 왜 시를 쓰려 했고 문학을 하려고 했으며 철학을 하고 있는가? 나는 왜 글을 쓰는가? 나 자신과 세계를 더욱 투명하게 파악하려 하기 때문이다.

언어가 구두 언어, 즉 그냥 말과 기록 언어, 즉 글쓰기로 구별될 수 있듯이 글쓰기 자체는 그것을 사용하는 의도에 따라 여러 가지로 구분이 가능하다. 여기서 언어라고 할 때 그것은 개별적 발음, 낱말 등을 지칭하는 것이 아니고 정리된 한 의도/의미를 나타내는 언술proposition 및 언술을 단위로 해서 구성된 담론discourse을 가리킨다. 언술/담론은 문법적으로 흔히 직설법, 명령법, 접속법 등에 의한 구별이 그 한 예가 되며, 일상언어철학자 오스틴은 언어를 행위적 측면에서 '언표적locutionary', '비언표적illocutionary', '유도적perlocutionary' 행위로 분류한다. 그러나 여기서 우리는 우리의 성찰을 위한 편의상 논리실증주의적 언어철학의 입장에 따라 인지적cognitive 언술과 정서적emotive 언술로서 잠정적으로 구별해보기로 한다.

논리실증주의자들에 의하면 인지적 언술과 정서적 언술의 구체적 차이는 과학적 언술/담론과 문학적 언술/담론의 두 가지 다른 기능에 의해 엄격히 구별된다. 인지적 언술/담론의 기능은 객관적 사물/사실을 서술description/표상representation함에 있고 정서적 언술/담론의 기능은 화자의 어떤 사물/사건/사실에 대한 주관적 정서를 표현expression하는 데 있다는 것이다. 이런 입장에서 볼 때 오직 과학적 글쓰기만이 사물현상을 투명하게 하는 데 이바지할 수 있고, 문학적 글쓰기는 객관적 세계를 파악하는 지적 기능과는 아무 상관이 없다. 과학자와 시인을 대립시켜 볼 때 오직 철학자만이 객관적 세계에 대한 진리에 관심을 가질 수 있고 시인이나 소설가는 그러한 진리와는 전혀 상관없는 모름지기 자신의 주관적 감정을 폭발시킬 뿐이라는 것이다.

논리실증주의자들은 정서적 언술과 대립되는 지적 언술의 예를 과학적 글쓰기에서 찾고 있다. 그러나 여기서 글쓰기에 대한 나의 철학적 관심은 철학과 문학에서 글쓰기의 다른 점에 쏠려 있다. 이유는 단순하다. 철학적 글쓰기와 문학적 글쓰기는 분명히 구별된다. 그것들의 작업은 흔히 서로 배치되어 보인다. 그런데도 나는 철학적 글쓰기를 하면서 오랫동안 소홀히 했던 문학적 글쓰기에 대한 애착과 향수를 버리지 못하고 있다. 문학적 언술이 주관적 감정을 표현하고 과학적 언술이 지적 표상을 한다면 철학적 언술이 갖는 기능은 무엇인가? 논리실증주의적 입장에서 볼 때 철학적 언술은 과학이나 문학적 어느 언술과도 같은 차원에서 구별할 수 없는 상위적, 즉 메타 언술이라고 주장한다. 그러나 설사 그러한 분석을 인정하더라도 철학이라는 메타 언술이 더 고차적인 차원에서 발생하는 모든 경험을 종합적으로 밝히려 한다는 점에서 철학이 과학과 마찬가지로 역시 인지적 기능을 하고 있다는 사실에는 변함이 없을 것 같다. 내가 철학을 하게 된 이유는 세계의 모든 현상과 그곳에서 일어나는 모든 문제에 대한 투명한 설명을 찾고자 함이었고, 그것은 분명히 가장 고차적인 차원에서 나타난 지적 욕구의 표현이다. 그러므로 우리의 담론을 밀고 나가기 위해 여기서 우리는 정서적 글쓰기와 대립시켜 지적 글쓰기를 대표하는 것으로 과학적 글쓰기 대신 철학적 글쓰기를 내세우고 그것들 간의 관계를 검토해보기로 하자.

도대체 시/문학작품이 시인/작가의 주관적 감정을 '표현'해준다는 말은 구체적으로 무엇을 지칭하는가? 도대체 '객관적 진리', 그리고 그러한 진리의 '표상'이란 구체적으로 무엇이며 철학적 글쓰기가 그러한 진리를 표상한다는 주장은 무엇에 근거하고 있는가? 내가 시를 아주 떠날 수 없고 시적 글쓰기를 아직도 간간히 하고 있는 까닭은 내가 표현/배출하지 않고는 못 배길 감정을 남달리 갖고 있기 때문인가? 내가 얼마 전부터 주로 철학적 글쓰기를 하는 까닭은 내가 남달리 세계의 현상에 대한 진리에 관심이 많고, 그러한 것에 대한 진리를 남달리 발견했기 때문인가? 나의 궁극적 욕망이 세계를 투명하게 밝히는 데 있고 오직 철학적 글쓰기만이 그러한 것을 충족시키는 데 이바지할 수 있다면, 어째서 나는 아직도 시 쓰기, 그리고 더 일반적으로 문학 작품 쓰기에 그렇게도 강력한 애착과 미련을 갖고 있는가? 이러한 물음에 대한 설득력 있는 대답이 제공되지 않는 한 철학적 글쓰기와 문학적 글쓰기의 구별은 쉽지 않고 논리실증주의적 지적 담론과 정서적 담론의 구별은 재고되고 비판되어야 한다. 이 문제를 둘러싼 철학에서의 전문적 논쟁은 아직도 뜨겁게 지속되고 있으며, 논리실증주의적 입장에 대한 비판은 이른바 포스트모더니즘적 시각에 일반적으로 나타났고 '해체주의'라는 이름으로 한층 심도있게 제기되었다. 이에 대한 논쟁이 앞으로 어떤 방향으로 끌려가게 되든 간에 철학과 문학을 진리와 감정, 표상과 표현으로 단순화시켜 구별하는 데 문제가 있는 것만은 틀림없는 사실이다.

그렇다면 철학적 글쓰기와 시적 글쓰기의 공통점은 무엇이며 그것들 사이의 말할 수 없는 차별은 어떻게 설명될 수 있는가? 이 물음은 결국 다음과 같은 나의 개인적 경험에 대한 반성적 물음을 제기한다. 철학적 글쓰기를 할 때 나는 무엇을 의도하고 있는 것이며, 무엇이 부족해서 문학으로 되돌아가 시나 그 외의 작품을 쓰고자 하는 욕망에 끌리는가? 거꾸로 나는 어째서 시만을 붙들고 시만을 쓰지 않고 무엇이 미흡해서 철학을 하게 됐으며 아직도 철학에서 손을 떼지 못하는가? 이러한 물음에 대답을 찾으려면 그에 앞서 '글쓰기란 무엇인가'라는 더 일반적 물음이 선행되어야 한다.

인간은 좀더 바람직한 생활 여건의 조성이라는 실용적 요청에 의해서만이 아니라 인간이 내재적으로 갖고 있는 순수한 정신적 요청에 의해서 세계와 자신을 투명하게 파악하려는 지적 필요성을 느낀다. 그것은 곧 인식적 요청을 뜻하며 인식은 의식의 '객관적 사물현상'의 '주관적 관념화'로 서술될 수 있다. 그리고 이러한 인식과정이 언어적 기록에 의해서 '의미'의 질서를 갖게 된다. 이렇게 볼 때 글쓰기는 객관적 대상/세계나 주관적 의식/경험을 언어·기호로 서술, 즉 표상 혹은 표현하는 과정을 통해서 그 의미를 기록하는 작업이다. 객관적 대상/세계나 주관적 의식/경험은 존재론적 측면에서 그 속성을 본질적으로 달리하고 있을지 모르나 다 같이 '실재'하는 무엇을 지칭한다는 데는 아무 차이가 없다. 그것들은 다 같이 '존재론적 질서ontological order'에 속한다. 그러나 그것들이 지각/의식을 거쳐 언어로 서술 기록되는 바로 그 순간부터 그것들은 존재론적 전환을 이루어 '의미론적 질서semantical order'로 고정된다. 그러므로 글쓰기란 결국 '존재'의 '의미화'에 지나지 않으며 인식/앎은 오직 의미적 세계에만 속한다.

여기서 인식의 풀리지 않은 역설이 드러난다. 그것은 인식대상과 인식된 것, 존재 질서와 의미 질서, 즉 글로 쓰여지기 이전의 존재론적 질서와 글로 쓰여진 의미론적 질서 사이의 자기모순적 관계이다. 인식은 필연적으로 인식의 주체로서의 의식과 그와 별개의 대상을 전제로 한다. 그러나 인식대상은 글쓰기 속에서 '의미'로만 나타난다. 인식의 결과 '의미'만이 남게 되고 그것은 결국 대상의 증발을 뜻한다. 인식대상으로서 객관적 세계, 객관적 존재는 어느덧 내가 '무엇 무엇으로서' 글로 써서 의미로 파악한 것만 남게 된다는 것이다. 나의 입장 혹은 인간의 입장에서 볼 때 세계는 내가 또는 인간이 관념적으로 파악한 세계인 '의미'와 동일하다는 것이다. 인식에 대한 전통적 인식 모델은 인식을 일종의 객관적 대상의 의식 복사復寫 혹은 반영反映으로 보는 것이다. 그러나 인식에 있어서 위와 같은 점들이 사실이라면 인식에 대한 고전적 모델은 틀렸다. 인식은 이미 존재하는 어떤 객관적 대상의 마음속 복사나 반영이 아니라, 그러한 대상의 글쓰기로 이룩하는 주관적/관념적 조직이며 구성이다. 이런 점에서 인식은 발견이 아니라 제작이다.

'존재' 질서를 '의미' 질서로 전환하는 것은 언어이다. 전자가 글로 쓰일 때 그것은 후자로 변모한다. 이런 점에서 글쓰기는 인식대상으로서 세계/존재를 바라보는 여신 메두사의 시선이다. 메두사의 시선이 닿기만 하면 모든 살아 있는 존재는 죽은 물건으로 굳는다. 이와 마찬가지로 객관적 '존재 세계'가 글쓰기라는 활동에 의해서 인식되는 순간 그것은 어느덧 관념적 '의미 세계'로 변하고 만다. 인식이 글쓰기를 떠나서 있을 수 없고, 또한 글쓰기가 위와 같은 구조를 갖고 있다면 인간의 인식적, 즉 지적 의도는 욕심 많은 왕 미다스의 의도와 같이 자기 모순적이다. 손만 대면 모든 것을 황금으로 만들 수 있는 마술적 능력을 얻게 되지만 미다스 왕은 여전히 음식 섭취는 물론 여인과의 사랑을 필요로 한다. 그러나 그러한 필요를 충족시키고자 하는 그의 모든 행위는 실패로 돌아간다. 먹으려는 모든 음식이 황금으로 변하여 그는 그것을 먹을 수 없고, 사랑하고자 손으로 껴안는 모든 여인이 황금 덩어리로 변하기 때문이다. 인식의 의도, 즉 세계/존재를 지적으로 소유하자는 의도도 마찬가지다. 내가 글쓰기를 통해서 세계를 지적으로 소유했다고 믿는 순간 내가 소유한 것은 객관적 대상으로 '세계 그 자체'가 아니라, 글쓰기에 의해서 변질된 주관적 관념으로서 세계라는 대상의 '의미'뿐이기 때문이다.

인식의 꿈, 즉 이상의 완전한 실현은 논리적으로 그 근본적 구조상 반드시 실패하기 마련이다. 그런데도 인간은 세계를 알아 지적으로 소유하고자 하는 욕망을 버릴 수 없다. 바로 그러한 지적 욕망이야말로 인간이라는 동물을 다른 동물과 구별해주는 어쩌면 유일한 속성일 수도 있다. 글쓰기는 바로 그러한 인간적 욕망의 표현에 지나지 않으며, 철학적 글쓰기와 문학적 글쓰기의 차이는 인식/지적 욕망, 즉 세계/존재를 관념적으로 소유하려는 인간의 욕망에서 드러나는 인식과 인식대상 및 글쓰기와 글쓰기 대상 간의 역설적 관계로서만 설명되고 이해될 수 있다.

인식의 값은 두 가지 척도에서 평가되어야 할 것이다. 인식의 이상은 총체성과 투명성이다. 그러한 두 가지 요소는 지성의 가장 근본적 본성이다. 글쓰기는 인식적 활동이며 인식은 세계의 복사가 아니라 세계의 관념적/의미론적 구성/조직이다. 다른 비유를 들자면 글쓰기는 조각가의 조각작업이며, 글쓰기의 구체적 결과인 텍스트는 그런 작업의 결과로 나타난 조각작품이다. 가장 바람직한 글쓰기는 모든 대상, 모든 경험을 가장 총괄적인 동시에 가장 투명하게 구성/조직/조각해내는 글쓰기일 것이다. 철학적 사고의 본질이 모든 문제를 가장 본질적으로 추구하고 그것에 대한 가장 보편적이며 투명한 명제를 찾아내려는 데 있다면 철학적 세계 인식, 즉 세계에 관한 글쓰기는 가장 포괄적이며 가장 투명한 세계 구성/조직이라 정의될 수 있다.

그러나 이러한 철학적 글쓰기는 그 성공과 비례해서 글쓰기에 의한 세계 인식이 추구하는 또 하나의 이상을 상대적으로 희생시켜야만 한다. 글쓰기에 의한 세계 구성/조직이 총체적이면 총체적일수록 그 글쓰기는 꼭 그만큼 보편적인 명제로 변하고, 명제가 보편적일수록 구성/조직된 세계는 그만큼 추상적이며 또 그만큼 개념적일 수밖에 없다. 그러나 존재하는 모든 것은 개별적이며 구체적인 것이므로 그만큼 불투명하다. 요컨대 그것은 그만큼 개념화에 저항한다는 말이다. 그러므로 총체성과 투명성을 추구하는 철학적 글쓰기에 의한 세계 구성/조직은 구체적 세계와는 별개의 것이 된다. 철학적 글쓰기로 구성/조직된 세계/존재가 이런 점에서 객관적 세계, 즉 글쓰기에 의해서 구성되는 이전의 모습과 상이하다는 것을 의식하지 않을 수 없다.

시로 대표되는 글쓰기는 철학적 글쓰기의 바로 위와 같은 문제의식에서 비롯되고 그것의 존재 원인과 정당성도 역시 바로 위와 같은 글쓰기의 문제에 비추어 찾아진다. 철학적 글쓰기를 하면서 스스로의 작업 과정과 그 결과를 반성하는 철학자라면 자신의 글쓰기로 세계를 파악하고 그만큼 세계를 소유하게 됐지만, 또한 그만큼 세계의 무엇을 적지 않게 잃거나 세계를 그만큼 왜곡시켰다는 생각에 석연치 않고 무엇인가 부족함을 느낄 것이다. 철학적 글쓰기로 구성/조각된 세계/존재가 구체적 사실과 다르다는 생각을 하게 될 것이라는 말이다. 이러한 느낌과 생각은 철학적 글쓰기라는 존재 파악을 위한 어망에는 수없이 많은 크고 작은 다양한 존재들인 물고기가 잡히지 않고 새어나갔거나 빠져나갔다는 의식이다. 시로 대표되는 문학적 글쓰기는 철학적 글쓰기가 잃은 것은 찾고 왜곡시킨 것은 바로잡으려는 시도이며 철학적 글쓰기의 어망에 잡히지 않았던 수많은 물고기를 조금이라도 더 걷어올리자는 방책이다. 추상적으로 기울어지는 철학적 글쓰기가 빠뜨리거나 부득이 버릴 수밖에 없었던 구체적 존재들을 시적 글쓰기가 포착하려면 그 글쓰기는 그만큼 덜 추상적인, 더 구체적인 언어로 바뀌어야 한다. 그렇다면 그만큼 그 언어의 의미는 덜 '개념적'이며 더 '감각적'이된다. 그렇기 위해서는 언어는 가능한 한 '개념적'이 아니라 '사물적'으로 존재하며, 언어의 의미는 관념적이기에 앞서 '구체적'일 필요가 있다. 시적 글쓰기에서 각 낱말의 의미가 관념에 앞서 감성에 호소하려는 경향을 보이는 것은 당연하다. 시적 글쓰기의 상대적 특징은 언어의 은유metaphor나 환유metonymy, 그리고 그밖의 다양한 기술적 방법을 동반한 언어의 비유적figurative 용법이다. 이러한 용법들은 시적 글쓰기에 내재하는 의도를 수행하기 위해 동원된 방법이요 수단이며, 따라서 시적 글쓰기에 사용될 때 철학적 글쓰기에 사용된 똑같은 언어도 그 언어의 의미는 그만큼 사물적으로 존재하고자 하는 경향을 띤다. 시적 글쓰기의 어망이 철학적 글쓰기의 어망에서 빠져나간 존재의 물고기를 유혹해서 잡으려면 그 그물은 그만큼 더 존재의 물고기 자체에 가까워야 할 것이다. 시적 글쓰기 작업은 바로 이러한 그물을 짜내는 작업이며 시 작품이란 존재를 있는 그대로 잡기 위해 짜인 언어적 그물이다.

그러나 시적 글쓰기는 두 가지 근본적 문제를 안고 있다. 첫째 문제는 인식에 전제된 대상과 그것의 의미화의 구조에서 생긴다. 인식은 구체적 대상의 관념화를 뜻하며, 그리고 관념화는 개념화, 즉 언어적 의미화를 말한다. 구체적 대상이 관념적으로 추상화되어 의미로 전환되지 않은 대상의 파악·표상·인식은 논리적으로 불가능하다. 그런데도 불구하고 시가 지향하는 것은 인식대상, 즉 존재/세계를 있는 그대로 포착·표상·인식함에 있다. 즉 시적 글쓰기는 구체적 대상을 관념화·언어적 의미화를 거치지 않고 그냥 그대로 포착·표상·인식하는 작업이다. 구체적 사물현상 자체, 세계/존재 자체는 시적 글쓰기의 고향 땅이다. 시적 글쓰기는 인식의 고향으로의 귀향에 불과하다. 그렇지만 이러한 시적 글쓰기의 의도는 분명히 모순적이어서 그 실현은 논리적으로 불가능하다.[18]

시적 글쓰기의 두 번째 문제는 모든 글쓰기의 궁극적 의도가 '절대적' 세계/존재를 인식하자는 데 있다는 점이다. 여기서 '절대적' 인식이란 가장 총체적이며 가장 투명한 인식을 말한다. 총체성과 투명성은 모든 글쓰기의 궁극적 꿈, 즉 이상이다. 글쓰기의 이러한 의도는 철학적 글쓰기로 대표되는데 그 가운데에서도 가장 대표적인 예는 헤겔의 글쓰기에서 찾을 수 있다. 그런데 구체적 사물 자체를 있는 그대로, 즉 사물의 현상 자체로서 포착·표상·인식하고자 하는 시적 글쓰기는 필연적으로 글쓰기의 관념성·개념성·의미성을 극복하려 한다. 즉, 시적 인식과 글쓰기는 그런 인식과 글쓰기에 전제된 사물현상, 즉 대상의 관념화를 거치지 않고 목적을 달성하자는 것이다. 그러나 이러한 목적이 달성되려면 인식과 글쓰기의 이상에 내재적으로 포함된 인식의 총체성과 투명성은 그만큼 희생되어야 한다. 그러므로 세계/존재를 인식하는 작업으로서 글쓰기는 그것의 이상을 고수하는 한 시적 글쓰기만으로는 만족할 수 없다. 시적 글쓰기에서 의도적으로 희생해야 했던 인식적 이상의 한 측면으로서 인식의 총체성과 투명성을 다시 구제하기 위해서 시적

18   박이문, 「시와 과학」, 『시와 과학』(서울: 일조각, 1975).

글쓰기는 다시금 철학적 글쓰기로 돌아올 내적 필요성을 느끼게 된다. 이렇게 철학적 글쓰기로 돌아왔을 때 거기서 우리는 또 한 번 글쓰기의 벽에 부딪히고, 또다시 시적 글쓰기로 옮겨가야 할 요청을 의식하고 그러한 작업의 필요성에 몰린다. 철학적 글쓰기와 시적 글쓰기는 글쓰기의 근원적 요청이라는 점에서 볼 때, 서로 다른 두 가지 목적을 가진, 단 하나의 이상적 글쓰기의 양면을 나타낼 뿐이다. 철학적이건 시적이건 어느 글쓰기도 그 한 가지만으로는 글쓰기의 궁극적 이상을 채울 수 없다. 그 어느 쪽의 글쓰기도 그것 하나만으로는 완전하기 않기 때문이다. 그래서 우리는 철학적 글쓰기에서 시적 글쓰기로 바꾸는가 하면 시적 글쓰기에서 철학적 글쓰기로 다시 돌아간다. 이 두 가지 글쓰기는 순환적으로 반복되지 않을 수 없다. 철학적 글쓰기 또는 시적 글쓰기 그 어느 하나만으로는 만족할 수 없기 때문이다.

철학적 글쓰기와 시적 글쓰기가 순환적으로 반복하며 추구하는 것은 '완전한' 글쓰기이다. 세계/존재를 있는 그대로이면서도 총체적이고 투명하게 인식하자는 것이 모든 글쓰기의 이상이라면, 그리고 그러한 모든 글쓰기는 철학적 글쓰기와 시적 글쓰기로 크게 양분할 수 있다면 '완전한' 글쓰기는 이 두 가지 글쓰기의 종합으로 가능할 것이다. 그렇다면 그러한 양식의 글쓰기는 논리적으로 보아 철학적 글쓰기가 될 수도 없고 시적 글쓰기도 될 수 없는, 아직 존재하지 않는 글쓰기가 될 것이다. 그러나 그러한 글쓰기의 완전한 종합은 마치 사르트르의 철학에서 '완전한 존재'로서 신의 존재가 논리적으로 불가능하듯이 역시 논리적으로 불가능하다. 사르트르에 의하면 모든 존재는 '즉자 존재', 즉 사물적 존재와 '대자 존재', 즉 의식적 존재로서의 인간으로 양분 대립된다. 따라서 그 어느 하나만으로는 불완전하다. 대자로서의 인간도 불완전한 존재라는 것이다. 그런데 인간은 그 존재 구조상 '결핍'적이므로 그러한 것을 극복하기 위해 완전한 존재가 되고자 한다. 완전한 존재는 '신'이라는 개념으로 상징된다. 완전한 존재로서 신은 즉자와 대자 존재의 종합으로만 가능하다. 그러나 그것은 그 두 가지 존재 사이의 관계 구조상 논리적으로 불가능하다. 사르트르가 '신은 불가능하다'라고 한 것은 바로 이런 이유에서이다. 이와 꼭 마찬가지로 철학적 글쓰기와 시적 글쓰기는 각각의 의도가 서로 모순 관계에 있으므로 종합될 수 없다. 요컨대 사르트르의 신의 존재가 불가능하듯이 완전히 글쓰기는 그 실현이 논리적으로 불가능하다.

시인 말라르메가 시작詩作의 궁극적 목적으로 삼은 것은 그가 그냥 '절대적 책Le-Livre'이라 불렀던 완전한 글쓰기, 즉 완전한 텍스트의 창조였다. 단 하나의 이 텍스트 속에서 그는 모든 사물, 모든 현상, 그리고 자신의 창작 행위를 포함한 모든 행위를 함께 총체적으로 지칭하는 우주 속에서 완전하고 영원한 질서를 발견하거나 창조하려 했다. 말라르메의 시적 글쓰기는 세계/존재의 완전히 총체적이며 투명한 파악이었다. 그러나 그의 시적 글쓰기의 목적은 실패로 돌아간다. 왜냐하면 그가 뜻하는 것은 논리적으로 불가능하기 때문이다.[19] 따라서 말라르메는 자신이 의도했던 텍스트를 쓰는 데 실패했고, 그러한 텍스트는 아직 아무에게서도 쓰여지지 않았으며 앞으로도 쓰여지지 않을 것이다. 그러한 텍스트가 있다면 그것은 영원히 쓰여지기만 기다리는 채 남아 있을 수밖에 없다.

---

19   Ynhui Park, *"L' Idée" Chez Mallarmé*(Paris: Centre Documentation Universitaire, 1996).

논리실증주의는 모든 언명 텍스트를 인지적인 것, 정서적인 것으로 명확히 구별했다. 이런 구별은 한 텍스트가 우리의 의식 밖에 존재하는 것으로 전제되는 객관적 세계·사실·현실에 대한 정보적informative 내용을 담고 있는가 아닌가에 근거를 두고 이러한 것을 결정할 수 있는 근거의 근거는 그 텍스트에 대해 진위를 발언할 수 있는가 없는가라는 사실에 있다는 것이다. 철학적 글쓰기/텍스트와 문학적 글쓰기/텍스트의 구별도 바로 위와 같은 사실에 바탕을 둔다. 철학/과학적 텍스트의 진위는 가려질 수 있는 데 반해, 문학/시적 텍스트는 결코 그렇지 않다는 것이다. 철학적 텍스트가 객관적 세계에 대해 어떤 정보를 제공하는 기능을 가지고 있는 반면, 시적 텍스트는 화자의 주관적 감정, 정서를 밖으로 도출시키는 기능을 맡고 있을 뿐이라는 것이다. 그러나 이러한 구별은 엄격히 할 수 없다. 시인이 시를 쓰는 행위는 결코 감정의 폭발, 도출 행위와는 전혀 다르며, 어떤 시 작품은 반드시 어떤 의미를 전달하고 있지 그 자체가 환호 소리나 고함 소리나 웃음 혹은 울음소리가 아니다. 진지한 시인일수록 그가 의도하는 것은 그가 알고 있다고 전제되는 어떤 사실을 전달함에 있다. 그렇다면 시적 언어도 궁극적으로는 인지적/정보적 내용과 의미를 가지고 있다. 그렇다면 논리실증주의자들이 주장하듯이 철학적 텍스트와 시적 텍스트를 정확히 구별할 수 없다.

이렇듯 철학적 글쓰기/텍스트와 시적 글쓰기/텍스트에 대한 나의 철학적 성찰과 나 자신의 두 가지 글쓰기에 대한 반성도 논리실증주의적 두 가지 종류의 글쓰기/텍스트의 구별이 잘못된 것임을 전제로 하고 있다. 그러면서도 철학과 시, 철학적 담론과 시적 창작, 철학적 텍스트와 시적 텍스트는 일반적으로 구별되며 이 두 가지 글쓰기에 대한 나의 분석과 성찰도 그러한 구별을 이미 전제하고 있다. 그렇다면 그러한 구별은 반드시 설명을 필요로 한다. 두 가지 글쓰기를 논리실증주의적으로 구별할 수 없다는 것은 그러한 사실 자체로서 그것들 사이의 구별이 설명되지 않는다는 결론을 이끌지는 않는다.

그렇다면 어떤 구별이 가능한가? 철학적 텍스트와 시적 텍스트는 그것을 대하는 독자의 태도에 달려 있다. 이러한 태도는 언술판단의 양상 modality으로 나타난다. 어떤 언술/명제 판단 양상에는 단언적assertoric인 것과 개연적problematic인 것이 있다. 이 두 양상의 차이는 전자의 경우 같은 어떤 명제가 '사실/실제'로서 서술된 데 반해서 후자의 경우 같은 명제가 '가정/가능성'으로 제안된 데 있다. 즉 과학, 철학적 글쓰기가 단언적인 데 비추어 문학/시적 글쓰기는 개연적이다.[20] 단언적 명제를 표상하는 과학/철학적 텍스트에 대해서만 진위를 가릴 수 있다. 개연적 명제를 표상하는 문학/시적 텍스트에 대해 진위를 말한다는 것은 논리적으로 맞지 않는다. 이런 점에서 논리실증주의적 주장은 옳다. 그러나 오직 전자의 텍스트만이 인지적 의미를 갖고 후자의 텍스트는 인지적 의도와 관계가 전혀 없다는 논리실증주의적 결론은 '인지cognition'의 개념을 지나치게 좁게 풀이한 데 근거한다. 넓은 의미에서 시적 의도와 그러한 의도의 구체적 표상인 시적 텍스트도 인지적 내용을 지닌다.

앞서 거듭 강조했듯이 어떤 객관적 존재도 그것이 언어로 기술되기 이전에는 인식될 수 없다. 언어, 더 정확히 말해서 텍스트로 전환됐을 때 비로소 객관적 세계는 인식된다. 그러나 인식의 구체적 내용은 비관념적 존재의 관념화, 존재적 질서의 의미적 질서화에 지나지 않는다. 바로 이러한 인식의 구조는 인식된 세계와 인식 이전의 세계가 결코 동일

20　박이문, 「철학적 허구와 문학적 진실」, 『철학전후』 (서울: 문학과지성, 1983).

할 수 없음을 말해준다. 그러나 인식의 궁극적 목적은 인식 이전에 독립하여 객관적으로 존재하는 대상을 있는 그대로 파악하자는 데 있다. '진리'라는 말의 궁극적 의미는 다름 아니라 바로 이러한 존재 파악에 지나지 않는다. 그러므로 모든 인식은 만족될 수 없는 인식이며 모든 진리는 필연적으로 진리가 아니다. 시적 글쓰기는 바로 이러한 인식의 역설적 구조의 자의식에서 비롯된다. 시적 텍스트는 철학적 텍스트로 표상/인식될 수 없었던 객관적 존재/세계를 좀더 만족스럽게 표상/인식하기 위해서 고안된 새로운 언어/세계의 구성의 시도를 나타낸다. 그러나 세계/존재를 파악하기 위한 글쓰기가 '철학적'에서 '시적'으로 바뀌어가면 갈수록 그렇게 쓰여진 텍스트의 의미는 그만큼 애매모호, 즉 '시적'이 되며 인식이 추구하는 투명성과 체계성에서 멀어진다. 따라서 글쓰기는 시적, 즉 애매모호한 비개념성을 탈피, 그곳에서 멀어져 철학적, 즉 좀더 개념적으로 될 필요성을 느낀다. 이렇게 볼 때 이상적 글쓰기의 작업은 철학적인 것도 아니며 시적인 것도 아니다. 그것은 두 가지 글쓰기를 무한히 번갈아 반복하는 작업이 된다. 이와 같이 볼 때 궁극적인 글쓰기는 페넬로페의 끝없이 되풀이되는 옷 짜기와 같다. 페넬로페는 남편 오디세우스가 없는 동안 자신을 아내로 삼으려는 청혼자들로부터 시간을 벌며 남편이 살아 돌아올 때까지 기다리기 위해서 한낮에 실로 짠 옷을 밤이면 다시 푸는 작업을 한없이 반복했다. 철학적 글쓰기를 페넬로페의 옷 짜기에 비유할 수 있다면 시적 글쓰기는 자신이 짠 옷의 실을 풀고 있는 페넬로페의 작업과 같다.

그러나 불행히도 인간의 글쓰기 작업은 페넬로페의 옷 짜기 작업과 다르다. 남편 오디세우스가 페넬로페 앞에 나타났을 때 그녀의 옷 짜기는 끝이 났다. 그러나 글쓰기 작업장에 나타나는 오디세우스는 존재하지 않으며, 따라서 글쓰기의 끝이 있을 수 없는 안타까운 기다림 속에서 똑같은 작업을 영원히 반복해야 한다. 이것이 바로 글쓰기의 안타까운 운명이다. 바라는 마지막 텍스트는 결코 쓰여지지 않는, 언제나 지속적으로 시도될 뿐이라는 것이다.

나는 글쓰기로 무엇을 이룩하려 하는가? 나는 아직 쓰여지지 않은 텍스트를 추구하고 있는 것이다. 내가 시적 글쓰기를 하다가 철학적 글쓰기를 하고 그러면서도 아직 시적 글쓰기에 대한 깊은 향수와 의욕에 잠겨 있다면 그것은 무엇을 말해주는가? 그것은 말라르메가 말하는 '책', 즉 내가 추구하는 그 텍스트가 어떠한 글쓰기로도 만족스럽게 쓰여지기가 어려움을 말해준다. 그러나 세계/존재에 대한 완전한 인식을 추구하는 인간의 지적 욕망은 파우스트적이어서 그것이 불가능한 꿈인 줄 알면서도 완전히 억제할 수 없다. 그러므로 글쓰기의 운명은 이카로스의 운명과 같다. 높은 하늘에 뜬 태양의 열은 가까이 갈수록 더 강렬하다. 초로 만든 이카로스의 날개는 그 태양열에 녹고 그는 마침내 땅에 떨어지게 마련이다. 그래도 이카로스는 그 태양을 향해 날지 않을 수 없는 무모한 내적 욕구를 억제하지 못한다. 글쓰기에 대한 욕망을 억제하지 못하는 우리는 이카로스와 같고 우리의 운명도 이카로스의 운명과 마찬가지로 실패할 수밖에 없다. 그러나 우리의 욕망은 이카로스의 욕망과 다를 바 없다. 글쓰기라는 이카로스는 완전한 텍스트의 태양에 도달하게 되면 될수록 날개는 녹아 땅에 떨어질 수밖에 없지만, 글쓰기/이카로스는 불가능한 텍스트/태양을 향해 다시 날아간다. 아직 쓰여지지 않은 완전한 텍스트의 유혹은 글쓰기가 사라지지 않는 한 인간에게 영원한 유혹으로 남아 있을 것이다.

《외국문학》, 1994, 가을호

04
삶에 대한 태도

파스칼은 우리의 존재 상황을 승선에 비유했다. 우리가 태어난 것은 우리의 자의적 선택에 의한 것이 아니지만, 싫건 좋건 우리는 이미 삶이라는 '배'에 타고 있게 된 것이라는 사실이다. 삶 자체뿐 아니라 남자로 태어났느냐 혹은 어떠한 특수한 사회적·역사적·생리적·경제적 조건을 갖고 태어났느냐 하는 것도 우리의 자의적 선택에 의해서 결정된 것은 아니다. 이처럼 각자 다른 조건에서 태어난 우리는 이미 타고 있는 배를 저어 삶이라는 항해를 시작하고 계속해야 하는 운명에 던져져 있다. 이러한 상황에 대한 의식은 곧 삶에 대한 의식 혹은 반성의 성격을 띤다. 이러한 삶에의 의식은 사람에 따라서 일찍은 10대에, 늦게는 30대 혹은 40대에 시작될 수 있다. 그러나 정도와 때는 다를지라도 사람이라면 누구나 이러한 의식을 하지 않을 수 없을 것이다. 막막한 바다에서 험악한 파도에 흔들리며 위험하게 뜬 배 안에 들어앉아 있는 스스로를 처음으로 발견할 때 누구나 두 가지 의문을 갖게 된다. 첫째 '나는 무엇 때문에 이 배에 타고 있는가'라는 의문을 가질 수 있고, 둘째, '만약 배를 타고 바다에 떠 있다면 어디로 어떻게 배를 저어 갈 것인가?'라는 문제를 생각해야 한다. 우리가 던지는 이 두 가지 질문은 '인생의 의미'의 문제로 바꾸어볼 수 있다.

꽃이 진다고 해서 그 꽃이 아름답지 않을 수 없는 것과 마찬가지로 우리가 조만간 죽어 흙이 되고 벌레의 밥이 되게 마련이라고 해도 삶 일반, 특히 인간의 삶은 아름답고 귀하다. 아니 우리가 머지않아 사라지기 때문에 그만큼 더 우리들의 삶은 보람을 갖는다. 그러므로 우리는 어떤 경우에도 삶의 존엄성, 절대적 가치를 의식하고 삶에 대한 경외, 삶의 성스러움을 새삼 깨달을 필요가 있다. 시들시들한 꽃보다 생생한 꽃이 더 아름다운 것과 마찬가지로 적극적 삶, 인텐스한 삶은 그만큼 더 귀중하다.

인생의 의미의 문제는 도대체 삶 자체가 보람 있는가의 문제이며 어떻게 보람 있는 삶을 살아갈 수 있는가의 문제이다. '나는 계속 삶이라는 배를 타고 항해를 할 것인가?' '만약 배를 타고 항해를 계속한다면 어떻게, 어떠한 곳을 향해서 배를 저어갈 것인가?' 이와 같은 두 가지 물음에 대한 대답은 다 같이 각 개인의 선택에 달려 있다. 내가 세상에 태어난 것, 즉 바다에 떠 있는 배에 타고 있음이 나의 선택에 의한 것은 아니었지만, 삶을 거부하고 내가 타고 있는 배에서 바닷속으로 뛰어내려 자살할 것이냐, 아니면 그 배에 머물러 항해를 계속할 것이냐 하는 것은 나 자신의 선택에 달려 있다. 재수없이 남자로, 가난한 집에서, 혼란한 시대에 태어난 것은 내가 어찌할 수 없는 운명적 사실이지만 그러한 상황에서 열심히 일하여 아내와 자녀를 위하여 스스로를 희생하면서 열심히 배를 젓고 보람을 찾을 것인가 아닌가는 역시 나의 선택에 달려 있다.

그렇다면 '인생의 의미는 무엇인가?' '삶과 죽음을 놓고 무엇을 선택할 것인가?' 우리의 생물학적 본능은 이러한 물음을 던질 여유를 주지 않는다. 우리는 다만 맹목적으로 삶에 매달린다. 그러나 인간은 동물과는 달리 비록 감상적 문학소녀가 아니더라도 삶의 고통을 느낄 때 인생의 의미에 대한 의문을 갖게 된다. 이러한 의문이 생기는 것은 삶이 고통스럽기 때문만은 아니다. 아무리 행복한 일생을 살아가는 사람에게도 그러한 의문은 생기게 되며, 아무리 나이가 많은 사람에게도 그러한 의문은 때때로 튀어 나온다. 아무리 부귀와 영화를 누리는 사람이라도 머지않아 다 같이 흙으로 돌아간다. 로마의 폐허를 서성거릴 때, 박물관에서 고대 이집트 파라오 왕들의 미라를 볼 때, 인생의 허무함을, 인간의 모든 노력과 고통의 궁극적 무의미함을 잠깐이나마 느끼지 않는 사람은 없을 것이다. 그러기에 사랑을 하다가도 '이게 다 무엇인가'라는 물음이 스쳐가고 분명히 자기 집에 있는 것을 알면서도 '나는 어디로 가는 것인가'라는 의문을 갖기도 한다.

'인생의 의미는 무엇인가?'

불행히도 이 물음에 대한 대답은 없다. 비록 인생의 의미 없음이 사실이라 해도 반드시 죽음을 택해야 한다는 결론은 나오지 않는다. 왜냐하면 '죽음'의 의미도 역시 없기 때문이다. 인생에 의미가 있건 없건 다행히 우리들의 본능은 우리들을 삶에 대한 애착에서 해방시켜주지 않는다. 우리는 거의 모든 경우 엄청난 대가를 치르면서도 삶에 끝까지 매달린다. 사실 인생의 의미가 있는가 없는가는 우리의 문제가 되지 않는다. 인생의 의미가 있다 해도 그러한 의미는 우리들에 의해서 결정될 수 없고, 인생의 의미가 없다는 결론에서 자살한다면 그 본인에게는 아무것도 문제가 되지 않기 때문이다. 따라서 우리의 문제는 오로지 인생에 있어서의 의미를 찾는 데 있다. 비록 인생의 의미가 없다 해도 인생에 있어서의 의미는 충분히 있을 수 있다. 그것은 마치 꽃이 지면 그만이긴 하지만 그 꽃은 역시 아름다울 수 있는 것과 마찬가지이다. 따라서 삶에 대한 태도는 어떻게 우리의 삶을 아름다운 것, 보람 있는 것으로 만들 수 있는가의 과제에 대한 우리의 태도에 지나지 않는다.

삶에 대한 태도는 크게 적극적인 태도와 소극적인 태도로 나누어 생각할 수 있다. 사람은 물론 모든 생명은 본능적으로 각기 자신의 욕망을 충족시키기 위하여 거의 맹목적으로, 적극적으로 살게 마련이다. 인간은 동물처럼 생존에 대한 본능을 충족시키기 위하여 항상 최선을 다할 뿐 아니라, 동물과는 달리 그밖의 수없이 많은 욕망, 채워도 채워도 채워질 수 없이 확대되는 욕망을 직접 혹은 간접적으로 추구한다. 그와 같은 욕망이 어느 정도 충족되면 그만큼 우리는 만족감을 느끼고 삶에 보람을 느끼게 된다. 그러나 우리의 욕망은 결코 언제나 충족되지 않는다는 사실이 또한 삶의 현실이다. 욕망이 좌절될 때, 따라서 살아가는 하루하루가 즐거움이라기보다 고통이라고 느껴질 때 우리는 삶에 대해 소극적인 태도를 취하고자 하는 유혹을 항상 느끼게 된다. 부귀와 영화가 많은 사람들이 추구하는 것이라 해도 다 같이 언젠가는 죽어간다는 것이 사실이라면 무슨 의미가 있겠는가? 삶을 연장시키고자 하는 것이 누구나의 가장 근본적인 본능이라고 해도 다 같이 언제고 흙이 되고 재가 된다는 것이 사실이라면 삶에 무슨 뜻이 있겠는가라는 생각을 하게 된다. 큰 병에 걸려 고통을 받았을 때, 가까운 이가 죽어가는 것을 지켜보았을 때 혹은 눈이 오거나 비가 내리는 밤잠을 이루지 못했을 때 가끔 위와 같은 생각을 하지 않았던 사람이 어디 있겠는가? 때로 이러한 생각에 당황할 뿐 아니라 삶이 가져오는 끊임없는 어려움에서 해방되기 위하여 죽음에 대한 유혹을 순간적으로나마 느껴보지 않은 사람도 거의 없을 것이다. 무엇을 하든, 어떠한 삶을 살든 궁극적으로 삶은 허무하고 고통스러울 뿐이라는 것이 철학적 혹은 종교적 결론이라면 우리가 취할 태도는 당연히 삶을 부정하는 죽음이어야 할 것이다. 그러나 이러한 논리적 결론이 나오더라도 극히 소수의 사람을 제외하고는 동물적 삶에 대한 본능에 의하여 계속 살아가기 마련이다. 이때에 우리는 삶을 살아간다기보다는 삶에 끌려가는 소극적 삶을 살게 된다. 그러나 어차피 살아갈 바에야 이와 같은 소극적 삶의 형태가 바람직하지 않다는 것은 두말할 필요도 없다. 어차피 다 같이 죽는다 해도, 어차피 고통스럽게 산다 해도 죽는 순간까지, 살아 있는 한 씩씩하고 명랑하게 적극적으로 살아가는 것이 그와 반대의 소극적 삶의 형태에 비하여 미학적으로라도 바람직함은 누구나 알 수 있을 것이다. 그러므로 삶에 대해 소극적이 아니라 적극적인 태도를 가져야 함은 자명하다고 생각된다.

삶에 대한 적극적인 태도, 긍정적인 자세는 삶 자체의 존엄성을 전제로 한다. 가을이 되면 시들어 땅에 떨어지는 한 포기의 꽃이 귀하다 한다면 4, 50년이라는 세월을 고생만 하다 죽어간다 해도 인간의 삶 자체는 모든 이유를 초월하여 귀중하다. 어떻게 해서, 무엇 때문에 한 포기의 꽃나무, 한 인간의 삶이 태어났느냐는 문제는 영원히 신비에 가려져 있다. 그러기에 그 꽃나무, 그 인간의 삶은 그만큼 귀하고 숭고한 의미를 갖는다. 삶 일반, 특히 인간의 삶을 떠나서 무엇이 의미가 있으며, 무엇이 아름다울 수 있겠는가? 삶 일반, 특히 인간의 삶을 떠나서 모든 존재는 그 뜻을 잃는다. 삶이라는 관점에서만 모든 사물들은 비로소 그 질서, 그것들의 관계를 맺을 수 있다. 그러므로 삶이야말로 가치 중의 가치, 즉 절대적 가치가 된다. 이와 같은 삶의 성격, 이와 같은 삶과 그밖의 사물현상들과의 관계를 의식할 때 우리는 새삼 삶의 존엄성, 궁극적 존엄성을 의식한다. 삶은 우리가 무어라고 표현할 수 없는 신성한 것을 지니고 있다. 삶의 신성한 존엄성을 의식할 때 삶을 아끼고, 가다듬고, 충만한 것으로 만들어봐야 하겠다는 생각이 드는 것은 논리적 필연성을 갖고 있다. 한 주일밖에 피어 있지 못하더라도 한 포기 꽃의 아름다움이 의식될 때 그 꽃을 보다 잘 간직하고 감상하고자 하게 됨이 당연한 이치인 것과 같다. 살아 있다는 사실보다 더 귀한 것은 없고, 살아간다는 것보다 더 기쁜 일은 생각할 수 없다. 왜냐하면 우리들에게 있어서 삶은 모든 가치의 근원, 모든 가치의 기준이 되기 때문이다.

삶에 대한 이러한 관점은 언뜻 보아서 우리들 모두가 동시에 갖고 있는 또 다른 모순된 태도와 일치하지 않는 것 같다. 인생을 고해로 보는 입장은 동서고금을 막론하고 역사적 뿌리가 깊다. 그것은 기독교·힌두교·불교의 밑바닥에 깔려 있는 생각이며 고대 그리스의 이른바 금욕주의자들의 확신이기도 했다. 이러한 입장에서 보면 삶은 절대적 가치는커녕, 아무 가치도 없는 것, 우리가 극복해야 할 것으로 나타난다. 그러나 이론적으로 볼 때 그러한 입장에 있는 사람들은 하루 빨리 자살을 해야 함에도 불구하고, 역시 고해라고 보는 삶에 끝까지 애착을 갖고 하루라도 더 살려고 애쓴다. 이러한 사실은 그들의 이론에도 불구하고 그들의 주장과는 달리 그들 역시 죽음보다는 삶이 귀중하다는 사실을 인정하고 있음을 반증해준다. 삶이 지속적인 걱정·긴장·고통임은 사실이기도 하다. 그러나 이러한 고통을 고통으로 보는 것은 불교가 가르쳐준 것처럼 우리들이 지나친 욕심을 갖고 있기 때문이다. 삶에서 느끼는 고통은 관점을 바꿔보면 고통이 아니라 삶의 즐거움, 삶의 환희의 한 요소, 삶의 기쁨의 한 측면으로도 생각할 수 있다. 고통이 없는 즐거움은 생각할 수 없다. 이른바 삶의 고통은 힘이 들고 몸에서 땀이 나지 않고는 테니스를 치는 즐거움을 생각할 수 없는 사실에 비유될 수 있다.

삶이라는 테니스를 치는 우리는 땀을 흘리고 있으며, 팔이 아프고 숨이 가쁠 때가 많다. 어떤 이유에서이든 간에 객지에서 이민생활을 하고 있는 우리들은 문화적으로나 인종적으로나 소외감이라는 심리적 고통을 받지 않을 수 없는 현실에 부딪친다. 공을 열심히 쳐서 백발백중 목표지점에 명중시킨다 할지라도 도대체 무엇 때문에 치는지가 의심스럽게 여겨지기도 하고, 열심히 삶이라는 배를 저어 끝없는 바다에 침몰하지 않고 떠가다가도 어디로 향하여 가는지를 의심하게 되는 괴로움을 면하기 어렵다. 젊어서 어려운 공부를 마치고 직장을 얻어 버젓한 집을 짓고 생활의 기반을 잡고, 아이들의 교육을 시키고 난 후 어느덧 50, 60대에 가까워질 때까지도 우리는 어쩐지 이 사회에서 마치 물 위에 떠 있는 기름방울 같다는 소외감에서 완전히 벗어날 수는 없는 것 같다. 사회의 한복판에 참여하여 발언하고 사는 게 아니라 그 주변 그늘에서 안일한 그날그날을 보내왔다는 느낌을 완전히 청산할 수 없다. 나이가 들어 가까워오는 죽음을 의식하면서 누구나, 어디서나, 어떻게 살거나를 막론하고 삶에 대한 공허감을 느끼는 것이 상례이긴 하지만, 위와 같은 상황에서 백인 사회에서 살고 있는 우리 같은 아시아의 소수민족은 그러한 공허함을 더욱 절실하게 느끼게 된다. 그러나 무슨 이유에서이든 간에 우리는 이곳에서 살기를 선택한 것이다. 그리고 우리는 삶의 귀중함을 인식하고 있다. 우리는 싫든 좋든 우리의 삶과 사회의 객관적 현실을 냉정히 인정하고, 그런 바탕에서 우리들의 삶의 방향을 찾아야 하고 삶의 보람을 창조해야 한다. 우리의 상황이 남들보다 불리하면 할수록 그만큼 더 적극적으로 살아가도록 애쓸 수밖에 없다.

그러나 적극적으로 산다고 해도 문제는 구체적으로 어떻게 살 것인가, 어떤 가치를 추구해야 할 것인가, 구체적으로 무엇을 위해 애써야 할 것인가를 알아내는 데 있다. 아름다운 꽃은 적절한 조건에서는 저절로 아름다운 꽃을 피우게 마련이지만, 불행히도 인간은 꽃과는 다르다. 나의 인성이 아름다운 한 포기의 꽃처럼 되기를 원한다 해서 나는 저절로 그런 꽃으로 피어나지 않는다. 나의 삶이 한 포기의 꽃으로 피기 위해서는 나의 부단한 노력과 지혜를 필요로 한다. 나는 무엇을 할 것인가? 나는 무엇을 바라는가? 인생의 꽃이란 도대체 어떤 것인가? 대답은 간단한 것 같다. 우리는 다 같이 행복을 바란다는 것이다. 행복이야말로 인생의 활짝 핀 꽃이라 말할 수 있다. 이러한 대답이 고금을 막론한 상투적인 진리라고 해도 그 대답은 우리에게 별로 도움이 되지 않는다. 행복이라는 꽃의 이름은 그것이 구체적인 의미를 갖기에는 너무나 막연한 낱말에 지나지 않기 때문이다. 문제는 어떻게 살면, 어떠한 구체적인 삶이 행복을 가져올 수 있는가에 있으며, 과연 그러한 행복이 어떻게 이루어질 수 있는가에 있다.

　'사람은 빵으로만 살 수 없다'는 말이 있다. 그러나 거꾸로 '사람은 정신으로만 살 수 없다'는 말도 위의 말에 못지않은 진리이다. 사실 우리는 모두 물질적인 안정, 나아가서는 풍요를 추구한다. 더욱이 자본주의 사회에서, 특히 오늘날의 모든 사회에서는 물질적 풍요가 대부분의 사람들이 추구하는 가치인 듯하다. 인간답게 살려면 어느 정도 의식주의 문제에서 해방되어야 함은 틀림이 없다. 정든 고향을 버리고 이곳 미국에 이주해온 대부분의 사람들의 근본적 동기는 물질적인 안정이라고 추측된다. 이곳에 사는 대부분의 한국인들이 모든 악조건을 극복하고 경제적으로 다소의 안정을 찾을 수 있기까지 성공한 사실에 우리는 다 같이 긍지를 갖지 않을 수 없다. 깨끗한 집에서 값비싼 차를 굴리고 다니며, 자녀들을 일류 학교에 보내고, 때로는 캐리비안 베이가 있는 바하마스로, 유럽으로 여행을 하는 데서 삶의 보람을 느낄 수도 있다. 그 이상의 다른 것을 바라지 않을 수도 있다. 그러나 좀더 삶을 생각하는 사람은 일단 이러한 물질적 만족이 어느 정도 채워졌을 때 그러한 삶에 만족을 하지 못한다고 여겨진다. 만약 그러한 삶에 만족한다고 끝까지 우기는 사람이 있다면 그것은 그가 정말 만족해서가 아니라 그 이상의 어떤 이상, 그와는 다른 삶에 대한 가능성을 찾지 못한 채로 일종의 단념에서 생기는 자위적 태도가 아닐까 하는 의구심이 먼저 든다. 이러한 나의 추측이 옳다면 '사람은 빵만으로 살 수 없다'는 옛말이 옳다는 사실을 인정해야 한다. 인간은 물질적 풍요만 가지고 행복할 수 없다는 말이다. 인간은 단순한 동물이 아니라 정신적 동물이기 때문이다. 물질적 충족 외에, 아니 물질적 충족 이상으로 정신적으로 충족됐을 때 비로소 인간은 행복, 자기만족, 삶의 보람을 얻게 되는 것이 아닌가 생각된다. 그렇다면 우리는 물질적 충족을 채우며 사는 이외에도 정신적 충족을 위해서 살아야 하며, 물질적 가치를 추구하는 외에도 정신적 가치를 추구해야 한다.

정신적 가치는 지적 가치와 도덕적 가치로 나누어 생각할 수 있다. 지적 가치는 앎의 가치다. 앎은 힘이라는 말이 있다. 과학이 일종의 앎이고 그것이 귀중하다면 그것이 중요한 이유의 하나는 과학적 지식이 우리에게 힘이 된다는 것 때문이다. 우리가 원시인들과 달리 물질적으로 풍요할 수 있는 까닭은 우리들이 원시인들보다 사물현상에 대해 풍부하고 정확한 지식을 갖고 있기 때문이다. 그러나 앎이 오로지 그 실용성 때문에만 귀중한 것은 아니다. 앎 자체가 귀중한 것이다. 앎 자체가 인간에게는 가치라는 말이다. 앎 자체가 빛이요, 기쁨이다. 인간이 동물과 다른 근본적인 면의 하나는 인간이 앎을 추구하고 앎 자체에 기쁨을 느낄 수 있다는 데서 찾아볼 수 있다. 인간의 인간적 행복, 인간의 인간적 보람은 앎을 떠나서는 불가능하다. 바꿔 말해서 인간이 인간적으로 살아간다는 것은 가능한 한 그의 앎의 영역을 넓히고 깊게 하면서 살아간다는 말이 된다. 인간은 무엇인가를 알기 위해서 태어났으며, 앎을 깊게 하려고 살고 있는 것이라고 말할 수 있다.

학자로서 어떤 한 영역에서나마 인류에 크게 공헌할 수 있는 삶이 바람직함은 물론이다. 하나의 공자, 하나의 아인슈타인이 될 수 있다면 우리의 삶은 그만큼 보람 있는 것이 될 것이며, 가능하면 그러한 사람이 되도록 애써야 할 것이다. 그러나 모든 사람이 공자가 되고 아인슈타인이 될 수는 없다. 공자나 아인슈타인 같은 지적 업적을 남기는 것도 중요하고, 그만큼 유명하게 되는 것도 삶의 보람이 되겠지만 더 중요한 것은 어떤 업적을 남기고 사회로부터 인정을 받고 유명하게 되는 것보다, 그런 목적 이전에 오로지 앎 자체, 진리 자체에 정열을 갖고 자신의 지적 세계를 가능한 한 넓혀가는 것이 더욱 중요하다. 이처럼 각자 자신의 능력·분수·처지에 따라 자신의 지적 세계를 넓혀간다면 그만큼 그의 세계는 확대되고 그만큼 그의 삶은 깊어지고, 그만큼 그의 삶은 풍부하게 된다. 설사 내일 눈을 감고 의식을 잃은 송장이 되더라도 그 순간까지 하나라도 더 보고, 느끼고, 알게 되는 기쁨, 그 보람을 의식해야 한다고 생각된다.

지적 가치와 더불어 또 하나의 정신적 가치는 도덕적 가치이다. 진리가 중요하지만 그 이상으로 선도 귀중하다. 진리는 앎, 즉 이념이다. 아무리 물질적으로 풍요롭고, 지적으로 뛰어나다 해도 도덕적으로 선하지 않은 인간의 삶은 보람 있는 것일 수 없다. 왜냐하면 사람이 사람다운 가장 근본적 이유는 인간이 다른 동물들과는 달리 도덕적 의식을 갖고 있기 때문이다. 도덕적 차원을 벗어날 때 인간은 근본적으로 동물과 다를 바가 없다. 도덕적 문제는 선악, 즉 사람으로서의 옳고 그른 행위를 가려내는 데 있다. 어느 사회, 어느 시대를 막론하고 이미 일정한 도덕적 규범이 있다. '남녀칠세부동석' 혹은 '삼강오륜' 같은 것은 그러한 예가 된다. 일반적으로 도덕적으로 산다는 것은 기계적으로 이러한 규범에 맞추어 행위함을 의미한다. 그러나 여기서 내가 말하는 도덕적 행위는 그러한 규범만을 가리키지 않는다. 참답게 도덕적이기 위해서는 때로는 이미 존재하는 규범을 따르기는커녕 그것을 깨뜨릴 필요가 있기 때문이다. 한 사회의 법을 지키고 무죄한 사람들을 희생시키지 않는 것이 도덕적이기는 하지만, 때로는 그러한 법을 깨뜨리고 비록 무죄한 사람들을 희생하면서라도 혁명적인 일에 뛰어드는 행위에서 보다 참다운 도덕성을 찾을 수 있다.

모든 구체적인 상황은 결코 완전히 동일할 수 없으므로 구체적으로 어떤 행위가 도덕적인가를 일률적으로 긍정할 수는 없다. 문제는 각자가 언제나 도덕적으로 살아야 한다는 의식을 갖고 궁극적으로는 자신의 도덕적인 판단에 따라 살아야 한다는 것이다. 이상적으로 도덕적 차원에서 우리는 다 같이 성인이 되도록 노력해야 한다. 그러나 모든 사람이 공자나 아인슈타인 혹은 괴테 같은 지적인 인간이 될 수 없는 것과 마찬가지로 누구나 성 테레사가 될 수 없고, 혹은 자신의 목숨을 바치면서 혁명에 참가할 수는 없다. 사람마다 각자 그의 도덕적 한계가 있는 것이다. 그러나 남이 알든 모르든 위대하든 아니든 우리는 가능하면 도덕적으로 살려고 노력함으로써 참다운 삶의 내적 의미, 내적 만족을 찾을 수 있다.

삶의 의미는 삶의 성공을 의미한다. 삶의 성공은 각자 갖고 있는 자신의 본래의 가능성을 최대한도로 실현하는 데 있다. 다시 꽃의 예로 돌아간다면 한 포기의 꽃의 보람이 그 꽃의 가능성을 최대한으로 발휘하여 활짝 피게 하는 데 있고, 그러한 꽃은 금방 시들어 없어진다 해도 성공한 꽃이라고 말할 수 있다. 왜냐하면 우리는 그러한 꽃을 하나의 완성된 성취라고 볼 수 있기 때문이다. 인간의 잠재성은 물론 생물학적 욕망을 채우는 데 있다. 그러므로 우리는 물질적으로 성공해야 한다. 그러나 그 외에, 그리고 그 이상으로 중요한 것은 우리가 갖고 태어난 지적·도덕적 꽃을 활짝 피게 함으로써만 참다운 삶의 성취감을 찾을 수 있다고 할 것이다.

모든 사람이 생물학적·지적·도덕적 가치를 추구해야 하겠지만, 우리가 각자 갖고 있는 가능성은 선천적으로, 사회경제적으로 다를 수밖에 없다. 그러므로 어떤 사람은 물질적인 성공을 크게 이룰 수 있는 반면 정신적인 성취는 크게 이룰 수 없으며, 반대로 어떤 사람은 정신적으로 큰 성공을 이룰 수 있지만 물질적 성공을 희생할 수밖에 없다. 그러므로 문제는 물질적인 성취를 이루는 것이 더 중요하냐 아니면 정신적인 성취가 더 중요하느냐에 있지 않다. 더 근본적인 문제는 어떤 가치를 추구하든 간에 그것을 가능한 한 충분히 이루는 데 있으며, 얼마만큼 열심히 이루느냐에 있다. 바꾸어 말해서 삶에서 가장 중요한 것은 열심히 한 순간 한 순간을 살아가는 일이다. 우리는 이것을 삶의 밀도 혹은 삶의 긴장감이라고 부를 수 있다. 이와 같이 볼 때 삶의 참다운 성공, 삶의 참다운 보람은 구체적으로 성취한 결과가 남들이 볼 수 있는 외형적인 것에 있지 않고, 살아가는 과정 그 자체, 오로지 각기 자신이 내적으로만 경험할 수 있는 그 삶의 과정의 밀도, 긴장, 인텐시티intensity에 있다고 보아야 할 것이다. 이와 같이 볼 때 장미꽃이 할미꽃보다 더 아름답다든 가, 호랑이의 삶이 고슴도치의 것보다 더 늠름하고 보람 있는 삶이라는 판단은 나올 수 없다.

꽃이 진다고 해서 그 꽃이 아름답지 않을 수 없는 것과 마찬가지로 우리가 조만간 죽어 흙이 되고 벌레의 밥이 되게 마련이라고 해도 삶 일반, 특히 인간의 삶은 아름답고 귀하다. 아니 우리가 머지않아 사라지기 때문에 그만큼 더 우리들의 삶은 보람을 갖는다. 그러므로 우리는 어떤 경우에도 삶의 존엄성, 절대적 가치를 의식하고 삶에 대한 경외, 삶의 성스러움을 새삼 깨달을 필요가 있다. 시들시들한 꽃보다 생생한 꽃이 더 아름다운 것과 마찬가지로 적극적 삶, 인텐스한 삶은 그만큼 더 귀중하다. 삶의 귀중함, 삶의 존엄성을 의식하면 할수록 우리는 그만큼 더 삶을 아끼고, 보다 보람 있는 삶을 살아가고자 하는 의욕과 에너지를 얻게 될 것이며, 스스로의 삶에 극치를 갖게 될 것이다. 또한 이러한 긍지를 가지면 가질수록 우리는 보다 더 보람 있는 삶을 창조하려는 노력을 하게 될 것이다. 죽는 날까지 우리는 작은 것에 만족할 것이 아니라 항상 생각하고 노력하여 경제적으로, 지적으로 그리고 도덕적으로 아름다운 한 포기의 꽃이 되도록 애써야 할 것이다. 결과가 어떻게 되든 이러한 목적, 이러한 가치를 위해 살아가는 끊임없는 긴장의 과정 자체 속에 삶의 희열이 있을 것이며, 보람을 찾을 수 있을 것이다.

『삶에의 태도』(1988)

연도(나이)	생애
1930(1)	충남 아산 영인면 창용리 379 시골 농가에서 면장집 막내 아들로 태어남. 본관 함양, 본명은 박인희(朴仁熙), 아호는 중암(重菴).
1938(9)	집에서 15리 정도 떨어진 곳에 있는 영인심상소학교(靈仁尋常小學校) 입학.
1939(10)	학교에서 조선어 사용 금지.
1942(13)	5학년 봄 도에서 조직한 '성지참배단'에 뽑혀 일본을 여행하고, 새로운 문화와 환경을 접하고 많은 충격을 받음. 같은 해 겨울, 동경 유학 중 학병 모집을 피해 돌아온 형의 『문예사전』을 보고 철학적 질문을 던지기 시작함. 문학, 그림, 음악 등 예능적인 것들에 본격적인 흥미를 느낌.
1943(14)	소학교 졸업 후 중학교 입시 시험을 봤으나 낙방함.
1945(16)	다시 시험을 보고 서울의 경복 중학교에 입학하여 기숙사 생활을 함. 광복 후 고향으로 내려왔으나 이전에 면장집으로 누렸던 사회적·경제적 지위를 잃음.
1947(18)	고향의 살림을 완전히 정리하고 서울로 이사 옴. 복학함.
1948(19)	중학교 2학년, 시「낙엽」을 학교 신문에 발표한 것을 계기로 위대한 시인이 되겠다는 꿈을 가지게 됨. 같은 해, 단편소설「귀향」을 썼으나 곧 찢어버림.
1950(21)	6·25 전쟁 발발, 11월에 징병되어 육군 이등병이 되었으나 기초군사훈련 중 폐병 및 영양실조로 쓰러져 치료받은 후 의병제대함.
1951(22)	서울대학교 불문학과(부산에 열린 전시대학)에 입학함.
1952(23)	부산 동래고등학교에서 불어 강사를 함(1952~1953).
1953(24)	사르트르의『존재와 무』에 담긴 그의 실존주의를 해설한 일본어 번역서를 읽고 실존주의를 접함.
1955(26)	《사상계》에「회화를 잃은 세대」라는 작품을 발표하면서 등단. 서울대학교 불문학과를 졸업하고 같은 대학 대학원에서 불문학 석사과정을 밟음(1955~1957). 성신여고에서 시간 강사를 함(1955~1957). 《대학신문》(문리대학보)에 다수의 글을 발표.「현대 작가와 윤리」로 제2회 대학신문상을 수상.

1957(28)	서울대학교 대학원에서 논문「폴 발레리에 있어서 지성과 현실과의 변증법으로서의 시」로 석사학위를 받음. 이화여자대학교에서 불어불문학 전임강사, 조교수가 됨(1957~1961). 재직 중 프랑스 정부 장학생으로 프랑스 파리 소르본대학교 대학원 불문학 석사과정을 밟음(1957~1958).
1961(32)	프랑스로 다시 유학을 떠남. 프랑스 파리 소르본대학교에서 불문학 박사과정을 밟음(1961~1964).
1963(34)	데리다가 지도하는 '연습 세미나'를 통해 그의 철학을 배움 (1963~1964).
1964(35)	프랑스 파리 소르본대학교에서「말라르메가 말하는 '이데아'의 개념: 논리정연성에 대한 꿈(L'"Idée" chez Mallarmé ou la cohérence rêvée)」으로 불문학 박사학위를 받음.
1966(37)	데리다의 추천서로 장학금을 받고 미국 서던 캘리포니아대학교에서 서양철학 박사과정을 밟음(1966~1970). 하스미 시게히코(훗날 도쿄대 총장)가 박이문의 말라르메 시 세계를 분석한 소르본대학교 박사학위 논문을 보고 '동양인도 이런 논문을 쓸 수 있구나'하고 감탄했으며, 박이문을 계속 동경하던 하스미는 1991년 결국 박이문과 만남.
1968(39)	미국 렌셀러폴리테크닉대학교 철학과 전임강사로 재직(1968~1970).
1970(41)	미국 서던캘리포니아대학교에서「메를로 퐁티의 철학에서 나타난 '표현'이란 개념의 존재론적 해석(An Ontological Interpretation of the Concept of 'Expression' in Merleau-Ponty)」으로 철학박사학위를 받음. 미국 시몬스대학교 철학과 조교수, 부교수, 교수, 명예교수(1970~).
1980(51)	이화여자대학교, 서울대학교 철학 및 미학과 초청교수(1980~1982).
1982(53)	망막박리라는 병으로 오른쪽 눈이 '사실상 실명'함. 모친 별세. 몇 달 후 유영숙 여사와 결혼함.
1983(54)	미국 하버드대학교 교육대학원 철학연구소 선임연구원이 됨 (1983~1993).
1985(56)	독일 마인츠대학교 객원교수가 됨(1985~1986).
1989(60)	일본 국제기독교대학교 초빙교수(1989~1990).
1991(62)	포항공과대학교 철학과 교수(1991~1994).
1993(64)	미국 시몬스대학교 명예교수.

1994(65)	포항공과대학교 교양학부 교수(1994.3~2000.2).
2000(71)	포항공과대학교 정년퇴임.
2001(72)	고려대학교 대학원 초빙교수가 됨.
2002(73)	연세대학교 특별초빙교수가 됨.
2003(74)	세계생명문화포럼−경기 2003공동추진위원장이 됨.
2006(77)	제20회 인촌상 인문사회문학부문 수상함.
2007(78)	포항공과대학교 명예교수.
2010(81)	프랑스 정부 문화훈장(교육공로)을 수상.
2011(82)	경복동창회의 '자랑스러운 경복인상' 수상(2011.4).
2012(83)	인간과 자연의 조화로운 상생·공존을 추구하는 생태학적 세계관을 제시하는 등 현대 과학과 기술에 대한 철학적 인식을 개선한 공로로 대한화학회가 제정한 '탄소문화상' 제1회 대상을 수상.
2015(86)	『둥지의 철학』이 영국 사프론(Saffron)출판사에서 출간.
2016(87)	미다스북스에서 『박이문 인문학 전집』 출간.

출전

1부 인간과 신, 그리고 종교

01   인간과 인간적인 것

　　《문학사상》(1975. 6), 『하나만의 선택』(1978)

02   종교와 형이상학과 종교적 경험

　　《세대》(1974. 8), 『하나만의 선택』(1978)

　　『과학의 도전 철학의 응전』(2006)

03   종교인과 종교쟁이

　　《기독교사상》(1976. 11), 『하나만의 선택』(1978)

04   성과 속

　　《세계일보》(1990. 6. 2), 『우리 시대의 얼굴』(1994)

05   나의 불교적 세계관

　　《해인》(2000. 9), 『더불어 사는 인간과 자연』(2001)

2부 종교란 무엇인가

　　『종교란 무엇인가』(1985)

3부 자비의 윤리학

　　『자비의 윤리학』(1990)

박이문 朴異汶

본명은 박인희로 1930년 충남 아산 시골 마을의 유학자 집안에서 막내아들로 태어났다. 어린 시절 시골의 아름다운 자연의 변화를 만끽하며 부모와 조부모의 따뜻한 보살핌을 받으며 자랐다. 유학 중 귀국한 형의 영향으로 위대한 시인이자 작가를 꿈꾸었고, 재수 끝에 경복중학교에 진학하였다. 청년기의 들목 전쟁의 참화 속에서 입대했으나 훈련 도중 병을 얻어 의병제대한다. 피난 시절 부산에서 서울대학교 문리과대학의 불문학과에 입학하여 본격적으로 문학에 매진한다. 대학원 석사논문을 프랑스어로 쓸 정도로 탁월한 실력을 보였으며, 석사학위를 받고 곧바로 이화여자대학교에서 전임교수로 발탁되었다. 그러나 안정된 직업인 교수의 생활을 버리고 다시 프랑스로 떠나 문학 박사학위를 받았으나, 이에 그치지 않고 미국으로 건너가 철학 박사학위를 받는 인문학을 향한 구도의 길을 걸었다. 그후 시몬스대학교, 포항공과대학교, 이화여자대학교, 서울대학교를 비롯해 세계 각지에서 학생들을 가르쳤으며, 많은 글들을 발표하고, 예술과 과학과 동양사상 등으로 끊임없이 새로운 영역을 개척하는 선구자적인 인문학자로 살았다. 또 한편으로 시를 쓰는 창작도 일생 동안 지속하여 어린 시절의 꿈대로 시인이자 작가이며 철학자인 인문학자로서 아름답고 위대한 '사유의 둥지'를 완성하였다.

박이문 인문학 전집 06

죽음 앞의 삶, 삶 속의 인간—종교와 윤리

초판 1쇄 2016년 2월 26일
지은이 박이문
펴낸이 류종렬

박이문 인문학 전집 간행위원회

전집간행위원 김병익, 정대현, 강학순, 이승종
기획편집본부 장인용, 김슬기, 김동훈, 남다희, 주성엽, 서승현, 이범수, 이영호, 윤석우,
　　　　　　변영은, 권기우, 강서윤, 김예신, 류수정, 박근희, 이소정, 임소연 외
표지디자인 및 아트디렉팅 씨디자인 조혁준, 함지은, 조정은, 김하얀

펴낸곳 미다스북스
등록 2001년 3월 21일 제313-201-40호
주소 서울시 마포구 서교동 486 서교푸르지오 101동 209호
전화 02)322-7802~3
팩스 02)333-7804
블로그 http://blog.naver.com/midasbooks
트위터 http://twitter.com/@midas_books
이메일 midasbooks@hanmail.net

ⓒ 박이문, 미다스북스 2016, *Printed in Korea*

ISBN 978-89-6637-435-9 (04100)
　　　　978-89-6637-429-8 (04100) 세트

값 35,000원

이 도서의 국립중앙도서관 출판예정도서목록(CIP)은 서지정보유통지원시스템 홈페이지 (http://seoji.nl.go.kr)와 국가자료공동목록시스템(http://www.nl.go.kr/kolisnet)에서 이용하실 수 있습니다. (CIP제어번호: CIP2016003569)